作 者 简 介

　　杨春时，男，1948 年 11 月生，黑龙江省哈尔滨市人。1982 年从吉林大学文艺学专业研究生毕业，获硕士学位，主要从事美学、文艺学和中国文化研究。历任黑龙江省社会科学院研究员、海南师范大学教授与厦门大学人文学院教授、博士生导师，曾兼任华侨大学特聘教授、集美大学讲座教授、四川美术学院特聘教授，学术职务有中华美学学会副会长。曾获"国家级有突出贡献的专家"称号，享受国务院政府特殊津贴。发表论文近三百篇，出版专著二十余部。代表作有：《系统美学》《艺术符号与解释》《现代性与 20 世纪中国文学思潮》《作为第一哲学的美学——存在、现象与审美》《中华美学概论》等。

国家出版基金项目
NATIONAL PUBLICATION FOUNDATION

上

中国现代美学思潮史

杨春时　主编

百花洲文艺出版社
BAIHUAZHOU LITERATURE AND ART PRESS

图书在版编目（CIP）数据

中国现代美学思潮史 / 杨春时主编. — 南昌：百花洲文艺出版社, 2019.12
ISBN 978-7-5500-3506-5

Ⅰ.①中… Ⅱ.①杨… Ⅲ.①美学思想－思想史－中国－现代
Ⅳ.①B83-092

中国版本图书馆CIP数据核字（2019）第264566号

中国现代美学思潮史

杨春时　主编

出 版 人	章华荣
策划编辑	童子乐
责任编辑	周振明
书籍设计	方　方
制　　作	何　丹
出版发行	百花洲文艺出版社
社　　址	南昌市红谷滩世贸路898号博能中心一期A座20楼
邮　　编	330038
经　　销	全国新华书店
印　　刷	浙江海虹彩色印务有限公司
开　　本	710mm×1000mm 1/16　　印张 35.75
版　　次	2020年6月第1版第1次印刷
字　　数	520千字
书　　号	ISBN 978-7-5500-3506-5
定　　价	85.00元

赣版权登字　05-2019-350

邮购联系　0791-86895108
网　　址　http://www.bhzwy.com
图书若有印装错误，影响阅读，可向承印厂联系调换。

目录

导论　现代性体验与美学思潮

在美学史上，我们会遇到各种各样的美学思潮，比如古典主义美学、现代主义美学以及后现代主义美学等，那么一个相关的问题就出现了：这些美学思潮形成的历史动因是什么，性质是什么？本书认为，美学思潮得以形成的最根本的原因就在于现代性体验，而美学思潮的性质就在于对现代性的态度。

一、现代性体验的发生和发展

首先，什么是现代性？现代性是一个比较前沿的理论，哲学、伦理学、社会学和文学都涉及现代性问题。这是因为现代性是现代社会的基本精神力量，是解释现代社会历史的最根本的理论。关于现代性，各种理论各有不同的定义。如果不纠缠于现代性的定义，而是从大家普遍接受的共识出发，可以说现代性的核心是理性精神。什么是理性精神呢？它首先指人是世界的主体。在中世纪，人不是世界的主体，神才是世界的主体，人是卑微的，只能匍匐于上帝脚下，人们用神的意志来阐释世界人生；在启蒙运动中，人们放弃了神学世界观，开始具备了主体意识。这个意识就是理性意识，主体依靠理性来认识世界、改造世界，如康德所言"人为自然立法"。那么理性的内涵是什么呢？它包括工具理性与价值理性。工具理性主要针对神学以及迷信，它认为世界上存在着客观规律，这个规律是我们可以认识并能够掌握的；它反对超自然的力量，比如神的意志等。工具理性即科学精神，它大大促进了生产力的发展。现代社会的另一个根基就是价值理性。所谓价值理性，就是人文精神，它承认人的主体地位，尊重人的价值，特别是个体价值。现代社会的意识形态都建立在价值理性上，它与工具理性一道推动了历史的进步。

　　现代性一旦确立，就带来了生活方式的变革，这个变革终结了传统的生活方式，具有断裂性。具体地说，人类经历了两种生活方式，一种是前现代的生活方式，一种是现代的生活方式。在前现代生活方式中，如西方的中世纪和中国古代的宗法社会，人们没有主体地位，个体不确立，依从神或家族、国家。在现代生活方式中，人们具有了主体和自我意识，此时，人作为个体或者说"孤独的个体"来面对世界。由于"上帝死了"（西方）或者"圣人死了"（中国），人们不得不独自去面对世界，进行选择。因此，海德格尔讲先行决断，萨特也讲自我选择，存在主义就在这个背景下产生的。中国的情况与此不同，在中国，不是宗教，而是宗法礼教支配了人们的生活方式。宗法礼教不同于西方的宗教，它是基于家族伦理建立的制度和意识形态。中国的现代性建立在对宗法礼教的反叛上，而不是对宗教的反叛上。鸦片战争之后，西方资本主义国家用武力打开中国大门，传统社会瓦解，新的生产方式和文化传入，中国也面临现代性问题。五四前后，中国从西方引进了现代性思想，比如当时的口号"科学"与"民主"，就是指科学精神和人文精神。借助于西方的现代性思想，中国现代启蒙运动摧毁了宗法礼教，打破了"王权神授"的政治观念以及以孝道为基础的伦理观念。但由于中国现代性与现代民族国家的冲突，以及建立民族国家这一历史任务的紧迫性，现代性的问题被搁置了，这就是所谓"救亡压倒启蒙"的根由。但自从改革开放，特别是20世纪90年代市场经济兴起以后，我们又重新面临现代性建设的问题。改革开放前，中国人依从集体、国家，市场经济确立后，个体独立，获得了更多的自由。不过，自由选择也带来了竞争问题，带来了风险和不确定性，由此产生了新的现代性体验。

其次，什么是现代性体验？现代性体验就是人们对现代生存方式的一种根本体验。但是，不能说现代社会的日常体验就是现代性体验。在日常生活中，人们并未自觉意识到现代生存的意义，对此没有一个真实的感受，而大多是按照意识形态或文化传统来看待世界。也就是说，我们是被"规训"的，没有进行独立的思考和判断，因此，日常体验并非本真的生存体验。用海德格尔的话说，在日常生活中，我们本真的生存意义被"遮蔽"了。那么我们又该如何破除"遮蔽"，寻找本真的生存体验呢？齐美尔最先提出现代性体验的形式是审美。他认为："现代文化光怪陆离的现象似乎都有一种深刻的心理特点。抽象地讲，这种心理特点可以说是人与其客观对象之间距离扩大的趋势，它只有在美学方面才有自己最明显的形式。"[1]"艺术的根本意义在于它能够形成一个独立的总体，一个从现实的偶然性碎片中产生的自足的缩影，它和该现实之间有着千丝万缕的联系。"[2]哈贝马斯也说过，艺术可以使人获得本真性的体验。艺术反思日常生活，超越意识形态支配下的日常体验，就是本真的生存体验。这种艺

---

[1]　齐美尔：《桥与门——齐美尔随笔集》，涯鸿、宇声等译，生活·读书·新知三联书店1991年版，第232页。

[2]　戴维·弗里斯比：《现代性的碎片——齐美尔、克拉考尔和本雅明作品中的现代性理论》，卢晖临、周怡、李林艳译，商务印书馆2003年版，第66页。

术是高雅艺术，而不是感性化的大众艺术。高雅艺术作为审美体验，使我们进入自由的生存方式和体验方式，从而能够破除日常体验对生存意义的遮蔽，真实地体验现实，这就是现代性体验。但"体验"是指我们内心的感受，属于非自觉意识，它并没有变成自觉意识。比如艺术家虽然有较为丰富的艺术体验，却不一定能够对此进一步反思，实现思想的自觉和理论的建构。而美学研究就需要通过反思把审美体验变成观念和理论。这就是说，人们通过对审美体验的反思，获得了现代性体验的自觉，并且进一步形成美学、哲学思想。美学并非感性学，不是"好看好听"，也不是哲学的分支，它是"第一哲学"。哲学建立在对审美体验的反思上，而审美体验就是本真的体验，哲学思想不过是对美学的反思。因此，一个哲学家要是对生活没有足够的体验，仅靠概念和逻辑推演，就不是一个真正的哲学家。海德格尔在后期也走向了审美主义，认为艺术可以揭示存在的意义，艺术就是存在的真理自行置入作品。

最后，就是现代性体验与美学思潮的关系。美学史并非史料的罗列，历史与人的观念有关，是人阐释的结果，当然也要尊重客观性。无论是艺术史，还是美学史，它都不能以年代或者朝代划分，应该以思潮为基本单位。艺术思潮和美学思潮打破了时间的自然性，使艺术史和美学史得以构成。美学思潮是现代性的产物，现代性发生前世界上没有形成过美学思潮。同时，美学思潮也是对现代性的论争和反思，揭示着现代性的意义。每个思潮的发生都与现代性体验有关，要么是争取现代性，要么是反对现代性。哲学、美学思潮其实也不例外，也与现代性体验相关联。各种哲学、美学思潮是现代性体验的反思形式，也是艺术思潮的反思形式。不同的历史时期会有不同的艺术思潮和美学思潮。由于西方历史具有现代性的原发性，所以它的发展具有连续性。就艺术思潮而言，文艺复兴时期为开端，随后出现了新古典主义、启蒙主义、浪漫主义、现实主义、现代主义和后现代主义。现代性只有一个，并没有所谓的后现代性。但是现代性体验可以分为不同阶段：第一个是前现代性体验，它是指现代性还没有发生或实现的时候（文艺复兴至18世纪），人们是如何想象现代性的；第二个是早期现代性体验，它是指现代性发生、发展时期（19世纪至"二战"前），人们对现代性的态度；第三个是后期现代性体验，它是指"二战"之后，现代性高度发展的时期即所谓"后工业社会"人们对现代性的态度。在这三个阶段里发生的不同美学思潮，大致对应着古典美学思潮、现代美学思潮和后现代美学思潮。

二、前现代性体验：崇高精神与古典美学思潮

上文已讲到，前现代性体验是指现代性还没实现的时候人们对现代性的想象。欧洲从文艺复兴时期直到18世纪都属于前现代性时期。这个时期现代性虽然萌芽，但还没有实现，因此不仅要在理论上构造现代性，还要在实践上争取现代性。现代性的缺失，促使人们渴望、想象现代性，而崇高精神就是这种体验的结果。在这个时期，理性取代了上帝的位置，科学精神和人文精神受到绝对的推崇。人们乐观地相信，只要实现了现代性，就将进入一个光明时代并获得自由。与此对应，他们依据现代性理想，激烈批判封建主义和神权政治，并且反抗那个苦难的世界，充满了献身精神。因此，大体而言，前现代性体验作为现代性想象，是一个崇高的体验，它肯定人的价值的伟大，憧憬光明的未来。为何用崇高来定义前现代性体验呢？因为人们之所以产生崇高理想，是因为社会生活中总充满了苦难，需要弘扬崇高的献身精神来拯救人类。就哲学而言，前现代性体验的反思产生了古典哲学（以英国经验主义哲学和德国古典哲学为代表），它肯定主体性，高扬理性精神，比如康德哲学的先验主体性和黑格尔哲学的历史主体性。就艺术体验而言，以建立现代民族国家（雏形）为历史任务

的17世纪新古典主义艺术，以及以争取现代性为历史任务的18世纪启蒙主义艺术多体现崇高概念。崇高就是这个时期的审美体验，就是一种对现代性（包括现代民族国家）的想象。就美学对审美体验的反思而言，人们突出了"崇高"这个美学范畴。康德在《判断力批判》中赋予"崇高"以很高的地位，认为美是道德的象征。如果说优美只是形式，那么崇高就是道德意识。黑格尔说"美是理念的感性显现"，而理念就是理性，就是具有崇高感的自由精神。

就中国而言，前期的现代性想象也是崇高。中国的启蒙时期是五四时期，在这一时期，中国接受西方的科学精神和人文精神。五四以后，中国对现代性的接受发生了变化，从启蒙转向了革命。当时中国社会面临两大任务：一是启蒙，即争取现代性；一是救亡，即建立现代民族国家。本来二者并不矛盾，比如，西方现代性的建立与现代民族国家的建立就有一致性，但是在中国，二者发生了断裂。原因是中国的现代性来自西方，而不是来自本土，因此，一方面，要争取现代性，就要学习西方，走西方科学、民主的道路；另一方面，为了建立现代民族国家，要争取民族独立，这意味着反对西方、反对现代性。于是笔者提出了中国现代性与现代民族国家间存在冲突的思想。由于建立现代民族国家的任务更加紧迫，建立现代民族国家的任务优先于启蒙的任务，在五四时期，人们吸取辛亥革命的教训，试图只输入学理、不谈政治，从思想上改造人们的观念，然后再改造社会。但由于历史条件的变化，这一设想流产了。巴黎和会把战前德国在青岛的特权转让给日本，这个形势把"救亡"提到比"启蒙"更紧迫的位置上。于是五四启蒙运动终止，转向革命运动，而革命从根本上说是为了建立现代民族国家。尽管二者有冲突，但现代民族国家为现代性提供了政治实体，从这个意义上说，现代民族国家是归属于现代性范畴的。

从五四到革命成功这个时期，艺术思潮可以分为两种，即启蒙主义和革命古典主义。它们都可以归属于中国的古典美学思潮。五四时期的艺术思潮就是启蒙主义，它是争取现代性的文学艺术思潮。崇高精神鲜明地体现在郭沫若等人对现代性的想象和呼唤中，而鲁迅等人由于对国民性的失望，对封建主义的反抗充满了沉痛和愤懑，而少有崇高的形象（如《药》里面的夏瑜形象就隐而不显），这是中国启蒙运动的特殊历史条件造成的。革命古典主义就是通常所谓的革命现实主义，它不是现实主义，因为现实主义批判资本主义，而革命古典主义的目的是建立现代民族国家，其源头是欧洲17世纪的强调国家理性的新古典主义。新古典主义经过法国大革命，演变为革命古典主义，十月革命后传到俄罗斯，形成所谓社会主义现实主义，实际上就是新的革命古典主义。左翼文学时期革命古典主义传到中国，被命名为革命现实主义。毛泽东《在延安文艺座谈会上的讲话》使其合法化、中国化。1958年之后，革命古典主义进一步中国化，被规定为"革命现实主义与革命浪漫主义相结合"的文学流派。"文化大革命"极端发展了革命古典主义，形成了所谓"样板戏"和"三突出"等艺术规范。革命古典主义作为对现代民族国家的想象，依然是一种前现代性的体验，它充满了崇高精神。革命艺术描写浩浩荡荡的历史潮流，讴歌为革命牺牲的伟大英雄，这一崇高精神在"文革"时期的"样板戏"中得到充分体现。

五四时期中国接受的西方哲学不是现代主义的哲学，而是启蒙主义的哲学，如卢梭、伏尔泰以及康德、黑格尔和席勒等，他们都肯定主体性和理性精神。美学思潮也如是，主要还是康德和席勒的美学思想。五四前后的中国美学家主要是梁启超和蔡元培，他们都强调人的主体性和人的价值，这与康德哲学有关。蔡元培提倡"以美育代宗教"，这个美育思想来源于康德和席勒的美学思想，因为康德和席勒认为审美可以把人从感性带到理性，审美是从现象到本体论的桥梁。梁启超的美学思想也与此类似，他试图借助于小说和艺术来改造人的思想，实现"新民"的启蒙任务。

20世纪80年代即新时期，面临的境况与五四类似，还是在争取现代性，艺术思潮也属于启蒙主义，如反思文学、伤痕文学和先锋文学等。它们控诉"文革"以及"左"的思潮对人的戕害，提倡个性解放，这是五四启蒙主义的延续。20世纪80年代的哲学也是启蒙主义的，马克思早期的著作《1844年经济学哲学手稿》中的观点成为这一时期的主流。青年马克思受费尔巴哈人本主义思想的影响，肯定人的价值，认为社会实践推动历史进步，高扬启蒙理性精神。80年代的美学思想主要是以李泽厚为代表的实践美学。实践美学直接发源于《1844年经济学哲学手稿》，它高扬主体性，认为人通过实践改造自然，人的本质对象化于世界，美的本质就是人的本质的对象化。高尔泰在20世纪80年代也提出了"美是自由的象征"，这个思想源于黑格尔，强调人的自由、理性的崇高，体现了启蒙精神。

三、早期现代性体验：虚无化导致的焦虑与现代美学思潮

现代社会的发展应该分为两个时期，即建立现代性的早期现代社会与现代性高度发展的后期现代社会。就欧洲而言，早期现代性时期指19世纪到"二战"结束，在具体情况下可以延至20世纪60年代。这个时期的现代性体验不再是崇高，而是虚无意识导致的焦虑。笔者想借助虚无化的焦虑来界定这个时期的现代性体验，它包含着各种不同的否定性的基本情绪，如畏、恐惧、孤独、绝望、荒谬等。在这个时期，现代性已经实现了，人们不再想象现代性了，而是真实地体验它。现代性作为一种崭新的生存方式，从一方面说，是进步；但从另一方面来说，也是异化。这是因为现代性具有负面性，科学精神和人文精神也有阴暗面，具有压抑性。在现代社会中，人们不再受缚于宗教或家族，获得了个人选择的自由，但是这种自由也给个人带来了困扰，因为它意味着无所皈依和生存意义的虚无化。于

是，理性的权威受到怀疑甚至否定，而这就导致一种虚无意识，而这种虚无化的生存就带来了现代性焦虑。1851年，法国诗人波德莱尔通过审美体验最早自觉地感受到现代性的病态："病态的大众吞噬着工厂的烟尘，在棉絮中呼吸，任由机体组织里渗透白色的铅、汞和一切制作杰作所需的毒物……；这些忧郁憔悴的大众，大地为之错愕；他们感到一股绛色的猛烈的血液在脉管中流淌，他们长久而忧伤的眼光落在阳光和巨大的公园的影子上。"①这是最初的现代性焦虑。他说道："现代性，我指的是过渡的、短暂易逝的、偶然的，是艺术的一半，它的另一半是永恒和不变。"②

现代艺术不再想象现代性，而是开始批判现代性；或者说对现代性有了负面的想象，从而一步步地否定理性，走向虚无。施莱格尔兄弟、夏多布里昂等代表的浪漫主义是反对现代性的第一冲击波：它反对城市工业文明，诉诸自然，回归古老的田园生活；反对工具理性，诉诸情感和想象，回归神秘的内心世界；反对世俗化，诉诸宗教信仰，回归中世纪和彼岸世界；这些都是对现代性的批判，而这种批判是以讴歌、美化前现代性的方式进行的。现实主义是对现代性的第二次反叛，它批判商品社会中人性的贪婪和堕落，同情小人物的不幸命运。不过，现实主义虽然否定现实社会，但对现实的批判不彻底，因为它还相信人道主义可以拯救社会。现代主义彻底反叛现代性，它认为人和世界都不是理性的，而是非理性的，人生没有意义。现代性体验是否定性的，它的本质就是一种由虚无感而产生的焦虑。浪漫主义的体验是怪诞；现实主义的体验是丑陋；现代主义的体验是荒诞，而荒诞源于虚无。浪漫主义、现实主义都只是现代主义的预备

---

① 戴维·弗里斯比：《现代性的碎片——齐美尔、克拉考尔和本雅明作品中的现代性理论》，卢晖临、周怡、李林艳译，商务印书馆2003年版，第21页。

② 戴维·弗里斯比：《现代性的碎片——齐美尔、克拉考尔和本雅明作品中的现代性理论》，卢晖临、周怡、李林艳译，商务印书馆2003年版，第23页。

形式，而现代主义才是充分的现代性体验。现代主义的代表人物加缪认为现实中的一切都是恶心的，荒诞派戏剧、黑色幽默小说等也力图展示现代生活的荒谬。

　　就哲学方面来说，现代哲学批判理性主义，对现代性体验进行了反思。克尔恺郭尔认为本质上人的存在是孤独的，雅斯贝尔斯也讲人的边缘体验，他们都认为绝望、恐怖等否定性的体验才是真实的生存体验。海德格尔的哲学也是对现代性体验的反思，他认为日常生活被闲言、两可充斥，是非本真的生存，而"畏"的体验使世界虚无化，从而使人们能够领会存在的意义。萨特认为人作为自为的存在，意识具有虚无性，不得不进行选择，而这就是自由。自由不是主动获得的，而是必须接受的、命定的。加缪以荒谬概念建立了自己的存在哲学。他认为，荒谬是一种情绪、一种体验："一旦世界失去幻想与光明，人就会觉得自己是陌路人。他就成为无所依托的流放者，因为他被剥夺了对失去的家乡的记忆，而且丧失了对未来世界的希望。这种人与他的生活之间的分离，演员与舞台之间的分离，真正构成荒谬感。"[①]

　　后期海德格尔在关于"本有"的论述中，提到了"离基深渊"，它其实就是对现代性体验的论述。现代人的生活离开了存在，是异化的和非本真的生存。"离基深渊"的恐惧体验使人们超越日常生活，获得存在的意义。本雅明认为：现代社会高速发展、瞬息万变，人的自然情感"蒙受了耻辱"，"真正的现实滑向了功能领域。人间关系的物化，比如工厂，已不再对人间关系有所展示"。[②]因此现代都市人的现代性体验是一种"震

---

　　① 加缪：《西西弗的神话——论荒谬》，杜小真译，生活·读书·新知三联书店1987年版，第6页。

　　② 本雅明：《摄影小史、机械复制时代的艺术作品》，王才勇译，江苏人民出版社2006年版，第36页。

颤"的体验，"街上行人在人群中具有的惊颤体验与工人在机器旁的'体验'是一致的"①。

由于理性的权威的丧失，现代性体验使得哲学走向审美主义。相对于理性主义而言，审美主义认为理性不是最高的价值，审美才使人获得存在的意义。尼采认为艺术是生命的表达；海德格尔后期也走向审美主义，讲"诗意的栖居"以及"艺术是真理自行置入作品之中"。法兰克福学派认为艺术是否定性的体验，艺术不肯定任何现实，批判一切现实，艺术是"大拒绝"。总之，他们都以审美主义反对主体性，反对理性，从而使美学负担起揭示虚无和超越虚无的重任，以消除现代性焦虑，为现代人提供精神家园。

就中国而言，五四之后，艺术思潮多元化，反现代性的艺术思潮是对五四的反动，它不仅有浪漫主义、现实主义，还有现代主义。浪漫主义作品如沈从文、废名的小说，讴歌乡土的或者归返自然的生活，以反对现代城市文明。现实主义创作如老舍的《骆驼祥子》等，揭露和批判资本主义关系对人身体和心灵的毒害。现代主义艺术批判现代社会，反对理性的桎梏。李金发的现代派诗歌、新感觉派的小说以及穆旦的诗歌，都受到西方现代主义的影响，展现了现代城市文明的堕落和人的否定性的生存体验。不过，由于中国现代性的薄弱和后发性，这些现代主义并不典型，在批判现代性的同时，往往还带有对现代都市生活的留恋和欣赏。

由于现代性的发生和发展，新时期后期开始产生了现代主义文学和先锋派艺术，它们都背离理性主义，对现代性展开了批判。在王朔和贾平凹之后，非理性主义发生，崇高精神消失。王朔的小说是痞子文学，贾平凹的作品是颓废文学，都是对崇高精神的嘲弄和丢弃。这是时代精神的反

---

① 本雅明：《发达资本主义时代的抒情诗人》，王才勇译，江苏人民出版社2005年版，第138页。

映，没有苦难的时代，没有并且也不需要崇高了。

五四以后，哲学思潮转向现代主义，叔本华、尼采等受到追捧，它们逐渐取代了理性主义哲学。就美学而言，五四前就存在对现代性的反思，它体现在王国维的美学思想中。王国维美学的意义在于他第一个接受西方现代美学思想，并对现代性有所批判。他继承了叔本华的悲观意志哲学，也吸收了其审美消解意志的思想。他用这个思想解释《红楼梦》，以"欲望"来阐释人生的悲剧。

新时期后期和后新时期，市场经济兴起之后，再讲理性和大写的人已经没有意义了，"实践创造人的本质""美是人的本质的对象化"这样的观念与现实不再契合，哲学、美学不应该再停留在理性主义上了。在这样的历史条件下，尼采、海德格尔、萨特等主张的现代主义哲学开始占据主流，主体性实践哲学退潮。在美学领域，后实践美学展开了对实践美学的批判，开始了中国美学的"第三次论争"。"第一次论争"发生于20世纪50年代，争论美的主客观问题。"第二次论争"是20世纪80年代李泽厚实践美学与蔡仪的反映论美学的争论。实践美学主要接受西方的启蒙主义哲学，提倡理性和主体性；后实践美学主要接受西方现代主义哲学，如萨特和海德格尔的思想，反思和批判现代性。后实践美学提倡审美的超越性和批判性，认为审美的本质不是实践决定的，不是人的本质的对象化，审美是超越实践、超越现实的，是自由的生存方式。"第三次论争"的结果是，中国美学打破了实践美学一统天下的格局，超越了古典美学，开始走向现代化、走向多元化。

四、后期现代性体验：虚无化导致的无聊情绪与后现代美学思潮

什么是后期现代性体验？就西方来讲，"二战"以后，西方进入后工业社会，科技发达，经济繁荣，社会稳定，多数人成为中产阶级。这是一

个"平常"的时代，没有苦难，没有斗争，甚至时间都停滞了，所以有人讲历史终结了。人们对此习以为常，既无痛苦，亦无激情；既不绝望，亦无希望，近乎麻木。在一个物质充足、没有苦难的社会，生活就失去了方向和动力。对个体生存而言，苦难有其价值：没有苦难体验，也就没有幸福感。对社会而言，苦难也有其价值：没有苦难，也就没有崇高。崇高精神消失了，人生也就失去了意义。依据古典时代的社会理论，现代社会实现了人们的理想，人们会生活得幸福。但事实并非如此，物质生活的充裕不仅没有带来自由，反而使人面临更大的精神困扰，这个困扰就是难以摆脱的无聊情绪。那么，这个时期的生存体验是什么？笔者想用虚无化导致的"无聊"来界定。生存的意义丧失，无聊就会成为基本情绪，只不过它被后现代文化遮蔽了，暂时消解了。虚无化体验导致早期现代社会产生了焦虑情绪，在后期现代社会产生了无聊情绪。在后现代的生存状况中，后现代文化的功能就是暂时性地消解无聊情绪，消费性的大众文化和刺激性的消遣娱乐成为摆脱无聊最普遍的方式。但这只是一种自我麻醉，是对虚无化生存的一种遗忘，并不能真的消除无聊，因为它没有寻找到生存的意义。在后期现代社会中，艺术的观念发生了变化。本雅明关于现代艺术的观念带有后现代主义的倾向。他认为，现代性使个体失去了自律性，走向了他律。由于自主性消失，艺术失去了"光晕"，成为机械复制的产品。这种理论预示了大众文化排挤精英艺术，占据统治地位。通俗艺术有了广大的市场，它融入大众文化，无思想、无意义，其实是一种"价值的颠覆"。网络成为大众文化的载体，它的民间性、非理性特质，使全民进入无思想的狂欢，它解构着一切价值，填充空虚的心灵。但大众文化和通俗艺术并不是本真的生存体验，而仅仅是一种非本真的生存体验，因此也不能作为后现代性体验的真实形式，它只是遮蔽无聊的反面形式。但从根本上说，体验到无聊，就发现了虚无，好一种生存的自觉，就有所批判，就有超越的可能。精英性的后现代主义艺术，仍然具有超越性、反思性，它以日常化的形式展现了生活的无聊，从而达到了对生存的反思，揭示了后期现代性的本质。日本作家村上春树在《挪威的深林》中描写的一个"宅男"空虚无聊的生活和内心世界的挣扎，就是一种后现代性体验的艺术表现。

不同于古典哲学的理性精神，也不同于早期现代哲学的审美主义，后期现代哲学彻底否定理性，主体和理性都被身体性或他者性解构。叔本华较早地指出了欲望主体面临着痛苦和无聊的循环。面对无聊的人生，有积极和消极两种哲学路线。积极的后现代哲学试图超越现实生存，寻求生存的意义。海德格尔后期哲学开始讲无聊，认为无聊和畏都是基本情绪，它们使存在的意义显现。他的思想路线是回归存在一本有，以"天地神人"的游戏来获取生存意义。马里翁也认为无聊是生存的基本情绪，它使人们感受到他者的召唤，从而建立信仰。消极的后现代哲学则以身体性来消解无聊。福柯讲"主体死了"，主体只是权力构造的产物，因此他诉诸身体性，以抵抗理性的戕害。拉康对主体的欲望进行了解构：人的欲望总是他者欲望的欲望，因此，个人主体之"要"永远是伪"我要"。后现代主义哲学还有德里达的解构主义，它认为没有什么固定意义，意义是延异的产物，因此真理或绝对的价值并不存在。利奥塔反对启蒙理性建构的"宏大叙事"，把历史拆解成个体欲望的小叙事。对意义的消解，确证了生存意义的虚无化，这是无聊的根源。

后现代美学成为无聊的肯定形式。身体美学也受到关注，福柯在后期主张通过审美进行"自我呵护"，抵制理性对感性和身体的伤害。这样，他就把审美变成了身体性的体验，消解了其精神性，当然也消解了无聊。德里达的解构主义在美学上的表现是，认为没有所谓审美意义，主张通过对文本意义的解构，来获得解构的快乐。另外，日常生活美学的代表人物舒斯特曼认为审美就是身体的快乐，审美的崇高性和超越性丧失，美学成了消遣性的娱乐之学。这意味着后现代美学放弃了反思现代性的历史任务，不能揭示和批判无聊化生存的本质。

就中国而言，情况比较复杂，因为现代性的任务没有完成，比如政治体制改革滞后，市场经济也不健全，启蒙主义的任务没有完成。不过，由于中国已经处于市场经济中，现代性已经部分实现，因此也产生了对现代性的批判。受到西方的影响，在现代主义发生的同时，后现代主义也已经出现。大众文化也具有了后现代的特征，大众传媒和消费艺术成为主流。后现代主义艺术走向身体性，中国后新时期艺术就带有后现代主义色彩。新历史主义小说解构革命大叙事，以个体欲望来书写历史。后现代主义诗歌描写苍白而无意义的日常生活。还有所谓卫慧、棉棉等的"身体写作""欲望化写作"，也是表现身体欲望，解构理性。而之后兴起的网络文化，更承担着以狂欢消除无聊的社会功能。

中国后现代主义美学体现为以下几种美学主张。其一是解构主义美学，体现为反本质主义，它依据德里达和福柯的理论，否认艺术具有确定的本质。前些年，国内学界一直在讨论文学有没有本质这个问题。一些人依据后现代主义哲学，认为本质只是话语权力构造出来的，于是艺术也就没有了本质，只是一种历史性、地方性的知识。其二是身体主义美学，它以福柯的学说为依据。依据古典理论，审美是精神性的，排斥身体性，而现在，人们认为审美带有身体性，就是感性欲望的满足，其精神性被身体性所消解。其三是生活美学。生活美学主张消解审美与生活的界限，使审美失去超越性。这个时期发生了所谓"日常生活审美化"的争论。一派认为日常生活已经艺术化了，不需要独立的艺术了，艺术的本质就是感性的快乐，这实际是艺术消亡论。另一派认为日常生活审美化其实只是审美日常生活化，它是对审美的降格，审美应该是超越的，不应是商品化的。其四，受到生态主义的影响，中国也产生了生态美学。生态美学虽然可以归为后现代主义，但主要是受到海德格尔后期"建设性的后现代主义"思想的影响，主张人与自然的和谐。从总体上说，中国的后现代主义美学往往是一种消极的后现代体验，它认同现实，论证大众文化和通俗艺术的合理性，而缺乏批判意识。这就是说，中国的后现代美学还没有真正建立在对后现代体性体验的反思的基础上。

五、超越后现代主义，建设新现代主义美学

很多人认为现代主义已经过时，被后现代主义取代，但事实并非如此。现代主义有其缺陷，被后现代主义矫正，这种矫正是矫枉过正。人们一般认为，现在的后现代主义处于兴盛期，其实它已经开始走向衰微。西方哲学已经意识到了后现代主义只有解构，没有建构，走向了虚无主义，而现代哲学提出的问题并没有得到解决。依据后现代主义，生活和价值都失去了意义，哲学和美学的真理性也会消失，这就走向了虚无主义。因而，后现代主义引起了反弹，西方哲学出现了"建设性的后现代主义"潮流，它反对仅仅解构，主张应该去建构。那么，当代美学建设面临的问题是如何超越后现代主义，如何面对后现代性体验——无聊，以及如何解决人的精神困境。

首先，必须越过前现代性体验，终结理性主义美学。理性主义不能解决现代人面临的生存困境。理性有其价值，但人不能凭借理性走向自由。科学促进生产力的发展，但科学破坏自然，毁灭人的生存家园，科学主义产生的不良后果逐渐被人认识到。人文主义有其价值，主体性确立，个性受到尊重，但是在原子式的个体存在中，人与人的关系疏远化，从而也使存在异化。因此，必须超越理性主义，走向现代性体验，从而获得反思批判的力量。既然焦虑和无聊是这个时代的真实生存体验，那么再讲主体性

和崇高也就没有了意义，它不能解决现代人的生存困境。王蒙肯定王朔小说的价值，讲消解崇高，就是基于这种现代性体验。与此相应，中国美学理论的建设就是超越理性主义的实践美学，走向后实践美学。

既然回到理性主义不能解决精神困境问题，那么，后现代主义的身体性能否解决这个问题？回到身体性也一样面临困境，因为叔本华已经证明欲望是无穷的，欲望的满足只会导致无聊和产生新的欲望，从而陷入痛苦和无聊的恶性循环。身体性的张扬不会使无聊消失，只会产生新的无聊。而且，身体美学以身体性取代精神性，更导致了灵魂的荒芜，从而取消了生存的意义，走向虚无主义，使人类陷入万劫不复之境地，这种后果更为可怕。

还有，如何看待后现代主义对理性的解构？人生是否还有意义？如何获取生存的意义？古典美学的崇高不能提供生存意义，后现代主义也不能取消生存意义。笔者认为，哲学探究存在的意义问题，存在决定了生存的价值。形而上学的存在论被后现代主义抛弃，后形而上学反对实体性的设定，有其合理性，但认为存在只是虚假的设定却走向虚无主义。一旦取消存在论，美学就成了形而下学说，审美只是消费性的、感性的活动。但是，这样的消解是否成功？难道人只是形而下的动物吗？除了现实需要外，人有没有形而上的追求？这些问题在现代主义美学中都已经被提出，这就是如何超越现实生存、回归存在的问题。这个问题在现代主义那里没有得到合理的回答，主要是因为它没有摆脱主体性的束缚，因而招致后现代主义的否定。人们应该重新回到现代性语境中，改造现代主义，超越后现代主义，建设新现代主义美学。事实上，无聊的体验彰显了形而上的存在。无聊的体验之所以产生，就是因为某种根本性东西的缺失——存在的缺席。这也就是说，人的无聊体验可以使人获得更高的追求。如果人只是感性动物，人生只是衣食住行，人也就不会体验到无聊。动物不会无聊，因为它没有形而上的追求。相反，人却是这样一个生物：即使满足一切感性需要，他也会感到无聊。这表明人内在地具有形而上的追求，也证明有超越性的存在。存在并不是实体性的东西，后现代主义对实体性的批评是合理的，但不能据此否定存在。在笔者看来，存在是我和世界的共在，它不是实体性的，具有本真性和同一性的特征，而审美作为自由的生存方式就具有了超越性和主体间性。美学的意义就在于证明审美作为自由的生存方式可以回归存在，也就是说审美真正是一种形而上的体验。在审美中，我们超越现实生存，存在的本真意义得以显现。在这种自由的生存和生存体验中，我们才能超越虚无，克服无聊情绪，获得存在的意义。

第一章 早期启蒙主义美学

第一节 早期启蒙主义美学概说

一、早期启蒙主义美学的历史背景和思想资源

中国传统社会虽然有自己的美学思想，但还没有形成系统的美学理论，也没有产生美学思潮。美学思潮是现代性的产物。现代性有现实层面即社会现代性，包括价值理性和工具理性；也有超越层面即反思现代性，包括审美现代性以及哲学现代性等。艺术思潮作为生存体验的形态属于现代性的超越层面，而美学思潮作为艺术思潮的反思以理论的形态体现了反思现代性。中国现代美学思潮一方面是中国现代性的产物，一方面也是接受西方美学思潮的结果。中国最初的美学思潮是启蒙主义，它发生于五四时期。五四时期既存在着作为社会文化思潮的启蒙主义，也存在着作为艺术思潮和美学思潮的启蒙主义，它们都是争取现代性的思潮。就社

会文化思潮而言，启蒙主义主张人文精神（价值理性）和科学精神（工具理性），以启迪民众、改革社会。就美学思潮而言，启蒙主义主张审美的主体性、理性，以培养现代人的自由精神。中国启蒙主义美学思潮应启蒙运动的需要而发生，也是启蒙主义的一个组成部分。中国的现代性不是本土自发的，而是西方列强压迫的产物。鸦片战争以后，面对西方列强的入侵，中国被迫接受西方现代文明，先是接受现代物质文明，搞洋务运动；继而接受现代政治文明，搞戊戌变法、辛亥革命；再继而接受现代精神文明，搞五四启蒙运动。20世纪前后的中国，资本主义已经侵入了传统社会，产生了现代工商业，并且形成了如上海这样的现代城市，从而开始了现代化的进程。但是，现代性在中国刚刚发生，还没有得到充分发展，仍然是一个正在争取的目标。其时，现代性的缺陷还没有充分显现，还带着理性的光辉。在这个历史条件下，就发生了争取现代性的五四新文化运动，即中国的启蒙运动。那时，作为启蒙的产物，欧洲现代文明成为中国的指路明灯，如陈独秀《文学革命论》所言："今日庄严灿烂之欧洲，何自而来乎？曰，革命之赐也。"[1]因此，启蒙主义美学的任务也仅仅是争取现代性而不是反思、批判现代性。为了争取现代性，就要开发民智，而艺术、审美就成为启迪民众的有效工具。启蒙主义者致力于介绍和创造新的美学理论，以指导现代艺术的发展，并影响民众的思想。美学是关于审美的理论，归根结底还是关于人的自由的学说，因此必然要发挥改造社会人心的作用。启蒙主义美学以其争取现代性的立场，推动启蒙运动，体现了鲜明的社会功利性。中国启蒙主义美学家如梁启超、蔡元培诸人，都是致力于启蒙的社会活动家，也都注重审美的社会功利性，如梁启超主张以"三界革命"来"新民"和改造社会，蔡元培主张"以美育代宗教"来培

---

① 陈独秀：《文学革命论》，见严家炎编：《二十世纪中国小说理论资料》（第二卷），北京大学出版社1997年版，第19页。

养新人，发挥现代道德的教化作用，等等。

二、早期启蒙主义美学的思想内容

中国传统文化中很少有启蒙主义的思想资源，缺乏个体主体性的思想：无论是强调集体理性、实用理性的儒家，或者是主张抛弃文明教化、回归自然的道家，还是视现实世界为苦海、向往极乐世界的佛家，都不肯定个体价值。因此，中国启蒙主义美学的思想资源主要是来自西方近代哲学和美学，如康德、席勒、黑格尔的美学思想。西方近代美学家大都是启蒙主义者，他们服膺启蒙理性，主张美学的主体性和自由性。他们认为，美不是上帝的属性，而是人性的光辉。康德把美归结为先验自我的创造，即反思判断。黑格尔把美定性为"理念的感性显现"，而理念不过是自由的精神，是主体性的根据。启蒙主义美学家也强调了审美的自由性，而自由是理性的追求。康德揭示了审美提升感性、达于理性的中介作用。席勒更提出审美具有解除自然法则和社会法则的压迫的自由性，并且可以成为培养自由人格的教育方式。黑格尔主张美是理念，即自由精神的形象体现。他们的美学思想成为中国启蒙主义美学的核心理念，成为启蒙的思想武器。

中国启蒙主义美学接受了西方近代美学的理念，确立了审美的理性精神。中国美学的开创者如梁启超、蔡元培等都认为审美是一种理性主导的情感活动。梁启超接受了康德美学的美在情感说，提出了"趣味说"，认为审美、艺术都是一种趣味，但这种趣味是受到理性主导的，可以促人向善的，"文学是人生最高尚的嗜好"[1]。而且，他还倡导审美的崇高风格，这也与西方启蒙主义美学一脉相承。蔡元培提倡人道主义和博爱精神，认

---

[1]　梁启超：《晚清两大家诗钞题辞》，见金雅选编：《中国现代美学名家文丛·梁启超卷》，浙江大学出版社2009年版，第213页。

为审美是与人道主义和博爱精神相关的情感活动，因此可以作为道德教育的最好途径。这一点，他是受到康德和席勒美学思想的影响。他最有影响的美学思想是"以美育代宗教"说，这一主张体现的中国启蒙主义的特点，一是接受了西方的美育思想，二是排斥宗教，提升审美的地位，这是与西方美学不同的。西方近代美学并不认为宗教低于审美，相反，康德认为信仰属于本体领域，而审美只是处于现象界与本体界的过渡阶段；而黑格尔则认为审美是理念的感性显现，低于理念的超感性显现的宗教和哲学。

此外，中国启蒙主义美学具有更为鲜明的社会功利性。西方美学强调了审美的非功利性和超越现实的品格，如康德的"无目的的合目的性""无利害的快感"的命题以及对形式美的注重等。中国引进美学的直接动机是"新民"救国，而不是一种纯粹的学术兴趣；并且由于中国社会现代发展的急迫性，所以中国启蒙主义美学就更强调审美的社会功利作用，并且使得这种功利性直接化。因此，中国启蒙主义美学较少强调审美的超功利性和形式美，反而强调审美的功利性和道德性，如梁启超的"三界革命"就试图用小说改造人心、改造社会，从而开启了中国现代的功利主义美学传统。早期启蒙主义美学注重审美和艺术的社会功利性，这一倾向既有合理性，也有片面性。其合理性在于，强调了审美的社会作用，推动了启蒙运动的发展，具有现实意义。其片面性在于，忽视了审美的超越现实的自由品格和解放作用。

三、早期启蒙主义美学的意义

早期启蒙主义美学有两个历史任务：一个是在没有形成美学学科和现代美学观念的中国，建立现代美学学科和传播现代美学观念；一个是以启蒙主义美学思想推动启蒙运动，改造中国社会人心。从总体上说，早期启蒙主义美学完成了这两个历史任务。由于中国的现代美学体系不是从本土美学中自然发生的，而是从西方引进的，因此中国早期启蒙主义美学的一个重要特征就是注重引进、介绍和消化西方美学理论，在这个基础上建构中国现代美学体系。这方面萧公弼、吕澂、陈望道等人做了基础性的工作。他们依据西方近代美学的理论，编著了许多美学原理方面的教材和专著，对美学的普及以及现代美学体系的建设贡献颇大。

启蒙主义美学虽然倾向于社会功利，但并没有忽视学术的建设。如梁启超在前期主张"诗界革命""文界革命""小说界革命"，并终其一生推崇崇高美，为政治改良服务；但在五四之后，他更加注重学术建设，对美及艺术的本质、形态、地位、作用，特别是艺术美的特征等美学问题做过深入的探讨。再如蔡元培强调审美的破除利己性的"普遍性"和消除利害顾忌的"超越性"，并且将"美"和"美感"当作培养"自由""博爱""人道主义"的道德情操的重要手段，对"美学"和"美育"做了最早的译介、阐释工作，做了美学知识的普及工作。从美学的学科译介和建设来看，早期启蒙主义者做了大量基础性的工作：梁启超借鉴西学、融合传统，初步论及美和艺术的快感特质及其在人类生活中的重要作用，为西方美学的引进奠定了思想基础。蔡元培凭借在欧洲留学期间专攻美学的经历，回国后译介美学学科，开设美学课程，大力倡导"美育"，编写了《哲学大纲·美学观念》和《美学道论》。萧公弼、吕澂、范寿康和陈望道等人的主要贡献在美学知识的普及和创造方面。萧公弼发表于1917年的《美学·概论》，吕澂1923年出版的《美学概论》，范寿康、陈望道1927年出版的《美学概论》等都具有学科奠基意义。这三部早期的《美学概论》继承鲍姆嘉登的思想，综合黑格尔的思想，不约而同地将"美学"视为"关于美的学问"，这个"美"集中体现在艺术中，所以美学又表现为"艺术之学"。这种学科定义反映了"美学"进入中国学界时的原初含义。当然，这些学科建设尚处于起步阶段，其论著篇幅都不大，内容都不够丰富，逻辑的严谨性、理论的周密性也存有诸多不足，学术创新更无从谈起，甚至出现范著与吕著大部分内容雷同的情况。尽管如此，他们的开创之功不可埋没。

早期启蒙主义美学对中国现代美学的建设也有不足之处。早期启蒙主义美学以西方近代美学为蓝本，这是一种必然的选择。但是，由于引进、介绍的急迫性，所以往往对各家学说兼收并蓄，而缺少消化、吸收和再创造的功夫，因此不可避免地带来了诸多缺憾，如体系的杂糅、概念的模糊以及观点的矛盾等等，但这是不能苛求前人的。同时，我们也应该看到，中国早期启蒙主义美学虽然主要是介绍和阐释西方近代美学，但在一定程度上也有自己的理解和创造，特别是在一些具体观念上继承了中国传统美学的思想，而且与西方美学思想有所沟通、交流。当然，这个工作还是很初步、粗浅的，缺乏自觉性和系统性。

早期启蒙主义美学的社会意义在于，在现代性发生的初期引进和介绍了启蒙主义思想，通过对理性、主体性、自由的张扬，发挥了建设和实现现代性的社会作用。

第二节　梁启超的美学思想

梁启超（1873—1929），字卓如，号任公，别号饮冰室主人，广东新会人。梁启超既是中国现代政治家、思想家和学者，也是中国早期的美学家。梁启超的美学思想，大体分为前后两个阶段。前一阶段在五四之前，突出强调"三界革命"，主张通过感人的、审美的文学手段为争取君主立宪的政治改良服务；后一阶段是五四之后，集中探讨美与艺术的作用、内涵、本质、地位、形态，尤其是艺术美的特征等一般的学理问题，同时肯定包含善的内涵的美，与前期的美学追求相呼应。而在激荡的社会变革运动面前，推崇雄奇激昂的崇高美，成为他前后一贯的美学取向。

一、三界革命：以美文学样式为政治改良服务

梁启超是从政治改良走向文学审美的。在他那里，政治改良是目的，文学审美是为政治服务的手段。而其政治改良与文学审美两方面的思想，都受到西学或西方现代性思想的影响。他借鉴西学但又反对抛弃中学，提出了"西学为体，中学为用"的方法论思想。而以审美的文学样式为经世致用的政治服务，就是"西学为体，中学为用"，继承传统、借鉴西学的结果。

梁启超的文学观带有浓厚的政治功利主义色彩，它一方面继承了中国古代文论"文以载道"的传统，也因应了启蒙、救亡之需要。梁启超敏锐地发现了现代文学的主样式——小说的巨大社会功用。中国传统文学以抒情性的诗文为主样式，而到了现代社会的转化期，小说以其叙事性、通俗性适应了新的社会需要。梁启超就极力主张以小说这种美文学样式为改良民心、变法维新这一道德—政治目标服务。1896年，梁启超发表政治改良纲领性的《变法通议》，其中"论幼学"一节专门谈到"说部书"，即小说，指出小说运用通俗俚语进行艺术创作，读者面甚广，对社会风气具有重要影响，应当好好加以利用，主张"新编小说揭露时弊，激发国耻，振兴风俗，改良政治"。1897年，他发表《〈蒙学报〉、〈演义报〉合叙》云："西国教科之书最盛，而出以游戏、小说者尤夥，故日本之变法，赖俚歌与小说之力，盖以悦童子、以导愚氓，未有善于是者也。"[1]1898年12月，他发表《译印政治小说序》，具体分析小说受欢迎的原因以及其审美

---

[1]　梁启超：《〈蒙学报〉、〈演义报〉合叙》，见张品兴主编：《梁启超全集》，北京出版社1999年版，第131页。

特点："凡人之情，莫不惮庄严而喜谐谑，故听古乐，则惟恐卧，听郑卫之音，则靡靡而忘倦焉。"人天生地喜爱快乐的美，这是"圣人"也"无可如何"的天性。通俗的、虚构的小说是容易使人快乐的美的艺术样式。与其他文学作品相较，"六经虽美"，但"不通其义，不识其字，则如明珠夜投"，难以发生审美效果，人们宁愿舍经书而读小说，正如康有为所说："识字之人，有不读经，无有不读小说者。"史、子、集部的著作引起的读者反应也是如此。"今中国识字人寡，深通文学之人尤寡"，因而，"小说学之在中国，殆可……蔚四部而为五者矣"。既然小说具有如此强大的审美效果，所以政治家必须善于加以利用："善为教者，则因人之情而利导之，故或出之以滑稽，或托之于寓言。""故六经不能教，当以小说教之；正史不能入，当以小说入之；语录不能谕，当以小说谕之；律例不能治，当以小说治之。"然而，他认为，中国小说诲淫诲盗，不能承担启蒙之任务，必须改革。他说："中土小说……自虞初以来，佳制盖鲜。述英雄则规画《水浒》，道男女则步武《红楼》，综其大较，不出海盗海淫两端。"由于"人情厌庄喜谐之大例"，这类"海盗海淫"的小说产生了很坏的影响，"故大方之家，每不屑道焉"。其实这不是小说这种文体的错，只要对它的内容加以改革，让它承载进步的政治意蕴，就可以发挥积极、巨大的社会效用。而在这方面，西方政治小说可以说做出了表率，创造了成功的经验："政治小说之体，自泰西人始也。""在昔欧洲各国变革之始，其魁儒硕学，仁人志士，往往以其身之所经历，及胸中所怀，政治之议论，一寄之于小说，于是彼中缀学之子，黉塾之暇，手之口之；下而兵丁、而市侩、而农氓、而工匠、而车夫马卒、而妇女、而童孺，靡不手之口之，往往每一书出，而全国之议论为之一变。彼美、英、德、法、奥、意、日本各国政界之日进，则政治小说，为功最高焉。英名士某君曰：小说为国民之魂！岂不然哉？岂不然哉？"所以他要主持译印

"有关切于今日中国时局"的西方政治小说"附于报末"，改造国民之魂，促进政治改良。①也就是在借用西方进步的政治小说取代中国古代诲淫诲盗小说的过程中，梁启超逐渐产生了"小说界革命"的思想。

　　1902年11月，梁启超在《新小说》杂志上发表《论小说与群治之关系》，提出"小说界革命"的口号，并把它看作是"改良群治"的开端和切入口："故今日欲改良群治，必自小说界革命始！"②在该文中，梁启超一方面进一步分析了小说"移人"、让人们嗜爱的审美动因：不仅"以其浅而易解故，以其乐而多趣故"，而且由于写出"理想"，"常导人游于它境界"，或由于写出真实（"写实"），以逼真的现实生活的"情状"打动人；③另一方面，他大声呼唤从革新具有"不可思议之力"的小说入手革新道德、宗教、政治、风俗、学艺、民心、人格："欲新一国之民，不可不先新一国之小说。故欲新道德，必新小说；欲新宗教，必新小说；欲新政治，必新小说；欲新风俗，必新小说；欲新学艺，必新小说；乃至欲新人心、欲新人格，必新小说。何以故？小说有不可思议之力支配人道故。"④可见，梁启超的小说理论，始终抓住政治与审美、目的与手段两端。政治改良是小说的目的，"浅而易解"、"乐而多趣"、写想象开眼界、写现实打动人、"移人"而使人"独嗜"以及"可惊、可愕、可悲、

---

　　①　以上所引文献均出自梁启超：《译印政治小说序》，见金雅选编：《中国现代美学名家文丛·梁启超卷》，浙江大学出版社2009年版，第373—374页。

　　②　梁启超：《论小说与群治之关系》，见金雅选编：《中国现代美学名家文丛·梁启超卷》，浙江大学出版社2009年版，第372页。

　　③　梁启超：《论小说与群治之关系》，见金雅选编：《中国现代美学名家文丛·梁启超卷》，浙江大学出版社2009年版，第369—370页。

　　④　梁启超：《论小说与群治之关系》，见金雅选编：《中国现代美学名家文丛·梁启超卷》，浙江大学出版社2009年版，第369页。

可感"①和具有"不可思议之力"等等，则是小说的审美特点和功能，是小说更有效地实现政治目的的手段。正如有的学者指出的那样，"在强调文学的政治作用时不抹杀文学的审美特性"②，是梁启超文学政治学的一个基本点。这种目的与手段、政治与审美并重的思想，在1920年所作的《晚清两大家诗钞题辞》中有更为清晰的理论表述："文学是一种'技术'，语言文字是一种'工具'。要善用这工具，才能有精良的技术；要有精良的技术，才能将高尚的情感和理想传达出来。"③如果把"美的技术"的作用"全然抹杀，虽有好意境，也不能发挥出价值来"④。梁启超把小说当作推动政治改良的有力手段而倡导"小说界革命"，同样也是为了革充斥"状元宰相""佳人才子""江湖盗贼""妖巫狐鬼"等思想内容的中国传统小说的命⑤，力图建立现代新小说。

梁启超泛观整个中国古代文学，发现诗歌表现的是"旧意境"，散文流行的是"衍诚意正心之虚论，剿攘彝尊王之迂说"⑥，内容上、文字形式上都需要"革命"。因此，在1899年底乘船赴美国夏威夷途中所写的《夏威夷游记》中，梁启超提出"诗界革命""文界革命"："诗之境界，被千余年来鹦鹉名士（余尝戏名词章家为鹦鹉名士，自觉过于尖刻）

---

① 梁启超：《论小说与群治之关系》，见金雅选编：《中国现代美学名家文丛·梁启超卷》，浙江大学出版社2009年版，第369页。

② 刘峰杰、薛雯、尹传兰等：《文学政治学的创构——百年来文学与政治关系论争研究》，复旦大学出版社2013年版，第31页。

③ 梁启超：《晚清两大家诗钞题辞》，见金雅选编：《中国现代美学名家文丛·梁启超卷》，浙江大学出版社2009年版，第214页。

④ 梁启超：《晚清两大家诗钞题辞》，见金雅选编：《中国现代美学名家文丛·梁启超卷》，浙江大学出版社2009年版，第215页。

⑤ 梁启超：《论小说与群治之关系》，见金雅选编：《中国现代美学名家文丛·梁启超卷》，浙江大学出版社2009年版，第371页。

⑥ 梁启超：《西学书目表后序》，见李华兴、吴嘉勋编：《梁启超选集》，上海人民出版社1984年版，第36页。

占尽矣。虽有佳章佳句，一读之，似在某集中曾相见者，是最可恨也。故今日不作诗则已，若作诗，必为诗界之哥仑布、玛赛郎然后可。……欲为诗界之哥仑布、玛赛郎，不可不备三长：第一要新意境，第二要新语句，而又须以古人之风格入之，然后成其为诗。……吾虽不能诗，惟将竭力输入欧洲之精神思想，以供来者之诗料，可乎？要之，支那非有'诗界革命'则诗运殆将绝。……今日者革命之机渐熟，而哥仑布、玛赛郎之出世必不远矣。"①他如此称赞日本政论家德富苏峰："其文雄放隽快，善以欧西文思入日本文，实为文界别开一生面者，余甚爱之。中国若有'文界革命'，当亦不可不起点于是也。"②梁启超所呼唤的"小说界革命"，因宋元以来一直用浅近的白话，故不涉及语言形式的革命；他所鼓吹的"诗界革命""文界革命"，则因传统诗歌、散文文体的古奥艰深，则不仅包含内容的革命，还包括形式的革命。内容方面的革命，即用"欧洲之精神思想"，取代传统诗文中的陈腐观念。形式方面的革命，在诗歌体裁中是以新语句取代旧语句，同时以"旧风格含新意境"③，即以旧诗体表达"新理想"④；在散文体裁中是以言文合一的俗文体取代言文分离的文言体。早在1896年发表的《变法通议》中，梁启超就提出"言文合一"的主张："古人之言即文也，文即言也。自后世语言文字分，始有离言而以文称者。然必言之能达，而后文之能成，有固然矣。"⑤1902年，他在《新民丛报》第

---

① 梁启超：《新大陆游记节录》，中华书局1941年版，第189—191页。

② 梁启超：《新大陆游记节录》，中华书局1941年版，第191页。

③ 梁启超：《诗话》，见金雅选编：《中国现代美学名家文丛·梁启超卷》，浙江大学出版社2009年版，第211页。

④ 梁启超：《诗话》，见金雅选编：《中国现代美学名家文丛·梁启超卷》，浙江大学出版社2009年版，第207页。

⑤ 梁启超：《变法通议》，见张品兴主编：《梁启超全集》，北京出版社1999年版，第35页。

10—11号发表《论进步》一文，分析"言文合"的三利与"言文分"的三弊，指出"言文合"是人类进步的方向和归宿。1903年，他在《新小说》杂志上连载《小说丛话》，指出："文学之进化有一大关键，即由古语之文学变为俗语之文学是也。各国文学史之开展，靡不循此轨道。……苟欲思想之普及，则此体非徒小说家当采用而已，凡百文章，莫不有然。"①

梁启超在文学界倡导的文学革命，内容上开启了陈独秀1917年《文学革命论》提出的"三大主义"②之先声，形式上则开启了胡适1917年《文学改良刍议》发动的白话文运动之先河。

二、关于美的性质和功用：趣味说

1919年欧洲考察回国后，梁启超潜心于中国传统文化和文艺美学原理研究。原先作为宣扬政治手段的文学之美，这时转为学术研究的对象。

"美"是什么呢？西方美学史上的基本主张之一，是"以为美的东西就是一般产生快感的东西"③。18世纪末德国美学家康德给美引起的快感加了许多限定："美是无一切利害关系的愉快的对象。"④"美是不依赖概念而被当作一种必然的愉快底对象。"⑤"美是不依赖概念而作为一个普遍愉快的对象。"⑥其活动指向一个内在目的，即所谓有自我意识的人类（尤其

---

① 梁启超：《小说丛话》，见陈平原、夏晓虹编：《二十世纪中国小说理论资料》（第一卷），北京大学出版社1997年版，第82页。

② "三大主义"："曰推倒雕琢的、阿谀的贵族文学，建设平易的、抒情的国民文学；曰推倒陈腐的、铺张的古典文学，建立新鲜的、立诚的写实文学；曰推倒迂晦的、艰涩的山村文学，建设明了的、通俗的社会文学。"

③ 克罗齐：《美学原理 美学纲要》，朱光潜、韩邦凯、罗芃译，外国文学出版社1983年版，第93页。

④ 康德：《判断力批判》（上卷），宗白华译，商务印书馆1964年版，第48页。

⑤ 康德：《判断力批判》（上卷），宗白华译，商务印书馆1964年版，第79页。

⑥ 康德：《判断力批判》（上卷），宗白华译，商务印书馆1964年版，第48页。

以进行先验反思的哲学家和进行艺术创作的艺术家为精神性最突出因而最优秀的代表）的产生。①对事物的鉴赏"因审美的愉快和理智的愉快相结合而有所增益"，进而提出"美是道德的象征"。②这就是说，快乐的美既可以由无害的形式产生，也可以由道德的象征带来。康德对道德伦理的重视，深受梁启超赞赏。在1903年发表的《近世第一大哲康德之学说》一文中，梁启超指出："十八世纪之末叶，所谓伪维新思想者，风靡一世。若直觉主义，若快乐主义，滔滔然偏被于天下，道念扫地，骄奢淫浃放纵悖戾之恶德，横行泛滥。自真挚谨严之康德出，以良知说本性，以义务说伦理，然后砥柱狂澜，使万众知所趋向。"③这就使得梁启超不可能把"美"简单等同于"直觉主义""快乐主义"的"情感"和"趣味"，而是清醒地注意到情感有"善恶""美丑"之分，趣味有"好坏""高下"之别，认识到并非所有的令人快乐的"情感"和"趣味"都是"美"，只有不坏的、高尚的快乐情感或趣味才称得上是"美"。他说："情感……的本质不能说它都是善的都是美的。它也有很恶的方面，它也有很丑的方面。它是盲目的，到处乱碰乱进。好起来好得可爱，坏起来也坏得可怕。"④"趣味的性质，不见得都是好的，譬如好嫖好赌，何尝不是趣味？但从教育的眼光看来，这种趣味的性质，当然是不好。……凡一种趣味事项，倘或是要瞒人的，或是拿别人的苦痛换自己的快乐，或是快乐和烦恼相间相续的，这等统名为下等趣味。……我们讲趣味主义的人，绝不承认此等为趣

① 康德：《判断力批判》（上卷），宗白华译，商务印书馆1964年版，第67—69页。

② 康德：《判断力批判》（上卷），宗白华译，商务印书馆1964年版，第69、201页。

③ 原刊于1903年《新民丛报》第26号，见金雅选编：《中国现代美学名家文丛·梁启超卷》，浙江大学出版社2009年版，第97—98页。

④ 梁启超：《中国韵文里头所表现的情感》，见金雅选编：《中国现代美学名家文丛·梁启超卷》，浙江大学出版社2009年版，第102页。

味。"①因此，他提出"情感教育"的任务："情感教育的目的，不外将情感善的美的方面尽量发挥，把那恶的丑的方面渐渐压伏淘汰下去。"②于是，追求情感"快乐"或有"趣味"的"美"就与心灵的向善提升合为一体了。

在这个意义上，梁启超继承康有为人生的本质是"求乐避苦"的思想，极大地提高"美"或"情感""趣味"在人生中的地位："我确信'美'是人类生活一要素——或者还是各种要素中之最要者，倘若在生活全内容中把'美'的成分抽出，恐怕便活得不自在甚至活不成！"③"天下最神圣的莫过于情感。用理解来引导人，顶多能叫人知道哪件事应该做，哪件事怎样做法，却是与被引导的人到底去做不去做，没有什么关系。有时所知的越发多，所做的倒越发少。用情感来激发人，好像磁力吸铁一般，有多大分量的磁，便引多大分量的铁，丝毫容不得躲闪。所以情感这样东西，可以说是一种催眠术，是人类一切动作的原动力。"④"假如有人问我：'你信仰的什么主义？'我便答道：'我信仰的是趣味主义。'有人问我：'你的人生观拿什么做根柢？'我便答道：'拿趣味做根柢。'""总而言之，趣味是活动的源泉。趣味干竭，活动便跟着停止。好像机器房里没有燃料，发不出蒸汽来，任凭你多大的机器，总要停摆。……人类若到把趣味丧失掉的时候，老实说，便是生活得不耐烦，那人虽然勉强留在世间，也不过行尸走肉。倘若全个社会如此，那社会便是

---

① 梁启超：《趣味教育与教育趣味》，见金雅选编：《中国现代美学名家文丛·梁启超卷》，浙江大学出版社2009年版，第18页。

② 梁启超：《中国韵文里头所表现的情感》，见金雅选编：《中国现代美学名家文丛·梁启超卷》，浙江大学出版社2009年版，第102页。

③ 梁启超：《美术与生活》，见金雅选编：《中国现代美学名家文丛·梁启超卷》，浙江大学出版社2009年版，第10页。

④ 梁启超：《中国韵文里头所表现的情感》，见金雅选编：《中国现代美学名家文丛·梁启超卷》，浙江大学出版社2009年版，第102页。

瘵病的社会，早已被医生宣告死刑。"[①] "趣味是生活的原动力，趣味丧掉，生活便成了无意义。"[②] "我是个主张趣味主义的人：倘若用化学化分'梁启超'这件东西，把里头所含的一种原素名叫'趣味'的抽出来，只怕所剩下的仅有个'0'了。我以为，凡人必常常生活于趣味之中，生活才有价值。若哭丧着脸挨过几十年，那么，生命便成沙漠，要来何用？"[③]这既是一种趣味主义、审美至上的人生观，也是一种道德主义人生观。因为他说的"美"是与道德内涵并不相悖的，他说的快乐"情感"和"趣味"是与道德上的"坏""恶""不好"绝缘的。总之，梁启超认为美是合乎道德的快感、趣味。这一思想既来源于西方近代美学，也有中国美学的思想渊源。中国美学向来主张"美善相乐"（荀子）、情理融合，与梁启超的美学思想相契合。

"美"作为引起快感之情的"趣味"在人生中是如此重要，那么，"美"的"趣味"存在于哪里呢？它存在于自然和艺术之中。自然中的美叫"自然之美"，如梁启超在《美术与生活》中指出："人类任操何种卑下职业，任处何种烦劳境界，要之总有机会和自然之美相接触——所谓水流花放，云卷月明，美景良辰，赏心乐事。只要你在一刹那间领略出来，可以把一天的疲劳忽然恢复，把多少时的烦恼丢在九霄云外。"[④]艺术作品中由"人工"创造的美属于"艺术美"，那个时期通常叫作"美术"。艺术的特点就是有趣味的、使人快乐的美。"美术是情感的产物。""美术

---

① 均见梁启超：《趣味教育与教育趣味》，见金雅选编：《中国现代美学名家文丛·梁启超卷》，浙江大学出版社2009年版，第17页。

② 梁启超：《趣味教育与教育趣味》，见金雅选编：《中国现代美学名家文丛·梁启超卷》，浙江大学出版社2009年版，第18页。

③ 梁启超：《学问之趣味》，见金雅选编：《中国现代美学名家文丛·梁启超卷》，浙江大学出版社2009年版，第21页。

④ 梁启超：《美术与生活》，见金雅选编：《中国现代美学名家文丛·梁启超卷》，浙江大学出版社2009年版，第11页。

的任务，自然是在表情。"①"美术的功用"，是"令没趣变为有趣"，"换句话说，是把那渐渐坏掉了的爱美胃口，替他复原，令他常常吸受趣味的营养，以维持增进自己的生活康健"。②"艺术的权威，是把那霎时间便过去的情感，捉住它令它随时可以再现，是把艺术家自己'个性'的情感，打进别人们的'情阈'里头，在若干期间内占领了'他心'的位置。"③艺术有不同的门类，它们都以表情、动情的美为特征："情感教育最大的利器，就是艺术。音乐、美术、文学这三件法宝，把'情感秘密'的钥匙都掌住了。"④文学作为艺术门类之一，自然不能例外："文学的本质和作用，最主要的就是'趣味'。"⑤所以文学又叫"美文"⑥。艺术家对"美"特别敏感，他们的情感特别丰富："若就美术家自身说，他们的趣味生活，自然更与众不同了。他们的美感，比我们锐敏若干倍……我们领略不着的趣味，他们都能领略。"⑦由于艺术的美不仅源于合规律的形式，还源于善的内容，所以以创造艺术美为使命的艺术家"最要紧的工夫，是要修养自己的情感，极力往高洁纯挚的方面，向上提挈，向里体

---

① 梁启超：《美术与科学》，见金雅选编：《中国现代美学名家文丛·梁启超卷》，浙江大学出版社2009年版，第13、15页。

② 均见梁启超：《美术与生活》，见金雅选编：《中国现代美学名家文丛·梁启超卷》，浙江大学出版社2009年版，第12页。

③ 梁启超：《中国韵文里头所表现的情感》，见金雅选编：《中国现代美学名家文丛·梁启超卷》，浙江大学出版社2009年版，第102页。

④ 梁启超：《中国韵文里头所表现的情感》，见金雅选编：《中国现代美学名家文丛·梁启超卷》，浙江大学出版社2009年版，第102页。

⑤ 梁启超：《晚清两大家诗钞题辞》，见金雅选编：《中国现代美学名家文丛·梁启超卷》，浙江大学出版社2009年版，第213页。

⑥ 梁启超：《中国之美文及其历史》，见金雅选编：《中国现代美学名家文丛·梁启超卷》，浙江大学出版社2009年版，第225页。

⑦ 梁启超：《美术与生活》，见金雅选编：《中国现代美学名家文丛·梁启超卷》，浙江大学出版社2009年版，第12页。

验。自己腔子里那一团优美的情感养足了，再用美妙的技术把它表现出来，这才不辱没了艺术的价值"①。与自然美相比，艺术美更加集中、强烈。"人类的好美性决不能以天然的自满足，对于自然美加上些人工，又是别一种风味的美。譬如美的璞玉，经琢磨雕饰而更美；美的花卉，经栽植布置而更美。原样的璞玉、花卉，无论美到怎么样，总是单调的，没有多少变化发展。人工的琢磨雕饰栽植布置，可以各式各样月异而岁不同。"②艺术以令人快乐有趣的"美"为特征，艺术创造的美比自然美更加强烈，而美在人类生活中具有至高无上的地位，"明白这种道理，便知美术这样东西在人类文化系统上该占何等位置了"③。也因此，在梁启超看来，"文学是人生最高尚的嗜好，无论何时，总要积极提倡的"④。由于文学艺术在人类生活中是如此重要，因而，梁启超在后期的学术研究中对文学艺术之美有更多、更深入的探讨。

艺术美的种类或创作途径是怎样的？梁启超在1902年的《论小说与群治之关系》中将小说之美概括为"理想派"与"写实派"两类，这可能受到席勒的"素朴的诗"和"感伤的诗"以及后来的浪漫主义与现实主义之分的影响。梁启超认为，二者之不同，源于一写作者未曾经历的想象以及一写作者经历过的生活。"凡人之性，常非能以现境界而自满足者也；而此蠢蠢躯壳，其所能触能受之境界，又顽狭短局而至有限也。故常欲于其直接以触以受之外，而间接有所触有所受，所谓身外之身，世界外之世界也。……小说

① 梁启超：《中国韵文里头所表现的情感》，见金雅选编：《中国现代美学名家文丛·梁启超卷》，浙江大学出版社2009年版，第102页。

② 梁启超：《中国之美文及其历史》，见金雅选编：《中国现代美学名家文丛·梁启超卷》，浙江大学出版社2009年版，第225页。

③ 梁启超：《美术与生活》，见金雅选编：《中国现代美学名家文丛·梁启超卷》，浙江大学出版社2009年版，第12页。

④ 梁启超：《晚清两大家诗钞题辞》，见金雅选编：《中国现代美学名家文丛·梁启超卷》，浙江大学出版社2009年版，第213页。

者，常导人游于它境界，而变换其常触常受之空气者也。此其一。人之恒情，于其所怀抱之想象，所经阅之境界，往往有行之不知，习矣不察者，无论为哀、为乐、为怨、为怒、为恋、为骇、为忧、为惭，常若知其然而不知其所以然。欲摹写其情状，而心不能自喻，口不能自宣，笔不能自传。有人焉和盘托出，彻底而发露之，则拍案叫绝曰：善哉善哉，如是如是。所谓'夫子言之，于我心有戚戚焉'。感人之深，莫此为甚。此其二。此二者实文章之真谛，笔舌之能事。……由前之说，则理想派小说尚焉；由后之说，则写实派小说尚焉。小说种目虽多，未有能出此两派范围外者也。"①到了1922年，他在《美术与生活》中则将写实的美分解为描写自然形象的真实美与刻画人的心理真实的美两种，从而将艺术美的创造途径归纳为"对境之赏会与复现""心态之抽出与印契""他界之冥构与驀进"②三类："美术中最主要的一派，是描写自然之美，常常把我们所曾经赏会或像是曾经赏会的都复现出来。……这是美术给我们趣味的第一件。"③"美术中有刻画心态的一派，把人的心理看穿了，喜怒哀乐，都活跳在纸上。本来是日常习见的事，但因他写得唯妙唯肖，便不知不觉间把我们的心弦拨动。……这是美术给我们趣味的第二件。美术中有不写实境实态而纯凭理想构造成的。……这是美术给我们趣味的第三件。"④

在各种美文学体裁中，小说在当时的媒体状况下审美效用和影响最

---

① 梁启超：《论小说与群治之关系》，见金雅选编：《中国现代美学名家文丛·梁启超卷》，浙江大学出版社2009年版，第369—370页。

② 梁启超：《美术与生活》，见金雅选编：《中国现代美学名家文丛·梁启超卷》，浙江大学出版社2009年版，第11页。

③ 梁启超：《美术与生活》，见金雅选编：《中国现代美学名家文丛·梁启超卷》，浙江大学出版社2009年版，第11页。

④ 梁启超：《美术与生活》，见金雅选编：《中国现代美学名家文丛·梁启超卷》，浙江大学出版社2009年版，第12页。

大，梁启超视小说为"文学之最上乘"①，所以对小说的审美功能有更深入的分析。在《论小说与群治之关系》一文中，梁启超指出小说的令人嗜爱的美，不仅在于"浅而易解""乐而多趣"，而且在于能如实写出人所常历的"现境界"，虚构出人所未历的"他境界"。小说"支配人道"的美感功能有"四种力"：一曰"熏"。"熏也者，如入云烟中而为其所烘，如近墨朱处而为其所染。""人之读一小说也，不知不觉之间，而眼识为之迷漾，而脑筋为之摇扬，而神经为之营注，今日变一二焉，明日变一二焉，刹那刹那，相断相续，久之而此小说之境界，遂入其灵台（心——引者注）而据之，成为一特别之原质之种子。有此种子故，他日又更有所触所受者，旦旦而熏之，种子愈盛，而又以之熏他人，故此种子遂可以遍世界……而小说则巍巍焉具此威德以操纵众生者也。""熏以空间言，故其力之大小，存其界之广狭。"二曰"浸"。"浸以时间言，故其力之大小，存其界之长短。浸也者，入而与之俱化者也。人之读一小说也，往往既终卷后数日或数句而终不能释然。读《红楼》竟者必有余恋有余悲，读《水浒》竟者必有余快有余怒，何也？浸之力使然也。"三曰"刺"。"刺也者，刺激之义。熏浸之力利用渐，刺之力利用顿。熏浸之力在使感受者不觉，刺之力在使感受者骤觉。刺也者，能入于一刹那顷，忽起异感而不能自制者也。"四曰"提"。熏、浸、刺之力，"自外而灌之使入；提之力，自内而脱之使出"。"凡读小说者，必常若自化其身焉，入于书中，而为其书之主人翁。""文字移人，至此而极。"②

在梁启超看来，"美术，世界所公认的为图画、雕刻、建筑三种。中

---

①　梁启超：《论小说与群治之关系》，见金雅选编：《中国现代美学名家文丛·梁启超卷》，浙江大学出版社2009年版，第370页。

②　均见梁启超：《论小说与群治之关系》，见金雅选编：《中国现代美学名家文丛·梁启超卷》，浙江大学出版社2009年版，第370—371页。

国于这三种之外，还有一种，就是写字……中国写字有特别的工具，就成为特别的美术"①。他认为书法体现了线的美、光的美、力的美，这属于艺术形式美。而书法的个性则体现为内容之美："美术有一种要素，就是表现个性。个性的表现，各种美术都可以……但是表现得最亲切、最真实，莫如写字。""如果说能够表现个性，就是最高美术，那么各种美术，以写字为最高。"②

三、美的本质或根源：心物二元互补论

美，尤其是艺术的美在人类生活中的地位是如此重要，那么，它的实质或者说根源是什么呢？这自然引起梁启超的思考。在这个问题上，梁启超受到佛教"三界唯心"以及中国美学的"境界"说思想的影响，从改良派崇尚心力的世界观出发，将自然之美的根源、本质归于心，提出"唯心"的命题。《自由书·唯心》云：

> 境者心造也。一切物境皆虚幻，惟心所造之境为真实。同一月夜也，琼筵羽觞，清歌妙舞，绣帘半开，素手相携，则有余乐；劳人思妇，对影独坐，促织鸣壁，枫叶绕船，则有余悲。同一风雨也，三两知己，围炉茅屋，谈今道故，饮酒击剑，则有余兴；独客远行，马头郎当，峭寒侵肌，流潦妨毂，则有余闷。"月上柳梢头，人约黄昏后"，与"杜宇声声不忍闻，欲黄昏，雨打梨花深闭门"，同一黄昏也，而一为欢憨，一为愁惨，其境绝异。"桃花流水杳然去，别有天

---

① 梁启超：《书法指导》，见金雅选编：《中国现代美学名家文丛·梁启超卷》，浙江大学出版社2009年版，第380页。

② 梁启超：《书法指导》，见金雅选编：《中国现代美学名家文丛·梁启超卷》，浙江大学出版社2009年版，第381页。

地非人间"，与"人面不知何处去，桃花依旧笑春风"，同一桃花也，而一为清净，一为爱恋，其境绝异。"舳舻千里，旌旗蔽空，酾酒临江，横槊赋诗"，与"浔阳江头夜送客，枫叶荻花秋瑟瑟，主人下马客在船，举酒欲饮无管弦"，同一江也，同一舟也，同一酒也，而一为雄壮，一为冷落，其境绝异。然则天下岂有物境哉，但有心境而已。戴绿眼镜者所见物一切皆绿，戴黄眼镜者所见物一切皆黄。口含黄连者所食物一切皆苦，口含蜜饴者所食物一切皆甜。一切物果绿耶果黄耶果苦耶果甜耶？一切物非绿非黄非苦非甜，一切物亦绿亦黄亦苦亦甜，一切物即绿即黄即苦即甜。然则绿也黄也苦也甜也，其分别不在物而在我。故曰三界惟心。

　　……山自山，川自川，春自春，秋自秋，风自风，月自月，花自花，鸟自鸟，万古不变，无地不同。然有百人于此，同受此山此川此春此秋此风此月此花此鸟之感触，而其心境所现者百焉。千人同受此感触，而其心境所现者千焉。亿万人乃至无量数人同受此感触，而其心境所现者亿万焉，乃至无量数焉。然则欲言物境之果为何状，将谁氏之从乎？仁者见之谓之仁，智者见之谓之智，忧者见之谓之忧，乐者见之谓之乐。吾之所见者，即吾所受之境之真实相也。故曰惟心所造之境为真实。[1]

梁启超此论，揭示了审美活动中审美主体的介入参与和个体的差异性，与西方接受美学中所说的"一千个读者就有一千个哈姆莱特"是一个意思，有一定的合理性。梁启超虽然崇拜康德，但这一思想与康德的先验唯心论不同，它来自中国佛教思想，也有陆王心学的哲学根基。然而，将审美喜

---

[1]　梁启超：《惟心》，见金雅选编：《中国现代美学名家文丛·梁启超卷》，浙江大学出版社2009年版，第48—49页。

好、趣味完全视为审美主体心境的产物，无视审美对象客观属性对主体审美感受、判断的制约，在实践上也难说得通。完全否定美的客观性，也就取消了美的规律研究的合法性。这与他从现实观察出发对美的特征，尤其是艺术美的构成规律的探讨总结显然是矛盾的。所以，1924年，他又写了一篇《非"唯"》，对早期的"唯心"美论加以补正：

> "唯什么""唯什么"的名目很多，最主要者莫如"唯物论"和"唯心论"。其实人生之所以复杂矛盾，也不过以心物相互关系为出发点。所以我的"非唯"论，就从这唯物唯心两派"非"起。
>
> ……
>
> 心力是宇宙间最伟大的东西，而且含有不可思议的神秘性，人类所以在生物界占特别位置者就在此。这是我绝对承认的。若心字上头加上一个唯字，我便不能不反对了。充"唯心论"的主张，必要将所有物质的条件和势力一概否认，才算贯彻。然而事实上哪里能做到？自然界的影响和限制且不必论，乃至和我群栖对立的"人们"，从我看来，皆物而非心。我自己身体内种种机官和生理上作用，皆物而非心。总而言之，无论心力如何伟大，总要受物的限制，而且限制的方面很多，力量很不弱。所以唯心论者若要贯彻他的主张……在个人修养的收获上是很杳茫的，而在社会设施上可以发生奇谬，闹出种种乱子来，所以我要反对它。[①]

当然，单纯的"唯物论"，梁启超也是不赞成的：

---

① 梁启超：《非"唯"》，见金雅选编：《中国现代美学名家文丛·梁启超卷》，浙江大学出版社2009年版，第53—54页。

物的条件之重要，前文已经说过……若在物字上头加上一个唯字，我又不能不反对了。须知人类和其他动物之所以不同者，其他动物至多能顺应环境罢了，人类则能改良或创造环境，拿什么去改良创造？就是他们的心力。若不承认这一点心力的神秘，便全部人类进化史都说不通了。若要贯彻唯物论的主张吗？结果非归到"机械的人生观"不可。……须知机械全是它动的，不能自动。人类若果是机械，还有什么存在的意义和价值？所以这一派学说我是不能不反对的。[①]

生活中的一切都不可"唯心"或"唯物"，而应坚持心物二元互动互补，美、趣味也不例外。在写于1920年的《晚清两大家诗钞题辞》中，梁启超指出："趣味这件东西，是由内发的情感和外受的环境交媾发生出来。"[②] 梁氏用唯物论对唯心论的纠偏，不啻有着启示、警诫意义。

四、对悲壮美、崇高美的推崇

尽管梁启超前期侧重于呼唤文学为政治革新鸣锣开道，后期专心于文艺美学的学理研究，但有一个美学追求是前后一贯、未曾改变的，那就是对崇高美、悲壮美的崇尚。这种崇尚不仅出自个人喜好，也是出自启蒙、改良的需要。

1899年变法失败之后不久，梁启超在《自由书》中对西方所说的"烟士披里纯"[③]大加赞赏。"烟士披里纯"（inspiration），即"激动""鼓

---

① 梁启超：《非"唯"》，见金雅选编：《中国现代美学名家文丛·梁启超卷》，浙江大学出版社2009年版，第54—55页。

② 梁启超：《晚清两大家诗钞题辞》，见金雅选编：《中国现代美学名家文丛·梁启超卷》，浙江大学出版社2009年版，第213页。

③ 梁启超：《烟士披里纯（INSPIRATION）》，见金雅选编：《中国现代美学名家文丛·梁启超卷》，浙江大学出版社2009年版，第50—52页。

舞"之意,与美学中所说的"崇高"颇为相类。他说:

> "烟士披里纯"者,发于思想感情最高潮之一刹那顷,而千古之英雄豪杰、孝子烈妇、忠臣义士以至热心之宗教家、美术家、探险家,所以能为惊天地泣鬼神之事业,皆起于此一刹那顷,为此"烟士披里纯"之所鼓动。故此一刹那间不识不知之所成就,有远过于数十年矜心作意以为之者。……马丁路得云:"我于怒时,最善祈祷,最善演说。"至如玄奘法师之一钵一锡,越葱岭,犯毒瘴,以达印度;哥仑布之一帆一楫,凌洪涛,赌生命,以寻美洲;俄儿士蔑之唱俚谣,弹琵琶,以乞食于南欧;摩西之斗蛮族,逐水草,以徘徊于沙漠;虽所求不同,所成不同,而要之皆一旦为"烟士披里纯"所感动所驱使,而求达其目的而已。……以卢骚心力之大,所谓放火于欧洲亿万人心之火种,而其所成就,乃自行脚中之"烟士披里纯"得来!"烟士披里纯"之动力,诚不可思议哉!
>
> 世之历史家议论家往往曰:英雄笼络人。……噫嘻!英雄之果为笼络人与否,吾不能知之。藉曰笼络,而其所谓笼络者,决非假权术,非如器械造而印板行,盖必有所谓"烟士披里纯"者,其接于人也,如电气之触物,如磁石之引铁,有欲离而不能离者焉。……
>
> 然则养此"烟士披里纯"亦有道乎?曰:"烟士披里纯"之来也如风,人不能捕之;其生也如云,人不能攫之。……
>
> 使人之处世也,常如在火宅,如在敌围,则"烟士披里纯"日与相随,虽百千阻力,何所可畏?虽擎天事业,何所不成?……书此铭诸终身,以自警戒,自鞭策,且以告天下之同志者。[①]

---

① 梁启超:《烟士披里纯(INSPIRATION)》,见金雅选编:《中国现代美学名家文丛·梁启超卷》,浙江大学出版社2009年版,第50—52页。

"烟士披里纯"作为令人激动、鼓舞的崇高之美，不是刻意为之的，也不能从形式技巧上追求，它是一种内在的英雄气概的自然结果。

1902年，梁启超发表《论小说与群治之关系》一文。此文触及艺术中的崇高问题。"小说之以赏心乐事为目的者固多，然此等顾不甚为世所重。其最受欢迎者，则必其可惊、可愕、可悲、可感，读之而生出无量噩梦，抹出无量眼泪者也。"[①] "刺也者，刺激之义也。""刺之力利用顿"，"刺之力在使感受者骤觉。刺也者，能入于一刹那顷，忽起异感而不能自制也。我本蔼然和也，乃读林冲雪天三限、武松飞云浦厄，何以忽然发指？我本愉然乐也，乃读晴雯出大观园，黛玉死潇湘馆，何以忽然泪流？我本肃然庄也，乃读实甫之琴心酬简，东塘之眠香访翠，何以忽然情动？若是者，皆所谓刺激也。大抵脑筋愈敏之人，则其受刺激力也愈速且剧。而要之必以其书所含刺激力之大小为比例。禅宗之一棒一喝，皆利用此刺激力以度人者也"。[②]在梁启超看来，政治改良的目的不能依靠优美和谐风格的小说来实现，必须给读者刺激，使读者震撼才成。

1902年至1907年，梁启超著《诗话》若干则，通过对具体诗人、具体诗作的评析，不仅表达了"以旧风格含新意境"的"诗界革命"主张，而且表达了对"雄伟博丽"的崇高境界的追慕和向往。他首推的近世诗人是黄遵宪。黄诗那种"大风西北来，摇天海波黑"的壮阔意象、"秦肥越瘠同一乡，并作长城长"的壮美意象、"我闻三昧火，烧身光熊熊"的悲壮意象、"探穴先探虎穴先，何物是艰险"的无畏意象、"堂堂堂堂好男

---

① 梁启超：《论小说与群治之关系》，见金雅选编：《中国现代美学名家文丛·梁启超卷》，浙江大学出版社2009年版，第369页。

② 梁启超：《论小说与群治之关系》，见金雅选编：《中国现代美学名家文丛·梁启超卷》，浙江大学出版社2009年版，第370页。

子，最好沙场死"的英雄意象，梁启超深为赞赏："平生论诗，最倾倒黄公度。"谭嗣同"金裘喷血和天斗，云竹闻歌匝地哀"的激越、"我自横刀向天笑，去留肝胆两昆仑"的凛然，都与梁启超推崇的英雄气概吻合，因而梁启超称之为"中国二十世纪开幕第一人"。《诗话》极力弘扬的是以时代国家为念、以崇高理想为旨、以惊心动魄为归的"深邃闳远""精深盘郁""雄壮活泼""连抃瑰伟""长歌当哭""卓荦""庄严""超远""慷慨""遒劲"之作。[1]

20世纪20年代，梁启超写下了一系列文艺美学论文。在《中国之美文及其历史》中，他盛赞秦汉之际"有两首千古不磨的杰歌，其一，荆轲的《易水歌》，其二，项羽的《垓下歌》"[2]，两诗都表现了英雄的哀壮之音。在《中国韵文里头所表现的情感》中，他高度肯定以"哀痛"为主、"热烈磅礴"的"奔进的表情法"，称这类作品是"情感文中之圣"。[3]尤为值得注意的是《情圣杜甫》，其中指出杜诗之美是带着痛楚的美，使崇高美到悲剧美的方向得到进一步开掘。他说：

> 诗是歌的笑的好呀，还是哭的叫的好？……依我所见……诉人生苦痛，写人生黑暗，也不能不说是美。因为美的作用，不外令自己或别人起快感。痛楚的刺激，也是快感之一。例如肤痒的人，用手抓到出血，越抓越畅快。像情感怎么热烈的杜工部，他的作品，自然是刺激性极强，近于哭叫人生目的那一路。主张人生艺术观的人，固然

---

[1] 参阅金雅《导读：梁启超及其美学》，见金雅选编：《中国现代美学名家文丛·梁启超卷》，浙江大学出版社2009年版，导读第16页。

[2] 梁启超：《中国之美文及其历史》，见金雅选编：《中国现代美学名家文丛·梁启超卷》，浙江大学出版社2009年版，第235页。

[3] 梁启超：《中国韵文里头所表现的情感》，见金雅选编：《中国现代美学名家文丛·梁启超卷》，浙江大学出版社2009年版，第103、107页。

要读它，但还要知道，他的哭声，是三板一眼地哭出来，节节含着真美。主张唯美艺术观的人，也非读它不可。[1]

要之，梁启超一以贯之的具有崇高取向的美学思想，出自其"新民"救国的伟大志向，也体现了启蒙时代的崇高精神，从而成为梁启超美学思想的主旋律。

五、梁启超美学思想的意义

梁启超的美学思想是为"新民"救国服务的启蒙主义思想，因此带有鲜明的政治功利色彩。它继承了中国美学的"美善相乐"的传统，也深刻地影响了中国现代美学的历史，开创了中国美学的功利主义一派。对于其思想的学术评价应该有两个方面：一方面，它强调了审美与艺术、现实的联系，发挥了美学的社会作用，因此具有合理性；另一方面，它把审美和艺术的社会功利作用直接化，而忽视了其超功利性，也给艺术和美学发展带来了不利因素，这一点也为中国美学和艺术的现代发展史所证实。此外，梁启超对于心物关系的探索也具有启发意义。

此外，梁启超接受了西方近代启蒙主义美学思想，同时也继承了中国美学思想，并尝试把二者结合起来，其"趣味说"和"境界说"都体现了这一特点，从而开拓了建构有中国特色的现代美学之路。

总之，梁启超对西方近代美学的介绍和自己的理论探索，虽然简单粗糙，但起到了开拓作用，其在中国美学史上的草创之功不能磨灭。

---

[1] 梁启超：《情圣杜甫》，见金雅选编：《中国现代美学名家文丛·梁启超卷》，浙江大学出版社2009年版，第188页。

第三节　蔡元培的美学思想

蔡元培（1868—1940）出生于浙江绍兴。他是出色的教育家、政治家、社会活动家，也是启蒙思想家和美学家。蔡元培是中国现代启蒙主义美学的另一位代表人物。他从"人道主义"的价值理性入手，倡导美的超越性，同时注重美育，倡导"以美育代宗教"。

一、蔡元培的"人道主义"的道德学说与启蒙思想

蔡元培的美学思想根源于其人性观，而其人性观受到孙中山的影响。他认为，"人类的生存"，"所需有两种：一是体魄上的需要，如衣、食、住等是；一是精神上的需要，如学术是"。[①]1912年，蔡元培出任中华民国临时政府教育总长之初，曾提出国家教育的"五种主义"，"即军国民教育、实利主义、公民道德、世界观、美育是也"。[②]这"五种主义"中，"军国民主义为体育"，"实利主义"与人的"身体需要"有关；"世界观""美育""公民道德"则属于人的"精神需要"。他同时指出："五者以公民道德为中坚，盖世界观及美育皆所以完成道德，而军国民教育及实利主义，则必以道德为根本。"[③]蔡元培的教育方针，直接体现了他的人性观：在坚持"身体需要"与"精神需要"同时并进的前提下，以"精神需要"为重，而以"公民道德"为重中之重。从人的"精神需要"出发，他主张"以公民道德为中坚"，同时发展"智育""美育"和

---

① 蔡元培：《国外勤工俭学会与国内工学互助团》，见高平叔编：《蔡元培全集》（第三卷），中华书局1984年版，第374页。

② 蔡元培：《全国临时教育会议开会词》，见高平叔编：《蔡元培全集》（第二卷），中华书局1984年版，第263页。

③ 蔡元培：《全国临时教育会议开会词》，见高平叔编：《蔡元培全集》（第二卷），中华书局1984年版，第263页。

"体育"。他认为，"智育""美育""体育"有助于"德育"，是获得"健全之精神"的途径。受到科学主义的影响，在《科学之修养》中，他分析说明科学研究对于培养"诚""勤""勇""爱"等道德品质的促进作用，指出道德教育唯有"科学的修养方法之可行"。①在《告北大学生暨全国学生书》中，他告诫学生要通过"扩充其知识"来"高尚其志趣，纯洁其品性"。②

　　蔡元培以人类精神生活中的道德建设为启蒙活动的首要任务。他所追求的"道德"是不同于旧道德的新道德，即以"自由、平等、博爱"为基本特征的"人道主义"。1912年2月11日，他在上任中华民国教育总长之初发布的《对于新教育之意见》中指出："法兰西之革命也，所标揭者，曰自由、平等、亲爱。道德之要旨，尽于是矣。"③1915年1月，他在《哲学大纲》的"美学观念"一节中揭示："夫人类共同之鹄的，为今日所堪公认者，不外乎人道主义。"④1918年11月10日，在《〈北京大学月刊〉发刊词》中，他将"思想自由""兼容并收"作为"大学之所以为大"的一条"思想自由之通则"加以强调。⑤1922年3月，他在《新教育》杂志上发表《教育独立议》，将"独立自由"的大学通则推广到范围更大的"教育"中去："教育是帮助被教育的人，给他能发展自己的能力，完成他的

　　①　蔡元培：《科学之修养》，见高平叔编：《蔡元培全集》（第三卷），中华书局1984年版，第290—292页。

　　②　蔡元培：《告北大学生暨全国学生书》，见高平叔编：《蔡元培全集》（第三卷），中华书局1984年版，第313页。

　　③　蔡元培：《对于新教育之意见》，见高平叔编：《蔡元培全集》（第二卷），中华书局1984年版，第131页。

　　④　蔡元培：《哲学大纲》，见高平叔编：《蔡元培全集》（第二卷），中华书局1984年版，第380页。

　　⑤　蔡元培：《〈北京大学月刊〉发刊词》，见高平叔编：《蔡元培全集》（第三卷），中华书局1984年版，第211页。

人格，于人类文化上能尽一分子的责任；不是把被教育的人，造成一种特别器具，给抱有他种目的的人去应用的。所以，教育事业当完全交与教育家，保有独立的人格，毫不受各派政党或各派教会的影响。教育是要个性与群性平均发达的。政党是要制造一种特别的群性，抹杀个性……教育是求远效的；政党的政策是求近功的。……所以，教育事业不可不超然于各派政党以外。"[1]从这种独立自由的价值追求出发，蔡元培在担任北京大学校长期间曾于1919年、1923年两次辞职。正是由于他的身体力行与坚守抗争，"自由""独立"才成为北京大学的办学传统。"人道主义"既追求"自由"，又强调"博爱"；既重视"独立"，又兼顾"利群"。蔡元培处在国内外风起云涌的民族民主革命风潮中，着眼于"群亡则己随之而亡"[2]，在强调"利己"的个人权利的同时，更强调"为群伦不为小己"[3]的个人"义务"。在蔡元培看来，"人道主义"是"人性所固有""人心所同然"[4]的普遍追求。他在《我在教育界的经验》中指出，中国古代儒家的道德有与以"自由、平等、亲爱"为内容的"人道主义"相通的一面："自由者，'富贵不能淫，贫贱不能移，威武不能屈'是也；古者盖谓之义。平等者，'己所不欲，勿施于人'是也；古者盖谓之恕。友爱者，'己欲立而立人，己欲达而达人'是也；古者盖谓之仁。"[5]他还指

① 蔡元培：《教育独立议》，见高平叔编：《蔡元培全集》（第四卷），中华书局1984年版，第177页。

② 蔡元培：《华工学校讲义》，见高平叔编：《蔡元培全集》（第二卷），中华书局1984年版，第421页。

③ 蔡元培：《世界观与人生观》，见高平叔编：《蔡元培全集》（第二卷），中华书局1984年版，第290页。

④ 蔡元培：《哲学大纲》，见高平叔编：《蔡元培全集》（第二卷），中华书局1984年版，第380页。

⑤ 蔡元培：《我在教育界的经验》，见高平叔编：《蔡元培全集》（第七卷），中华书局1989年版，第197页。

出：孔子"天下为公"的"大同"之说、子夏的"四海之内皆兄弟"、张载的"民吾同胞"等，"尤与法人所唱之博爱主义相合"，"中国以人道为教育，亦与法国为同志也"。[①]于是，"人道主义"新道德经过他的重新诠释，就成了符合人性的普适价值。他投身于民族民主革命和五四启蒙运动，就是这种崭新的道德思想推动的结果，也是这种人道主义理念的实践活动。

二、蔡元培的美学观点

1901年，他的《哲学总论》一文首次引入"美育"概念。1903年，他翻译出版科培尔的《哲学要领》，确立"美学"的哲学定位。[②]1907年5月，40岁的蔡元培前往德国柏林，入莱比锡大学学习。由于在课堂上常听美学、美术史、文学史课程，生活环境又处于音乐、美术的熏陶中，他对美学产生了兴趣，并按摩曼教授的方法，"在美学上做一点实验工作"。1913年，辞去民国教育总长的蔡元培46岁时再次赴法国从事学术研究，三年中编写了不少哲学、美学著作。1916年底回国任职后，蔡元培利用自己的教育管理岗位之便，全身心投入美育的倡导推广上。这就产生一个问题：蔡元培致力的美学研究和美育活动究竟与他毕生为之奋斗的民主自由理想是什么关系？作为美学家、美育家的蔡元培与作为启蒙思想家、民主革命家的蔡元培是分裂的，还是统一的？

"美"及"美感"具有破除人我壁垒的"普遍性"和消除利害关系的"超越性"，这是西方古典美学的一个基本观点，也是蔡元培美学思想

---

① 蔡元培：《华法教育会之意趣》，见高平叔编：《蔡元培全集》（第二卷），中华书局1984年版，第416页。

② 刘悦笛、李修建：《当代中国美学研究（1949—2009）》，中国社会科学出版社2011年版，第571页。

的基本观点。恰恰是这种破除利己性的"普遍性"和消除利害顾忌的"超越性",对培养"自由""博爱"的"人道主义"道德情操有极大的促进作用。于是在美学与人道主义、学术与启蒙思想之间,蔡元培找到了相通之处。他指出:"夫人类共同之鹄的,为今日所堪公认者,不外乎人道主义……而人道主义之最大阻力,为专己性,美感之超脱而普遍,则专己性之良药也。"①美可以"打破人我的成见",使人超越"利害的关系",所以"美感的发动","纯然有'天下为公'之概",美育可以培育利人乐群的道德观。②道德的培养离不开"美育之助"③,"美育皆毗于德育"④。"自由、平等、友爱为德之大纲,而所以育之者,仍不外科学、美术。"⑤因此,"行人道主义之教育者,必有资于科学及美术"⑥。

由此可见,在蔡元培的心目中,人道主义与美学美育、启蒙思想与学术研究不仅不是割裂的,而是二位一体的。人道主义、启蒙思想是体,学术研究、美学美育是用。体不离用,用即是体。于是,这就不难理解,作为启蒙思想家和民主革命家的蔡元培为什么在中华民国诞生后将主要的精力都放在美学研究与美育实践中。

在美学研究方面,他将西方美学学科最早系统地译介到中国来,编写

① 蔡元培:《哲学大纲》,见高平叔编:《蔡元培全集》(第二卷),中华书局1984年版,第380页。

② 蔡元培:《美育与人生》,见高平叔编:《蔡元培全集》(第六卷),中华书局1988年版,第158页。

③ 蔡元培:《美育》,见高平叔编:《蔡元培全集》(第五卷),中华书局1988年版,第508页。

④ 蔡元培:《对于新教育之意见》,见高平叔编:《蔡元培全集》(第二卷),中华书局1984年版,第135页。

⑤ 蔡元培:《游保定日记》,见高平叔编:《蔡元培全集》(第三卷),中华书局1984年版,第123页。

⑥ 蔡元培:《华法教育会之意趣》,见高平叔编:《蔡元培全集》(第二卷),中华书局1984年版,第416页。

了美学原理一类的美学启蒙著作，成为中国现代美学学科的助产士。1915年访学法国期间，他编著《哲学大纲》[①]一书，其中《价值论》一编中的第四节便是"美学观念"。1920年，他在湖南连续做了七次讲演，其中，《美学的进化》完整地介绍了西方美学学科的诞生、发展历程。同年，他着手编著《美学道论》，写出《美学的倾向》《美学的对象》两章。在北京大学主持工作期间，他首次将美学课程引进教学，并亲自讲授美学课程。[②]在《美学的进化》中，他揭示"美学"应是一门独立的学科，这门学科由德国美学家鲍姆嘉登创立而成科学：

> 　　直到十八世纪，始成立科学。美学的萌芽，也是很早。中国的《乐记》《考工记》《梓人篇》，已经有极精的理论。后来如《文心雕龙》，各种诗话，各种评论书画古董的书，都是与美学有关。但没有人能综合各方面的理论，有统系的组织起来，所以至今还没有建设美学。
>
> 　　在欧洲古代，也是这样。希腊的大哲学家，如柏拉图、雅里士多德等，都有关于美学的名言……
>
> 　　罗马时代的文学家、雄辩家、建筑家，关于他的专门技术，间有著作。到文艺中兴时代，文喜（Leonardo da Vince）……等美术家，尤注意于建筑与图画的理论。……十七世纪，法国的诗人，有点新的见解。……用学理来分析美的原素，为美学先驱的，要推十七、十八世纪的英国经验派心理学家。他们知道美的赏鉴，是属于感情与想象

---

① 《哲学大纲》最初由上海商务印书馆在1916年出版。

② 蔡元培《我在北京大学的经历》："我本来很注意于美育的，北大有美学及美术史教课，除中国美术史由叶浩吾君讲授外，没有人肯讲美学。（民国——引者注）十年，我讲了十余次，因足疾进医院停止。" 见高平叔编：《蔡元培全集》（第六卷），中华书局1988年版，第355页。

力的。美的判断，不专是认识的。而且美的感情，也与别种感情有不同的点。如呵末（Hume）说美的快感是超脱的，与道德的实用的感情不同。又如褒尔克（Burke）研究美感的种类，说美，是一见就生快感的……

以上所举的哲学家，虽然有美学的理论，但都附属在哲学的或美术的著作中，不但没有专门美学的书，还没有美学的专名，与中国一样。直到一七五〇年，德国鲍格登（Alexander Baumgarten）著《爱斯推替克》（Aesthetica）一书，专论美感。"爱斯推替克"一字，在希腊文本是感觉的意义，经鲍氏著书后，就成美学专名；各国的学者都沿用了。这是美学上第一新纪元。[①]

蔡元培接着介绍了康德、席勒、黑格尔、叔本华、里普斯（Theodor Lipps，旧译"立普斯""李普斯""利普斯"等）等人的美学思想及其对美学学科的发展，一幅西方美学史的图景清晰可辨。

在对西方美学学科的研究、译介中，蔡元培反复阐释、强调"美"这种情感的"普遍性"和"超越性"。1912年4月，他在《东方杂志》第8卷第10号刊载《对于教育方针之意见》（原名为《对于新教育之意见》，在《东方杂志》刊载时更名）一文，指出"美感"对"现象世界""利害"关系的超越：

美感者……介乎现象世界与实体世界之间，而为津梁。……在现象世界，凡人皆有爱恶惊惧喜怒悲乐之情，随离合生死祸福利害之现象而流转。至美术则即以此等现象为资料，而能使对之者，自美感以

_____

① 蔡元培：《美学的进化》，见高平叔编：《蔡元培全集》（第四卷），中华书局1984年版，第20—21页。

外，一无杂念。例如采莲煮豆，饮食之事也，而一入诗歌，则别成兴趣；火山赤舌，大风破舟，可骇可怖之景也，而一入图画，则转堪展玩。是则对于现象世界，无厌弃而亦无执著也。人既脱离一切现象世界相对之感情，而为浑然之美感，则即所谓与造物为友，而已接触于实体世界之观念矣。故教育家欲由现象世界而引以到达于实体世界之观念，不可不用美感之教育。①

在1916年出版的《哲学大纲》里的"美学观念"一节中，蔡元培指出："美学观念者，基本于快与不快之感，与科学之属于知见，道德之发于意志者，相为对待。""其绅绎纯粹美感之真相，发挥美学判断之关系者，始于近世哲学家，而尤以康德为最著。""康德立美感之界说，一曰超脱，谓全无利益之关系也；二曰普遍，谓人心所同然也；三曰有则，谓无鹄的之可指，而自由其赴的之作用也；四曰必然，谓人性所固有，而无待乎外铄也。"②

1917年，蔡元培在北京神州学会上做了题为《以美育代宗教说》的演讲，后来发表在同年8月《新青年》第3卷第6号上，对美之"普遍性"及由此产生的"超绝实际"性、"去利害得失计较"的"超脱"性又有进一步的阐述：

纯粹之美育，所以陶养吾人之感情，使有高尚纯洁之习惯，而使人我之见，利己损人之思念，以渐消沮者也。盖以美为普遍性，决

---

① 蔡元培：《对于新教育之意见》，见高平叔编：《蔡元培全集》（第二卷），中华书局1984年版，第134页。

② 蔡元培：《哲学大纲》，见高平叔编：《蔡元培全集》（第二卷），中华书局1984年版，第379—380页。

无人我差别之见能参入其中。食物之入我口者，不能兼果他人之腹；衣服之在我身者，不能兼供他人之温；以其非普遍性也。美则不然。即如北京左近之西山，我游之，人亦游之；我无损于人，人亦无损于我也。隔千里兮共明月，我与人均不得而私之……美之为普遍性可知矣。……

　　……

美以普遍性之故，不复有人我之关系，遂亦不能有利害之关系。马牛，人之所利用者，而戴嵩所画之牛，韩幹所画之马，决无对之而作服乘之想者。狮虎，人之所畏也，而卢沟桥之石狮，神虎桥之石虎，决无对之而生搏噬之恐者。植物之花，所以成实也，而吾人赏花决非作果实可食之想。善歌之鸟，恒非食品。灿烂之蛇，多含毒液。而以审美之观念对之，其价值自若。美色，人之所好也；对希腊之裸像，决不敢作龙阳之想；对拉飞尔若鲁滨司之裸体画，决不敢有周昉秘戏图之想。盖美之超绝实际也如是。①

蔡元培为什么不厌其烦、一再重复强调美的"普遍性"和"超越性"呢？说到底，这是为培养"人道主义"道德观念服务的。

三、蔡元培的"以美育代宗教"说

美学研究为体认美的"普遍性"和"超越性"提供了坚实的学理依据，但如果仅仅停留于学术的"知"，而不能落实于实践的"行"，这种研究就没有意义。美学研究要转化为民主革命和启蒙活动的一部分，就必须在学校的学生中乃至在全民中培育"美"的情感，开展美育活动。于

---

① 蔡元培：《以美育代宗教说——在北京神州学会演说词》，见高平叔编：《蔡元培全集》（第三卷），中华书局1984年版，第33页。

是，担任中华民国教育总长之后直至逝世，蔡元培将更多的精力置于美育的倡导推广上。

1912年2月，他在教育总长任上发表《对于新教育之意见》，在"军国民教育"（体育）、"实利教育"、"德育"、"世界观教育"之外，别立"美育"，主张以"五育"教化国民。这是他最早提出的关于"美育"的想法。所谓"美育"，即"美感之教育"，旨在教育人超越"祸福利害"的"现象世界"，达到无功利的"实体（即本体——引者注）世界"；同时包括"图画""唱歌""游戏"等——这一点被他后来发展为"美术之教育"；此外，"算学""物理""化学"等亦"可以资美育"。①

1916年3月29日，旅居法国的蔡元培在巴黎自由教育会所举行的华法教育会上做《华法教育会之意趣》的演说，将音乐、图画、书法、饰文等美术教育作为教育的一项重要内容提出。②

1917年，蔡元培发表《以美育代宗教说》之演讲，提出"以美育代宗教"的著名观点。③

1919年12月1日他在《晨报副刊》发表《文化运动不要忘了美育》，重申："美术的教育"，可"提起一种超越利害的兴趣，融合一种画分人我的僻见，保持一种永久平和的心境"。④

1920年12月7日，蔡元培出国考察途经新加坡南洋华侨中学时，做《普

---

① 蔡元培：《对于新教育之意见》，见高平叔编：《蔡元培全集》（第二卷），中华书局1984年版，第130—136页。

② 蔡元培：《华法教育会之意趣》，见高平叔编：《蔡元培全集》（第二卷），中华书局1984年版，第414—416页。

③ 蔡元培：《以美育代宗教说》，见高平叔编：《蔡元培全集》（第三卷），中华书局1984年版，第30—34页。

④ 蔡元培：《文化运动不要忘了美育》，见高平叔编：《蔡元培全集》（第三卷），中华书局1984年版，第361页。

通教育和职业教育》之演讲，提出"健全的人格，内分四育"，即"体育""智育""德育""美育"。①

1922年，蔡元培发表《美育实施的方法》，主张"美育"应渗透到"家庭教育""学校教育""社会教育"中。②

1930年，蔡元培为《教育大辞书》撰"美育"条，完整地表述了他对"美育"的思考："美育者，应用美学之理论于教育，以陶养感情为目的者也。""美育者，与智育相辅而行，以图德育之完成者也。"③同年12月，蔡元培发表《以美育代宗教》一文，重申"以美育代宗教"。④

1931年，蔡元培发表《二十五年来中国之美育》一文，回顾了自1912年以来中国美育在"造型美术"（包括博物院展览会、摄影术）、"音乐"、"文学"、"演剧"、"影戏"、"留声机与无线电播音机"、"公园"诸方面所做的实绩。他在开篇说："美育的名词，是民国元年我从德文 Asthetische Erziehung 译出，为从前所未有。在古代说音乐的，说文学的，说书画的，都说他们有陶冶性情的作用，就是美育的意义；不过范围较小，教育家亦未曾做普及的计划；最近二十五年，受欧洲美术教育的影响，始着手各方面的建设，虽成绩不甚昭著，而美育一名词，已与智育、德育、体育等同为教育家所注意，这不能不算是二十五年的特色。"⑤

---

① 蔡元培：《普通教育和职业教育——在新加坡南洋华侨中学演说词》，见高平叔编：《蔡元培全集》（第三卷），中华书局1984年版，第473—479页。

② 蔡元培：《美育实施的方法》，见高平叔编：《蔡元培全集》（第四卷），中华书局1984年版，第211—217页。

③ 蔡元培：《美育》，见高平叔编：《蔡元培全集》（第五卷），中华书局1988年版，第508页。

④ 蔡元培：《以美育代宗教》，见高平叔编：《蔡元培全集》（第五卷），中华书局1988年版，第500—502页。

⑤ 蔡元培：《二十五年来中国之美育》，见高平叔编：《蔡元培全集》（第六卷），中华书局1988年版，第54—67页。

1932年，蔡元培再次发表《美育代宗教》一文，陈述他的理由。[1]

1935年，蔡元培接受《时代画报》记者访谈，谈及"美育"问题。[2]

蔡元培的美育思想，有两个特点值得注意。

一是美育与美术的关系。美术即艺术，艺术以美为特征。美育包含艺术教育，同时又不等于艺术教育，还包括其他审美的陶冶。他指出："美育的范围要比美术大得多，包括一切音乐，文学，戏院，电影，公园，小小园林的布置，繁华的都市（例如上海），幽静的乡村（例如龙华）等等，此外如个人的举动（例如六朝人的尚清谈），社会的组织，学术团体，山水的利用，以及其他种种的社会现状，都是美化。美育是广义的，而美术则意义太狭。"[3]

二是美育与宗教的关系。蔡元培认识到中国宗教信仰薄弱，同时也出于启蒙主义的观念，不主张引进宗教，认为宗教有其弊端。那么，现代中国人以什么作为道德的根据，通过什么途径来培育道德情操呢？他提出了"以美育代宗教"的思想。蔡元培在1917年、1930年、1932年三次提及这个问题。在1917年发表的《以美育代宗教说》演讲中，他指出宗教虽然包含美育，具有刺激、愉悦人的情感的功能，但还承担着智育和德育的功能，受着知识和意志的拖累，比较而言，"专尚陶养感情之术，则莫如舍宗教而易以纯粹之美育"[4]。1930年12月，蔡元培发表《以美育代宗教》一文，说明"我所以不主张保存宗教，而欲以美育来代他"的"理由"：过

---

[1] 蔡元培：《美育代宗教》，见文艺美学丛书编委会编：《蔡元培美学文选》，北京大学出版社1983年版，第160页。

[2] 蔡元培：《与时代画报记者谈话》，见文艺美学丛书编委会编：《蔡元培美学文选》，北京大学出版社1983年版，第214页。

[3] 蔡元培：《美育代宗教》，见文艺美学丛书编委会编：《蔡元培美学文选》，北京大学出版社1983年版，第160页。

[4] 蔡元培：《以美育代宗教说——在北京神州学会演说词》，见高平叔编：《蔡元培全集》（第三卷），中华书局1984年版，第33页。

去宗教承担着智育、德育、体育、美育的所有教育功能；到了"科学发达以后"的现代，智育、德育、体育不再依赖宗教，甚至"与宗教无关"，"宗教上不朽的一点止有美"，只有美育还与宗教有关，但也不可"保留宗教以当美育"，因为"一、美育是自由的，而宗教是强制的；二、美育是进步的，而宗教是保守的；三、美育是普及的，而宗教是有界的"。"宗教中美育的原素虽不朽，而既认为宗教的一部分，则往往引起审美者的联想，使彼受智育德育诸部分的影响，而不能为纯粹的美感，故不能以宗教充美育，而止能以美育代宗教。"①1932年，蔡元培再次发表《美育代宗教》一文，阐释他强调"以美育代宗教"的原因："以前都是以宗教代教育，除了宗教外没有另外的教育"，因而宗教包含智育、德育、体育、美育，"但现在可不同了"，"在宗教的仪式中，就丢掉了智德体三育，剩下来的只有美育"，但宗教不可以代替美育，"因为宗教上的美育材料有限制，而美育无限制，美育应该绝对的自由，以调养人的感情"，为了培养人的自由的纯粹的美感，必须"以美育代宗教"。②

蔡元培为什么如此不遗余力地致力于美育的倡导和推广呢？"提出美育，因为美感是普遍性，可以破人我彼此的偏见；美感是超越性，可以破生死利害的顾忌，在教育上应特别注重。"③他在1937年12月发表的《我在教育界的经验》中的这段话可以帮助我们进一步理解其中的缘由。美育培养的具有"普遍性""超越性"的美感与人道主义道德信仰是相通的。人不可无信仰。中国人过去宗教信仰薄弱，是以孔教为信仰的。推翻了以

---

① 蔡元培：《以美育代宗教》，见高平叔编：《蔡元培全集》（第五卷），中华书局1988年版，第500—502页。

② 蔡元培：《美育代宗教》，见文艺美学丛书编委会编：《蔡元培美学文选》，北京大学出版社1983年版，第162—164页。

③ 蔡元培：《我在教育界的经验》，见高平叔编：《蔡元培全集》（第七卷），中华书局1989年版，第197页。

孔教为代表的旧道德后，代之而起的价值真空由什么来填补呢？就是人道主义新道德和通向人道主义道德信仰的美育。因此，"以美育代宗教"就与蔡元培追求的民主启蒙合二为一了。从这里可以看出，蔡元培和中国启蒙主义排斥宗教而提升审美的地位，这是与西方近代美学不完全相同的。西方近代美学也提升了审美的地位，使其超越了感性，如康德认为审美是从感性到理性的中介，是自由的象征；黑格尔认为美是绝对精神的感性显现。这一点，中国启蒙主义美学有所继承。但是，西方近代美学并不完全排斥宗教信仰，如康德认为道德和信仰都是本体领域的最高价值，甚至高于处在现象领域与本体领域中间位置的审美；黑格尔把艺术（审美）、宗教、哲学作为绝对精神的三种发展阶段和表现形态，而艺术是低于宗教和哲学的。但中国启蒙主义排斥宗教，而高扬审美，并且寻找出了以审美替代宗教的救世良方。且不说这种美学思想是否具有合理性和可行性，我们至少可以看出它充分体现了中国启蒙主义的更为彻底的理性主义精神，也继承了中国文化的实用理性传统。

四、蔡元培美学思想的意义

蔡元培的美学思想的意义主要在于对美育的强调以及"以美育代宗教"说。美育是发挥审美的社会作用的重要方式，对于少年儿童则具有更为重要的意义。中国的传统美学也具有美育思想，如孔子的"兴、观、群、怨"说；《乐记》中也论述了音乐对于人心的潜移默化的熏陶和伦理教化作用。但是，中国传统的美育思想仅仅限于对人的教化、规范作用，以服务于传统社会秩序，而缺少对自由人格的培育方面的论说。而西方近代美育理论建立在人格的自由、解放的基础上，因此中国现代美育理论要引进西方美学、美育思想。在这方面，蔡元培是开拓者，为现代中国美学理论奠定了一块基石，其意义是不可低估的。

此外，蔡元培提出了"以美育代宗教"的主张，这一思想不是来自西方，具有独创性。中国启蒙主义由于倡导科学、民主，反对迷信、专制，所以把宗教列入迷信一类，加以批判和排斥。五四后期发生的"非基督教运动"就具有这样的思想背景。因此在同样的背景之下，蔡元培提出了"以美育代宗教"的主张，试图以美育取代宗教。这个主张的合理性在于，它揭示了宗教的局限性在于其不具有促进人个性发展的自由性、解放性，从而把美育提升到培养健全人格的直接手段的高度。这在中国美育理论建设之初，具有重要的思想意义。

当然，"以美育代宗教"的主张也有局限，其片面性主要在于对宗教的完全排斥。宗教固然有其蒙昧的一面，但不能简单地归结为迷信；作为一种信仰，它毕竟在一定程度上满足了人的超越性的需求，也在一定程度上发挥了伦理教化的作用。同时，经过启蒙运动的冲击，宗教已经从世俗权力中脱离，仅仅影响人的精神世界，并且与现代性相调适，甚至在某种程度上还具有反思现代性的功能。因此，宗教的存在具有某种历史的依据。总之，对于宗教，应该有所批判，也要给予历史的评价，不可一概否定。至于美育可否代替宗教，也要具体分析。由于中国文化缺乏宗教的主导性，不能依靠宗教进行教育，所以蔡元培提出此说也有其现实依据。但这不代表美育可以完全取代宗教，美育有美育的作用，宗教有宗教的意义，审美不能完全取代宗教。所以，蔡元培的"以美育代宗教"说，在学理上还不具有充分的合理性，在实践上也没有成为现实。

第四节　萧公弼、吕澂、陈望道的美学学科建设

中国启蒙主义美学在引入西方现代美学和建立中国现代美学学科方面有不可磨灭的贡献。从1750年鲍姆嘉登创立美学学科至20世纪初，西方美

学作为一门研究感觉或情感规律的科学，已有200多年的历史，而中国美学则一直处于"有美无学"的原生状态，与科学的要求相去甚远，亟须借鉴西方的美学学科进行科学的启蒙。在这方面，蔡元培也曾希望有所作为，终因社会活动太多、事务繁忙而未能完成。从1917年到1927年，萧公弼、吕澂、陈望道先后在西方美学学科的译介和建设方面做出了初步的努力，从而为美学在中国的落地生根奠定了坚实的基础，中国美学从此变成了"有美有学"的人文学科。

一、萧公弼的《美学·概论》

关于萧公弼的生平资料很少，仅从有限的资料中可以知道他曾为《寸心》杂志编辑部成员，并曾与彭举等人一起创办《世界观》杂志。《寸心》杂志由何海鸣于1917年1月在北京创办，以文艺为主，兼及政论、时事等，同年7月停刊。萧公弼的《美学·概论》即在该刊第一期、第二期、第三期、第四期、第六期连载，但因杂志停刊而未刊完。发表《美学·概论》时，萧公弼尚为四川工业专修学校学生，但他在《研究哲学之要点》中自述："弼虽置身工业，酷嗜哲学。"[1]他对中国哲学与西方哲学均有所倾心。此前，他已在《学生杂志》发表过不少文章，内容涉及哲学、国学、社会问题等。美学作为哲学的一个分支，自然也引起了他的强烈兴趣。

在萧公弼看来，中国哲学重在灵魂学说，属于精神之学，"诞者治之，则将流牛鬼蛇神，阻害进化"[2]；西方哲学重在科学，自觉以聪明睿智辨别真伪。治学者应该兼取中西方哲学思想之优长，正如他在《科学国

---

① 萧公弼：《研究哲学之要点》，《学生杂志》1915年第2卷第2号。
② 萧公弼：《易为中国之灵魂学》，《学生杂志》1915年第2卷第4号。

学并重论》中所言："盖科学者，扩张智能之学也，国学者，发展精神之学也。""斯二者，皆于人生社会有密切关系，所谓不相悖害者也。"[①]在美学上，虽然"美与艺术之观念，早已为古代思想家所顾念"[②]，但直至"十八世纪，人类智识进步，感情生活充分发达，而美之感觉科学的研究始形发达"[③]。他的《美学·概论》，就体现了他借鉴西方近世"感觉科学"建设中国现代美学的努力。

萧公弼在《美学·概论》开头即交代了其写作是基于当时中国艺术的凋敝状况："余观我国近日社会美术之缺乏，制造之简陋，已不寒而栗。乃其最者，无行文人，恒喜舞文弄墨，以艳情小说蛊惑当时。余惧我青年男女之忽于审美，而有以铺其毒也。于是本奥国野鲁撒劣牟氏之说述美学概论，以就正有道焉。"[④]可见，借鉴西方美学进行科学启蒙，在我国建立美学学科，是当务之急，他撰写《美学·概论》正是为了挽救和改变当时中国美学界的落后状况。他公开声称《美学·概论》所借鉴的西方美学家是"奥国野鲁撒劣牟"，其实文中所引的西方美学家包括古代的亚里士多德、柏拉图，近世的休谟、沃尔夫、鲍姆嘉登、康德、黑格尔、席勒、里普斯等后世称引评述的一系列大家。在美学的学科定义上，文章主要借鉴了鲍姆嘉登的思想；在美的定义上，论文主要借鉴了康德的思想；在美的唯心实质上，他主要吸取了里普斯的思想。而他公开声称文章所本的"奥国野鲁撒劣牟"，则主要体现在文章结构上。野鲁撒劣牟何许人也？叶朗

---

① 萧公弼：《科学国学并重论》，《学生杂志》1915年第2卷第4号。

② 萧公弼：《美学·概论》，见叶朗总主编：《中国历代美学文库·近代卷》（下册），高等教育出版社2004年版，第645页。

③ 萧公弼：《美学·概论》，见叶朗总主编：《中国历代美学文库·近代卷》（下册），高等教育出版社2004年版，第646页。

④ 萧公弼：《美学·概论》，见叶朗总主编：《中国历代美学文库·近代卷》（下册），高等教育出版社2004年版，第641页。

总主编的《中国历代美学文库》注释："疑指奥地利哲学家、心理学家埃伦费尔斯·撒瑞斯坦·伦冯"。王海涛在《萧公弼与中国现代美学的早期开拓》中指出：此说误，应为奥匈帝国维也纳大学教授耶鲁撒冷。不仅萧译"野鲁撒劣牟"与"耶鲁撒冷"音近，更重要的是萧公弼《美学·概论》的前三部分标题"一、美学之概念及问题""二、美学之发达及学说""三、发生的生物学的美学"与耶鲁撒冷所著《美学纲要》一书前三章的标题相类似，它们是：第一章《美学底概念和问题》，第二章《美学的发达及其派别》，第三章《发生的生物学底美学》。萧公弼发表《美学·概论》时，耶鲁撒冷的《美学纲要》尚未译为中文，直到1922年泰东图书局才出版了王又陵的译本。耶鲁撒冷另著有《西洋哲学概论》，其第五章《美学之方法及目的》将《美学纲要》主要内容收录其中，商务印书馆1926年出版了该书陈正谟的中译本。[1]萧公弼虽然根据耶鲁撒冷《美学纲要》的结构体例论述了"美学之概念及问题""美学之发达及学说""发生的生物学的美学""美学之要义及其地位"[2]，但四部分的论述实际上有些相互纠缠，概念不清。在笔者看来，《美学·概论》的最主要的贡献，是界定了美学的学科定义，剖析了"美"的基本含义，使美学作为"美的哲学"在中国得到了最初的奠定。

美学的学科定义是什么？萧公弼指出："美学者，研究精神生活之科学也。"[3]依据鲍姆嘉登所论，美学研究的"精神生活"偏指感觉、情感，所以美学是研究感觉、情感规律的哲学："美学者（Aesthetics），哲学之

---

① 王海涛：《萧公弼与中国现代美学的早期开拓》，《理论月刊》2014年第5期。

② 全文收入叶朗总主编：《中国历代美学文库·近代卷》（下册），高等教育出版社2004年版。

③ 萧公弼：《美学·概论》，见叶朗总主编：《中国历代美学文库·近代卷》（下册），高等教育出版社2004年版，第660页。

流别。其学'固取资于感觉界，而其范围则在研究吾人美丑之感觉之原因也。'"[1] "美学者，感情之哲学。"[2] "美有哲学意味，而为'感官知觉'（Asthetik）之语，初用于巴武母哈鲁特（Baumgarten 氏生于一七一四年卒于一七六二年），氏天资聪颖，淹博善察，自一七五〇年至一七五八年，皆闭门扫轨，殚精著述，祖述伍鲁甫氏（Wolff）所作《哲学体系》而补其阙，深明美学在哲学中有独立成科之要素。书成，士夫赞赏，传播一时，而美学遂独立为哲学之一部分矣。"[3] 同时，依据"于美及艺术之形而上学均有特殊研究"的黑格尔[4]，又鉴于美的集中体现是艺术，所以，美学又可视为"美及艺术之哲学"[5]。

美学的研究中心是"美"。"故吾人欲究斯学，须先知美之概念及问题。"[6] "不明美之意义、美之玩赏，而审美之观念必蹈误谬者也。"[7] "美"存在于自然、人生、艺术中，但人们对"美"及"美感"却习焉不察："美之时义大矣哉。日月星辰丽乎天，此天之美者也；山川草木丽乎土，此地之美者也；菁英灵秀钟乎人，此人之美者也。他若艺术

---

① 萧公弼：《美学·概论》，见叶朗总主编：《中国历代美学文库·近代卷》（下册），高等教育出版社2004年版，第641页。

② 萧公弼：《美学·概论》，见叶朗总主编：《中国历代美学文库·近代卷》（下册），高等教育出版社2004年版，第643页。

③ 萧公弼：《美学·概论》，见叶朗总主编：《中国历代美学文库·近代卷》（下册），高等教育出版社2004年版，第645页。

④ 萧公弼：《美学·概论》，见叶朗总主编：《中国历代美学文库·近代卷》（下册），高等教育出版社2004年版，第648页。

⑤ 萧公弼：《美学·概论》，见叶朗总主编：《中国历代美学文库·近代卷》（下册），高等教育出版社2004年版，第645页。

⑥ 萧公弼：《美学·概论》，见叶朗总主编：《中国历代美学文库·近代卷》（下册），高等教育出版社2004年版，第641页。

⑦ 萧公弼：《美学·概论》，见叶朗总主编：《中国历代美学文库·近代卷》（下册），高等教育出版社2004年版，第646页。

良窳，可卜国家文野，制作精窳，可瞰民品优劣，物以美观而保族，花以香艳而存种，则美之关系与自然界及生物界，岂浅鲜哉？至若因美之观感而表现于男女间者尤为特异。试观诗书史册之纪载，百家小说之流传，言之津津，若有馀味焉。然试叩以'美者何以现于世界？'及'美之原理如何？'吾人'奚由而感于美？'吾恐作者必瞠目挢舌，无以应也。"①所以文章围绕"美者何以现于世界"、"美之原理如何"、人们"奚由而感于美"等基本问题而展开。"美者何以现于世界"即美的根源、本体问题。美有自己真实的本体吗？没有。"凡物必有其本相与现相。吾人目所能察见者，仅为现象。"②"物之来呈于吾前也，实其现象。现象印入吾脑而感快者，则谓之美，否则谓之丑，其实物之本相，或美与丑，固非吾人所能定也。"③就是说，"美"属于事物的"现象"（"现相"），而不是事物的"本相"。这"现象"不属于客体的物，而是主体心灵感知的结果："即现象亦非物之现象。何则？物之现象，印于吾脑，此所印者，乃吾脑所绘之影。其实物之现象，一刹那间，真影已逝。此所留者，特吾人意识界所绘之假象而已。此说为唯心论，即佛氏所谓境由心造者是也。"④萧公弼依据佛教"一切世间境界之相，皆依众生无明妄念而得建立"的本体论指出："相之不存，何有于美？"既然现象是不存在的心造幻影，美自然没有自我的本体。因此，"太上忘美"，最高的境界是"忘美"；对于现

---

① 萧公弼：《美学·概论》，见叶朗总主编：《中国历代美学文库·近代卷》（下册），高等教育出版社2004年版，第640—641页。

② 萧公弼：《美学·概论》，见叶朗总主编：《中国历代美学文库·近代卷》（下册），高等教育出版社2004年版，第642页。

③ 萧公弼：《美学·概论》，见叶朗总主编：《中国历代美学文库·近代卷》（下册），高等教育出版社2004年版，第649页。

④ 萧公弼：《美学·概论》，见叶朗总主编：《中国历代美学文库·近代卷》（下册），高等教育出版社2004年版，第649页。

象界的美，应当采取"人我两妄，法执双融"的态度。①这里既有康德哲学的影子，又借鉴了佛学思想和道家思想。

　　美虽然没有客观真实的本体，但却有现象。在现象认识领域，我们应当追求"知美"，"察物之妍媸，辩理之是非"，认知"美之原理如何"、人们"奚由而感于美"。在现象的层面上，"美"和"美感"是有"原理""原则""规范""是非"可寻的。②"故吾人不研究美之原理，其审美判断绝不能得精确之结论。""不明美之意义、美之玩赏，而审美之观念必蹈误谬者也。"③

　　那么，"美"这个概念究竟是什么含义呢？首先，萧公弼以鲍姆嘉登"解释美为感官知觉之语词"为据，认为它是一种"感觉""情感"。他称之为"美之感觉""美的情感"。这是美学叫"感觉学""情感学"的来由。

　　其次，它是一种什么样的"感觉""情感"呢？或者说，"美"这种"感觉""情感"有什么特征呢？萧公弼以康德所论为据，认为美的"感觉""情感"是"快感"。"康德以为美者，生于适意之感。"④"对自然物或艺术品于乍睹或熟视之际，则起'快感'或'不快感'之差别。快感者，则种好之之因，不快感者，则收恶之之果。同时，则欲望憎恶之情生焉。如是者谓之'美之感情'最初之特

①　萧公弼：《美学·概论》，见叶朗总主编：《中国历代美学文库·近代卷》（下册），高等教育出版社2004年版，第641页。

②　萧公弼：《美学·概论》，见叶朗总主编：《中国历代美学文库·近代卷》（下册），高等教育出版社2004年版，第641、643页。

③　萧公弼：《美学·概论》，见叶朗总主编：《中国历代美学文库·近代卷》（下册），高等教育出版社2004年版，第646页。

④　萧公弼：《美学·概论》，见叶朗总主编：《中国历代美学文库·近代卷》（下册），高等教育出版社2004年版，第656页。

征。"①"美之真谛,在以生人快感为要素者也。"②"吾人观珍异则思把玩,视好花则拟攀折,见奇鸟则欲牢笼,遇美人则怀缱绻……觉物姣好美观,遂染着贪爱,得之则喜,失之则郁,快感与不快感之情生,而美丑之界判矣。"③"快感"与人的生物机能快适密切相关,人的生物机能的快适是美感的生理基础。耶路撒冷在《西洋哲学概论》中提出:"感情之机能的快感为最丰富最强烈的美感的愉快之源泉。"④在《美学纲要》中,他特辟《发生的生物学底美学》一章,对此加以专述。萧公弼受此影响,在《美学·概论》中也标出"发生的生物学的美学"加以论析:"美之玩赏者,实自观想唤起其特种机能的快感而已。""故美学者即于机能快感之特质,观想其对象及过程而发生之科学也。"⑤"美的玩赏者,所以'愉快意志'者也。盖物之美观,呈于吾前则心生爱悦,四体舒畅,精神愉快,其情有非语言文字所能形容者也。故曰,美也者,所以使人'娱情适志赏心悦目'者也。使美而不能生人恋爱之心,则美之为美,不足观也已矣。"⑥

再次,萧公弼依据康德的定义,在美的快感之前加上了"无利害"的限定。"康德之思想,以为美者,对于吾人'心理觉官而生快感超绝利害之情态'也。换言之,即吾人所谓美者,不杂利害之见,而能使人爱好畅

① 萧公弼:《美学·概论》,见叶朗总主编:《中国历代美学文库·近代卷》(下册),高等教育出版社2004年版,第641页。

② 萧公弼:《美学·概论》,见叶朗总主编:《中国历代美学文库·近代卷》(下册),高等教育出版社2004年版,第661页。

③ 萧公弼:《美学·概论》,见叶朗总主编:《中国历代美学文库·近代卷》(下册),高等教育出版社2004年版,第646—647页。

④ 耶路撒冷:《西洋哲学概论》,散得斯原译、陈正谟重译,商务印书馆1926年版,第124页。

⑤ 萧公弼:《美学·概论》,见叶朗总主编:《中国历代美学文库·近代卷》(下册),高等教育出版社2004年版,第657页。

⑥ 萧公弼:《美学·概论》,见叶朗总主编:《中国历代美学文库·近代卷》(下册),高等教育出版社2004年版,第646页。

快者也。"① "人当惊艳赏美，色授魂与之际，胸中所有利害得失，荣辱忧郁，排遣不去之杂念，一刹那间都觉尽忘。而归诸无何有之乡，惟觉此物生吾快感，娱吾神志，爱恋莫释而已。迨既以为美，心迷神荡，必欲攫取，以为己有，则不惜劳心焦思，惨澹经营以求之，虽生死祸患，刀锯鼎斧，亦所弗惧，必达目的而后快。试观古今人物，或僻嗜一物，或眷爱一人，至于梦魂颠倒，生死为命者，其例固数见不鲜也。如李太白之爱酒，米元章之爱石，林和靖之爱梅，周莲溪之爱莲，嗜好虽各有不同，然其快感则一也。至于男女之相爱，尤指不胜屈矣。故康德以美为超绝利害适意之感，其说固大有研究之价值者也。"②

最后，美的快感是一种有理智参与的高尚的精神活动。美的快感虽然有生物学的生理基础，不排斥机能快感或感官的、情欲的满足，但不等于机能快感或感官的、情欲的满足，必须以不沉溺官能快感、不逾越理智规范、不妨害精神满足为前提。在"发生的生物学的美学"一节中，他尤其强调这一点：虽然"游戏活动之际，欢欣鼓舞，亦生快感，同于审美，且可适用于美学之说明也"，但"美之玩赏，与游戏动作，实相类似，而其本质则各异也……经验之机能快感，虽与美的快感类似，然决不可视为同一物"。③如果像禽兽一样沉溺于欲望的享乐之中，"醉生梦死"，"乌足以语于美哉"？④ "今之青年男女，误于审美正鹄，迷恋姿色之美，沉溺肉体之欲，以致耗精疲神，戕贼厥身，年始及壮，躬若老耄，虽欲求乐，其

---

① 萧公弼：《美学·概论》，见叶朗总主编：《中国历代美学文库·近代卷》（下册），高等教育出版社2004年版，第646页。

② 萧公弼：《美学·概论》，见叶朗总主编：《中国历代美学文库·近代卷》（下册），高等教育出版社2004年版，第647页。

③ 萧公弼：《美学·概论》，见叶朗总主编：《中国历代美学文库·近代卷》（下册），高等教育出版社2004年版，第656、657页。

④ 萧公弼：《美学·概论》，见叶朗总主编：《中国历代美学文库·近代卷》（下册），高等教育出版社2004年版，第641页。

如黄耇鲐背，伛偻阘跛，何亦徒垂头丧气，揽镜自照，徒伤老丑而已。"①
因此，萧公弼反对"欲美"②，即用情欲快感的态度对待美的追求。在他看
来，美作为超利害的快感属于"精神活动"的"高尚领域"。③他打了个比
喻，美好比"好色"，不同于"好淫"。"原美的本质与美的玩赏，以言
乎男女之间，即'色'与'淫'之辨也。"④"好色者，精神之快感也。好
淫者，肉体之欲望也。""若有高尚审美之观念，则美感之入吾眼帘也，
色之而不淫。如镜中花，如水里月，花月来而镜水有照，花月去而形影
不留。则此胸中活泼泼地，只觉一片化机、一缕清光，凡宇宙间诸形形色
色之美观，皆能生吾快感，而不入烦恼痛苦之魔障。""美本以感快"，
如果"好色而淫"，最终则"丧心""召苦"，"失美之意义远矣"。
要之，"以色而至淫，快感不生，失美学之真谛者也"。⑤萧公弼进而指
出："苟美之刺戟感触于脑筋者多，兴味影响于精神者厚，则对其物益增
美观。"⑥他将这叫作"知的机能快感"，并分析说："美之现象，呈于吾
前，吾人能认识觉察者，以具有知觉思维也。知觉、思维，能择别明辨，
领其趣味，舒畅豫悦者，谓之'知的机能快感'（Bunktionslust）。故宇宙
间凡诸形色，如何为美，如何为丑，实因人之知识高下而定，亦即因人之

①　萧公弼：《美学·概论》，见叶朗总主编：《中国历代美学文库·近代卷》（下
册），高等教育出版社2004年版，第657页。

②　萧公弼：《美学·概论》，见叶朗总主编：《中国历代美学文库·近代卷》（下
册），高等教育出版社2004年版，第641页。

③　萧公弼：《美学·概论》，见叶朗总主编：《中国历代美学文库·近代卷》（下
册），高等教育出版社2004年版，第661页。

④　萧公弼：《美学·概论》，见叶朗总主编：《中国历代美学文库·近代卷》（下
册），高等教育出版社2004年版，第660页。

⑤　萧公弼：《美学·概论》，见叶朗总主编：《中国历代美学文库·近代卷》（下
册），高等教育出版社2004年版，第661页。

⑥　萧公弼：《美学·概论》，见叶朗总主编：《中国历代美学文库·近代卷》（下
册），高等教育出版社2004年版，第642页。

智慧浅深而定也。智慧愈深，则美之观念愈高尚，而其领域亦大；知识浅薄，则美之观念既卑下，而美之容量亦狭隘，自然之势也。""美感之高尚卑下，及其容量之大小，时间之短长，苦乐之因果，实因人智慧而别，则智慧之于审美，岂不大矣！"[①]"人之知识，感官愉快活动时，常能引起人之兴味，而快乐生焉。"因此，"美者，所以满足人之知的机能快感，而使人有兴味者也"。[②]

由此可见，萧公弼所厘定的美学聚焦的中心问题的"美"，实即一种特定的快感——美感。这一思想源于康德，康德认为没有客观的美，美是美感的对象，也就是反思判断的产物。因此，"美"就与主观性、相对性联系了起来，心理学就成为"美学"研究的主要方法。"美丑态度，固由人之认识而定，然由其发现诸象，则有内部之美，与外部之美之别……若理性自适，意志修洁，天君泰然，良知愉快而感美者，是此美自内部发生，名曰'内美'……内部之美，精神之快感也，在我而已。"[③]"康德尝谓美之判断者……在主观条件及快不快之感情关系而成立者也。""美之为美，仅能就个人快感与不快感立论。苟于其感觉不快，则众虽美之，彼亦觖觖然也。""盖美之与丑，本无一定标准，且因各国风俗习惯不同，美之程度界说，亦各异观。"[④]"美的态度主观之条件，当深考于心理学……夫然后乃可语于美也。""美之'主观条件'，全属于心理学之范围。故最近十年间，研究是学者，多主张从心理学之探讨，其

① 萧公弼：《美学·概论》，见叶朗总主编：《中国历代美学文库·近代卷》（下册），高等教育出版社2004年版，第662页。

② 萧公弼：《美学·概论》，见叶朗总主编：《中国历代美学文库·近代卷》（下册），高等教育出版社2004年版，第663页。

③ 萧公弼：《美学·概论》，见叶朗总主编：《中国历代美学文库·近代卷》（下册），高等教育出版社2004年版，第664页。

④ 萧公弼：《美学·概论》，见叶朗总主编：《中国历代美学文库·近代卷》（下册），高等教育出版社2004年版，第656页。

结果增长吾人审美之智识，亦甚夥也。""是以心理学的美学，一方面当研究美的玩赏（Aesthetics enjoment）之情态，他方面当极虑美术家创作之内幕。夫如是，乃能得美之真正价值也。"①

　　然而，能否彻底否定"美"的客观性及公共性呢？也不能。因为在审美活动中既有主观的"内部之美"，也有客观的"外部之美"。人们既把主体的愉快叫作"美"，也把引起主体快感的客观对象叫作"美"，后者即"外部之美"。"外部之美，则假于外物，托于色相，意觉美观，缘生爱恋，是此美自外部发生，是谓'外美'……故甲第连云，崇阁绮室，衣被文绣，食饱珍馐者，外部之美也……外部之美，形式之美，求在外者也。"②"外部之美"又叫"美之对象"："喜悦之本质源泉，即称为'美之对象'。""就客观存在而论，则物之对象性质，即为美的判断之间接原因也。"③什么样的对象能引起精神的快感，是有客观规律、原则、规范可归纳、总结的；人们对什么样的对象感到愉快，也是有"公共之承认""社会之公好"的"公共原则"的，不能完全听凭个人的私好，这就决定了美学研究必须引入社会学与历史学的方法。"美的态度……客观之条件，当殚精于历史学社会学，夫然后乃可语于美也。否则，若私断某程度为美，某状态为不美，则其结论必不能得公共之承认也。"④"美之研究，绝不可限于单独之个人，而要在求公共之原则于社会。""故造作家之制作，苟徒逞一己思想之美观，而不顾社会之公好，则其作品必归失败

①　萧公弼：《美学·概论》，见叶朗总主编：《中国历代美学文库·近代卷》（下册），高等教育出版社2004年版，第642页。

②　萧公弼：《美学·概论》，见叶朗总主编：《中国历代美学文库·近代卷》（下册），高等教育出版社2004年版，第664页。

③　萧公弼：《美学·概论》，见叶朗总主编：《中国历代美学文库·近代卷》（下册），高等教育出版社2004年版，第657—658页。

④　萧公弼：《美学·概论》，见叶朗总主编：《中国历代美学文库·近代卷》（下册），高等教育出版社2004年版，第642页。

而已。故研究美学者，亦有一定之规范（Norm）。苟制作家及审美家能本此规范以造物论世，未有不声名扬溢，美利天下者也。"①正因为美有"公好""原则"和创作的普遍"规范"，所以诞生了"规范的美学"："规范的美学者，即艺术家准此而立规则，批评家据此而设规范也。故凡艺术家之各种手工，皆本此规范，而施精巧之技能……故又称为技巧的美学。"②如果无视客观的普遍规律，"阿私所好"，"乌足以语于美哉"？③为了获得符合客观公共标准的审美判断，必须确立"正心诚意"的公正的审美态度，反对"阿私所好"："美术家之审美，尤当以正心诚意为要务者也。""盖人当赏美之际，或实际，或假象，宜正心诚意，以为观察，不可方寸骤起动摇，致感情有所偏私，因而阿私所好，审美观念，遂蹈谬误矣。"④"若私断某程度为美，某状态为不美，则其结论必不能得公共之承认也。"⑤当然，承认美的客观普遍性，并不意味着要走向否认美的个体创造性的另一个极端："至美之判断，虽应准乎美的规范，但亦当独具另眼，发挥己见，不可蹈袭他人审美之习见，评美之寡白，以自阻精神活动之进化。"⑥要之，在美的公共性与创造性、客观性与主观性的关系

---

① 萧公弼：《美学·概论》，见叶朗总主编：《中国历代美学文库·近代卷》（下册），高等教育出版社2004年版，第643页。

② 萧公弼：《美学·概论》，见叶朗总主编：《中国历代美学文库·近代卷》（下册），高等教育出版社2004年版，第650页。

③ 萧公弼：《美学·概论》，见叶朗总主编：《中国历代美学文库·近代卷》（下册），高等教育出版社2004年版，第641页。

④ 萧公弼：《美学·概论》，见叶朗总主编：《中国历代美学文库·近代卷》（下册），高等教育出版社2004年版，第649页。

⑤ 萧公弼：《美学·概论》，见叶朗总主编：《中国历代美学文库·近代卷》（下册），高等教育出版社2004年版，第642页。

⑥ 萧公弼：《美学·概论》，见叶朗总主编：《中国历代美学文库·近代卷》（下册），高等教育出版社2004年版，第658页。

上，不能陷入绝对化，"盖美者，固无绝端界说"①。

无论美是内在的主观快感，还是外在的引起快感的客观对象，爱美都是人作为特殊的生物有机体的天性。"原夫人者，肖天地之貌，怀五常之性，聪明精粹，有生之最灵者也。故生而有饮食之需要，居住之择好，求偶之性能，所谓饮食男女，人之大欲存焉。第此犹不足以厌人之欲望也。于是目欲穷靡曼之色，耳欲娱声色之好，口欲极粱刍之美，行欲有舆马之奉。此亦人情之常，无足异者，然而好美恶丑之情思，即起于是。所谓人生而静，天之性也，感于物而动，性之欲也，而审美之观念具矣。"②"好美恶丑者，实含生之类所同具之特性。"③"美感为人之天性，则好色者亦人之天性也。"④这是对席勒的"美之感觉者人类特有之良知"⑤的中国式发挥和论证。这里他一方面揭示了审美源于人的天性欲望，有其合理性，同时也有把审美感性化、抹杀审美的精神性和超越性的片面性。

既然好美恶丑就像好乐避苦一样，属于人的天性，所以英明的政治之道是尊重人性、引导人性、节制人性，使人"好色"而不至于"好淫"、爱美而不至于成为情欲快感的奴隶："圣人知好美恶丑之出天性也，故曲为之制，事为之防，其于《国风》曰：'好色而不淫。'盖予之好色者，本乎人情，而不抑其快感也，戒之不淫者，虑其因色而召痛苦，且人心风

①　萧公弼：《美学·概论》，见叶朗总主编：《中国历代美学文库·近代卷》（下册），高等教育出版社2004年版，第658页。

②　萧公弼：《美学·概论》，见叶朗总主编：《中国历代美学文库·近代卷》（下册），高等教育出版社2004年版，第640页。

③　萧公弼：《美学·概论》，见叶朗总主编：《中国历代美学文库·近代卷》（下册），高等教育出版社2004年版，第645页。

④　萧公弼：《美学·概论》，见叶朗总主编：《中国历代美学文库·近代卷》（下册），高等教育出版社2004年版，第661页。

⑤　萧公弼：《美学·概论》，见叶朗总主编：《中国历代美学文库·近代卷》（下册），高等教育出版社2004年版，第647页。

俗将以此益坏也。"①

康有为曾揭示人类的一部文明发展史就是求乐去苦的历史。与此相类，萧公弼认为对美的喜好和研究不仅可以促进艺术创作，而且可以推动社会文明发展，这就是爱美或研究美学的作用："美学苟得积极研究结果，大之可'补助哲学发明宇宙之原理，小之可体会人心，促进艺术之制作，以致国富强'，其有益于人世固非浅也。"②"凡认识、道德，及文化之源泉，物质之进步，皆由美之感觉而臻晋者也。夫人若无美之感觉，则物之精粗良窳，必失鉴别衡量之能，此认识说也。又人有善举懿行，则谓之美德，有劣迹恶声，则谓之丑行。使人类而无美丑好恶之情，必不能有羞恶是非之心，则社会秩序必大扰乱，而不足以维系矣……此道德说也。""若夫国家之典章制度，社会之风俗习尚，始则简陋野僿，终则优美繁复，而究其促成进化之动机，实因人有好美恶丑、舍粗取精之美感性，于是优胜劣败，适者生存。国家社会之进化，不能不准此公理，而日改革迁善者也。且贫之羡富，贱之欲贵，岂非以富者贵者其宫室之美，妻妾之奉，饮食之肥甘，服御之华好，有加于己哉。于是美丑之形显于外，因而好恶之情蕴于内，遂竞争奋勉，欲求其平衡，而社会事业，缘以发展矣。""故美的观念者，实能激发人之志趣，而助其成功者也。"③"使人无美之感觉，则嫫妍同观，精粗齐等，是茅茨土阶之制，必无改于今矣，饮血茹毛之风，必相沿而不革矣。何有今日之文化发达、物质昌明乎？"④

---

① 萧公弼：《美学·概论》，见叶朗总主编：《中国历代美学文库·近代卷》（下册），高等教育出版社2004年版，第661页。

② 萧公弼：《美学·概论》，见叶朗总主编：《中国历代美学文库·近代卷》（下册），高等教育出版社2004年版，第643页。

③ 萧公弼：《美学·概论》，见叶朗总主编：《中国历代美学文库·近代卷》（下册），高等教育出版社2004年版，第647页。

④ 萧公弼：《美学·概论》，见叶朗总主编：《中国历代美学文库·近代卷》（下册），高等教育出版社2004年版，第647—648页。

萧公弼此论，表面上如其所说是对席勒"人类美的教育"思想的继承，实际上是在康有为文明史观思想指导下的创造性发展。

　　萧公弼关于艺术美的论析也值得注意。他提出了两种艺术美的创造"方法"及创造艺术美的"目的"。一是"理想主义"。"凡丑陋平凡粗野庸俗之事物，艺术家对之皆当鄙弃拒绝，不应有所绘画制作，俾传后世以自玷耳。"[1]换句话说，理想主义创作方法要求艺术描绘理想中由外而内美好的事物，"引起人整洁之思想，精细之脑筋"，"使人于审美之际，体泰意适，浮嚣气敛，狂妄心收"，"舒畅其气质，柔相其性情"，"娱乐欢忭，嬉笑鼓舞"，"振作有为之心"。[2]一是"写实主义"。它不回避描绘现实中的丑陋事物，恰恰相反，主张"凡天壤间所有形形色色之事物，艺术家皆应博考详稽，搜罗冈遗，图其形象，写其色容，俾诏示来哲，传信后人"，从而获得一种逼真的美。如果"著善掩恶，显长晦短"，"饰一时之美观，失万物之真象"，反而会产生"弃实务虚""率天下而为伪"的效果，"何如任其自然之为愈也"？[3]这一观念可能受到欧洲关于现实主义与浪漫主义艺术思潮的影响，但把浪漫主义解读为理想主义，显然是一种误读。这一观点应该与王国维的"有造境，有写境，此理想与写实二派之所由分"有关，但又不尽相同。

　　萧公弼的《美学·概论》，尽管结构、论点多借鉴西方美学，但自己的消化、熔铸、生发也不少。尽管他在阐述中有逻辑不够严密、概念不够清晰的缺点，但他准确地介绍了美学的学科定义，细致厘定了"美"的概

---

　　① 萧公弼：《美学·概论》，见叶朗总主编：《中国历代美学文库·近代卷》（下册），高等教育出版社2004年版，第651页。

　　② 萧公弼：《美学·概论》，见叶朗总主编：《中国历代美学文库·近代卷》（下册），高等教育出版社2004年版，第651页。

　　③ 萧公弼：《美学·概论》，见叶朗总主编：《中国历代美学文库·近代卷》（下册），高等教育出版社2004年版，第651页。

念的丰富含义，在美的主观性与客观性、差异性与公共性、普遍性与创造性之间的辩证关系，审美的公正心态，爱美与人的天性，好美恶丑的艺术作用与社会作用，艺术美的创造方法等问题上也发表了发人深省的意见，在中国现代的美学学科发展史上占有不可忽视的重要地位。

二、吕澂的《美学浅说》《美学概论》

吕澂（1896—1989），原名吕渭，后改名澂，江苏省丹阳县人。吕澂是以佛学大家的身份知名的，但他对中国早期美学学科的译介、建设方面也有重要的贡献，因此也是重要的美学家。他先后出版了多种美学论著，如《美学浅说》（1923）、《美学概论》（1923）、《现代美学思潮》（1931）等。这三本书虽然篇幅不长，但对西方美学学科进行了较为系统的译介，而且提出了关于价值美学、生命美学的建构主张。

关于"美学"的定义，吕澂依据鲍姆嘉登命名的Aesthetik，确定为以"美"为研究对象和中心问题的"美之学"："美学Aesthetik之名，盖自德国学者邦格阿腾Bungarton（1714—62）定之。寻其原意，若曰感性的认识学。邦氏固以感性的认识之圆满为美，故此学之实则关于美之学也。自后学者多以美为美学之对象。"[1]同时他也兼容黑格尔的美学是"艺术哲学"的观念，提出："晚近有欲应用科学方法于美学者，觉美之一概念空漠难指，不足为科学之对象，遂主张以客观的艺术代之。"[2]美学到底是"美之学"，还是"艺术学"，"今日学者间于此二说犹争论不能决"[3]。在早先出版的《美学概论》中，吕澂虽然承认艺术属于美的形态，艺术美应是美学探讨的重要部分，但在学科定义上还是认为美学属于"美之学"。在后

---

① 吕澂：《美学概论》，商务印书馆1923年版，绪说第1页。
② 吕澂：《美学概论》，商务印书馆1923年版，绪说第1页。
③ 吕澂：《美学概论》，商务印书馆1923年版，绪说第1页。

来出版的《现代美学思潮》一书中，他对艺术研究在美学中的地位更加重视，认为"最能表白美的纯粹形式，再无过于艺术，以'美的要求'为中心的人间活动也再无纯粹于关系艺术的活动"[①]，所以美学应当重在研究艺术美。在《现代美学思潮》中，吕澂还从四方面对"美学的性质"做了界定和阐释：

第一，美学是一种"学的知识"。首先，"学的知识"与一般的知识不同，它"不是关于各个事实的零碎知识"，而是关于"普遍于一切同类事实"的知识，所以是具有概括性的知识。其次，"这样概括的知识必被某种原理所统一着"，易言之，这种知识的概括性上升为一定的"原理"，所以"美学"常被后人称为"美学原理"。最后，"学的知识又是抽象的知识"。"凡知识愈概括，愈有组织，又愈抽象，那便愈成为学的。美学呢，现在就以关于美的概括组织又抽象的知识为主，所以说是种学的知识。"[②]吕澂对"美学"之"学"的这个限定很有现实意义。

第二，美学是一种"精神的学"。"学的知识"大体可分为"物的和精神的两类"，关于物的学问是如物理学、化学之类的"自然科学"，而美学则属于与"自然科学"相对的"精神的学"。[③]这就揭示了美学作为人的精神学科的人文品格。

第三，美学是一种"价值的学"。"我们对待一切事物的态度凡有两样，或者只当做件事实看，又或者更看做一种价值。"[④]美并不是客观的事实，而是物象的价值，所以研究美的美学"属于价值的学问"[⑤]。关于美学

①　吕澂：《现代美学思潮》，商务印书馆1931年版，第2页。
②　吕澂：《现代美学思潮》，商务印书馆1931年版，第 7页。
③　吕澂：《现代美学思潮》，商务印书馆1931年版，第7页。
④　吕澂：《现代美学思潮》，商务印书馆1931年版，第7—8页。
⑤　吕澂：《现代美学思潮》，商务印书馆1931年版，第8页。

作为美的价值的学说，吕澂在讨论"美"的含义时有详细的论析，这里不再赘述。

第四，美学是一种"规范的学"。所谓"规范"，即标准、法则。"事物的价值既得有种种区别，自必有些测定价值的标准。""现在说到事物的美丑，亦复有究极的规范在着，所谓'美'便是。……美学研究美之所以为美，并指出可以为美的法则来，自然属于规范的法则，而有成功规范学问的可能。"①美学探讨美的普遍"规范"，从而为人们从事审美及美的创造提供指导，这是美学学科进入中国之初学界的普遍看法，如萧公弼也发表过同样的主张。这体现了20世纪之初的中国学者对美学的科学品格的重视，也是中国现代美学科学现代性的又一表征。

基于对"美学"的上述认识，吕澂展开了对"美"的含义的抽象思考和概括，从而建构了他的价值美学—生命美学学说。"美"是什么？吕澂认为它是一种有益于生命主体的价值："美为物象之价值。"②美是"价值之一种"，"为美学之对象者，美的价值也"。③"价值"是什么？"简单些说来，于人生的继续或向上所不可缺的，都算是有价值。换句话说呢，因人们所求如何而后决定价值如何。"④价值不是纯客观的事实，它是不能离开主体生命的；价值不是有害于主体生命的维持和延续的，而是有益于生命成长的，对生命发展有积极而健康的作用的。价值有多种形态，"美"只是多种形态价值中的一种。美的价值有四个特点："第一美的价值必属于物象；第二又必属物象所固有；第三此固有价值又必与生命相

①　吕澂：《现代美学思潮》，商务印书馆1931年版，第8—9页。

②　吕澂：《美学概论》，商务印书馆1923年版，第47页。

③　吕澂：《美学概论》，商务印书馆1923年版，绪说第1页。

④　吕澂：《现代美学思潮》，商务印书馆1931年版，第8页。

关；第四欲体验得之必用美的观照。"①

　　所谓"美的价值必属于物象"，关键概念是"物象"，这句话的意思是指美的价值存在于"感觉"把握的对象，而不是"思虑"把握的对象。②

　　所谓"美的价值""必属物象所固有"，是指物象的美虽然是对审美的生命主体有益的价值，但却是物象本有的，而不是人为加入进去的。"如见绿色生爽适之感情，而谓之有价值，即指其本体言之，故其价值属于固有。"③"物象之有价值者，必多少与吾人以快感。美之所以为价值，亦不能离乎是。"④"美为物象之价值，能生起吾人快感。"⑤美作为物象的"固有价值"，不同于由主体决定的"效用价值"，如"咯血之事本无价值可言，而在医师视之则反是"，"检视病人之咯血，发见病菌，而有一种喜悦之情"；⑥也不同于物象的经济价值，"物象之经济的价值，亦不足以左右美的价值。名家之绘画雕塑微论能得沽者与否，而其价值自若"⑦；还不同于伦理学上的"功利的价值""道德的价值"："所谓功利的价值，亦与美的价值不相一致。无论美术品能为善之方便与否，其价值绝不转移。"⑧当然，这种观点与吕澂接着论述的美的价值源于生命主体"感情移入""人格象征"、包含"善的内容"在逻辑上有自相矛盾的缺陷，而后者正是他"价值—生命"美学学说的重要组成部分。

　　所谓"美的价值""有关生命"，是指"美为物象之价值，乃其物

---

① 吕澂：《美学概论》，商务印书馆1923年版，第5页。
② 吕澂：《美学概论》，商务印书馆1923年版，第5页。
③ 吕澂：《美学概论》，商务印书馆1923年版，第5页。
④ 吕澂：《美学概论》，商务印书馆1923年版，第1页。
⑤ 吕澂：《美学概论》，商务印书馆1923年版，第12页。
⑥ 吕澂：《美学概论》，商务印书馆1923年版，第5、6页。
⑦ 吕澂：《美学概论》，商务印书馆1923年版，第6页。
⑧ 吕澂：《美学概论》，商务印书馆1923年版，第6页。

象为一种精神或生命之象征时始行成立"①。换句话说，美是一种生命的象征或精神的象征。这种生命是来自审美主体的生命；这种精神是来自审美主体的"人格"或"情感"。"于物象之观照中，所感生之肯定Lebensbejahung 是为美，所感生之否定 Lebensverneinung 是为丑。"②美是审美主体对生命的肯定，而丑正好相反。这就涉及美的价值产生的主体性条件。"吾人之所谓美固在物象，物象之所以为美，则不在其自体而在所表出之生命或所谓人格之价值。"因此，"美非单为物象之固有价值，又复为无条件之价值"③。这个"条件"就是审美主体"生命""人格"的投射。"吾人于物象中发现生命之态度，是曰美的态度。以生命但就人格为言，虽在无生物亦能感得之而判其美的价值。"④"有人格的生命，不必限于吾人悟性所认识之人类。若建筑，若应用美术等等，如为美之对象时必觉其具一种人格可分善恶，而后有美丑可言。"⑤"生命"是审美主体投射的，因而与审美对象是否有生命无关，即便在"无生物"的大自然或人造的建筑中也可"发现生命"，发现"人格"。"一切人格的价值，通常亦谓之曰善，故美之内容常与善不相离。凡物象之表白善者必为美，表白恶者必为丑。""于是可见善恶与美丑有极密切之关系。"⑥由此可见，"生命之移入，其实则感情移入也"，"美的价值亦可谓为感情移入的价值也"，"美之内容为善，非指其事实之善而其（移入的主体——引者注）精神也"。⑦可见，物象的美作为生命的象征，实际上是审美主体感情移入

---

① 吕澂：《美学概论》，商务印书馆1923年版，第8页。
② 吕澂：《美学概论》，商务印书馆1923年版，第35页。
③ 吕澂：《美学概论》，商务印书馆1923年版，第8页。
④ 吕澂：《美学概论》，商务印书馆1923年版，第8页。
⑤ 吕澂：《美学概论》，商务印书馆1923年版，第9页。
⑥ 吕澂：《美学概论》，商务印书馆1923年版，第8页。
⑦ 吕澂：《美学概论》，商务印书馆1923年版，第28、10页。

对象的结果。"我们当'感情移入'很纯粹的时候，自随着事物构成一种生命，发动那样的感情，临了就觉是事物自有那样的生命。"① "我们原有的'生命'不必恰和从事物所感得的符合，所以到了此时，二者间一定要构成或正或反的关系。如果二者相顺的呢，正像本自弹着琴弦，更被人拨动了瑟弦，恰恰和谐，不由不成一种共鸣；在心理现象上这便系'纯粹的同情'。否则呢，恰像一片和雅的琴声里，忽夹上了嘈杂的琵琶，不由不生一种反响；在心理的现象上这便系'纯粹的反感'。由'纯粹的同情'我们的生命便觉得扩充，丰富，最自然又最流畅的开展，同时有一片的喜悦；从这里就辨别得'美'。所以美感只是对于生命这样开展的快感。再从反面说，因着'纯粹的反感'便觉我们的生命受着压迫，不容顺其自然的开展，同时起了一片的不快；从这里就辨别得'丑'。"②

所谓美的"体验""必用美的观照"，是指"物象之为人格象征，非由感情移入不克成立。故美的评价之对象必概从感情移入成立"，"美的观照"即"纯粹感情移入"的观照。③ "美的价值为物象固有之人格价值，物象之获有人格，则由于感情移入。……感情移入之有价值与否，全视其性质之为积极或消极而判。由是美丑之谓何，可得简略释之曰，美为积极的感情移入Positive Ein，丑为消极的感情移入Negative Ein。"④因而，美感就是一种对审美主体的生命来说"有价值"的、"积极"的快感，而不是所有快感："我们所有的快感，不限定就是美感，并且美感也不定是简简单单的一样快感。"⑤ "有价值者必生快感，然生快感者不必尽有价值，如

---

① 吕澂：《美学浅说》，商务印书馆1923年版，第26—27页。
② 吕澂：《美学浅说》，商务印书馆1923年版，第27页。
③ 吕澂：《美学概论》，商务印书馆1923年版，第11、12页。
④ 吕澂：《美学概论》，商务印书馆1923年版，第35页。
⑤ 吕澂：《美学浅说》，商务印书馆1923年版，第22页。

私欲之满足则是。"①美感作为一种对审美主体的生命有益的快感，"快感之起必以适合心之本质为根据"②，其本质是对象"能满足主观而有快感"，也就是主客体共鸣产生"纯粹的同情"③，"官能感情之快感与人格感情之快感，最后之根柢俱在与自我本性相一致"④。于是，吕澂告诉人们：美是一种肯定生命、引起快感的价值，美感是一种对生命的积极开展有价值的快感。通过对美的"关乎生命""移情观照"的特质的论析，吕澂实践了美学是"价值的学"的学科主张。

此外，在美学是"规范的学"方面，吕澂基于人性的共同追求或普遍心理，探讨总结了美的"规范"或"原理"。美是生命主体对审美对象"纯粹的同情"，是审美对象与审美的生命主体的契合。生命主体是各个不同的，"美和丑的辨别用各个生命来做标准，似乎太不一律，像这个人辨别得美的也许别人辨别是丑，岂非美丑自身还是个没分别么？"⑤。吕澂的回答是，说美是审美主体生命的象征，不会陷入由个体趣味左右的相对主义："人们的生命虽属各别，却天然有种向上的共同倾向。顺着这样倾向扩充丰富的开展，才觉最为自然流畅。说美感是对于生命最自然流畅的开展所有的快感，自不外依着这种积极的意义说。我们所以借'纯粹的同情'得着生命开展的快感，也不外从各个生命发见他普遍意义的缘故。由此，用各个'生命'做标准辨别得的美丑，依然有普遍性质。"⑥据此，他总结了美之为美的"标准""法则""规范""原理"。形式美是

① 吕澂：《美学概论》，商务印书馆1923年版，第4页。
② 吕澂：《美学概论》，商务印书馆1923年版，第12页。
③ 吕澂：《美学浅说》，商务印书馆1923年版，第27页。
④ 吕澂：《美学概论》，商务印书馆1923年版，第26页。
⑤ 吕澂：《美学浅说》，商务印书馆1923年版，第27页。
⑥ 吕澂：《美学浅说》，商务印书馆1923年版，第27—28页。

契合官能快感的物象固有之价值，他分析了"美的形式原理"，如"变化中之统一""通相分化之原理""君主制的从属之原理"。[①]"形式原理Aesthetische Formprinzipien 云者，以其支配对象各部分又部分与全体间之关系也。""由变化中之统一，乃能生吾人美的快感，故名之为美的形式原理。"[②]"通相"即共相，"为各部分所通有"[③]；"分化"指从共相分出的部分，"通相之分化Differenzierung eines Gem，意谓各部分即从通相分出，以故隶属于通相，非与通相漠不相关"[④]。"变化中之统一"的较高境界，是部分由共相派生，部分中体现共相，共相与部分处于某种"平衡"状态，如锯齿线、波纹线等。这里，共相是"统一"，部分是"变化"，共相不能吞并部分，如直线；部分也不能压过共相，如涂鸦。[⑤]所谓"君主制的从属之原理"，即部分之间有宾主之别原理。它打破了"通相分化"中共相与部分的平衡，某一部分上升为主宰者，其余部分成为从属者，如黄金分割率中的长边，群山起伏中的高峰，众星环抱的明月，万绿丛中的一点红。[⑥]变化中含统一，部分中体现共相，各部分中有主有宾，这是"物象与吾人官能以快感时所必备之形式"[⑦]。然而，如前所述，吕澂认为："决定一种物象之美的价值，固非以其如何满足吾人之官能为衡，而在其中所表出之人格奚似也。"[⑧]作为生命象征、人格象征的美（其实是内涵美，与物象固有价值的形式美并不同）的构成原理是什么呢？吕澂一方面

① 吕澂：《美学概论》，商务印书馆1923年版，第12—25页。

② 吕澂：《美学概论》，商务印书馆1923年版，第14页。

③ 吕澂：《美学概论》，商务印书馆1923年版，第16页。

④ 吕澂：《美学概论》，商务印书馆1923年版，第17页。

⑤ 吕澂：《美学概论》，商务印书馆1923年版，第17—19页。

⑥ 吕澂：《美学概论》，商务印书馆1923年版，第22—25页。

⑦ 吕澂：《美学概论》，商务印书馆1923年版，第25页。

⑧ 吕澂：《美学概论》，商务印书馆1923年版，第25—26页。

说是"感情移入",并辟专章加以论析①;另一方面又说:"为官能的快感之条件,同时即能为人格的快感之条件,亦即支配形式之原理,同时能为支配人格的内容之原理","形式原理之曰美的,正在其同时能为内容原理之故"。②这暴露了其思维的漏洞。而将物象本有的形式美与审美主体感情移入的内涵美混为一谈,试图寻找共同的创造法则,是此后百年美学一犯再犯的迷误之一。

鉴于美是物象的一种价值,价值联系着生命主体与物象客体,吕澂既推崇里普斯(吕澂译为"栗泊士")、费希纳(吕澂译为"斐赫那"),倡导"心理学"的、"主观主义"的研究方法,又不忘格罗塞(吕澂译为"格老叟")等人,兼顾人类学、社会学等"非心理学的""客观主义"的研究方法③,并在探讨艺术美的创作法则时总结了"宾主""对照""层次""单调""均称""反复""比例"等"美的形式"的"根本的原理"。④此外,吕澂还对"美的种类"——崇高与优美、悲壮与谐谑、悲剧与喜剧做过分析介绍⑤,这标志着西方美学范畴已经被引入中国美学界。

三、陈望道的《美学概论》

陈望道(1891—1977),浙江义乌人。陈望道涉猎的学术范围很广,美学不过是他的"副业"⑥。陈望道的美学思想主要体现在其专著《美学概

① 吕澂:《美学概论》,商务印书馆1923年版,第29—37页。
② 吕澂:《美学概论》,商务印书馆1923年版,第26页。
③ 据吕澂:《美学浅说》,商务印书馆1923年版,第13、16—18页;吕澂:《现代美学思潮》,商务印书馆1931年版,第15、28、35、43页。
④ 吕澂:《美学浅说》,商务印书馆1923年版,第38页。
⑤ 详见吕澂:《美学概论》,商务印书馆1923年版,第37—47页;吕澂:《美学浅说》,商务印书馆1923年版,第22—23页。
⑥ 陈望道:《美学概论》,上海民智书局1927年版,前言第2页。

论》中。这部著作有哪些基本观点和特色呢？首先是他关于"美学"的学科定义、研究对象及其研究方法的主张。他认为，"美学"即"关于美的学问"①，主要就"美是什么"和"美的事物怎样才美"两个基本问题做抽象的哲学研究。美学的研究对象，包括"美""自然、人体、艺术"和"美感、美意识"三方面。②"在这三方面中，古来或因时代的风尚，或随学者底趣味，取作美学底主对象的方面，每每不相同。从其大体说来，古代大抵偏于哲学的研究；近世盛行的，是科学的研究，尤其是心理学的研究。哲学研究底对象偏于'美'，心理学的研究，则以美感美意识及艺术为对象。"③他的《美学概论》倾向于"以艺术为主，而又不丢开自然和人体等副对象"④。艺术为什么成为美学研究的主要对象呢？这是因为"自然和人体，也都是艺术底题材，也都被包含在艺术里面的。像诗歌可以吟咏自然，绘画可以描写自然，雕刻可以表现人体，其余无论何种事物，就是'真'和'善'，也都可以用作艺术底内容，差不多没有一事物，不可以纳于艺术之中的。并且艺术除了美之外，有时还含有美底反面的'丑'。简直包含着美底正反两面的现象。因这缘故，所以以艺术为对象的事，就越发地盛行起来。现在甚至已有专于研究艺术一方面的所谓'艺术学'出来，和'美学'并立了"⑤。艺术包括"制作和鉴赏"两方面，"制作是发表，鉴赏是受纳"，"一出一入原本都是美感、美意识"，"在美学上，都是重要的问题"，但美学并不等于"艺术学"，因为"美感、美意识决不单运行在艺术上面，对于其余美的事物也是常有美感、美意识活

---

① 陈望道：《美学概论》，上海民智书局1927年版，第13页。
② 陈望道：《美学概论》，上海民智书局1927年版，第13页。
③ 陈望道：《美学概论》，上海民智书局1927年版，第13页。
④ 陈望道：《美学概论》，上海民智书局1927年版，第14页。
⑤ 陈望道：《美学概论》，上海民智书局1927年版，第14页。

动着的"。①从心理学的角度研究美学是当时的潮流，但陈望道在翻译了
《共产党宣言》、接触了马克思主义的唯物论以后，更注重社会学的研究
方法。艺术创作"要想离开时代底背景、时代底潮流，和国民性等等，也
是困难万分的事"②。艺术鉴赏也是如此，"鉴赏虽然是个人的事，而所
以那样鉴赏，也还是与群众意趣、社会环境有关的"③。因此，"美学或
艺术学里，也就须有所谓社会学的研究。而且从美术底起源、发达、效果
等诸点上看，也是和社会很有关系的。所以除了心理学的研究之外，社会
学的研究也是很重要"④。《美学概论》"虽想把心理学的一方面，当作
主体；但因为要不拘泥于一面，有时也触及社会学的研究之类的方面。所
以把'美''艺术''自然''美感''美意识'等，一概取作美学底对
象"⑤。

　　其次是他对美学的核心问题——"美"的思考。陈望道从主体的心
理需要出发来研究美的本质，这是一种主观论的思路。他认为，爱美之
心，人皆有之。"嗜美""出于人性"，"美底要求"与生俱来。⑥人类
最早的爱美需求，是与实用要求相对的对纯形式产生的感官快感的需求。
"据考古学者们底研究，便是极蒙昧的野蛮民族，在他们底武器等类上
面，也就有着程度相当的妆饰。所谓文身，虽然别有渊源，一面便也为
要妆饰。"⑦"他们底嗜美……便牺牲了实用，便赔贴了痛苦，也毫不吝

①　陈望道：《美学概论》，上海民智书局1927年版，第14、15页。

②　陈望道：《美学概论》，上海民智书局1927年版，第15—16页。

③　陈望道：《美学概论》，上海民智书局1927年版，第16页。

④　陈望道：《美学概论》，上海民智书局1927年版，第16页。

⑤　陈望道：《美学概论》，上海民智书局1927年版，第16页。

⑥　陈望道：《美学概论》，上海民智书局1927年版，第1页。

⑦　陈望道：《美学概论》，上海民智书局1927年版，第2—3页。

惜。"①这种情况在儿童身上也有显现。"孩儿底喜欢光亮的物品，鲜艳的色彩，便是其例。"②在人类的文明时期，这种对形式美的追求仍然保留着："如一块糕饼，一枝卷烟，本来是触口便化、入手便燃的东西，但仍染色描金地要它们美观。"可见，"实用底要求固然迫切，美底要求也并不可忽视。有时甚至为了美，而不顾实用"。③因此可以说，"人类底嗜美也未始不是出于天性，美底要求也未尝不极深切"④。

　　那么，人类所嗜好的"美"是什么？陈望道并未给予明确回答，而只是列举了"夕阳晨曦""春花秋月"一类的人们公认的美的事物替代，说明了理论表述的欠缺。不过在分析"美意识"的构成时，陈望道间接给出了答案。他指出：从客观方面说，美是具有具象性和直观性的"感觉底对象"；从主观方面看，美是具有超功利的静观性和愉快性的对象。"我们底美意识，大抵也可以分为客观的与主观的，或称知识的与情意的两方面。从客观的或知识的一方面说，美意识可以说都是具象的而又是直观的。无论对象为艺术品，为自然底自身，凡可以称为美的，总之都是具有具体的、直观的性质，而非抽象的、概念的东西。"⑤"因此凡可以称为美的，必为所意识的许多对象中可以成为我们感觉底对象的那一部分的东西。"⑥"从主观的方面看来，美意识又可以说是静观的而又愉悦的。""静观性"指"能够纯然为观照而观照，更无其他实际的关心的一种境界"，也就是超实用功利。⑦"愉悦性"即"普通所谓快感的一种性

① 陈望道：《美学概论》，上海民智书局1927年版，第3页。
② 陈望道：《美学概论》，上海民智书局1927年版，第3—4页。
③ 陈望道：《美学概论》，上海民智书局1927年版，第2页。
④ 陈望道：《美学概论》，上海民智书局1927年版，第4页。
⑤ 陈望道：《美学概论》，上海民智书局1927年版，第17页。
⑥ 陈望道：《美学概论》，上海民智书局1927年版，第18页。
⑦ 陈望道：《美学概论》，上海民智书局1927年版，第22页。

质"，"美意识底富有快感，为任何人所不能否定"。[1]但美感不等于快感，它只是快感的一种。"美感，乃是一种特殊的快感。必于单纯的快感之外，另外有了一种的性质或一种的条件而后可以称为美感。"[2]什么样的快感是美感呢？西方美学有"无私的快感""游戏的快感"等学说。这里陈望道一一做了介绍，但并未给出理论的解释。综合其对美意识主客观方面四个特征的论析，我们可以将陈望道关于"美"的思考概述为：美是具象的、直观的，可以给人带来超实用功利快感的对象。

再次是陈望道关于美的独特分类。他从"人为"与"自然"的区别上，将美划分为"自然美"与"人为美"；从空间与时间上，将美划分为"空间美"与"时间美"；从动与静上，将美划分为"静美"与"动美"；从感觉上，将美划分为"五觉美"与其他"感觉美"；从形式与内容上，将美划分为"形式美"与"内容美"；从美的情趣上，将美划分为"崇高""优美""悲壮""滑稽"等"情趣美"。[3]其中，"自然美"与"人为美"、"形式美"与"内容美"的划分以及"五觉美"的提法有一定的学理意义，值得今人参考借鉴。

通常，人们将美的形态分为"现实美"与"艺术美"，"现实美"是实际存在的事物之美，"艺术美"是艺术家通过艺术媒介创造出来的虚构美，但这种划分没有说明美与人工的关系。从美与人工的关系看，"艺术美"及"现实美"中的"社会美"属于"人为美"，"现实美"中的"自然美"属于天然、与人工无关的"非人为美"。"所谓自然美，就是自然界底事物及现象底美"[4]，"总之，宇宙间一切未经人为的美观，都是自

---

① 陈望道：《美学概论》，上海民智书局1927年版，第23页。

② 陈望道：《美学概论》，上海民智书局1927年版，第24页。

③ 陈望道：《美学概论》，上海民智书局1927年版，第4—9页。

④ 陈望道：《美学概论》，上海民智书局1927年版，第4—5页。

然美"①。"人为美是自然美底对照，是人造物体和人为现象底美"，包括
"艺术美"和"狭义的人为美"。②与"自然美"相对的概念不是我们现在
的美学原理论著所说的"社会美""艺术美"，而应当是"人为美"。陈
望道关于"自然美"与"人为美"的划分具有独到的学术价值。

　　美可以凭借其具象的直观性引起超功利的快感，在这一层面上，可将
其分为"形式美"与"内容美"。"形式美"是完全凭借事物的形式使人
感到愉快的对象，如"形体上的均衡不均衡，色彩上的调和不调和等，都
是属于形式美"；"内容美"是凭借物象反映或表现的内容使人感到愉快
的对象，如"描写慈爱的图画，表现别离的雕刻"，使人感到美的是艺术
形象中表现的"慈爱的心""离别的情"。③虽然"美是感受的，哲学是
理解的"④，但由于美分为"形式美"与"内涵美"，所以审美还不能与
"神经"的理解彻底分开："美在自然人体艺术上具体地显现的时候，能
够感觉到这美，意识这美的，原是我们人类，是我们人类底感官和神经；
换一句话说，就是人底心。"⑤关于"形式美"与"内容美"，人们往往因
其美感反应的愉快性而将二者混为一谈，其实它们的美感发生动因、美感
活动机制、美感构成的心理元素等都不可相提并论，陈望道将美分为"形
式美"与"内容美"分别加以探讨，对于解开美的奥秘是具有方法论的启
示意义的。关于形式美，陈望道继承吕澂《美学概论》中的思想，总结了
形式美的构成法则，并在吕澂的基础上有所增益，如"反复与齐一""对

---

① 陈望道：《美学概论》，上海民智书局1927年版，第5页。
② 陈望道：《美学概论》，上海民智书局1927年版，第5页。
③ 陈望道：《美学概论》，上海民智书局1927年版，第8页。
④ 陈望道：《美学概论》，上海民智书局1927年版，第37页。
⑤ 陈望道：《美学概论》，上海民智书局1927年版，第12页。

称与均衡""调和与对比""比例""繁多的统一"。[1]关于内容美，陈望道认为其可以分为"知的内容"与"情的内容"，指出"知的内容"包括艺术作品反映的"直接内容"——"艺术所描写的对象所有的实际的意义"[2]，和艺术作品表现的"间接内容"——"艺术里面所含的意义"[3]，"间接内容"又包括因"联想"个人相关经历而产生的内容[4]、因类比想象所产生的"类型内容"[5]以及"象征内容"[6]。"情的内容"包括客观对象、题材自身的情与审美主体移入对象的主观的情。[7]这种分析，也具有一定的启迪价值。

美是以具象的直观诉诸感官感觉的。鲍姆嘉登曾经说：美学是感性学、美是"感性知识的完善"。这"感性知识"实际上是指"感觉"。所以美学又叫"感觉学"。因此，陈望道将"感觉"视为"美的材料"。"感觉"除了五觉外，还有"温度感觉、筋肉感觉、运动感觉、一般感觉、有机感觉"[8]等。传统的西方美学只是将对美的感觉限制在视听二觉范围内，陈望道则依据人们审美实践中的审美经验，将美的范围扩展到"五觉"等感觉对象上，指出"从感觉方面说"，美"可分作视觉美，听觉美，味觉美，嗅觉美，触觉美，和其他种种感觉美"[9]。视觉美是"形底美和色底美"，听觉美是"音底美"，"味觉美，就是舌尝的鲜味；嗅觉

① 陈望道：《美学概论》，上海民智书局1927年版，第84—119页。
② 陈望道：《美学概论》，上海民智书局1927年版，第125页。
③ 陈望道：《美学概论》，上海民智书局1927年版，第126页。
④ 陈望道：《美学概论》，上海民智书局1927年版，第127页。
⑤ 陈望道：《美学概论》，上海民智书局1927年版，第134页。
⑥ 陈望道：《美学概论》，上海民智书局1927年版，第137页。
⑦ 陈望道：《美学概论》，上海民智书局1927年版，第145—151页。
⑧ 陈望道：《美学概论》，上海民智书局1927年版，第38—39页。
⑨ 陈望道：《美学概论》，上海民智书局1927年版，第7页。

美就是鼻嗅的芳香", "再如触觉。器官是皮肤,特别是手掌底皮肤", "在雕刻上颇关重要"。[①] "还有所谓运动感觉与筋肉感觉,也与美感不是无关。"[②]

此外,陈望道还在"美的材料""美的形式""美的内容"的基础上,从"材料感情""形式感情""内容感情"等角度分析"美的感情",并将"崇高""优美""悲壮""滑稽"作为"美的情趣"的"种种形相"加以分析介绍[③],并通过研究指出,"美的判断"既是不同于抽象思考的情感反应,又是包含理智作用的"理解判断"与"价值判断"。[④]在这些论述中,理论的逻辑性、严密性有所不足,但或许这是美学学科在中国学界草创时期必经的过程。

陈望道《美学概论》的字数大约是吕澂《美学概论》的两倍,但前者的哲学深度不够,论析的周密性不足,不及后者,较之萧公弼的《美学·概论》逊色更多。但是,它仍然有一定的独到之见,有一些自己的特色,对现代美学学科在中国学界的推广也是功不可没的。

---

① 陈望道:《美学概论》,上海民智书局1927年版,第7、80页。
② 陈望道:《美学概论》,上海民智书局1927年版,第80页。
③ 陈望道:《美学概论》,上海民智书局1927年版,第164—184页。
④ 陈望道:《美学概论》,上海民智书局1927年版,第186页。

第二章　早期现代主义美学

第一节　早期现代主义美学概说

一、早期现代主义美学的历史背景和思想资源

中国早期现代主义美学发生于20世纪上半叶，既区别于早期启蒙主义美学，也区别于后期（当代）的现代主义美学。

西方早期现代主义美学发生的历史背景是现代性的确立。其时资本主义已经牢固地建立起来，一方面是社会的高速发展，另一方面是精神危机的来临。由于资本主义的弊端显露出来，启蒙时代树立的理性无论是工具理性还是价值理性都受到了质疑和批判。于是，早期现代主义美学就背弃了启蒙主义，对现代性的核心——理性展开了批判。叔本华、尼采、柏格森、克罗齐的美学思想属于早期现代美学，它们也成为中国早期现代美学的理论资源。

中国早期现代主义美学的发生有两个根源，一个是社会的根源，一个是理论的根源。社会的根源是中国现代性的初步发生，也就是由于西方资本主义的入侵而导致的传统社会的瓦解以及工业文明开始取代农业文明，尽管这个过程刚刚开始，但已经不可逆转地发生了。现代性的建立需要现代思想的支持，于是就有启蒙主义的传播，科学精神和人文精神成为时代的潮流，启蒙主义美学也随之发生。另一方面，随着现代性的建立，反思现代性的需要也出现了，对现代性的反思通过抵制现代性的负面影响而保留自由的精神，于是就有了早期现代主义美学对现代性的批判。启蒙主义美学与早期现代主义美学都是从西方引进的，因为中国传统美学中没有争取现代性和反思现代性的思想资源。与欧洲美学思潮的递进性不同，中国的启蒙主义和现代主义的引进和发生几乎是同时的，这是中国的后发现代性导致的。启蒙主义美学与早期现代主义美学分别开辟了注重社会功利和注重学术知识的不同走向，前者强调美学的社会效果，试图借助美学手段为政治改良和社会革命服务；后者则强调美学的学术价值，希望借鉴西方科学成果，建立独立的美学学科体系。中国早期现代主义美学思潮与启蒙主义美学思潮的性质不同，启蒙主义美学是争取现代性的理性主义思潮，而现代主义美学是反思现代性的非理性主义思潮。从19世纪末期到20世纪中期，中国的现代性仅仅是一种初发的形态，因此对现代性的批判不可能深入；而对欧洲现代主义美学的引进只能限于其早期思想，它们对理性的批判也仅仅是初级的、不彻底的。

中国美学关注和接受的欧洲早期现代主义美学主要是19世纪后期至20世纪初期的美学流派，包括叔本华、尼采的唯意志论哲学，柏格森、克罗齐的直觉主义，等等，它们首先开始了对主体性的质疑和批判。叔本华否定了主体性的合理性，把启蒙理性的"自由意志"还原为盲目的欲望，而这种意志成为生存痛苦的根源。尼采虚构了一个超人主体和权力意志，批判现代的大众主体和庸众的理性精神。于是，在他们看来，审美就不再是一种理性的形态，而成为逃避、反抗理性压抑的途径。同时，各种心理学美学包括直觉主义等也偏离了理性主义的认识论，于是审美就不再是一种通向理性的感性认识，而成为带有神秘色彩的生命体验的活动。

早期现代主义美学也开展了对启蒙主义美学的理性主义的批判，体现了超理性倾向。启蒙主义美学建立在理性主义之上，理性高于审美，审美服从于理性。而从席勒发源，由叔本华、尼采倡导的审美主义开始反叛理性、超越理性。他们批判理性的压抑或虚妄，而把审美作为解除理性束缚、通向自由的生存方式。于是，在非理性主义的冲击下，现代哲学走向审美主义。这些早期现代主义哲学、美学思想都直接影响了中国早期美学家，被后者接受、改造，成为中国早期现代主义美学的主要思想资源。

二、早期现代主义美学的思想内容

早期现代主义美学在被接受的过程中，不可避免地会与中国自身的学术传统和美学思想发生碰撞和交流，并且受到后者的影响。这就形成了中国早期现代主义美学的两个基本特点，一是与西方早期现代主义美学的一致性，二是与西方早期现代主义美学不同的特殊性。中国早期现代主义美学的代表有王国维、朱光潜、丰子恺等，他们的美学思想主要体现以下几个方面：

第一个方面是对于理性主体的质疑，否定审美的主体性。中国早期现代主义美学家接受了叔本华的悲观意志哲学，对主体的自由意志的信念加以质疑。他们认为人的欲望不会带来自由和幸福，而只会带来痛苦；而审美则是逃避意志的途径，审美主体由是摆脱了意志而达到了解脱。这一思想的代表就是王国维。王国维不仅论证了审美是对欲望的解脱，还运用这个理论来阐释悲剧、解读《红楼梦》的主题和屈原的命运，从而摆脱了中国传统美学的实用理性精神。

第二个方面是对直觉说的认同，把审美定位于一种非理性的直觉。传统美学认为审美是感性认识的完善（鲍姆嘉登），是趋近理性的一种形式。而西方早期现代主义美学提出了直觉观念，这种直觉不同于理性，带有某种先天的神秘性，它是认识的根据，因此也是审美的根据。这一思想被中国早期现代主义（主要以朱光潜、丰子恺为代表）接受。朱光潜的美学思想根源于克罗齐的直觉说，也接受了康德的一些思想，主张心物统一的审美意象论。丰子恺受到生命哲学和直觉主义的影响，以"仁""爱"和"同情""静观"来阐释审美活动。他们虽然没有彻底反叛理性，但已经初露非理性的端倪。

第三个方面是超理性主义或审美主义。审美主义是对理性主义的反拨，把审美而不是理性作为自由的根据。中国早期现代主义美学家，如王国维，主张审美的无功利性和超脱性最终可以解脱欲望的羁绊而使人获得自由。朱光潜借鉴尼采的思想，提倡生活的艺术化，也包含着以审美为最高价值的思想。丰子恺也有与叔本华、尼采相似的思想，认为审美可以摆脱权力意志，使人获得心灵的解脱。

中国早期现代主义美学属于一种过渡性的美学形态，它刚刚脱离启蒙主义美学，而初涉现代主义美学，因此保留着启蒙主义美学的某些特征，如康德、席勒、黑格尔的理性主义美学思想。这体现在王国维、朱光潜、丰子恺等对康德的服膺上。同时，它对现代主义美学思想的接受也仅限于早期现代主义美学家叔本华、尼采、克罗齐等，而对以后的现代主义美学则比较疏远。

此外，中国早期现代主义美学虽然接受了西方美学思想，但也保留和吸取了某些中国传统美学思想。如王国维的悲观意志论就与中国的道家思想以及佛家思想有相通之处，其境界（意境）说也主要来自中国传统美学思想。朱光潜等人的直觉说和意象论，也融汇了中国传统美学思想中的直觉思想和意象说。丰子恺的"仁""爱""同情"等美学思想也有佛教和中国传统美学思想的因子。这些中国美学思想与西方美学思想融合在一起，构成了中国的早期现代主义美学的特性。

中国早期现代主义与启蒙主义美学一道，负担着两个历史任务：一个是在中国现代美学建立的初期，从欧洲引进美学的基本知识，并且建立起美学学科；另一个是吸收西方的美学思想，加以改造，建构中国自己的美学体系。

为了完成第一个任务，当时的美学家注重对西方美学理论的译介和对美学学科的划界。中国本来没有美学学科，中国的道（理）学、文学都包含美学思想，但却没有现代意义上的美学学科。中国的美学学科是从西方引进的，而这一学科的建立是包括启蒙主义和早期现代主义美学家在内的中国美学开拓者努力的结果。中国早期的现代主义美学家大都是翻译家，多有译著，如王国维、丰子恺、朱光潜等都是这样。在这个基础上，早期现代主义美学家也为美学学科的建立打下了基础。

第二个任务则更为艰巨。早期现代主义美学家借鉴西方美学，也吸取中国传统美学思想，进行了中国现代美学体系的初创。正是在中国早期现代美学家的努力下，现代的美学体系才被建立起来，这是一个重要的历史成果。

三、中国早期现代主义美学的意义

中国早期现代主义美学的社会意义在于，在中国现代性初发的时期，超前地意识到其弊端，开展了对现代理性的反思和批判，以唤起人的自觉意识、维护人的自由。当然，由于中国现代性的弱小以及中国早期现代主义美学的超前性，这一美学思潮并不符合时代的主流趋势，因此也没有得

到充分发展，没有成为主导的美学思潮。但是，其社会意义仍然不应抹
杀。

中国早期现代主义美学的学术意义在于，确立了审美的独立性和超越
现实的自由本质。建立在实用理性基础上的中国传统美学把伦理道德作为
审美的本质，美依附于善，即所谓"善者，美之实也"，遮蔽了审美的独
立性和超越性。而启蒙主义美学同样具有理性主义倾向，认为审美只是通
向理性的过渡形式。中国美学的现代化必须破除这种理性主义美学观，确
立审美主义的观念，从而形成审美超理性的品格。中国艺术有丰富的历史
遗产，美学中也蕴藏着一种隐在的超越性思想，只是没有现代的理论加以
阐发。王国维以"境界说"肯定了审美的超功利性和独立性，并且依据意
志哲学对现实生存进行了批判，揭示了生存的意义。他借助叔本华的悲观
意志论美学评论《红楼梦》，突破了前人评论的"言情"说的局限，而把
《红楼梦》定性为欲望导致的悲剧。这一阐释虽然也有其局限，但毕竟是
从探索人生道路和生存意义的高度揭示了《红楼梦》的悲剧性，这是一种
现代性的审美阐释。朱光潜也主张审美的独立性、超然性，并且接受了尼
采等人的审美人生论思想，倡导生活艺术化，也带有审美主义倾向。

另外，早期现代主义美学家做了中西美学思想沟通、融合的可贵尝
试，王国维、朱光潜、丰子恺等在这方面都取得了宝贵的成果。这一尝试
为此后新古典主义的创造奠定了基础。

由于对西方现代美学思想的了解还不够深入，以及中国现代美学研究
还处于初步开展的阶段，中国早期现代主义美学也存在着许多不足，主要
体现在以下几个方面：

第一，早期现代主义美学体系的建构还不完善，没有形成一个完整的
理论体系。早期现代主义美学家们往往是接受了西方若干美学理念便加以
发挥，并没有完整的理论体系的建构。例如王国维主要接受叔本华的意志

论美学观念，还有一些西方的审美范畴等，而没有建构完整的美学理论体系，也没有系统的美学著作。朱光潜接受了克罗齐等西方19世纪后期的多种美学思想，也没有完整的美学体系。而丰子恺的美学思想更为杂糅，体系性更弱。

第二，早期现代主义美学家在接受西方美学思想之时，缺少必要的批判工作，从而难以避免西方美学的缺陷的出现。如王国维等对叔本华美学思想的接受，虽然开启了现代美学的方向，具有历史的合理性，但同时也接受了其负面思想，把审美变成了一种逃避现实的消极的活动，抹杀了其积极意义。朱光潜、丰子恺对于移情说和直觉说的接受，也缺乏批判性的精神。

第三，早期现代主义美学家的理论建构中还存在着一些自相矛盾的地方，在接受西方美学理论中以及在与中国传统美学思想的融会贯通中还存在着一些误读，如丰子恺对于移情说的阐释，就与中国传统美学的"同情说"相混淆。

从学术发展方面来说，早期现代主义美学是中国现代美学史上的一个重要阶段，它连接启蒙主义美学和后期现代主义美学，为中国美学的现代化开辟了道路。中国传统美学和早期启蒙主义美学有一个共同点，即都具有理性化的倾向。当然，启蒙主义美学的启蒙理性不同于传统美学的实用理性，但它们都遮蔽了审美的超越性。总体来说，早期现代主义美学的学术意义就是破除了中国传统美学的实用理性和启蒙主义美学的理性主义，推动了中国美学的现代转型。

总之，中国早期现代主义美学的美学建设还是取得了相当的成就，使得中国美学跨越了古代美学，也超越了启蒙主义美学，迅速地与早期现代主义美学代表的当代世界美学接轨，开启了中国现代主义美学的源头。

第二节　王国维的美学思想

　　王国维是中国现代著名学者，也是中国现代美学的开拓者。他在三十年左右的学术生涯中，遍涉哲学、美学、心理学、教育学、伦理学、文学、戏曲史、古文字学、敦煌学、历史学、文献学、图书馆学等领域，并在各个领域都取得了开拓性、领先性的成就。他作为中国现代美学的奠基人，第一个较为系统、准确地将西方美学思想译介到中国；最早地对美和艺术的根本性质做出了现代性的解答；最早地运用现代美学思想对中国传统艺术进行整合并有所创造。此外，他还是中国最早的美育倡导者。王国维的美学研究成果主要有：《孔子之美育主义》（1904）、《〈红楼梦〉评论》（1904）、《论叔本华之哲学及其教育学说》（1904）、《论哲学家与美术家之天职》（1905）、《去毒篇（鸦片烟之根本治疗法及将来教育上之注意）》（1906）、《文学小言》（1906）、《屈子文学之精神》（1906）、《古雅之在美学上之位置》（1907）、《人间词乙稿序》（1907）、《人间词话》（1908—1909）等。

一、王国维美学思想形成的历史环境和学术背景

　　自鸦片战争之后，西方文化和学术思想开始传入中国，中国学术也开始其现代化的历程。西学东渐，构成了对传统学术的冲击，反对者有之，忧心者有之，但王国维认为这是中国学术摆脱自宋以来被动之颓势，进而实现大发展大繁荣的重大机遇，不应视西学为洪水猛兽，故而采取了主动引进、学习的姿态。他指出：

　　　　思想上之事，中国自中国，西洋自西洋，此又不然。何则？智力人人之所同有，宇宙人生之问题，人人之所不得解也。其有能解释此问题之一

部分者，无论其出于本国或出于外国，其偿我知识上之要求而慰我怀疑之苦痛者，则一也。同此宇宙，同此人生，而其观宇宙人生也，则各不同。以其不同之故，而遂生彼此之见，此大不然者也，学术之所争，只有是非真伪之别耳。于是非真伪之别外，而以国家、人种、宗教之见杂之，则以学术为一手段，而非以为一目的也。未有不视学术为一目的而能发达者，学术之发达，存于其独立而已。然则吾国今日之学术界，一面当破中外之见，而一面册以为政论之手段，则庶可有发达之日欤？①

王国维坚持学术的普遍性和哲理性，认为应将学术从国家、人种、宗教之手段中独立出来，唯真理（真善美）是务（"学术之所争，只有是非真伪之别耳"），这是学术繁荣昌盛的根本（"未有不视学术为一目的而能发达者，学术之发达，存于其独立而已"）。王国维以其卓识远见，摆脱了中西文化对立的片面立场，而敞开了面向世界、现代的心胸。

王国维对西方哲学史的了解是比较全面和深入的，从古希腊的苏格拉底、柏拉图、亚里士多德到近代的斯宾诺莎、康德、叔本华、尼采、卢梭，以及英国经验派哲学家培根、霍布斯、洛克、休谟、斯宾塞等，无不涉猎、研究。在整个西方哲学历史中，王国维最为倾心和服膺的是近代德国哲学；而在近代德国哲学中，王最倾心于康德和叔本华的哲学，同时对席勒和尼采的思想也有所吸收。王国维在其《自序》里详细地写到自己读康德、叔本华著作的过程："次年始读汗德之《纯理批评》。至《先天分析论》几全不可解，更辍不读，而读叔本华之《意志及表象之世界》一书。叔氏之书，思精而笔锐。是岁前后读二过，次及于其《充足理由之原则论》、《自然中之意志论》，及其文集等。尤以其《意志及表象之世

---

① 王国维：《论近年之学术界》，见周锡山编校：《王国维集》（第二册），中国社会科学出版社2008年版，第304页。

界》中《汗德哲学之批评》一篇，为通汗德哲学关键。至二十九岁，更返而读汗德之书，则非复前日之窒碍矣。嗣是于汗德之《纯理批评》外，兼及其伦理学及美学。至今年从事第四次之研究，则窒碍更少，而觉其窒碍之处，大抵其说之不可持处而已。"①从此段文字中可以看出两点重要信息：第一，对康德、叔本华二人的哲学著作，王国维并非泛泛而读，而是做了重点深入的细读研究，这为他后来借鉴康德、叔本华的美学，建立起中国现代美学打下良好的基础；第二，王国维对康德的理解和接受是有前提性的，正如王国维自己所说的，他是通过阅读叔本华《汗德哲学之批评》来读懂康德的哲学著作。如果再结合后来王国维对康德思想的接受，我们可以看出，王国维在很多时候是站在叔本华的哲学立场来接受康德的哲学和美学的。比如说王国维接受康德关于美（优美和崇高）的非功利性质以及康德以后的学者认为"美术"是"天才之制作"的观点。②其实，这种非功利思想和天才论，在表面上看与叔本华基本无差别，但是其实质相差甚远。比如说康德在谈及"优美""崇高"范畴时认为，二者虽说是归属情感领域，但是却有着深厚的理性意味。优美是人的认识功能（知解力与想象力）和谐，崇高主要是把握无限的理性能力在起作用，因而，具有道德象征的意味。天才通过自然为艺术立法，虽然这种能力不能等同于知解力和理性，但是却与其有着紧密的亲缘关系。而这些内容在叔本华的哲学和美学里是完全没有的，叔本华认为天才的特长恰恰在于他摆脱知解力、理性的束缚，以纯粹的直观来认识意志的充分的客体化"理念"。康德的优美和崇高范畴中的理性因素，在叔本华的直观论里也被清洗得干干

---

① 王国维：《自序》，见周锡山编校：《王国维集》（第二册），中国社会科学出版社2008年版，第296页。

② 王国维：《古雅之在美学上之位置》，见周锡山编校：《王国维集》（第一册），中国社会科学出版社2008年版，第184页。

净净。

王国维认为，欲建立现代美学，就要摆脱中国古典美学中的"诗教"观和"文以载道"的传统，使文学艺术走向自律和独立。在这一方面，康德的美学思想为其提供了强大的理论支撑和思想资源。此外，康德美学的主体性性质，最为集中地体现在他的天才论思想。康德为"天才"下了如下一个定义：

> 天才是替艺术定规律的一种才能（天然资禀），是作为艺术家的天生的创造功能。才能本身是属于自然的，所以我们也可以说，天才就是一种天生的心理的能力，通过这种能力，自然替艺术定规则。[①]

这里最为核心的就是艺术的不可模仿性以及天才与"摹仿精神"的对立。这种天才观，为浪漫主义运动冲破古典主义乃至整个客体性美学摹仿论奠定了坚实的哲学基础。对于王国维来说，这种天才观的主体性倾向，为王国维突破中华古典美学思想、走向现代美学提供了理论支持。

叔本华的意志主义哲学和美学对王国维产生了"至深且巨"[②]的影响，这在王国维的论文与他后期所写的《人间词话》中都不难看出。叔本华虽然称自己的哲学直接上承康德，他本人是康德批判哲学的最忠实的继承者和发展者，但是其实康德哲学在叔本华这里，已经被改造了。叔本华在对康德的认识论进行批判改造的过程中找到了发现认知的本体的途径。叔本华在《作为意志和表象的世界》开篇处说道："'世界是我的表象'：这是一个真理，是对任何一个生活着和认识着的生物都有效的真理；不过只

---

① 朱光潜：《西方美学史》，人民文学出版社1979年版，第377页。

② 陈鸿祥：《王国维与近代东西方学人》，天津古籍出版社1990年版，第56页。

有人能够将它纳入反省的，抽象的意识罢了。"①在这个命题里，"我"作为主体的核心地位被前所未有地凸显出来——"我"就是主体，而"主体就是这世界的支柱，是一切现象，一切客体一贯的，经常作为前提的条件；原来凡是存在着的，就只是对于主体的存在"②。主体以其先验的形式（时间、空间、因果等）对世界进行"表象"。但是叔本华认为，认识本体的契机不在表象。表象本身遵循个体化原理，因此不可能将我们带到表象之外。这里关键在于作为主体表象世界的"我"，"我"的认识不是一种理性行为，而是意志行为。进行直观的主体同时又是个体的意志。以此为出发点，叔本华还推论，不仅我们人的所有活动是这个意志活动所产生的现象，意志还是统一一切的本体，"它是个别〔事物〕的，同样也是整体〔大全〕的最内在的东西，内核。它显现于每一盲目地起作用的自然力之中。它也显现于人类经过考虑的行动之中"③。在叔本华的哲学里，本体与主体是同一的，这就解决了康德的理性认识无法把握本体的问题。"我"在意志的运动过程中，就直接领受意志的存在。据此，叔本华的哲学的本体论从传统哲学的抽象本体论转到对人的生存世界理解的哲学本体论。此外与传统哲学形而上学的本体具有理性和终极意义不一样，叔本华的意志本体是非理性的，是一种可怕的盲目冲动，"意志自身在本质上是没有一切目的，一切止境的，它是一个无尽的追求"④。这种不断追求自我实现且没有最终目的、奔突的、盲目的意志本体作为现象时所展现的图景是恐怖的、令人悲观的：整个世界充满挣扎、冲突、永不满足的痛苦，世界因此是混乱不堪，没有理性、没有秩序，更没有所谓的终极意义，如地

---

① 叔本华：《作为意志和表象的世界》，石冲白译，商务印书馆1982年版，第25页。
② 叔本华：《作为意志和表象的世界》，石冲白译，商务印书馆1982年版，第28页。
③ 叔本华：《作为意志和表象的世界》，石冲白译，商务印书馆1982年版，第165页。
④ 叔本华：《作为意志和表象的世界》，石冲白译，商务印书馆1982年版，第235页。

狱般的"悲惨世界"。

意志论哲学认为，一切痛苦和灾难的根源在于作为本体的盲目意志。那么，要从这种不幸的境地中摆脱出来的唯一途径就是否定意志本身；但是意志本身是始终要求自我实现和自我肯定的，其否定的契机何在呢？叔本华认为契机就在于对世界的纯粹的直观认识或者审美观审。这种审美观审，不同于一般的认识。因为一般的认识，包括康德所谓的理性认识，都是完完全全地服务于意志，是意志自我实现的工具。这种不再为意志服务的、神秘的认识就是叔本华的审美观审。在这种审美观审的作用下，个体的人成为纯粹的主体，这个主体放弃了对事物的习惯性看法，不再依据根据律诸形态去认识事物之间的关系，也就是说不再追究其对意志的关系，同时也不让抽象的思维、理性的概念主导意识，而是把人的全副精神能力献给直观，沉浸于直观。人就如一面镜子一般，仅仅只有对象的存在而没有觉知这对象的人了。他自失于对象之中，全然忘记了个体，忘记了意志。而作为审美观审的对象客体，也发生了"超绝之转换"，在纯粹主体的审美直观下，主体在摆脱对意志的一切关系的同时，客体也走出了它对自身以外的任何事物的一切关系。这个客体对象也就不再是这般如此的个别事物，而是意志在这一级别恰如其分的客体化——理念。意志的盲目运动以及由此所产生的不幸和苦难由此止息下来。叔本华的美学思想因此而体现出审美主义倾向，即把审美看成是一种超越现实、具有终极意义的生存方式，而不再仅仅是一种认识或情感体验。在这一意义上，叔本华对于"天才"的定义也不同于以往（尤其是康德的天才观）。天才的本质在于拥有能够超出意志关系（包括对抽象思维和理性概念的彻底摆脱）、对事物进行纯粹观审的特殊能力。学界之所以认为叔本华对王国维影响"至深且巨"，最为重要的原因是王国维在叔本华的影响之下，建立了以意志为本体的美学本体论。这为王国维突破中华古典美学的道本体，建立主体性的现代美学提供了坚实的本体论上的支持。此外，叔本华的具有审美主义倾向的超越性美学思想，也为王国维批判否定世俗性的中国传统美学提供了有力的理论武器。

关于席勒美学思想对王国维美学思想的影响，专家学者多有认识。佛雏认为：王国维首次提出的"审美境界说"以及倡导美育，其思想皆本于席勒或受席勒启迪，"席氏美学从康德来；叔氏书中援引席勒处也不少，对席有所继承。故这一系统的康、叔之间还应补上席勒"①。不仅如此，近年来还有学者撰文论述席勒人本主义美学思想对于《人间词话》"境界说"的构造起到了关键性的作用。②虽然席勒美学的出发点是康德的理性主义，也是主体性美学，但是他在克服康德美学中形式与内容、感性和理性、自然与自由的分裂和冲突方面，进行了卓有成效的推进。"康德也看出感性和理性须达到统一，所见到的统一却只是主观的（停留在人的思想里）抽象的（统一只作为一种观念），席勒则企图证明感性与理性可以在现实世界里，特别是在艺术与审美活动里，统一起来。"③席勒美学最重大的使命就在于克服康德哲学留下来的这一系列对立并使其趋向统一。当然，王国维的意境（境界）说也继承了中国古代美学思想，而席勒等西方美学家的影响究竟有多大，还在争议中，没有定论，但这种影响无疑是存在的。

最后谈谈尼采对王国维的影响。从王国维所撰写的学术论文（《叔本华与尼采》《尼采氏之教育观》）以及尼采的传记（《德国文化大改革家尼采传》）中可以看出，王国维不仅系统阅读过尼采的哲学著作，并且

---

① 佛雏：《王国维诗学研究》，北京大学出版社1999年版，第331页。

② 如肖鹰所撰写的《被误解的王国维"境界"说——论〈人间词话〉的思想根源》《"天才"的诗学革命——以王国维的诗人观为中心》等一系列文章。

③ 朱光潜：《西方美学史》，人民文学出版社1979年版，第457页。

对尼采哲学有着颇为独到的见解；但也可以看出来，尼采美学思想对王国维的影响远不及康德、叔本华以及席勒的美学思想。王国维无论是在个人气质上还是在学理层面，都更认同叔本华的思想。王国维认为尼采最具有创造性的思想是他的伦理学，但是即便是这个伦理学，其秘密和思想的来源，还是叔本华的美学的"天才论"。尼采所做的不过是将叔本华美学的"天才论"，用到伦理学领域而已。他的"超人"的原型其实就是叔本华的美学天才。王国维引用列子的寓言故事来评价尼采的哲学的结局："昼亦一役夫，夜亦一役夫"，实际等于否定尼采哲学的积极作用。另外一方面，尼采哲学和美学有其特定的社会文化背景，是对现代性的反叛和对现代理性的批判。但对于王国维来说，尼采虽然已经对理性有所质疑和批判，但并没有完全背弃理性，在中国以理性启蒙众庶，呼唤主体性，依然还是一个尚待完成的任务。因此，他对尼采的接受是有限的。

二、王国维关于美的本质和功用的论说

由于接受了叔本华的意志论哲学，从本体论的角度上讲，王国维美学思想不是建立在天人合一、情理同一的"道"本体之上，而是建立在"欲望"本体之上。他追随叔本华的意志哲学，以"欲望"为本体。王国维在《〈红楼梦〉评论》中也明确地说："生活之欲之先人生而存在，而人生不过此欲之发现也。"[①]由此可见，王国维并没有仅仅把"欲"当成一种经验性的东西，而是作为本体。这在他的《叔本华之哲学及其教育学说》中表示得更加清楚："夫吾人之本质，既为意志矣，而意志之所以为意志，有一大特质焉：曰生活之欲。何则？生活者非他，不过自吾人之知识中所

---

① 王国维：《〈红楼梦〉评论》，见周锡山编校：《王国维集》（第一册），中国社会科学出版社2008年版，第7页。

观之意志也。吾人之本质，既为生活之欲矣。"①这里说得很清楚，意志就是"生活之欲"。当本体或者康德所谓的物自体——"意志"——作为主体所直观表象的对象的时候，它就是"生活之欲"。不难看出，这种独特的说法是源自叔本华。欲望的性质如何呢？王氏有如下论述：

> 欲之为性无厌，而其原生于不足。不足之状态，苦痛是也。既偿一欲，则此欲以终。然欲之被偿者一，而不偿者什伯。一欲既终，他欲随之。故究竟之慰籍，终不可得也。即使吾人之欲悉偿，而更无所欲之对象，倦厌之情即起而乘之。于是吾人自己之生活，若负之而不胜其重。故人生者，如钟表之摆，实往复于痛苦与倦厌之间者也，夫倦厌固可视为苦痛之一种，有能除去此二者，吾人谓之曰快乐。然当其求快乐也，吾人于固有之苦痛外，又不得不加以努力，而努力亦苦痛之一也。且快乐之后，其感苦痛也弥深。故苦痛而无回复之快乐者有之矣，未有快乐而不先之或继之以苦痛者也。又此苦痛于世界之文化俱增，而不由之而减，何则？文化愈进，其知识弥广，其所欲弥多，又其感苦痛亦弥甚故也。然则人生之所欲，既无以逾于生活，而生活之性质，又不外乎苦痛，故欲与生活，与苦痛，三者一而已矣。②

这一段文字几乎是从叔本华的《作为意志和表象的世界》里照搬出来的。其实王国维本人也毫不讳言，自己理论的立足点正是叔氏之学说。欲望不知餍足的本性，导致了生活中根本性的痛苦。因此，"欲望"、生活、痛

---

① 王国维：《叔本华之哲学及其教育学说》，见周锡山编校：《王国维集》（第二册），中国社会科学出版社2008年版，第152页。

② 王国维：《〈红楼梦〉评论》，见周锡山编校：《王国维集》（第一册），中国社会科学出版社2008年版，第3—4页。

苦这三者成三位一体关系，这便是王国维对欲望以及由此而生的生活性质的最基本认识和判断。王国维不禁也在诗中慨叹："人间地狱真无间"①。

然而，有没有一种东西，可以使人从这种地狱般的惩罚中暂时解脱，从这无休止的苦痛中暂获息肩之所呢？王国维认为这种东西是存在的：

> 然则，此利害之念，竟无时或息欤？吾人于此桎梏之世界中，竟不获一时救济欤？曰：有。唯美之为物，不与吾人利害相关系，而吾人观美时，亦不知有一己之利害。何则？美之对象，非特别之物，而此物之种类之形式，又观之之我，非特别之我，而纯粹无欲之我也。夫空间时间，既为吾人直观之形式；物之现于空间皆并立，现于时间者皆相续，故现于空间时间者，皆特别之物也。既视为特别之物矣，则此物与我利害之关系，欲其不生于心，不可得也。若不视此物为与我有利害之关系，而但观其物，则此物已非特别之物，而代表其物之全种。叔氏谓之曰"实念"。故美之知识，实念之知识也……故美者，实可谓天才之特许物也。若夫终身局于利害之桎梏中，而不知美之为何物者，则滔滔皆是。②

这一思想也源自叔本华，叔本华认为审美是对意志的逃避，从而使人摆脱了欲望的统治，获得了解脱，免除了生存之痛苦。王国维认为，"美之为物"的根本特点在于可以使我们"超然于利害之外"，从而忘记物与我之间的现实关系。在审美关系中，主体之"我"，已经不是一般生活中欲求着、痛苦

---

① 王国维：《静庵诗稿》，见周锡山编校：《王国维集》（第二册），中国社会科学出版社2008年版，第234页。

② 王国维：《叔本华之哲学及其教育学说》，见周锡山编校：《王国维集》（第二册），中国社会科学出版社2008年版，第152—153页。

着的"我"，而是"纯粹无欲之我"，故是无希望、无恐怖的"我"。对此，王国维以极其诗意的语言描述审美主体之"我"迥异于日常生活状态之"我"："此犹积阴弥月，而旭日杲杲也；犹覆舟大海之中，浮沉上下，而飘著于故乡之海岸也；犹阵云惨淡，而插翅之天使，赍平和之福音而来者也；犹鱼之脱于罾网，鸟之自樊笼出而游于山林江海也。"[①]美术何以有此等疗救人生疾苦之功能呢？其秘密便在于，美术之为物，乃非"实物"，而是物之形式。自然界之物与人常常处于或直接或间接的利害关系中，然而如果我们能忘记这种利害关系，沉浸在对物的形式的观审中，"夫自然界之山明水媚，鸟飞花落，固无往而非华胥之国，极乐之土也"[②]。王国维对美的性质下了一个非常明确的定义："美之性质，一言以蔽之曰：可爱玩而不可利用者是已。"[③]美的东西（比如说一个青花瓷瓶），虽然可以供我们日常之用（比如用它来装水浇花），但是当我们以美的眼光来看待它时，则不会想到它有何用处，故而王国维认为审美活动必然是"欲者不观，观者不欲"。对于美的事物，观者所持的"无功利"态度是至关重要的。"濠上之鱼，庄、惠之所乐也，而渔父袭之以网罟；舞雩之木，孔、曾之所憩也，而樵者继之以斤斧。若物非有形，心无所住，则虽殉财之夫，贵私之子，宁有对曹霸、韩幹之马，而计驰骋之乐，见毕宏、韦偃之松，而思栋梁之用；求好逑于雅典之偶，思税驾于金字之塔者哉？"[④]

　　美的性质是可爱玩而不可利用的，这个定义源自康德《判断力批判》

---

①　王国维：《〈红楼梦〉评论》，见周锡山编校：《王国维集》（第一册），中国社会科学出版社2008年版，第5页。

②　王国维：《〈红楼梦〉评论》，见周锡山编校：《王国维集》（第一册），中国社会科学出版社2008年版，第5页。

③　王国维：《古雅之在美学上之位置》，见周锡山编校：《王国维集》（第一册），中国社会科学出版社2008年版，第184页。

④　王国维：《〈红楼梦〉评论》，见周锡山编校：《王国维集》（第一册），中国社会科学出版社2008年版，第5页。

"美的分析"，但是其立论基础已经有一部分被替换为叔本华的意志寂灭论了，故而对于美的功用的理解也和康德不尽相同。与叔本华的观点一样，康德认为在感性欲望的作用下的人即处于自然现象界因果性法则的规定之中，人处于不自由的状态。[①]而审美则使人处在自由的表象之中。然而，大不相同的是，叔本华审美自由的性质是消极的、退守的、无为的、静观的、非理性的，而康德的则是积极的、进取的、有为的、昂扬的、具有理性色彩的。在康德看来，审美的对象如果是优美的，将使人的想象力与知性能力处于和谐的游戏状态中。审美对象如果是崇高的，将使人的想象力面对"无限制"或"无限大"的对象而且无从把握对象的整体，从而唤起一种超感性的、能够把握整体的理性能力。原先因对象之无限、难以把握而产生的生命力受压抑阻碍的感觉，在这种理性能力的帮助之下，变成一种洋溢迸发着强烈生命力的感觉，人的精神力量（道德）因此而得到提高。[②]因此，审美判断虽然"不涉及欲念和利害计较，不是实践活动，却产生类似实践活动所产生的快感；它不涉及概念，不是认识活动，却又需要想象力与知解力两种认识功能的自由活动"，"它不单纯是实践活动而却近于实践活动，它不单纯是认识活动而却近于认识活动，所以它是认识与实践之间的桥梁"。[③]然而，康德的具有积极、进取、有为、昂扬性质的美学，到王国维这里，除了保留康德的第一个契机（审美非关利害而使人感到愉快）以外，基本上都被更换为叔本华式的消极的、退守的、无为的、静观的美学。

---

① 参见康德：《纯粹理性批判》，李秋零译，中国人民大学出版社2004年版，第442页。

② 康德：《判断力批判》，李秋零译，见李秋零主编：《康德著作全集》（第5卷），中国人民大学出版社2007年版，第267—268页。

③ 朱光潜：《西方美学史》，人民文学出版社1979年版，第362页。

首先，就审美对象而言，王国维认为，"美之对象，非特别之物，而此物之种类之形式……代表其物之全种。叔氏谓之曰'实念'。故美之知识，实念之知识也"[1]。王国维这里所说的"实念"，即叔本华"理念"的另一种译法。叔本华认为，实念是作为自在之物的意志的恰如其分的、完美的客体化，而理念不完美的客体化就是现象中个别的人和事物。尽管这二者有相同的自在本身——意志，但是后者和前者的不同在于，后者借助现象的形式（根据律）具有杂多性和差别性，前者则完全独立于根据律之外，即没有进入现象层面。一个事物的理念和现实中存在的具体事物之间的关系，是蓝本与摹本、本质与现象、永恒与生灭、真实与幻象、种类与个体的关系。理念独立于根据律之外，是本体（意志）和现象（意志在各个级别上的客体化）的中介和过渡。但是，理念既然独立于根据律和现象之外，那么它除了在表象的形式之下，便不在一切的关系中，也不依赖一切关系。对于理念——"这世界唯一真正本质的东西，世界各现象的真正内蕴"——的认识，是艺术的唯一源泉。[2]

其次，就审美主体而言，作为审美主体的"我"乃"非特别之我，而纯粹无欲之我也"[3]。在审美观审中，审美主体由原来对个别认识的主体过渡到对理念认识的主体，他的认识挣脱了对意志的服务，故而主体已经不再是某个个体，而是纯粹的、不带意志的、认识中的主体。他不再按照一般认识的根据律来推敲事物之间的相互关系，而是直接沉浸在对对象事物的亲切观审之中，超然于该事物和其他任何对象的关系之外。换言之，审

---

[1] 王国维：《叔本华之哲学及其教育学说》，见周锡山编校：《王国维集》（第二册），中国社会科学出版社2008年版，第152—153页。

[2] 叔本华：《作为意志和表象的世界》，石冲白译，商务印书馆1982年版，第258页。

[3] 王国维：《叔本华之哲学及其教育学说》，见周锡山编校：《王国维集》（第二册），中国社会科学出版社2008年版，第152页。

美主体对事物的考察不再追问"何处""何时""何以""何用",而仅仅是"什么"。

最后,就审美主体与对象的关系而言,生活中主客体之间是一种利害关系,二者往往相互龃龉对立;但是在审美观审中,由于主体不再是欲求的主体而是无意志的纯粹认知的主体,客体也不再是与主体有利害关系的个别对象,而是该对象的形式,因此二者之间的关系是主体"以精神之全力沉浸于此对象之形式中"[①]。在《作为意志和表象的世界》中,叔本华引用的德国的一个成语,也许比王国维的表述能更加形象准确地表达这种关系:"人们自失于对象之中了"[②]。主体与客体完全合二为一,成为一个意识的整体。主体之所以能"沉浸"或"自失",在于他摆脱了与意志的一切关系,忘记了他的个体,忘记了他的意志,仅仅作为纯粹的认识犹如一面映照客体的镜子而存在,似乎只有对象的存在而没有觉知主体的存在。客体在此关系之中,脱离了对自身以外的一切关系,作为永恒的形式或者说理念,充满着观审者的意识。在这种主客体之间的关系中,二者之间因意志的无目的盲目性所引起的冲突得到暂时和解,二者之间因意志的无目的盲目性所引起的人的苦痛也获得暂时的解脱和慰藉。因为自失于审美直观中的人,仅是认识的、纯粹的、无意志的、无痛苦的、无时间的,这样的人不管是在皇宫还是在牢狱之中欣赏日落,其本质是没有任何差别的。

总而言之,美或者"美术"的根本性质是"可爱玩而不可利用",其根本功能在于"使吾人超然于利害之外,而忘物与我之关系"[③]。在王国维

---

① 王国维:《古雅之在美学上之位置》,见周锡山编校:《王国维集》(第一册),中国社会科学出版社2008年版,第184页。

② 叔本华:《作为意志和表象的世界》,石冲白译,商务印书馆1982年版,第250页。

③ 王国维:《〈红楼梦〉评论》,见周锡山编校:《王国维集》(第一册),中国社会科学出版社2008年版,第4—5页。

看来，"吾人之知识与实践之二方面，无往而不与生活之欲相关系，即与苦痛相关系"①。如此一来，审美就不是感性欲望的满足或生理性的快感，审美与现实中的认识和道德实践也没有关系。审美的主体与客体，以及审美中的主客体关系，全然不同于现实，审美体验也超越现实的各种体验，是一种具有自我解放性质的自由的生存方式和体验方式（虽然这种自由是叔本华理解的消极性的自由——以取消主体的主体性和个体性为前提）。这使得王国维的美学具有审美主义倾向。中国古典美学由于受到中国文化世俗性的影响，因此也具有世俗性，这是中国传统美学的根本弱点。造成此种情况的最重要的原因之一就是，由于中国文化的天人合一、体用不二以及实用理性的性质，审美和艺术具有强烈的现实性和实践性，从而缺乏对现实的超越意识和批判意识。王国维受叔本华美学的影响，他的一个重要的功绩是使美和艺术从这种世间性美学中摆脱出来，使美学具有现代意义——美和艺术具有了高于现实的超越性。

西方美学的独立，最大的功臣是哲学家康德。康德在审美鉴赏的四个契机中，为审美鉴赏区别于纯粹生理快感、认识以及道德划定了界限并确立基本原则。审美以及艺术从认识和道德的附属地位走向独立，从他律走向自律。康德是一个坚定的理性主义者，虽然在对"纯粹美"以及优美范畴的分析中为美学和艺术的自律和独立确立了基本原则，但是由于其理性主义的立场，他在"依存美"、崇高范畴以及"美的理想"和"美的意向"方面又强调理性观念的重要性，把美看成人由自然状态走向道德自由状态的中介和桥梁，故而康德才提出"美是道德的象征"这种说法。在美学的独立自律上，叔本华和康德的观念一致，但不一样的是在意志本体论哲学基础上，叔本华的美学不仅取得独立自主之地位，而且在西方的哲学

---

① 王国维：《〈红楼梦〉评论》，见周锡山编校：《王国维集》（第一册），中国社会科学出版社2008年版，第4页。

史上第一次拥有类似宗教的地位——审美成为一种不仅高于认识、道德，还具有形而上学意义的生存方式和体验方式。康德、叔本华这种对美与艺术的自律独立以及其重要价值的认识，也为王国维所接受，而且贯穿在王国维后期《人间词话》和戏剧史的研究中。中国文化素有实用理性之传统，儒家的"诗教"观念就是这种实用理性的一种典型体现，它强调的是文艺的移风易俗、道德教化的功能，而对文艺自身的性质以及功能缺乏深入的认识。也就是说中国美学和艺术还处于古典的、不独立的状态之中，还没有从意识形态和道德中摆脱出来。在《论哲学家与美术家之天职》这篇文章里，王国维以雄辩的言辞和饱含激情的语调，发表了一篇热情洋溢的哲学、美学的独立宣言，其文开篇即曰：

　　天下有最神圣、最尊贵而无与于当世之用者，哲学与美术是已。天下之人嚣然谓之曰无用，无损于哲学、美术之价值也。至为此学者自忘其神圣之位置，而求以合当世之用，于是二者之价值失。夫哲学与美术之所志者，真理也。真理者，天下万世之真理，而非一时之真理也。其有发明此真理，或以记号表之者，天下万世之功绩，而非一时之功绩也。唯其为天下万世之真理，故不能尽与一时一国之利益合，且有时不能相容，此即其神圣之所存也。且夫世之所谓有用者，孰有过于政治家及实业家者乎？世人喜言功用，吾姑以其功用言之。夫人之所以异于禽兽者，岂不以其有纯粹之知识与微妙之感情哉。至于生活之欲，人与禽兽无以或异。后者政治家及实业家之所供给，前者之慰藉满足，非求诸哲学及美术不可。就其所贡献于人之事业言之，其性质之贵贱，固以殊矣。至就其功效之所及言之，则哲学家与美术家之事业，虽千载以下，四海以外，苟其所发明之真理，与其所表之之记号之尚存，则人类之知识感情由此而得其满足慰藉者，曾无以异于昔。而政治家及实业家之事业，其及于五世十世者希矣。此又久暂之别也。然则人而无所贡献于哲学、美术，斯亦已耳，苟为真正之哲学家、美术家，又何慊乎政治家哉。[1]

在王国维看来，哲学、美术之地位高于一切，故说其是"最神圣、最尊贵"的职业，这一观点对于具有重现世、尚事功、讲究学以致用传统的中国人来说，无疑有振聋发聩之作用。而且更加重要的是，这种神圣、尊贵地位的获得不在于它与某位至高无上的神灵有内在的关系（比如欧洲中世纪的哲学），也不在于它具有补天济世、理家治国、厚生利用之功效（比如中国儒家的"内圣外王"学说），而恰恰在于它的"无与于当世之用"。不仅如此，他还往往和当世的政治、价值取向扞格不入。因为哲学、美术是以万世之真理为务，前者探索发现真理，后者则以"记号表之"，所以常不能"尽与一时一国之利益合，且有时不能相容"，但这根本无损于哲学、美学的神圣和尊贵，反是其神圣和尊贵之所在。人之异于禽兽，其根本不在于人满足"生活之欲"的水平要比禽兽高多少，而在于人有"纯粹之知识和微妙之情感"（这一点既有叔本华思想的影子，又有康德的影响）。前者是政治家和实业家所要解决的问题，后者则是哲学家和美术家的任务。而且二者又有久暂、广狭、贵贱之别，天悬地隔。政治家实业家之事业至多不逾十世而斩，而只要哲学家、美术家所发现的真理以及表记这种真理的记号还在，那么"千载以下，四海以外……则人类之知识感情由此而得其满足慰藉者，曾无以异于昔"。

　　然而，持哲学、美术为最尊贵、最神圣之职业的观点，以此标准纵观中国历史上的哲学和美术的地位，王国维很悲哀地发现：

---

① 王国维：《论哲学家与美术家之天职》，见周锡山编校：《王国维集》（第一册），中国社会科学出版社2008年版，第181页。

披我中国之哲学史，凡哲学家无不欲兼为政治家者，斯可异已！孔子，大政治家也，墨子，大政治家也，孟、荀二子，皆抱政治上之大志者也。汉之贾、董，宋之张、程、朱、陆，明之罗、王无不然。岂独哲学家而已，诗人亦然。"自谓颇腾达，立登要路津。致君尧舜上，再使风俗淳。"非杜子美之抱负乎？"胡不上书自荐达，坐令四海如虞唐。"非韩退之之忠告乎？"寂寞已甘千古笑，驰驱犹望两河平。"非陆务观之悲愤乎？如此者，世谓之大诗人矣！至诗人之无此抱负者，与夫小说、戏曲、图画、音乐诸家，皆以俳优倡优自处，世亦以俳优倡优畜之。所谓"诗外尚有事在"，"一命为文人，便无足观"，我国人之金科玉律也。呜呼！美术之无独立之价值也久矣。此无怪历代诗人，多托于忠君爱国、劝善惩恶之意，以自解免，而纯粹美术上之著述，往往受世之迫害，而无人为之昭雪也。此亦我国哲学美术不发达之一原因也。

夫然，故我国无纯粹之哲学，其最完备者，唯道德哲学，与政治哲学耳……更转而观诗歌之方面，则咏史、怀古、感事、赠人之题目，弥满充塞于诗界，而抒情叙事之作，什佰不能得一。其有美术上之价值者，仅其写自然之美之一方面耳。甚至戏曲、小说之纯文学，亦往往以惩劝为旨，其有纯粹美术上之目的者，世非惟不知贵，且加贬焉。于哲学则如彼，于美术则如此，岂独世人不具眼之罪哉，抑亦哲学家、美术家自忘其神圣之位置与独立之价值，而蒫然以听命于众故也。①

---

① 王国维：《论哲学家与美术家之天职》，见周锡山编校：《王国维集》（第一册），中国社会科学出版社2008年版，第181—182页。

王国维认为中国美术之不发达，最重要的原因是美术家自忘其神圣之位置和独立之价值，美术只有附属于政治和道德（忠君爱国、劝善惩恶）才能确立自身存在的合法性，否则，美术家只能以俳儒倡优自处，世人也将其等闲视为俳儒倡优。倘若有一二天才作家，冒天下之大不韪，写出纯粹美术上之著述，那么他们的下场"往往受世之迫害，而无人为之昭雪"。这真是让人感到可惜、可怜、可恨又可悲，只因美术没有获得独立之位置，而须处处依傍"他人"方能自处。

三、王国维关于审美范畴的论述

除了关于美的本质和功能之外，王国维还论述了审美范畴等问题。他划分的审美范畴主要有优美、宏壮、古雅、喜剧、悲剧等五个，其中古雅范畴因具有融汇中西、发掘中国古典美学要素的性质，我们将其放在《新古典主义》一章中；其他四个审美范畴体现着其独特的、具有现代性的美学思想。

西方美学里两个最基本的审美范畴是优美和崇高。不过在王国维的论述中，他很少用"崇高"二字，而是用"壮美"或"宏壮"。关于这两个范畴的论述主要见诸王国维的《叔本华之哲学及其教育学说》《〈红楼梦〉评论》和《古雅之在美学上之位置》三篇文章。在《叔本华之哲学及其教育学说》中王国维初次提到优美与壮美这两个范畴的异同：

> 故美之知识，实念之知识也。而美之中，又有优美与壮美之别。今有一物，令人忘利害之关系，而玩之而不厌者，谓之曰优美之感情。若其物直接不利于吾人之意志，而意志为之破裂，唯由知识冥想

其理念者，谓之曰壮美之感情。[①]

在《〈红楼梦〉评论》中王国维还论道：

> 美之为物有二种：一曰优美，一曰壮美。苟一物焉，与吾人无利害之关系，而吾人之观之也，不观其关系，而但观其物；或吾人之心中，无丝毫生活之欲存，而其观物也，不视为与我有关系之物，而但视为外物，则今之所观者，非昔之所观者也。此时吾心宁静之状态，名之曰优美之情，而谓此物曰优美。若此物大不利于吾人，而吾人生活之意志为之破裂，因之意志遁去，而知力得为独立之作用，以深观其物，吾人谓此物曰壮美，而谓其感情曰壮美之情。普通之美，皆属前种。[②]

优美的对象，是对象的形式而不是对象的内容本身，更重要的是这对象的形式（与壮美之形式相比）和审美主体的纯粹认知之间有一种和谐的亲缘关系，即优美可以让审美主体轻易地摆脱服务于意志的关系。因为"对象之形式，不关于吾人之利害，遂使吾人忘利害之念，而以精神之全力沉浸于此对象之形式中。自然及艺术中普通之美，皆此类也"[③]。用叔本华的话说就是优美使"纯粹认识无庸斗争就占了上风，其时客体的美，亦即客体使理念的认识更为容易的那种本性，无阻碍地，因而不动声色地就把意

---

① 王国维：《叔本华之哲学及其教育学说》，见周锡山编校：《王国维集》（第二册），中国社会科学出版社2008年版，第153页。

② 王国维：《〈红楼梦〉评论》，见周锡山编校：《王国维集》（第一册），中国社会科学出版社2008年版，第5页。

③ 王国维：《古雅之在美学上之位置》，见周锡山编校：《王国维集》（第一册），中国社会科学出版社2008年版，第184页。

志和为意志服役的，对于关系的认识推出意识之外了，使意识剩下来作为
'认识'的纯粹主体，以致对于意志的任何回忆都没留下来了"①。如果
说，优美和主体之间有一种和谐的亲缘关系，优美可以较为轻易地促使我
们进入无意志的审美观审中，那么壮美则恰恰相反，壮美之为物往往与主
体处在一种对立阻碍的敌对关系中，须经历一番斗争才能促使我们进入无
意志的审美观审中。原因在于壮美的对象"直接不利于吾人之意志"，其
形式"越乎吾人知力所能驭之范围，或其形式大不利于吾人，而又觉其非
人力所能抗"②。面对此对象时，人的意志就为之"破裂"，从而使"智
力得为独立之作用"——认知不再服务于意志，而仅"冥想其理念"，或
者说人在面对此大不利于自己的对象时，觉得其不是自己的力量所能抗衡
的，于是"吾人保存自己之本能，遂超越乎利害之观念外，而达观其对象
之形式"③。由此可见，壮美和优美的不同在于，优美可以较为轻易地让
审美主体摆脱认知服务于意志的关系，从而进入一种纯粹无意志的审美观
审中。但是对于壮美来说，这一过程则要复杂得多，因为壮美的对象（如
无垠的沙漠、咆哮的海洋、荒芜且广阔的戈壁、不可预知且可怕的命运
等）往往与人的意志要求的自我实现相冲突，而且在这些对象巨大的力量
面前，人连同他卑微的意志都是渺小、不值一提、不堪一击的。人面对这
样的对象，首先会有一种自我实现的意志被否定（王国维称之为"意志破
裂"）的痛感。但是如果此时此刻人在这些对象面前自身是安全的，没有
任何生命危险，即没有危险会再次冲击已经"破裂"的意志，人的认识就

① 叔本华：《作为意志和表象的世界》，石冲白译，商务印书馆1982年版，第282页。

② 王国维：《古雅之在美学上之位置》，见周锡山编校：《王国维集》（第一册），中国社会科学出版社2008年版，第184页。

③ 王国维：《古雅之在美学上之位置》，见周锡山编校：《王国维集》（第一册），中国社会科学出版社2008年版，第184页。

会从利害关系中彻底摆脱出来，从而献身于无意志的纯粹认识或者说审美观审。

从王国维对优美和壮美（宏壮）这两个审美范畴的定义和划分中，我们可以看到康德和博克美学思想的痕迹，但是王国维美学思想最主要的来源还是叔本华的美学思想。博克把审美范畴的划分建立在生理心理基础之上，认为"社会生活的情欲"是美感产生的根源，而崇高则主要源于人们的"自体保存"情欲或者本能。康德吸收博克感性经验美学的部分内容，但是其基础完全不是博克的生理心理主义，而是自己的理性主义。康德认为美感产生于对象的形式引起的主体想象力和知性能力自由和谐游戏所产生的愉悦感，而崇高则产生于对象无形式或超形式引起的想象力和超感性能力——理性能力——的游戏所产生的愉悦感。叔本华虽然接受博克和康德优美和崇高这两个审美概念，但是其基本内涵却根本不同于前二者，不仅不同而且大有反其道而行之的意味。叔本华在美学思想上持意志寂灭论，而不论是博克的"社会生活"和"自体保存"，还是康德想象力与知性能力的游戏和想象力与理性能力的游戏，在叔本华看来都是意志的个体化体现。美感的根源在于人在审美对象形式的作用之下，其认识摆脱服务于意志的关系，从而沉浸在对对象形式无意志的、纯粹的观审中。而崇高则来自形式巨大或没有形式的对象对人意志的敌对和挤压，最后使人的"意志破裂"，即意志暂时退出人的意识，从而进入无意志的、纯粹的观审。王国维对优美和崇高这两个审美范畴基本上持的是叔本华的意志寂灭论。

喜剧与悲剧既是艺术类型也是审美范畴，不过不论是从艺术类型还是从审美范畴来讲，王国维抑喜剧而崇悲剧的倾向都是十分明显的。

喜剧的一个重要特征在于使人发笑，然而喜剧之所以使人发笑，在于

"能笑人者，必其势力强于被笑者也，故笑者实吾人一种势力之发表"①。王国维认为，人的生活的本质就是欲望，而欲望有两个层次：一是根本之欲，二是势力之欲。根本之欲，主要指用来保存个人、种姓生活的食色之欲，人们往往通过劳心或劳力的工作来满足根本之欲。然而，在此根本之欲的基础上又生出一种势力之欲，其主要目的是使自己的生活（精神的、物质的）优于他人的生活。因此势力之欲也是生活之欲（根本之欲）的苗裔。王国维认为，人们通常以所谓的"嗜好"来解决势力之欲。人间嗜好五花八门，有赌博、对弈、宫室车马衣服之嗜好，驰骋田猎跳舞之嗜好，书画古玩之嗜好等，其存在理由都在于势力之欲需要满足。在现实生活中，也常常有能笑人者因其势力强于被笑者而对后者发笑，但是因为种种现实条件的限制，比如"非其人为我所素狎者，或其位置远在吾人之下者"，碰到这些情况，即便遇到可笑之事，也笑不出来了。但是在喜剧（王又曰滑稽剧）中，则不一样，由于剧中故事的虚构性，喜剧不独使人能笑，而且使人敢笑，王国维认为"此即对喜剧之快乐之所存也"。②不难看出，王国维的喜剧理论显得极其单薄且没有说服力。诚然，在喜剧之中，喜剧人物往往在生活的各方面（智力、地位等）显得要比观众等而下之，即王国维所说的能笑人者在势力上强于被笑者，而且喜剧世界的虚拟性，使人敢笑、能笑；但是王国维并没有将喜剧之所以引人发笑的内在机制和根本内涵阐释清楚。相比之下，王国维喜剧理论的提供者叔本华对喜剧的阐释，则更加详尽且更有说服力。叔本华本人对于笑就有极为丰富的论说，他对微笑、迂傻、机智、妙语、鄙笑、苦笑、讽刺以及幽默都做出

---

① 王国维：《人间嗜好之研究》，见周锡山编校：《王国维集》（第二册），中国社会科学出版社2008年版，第319页。

② 王国维：《人间嗜好之研究》，见周锡山编校：《王国维集》（第二册），中国社会科学出版社2008年版，第319页。

了堪称细腻的解释，并且提出了著名的"乖讹说"，即笑产生于概念与实际客体之间的某种乖讹所引起的突然的领悟。而王国维的"势力发表"理论主要借用了叔本华笑论中的"鄙笑"的定义。① 王国维对喜剧的轻视，其根本原因还在于，他受到叔本华重视悲剧轻视喜剧美学观念的影响，再加上王自己的忧郁性格与喜剧美学格格不入。

悲剧理论是王国维美学思想的重要组成部分。他的悲剧理论在他的《〈红楼梦〉评论》这篇文章里得到集中且较详细的阐述，另外，在他的中国古代戏剧研究成果《宋元戏曲考》一书中，也有零星谈及。对于《〈红楼梦〉评论》这篇阐述王国维悲剧理论最重要的文献，王国维自己曾说虽然他在此文中已经对叔本华的伦理学思想提出怀疑，但是这篇文章的"立脚地"，基本上都是叔本华的理论。他的悲剧理论也是如此，但是也有一些自己的理解。

不论古今中外，悲剧的一个重要内容是人生存的不幸和苦难。但是，由于人们对这不幸和苦难有着不同的理解和态度，所以各种不同的悲剧理论思想应运而生。王国维认为，人类生存的所有不幸和苦难的根源在于生活本身。这是因为生活的本质是"欲"，而"欲之为性无厌，而其原生于不足。不足之状态，苦痛是也。既偿一欲，则此欲以终，然欲之被偿者一，而不偿者什伯。一欲既终，他欲随之。故究竟之慰藉，终不可得也。即使吾人之欲悉偿，而更无所欲之对象，倦厌之情即起而乘之……故人生者，如钟表之摆，实往复于痛苦与倦厌之间者也……然则人生之所欲，既无以逾于生活，而生活之性质，又不外乎苦痛，故欲与生活，与苦痛，三者一而已矣"② 。从这一番论述可以看出，对于王国维来说，生活不仅仅是

---

① 参见佛雏：《王国维诗学研究》，北京大学出版社1999年版，第86页。

② 王国维：《〈红楼梦〉评论》，见周锡山编校：《王国维集》（第一册），中国社会科学出版社2008年版，第3—4页。

乏善可陈这么简单，简直就是一个让人难以承受但又不能推卸的重负。人活着就意味着要像希腊神话里的那位被诸神处以重罚的希绪弗斯一样，日复一日地将一块不断从山顶滚落而下的巨石推上山顶，没有止境也没有任何意义。

王国维认为，《红楼梦》中的"玉"，不过是生活之欲的代表。《红楼梦》之所以被王国维称为"彻头彻尾之悲剧"，不仅是因为它写出了这块代表生活之欲的"玉"幻入红尘中所经历的一切不幸和苦痛，还是因为它提供了从这种不幸和痛苦逃离出来的解脱之道。正如王国维所说的："美术之务，在描写人生之苦痛与其解脱之道。"[①]他和叔本华一样将"置诗歌于美术之顶点，又置悲剧于诗歌之顶点"[②]，由此可知，悲剧之所以成为美术顶点中的顶点、高峰中的高峰，主要原因在于悲剧比其他艺术更为集中地展现出生活之欲所导致的生存的不幸和苦痛，以及由此而导致的对生活之欲的拒绝和生命的解脱。

对悲剧的划分以及这种划分的凭据，王国维几乎是全部照搬叔本华的。王国维论述道：

> 悲剧之中，又有三种之别：第一种之悲剧，由极恶之人，极其所有之能力，以交构之者。第二种，由于盲目的运命者。第三种之悲剧，由于剧中之人物之位置及关系而不得不然者；非必有蛇蝎之性质，与意外之变故也，但由普通之人物，普通之境遇，逼之不得不如是；彼等明知其害，交施之而交受之，各加以力而各不任其咎，此种

---

① 王国维：《〈红楼梦〉评论》，见周锡山编校：《王国维集》（第一册），中国社会科学出版社2008年版，第9页。

② 王国维：《〈红楼梦〉评论》，见周锡山编校：《王国维集》（第一册），中国社会科学出版社2008年版，第13页。

悲剧，其感人贤于前二者远甚。①

"美术"（自然包括悲剧在内）的根本任务在于"描写人生之苦痛与其解脱之道"，而悲剧作家往往以不同的处理途径致使悲剧人物走向不幸和苦痛。王国维认为第三种悲剧之所以要比前二者更好，其原因在于：前两种悲剧中，虽然盲目的命运、极恶毒之人，也会使人感到"悚然战栗"，但是，这毕竟不是生活的常态。人们观赏前两种悲剧的时候就会存侥幸之心理，觉得这二者离自己还很远，苦痛和不幸还不会威胁到自己的生活，从而错失对生活即苦痛本质的认识，"而不必求息肩之地也"②。第三种悲剧和前二者完全不同，因为不幸和苦难就来自日常生活中极为常见的各种境遇。第三种悲剧中的人物虽然是极为普通之人，但由于各自所处的社会地位不同，而处于相互对立的地位。他们为自己之地位所迫，尽管明明意识到，却依然还是为对方制造灾祸，而且"此等惨酷之行，不但时时可受诸己而或可以加诸人；躬丁其酷，而无不平之可鸣"③。这样一来，人们在欣赏这种悲剧时，就很难对不幸和痛苦持与己无关或置身事外的态度。这种悲剧使人深刻地认识到"宇宙人生之本质"，即"生活与苦痛不能相离"，或者说使人明白宇宙人生里有一种"永远的正义"存在。所谓的"永远的正义"，用王国维的话来说就是"生活之欲之罪过，即以生活之苦痛罚之"。④当人明白此永远之正义，必将走向对于罪——生活之欲——

① 王国维：《〈红楼梦〉评论》，见周锡山编校：《王国维集》（第一册），中国社会科学出版社2008年版，第11—12页。

② 王国维：《〈红楼梦〉评论》，见周锡山编校：《王国维集》（第一册），中国社会科学出版社2008年版，第12页。

③ 王国维：《〈红楼梦〉评论》，见周锡山编校：《王国维集》（第一册），中国社会科学出版社2008年版，第12页。

④ 王国维：《〈红楼梦〉评论》，见周锡山编校：《王国维集》（第一册），中国社会科学出版社2008年版，第9页。

的忏悔和解脱之路。王国维认为《红楼梦》这部"彻头彻尾"的悲剧，就属于第三种类型的悲剧：

> 兹就宝玉、黛玉之事言之：贾母爱宝钗之婉嬺，而惩黛玉之孤僻，又信金玉之邪说，而思压宝玉之病；王夫人固亲于薛氏；凤姐以持家之故，忌黛玉之才，而虞其不便于己也；袭人惩尤二姐、香菱之事，闻黛玉"不是东风压西风，就是西方压东风"之语，惧祸之及，而自同于凤姐，亦自然之势也。宝玉之于黛玉，信誓旦旦，而不能言之于最爱之之祖母，则普通之道德使然；况黛玉一女子哉！由此种种原因，而金玉以之合，木石以之离，又岂有蛇蝎之人物，非常之变故，行于其间哉？不过通常之道德，通常之人情，通常之境遇为之而已。由此观之，《红楼梦》者，可谓悲剧中之悲剧也。[①]

整部《红楼梦》没有极恶毒的"蛇蝎之人"，也没有古希腊悲剧里那种令人恐怖的不可预知的"非常之变故"（命运）。小说里的每个人都依据自己的身份和自己所处的位置，在通常之境遇，循通常之人情，依通常之道德，说符合自己身份和位置的话，做符合自己身份和位置的事。但痛苦和不幸还是依然产生，这就使小说的悲剧性达到一种最好的效果——使人认识生活之本质，从而导人于解脱之域。正是在这一意义上，王国维将《红楼梦》这部"悲剧中的悲剧"提高到一个前所未有的高度："《红楼梦》，哲学的也，宇宙的也，文学的也。"[②]

---

① 王国维：《〈红楼梦〉评论》，见周锡山编校：《王国维集》（第一册），中国社会科学出版社2008年版，第12页。

② 王国维：《〈红楼梦〉评论》，见周锡山编校：《王国维集》（第一册），中国社会科学出版社2008年版，第11页。

四、王国维的现代主义美学思想的意义

王国维敏锐地意识到中国传统学术的现代转型时代已经到来，现代学术（包括美学）的发展，必须抛弃文化保守主义和"全盘西化论"，并提出"学无中西，但以是非真伪是务"的态度和方法。正是基于这种开放的立场和态度，王国维把中国美学发展的方向定位于现代化。他把以康德、叔本华为代表的西方近代主体性美学作为"真理"引进中国，并借鉴其思想建立中国最早的现代美学理论。这些美学理论的现代性和开拓意义，具体体现在以下三个方面：

首先，他开启了中国美学的现代转型历程。中国古典美学自中国传统社会后期，就开始走向衰落和解体，而天人合一的美学已经向主体性倾斜，但缺乏坚实的哲理基础；情理统一的美学思想也向情感偏斜，但流于感性主义。由于没有新的哲学作为思想支撑，所以中国美学没有形成新的美学体系。受叔本华哲学美学的影响，王国维建立起意志本体论美学，使古典主体间性美学思想趋于终止，走向具有现代性的主体性美学。这种转向，是中国现代美学的开端，具有开拓性的历史意义。

其次，借助康德和叔本华的美学思想资源，王国维确立了艺术和审美自律的原则，反拨了中国传统美学的实用理性倾向。中国传统美学具有道德理性主义倾向，艺术、审美依附于伦理道德。传统社会后期，艺术和审美开始有了独立倾向，但终究没有建构起独立的美学理论。王国维接受了西方的美学思想，使得艺术不必再从外在的道德中获得合法性，并具有了独立性。艺术的自律和独立是美学现代性的重要表现。这种美学观对于主张文以载道、美善同一的中国古典美学来说，是一个重大的突破。

最后，王国维美学的现代性和开拓意义还表现在他的审美主义倾向。中国传统美学以道为本体，而道是天道与人道的合一，故中国美学强调审

美的世间性、现实性、实践性，而遮蔽了审美的超越性、彼岸性、自由性。王国维美学继承了席勒、叔本华、尼采的审美主义，认为审美高于理性，审美能让人从有限的、痛苦的现实生存中摆脱出来，进入一种更为本真、更为自由的超越性存在。这一思想，体现了王国维美学对现代性的批判精神，具有了反思现代性的品格。

王国维的美学思想也有其局限性。第一，他全面地接受了叔本华的美学思想，而非批判和改造，特别是受叔本华的悲观意志论哲学的消极影响，把审美作为解脱欲望和逃避现实人生的途径，而遮蔽了审美作为自由的生存方式对人和世界的提升作用，因此具有消极的思想倾向。第二，他的化合中西美学的方式也有缺陷。他采取了"以西格中"方法来研究中国美学和文学作品。对于"以西格中"，陈寅恪总结道："取外来之观念，与固有之材料互相参证。凡属于文艺批评及小说戏曲之作，如'红楼梦评论'及'宋元戏曲考''唐宋大曲考'等是也。"[①]这种"以西格中"的中西化合方式，基本上是拿中国文学现象来论证西方美学理论的有效性，或者以西方理论研究中国文学现象和解释中国传统文学概念，故而未能达成会通中西以建立中国现代美学的目标。第三，王国维的美学理论建构还是局部的，还没有建构起一个完整的美学体系，这是早期中国美学的一个普遍缺陷。

第三节　朱光潜的美学思想

朱光潜（1897—1986），笔名孟实、盟石，安徽桐城人，中国著名美学家、文艺理论家、教育家、翻译家。1925年，朱光潜出国留学，先后肄

---

① 陈寅恪：《〈王静安先生遗书〉序》，见陈美延编：《陈寅恪集·金明馆丛稿二编》，生活·读书·新知三联书店2001年版，第247页。

业于英国爱丁堡大学、伦敦大学，法国巴黎大学、斯特拉斯堡大学，获文学硕士、博士学位，1933年回国，先后在国立北京大学、国立四川大学、国立武汉大学、国立安徽大学任教，最后任北京大学教授及中华全国美学学会名誉会长。朱光潜是继王国维之后的中国早期现代主义美学的开拓者之一，不仅系统地介绍了西方美学，而且也结合中西美学思想进行了自己的创造。

一、朱光潜美学思想的核心及思想资源

朱光潜主要接受了康德和克罗齐的美学思想，特别是克罗齐的直觉说，建构起审美意象理论。同时，他也接受了尼采的生活艺术化的美学思想。

朱光潜美学的核心，是"审美意象如何可能"的问题，即审美意象如何产生或如何被创造出来的问题。与康德的批判哲学一样，朱光潜必须反思审美意象产生的主观和客观方面的可能性条件：首先，必须有外物的刺激，才能产生情感，而整理和规范杂乱的情感质料、赋予其形式的，必须是一个先验主体，也就是说，先验主体是审美意象的先验形式条件。先验主体之所以能如此，是因为它具备先天的赋形或构造的能力（formative or constitutive faculty），能将先天的形式或知识（a priori forms or knowledge）赋予感觉材料。康德将先验主体或先验意识的对象构造能力分为两种，即直觉和概念的能力，直觉即对单个对象的直接的时空表象，是单个的表象（singular representation）；而概念是间接的、普遍的表象（universal representation）。克罗齐从康德这里直接借用了直觉的概念，把它作为一种与概念无涉的、"第一度的"、"最基层的"认识能力，但是，他又把直觉当作一种创造力。直觉即表现，即创造，即艺术，即美，美的名词化结果就是审美意象，审美意象的产生就肯定与主动的创造相关，而非接受

性的、被动的、作为最基层的认识能力的"直觉"所能承担。对象的构造
需要自发性与主动性，而这主动性又不能牵涉到概念即知性能力，那么，
这种主动的创造能力就只能归结于康德所说的先验想象力，想象力是"生
产性的综合"。这就意味着克罗齐的"直觉"，就不能仅是康德原初意义
上的直觉概念。朱光潜回到康德的天才概念，据此对克罗齐的直觉说作了
修正。如康德所言："天才就是那天赋的才能，它给艺术制定法规。既然
天赋的才能作为艺术家天生的创造机能，它本身是属于自然的，那么，
人们就可以这样说：天才是天生的心灵禀赋，通过它自然给艺术制定法
规。……美的艺术只有作为天才的作品才有可能。"[1]天才进行创造的心意
能力（先天能力），就是想象力和知性，想象力是创造性的，但它不能漫
无边际地进行，必须受到知性（概念）的限制，"只从事于认识的想象力
是在知性的约束之下受到限制，以便切合于知性的概念"[2]。所以，康德
总结说："一言以蔽之，美的观念是想象力附加于一个给予的概念上的表
象。"[3]天才与创造性的想象力相关，朱光潜据此对克罗齐的直觉概念作了
修正和补充：除了作为最基层的认识能力的直觉外，还有另外一种直觉即
"艺术的直觉"，朱光潜直接称之为"想象"——"艺术的意象经过美感
的心灵综合作用，把原来纷乱的意象剪裁融会成为有生命的有机体，所以
杂多之中有整一，这就是通常所谓'想象'（imagination）。"[4]"想象"
就是直觉、表现："在心灵的创造作用中，背面的支配力是情感。所以克
罗齐又把'美术即直觉'一个定义引申为'美术即抒情的直觉'（lyrical

---

① 康德：《判断力批判》（上卷），宗白华译，商务印书馆1964年版，第152—153页。

② 康德：《判断力批判》（上卷），宗白华译，商务印书馆1964年版，第163页。宗白
华原译文将"知性"译为"悟性"，今据通行译名统一译为"知性"。

③ 康德：《判断力批判》（上卷），宗白华译，商务印书馆1964年版，第163页。

④ 朱光潜：《文艺心理学》，见《朱光潜全集》（第一卷），安徽教育出版社1987年版，
第354页。

intuition）。换句话说，在美术的直觉中情感与意象融合成一体，这种融合就是所谓'心灵综合'，所谓'创造'，所谓'表现'，总而言之，就是美术。"①

朱光潜扩展了克罗齐的直觉概念，即将审美意象的构造不只是停留在先验意识的"直观中把握的综合"的基础层面，更上升到"想象中再生的综合"层面，这一改造与创造性的先验想象力有关——这一天赋的才能是属于少数天才的独有禀赋，也就是说，按照康德的定义，"艺术美是物品的一个美的表象"②，美的表象，就是天才的想象力（在知性的约束下）的创造。根据这一"天才"概念，艺术作品和艺术家就有了高低等级之分。而在克罗齐那里，艺术即直觉，直觉是最基层的认识能力，是普遍共有的一种主观能力（universally shared subjective faculty / capacity），直觉无高低之分，因而所有人都可称得上是艺术家；而作为直觉产物的艺术，也同样没高下之分，因为直觉无质的区别，作为产物的艺术品也就缺乏一个判断的标准。朱光潜引入了想象力概念，这就意味着一个创造能力（the creative power of imagination）高低的问题被引入，以创造力作为标准，不仅艺术作品有高低之分，而且艺术家也有优劣之辨——在朱光潜那里，既然有意象的"精妙"和"平凡"之分，也就意味着有"大的艺术家"和"平凡艺术家"之别。

围绕直觉说，克罗齐认为："审美的创作的全程可以分为四个阶段：一、诸印象；二、表现，即心灵的审美的综合作用；三、快感的陪伴，即美的快感，或审美的快感；四、由审美事实到物理现象的翻译（声音、音调、运动、线条和颜色的组合之类）。……真正可以算得审美的，真正实

① 朱光潜：《欧洲近代三大批评学者（三）——克罗齐（Benedetto Croce）》，见《朱光潜全集》（第八卷），安徽教育出版社1993年版，第236页。

② 康德：《判断力批判》（上卷），宗白华译，商务印书馆1964年版，第157页。

在的，最重要的东西是在第二阶段。"①朱光潜也有类似的看法："粗略地说，艺术活动可以分为（一）创造（二）传达（三）欣赏（四）批评四种。"②他有时又把欣赏和批评结合起来，认为欣赏就是创造性的批评。可以说，朱光潜的美学体系，基本上就是按这种结构建立的：情感如何被激发——情感如何通过意象而得到表现——意象如何被传达，即如何通过物理现象而客观化——如何理解精神的客观化物。除此之外，朱光潜的美学还涉及一个艺术和人生的关系问题，即美育问题。

二、朱光潜关于美的本质的思想

朱光潜多次提及其美的"心物统一论"，在《谈美》中论述得最为详细：

> 依我们看，美不完全在外物，也不完全在人心，它是心物婚媾后所产生的婴儿。美感起于形象的直觉。形象属物而却不完全属于物，因为无我即无由见出形象；直觉属我却又不完全属于我，因为无物则直觉无从活动。美之中要有人情也要有物理，二者缺一都不能见出美。再拿欣赏古松的例子来说，松的苍翠劲直是物理，松的清风亮节是人情。从"我"的方面说，古松的形象并非天生自在的，同是一棵古松，千万人所见到的形象就有千万不同，所以每个形象都是每个人凭着人情创造出来的，每个人所见到的古松的形象就是每个人所创造的艺术品，它有艺术品通常所具的个性，它能表现各个人的性分和情

① 克罗齐：《美学原理》，朱光潜译，见《朱光潜全集》（第十一卷），安徽教育出版社1989年版，第234页。

② 朱光潜：《近代美学与文学批评》，见《朱光潜全集》（第三卷），安徽教育出版社1987年版，第418页。

趣。从"物"的方面说，创造都要有创造者和所创造物，所创造物并非从无中生有，也要有若干材料，这材料也要有创造成美的可能性。松所生的意象和柳所生的意象不同，和癞虾蟆所生的意象更不同。所以松的形象这一个艺术品的成功，一半是我的贡献，一半是松的贡献。①

从其中可以看出：

1. "创造都要有创造者和所创造物"，就是说，创造需要感觉材料，也就是克罗齐所说的"物质"（sensation, impression, feeling），物质的产生必须有外物的刺激，这就肯定了外物的客观性或实在性——"诗是心感于物的结果。有见于物为意象，有感于心为情趣。非此意象不能生此情趣，有此意象就必生此情趣。"②

2. 肯定了外物的实在性，就意味着从克罗齐的极端唯心主义立场回到康德的经验实在论立场，即认识必须始于对外物的经验；没有经验，先验主体就徒具空洞的先天形式，无法构造出认识对象。

3. 朱光潜定义意象说："意象是所知觉的事物在心中所印的影子。比如看见一匹马，心中就有一个马的模样，这就是马的意象。"③这很显然是经验主义认识论的说法。朱光潜又说："直觉是突然间心里见到一个形象或意象，其实就是创造，形象便是创造成的艺术"④，"心所以接物的是直

---

① 朱光潜：《谈美》，见《朱光潜全集》（第二卷），安徽教育出版社1987年版，第44页。

② 朱光潜：《诗的意象与情趣》，见《朱光潜全集》（第九卷），安徽教育出版社1993年版，第369页。

③ 朱光潜：《文艺心理学》，见《朱光潜全集》（第一卷），安徽教育出版社1987年版，第386页。

④ 朱光潜：《文艺心理学》，见《朱光潜全集》（第一卷），安徽教育出版社1987年版，第215页。

觉，物所以呈现于心的是形相"①。可以肯定，朱光潜在此所说的"意象"或"形象"，是康德意义上由主体构造出来的对象（mental objects or mental images），是内在的（immanent）；但是，朱光潜又反复强调，"意象是外在的，属物的，客观的，冷静的，成形即常住"②，也就是说，意象是心外之超越性之物（transcendent external objects）所固有的。其既是心象（form-in-mind），又是物象（form-in-object），这个矛盾的解决，就只能在二者同一的情况下才有可能，也就是说，心象就是物象。朱光潜所谓"常住"的客观形象，就是他所说的"物理"，譬如"松的苍翠劲直是物理"，物理当然是属于物的"理"，也就是洛克所说的物的属性。洛克将属性分为第一属性和第二属性，第一属性包括广延、形状、体积、运动等，第二属性包括声音、颜色、味道等；其中第一属性是客观的、属物的，第二属性往往是主观的、不属物的。据此以观朱光潜所说的"物理"，"苍翠"应该属于第二属性；"劲直"形容的是形状，应属于第一属性。既然朱光潜肯定外物及其属性的客观性，那么，心灵表象与对象的关系到底如何？就像谢林所说的，是表象以对象为准，还是对象以表象为准？前者指向认识论，后者指向实践哲学。朱光潜在这里当然指向的是认识论，也就是说，"表象何以能绝对地同完全独立于它们而存在的对象一致"③。表象与对象一致，用我们更熟悉的术语来说就是"思维与存在的同一"，这就意味着朱光潜持一种"真理的符合论"。形象之所以是"常住"的真理，之所以能保持始终的同一性，就是因为它符合物的客观实际，客观真理当然是普

① 朱光潜：《近代美学与文学批评》，见《朱光潜全集》（第三卷），安徽教育出版社1987年版，第407页。

② 朱光潜：《看戏与演戏——两种人生理想》，见《朱光潜全集》（第九卷），安徽教育出版社1993年版，第265页。

③ 谢林：《先验唯心论体系》，梁志学、石泉译，商务印书馆2011年版，第14页。

遍而必然的。这种符合论，又复活了古老的模仿说，艺术能再现并符合实在，这样，也就和康德的不可知论明白地区别开来。至于第二属性如颜色等，要保持对所有人的普遍有效性，即"苍翠"要被普遍承认，就可能必须靠蒯因所说的在共同体内所达成的一种共识来维持。颜色是主观属性，对于色盲患者，松树很可能就不是"苍翠"的，但是，个别或少数人的看法不能改变松树"苍翠"的事实，因为它是被历史上大多数成员共同达成和承认的共识，处于一个稳定的知识整体中："从地理和历史的最偶然的事件到原子物理学甚至纯数学和逻辑的最深刻的规律，是一个人工的织造物。它只是沿着边缘同经验紧密接触。"[1]

4. 朱光潜提到了物对美的贡献，"这材料也要有创造成美的可能性。松所生的意象和柳所生的意象不同，和癞虾蟆所生的意象更不同"，意象就是建立在上一点所说的"物理"基础上的，朱光潜称之为"美的客观条件"（但不是美本身）。这一点还要联系"内模仿说"来理解，松的劲直刚硬的姿态和柳的柔美婀娜的姿态引发不同的运动，从而产生不同的情绪——"生理变化愈显著愈多愈速，我们愈觉得紧张亢奋激昂；生理变化愈不显著，愈少愈缓，我们愈觉得松懈静穆闲适"[2]，所以，松往往成为刚性美的意象，而柳则成为柔性美的意象。

5. "心所以接物的是直觉，物所以呈现于心的是形相"，这种直觉，还只是克罗齐"作为第一度的"和"最基层"的直觉，是感知这种直观的意识行为。但先验主体单构造出表象还不够，还必须往表象里移注情感，使情感与形象相融合，这样才符合克罗齐"直觉是抒情的直觉"的规定。还有另一种直觉，按朱光潜的解释，它更像是"回忆"："创造的定

① 威拉德、蒯因：《从逻辑的观点看》，江天骥等译，上海译文出版社1987年版，第40页。

② 朱光潜：《从生理学观点谈诗的"气势"与"神韵"》，见《朱光潜全集》（第三卷），安徽教育出版社1987年版，第373页。

义可以说是：'根据已有的意象做材料，把它们加以剪裁综合，成一种新形式。'"①"不过创造大半是旧意象的新综合，综合大半借'联想作用'。"②创造就是前面说过的"美感心灵的综合作用"，将杂乱的意象转变为由情感"一气贯注"的整一体（unity）。

6. 尽管朱光潜的"心物统一论"强调了心和物在美的创造即意象的形成中所起的作用，"美之中要有人情也要有物理"，但是二者的地位并不平等，占绝对优势的是主观的情感。"同是一棵古松，千万人所见到的形象就有千万不同，所以每个形象都是每个人凭着人情创造出来的，每个人所见到的古松的形象就是每个人所创造的艺术品，它有艺术品通常所具的个性，它能表现各个人的性分和情趣。"③古松的形象是客观的、固定的、始终同一的，对每个人都如此，因此，意象的不同，就只能通过表现与同一形象的"个人的性分和情趣"的不同来体现。一种情感就是一种意象，"情感是生生不息的，意象也是生生不息的。换一种情感就是换一种意象，换一种意象就是换一种境界"④。联系到本章第二节所论述过的情趣和意象的关系，这种不平等性就更明显了："物的形象是人的情趣的返照。物的意蕴深浅和人的性分密切相关。深人所见于物者亦深，浅人所见于物者亦浅。……因我把自己的意蕴和情趣移于物，物才能呈现我所见到的形象。我们可以说，各人的世界都由各人的自我伸张而成。欣赏中都含有几分创造性。"⑤

在上述基础上，朱光潜做出了关于美的定义："美就是情趣意象化或

----

① 朱光潜：《文艺心理学》，见《朱光潜全集》（第一卷），安徽教育出版社1987年版，第387页。

② 朱光潜：《谈美》，见《朱光潜全集》（第二卷），安徽教育出版社1987年版，第63页。

③ 朱光潜：《谈美》，见《朱光潜全集》（第二卷），安徽教育出版社1987年版，第44页。

④ 朱光潜：《谈美》，见《朱光潜全集》（第二卷），安徽教育出版社1987年版，第67页。

⑤ 朱光潜：《谈美》，见《朱光潜全集》（第二卷），安徽教育出版社1987年版，第25页。

意象情趣化时心中所觉到的'恰好'的快感。"①在这里，朱光潜似乎和康德一样，将美和美感混同起来，但是又有他改良的直觉说的背景。"美感经验为形象的直觉"②，但这个直觉，不管是作为"第一度知解活动"的直觉，还是所谓的"艺术的直觉"，换言之，不管是欣赏（"即景生情"）还是创造（"因情生景"），都是心灵的一种构造活动，即在心里构造出一个融合了情趣的意象。朱光潜美学的重心在于美（也即意象）是如何被创造出来的，如他所言："我们这种见解看重美是创造出来的，它是艺术的特质。"③朱光潜对于美的定义，其实就是克罗齐的"直觉即表现即艺术即美"的翻版。如前所述，直觉的结果即表现、意象，所以我们也可推论说，"美就是意象"或"美在意象"："情趣和意象相契合混化，便是未传达以前的艺术，契合混化的恰当便是美。"④在此基础上，朱光潜下结论说："凡是美都要经过心灵的创造"⑤，"艺术都是主观的"⑥。而美感，就如朱光潜所言："察觉到美寻常都伴着不沾实用的快感，但是这种快感是美的后效，并非美的本质。艺术的目的直接地在美，间接地在美所伴的快感。"⑦很显然，美感只是美的派生效果——对美（意象）的观照，就是

① 朱光潜：《文艺心理学》，见《朱光潜全集》（第一卷），安徽教育出版社1987年版，第347页。
② 朱光潜：《文艺心理学》，见《朱光潜全集》（第一卷），安徽教育出版社1987年版，第280页。
③ 朱光潜：《文艺心理学》，见《朱光潜全集》（第一卷），安徽教育出版社1987年版，第347页。
④ 朱光潜：《文艺心理学》，见《朱光潜全集》（第一卷），安徽教育出版社1987年版，第349页。
⑤ 朱光潜：《文艺心理学》，见《朱光潜全集》（第一卷），安徽教育出版社1987年版，第347页。
⑥ 朱光潜：《谈美》，见《朱光潜全集》（第二卷），安徽教育出版社1987年版，第19页。
⑦ 朱光潜：《文艺心理学》，见《朱光潜全集》（第一卷），安徽教育出版社1987年版，第349页。

康德所说的"无所为而为地观赏"，主体从目的性和功利性的束缚下解脱出来，在欣赏时往往会伴随一种自由的快感。

关于美感，朱光潜接受了康德的思想，他把看待事物的态度分为三种，一是科学的态度，二是实用的态度，三是美感的态度。朱光潜直陈，美感的态度就是康德所说的"无所为而为地观赏"（disinterested contemplation）。康德审美判断四个契机中的第一和第三个——审美判断的无功利性和审美判断的无目的性密切相关。所谓无功利性，是指审美主体摆脱了感性欲望、利益、道德的束缚，处在一种自由的快感中。而之所以能摆脱感性欲望和道德的压迫，就是因为切断了对象和欲望及道德实用目的的联系，使对象仅作为纯形式的表象而呈现。第三个契机（即无目的性）是第一个契机（即无功利性）的前提条件，因为对象若与实用目的相联系，主体就会陷入目的—手段（ends-means）的工具理性中，就会被自然因果律所控制，得不到自由。

三、朱光潜关于人生艺术化的思想

在《看戏与演戏》中，朱光潜总结道："所以说来说去，人生理想还只有两个，不是看，就是演；知行合一说仍以演为归宿，日神酒神融合说仍以看为归宿。"[1]类似的说法早在上世纪20年代的最早著作集《给青年的十二封信》中就已提出："我有两种看待人生的方法。在第一种方法里，我把我自己摆在前台，和世界一切人和物在一块玩把戏；在第二种方法里，我把我自己摆在后台，袖手看旁人在那儿装腔作势。"[2]看戏和演戏

---

[1] 朱光潜：《看戏与演戏——两种人生理想》，见《朱光潜全集》（第九卷），安徽教育出版社1993年版，第268页。

[2] 朱光潜：《给青年的十二封信·谈人生与我》，见《朱光潜全集》（第一卷），安徽教育出版社1987年版，第57页。

的角色区分，就是《文艺心理学》中所说的"旁观者"和"分享者"的区分。朱光潜将之解释为尼采的阿波罗和狄俄尼索斯（朱光潜书中译作"狄俄倪索斯"）两种精神："他（尼采——引者注）认为人类生来有两种不同的精神，一是日神阿波罗的，一是酒神狄俄倪索斯的。日神高踞奥林波斯峰顶，一切事物借他的光辉而得形象，他凭高静观，世界投影于他的眼帘如同投影于一面镜，他如实吸纳，却恬然不起忧喜。酒神则趁生命最繁盛的时节，酣饮高歌狂舞，在不断的生命跳动中忘去生命的本来注定的苦恼。从此可知日神是观照的象征，酒神是行动的象征。"①因此，我们可以得出结论：看戏就是阿波罗式的观照，演戏就是狄俄尼索斯式的行动。

在此基础上，我们再来看朱光潜对"人生的艺术化"的具体界定。从看戏和演戏两种人生理想出发，他把"人生的艺术化"也分为两种，一种偏向于演戏，即所谓的创造；一种偏向于看戏，即所谓的欣赏，也即"阿波罗式的观照"。先看前者，所谓人生的艺术化，就是把人生当作一件艺术作品来创造："人生本来就是一种较广义的艺术。每个人的生命史就是他自己的作品。这种作品可以是艺术的，也可以不是艺术的，正犹如同是一种顽石，这个人能把它雕成一座伟大的雕像，而另一个人却不能使它'成器'，分别全在性分与修养。知道生活的人就是艺术家，他的生活就是艺术作品。"②这里很明显有尼采的生命哲学思想，即把个人当作拥有艺术创造能力的艺术家，不断进行实验性自我经验，不断打破既有生命形式，不断赋予生命以新的艺术形式。创造的动力来源于两种力量（即阿波罗和狄俄尼索斯）的统一。因此，把生命当作艺术作品来创造，需要阿波罗精神和狄俄尼索斯精神的配合。朱光潜也表明了这一点："依尼采看，

_____

① 朱光潜：《看戏与演戏——两种人生理想》，见《朱光潜全集》（第九卷），安徽教育出版社1993年版，第261页。

② 朱光潜：《谈美》，见《朱光潜全集》（第二卷），安徽教育出版社1987年版，第91页。

希腊人的最大成就在悲剧，而悲剧就是使酒神的苦痛挣扎投影于日神的慧眼，使灾祸罪孽成为惊心动魄的图画。从希腊悲剧，尼采悟出'从形象得解脱'（redemption throngh appearance）的道理。"① "象尼采用巧妙的比喻说的那样，这是酒神原始的苦难融入到日神的灿烂的光辉之中。"② "创造之中都寓有欣赏"③，生活也是如此，要赋予生命一个新的、完整的形式，就意味着生命艺术家也必须遵守艺术创作的规律。在朱光潜看来，艺术创作意味着作家必须"能入能出"，既能跳进实际生活进行"体验和感受"，又能从实际生活中跳出，隔着距离对实际生活加以观照和回味。朱光潜把"能入"等同于"感受"，等同于狄俄尼索斯的精神，等同于"严肃"。他强调阿波罗精神和狄俄尼索斯精神的统一，而且，"是狄俄倪索斯沉没到阿波罗里面，而不是阿波罗沉没到狄俄倪索斯里面"④，"在静观默玩中"才能"得到人生的最高乐趣"⑤，"诗神毕竟是阿波罗"⑥。朱光潜这里又调和折中了克罗齐的直觉说，欣赏或"看"就是一种创造。朱光潜用王安石"春风又绿江南岸"的炼字典故，来类比说明生命创造过程的艰苦、严肃与执着，从而得出结论："我们主张人生的艺术化，就是主张

---

①　朱光潜：《看戏与演戏——两种人生理想》，见《朱光潜全集》（第九卷），安徽教育出版社1993年版，第261页。

②　朱光潜：《悲剧心理学》，见《朱光潜全集》（第二卷），安徽教育出版社1987年版，第363页。

③　朱光潜：《文艺心理学》，见《朱光潜全集》（第一卷），安徽教育出版社1987年版，第348页。

④　朱光潜：《看戏与演戏——两种人生理想》，见《朱光潜全集》（第九卷），安徽教育出版社1993年版，第265页。

⑤　朱光潜：《看戏与演戏——两种人生理想》，见《朱光潜全集》（第九卷），安徽教育出版社1993年版，第266页。

⑥　朱光潜：《诗的意象与情趣》，见《朱光潜全集》（第九卷），安徽教育出版社1993年版，第374页。

对于人生的严肃主义。"①相比于艺术的创造，人生这件艺术作品的创造难度更大，因为"人生本来就充满了矛盾，悲剧也充满了矛盾。……人生既是善，也是恶，它给我们欢乐，也给我们痛苦，把我们引向希望，也引向绝望"②，"人生只是那么一回事……你如果跳进去亲领身受其中的情感，你就尝到其中的酸甜苦辣的滋味，不由你不感到人生的可悯"③。生活充满障碍与阻力，充满对生命意志的否定，进入生活并在其中创造生命形式，意味着要以强韧的忍受力去承担生命的挫折与痛苦，并以巨大的生命意志去克服和战胜痛苦，然后才能赋予生命以崭新的形式。这当然是严肃而艰难的事情，让人想起尼采著名的"骆驼、狮子、婴儿"的隐喻。

朱光潜还要求"修辞立其诚"。这个"诚"，不是伦理意义上的美德一种，而是克罗齐所说的"美学的'真诚'的规律"，是指表现的充实真切："艺术家本不欺骗任何人，他只赋予形式给已在心中存在的东西。如果他辜负他的艺术家的责任，不依本性做他的工作，那就是欺骗了。"④基于此，朱光潜说"艺术的生活就是本色的生活"，"俗人"和"伪君子"就是艺术生活的反面。⑤因为二者都沉迷于名利等外在目的，被种种社会规范所同一，不能解脱以获得自由，他们不能与实际人生隔着距离进行自由观照，更不能因此而进行自由的、充分的自我表现；他们的内在情感和生命的独特性无法表达，也就无法获得个性，他们只是无数样品中的一个，

---

① 朱光潜：《谈美》，见《朱光潜全集》（第二卷），安徽教育出版社1987年版，第93页。

② 朱光潜：《悲剧心理学》，见《朱光潜全集》（第二卷），安徽教育出版社1987年版，第362页。

③ 朱光潜：《诗的严肃与幽默》，见《朱光潜全集》（第九卷），安徽教育出版社1993年版，第313页。

④ 克罗齐：《美学原理》，朱光潜译，见《朱光潜全集》（第十一卷），安徽教育出版社1989年版，第190页。

⑤ 朱光潜：《谈美》，见《朱光潜全集》（第二卷），安徽教育出版社1987年版，第92页。

根本不是一件区别于他物的独一无二的艺术品。这种生命形式，就是没有创造性的、僵化停滞了的生命形式，它只有物理时间意义上的单调重复，而没有时间意义上的绵延生成。朱光潜用柏格森的概念"生命的机械化"来概括之，认为这种偏离了本真意义的生命形式，是"虚伪的表现"，是"丑"和"俗滥"，只能"做喜剧中的角色"，只能作为一种"警告和惩罚"，来引发我们理智意义上的"笑"。

再从"看戏"或"欣赏"的角度来看朱光潜对"生命的艺术化"的界定。欣赏就是康德意义上的审美直观、"无所为而为的玩索"（disinterested contemplation），朱光潜沿袭了康德审美判断的四个契机的思想，即审美判断的无功利性、无目的性、无概念性和普遍必然性。无目的性是指审美对象是不及物的、没有外在的目的，自身就是自身的目的，它不是为其他实用目的服务的工具。无目的性保证了无功利性，这样才能实现康德所要求的审美的自由性，从感性欲望的压迫下解脱，不至于陷入自然的因果必然性中——正如朱光潜所说："人愈能脱肉体需求的限制而作自由活动，则离神亦愈近。'无所为而为的玩索'是唯一的自由活动，所以成为最上的理想。"①这就相当于叔本华从康德和席勒那里所发展出的审美救赎理论，只有通过审美，主体才能暂时脱离意志的控制和逼迫，从意志主体（the willing subject）变为无时间、无意志、无痛苦的纯粹认识主体（the pure knowing subject），也即去除了个体化原则（the principle of individuation），从时间、空间和因果律的支配下暂时解脱，"自失"于所观照的对象之中。当然对象此时也从个体化原则中解脱，并非时空中的个别对象，而是永恒的类概念，即柏拉图意义上的"理念"。所以，从自由的角度而言，朱光潜赞同将"无所为而为的玩索"看成是"至高的善"，

---

① 朱光潜：《谈美》，见《朱光潜全集》（第二卷），安徽教育出版社1987年版，第95页。

"它是人自作主宰的活动。人不惮烦要作这种无用的自由活动，才显得人是自家的主宰，有他的尊严，不只是受自然驱遣的奴隶；也才显得他有一片高尚的向上心"①，把审美与人的自由和尊严相联系。这是对康德的人本主义的继承。

这种审美救赎或审美解放的前提是叔本华式的人生观，人生不充满痛苦和苦闷，又何来审美救赎的必要？我们可以看到，朱光潜对人生的看法，基本上是沿袭了叔本华的人生哲学："有生之伦执着最牢固的是生命，最强烈的本能是叔本华所说的生命意志。"②"比如那些游泳的人们在尽情欢乐，虽是热烈，却也很盲目，大家不过是机械地受生命的动物的要求在鼓动驱遣，太阳下去了，各自回家，沙滩又恢复它的本来的清寂，有如歌残筵散。"③"理想上可然的事情，没有限制，事实上竟然的事情，就要受环境的因果律支配。"④这就像朱光潜所解释的，人生是意志和自然的双重奴隶，既受意志支配，产生无穷欲望；又受充足理由律控制，欲望的满足处处受限。人生便像钟摆一样在痛苦（欲望得不到实现）和厌烦（欲望暂时得到实现）之间打转，那么，如何超脱现实？朱光潜认为，除宗教和游戏之外，只能靠美术来超脱现实。一方面，美术本身是"根据现实世界而铸成另一超现实的意象世界"⑤；另一方面，在对美术作品进行观照时，人获得审美自由，暂时超脱了现实——朱光潜认为这就是尼采从叔

---

① 朱光潜：《文学与人生》，见《朱光潜全集》（第四卷），安徽教育出版社1988年版，第159页。

② 朱光潜：《谈性爱问题》，见《朱光潜全集》（第四卷），安徽教育出版社1988年版，第106页。

③ 朱光潜：《生命》，见《朱光潜全集》（第九卷），安徽教育出版社1993年版，第273页。

④ 朱光潜：《消除烦闷与超脱现实》，见《朱光潜全集》（第八卷），安徽教育出版社1993年版，第88页。

⑤ 朱光潜：《文学与人生》，见《朱光潜全集》（第四卷），安徽教育出版社1988年版，第161页。

本华那里发展出来的"从形象得解脱"（redemption through appearance）：
"叔本华在这一'看'之中找到悲惨人生的解脱。据他说，人生一切苦恼
的源泉就在意志，行动的原动力。意志起于需要或缺乏，一个缺乏填起来
了，另一个缺乏就又随之而来，所以意志永无餍足的时候。……这意志虽
是苦因，却与生俱来，不易消除，唯一的解脱在把它放射为意象，化成看
的对象。意志既化成意象，人就可以由受苦的地位移到艺术观照的地位，
于是罪孽苦恼变成庄严幽美。'生命和它的形象于是成为飘忽的幻相掠
过他的眼前，犹如轻梦掠过朝睡中半醒的眼，真实世界已由它里面照耀
出来，它就不再能蒙昧他。'换句话说，人生苦恼起于演，人生解脱在
看。"①

但是，朱光潜毕竟也同时受到克罗齐的巨大影响，根据直觉说的定
义，艺术就是抒情的直觉，是情趣和意象的契合无间，是情趣表现于意
象。这就意味着，艺术是形式和内容的统一，而非康德代表的德国古典美
学所强调的艺术是单纯的形式、美是不包含任何经验内容的纯粹美。所
以，对这种艺术形式进行欣赏，就不能如古典美学的形式主义那样，可以
和实际人生隔着最遥远的距离，以致和实际人生没有任何联系，完全超
脱。因为情感来源于人生，所以艺术"不能完全和人生绝缘"②，艺术的
内容要求欣赏者对于人生有经验性的了解，否则就不能理解其中的人生情
味。这就牵涉到布洛所说的"距离的矛盾"（the antinomy of distance）——
"一方面要从实际生活中跳出来，一方面又不能脱尽实际生活；一方面要
忘我，一方面又要拿我的经验来印证作品，这不显然是一种矛盾么？……

① 朱光潜：《看戏与演戏》，见《朱光潜全集》（第九卷），安徽教育出版社1993年版，
第261页。
② 朱光潜：《文艺心理学》，见《朱光潜全集》（第一卷），安徽教育出版社1987年版，
第225页。

'距离'太远了，结果是不可了解；'距离'太近了，结果又不免让实用的动机压倒美感。"①朱光潜认为最理想的距离是"不即不离"。"不即不离"就意味着艺术"一方面是现实人生的返照，一方面也是现实人生的超脱"②，"现实人生的超脱"即对应上述"无所为而为的玩索"，而"现实人生的返照"则是对人生的"同情的理解"，是文本对接受者提出的理解要求。

在此基础上，朱光潜定义"人生的艺术化"时说："他自己有表现的能力固然很好，纵然不能，他也有一双慧眼看世界，整个世界的动态便成为他的诗，他的图画，他的戏剧，让他的性情在其中'怡养'。到了这种境界，人生便经过了艺术化。"③所谓"怡养"，朱光潜解释说："文艺表现情感思想，同时也就滋养情感思想使它生展。⋯⋯性情在怡养的状态中，它必定是健旺的，生发的，快乐的。"④或者用《文艺心理学》中的话说，艺术的启发能"伸展同情，扩充想象，增加对于人情物理的深广真确的认识"⑤，如前面所论述，艺术的启发也需要"能入"，能"设身处地"地移入具体情境，这样人才能体验或重新体验活生生的情感；但同时，欣赏也是一种再造，是一种创造性的理解，是情感视域的辩证上升，结果就是"情趣愈丰富，生活也愈美满"，所以，"所谓人生的艺术化就是人生

---

① 朱光潜：《文艺心理学》，见《朱光潜全集》（第一卷），安徽教育出版社1987年版，第221页。

② 朱光潜：《文学与人生》，见《朱光潜全集》（第四卷），安徽教育出版社1988年版，第161页。

③ 朱光潜：《文学与人生》，见《朱光潜全集》（第四卷），安徽教育出版社1988年版，第163页。

④ 朱光潜：《文学与人生》，见《朱光潜全集》（第四卷），安徽教育出版社1988年版，第161页。

⑤ 朱光潜：《文艺心理学》，见《朱光潜全集》（第一卷），安徽教育出版社1987年版，第325页。

的情趣化"。①

　　朱光潜把"超脱人生"的欣赏即"无所为而为的玩索"称为"人生的
至善"，又把"对人生的返照"的欣赏称为"美满"，二者都和人生的幸
福论相联系。因此在一定程度上可以说，审美活动（创造或欣赏）同时也
是一种至善。

四、 朱光潜美学思想的意义

　　朱光潜美学思想的意义，首先在于系统地传播了西方早期现代主义
美学思想，朱光潜成为中国早期现代主义美学的主要代表人物之一。中国
早期美学思想的奠基人是王国维，但王国维主要是吸收了叔本华的美学思
想，强调审美对欲望的解脱。而朱光潜则主要继承了早期现代美学家克罗
齐等人的美学思想，强调审美的直觉性；同时也吸收了尼采的人生艺术化
的思想，为中国早期现代美学的建设打下了更深厚的基础。

　　此外，朱光潜把西方早期现代主义美学的一些思想与中国古典美学
结合起来，互相参照阐发，揭示了中西美学的互通性。如西方的直觉说，
中国美学早有此论，而且他把克罗齐的直觉说与中国美学的意象论结合起
来。打通中西直觉说，不仅揭示了中国美学的合理内涵，也充实了现代美
学的思想资源。朱光潜与宗白华美学的思想有异曲同工之妙，虽然朱光潜
偏向西方美学，宗白华偏向中国美学，但他们都在融通中西美学方面做出
了贡献。

　　朱光潜美学思想的一个核心就是确定美的主客同一（心物合一）性。这
一思想延续到他的晚期研究中。这种思想虽然没有最终克服其美学体系的主
体性倾向，但一定程度上超越了主观论美学和客观论美学，具有合理性。

---

　　① 朱光潜：《谈美》，见《朱光潜全集》（第二卷），安徽教育出版社1987年版，第96页。

朱光潜美学思想也存在着历史的局限。这一方面表现在朱光潜对西方
早期现代美学的近乎全盘的认同和接受上，这使其美学思想带上了主体性
的偏向。他虽然强调心物合一，但未能克服克罗齐学说的以心统物的唯心
论弊端。而且朱光潜美学的心物合一思想缺乏一个坚实的本体论基础，更
多的是以心理学来解释。这种缺陷在20世纪60年代的论争中也表现出来，
李泽厚派批评其主客观统一论是直观的，缺乏社会历史的根基。但是，李
泽厚的客观性理论也有缺陷，因为主客观统一论的根据也不在社会历史层
次上，而在本体论层次上。

第四节　丰子恺的美学思想

在王国维之后，还有其他一些早期现代主义的美学家，如丰子恺等，
他们都对西方美学的传播、阐释做出了贡献，也提出了自己的美学思想。
丰子恺（1898—1975），浙江崇德（今桐乡）人，师从弘一法师，以散文
和用中西融合画法创作的漫画而著名，也有美学论著。

一、哲学基础：生命与直觉

丰子恺信奉佛教，并且认为艺术与宗教相通，但艺术低于宗教。他
说："我以为人的生活，可以分作三层：一是物质生活，二是精神生活，
三是灵魂生活。物质生活就是衣食。精神生活就是学术文艺。灵魂生活就
是宗教。""故艺术的最高点与宗教相通。……宗教与艺术的高下重轻，
在此已经明示；三层楼当然在二层楼之上的。"[1]这种世界观就决定了其
美学思想。丰子恺的美学思想来源比较驳杂，既有19世纪后期的生命哲学

---

① 丰子恺：《我与弘一法师》，见丰陈宝、丰一吟编：《丰子恺文集》（第六卷），浙
江文艺出版社、浙江教育出版社1992年版，第399、401—402页。

和直觉主义，也有中国传统美学以及佛教思想。他提出的"爱""同情"和"静观"等概念，很容易令人想起叔本华哲学。虽然没有直接证据说明丰子恺受到叔本华的影响，但考虑到二者共同的佛教背景，其伦理思想均源于佛教伦理学，故将二者进行互释是可行的。他们都认为要克服私欲或"熄灭"自私自利，用叔本华的话来说，就是否定个人生命意志："心存怜悯时，我们就灭绝了自我意志。我们不再为我们自己的生存而努力，我们从个人的重负中解脱出来，不再是意志的玩物。"[1]人对自然万物不再抱持一种征服与改造的权力意志，而是抱持一种爱的态度——"所有真正的纯粹的爱归根结底是同情；而所有不是同情的爱是利己之念。"[2]对于这种（心灵）境界的形而上学，深受佛教和叔本华哲学影响的宗白华同样将之作为审美的起点："艺术家对于人生对于宇宙因有着最虔诚的'爱'与'敬'，从情感的体验发现真理与价值，如古代大宗教家、大哲学家一样，而与近代由于应付自然，利用自然，而研究分析自然之科学知识根本不同。一则以庄严敬爱为基础，一则以权力意志为基础。"[3]

丰子恺曾多次强调："艺术以仁为本，艺术家必为仁者。"[4]又云："护生者，护心也（初集马一浮先生序文中语）。去除残忍心，长养慈悲心，然后拿此心来待人处世。"[5]结合丰子恺的儒—佛教信仰背景，可以说，后一言解释了"仁"的基本含义，显然是一种主观的道德态度

---

① 麦金太尔：《伦理学简史》，龚群译，商务印书馆2003年版，第291页。

② 叔本华：《所有的爱都是同情》，《世界哲学》2005年第1期。

③ 宗白华：《哲学与艺术》，见林同华主编：《宗白华全集》（第二卷），安徽教育出版社2008年版，第61页。

④ 丰子恺：《桂林艺术讲话之一》，见丰陈宝、丰一吟、丰元草编：《丰子恺文集》（第四卷），浙江文艺出版社、浙江教育出版社1996年版，第16页。

⑤ 丰子恺：《护生画三集自序》，见丰陈宝、丰一吟、丰元草编：《丰子恺文集》（第四卷），浙江文艺出版社、浙江教育出版社1990年版，第425页。

（subjective moral attitude）。"艺术家必为仁者"，艺术家作为艺术创造的起点，必以"仁"的道德态度作为其审美观照的决定性规定，是其艺术达到"万物一体"之"天地境界"的必要条件，而"'万物一体'是最高的艺术论"①，由此足见"仁"在其艺术理论或审美理论中的本体地位。但是，我们若对丰子恺的不同文本进行整体细读，不难发现"以仁为本"其实隐含着两种不同的解释——如果将之与认识论相联系，即以认识审美对象的内在生命节奏或生命真理为最终旨归，那么，"仁"就只是认识的道德条件（moral condition for cognition），而不是认识本身；如果将"仁"与移情论相关联，那么，这种道德化的情感及其意象表达（"善"与"巧"也即"美德"与"技术"的关系②）就是艺术的最终目的，艺术不过是某个以第一人称为视角的（the first-person perspective）主体性的投射（projection of the subjectivity）。这两种解释，将丰子恺美学引向两种不同的美学范式，即如他所言的"客观派"美学和"主观派"美学③。在中国现代美学史上，前一种范式以宗白华美学为代表，后一种范式则以朱光潜美学为代表。丰子恺美学在这两种范式之间动荡摇摆，既体现出两种范式各自的优长与缺陷，也体现出两种范式间难以调和的矛盾。

丰子恺很明确地把"仁"视为一种主观态度或"艺术上最可贵的

---

① 丰子恺：《桂林艺术讲话之一》，见丰陈宝、丰一吟、丰元草编：《丰子恺文集》（第四卷），浙江文艺出版社、浙江教育出版社1990年版，第15页。丰子恺此处万物一体的观念，很可能直接源于王阳明"万物一体之仁"命题，重赋心—物各自新的规范性以建立一种非权力宰制的新型关系，牵涉到本体论、心性论与伦理—政治学等多方议题，可详见岛田虔次、冈田武彦的相关论述。

② 丰子恺：《桂林艺术讲话之二》，见丰陈宝、丰一吟、丰元草编：《丰子恺文集》（第四卷），浙江文艺出版社、浙江教育出版社1990年版，第20页。

③ 详见丰子恺《现代艺术二大流派》，丰子恺定义二者时说："艺术家自己的主观不打主意，而忠实地服从客观而表现的，叫做'客观派'。艺术家自己的主观有成见，故意把客观加以变化而表现的，叫做'主观派'。"见丰陈宝、丰一吟、丰元草编：《丰子恺文集》（第四卷），浙江文艺出版社、浙江教育出版社1990年版，第335页。

一种心境"，这种道德态度也可说是丰子恺所赞赏的、托尔斯泰最推崇的"从爱神爱人之情感发出来的艺术"[①]中的"爱"之态度。其要义在于"物我一体的眼光"——"物与我无隔阂，我视物皆平等"。将这种眼光（态度）应用在生活中，则"自私自利之欲可熄"，"物我对敌之势可去"，而"平等博爱之心可长，一视同仁之德可成"。[②]不再把万事视为欲望客体或视为主体所占有、支配和利用的对象，而将万物视为爱和平等的对象存在，这种道德态度的转变，丰子恺称之为"同情心的扩大"，其结果便是对象的"绝缘"。所谓绝缘，"就是对一种事物的时候，解除事物在世间的一切关系、因果，而孤零地观看。使其事物之对于外物，像不良导体的玻璃的对于电流，断绝关系"[③]。这种绝缘的态度或"艺术鉴赏的态度"，其特性即暂勿想起事物"在世间的效用、价值"等——很显然，这里有康德美学的影子，明确反对"外在目的论"。所谓外在目的，无非是主体的权力意志的投射（projection of subject's will to power），即人类以自身为中心，以"有用"或"无用"来判断事物的价值，"为了生活的方便"，把"对己有用"作为外在目的，强加在事物之上。绝缘即破除这种人类的霸权心态，而理解宇宙万物"各有其自己独立的意义，当初并不是为吾人而生的"[④]。以这种心灵境界来"静观"万物，才能让万物"如如"地自由显现："眼前所见的是

---

① 丰子恺：《谈抗战艺术》，见丰陈宝、丰一吟、丰元草编：《丰子恺文集》（第四卷），浙江文艺出版社、浙江教育出版社1990年版，第44页。

② 丰子恺：《艺术修养基础》，见丰陈宝、丰一吟、丰元草编：《丰子恺文集》（第四卷），浙江文艺出版社、浙江教育出版社1990年版，第125页。

③ 丰子恺：《关于儿童教育》，见丰陈宝、丰一吟、丰元草编：《丰子恺文集》（第二卷），浙江文艺出版社、浙江教育出版社1990年版，第250页。

④ 丰子恺：《艺术鉴赏的态度》，见丰陈宝、丰一吟、丰元草编：《丰子恺文集》（第二卷），浙江文艺出版社、浙江教育出版社1990年版，第572页。

一片全不知名、全无实用而庄严灿烂的全新的世界。"[1]

道德意义上的态度转变（change of moral attitude）意味着不再把自然万物视为等待被赋予主观形式的低级客体，而是和我们并立且息息相关的、活生生的有机生命整体："于是禽兽，草木，山川，自然现象，皆有情感，皆有生命。"[2]丰子恺称之为"活物主义"。这种自然观，很可能源于谢林的自然哲学，即不把自然视为死物、仅可由机械因果律来解释，而是把自然万物视为生命有机体：是可自我组织、自我生长、自我繁衍和自我修复的活生生的物体（living objects），自然也因而是一个活生生的自然（a living nature）。这可由康德提出的目的论来解释。谢林的著名口号"自然是可见的精神，精神是不可见的自然"，最能说明这种自然观。

在此基础上，丰子恺肯定了万物自有超越于人之外的独立"生命的意义"与"天然的真相"："原来造物主创造万物，各正性命，各自有存在的意义，当初并非为人类而造。"[3]"在真的艺术心看来，世界一定完全是活物，自然都是具有灵气的。因为创作活动，非假定精神的绝对性，到底不能充分实行。……倘视自然为绝对精神，为给我们以生气的，则自然就成为我们的美感的原因了。"[4]他对把人类视为万物之目的的"人类中心主义"进行抨击，斥之为人类"单相思"和"自大狂"的毛病。他有力地反

---

① 丰子恺：《艺术鉴赏的态度》，见丰陈宝、丰一吟、丰元草编：《丰子恺文集》（第二卷），浙江文艺出版社、浙江教育出版社1990年版，第573页。

② 丰子恺：《艺术修养基础》，见丰陈宝、丰一吟、丰元草编：《丰子恺文集》（第四卷），浙江文艺出版社、浙江教育出版社1990年版，第125页。

③ 丰子恺：《艺术修养基础》，见丰陈宝、丰一吟、丰元草编：《丰子恺文集》（第四卷），浙江文艺出版社、浙江教育出版社1990年版，第122页。

④ 丰子恺：《绘画与文学》，见丰陈宝、丰一吟、丰元草编：《丰子恺文集》（第二卷），浙江文艺出版社、浙江教育出版社1990年版，第535—536页。

问："我们平日对于人生自然，怎能看见其本身的真相呢？"[1]

究竟如何认识对象的生命的真相或生命的真理？丰子恺首先指出了认识的条件："艺术好比是一种治单相思与自大狂的良药。惟有在艺术中，人类解除了一切惯的迷障，而表现天地万物本身的真相。"[2]在艺术中，即在以仁为本的审美中，也即在脱离了"世间的因果的网"（从充足理由律的控制下解脱）之"绝缘"中，才有可能看见"孤独的、纯粹的事物的本体的'相'"[3]，所以，"仁"便是认识真理的一个道德条件，必须满足了这个必要条件，方可进行认识。以仁为本的艺术家，如同叔本华意义上的天才："天才的性能就不是别的而是最完美的客观性，也就是精神的客观方向，和主观的，指向本人亦即指向意志的方向相反。准此，天才的性能就是立于纯粹直观地位的本领，在直观中遗忘自己，而使原来服务于意志的认识现在摆脱这种劳役，即是说完全不在自己的兴趣，意欲和目的上着眼，从而一时完全撤销了自己的人格，以便〔在撤销人格后〕剩了为认识着的纯粹主体，明亮的世界眼。"[4]也就是说，天才完全消除了个人意志、欲望和偏好，从片面的主观性中解放出来，而成为一个普遍的"纯粹认识主体"，成为一面完全客观的"透明镜子"。这就是所谓的"非个体化原则"（de-individualization）。我们可以引用舍勒的认识论来进一步说明这个认识的道德条件，舍勒认为：第一，自然是有生命和意志的自然（a vital and volitional nature），因此舍勒自称为"意志论实在论

① 丰子恺：《艺术修养基础》，见丰陈宝、丰一吟、丰元草编：《丰子恺文集》（第四卷），浙江文艺出版社、浙江教育出版社1990年版，第123页。

② 丰子恺：《艺术修养基础》，见丰陈宝、丰一吟、丰元草编：《丰子恺文集》（第四卷），浙江文艺出版社、浙江教育出版社1990年版，第123页。

③ 丰子恺：《关于儿童教育》，见丰陈宝、丰一吟、丰元草编：《丰子恺文集》（第二卷），浙江文艺出版社、浙江教育出版社1990年版，第250页。

④ 叔本华：《作为意志和表象的世界》，石冲白译，商务印书馆1982年版，第259—260页。

者"（voluntaristic realist）；第二，要认识一个生命存在（a living being）的本质（essence），即精神（spirit），必须采用一种与感性直观（sensuous intuition）不同的方法（intuition of essence）；第三，新方法须具备道德条件（moral conditions）后方可进行，道德条件即舍勒所说的爱（love）、谦卑（humility）、自我控制（self-control）。所谓爱，即将自身从自然冲动与欲望中解脱（free from natural impulses and desires），尤其是消除自我支配和利用他者的冲动；所谓谦卑，意味着对他者保持敏感和开放（open and sensitive to the essential nature of beings）；所谓自我控制，即自我任他者自然，不去干涉其实存内容（the objective content of reality）。①

如何直接把握对象物的生命真理？丰子恺明确规定，这种认识方法必须是"客观地发现"②——因为经过非个体化原则，结果是客观的"纯粹认识主体"。接下来，丰子恺直接提出这种认识方法即"同情"或"共感"，"画家的心，必常与所描写的对象共鸣共感，共悲共喜，共泣共笑，倘不具备这种深广的同情心，而徒事手指的刻划，决不能成为真的画家"，"眼前所见的都是美的形色，我们的心就与之共感而觉得快适"。③但是，丰子恺并未详细说明这种方法的来源、特征、进行的过程以及最终的效应。丰子恺说："我们画家描一个花瓶，必其心移入花瓶中，自己化作花瓶，体得花瓶的力，方能表现花瓶的精神。我们的心要能与朝阳的光芒一同放射，方能描写朝阳；能与海波的曲线一同跳舞，方能描写海

① 马克斯·舍勒：《德行的复苏》，见倪梁康主编：《面对实事本身——现象学经典文选》，东方出版社2000年版，第158页。

② 丰子恺：《绘画与文学》，见丰陈宝、丰一吟、丰元草编：《丰子恺文集》（第二卷），浙江文艺出版社、浙江教育出版社1990年版，第534页。

③ 丰子恺：《美与同情》，见丰陈宝、丰一吟、丰元草编：《丰子恺文集》（第二卷），浙江文艺出版社、浙江教育出版社1990年版，第582、583页。

波。"①没有同情，也就没有艺术的发生，这种审美同情说与宗白华的相同。宗白华说："艺术的生活就是同情的生活呀！无限的同情对于自然，无限的同情对于人生，无限的同情对于星天云月，鸟语泉鸣，无限的同情对于死生离合，喜笑悲啼。这就是艺术感觉的发生，这也是艺术创造的目的！"宗白华由此而断言："艺术世界的中心是同情。"②

　　艺术家只有通过直觉（而非概念和分析），才能把握绵延的对象的生命真理，而艺术家将这独立于人心之外的客观真理表现于艺术作品中，艺术作品便具备了认识的功能（epistemic function），正如丰子恺所言："我们惟有在艺术中，可以看见万物的天然的真相"——"画中的朝阳，庄严伟大，永存不灭，才是朝阳自己的真相。画中的田野，有山容水态，绿笑红颦，才是大地自己的姿态。美术中的牛羊，能忧能喜，有意有情，才是牛羊自己的生命。诗文中的贫士，贫女，如冰如霜，如玉如花，超然于世故尘网之外。这才是人类本来的真面目。"③

二、移情说与主体性美学思想

　　但丰子恺又将"仁"这种主观态度与移情说相结合，并把中国古典美学范畴"迁想妙得"解释为"移情"："艺术心理中有一种叫做'感情移入'（德名Einfühlung，英名empathy）。在中国画论中，即所谓'迁想妙得'。就是把我的心移入于对象中，视对象为与我同样的人。""不但静物如此，描风景画也必把山水亭台当作活物看，

---

　　①　丰子恺：《美与同情》，见丰陈宝、丰一吟、丰元草编：《丰子恺文集》（第二卷），浙江文艺出版社、浙江教育出版社1990年版，第583页。

　　②　宗白华：《艺术生活——艺术生活与同情》，见林同华主编：《宗白华全集》（第一卷），安徽教育出版社2008年版，第316、319页。

　　③　丰子恺：《艺术修养基础》，见丰陈宝、丰一吟、丰元草编：《丰子恺文集》（第四卷），浙江文艺出版社、浙江教育出版社1990年版，第123页。

才能作成美好的画。……这看法在中国叫作'迁想妙得'，在西洋叫作'拟人化'（personification）。德国美学者则称之为'感情移入'（Einfühlungtheorie）。所谓拟人化，所谓感情移入，便是把世间一切现象看作与人同类平等的生物。"[①]这里提到的"德国美学者"，丰子恺在其他处明确指出即里普斯："德国美学大家李普斯〔利普斯〕（Theodor Lipps）的美学，就是以这感情移入说为基础的。"[②]用移情说来解释"迁想妙得"之"迁"倒是可以成立，但是"得"又如何解释呢？究竟得到了什么呢？移情说之下，我们除了主体所投射出去的情感之外一无所得，不可能得到异质于主体性的、对象的生命真理。

"以仁为本"在此便意味着一种看待外物的态度，即把外物人格化，视为同样具有精神、意志和情感的平等存在："花……是同人一样有知觉有表情的东西。所以诗人说：'感时花溅泪'，'桃花依旧笑东风'。人竟把花当做能哭能笑的活物。"[③]如此，人类应该平等待之。这是佛教"平等观"的伦理思想之体现。但是，丰子恺终究清晰地指明，把自然物当人看待，是"故意说假话"——"假的地方〔在于〕，都在把无情之物当作有情的人看"。[④]这个"把……作为……"的结构（take…as…），意味着自然具有精神，不过是人的一种主观解释（interpret…as…）。朱光潜也有相同的自然观，在朱光潜看来，自然虽独立于意识而存在，但并没有精神和情感，是无生命的；说自然有精神和意识，不过是人的自我投

① 丰子恺：《桂林艺术讲话之一》，见丰陈宝、丰一吟、丰元草编：《丰子恺文集》（第四卷），浙江文艺出版社、浙江教育出版社1990年版，第125、14页。

② 丰子恺：《艺术修养基础》，见丰陈宝、丰一吟、丰元草编：《丰子恺文集》（第四卷），浙江文艺出版社、浙江教育出版社1990年版，第109页。

③ 丰子恺：《艺术与革命》，见丰陈宝、丰一吟、丰元草编：《丰子恺文集》（第四卷），浙江文艺出版社、浙江教育出版社1990年版，第322页。

④ 丰子恺：《艺术修养基础》，见丰陈宝、丰一吟、丰元草编：《丰子恺文集》（第四卷），浙江文艺出版社、浙江教育出版社1990年版，第79页。

射。那么，现在的问题是，究竟是"将精神注入自然中"，还是"自然绝对不需要人的精神，它本身就是精神"呢？移情说将自然解释为与我们情感同质的对象。如扎哈维所言，如果观念论是正确的，如果自然只是我们构造和建构的产物（a mere product of our constitution and construction），那么自然对人类而言，是完全透明的（appear in full transparency），仅仅拥有我们所赋予它的意义（only possess the meaning that we ascribe to it），观念论和建构论便这般彻底地剥夺了自然的超越性（idealism and construction ism deprive the world of its transcendence）。[①]

　　移情说成为丰子恺艺术理论的核心概念，其审美创造论和欣赏论都围绕移情说进行构造。我们先看他较为认同的、"世间的艺术论者""决定"的艺术的定义："艺术是假象的，非功利的，带客观性，而又带个性，含独创分子，能表现国民性及时代精神的一种美的感情的发现。"[②] "一切艺术的共通点，是'美的感情的发现'。把这感情的发现当作一种冲动，便可称之为'艺术冲动'。"[③] 这发现出来的"美的情感"源自何处？丰子恺明确肯定，"美的感情起于艺术家的心中"[④]。在此基本定义下，我们来看丰子恺对审美创作和审美欣赏的论述。先看审美创作："艺术是美的感情的发现。美的感情起于艺术家的心中，因美欲而变成艺术冲动，表现而为客观的艺术品。这经过叫做创作。艺术品尚潜伏在艺术家心中而未曾表现于外部时，叫作'内术'。表现于外部，称为'外术

---

　　①　Dan Zahavi: "Phenomenology", see The Routledge Companion to Twentieth Century Philosophy, Edited by Dermot Moran, Routledge, 2008, p665.

　　②　丰子恺：《艺术修养基础》，见丰陈宝、丰一吟、丰元草编：《丰子恺文集》（第四卷），浙江文艺出版社、浙江教育出版社1990年版，第87页。

　　③　丰子恺：《艺术修养基础》，见丰陈宝、丰一吟、丰元草编：《丰子恺文集》（第四卷），浙江文艺出版社、浙江教育出版社1990年版，第118页。

　　④　丰子恺：《艺术修养基础》，见丰陈宝、丰一吟、丰元草编：《丰子恺文集》（第四卷），浙江文艺出版社、浙江教育出版社1990年版，第103页。

品'。"①这个描述，既包括了表达情感之意象的内在构造过程（内术），又包括了意象的外部传达即客观化的过程（外术），与朱光潜的直觉说基本一致。关于意识构造意识对象的过程，丰子恺有比较详细的论述：首先，丰子恺肯定了意象的基础可还原至亲知（主体直接意识到对象）经验或感知的直接被给予性（direct givenness）上，不论是外部感知，还是内部感知如想象或回忆，都是内术品的构造材料。其次，这一过程仅有材料或素材是不够的，需要意识的先天能力进一步加工。丰子恺并未明确借助康德的先验想象力概念，但基本理论与先验想象力是一致的，即必须借助先验想象来进行所谓的"想象化"和"空想化"，才能完成一个审美意象的构造（the constitution of an aesthetic image）。这与朱光潜直觉说的意象构造理论基本相一致："见到一个情景交融内容形式一致的完整体，那就是表现，那也就是美。"②美就是一个成功的表现，就是一个完整的意象，而完整的意象与完整的情趣融贯为一体，靠的是"心灵的综合作用"，也叫作"诗的想象"（poetic imagination）。克罗齐认为艺术最重要的有两点，一是其整一性（unity），一是其独立自主性（autonomy），整一性的有无，是区分艺术意象和非艺术意象的标准。朱光潜对之加以阐述说："非艺术的意象没有经过美感的心灵综合作用（aesthetic spiritual synthesis），所以零落错乱，来去无定，这就是通常所谓'幻想'（fancy）。艺术的意象经过美感的心灵综合作用，把原来纷乱的意象剪裁融会成为有生命的有机体，所以杂多之中有整一，这就是通常所谓'想象'（imagination）。"③

① 丰子恺：《艺术修养基础》，见丰陈宝、丰一吟、丰元草编：《丰子恺文集》（第四卷），浙江文艺出版社、浙江教育出版社1990年版，第103页。

② 朱光潜：《克罗齐哲学述评》，见《朱光潜全集》（第四卷），安徽教育出版社1988年版，第338页。

③ 朱光潜：《文艺心理学》，见《朱光潜全集》（第一卷），安徽教育出版社1987年版，第354页。

如果我们把构造承载了主观情感的意向对象的过程称为意识的创造，那么，再反观丰子恺所秉承的移情说，就会发现一个矛盾：所谓移情，究竟是把主观情感投射入客观的、外在的、实在的物理对象（real objects），还是投射入意识所构造出来的、内在的观念性意向对象（ideal, intensional objects）？丰子恺并未做出明确的区分，带有很明显的含混性。

接下来再看审美欣赏论。丰子恺把艺术鉴赏分为五个阶段："第一诉于感觉，第二发生感情，第三感情移入，第四美的判断，第五美的批评。"[1]我们着重看第一、二、三阶段。所谓诉诸感觉，无疑就规定了艺术作品必须是感性直观形式。所谓发生感情，丰子恺未能像朱光潜那样从心理学角度如詹姆斯—朗格理论和内模仿理论等详细说明情感的产生机制，但他对感情的分类则更为细致周全，将感情详分为材料感情、形式感情和内容感情。对于第三阶段所谓的感情移入，他明确说："吾人鉴赏艺术品时，似觉艺术的题材与内容具有感情；其实无非是吾人自己的感情移入于艺术品中。"[2]这里的问题是：首先，既然所有的意义都源于主体的主体性之投射，那么艺术作品就不具备主体意识之外的、独立的意义吗？其次，还是那个老问题，主体情感的投射，到底是投向自身之外已经客观化的艺术作品（外术品），还是投向欣赏时主体自身之内所构造出的观念性意象？

综合上述分析可以看出，无论是从创造还是欣赏角度而言，艺术作品都是作者情感或意图的投射（the meaning of a text as intended by the individual author），也就是说，艺术作品的意义被局限于主体性（restricted to

① 丰子恺：《艺术修养基础》，见丰陈宝、丰一吟、丰元草编：《丰子恺文集》（第四卷），浙江文艺出版社、浙江教育出版社1990年版，第107页。

② 丰子恺：《艺术修养基础》，见丰陈宝、丰一吟、丰元草编：《丰子恺文集》（第四卷），浙江文艺出版社、浙江教育出版社1990年版，第109页。

subjectivity），仅是主体性的投射（projection of the subjectivity），是作者个体性的表达（expression of the individuality）；艺术作品的意义因而可被还原为主体的一个意义赋予的意识行为。由此可以断定说，丰子恺的美学仍然不脱主体性哲学或意识哲学的范畴。我们可以概括出丰子恺艺术观念的几个特征：

第一，丰子恺把情感的多样性缩减为"美的感情"，也即"仁"的道德感情。丰子恺秉承康德的审美区分，意识到感情和意志（道德）的区分，但他将二者结合起来，认为"'情愿'做合乎天理的事，便是'艺术'"①。因此，"艺术就是道德，感情的道德"②。结合命题"艺术以仁为本"，意味着艺术的内容即是表达"仁"或"善"。但是这种善，很大程度上并非肯定或积极意义上的、规范伦理学的具体道德规则或道德命令，而是指一种否定或消极意义上的、主观的道德境界，即生命意志的自我否定（self-negation），也即获得免于行动的充足理由律支配的消极自由（freedom from the principle of sufficient reason of acting），是叔本华意义上的"爱"或"同情"，是一种"绝缘"或"空"的心理状态，如此才能让他者成为他者，让万物是其所是、如其所是地自由显现自身。而艺术家要具备此种仁善之情感，就必须澡雪精神，养气养性以获得"芬芳的胸怀，圆满的人格"，这就是所谓"童心的培养"，也即"艺术家必为仁者"的含义。

第二，感情必须是美丽的、善的感情，而且必须是带客观性的感情。所谓"带客观性"，"就是说，不是作者一人独自感到兴味的，而是可使

---

① 丰子恺：《艺术必能建国》，见丰陈宝、丰一吟、丰元草编：《丰子恺文集》（第四卷），浙江文艺出版社、浙江教育出版社1990年版，第32页。

② 丰子恺：《艺术必能建国》，见丰陈宝、丰一吟、丰元草编：《丰子恺文集》（第四卷），浙江文艺出版社、浙江教育出版社1990年版，第31页。丰子恺反对康德的审美区分，和伽达默尔一样提倡审美无区分，但美善可以统一，即感情的道德或道德的情感，但却无法统一真，客观之真无法被统一到一种主观的道德情感中。

多数人共感兴味的"。①也就是说，感情必须是主体间普遍有效、普遍共享的。这种普遍性是经验性和或然性的，丰子恺并未借助康德的调节性概念即先验感情（共同感）来达到这种普遍性或客观性。

第三，所谓的个性，则体现在表现技术也即形式上，因为"形式便是艺术表现的技巧"，既包括意识所构造出的意象应具备的创造性，创造性才能体现出个性；也包括将"内术品"客观化为"外术品"时所依赖的单纯技术手段如构图、用笔、着色等。"题材要带客观性，使万人共感；表演技术要带个性，与他人不同。"②"故题材（内容）尽管同样，而形式（表现技巧）人人不同。"③内容即"善"，技术即"巧"，"善而又巧，巧而又善，方可称为艺术"。④如果二者不能做到"文质彬彬"，丰子恺宁可质胜于文、善大于巧："艺术贵乎善巧，而善重于巧，故求丰富之内容，而不求艰深之技巧。"⑤

丰子恺的美学思想又在客观论与主观论之间摇摆。他强调，"万物一体"是最高的艺术论，但沿着认识论和移情说两条不同路径，对"万物一体"也有两种不同解释。根据前者，则"万物一体"是指主体经过道德净化，满足了认识的道德条件后，进入到对象的内部，与对象"同情""共感"，主体自失于对象，是和对象的完全同一（complete identification with

---

① 丰子恺：《艺术修养基础》，见丰陈宝、丰一吟、丰元草编：《丰子恺文集》（第四卷），浙江文艺出版社、浙江教育出版社1990年版，第89页。

② 丰子恺：《艺术修养基础》，见丰陈宝、丰一吟、丰元草编：《丰子恺文集》（第四卷），浙江文艺出版社、浙江教育出版社1990年版，第89页。

③ 丰子恺：《艺术修养基础》，见丰陈宝、丰一吟、丰元草编：《丰子恺文集》（第四卷），浙江文艺出版社、浙江教育出版社1990年版，第101页。

④ 丰子恺：《桂林艺术讲话之二》，见丰陈宝、丰一吟、丰元草编：《丰子恺文集》（第四卷），浙江文艺出版社、浙江教育出版社1990年版，第20页。

⑤ 丰子恺：《平凡》，见丰陈宝、丰一吟、丰元草编：《丰子恺文集》（第四卷），浙江文艺出版社、浙江教育出版社1990年版，第47页。

the object），也就是说，是主体统一到对象之中，而不是将对象统一和消融于主体之中。根据移情说，"万物一体"则有两层含义，第一层是指视万物为有机生命体，万物都是平等的存在；第二层含义是指将"我"之情感移入万物，万物不过是一个外化的"同质之我"，因而被统摄于自我之中。对"万物一体"和"迁想妙得"的不同解释，也将必然产生对中国古典美学另一重要范畴"气韵生动"的两种不同解释，关键区分在于，生动之"气韵"，究竟源于万物自身，还是源于人类艺术主体。丰子恺在此明显体现出自相矛盾：一方面，他认为清代方薰的解释最透彻，"生"即流动于对象中的"生命""精神"，如方薰所言："气韵生动，须将'生动'二字省悟。会得生动，则气韵自在。气韵以生动为第一义。然必以气为主。气盛则纵横挥洒，机无滞碍，其间气韵自生动。杜老云，元气淋漓幛犹湿，是即气韵生动。"[1]结合《周易》之形而上学和宇宙论，可知"气"或"生命"必属自然万物之内在。丰子恺也肯定了这点，认为要认识这客观的、内在的生命，须采取"纯观照"的态度。但是，就在同一处，丰子恺又说，"气韵是由人品而来的"，"对象所有的美的价值，不是感觉的对象自己所有的价值，而是其中所表出的心的生命，人格的生命的价值"。[2]这就又转向了移情说，将主体性视为艺术作品意义的唯一来源；因而，文品即人品，如郭若虚所言："人品既高，气韵不得不高。气韵既高，不得不生动。"[3]

　　沿着移情说路径，艺术成为主体情感的投射，从而陷于情感主义，这

---

① 丰子恺：《中国美术的优胜》，见余连祥选编：《中国现代美学名家文丛·丰子恺卷》，浙江大学出版社2009年版，第141页。

② 丰子恺：《中国美术的优胜》，见余连祥选编：《中国现代美学名家文丛·丰子恺卷》，浙江大学出版社2009年版，第141页。

③ 丰子恺：《中国美术的优胜》，见余连祥选编：《中国现代美学名家文丛·丰子恺卷》，浙江大学出版社2009年版，第140页。

使得丰子恺美学难以避免伽达默尔关于美学"彻底主体化"的指责，主体性原则使得其美学如艾耶尔所言，不具备"任何认识的意义"。而沿着认识论路径，艺术则走向超越性的他者及其生命真理。艺术就是要体现出真理，方能"气韵生动"，艺术也因而具备了认识的功能。

最后要说的是，由于坚持移情说，丰子恺美学基本和朱光潜美学一样，属于主体性哲学或意识哲学；主体性哲学或意识哲学在当代所遇到的困难与指责，它们同样难以幸免。譬如对移情说将导致唯我论的指责，源自里普斯和谷鲁斯等人的移情说，其基本模式就是"模仿+投射"（simulation plus projection），即在心里模仿或复制（reproduce）对象的姿态或动作，由之产生情感，并将情感投射于对象之上。如胡塞尔所言，将某人的自我投射到一个外在之物上，他实际遇到的只是一个体现于外物上的他自己。外物不是作为一个他者存在而仅是我自己的一部分。里普斯的结论是："从心理学上考虑，他人不过是我自己的众多副本（duplications）而已"，就如扎哈维所指出的，移情说"实际上是把我囚禁在我自己的心灵之内，禁止我去经验他人"。[1]其实里普斯自己也注意到了这点："审美的欣赏并非对于一个对象的欣赏，而是对于一个自我的欣赏。它是一种位于人自己身上的直接的价值感觉，而不是一种涉及对象的感觉。无宁说，审美欣赏的特征在于在它里面我的感到愉快的自我和使我感到愉快的对象并不是分割开来成为两回事，这两方面都是同一个自我，即直接经验到的自我。"[2]这样看来，建立在自我论上的移情说，就难免会有主体性美学的局限。

---

① 转引自扎哈维2009年北大哲学系所作系列英语报告第三讲，原文由陈文凯译为《同感、具身和人际理解：从里普斯到舒茨》，发表于《世界哲学》2010年第1期。译文有待商榷，譬如把empathy译为"同感"，而不是通行的"移情"。

② 里普斯：《论移情作用》，朱光潜译，见中国社会科学院文学研究所编：《古典文艺理论译丛》（卷三），知识产权出版社2010年版，第1416页。

三、丰子恺美学思想的意义

首先，丰子恺打通中西美学思想，建立了以"仁"为本，以直觉说、移情说为主的美学体系。他的美学思想的根基，既有儒家的"仁"和佛家的慈悲，也有西方的博爱思想和生命哲学思想。其中，丰子恺的同情论融汇中西美学思想，具有特别重要的现代意义。审美同情思想是为西方美学传统所忽视的思想，中国美学虽然蕴含着审美同情思想，但没有得到系统的理论阐释。丰子恺从"仁"的理念出发，结合西方的移情理论，提出了审美同情说。审美同情说具有主体间性的性质，克服了客观论和主观论美学的片面性，为论证审美的主客同一性提供了依据。这一点，正是丰子恺对现代美学的贡献。

丰子恺美学思想的缺陷是其哲学基础的混杂。其哲学思想来源包括西方近代美学诸家（从康德到柏格森），也包括中国古典哲学、美学诸家（儒家、道家、佛家）。他虽然致力于融汇中西，也取得了一些成果，但并不十分成功，其间存在着诸多矛盾和体系的裂隙，如来自西方美学的"移情说"与中国美学的"同情说"混杂在一起，而二者并不能等同：前者是主体论，后者是主体间性论。从根本上说，这是由于他没有建立自己的坚实的哲学基础，因此他也就不可能建立起严谨的美学体系，这也是早期中国美学的通病。

第三章　客观论美学

第一节　客观论美学概说

一、中国客观论美学产生的历史背景和思想资源

中国现代美学思潮自西方传入，多属于主观论、唯心论，但也存在着客观论、唯物论美学一派。在马克思主义的唯物论美学建立前，金公亮接受西方的客观论美学思想，建立了客观论的美学体系。他虽然没有依据马克思主义的唯物论，但认为美是客观的。这种观点具有唯物论的性质，因此可以作为中国唯物论美学的先声。主流的唯物论美学服膺苏联阐释的马克思主义哲学（包括辩证唯物主义和历史唯物主义），并直接地受到苏联美学思想的影响。五四运动爆发之后，多种现代思想传入，其中包括由苏联传入的马克思主义。马克思主义作为一种社会历史学说，对中国社会产生了重大的影响，甚至主导了中国社会的变革。同时，马克思主义的哲学

思想也影响了中国的学术，包括美学。中国现代美学思想主要受到欧洲美学思想的影响，而对苏联的马克思主义美学思想的译介和接受较晚。早期苏联的美学思想主要体现在文学、艺术理论方面，并没有形成系统的美学理论。在20世纪40年代，蔡仪的《新美学》才对其做出了系统的阐释，但影响有限。这一阶段可以看作唯物论美学的发轫期。

1949年后，各个学术领域开展了对西方学术思想的批判，马克思主义成为主导的意识形态。在这种历史条件下，唯物论美学得以发展壮大，成为主流的美学思潮。这个转变发生在20世纪50年代中期到60年代初期的第一次美学大讨论中。这次美学大讨论起源于对朱光潜资产阶级美学思想的批判，实质上是对西方的唯心主义的美学思想的清除。而批判西方美学思想的武器就是苏联阐释的辩证唯物主义和历史唯物主义。在这场大讨论中，朱光潜的西方化的美学思想和吕荧、高尔泰的主观论美学思想受到批判，而受苏联美学思想影响的唯物主义美学成为主导，而其中也有偏重辩证唯物主义的蔡仪一派和偏重历史唯物主义的李泽厚一派的分野。

唯物论美学的思想资源是苏联阐释的辩证唯物主义和历史唯物主义，它不同于西方马克思主义，也不同于青年马克思在《1844年经济学哲学手稿》中的思想。这场美学思想论争的理论背景涉及传统马克思主义理论框架中的历史唯物主义与辩证唯物主义的关系问题。在苏联哲学中，辩证唯物主义建立在物质本体论的基础上，认为世界是物质的，物质是运动的，运动是有规律的，这就是辩证法；而物质是第一性的，意识是第二性的，意识是物质的反映，这就是反映论。建立在这个理论基础上的唯物论美学就强调美是不以人的意志为转移的客观事物的属性，甚至是一种自然属性，而美感就是对这种客观属性的反映。蔡仪的唯物论、反映论美学就是这个理论的代表。历史唯物主义被认为是辩证唯物主义在社会历史领域的应用，它认为历史也遵循客观规律，即历史辩证法。但历史规律又是由生产力与生产关系的矛盾运动决定的，体现为经济基础决定上层建筑，最终形成了由无阶级的原始社会到阶级社会再到无阶级的共产主义社会的历史辩证运动。在这里，辩证唯物主义所"唯"之物由自然物质演变为物质生产（人的社会活动），物质决定意识变成了社会存在决定社会意识。唯物论的含义演变，产生了历史唯物论与辩证唯物论之间的分化，在南斯拉夫产生了辩证法派与实践派哲学的对立。在苏联和中国也有偏重于辩证唯物论和偏重历史唯物论的学派，这在20世纪50年代两国的美学讨论中就体现出来，形成了不同的美学流派，如中国的蔡仪代表的一派和李泽厚代表的一派。辩证唯物论与历史唯物论虽然有分别，但毕竟有其共同点，那就是强调存在着不以人的意志为转移的客观世界及其规律，人不能违背这个规律，而只能认识、服从和利用这个规律。在这个哲学基础上，就形成了唯物论美学。唯物论美学作为客观论美学的主体，与那个时代的艺术思潮相对应。革命时代的艺术思潮是所谓革命现实主义，它强调政治理性和集体价值，实际上是由古典主义演化而成的革命古典主义。作为这个思潮的理论反思，唯物论美学也具有革命古典主义的性质。

值得注意的是，客观论包含的历史唯物主义虽然强调客观性，但其中蕴含着一种主体性思想的萌芽。因为生产方式是由生产力与生产关系构成的，而生产力是人的实践能力，生产关系是社会关系的基础，又是生产中结成的人际关系，所以历史是人创造的，人是历史的主体。这种隐含的主体性思想被客观性立场所遮蔽，但后来在实践哲学和实践美学中得到了发挥和阐释。

二、客观论美学的思想内容

唯物论美学有两派，一派依据辩证唯物主义，主张美是客观自然的属性，美感是对客观美的反映；一派依据历史唯物主义，主张美是人类社会活动的产物，具有社会属性，而这种社会性相对于个体而言是客观的，不以人的意志为转移。它们都强调美的客观性，但美是自然属性还是社会属性就成为两派的不同点。

苏联美学界的论争为中国第一次美学大讨论提供了思想背景。在"辩证唯物主义"与"历史唯物主义"分裂的历史背景下，苏联美学界以美的本质问题为核心而出现了三派：客观派，即"自然派"，认为美的本质在于事物的自然属性；社会派，即"新的审美学派"，认为美是客观性和社会性的统一；主客观统一派，认为美的本质在于事物的自然属性和社会性的统一。与此对应，中国美学界也相应出现了类似的学术派别，如蔡仪的客观自然派、李泽厚的客观社会派、朱光潜的主客观统一派；只不过多了一个吕荧、高尔泰的主观派，它游离于当时的马克思主义语境之外，成为另类的理论。在这场苏联美学讨论中，万斯洛夫在1955年2月苏联《哲学问题》上发表了《客观上存在着美吗？》，首次提出了美的客观性在于社会性，后又将其概括为实践观点的美学理论，并且在其《美学问题》一书中提出人化了的自然才是审美对象的学术观点。受此影响，李泽厚也相应地提出了美是客观性与社会性统一的观点，即不是从审美对象的自然属性，而是从其社会属性去规定美的性质。但是，受当时苏联美学的影响，李泽厚早期的美学观点并未脱离认识论、反映论的窠臼，他把美和美感的关系定义为反映和被反映的关系；实践观点虽已萌芽，但还没有被自觉地应用到分析具体的审美活动里的审美主体与审美客体的关系中。而蔡仪的自然客观论美学派也与苏联美学中的强调其客观自然属性的"自然派"相对应。

唯物论美学的主要代表人物还有黄药眠、王朝闻等，他们的美学思想大体上不出蔡仪、李泽厚两派的框架。

但是，尽管两派观点有不同之处，但也有相同之处，那就是两派都认为美是客观的，不以人的意志为转移，甚至都认为美感是对美的反映。对于美学大讨论中的主观派，两派都予以批判，这就表明了二者的共同立场。这样，它们都从各自的角度否定了审美的个体性、主体性。虽然社会客观性美学一派主张美是人类社会活动的产物，从而潜在地包含着对主体性的承认，但它把社会性与客观性画了等号，特别是以社会集体性抹杀了个体性，从而落入了客观性的陷阱。

三、客观论美学的学术意义和社会意义

客观论美学（主要是唯物论美学）的学术意义在于，为西方的唯心论美学提供了对立的理论，从而有可能在两种理论的对立中克服各自的局限，进而阐发出新的理论。自然客观论美学作为主观论美学的对立方，突显了后者的片面性，从而提供了一种批判的视角。社会客观论美学与朱光潜的直观性美学相对立，也突显了后者非历史的直观性，从而提供了一种批判的视角。中国美学的历史进程说明了这一点：在20世纪80年代的第二次美学论争中，李泽厚代表的社会客观论美学与朱光潜代表的主客观统一论美学都走向了主体性的实践论，从而在一定程度上有所进步、发展；而高尔泰的主观性美学也接纳了实践的观点，具有了历史的维度。

当然，客观论美学的缺陷也是显而易见的，那就是对主体、个体的忽视。自然客观论美学强调美的自然属性，归根到底是不承认审美的社会性和主体性因素，使审美失去了价值性。社会客观论美学包含着主体性的因素，但不承认审美的个体性，把社会性确定为客体性，以客观性抹杀了主体性，从而否定了审美的自由性，形成了一种历史宿命论美学。由于各自的缺陷，客观论美学在20世纪80年代的第二次美学论争中被否定或自我否定，如蔡仪代表的自然客观论美学从主流学派中被排除，李泽厚代表的社会客观论美学向主体论转化。

客观论美学强调审美的客观性、社会集体性，这是当时时代精神的体现。在革命战争年代和建国初期，我国面临着建立现代民族国家的历史任务，客观上要求建立新的集体理性，强调历史规律的客观性，以凝聚阶级、民族的力量；在美学上，就是强调美的客观性、社会性，从而为革命的艺术提供理论指导。因此，唯物论美学思想在相当长的时期内是作为主流意识形态的一部分而存在的。这就是唯物论美学的社会历史意义。

第二节　金公亮的"客观论美学"

有关金公亮生平的材料很少。他是蔡元培的同学，1931年在国立杭州艺专讲授美学。他根据西方学者罗绥所著《美》（*Beauty*）一书编译了《美学原论》做教材，并于1936年将其出版。该书继承20世纪20年代几部《美学概论》关于形式美规律研究的思路，并且广而论之，开启了客观主义美学的先声，为20世纪40年代蔡仪的客观唯物论美学奠定了基础。

一、关于美学研究的对象的论述

金公亮的《美学原论》是一部研究"美是什么"的美学论著。关于美学研究的对象，蔡元培在这本书的序言中说："通常研究美学的，其对象不外乎'艺术'、'美感'与'美'三种。以艺术为研究对象的，大多着重在'何者为美'的问题；以美感为研究对象的，大多致力于'何以感美'的问题；以美为研究对象的，却就'美是什么'这问题来加以探讨。我以为'何者为美''何以感美'这种问题虽然重要，但不是根本问题；根本问题还在'美是什么'。单就艺术或美感方面来讨论，自亦很好，但根本问题的解决，我以为尤其重要。……同学金君公亮，于文学、心理学都研究有素，对于美学致力尤勤。近年本罗绥所著《美》一书而酌量增损，编为《美学原论》，对于美学上的根本问题，都予以相当的答案，可以作研究美学者的一助。"①作者在自序中也说："这是一本讲美的书。……人人都爱美，人人都谈到美。但若问你美是什么？你亦许会瞠目不知所对罢。在你看来以为美是尽人明白的，是无庸讨论的一件事体，美就是美丽，凡赏心悦目的东西都是美的。但若进一步问你美丽是什么，你或许依然回答不出所以然。……在你看来好似十分明白而以为不值得说究竟有什么意思的这个'美'，却有千百学者在那里费尽心血经过了数百年的讨论呢。那么，美究竟是什么呢？本书便是要想法来解答这问题的。……本书大体系根据Rother所著'Beauty'一书编译而成，惟篇章内容变易颇多，例证亦改用眼前的事物。所以要编这一本书，差不多完全是为了应付讲演起见。民国二十年春，我在国立杭州艺专任教美学，因酌取本书内容作讲演材料之一部，就在那时陆续写成了。"②

在说明全书的逻辑结构时，作者说："我们先讲到美所产生的效果，即是欣赏者所得的愉快。其次我们研究美同我们认识机能的关系，发现那感觉不能觉知美，惟有智慧才能领悟。……美只产生智慧的愉快，而因美同于善，所以亦激动爱。……我们于是确定美的本质在于'秩序的精华'之中，而要充分地鉴识美和欣赏美，必须先由心清楚地觉知。我们于是继续下去先研究感觉美，作为研究精神美的预备段，然后再进而研究最宜于人类的美，即经由适宜的感觉征象而显露的精神美。在这以后，我们又说明美并非仅仅是一种内部的感情，而是客观的东西，因此美有一种固定的趣调的标准。在最后一章中我们又把那些关于美的重要的误解叙述了一下，根据我们在前面所确定的原则而加以批评。"③总之，金公亮的美学思

---

①　金公亮编译：《美学原论·蔡序》，正中书局1943年版，第2页。

②　金公亮编译：《美学原论·金序》，正中书局1943年版，第1—2页。

③　金公亮编译：《美学原论》，正中书局1943年版，第111—112页。

想强调美的客观性，认为美学应该研究美的本质问题。

二、关于美的效果的思想

《美学原论》论证美的本质之前，先从"美的效果"谈起，提出美的首要"定则"①："美便是那给领略者以愉快的一种东西。""'美'这一辞，同愉快、风趣、可爱、迷恋，以及其他在字典上所举的相类的名辞同义的。可见人类的公意，除非事物是愉快的、有趣的、使我们欢喜的，才认其为美。"②"'美'这一个名辞，只能应用于这些在领略时使我们满意的、愉快的、有趣的、迷恋的事物上。"③接着论"美同感觉的关系"，指出美的第二条"定则"："美只能由知去领悟而非感觉所能觉知的。因此美所给与的愉快不是感觉的愉快。"④比如野兽不能觉知艺术的美⑤，乃至不能欣赏大自然的美⑥。美给予的愉快是建立在知觉基础上的精神愉快，它以知觉包含的理性所认识到的对象的客观审美价值为依据。然后论"美同知意的关系"，继续论证美产生精神的愉快："美之为美，只生知的愉快；但因美同于善（Good），所以美亦在精神中唤起爱（Love）。"⑦（此为第三条"定则"）"美的原素是调和、比例、和秩序（参看定则四）；而精神亦以调和、比例和秩序为原素。"⑧

---

① 该书共十三章，除最后两章起总结作用以外，作者在前十一章中各提出一条美的"定则"，作为对应章节的论述核心。本书此节，笔者拟按美的效果、美的本质、美的客观性的逻辑顺序阐释金公亮的美学思想，并将十一条"定则"穿插其中。

② 金公亮编译：《美学原论》，正中书局1943年版，第1页。

③ 金公亮编译：《美学原论》，正中书局1943年版，第3页。

④ 金公亮编译：《美学原论》，正中书局1943年版，第6页。

⑤ 金公亮编译：《美学原论》，正中书局1943年版，第6页。

⑥ 金公亮编译：《美学原论》，正中书局1943年版，第7页。

⑦ 金公亮编译：《美学原论》，正中书局1943年版，第15页。

⑧ 金公亮编译：《美学原论》，正中书局1943年版，第33页。

三、关于美的本质的思想

在此基础上，金公亮花两章的篇幅直接回答"美的本质"。他批驳关于美的种种误解，如"美在于功利"、美"在于'感觉的愉快'"、美"在于联想"、美"在于风俗"、美"在于'神圣观念'"[①]等，并指出"美以包含秩序为主"[②]（第四条"定则"）。"美包含秩序，或者说包含比例、对称、适当、变化中的统一，等等。"[③]同时，"美并非包含在任何秩序之中；但包含在那漂亮的秩序，或者用奥古士丁的话，那'秩序的精华'之中的"[④]（第五条"定则"）。"美在外表上是合意的而且使美感发生愉快的，丑便是在外表上不合意而使美感发生不快的；美由秩序、比例、对称、调和组织而成，丑便是由无秩序、无比例、不规则、不调和所产生的结果。"[⑤]包含秩序的形式美对应于审美主体的感觉而存在，所以又可叫作"感觉美"："感觉是不能觉知美的……所谓感觉美并不是说美为感觉所觉知，而是说在感觉的对象中美为智慧所觉知。"[⑥]"感觉美有两种：在感觉对象的本身中有绝对（Absolute）感觉美，在感觉对象与感觉的关系中有相对（Relative）感觉美。绝对感觉美在于形式的规则性，色彩的对称的位列，以及声音的调和的结合中；相对感觉美在于感觉对象之对于感官的适应性中。"[⑦]（第七条"定则"）

美不仅在于符合秩序的形式，而且在于象征高尚精神的形象，这就叫

---

① 金公亮编译：《美学原论》，正中书局1943年版，第99页。
② 金公亮编译：《美学原论》，正中书局1943年版，第39页。
③ 金公亮编译：《美学原论》，正中书局1943年版，第46页。
④ 金公亮编译：《美学原论》，正中书局1943年版，第53页。
⑤ 金公亮编译：《美学原论》，正中书局1943年版，第88页。
⑥ 金公亮编译：《美学原论》，正中书局1943年版，第66页。
⑦ 金公亮编译：《美学原论》，正中书局1943年版，第65—66页。

"象征美"："感觉对象除其本身原有的美以外，还有象征美。"（第八条"定则"）"除感觉美以外，感觉对象还有一种'象征美'（Symbolic beauty）。……这一种美使感觉对象适于表现那最高的美，即'精神美'（Spiritual beauty）"[1]，"象征美为联想的特例"[2]，是联想的产物。"使'人'最最满意的美，是由适宜的感觉征象所表现的精神美。"[3]（第九条"定则"）"美丽"指"含有最高贵最是精神的美而供给吾心以最高的满意的"[4]。"美在外表上是合意的而且使美感发生愉快的，丑便是在外表上不合意而使美感发生不快的；……使事物所以酿成如此结果的，或为物理的缺点，或为智慧的缺点，或为道德的缺点。"[5]

四、关于美是客观的思想

金公亮认为，美属于一种客观存在："美不是主观的而是客观的。"[6]（第十条"定则"）唯心论美学认为："美包含在某种'精神'（Mental）性质之中，能因外界事物的刺戟转而成为动作的这些外界事物其本身并不美；他们只是激动愉快情绪的东西，只是在精神中的那个美的外象而已。所以这种学说认美是完全主观的。"[7]这种观点与"美在秩序"的本质观是相悖的，因为"秩序为客观的"[8]。"如其对于美的客观性我们为心所欺骗，那么对于一切其他概念我们岂非可因而推论其均非客观的吗？"主

---

[1] 金公亮编译：《美学原论》，正中书局1943年版，第77页。

[2] 金公亮编译：《美学原论》，正中书局1943年版，第79页。

[3] 金公亮编译：《美学原论》，正中书局1943年版，第81页。

[4] 金公亮编译：《美学原论》，正中书局1943年版，第85页。

[5] 金公亮编译：《美学原论》，正中书局1943年版，第88页。

[6] 金公亮编译：《美学原论》，正中书局1943年版，第89页。

[7] 金公亮编译：《美学原论》，正中书局1943年版，第89—90页。

[8] 金公亮编译：《美学原论》，正中书局1943年版，第90页。

观论学说"把对于美的感受性同美的本身并为一谈，倒果为因了"。"我们亦并不怀疑从美觉而发生的心的欢愉是主观的，但这种欢愉不是美的本身，只是美的效果。"此外，"我们还可以问那拥护主观说的人，何以只有'某种'事物（在这些事物中是假定含有美的）才会激动美的情操。如其美同对象无关，何以一种事物应有优于他物的特权而唤起美感呢？"。①此外，金公亮还辨析了美与真、善的异同："一个物体而称之为真，因为牠是同其本身的观念一致的；称之为美，因为它底领略给与观赏者以愉快的；称之为善，因为它是宜于事物而且激动欲望的。……我们若就真美善的本身来看，真善的意义之一是同于美，而另一点却彼此各异。因为真的意义有时是指与神的理想一致，可以说亦就是指圆满；善的意义有时是指有其所应有，所以亦就是指圆满的意思。真善在这两点上同美或圆满是一致的。但是真常常被解作可晓的事物，即使那事物是不圆满的；善解作具有实性的事物，虽然那事物还缺乏应有的某种圆满性。所以真善当然不同于美了。"②

由于美是客观的，所以美的欣赏的先决条件是具备专业知识。"要充分地鉴识和欣赏美，必须先由心清楚地觉知美。"③（第六条"定则"）这就必须具备欣赏美的专业知识，比如艺术的知识。④由此他提出"趣调的标准"问题，这是一般的主观论美学所刻意回避的："趣调有一种固定的标准，所以趣调并非由各人任意专断的。"⑤（第十一条"定则"）"趣调是美的鉴别力和估度力……假如美是客观的，那么美的概念亦是客观的，因

① 以上均见金公亮编译：《美学原论》，正中书局1943年版，第91页。
② 金公亮编译：《美学原论》，正中书局1943年版，第58页。
③ 金公亮编译：《美学原论》，正中书局1943年版，第61页。
④ 金公亮编译：《美学原论》，正中书局1943年版，第62页。
⑤ 金公亮编译：《美学原论》，正中书局1943年版，第93页。

此亦是固定明确的。而美的概念是趣调的标准，即是我们凭此以估度和批判美的事物的，因此趣调的标准亦是固定明确的。"[1] "假使趣调没有共同的标准，假使趣调随个人一己的嗜癖而不同，那么这些画家、雕刻家、诗人、建筑家以及其他艺术家何以会想到他们的作品可以传诸后代千古不磨呢？……其次，何以在种种的书中所写下的种种规律，艺术家欲求其作品之精妙每须遵循其道呢？最后，何以我们每说某一作品趣调佳妙某一作品趣调恶劣呢？除非是有一种固定的趣调标准……否则这样的话是一无意义的。"[2]

五、金公亮美学思想的意义

金公亮美学思想的意义在于，在主观论美学统治学界的时候，《美学原论》以西方美学论著为依据，建构了一个客观主义美学的理论体系，指出美不是美感，而是引起美感的客观事物。这一美学思想尽管仍然具有片面性，论述有不够成熟、严密、合理之处，但却提出了主观论美学无法回避的问题，指出了美的客观性方面，从而以片面的方式纠正了主观论美学。因此，金公亮美学思想成为中国客观论美学的先驱，并且成为向蔡仪美学过渡的重要环节。

金公亮美学思想的不足是显而易见的：首先是他复述了西方学者罗绥所著《美》一书，创造性不足，这是早期美学家难免的弱点；其次是思想深度不足，特别是哲学的基础薄弱，因此，只有对美的特性的描述，而缺乏逻辑的推演和论证，只讲美是什么而不讲为什么；最后是客观论美学观点的片面性，美作为审美对象有客观性的因素，也有主观性的因素，二者

---

[1] 金公亮编译：《美学原论》，正中书局1943年版，第93页。

[2] 金公亮编译：《美学原论》，正中书局1943年版，第94页。

不能分割开来。因此，金公亮的客观论美学对美的主观性的否定、对美的客观性的肯定是不全面的。

第三节　蔡仪的美学思想

一、蔡仪前期的"唯物论美学"

蔡仪较早地接受了苏联的唯物主义理论和美学思想，是中国马克思主义美学研究的先行者。蔡仪的核心艺术思想与美学思想都是从现实主义与典型理论延伸开来的。蔡仪的《新艺术论》写于1941—1942年，《新美学》写于1942—1944年。这两本专著是蔡仪早期的学术代表作。《新艺术论》是一本系统的艺术理论著作，全书共八章，系统地讨论了艺术与现实、科学、技术的关系，艺术的认识、表现与属性，典型与描写，现实主义以及艺术批评等内容，全面考察了艺术相关的各种问题。其中最为核心的观点是："艺术就是作者对于现实从现象到本质作典型的形象的认识，而技巧地具体地表现出来的。"[1]艺术的本质被视为一种认识事物本质的能力，具体的方法则是塑造典型形象。这个基本观点后来也融入了《新美学》之中。

1947年出版的《新美学》是蔡仪早期美学思想的代表作，也是他十几年美学思考的结晶。在20世纪40年代到60年代的马克思主义美学著作中，蔡仪《新美学》成书最早，最为系统，影响也较大。在《新美学》的序言中，蔡仪说："当前文化资材的贫乏，犹如物质资材的贫乏，在我写时，手边仅有三数本浅薄的和美学有关的书。虽然两三年来曾写信或跑腿到那

---

① 蔡仪：《新艺术论》，见《美学论著初编》（上），上海文艺出版社1982年版，第22页。

些可能有这种书的地方去买，去借，但是都无所得。"①蔡仪撰写《新美学》本是为了反驳"旧美学"，正是因材料的欠缺，蔡仪"不敢着力于旧美学的批判；即不得已而论及之处，恐怕尚有误解"。②在《新艺术论》与《新美学》中也极少有引文，涉及过往美学家的思想，多是凭借记忆进行概述。与20世纪上半叶的其他美学专著相比，《新美学》固然思想理论新奇，论证却略显粗糙，存在不少问题。这也是后来蔡仪重新改写《新美学》的重要原因之一。

蔡仪的"新美学"是针对"旧美学"而言的。蔡仪所强调的"旧美学"包括形而上学美学、心理学美学、客观的美学。蔡仪将形而上学美学分为两类：一类是从感觉入手把握美的本质，康德、克罗齐属于这一类；一类是从观念入手把握美的本质，柏拉图是其代表。心理学美学与形而上学美学自上而下的演绎方法相对，强调自下而上对经验事实进行归纳。除去方法上的差异，在蔡仪看来，心理学美学也是对主观意识的反省，与形而上学美学大同小异。客观的美学与形而上学美学、心理学美学又不同，它是从客观的艺术入手考察美，如泰纳就称美学为艺术哲学。但是艺术的美是主观意识所创造的，最终还是失去了客观性。在蔡仪这里，无论是形而上学美学、心理学美学、客观的艺术哲学都被划为主观的美学，它们都不能成为合适的研究美学的路径。在蔡仪看来，美学研究唯一正确的路径是由客观事物入手："美在于客观的现实事物，现实事物的美是美感的根源，也是艺术美的根源，因此正确的美学的途径是由现实事物去考察美，去把握美的本质。"③蔡仪的《新美学》（1948）与柯仲平的《革命与艺术》（1929）、胡秋原的《唯物史观艺术论》（1932）、金公亮的《美学

---

① 蔡仪：《新艺术论》，见《美学论著初编》（上），上海文艺出版社1982年版，第183页。

② 蔡仪：《新艺术论》，见《美学论著初编》（上），上海文艺出版社1982年版，第183页。

③ 蔡仪：《新美学》，见《美学论著初编》（上），上海文艺出版社1982年版，第197页。

原论》（1936）、杨晦的《文艺与社会》（1949）、王西彦的《文学与社会生活》（1949）、周扬的《马克思主义与文艺》（1949）等一系列著作合力掀起了一股与以朱光潜为代表的主观派美学相对的、强调客观性的唯物论美学与艺术理论潮流。

　　美学的核心是美论，在蔡仪看来，旧美学将美论与美感论混为一谈，朱光潜的美学思想就是如此。蔡仪的观点很明确："我们认为美是客观的，不是主观的；美的事物之所以美，是在于这事物本身，不在于我们的意识作用。"[①]更具体地说，"我们认为美的东西就是典型的东西，就是个别之中显现着一般的东西；美的本质就是事物的典型性，就是个别之中显现着种类的一般"[②]。蔡仪以宋玉《登徒子好色赋》的东家之子为例："东家之子，增之一分则太长，减之一分则太短，着粉则太白，施朱则太赤。"蔡仪认为："这位美人的形态颜色，一切都是最标准的，也就是概括了'臣里''楚国'，天下的女人的最普遍的东西了。由此可知她的美就是在于她是典型的。"[③]蔡仪也援引了亚里士多德、康德、黑格尔的有关思想，强调"美是个别之中显现一般"这类的思想在美学史中并不罕见。

　　美感论也是美学家讨论最多的美学问题之一。蔡仪认为过往的旧美学的主要问题是混淆了美论与美感论，换句话说旧美学大多是围绕美感组织与推演美学体系的，对于美感方面的论述固然丰富深入，但根本方向却是错误的。蔡仪否定旧美学，提出了美是客观、美是典型的观点，又继续立足于此尝试建立新的美感论。"个别之中显现一般"属于认识论的范畴，就是对事物本质进行认识的一种方式。因此蔡仪在讨论美感问题的时候，专列了一节讨论"美的认识"，美感问题被转换为认识问题，形成美感的

---

① 蔡仪：《新美学》，见《美学论著初编》（上），上海文艺出版社1982年版，第237页。

② 蔡仪：《新美学》，见《美学论著初编》（上），上海文艺出版社1982年版，第238页。

③ 蔡仪：《新美学》，见《美学论著初编》（上），上海文艺出版社1982年版，第238页。

审美活动被看作是一种特别的认识方式。美感论是《新美学》的软肋，即便经过了这种转换，蔡仪仍然没有将问题说清楚。他梳理了认识活动的各个过程，将"概念"单独抽出来，认为"概念"具有"抽象性"与"具象性"这样的两重特性："这种概念的具象性，就是艺术的认识，美的认识的基础。"[①]一般认为概念是抽象的，与艺术的具象性或者说形象性相对。蔡仪给出了一个颠覆性的观点，将概念放在感性与理性之间，认为概念是二者的桥梁，因此具有双重属性。这种观点在学理上的论证严重不足，叙述也比较混乱。从认识的角度讨论美感问题，与人们惯常对美感的认知差异过大，在《新美学》后面的章节里，蔡仪不得不又回到了美感的传统解读角度，在美感与快感的对比中选择一个适当的位置立足。《新美学》的核心是前面三章的内容，也就是美学方法论、美论与美感论。后面三章的内容具体为美的种类论、美感的种类论、艺术的种类论，主要是前面内容的具体展开。

总之，蔡仪的《新美学》作为第一部系统的中国马克思主义美学专著，其美学史地位应当得到肯定，但是这部专著受限于知识的不足和资料的贫乏，存在很多问题。蔡仪自己也承认写作《新美学》时，"美学知识是很浅薄的，那点意见也是很粗略的。然而一到要进一步去理解美学有关的种种问题时，我就感到它的复杂烦难未必是自己能胜任的，因此还只是从出发点跨出了第一步就不愿前进了。这就形成了《新美学》的大致的面貌"[②]。

---

① 蔡仪：《新美学》，见《美学论著初编》（上），上海文艺出版社1982年版，第298—299页。

② 蔡仪：《唯心主义美学批判集·序》，见《美学论著初编》（下），上海文艺出版社1982年版，第459页。

二、蔡仪中后期的"反映论美学"

从20世纪50年代到80年代初，中国经历了两次美学论争，蔡仪都是主要的参与者和代表人物。第一次美学论争发生在50年代中期至60年代初期，主要讨论美的主客观性问题。在这次讨论中，蔡仪坚持了自然客观论美学立场，反对朱光潜的主客观的统一论美学和吕荧、高尔泰的主观论美学以及李泽厚的社会性客观论美学。此时蔡仪的美学研究较之40年代不那么系统，问题意识以及针对性却大大加强了。20世纪50年代的蔡仪的论敌已经不是旧美学，而是他所谓的"披着马克思主义外衣的唯心主义美学"。蔡仪的客观论立场依旧非常鲜明，在他看来，美学研究有两条完全相反的道路："一条是唯物主义的，一条是唯心主义的，它们的根本分歧，就在于承认或是否认客观事物本身的美，就在于承认或是否认美的观念是客观事物的美的反映，一句话，在于认为美是客观的还是主观的。"①早期对美之本质的主客观区分在此依旧保留了下来，而且更加明确地融入了唯物主义与唯心主义的二元对立之中。蔡仪认为这种披着马克思主义外衣的唯心主义美学流毒无穷，因此必须深入批判。较为可惜的是，在对唯心主义美学的批判过程中，蔡仪对现实审美现象的反思不多也不深。换句话说，蔡仪关注的主要是美学理论的唯物或唯心属性，而没有过多关注理论本身是否恰当阐释了审美现象，是否与实际的审美活动吻合。因此，蔡仪美学的意识形态性束缚了学术性，导致了其美学思想的僵化。

第二次美学论争发生在20世纪80年代。在这次论争中，蔡仪的美学思想主要与李泽厚的实践美学相对立，没有发生大的变化。他仍然坚持自己的自然客观论美学观点，进一步强调了美感是对客观美的反映、美是典型

---

① 蔡仪：《批判吕荧的美是观念之说的反马克思主义本质》，见《美学论著初编》（下），上海文艺出版社1982年版，第494页。

等论断，从而建立了反映论美学。这就是说，蔡仪的美学思想是一以贯之的，他主要关注以下几个问题。

蔡仪关注的第一个问题是美学方法论，更具体地说是马克思主义哲学究竟应该如何应用在美学研究之中。在20世纪50年代到80年代的中国美学研究中，几乎没有一位美学家可以绕过马克思主义理论，大家的美学思想主要来自马克思、恩格斯、列宁、斯大林、普列汉诺夫、高尔基以及车尔尼雪夫斯基、别林斯基等公认的理论权威。在蔡仪看来，正确运用马克思主义理论必须遵守两个要点，第一个要点是必须尊重马克思主义的唯物主义立场。哲学思想有唯物主义与唯心主义的区别，美学也有唯物主义与唯心主义的区别。马克思主义哲学既然是唯物主义的，由马克思主义哲学引出的美学理论必然也是唯物主义的。第二个要点是必须尊重马克思主义文献本身，从马克思直接论述审美问题的原文中引出的思想才是马克思主义美学，而从马克思的某个哲学观点出发固然可以引出一些美学理论，但是更可能出现的情况是曲解马克思主义，主观添加的内容可能将马克思的原意掩盖掉。

蔡仪关注的第二个问题是如何为自然客观论美学找到马克思主义的根据。既然马克思主义美学必须从马克思的原文中引出，那么最能体现马克思主义美学本质与特征的原点文献是什么呢？蔡仪在一篇长文《马克思究竟怎样论美》中深入分析了马克思的《政治经济学批判》的一段话："金银不只是消极意义上的剩余的、即没有也可以过得去的东西，而且它们的美学属性使它们成为满足奢侈、装饰、华丽、炫耀等需要的天然材料，总之，成为剩余和财富的积极形式。它们可以说表现为从地下世界发掘出来的天然的光芒，银反射出一切光线的自然的混合，金则专门反射出最强的色彩红色。"[①]这段文字直接提到了"美学属性"四个字，正符合蔡仪强调

---

① 马克思：《政治经济学批判》，见中共中央马克思恩格斯列宁斯大林著作编译局编译：《马克思恩格斯全集》（第十三卷），人民出版社2002年版，第145页。

的从直接讨论审美问题的原文引出美学理论这一原则。金银的美学属性是其"天然的光芒"，推而广之，蔡仪认为"客观事物的美是在于客观事物本身，自然界事物的美是在于自然界事物本身"[①]。蔡仪也引用了马克思提出的另外一个例子佐证自己的观点，即矿物的贩卖者只看到矿物的商业价值，他看不到矿物的美丽，因为他缺少矿物学的感觉。换句话说，在矿物以及其他客观事物身上是可以形成多种价值的，例如商业价值，这些价值是社会与文化附加的。事物的美学属性与这些社会属性恰恰相对，属于事物的天然属性。蔡仪还举了一个例子说明这个问题，即美人之美一定是她天生的，不然贫贱的西施一定比既是宰相的女儿又是皇后的贾南风丑。

　　蔡仪关注的第三个问题是美的规律问题，这是对美的本质的解读。在其他美学家看来，事物的属性不外乎两种，即社会属性和自然属性。既然蔡仪否定了美的社会属性，那么是否可以认为蔡仪将审美现象看作是与物理现象、化学现象相同的自然现象，审美属性就是自然属性？蔡仪是否认这种看法的，他认为审美当然是有自己独特属性的。美的独特属性也可称为美的规律。"美的规律就是事物所以美的本质，即可以说，事物的美就是由于它具有这样的规律。而事物的不美就是由于它不具有这种规律。"[②]蔡仪为什么从美的规律入手讨论美的本质？原因还是在于马克思的原著之中出现了"美的规律"这样的说法。马克思在《1844年经济学哲学手稿》中说："动物只是按照它所属的那个种的尺度和需要来构造，而人却懂得按照任何一个种的尺度来进行生产，并且懂得处处都把固有的尺度运用于

---

　　①　蔡仪：《马克思究竟怎样论美？》，见《蔡仪文集》（第四卷），中国文联出版社2002年版，第132页。

　　②　蔡仪：《马克思究竟怎样论美？》，见《蔡仪文集》（第四卷），中国文联出版社2002年版，第147页。

对象；因此，人也按照美的规律来构造。"①马克思是在讨论人的类本质时说的这段话，于是在蔡仪看来，美的规律与事物的"种的尺度""内在的尺度"必然有着逻辑关系。用另一种说法，美的规律与事物的内在的普遍性的本质有关，因此"美的规律就是典型的规律"②，典型性指的正是从个体的事物之中看到一类事物的普遍本质。他论述说，每个事物如果充分地体现着此物种的特性，就是美的，反之就是不美的。如一棵大树，根深叶茂、生命力旺盛，就是美的；如果枯萎、没有活力，就是不美的。

此外，蔡仪在肯定美的自然客观性的基础上，论证美感的客观性。他反对把美感当作主观的情感，而是将其看作对美的客观认识。对于这种论断，他找到了反映论的根据。列宁提出了反映论，认为人对世界的认识是一种客观反映，认识就是经由感知的"复写、照相"再上升为概念、判断的过程。蔡仪认为，审美也是对美的客观反映，美感是对客观的美的反映形式。至此，他就比较完整地建立了一个唯物论—反映论的美学体系。

三、《新美学》的改写与《1844年经济学哲学手稿》研究

1947年出版的《新美学》存在太多问题，也遭到了众多的批评，蔡仪早就打算重新改写《新美学》，却因各种事情一再耽搁，直到1983年，《新美学》改写本第一卷才由中国社会科学出版社出版。相比原本，《新美学》改写本的内容增添了很多，成为三卷本的一套丛书。蔡仪将之前自己的很多文章也融入了改写本，因此《新美学》改写本也可以看作是蔡仪美学的集大成著作。《新美学》改写本分为五编，结构与1947年版的《新美学》基本一

---

① 马克思：《1844年经济学哲学手稿》，见中共中央马克思恩格斯列宁斯大林著作编译局编译：《马克思恩格斯文集》（第一卷），人民出版社2009年版，第163页。

② 蔡仪：《马克思究竟怎样论美？》，见《蔡仪文集》（第四卷），中国文联出版社2002年版，第159页。

致。第一编是绪论，主要是回顾美学史、马克思主义美学以及讨论美学方法论。第二编是现实美论，对应旧版《新美学》的美论部分。第三编、第四编都是讨论美感，美感论原本是旧版《新美学》最为薄弱的部分，蔡仪在改写本中着重补足的正是这一部分。第五编是艺术总论。

改写本的内容丰富了很多，基本观点的变化却不大，蔡仪依旧认为，"美都是由于以特异的现象充分地体现本质、以突出的个别性充分地体现种类性"①。换句话说，"美的事物根本上就是典型事物，美的规律根本上就是典型的规律"②。在《新美学》改写本中，蔡仪增补最多的是美感论。在蔡仪眼中，新中国建立之后中国美学研究出现问题最多的领域就在美感论，美感论是唯心主义的温床，即便是一些流行的美感理论，"从它的思想实质上说，本是西方美学思想中最粗鄙的唯心主义货色，却在某些美学家的谈论中装点着满是马克思主义的词句，在有些读者眼里，俨然是'马克思主义美学'理论，这就是一个不小的问题"③。蔡仪所指的正是朱光潜、吕荧、李泽厚等人的美学思想，其中最为根本的分歧是美感论的哲学基础究竟是马克思的实践论还是唯物论，以及马克思的早期著作如《1844年经济学哲学手稿》是否可以成为美学研究的理论基础。

朱光潜与李泽厚自20世纪50年代就已经开始引用马克思《1844年经济学哲学手稿》（以下也简称"《手稿》"）的内容为自己的理论辩护，以《手稿》为基础，20世纪80年代更是形成了实践美学一派。在《新美学》改写本中蔡仪则彻底否定了《手稿》，他认为："马克思的这部《手稿》之所以称为'手稿'，因为它只是青年马克思未写完的、也未整理的笔

---

① 蔡仪：《新美学》，见《蔡仪文集》（第六卷），中国文联出版社2002年版，第249页。

② 蔡仪：《新美学》，见《蔡仪文集》（第六卷），中国文联出版社2002年版，第253页。

③ 蔡仪：《新美学》，见《蔡仪文集》（第六卷），中国文联出版社2002年版，第329—330页。

记，而且当时马克思本人，按恩格斯所说，还不是马克思主义者。《手稿》中所表现的社会观点还是人本主义或人道主义的。这人本主义（或人道主义）如列宁所说，'是唯物主义的不确切的、肤浅的表述。'这正表明马克思当时还没有能够运用辩证法观点、把唯物主义贯彻到历史领域中去。因而《手稿》决不是马克思主义的著作，其中也没有辩证法。"①

蔡仪坚守辩证唯物主义，认为美感论的实质就是反映论。首先，认识是外部世界的事物在人的头脑中的映像或反映；其次，根据马克思《政治经济学批判导言》中的一段经典文献，理论家认为马克思区分了四种掌握世界或者说认识世界的方式，分别为理论的、艺术的、宗教的、实践—精神的，美感正是其中之一。基于马克思主义唯物论的前设，蔡仪开始分析艺术式的认识世界方式的特征。想象性与形象性被蔡仪看作是艺术认识方式区别于其他认识方式的核心特征，特别是形象思维，蔡仪专门开辟了一节对其进行讨论，这是旧版《新美学》没有的内容。不过蔡仪没有放弃旧版《新美学》的美感论。在《美感论》的改写本中，他虽专门开辟了有关"形象思维"的章节，却始终试图将其融入过往的理论，即将形象思维融入从感性认识到理性认识这一认识的发展过程之中。蔡仪认为："思维活动的判断和推理，是思维活动过程的两个重要阶段，也是思维的普遍规律的一种主要表现，不仅抽象思维是如此，而形象思维也是如此的。"②形象思维虽有自己的逻辑规律，即形象真实性、排斥虚伪性、避免抽象性、传统理想性，但从根本上与理性思维只有表象层面的差异，实质都是指向事物的本质与规律。形象思维成为理性思维的一种变体。如此，蔡仪的美感论就与"美是典型"这一观点呼应上了。如此理解形象思维也与克罗齐等现代美学家的方法形成了区分，

---

① 蔡仪：《新美学》，见《蔡仪文集》（第六卷），中国文联出版社2002年版，第352—353页。

② 蔡仪：《新美学》，见《蔡仪文集》（第七卷），中国文联出版社2002年版，第66页。

蔡仪的美学因此避免了走入唯心主义的陷阱。

除了改写《新美学》，20世纪80年代蔡仪的另一个研究重点是马克思的《1844年经济学哲学手稿》。20世纪80年代马克思《1844年经济学哲学手稿》大热，李泽厚曾批评蔡仪说："正因为蔡仪不了解'自然的人化'这个根本观点（蔡仪一句话也不敢说到它），当然就不可能了解美的本质，而只能自然科学式地（这就是旧唯物论的特点）来对待美这个实质上是社会性的问题。"[1]针对《手稿》热与实践美学家的批评，蔡仪连续写了几篇长文专门讨论《手稿》。其中反复强调的核心观点主要有：第一，《手稿》是马克思青年时期不成熟的著作；第二，《手稿》有严重的人本主义倾向，人本主义本质上是唯心主义的，因此《手稿》作为马克思不成熟的著作，并不是彻底的唯物主义的；第三，《手稿》的核心并非人道主义，"马克思主义的人道主义"这种提法也有问题，人道主义是资本主义的意识形态，与马克思主义是对立的，不可以混在一起；第四，"人化自然"之类的观点并非马克思直接、明白而正确地论述美和美感的言论，以这些观点为基础建立马克思主义美学并不可取；第五，一些美学家有意歪曲马克思主义理论，他们"苦心孤诣地摘取那些表现不大正确的社会观点的言论中的片言短语，牵强附会，架空立论，由此可见唯心主义思想在美学中是非常顽强的"[2]。

四、蔡仪美学思想的意义

蔡仪是唯物论美学的主要代表，但他接受的主要是苏联阐释的唯物

---

① 李泽厚：《蔡仪〈新美学〉的根本问题在哪里》，见《李泽厚哲学美学文选》，湖南人民出版社1985年版，第300页。

② 蔡仪：《经济学——哲学手稿》，见《蔡仪美学论文选》，湖南人民出版社1982年版，第305页。

论、反映论思想。在20世纪前60多年的历史条件下，其马克思主义的美学思想在中国具有历史意义。马克思主义美学思想使多元化的中国美学更加丰富了。有学者认为："建国以来，在我国当代的美学论坛上，大家公认有朱光潜、蔡仪、李泽厚三大家。……这三大家的形成是历史的产物，每个人都能代表我国现当代美学发展史的一个阶段。"[①]显然，蔡仪所代表的就是20世纪40年代至60年代初期的中国美学，这是一个转折的时期。在现行的唯物论美学著作中，蔡仪《新美学》最为系统、具有代表性，其美学史地位应当得到肯定。他后来对唯物主义美学的坚持和发挥，也具有一定的理论价值，其美学思想构成了中国多元美学理论的一种主要理论。

另一方面，这种苏联化的唯物论美学也限制了蔡仪的美学思考。蔡仪的《新美学》有几个特征，第一个特征是强烈的批判性与战斗性，立论以及大量的篇幅都是对旧美学的批判。而蔡仪眼中的旧美学，几乎囊括过往所有美学的理论与思想，其中朱光潜的美学思想又是旧美学在中国的代表。这就造成了对中国现代美学成果的全盘否定。第二个特征是对马克思主义美学的运用拘泥于既定的教条和结论，缺少自己的论证和发现。蔡仪是直接从马克思、恩格斯的现实主义艺术理论以及典型论入手引出自己的艺术与美学思想的，其中很多观念是预设了的，而不是证明得来的，因而其科学性受到质疑。

蔡仪美学思想把美归结为事物的自然客观属性，把美感归结为一种客观的反映，这就抹杀了审美的主体性和情感性，落入了机械唯物论的陷阱。这是其唯物论美学的根本缺陷。由于以上原因，蔡仪的自然客观论美学思想在20世纪80年代的美学论争中逐渐式微，其主导地位最后被李泽厚的实践美学取代。

---

① 李兴武：《蔡仪美学思想研究》，辽宁人民出版社1987年版，第2—3页。

第四节　李泽厚前期的美学思想

李泽厚前期美学思想是在20世纪50年代至60年代的美学大讨论中形成的。这场大讨论形成了四大流派，即以蔡仪为代表的自然客观论派，以吕荧、高尔泰为代表的主观论派，以朱光潜为代表的主客观统一论派和以李泽厚为代表的社会客观论派。在其他三派中，蔡仪强调美的自然化的客观性，吕荧、高尔泰把美归结为人的心理感受，而朱光潜则认为美是主观态度与客观事实的一致。李泽厚既不同意蔡仪的美具有自然化的客观性的看法，也不同意吕荧、高尔泰的美在心理的主观性的看法，也不同意朱光潜的美是主客观的统一的观点，而认为美具有社会化的客观性。这一观点中已经出现了实践观点的萌芽，但尚未形成主体性实践美学体系，而主要是由于此观点基于历史唯物主义，强调美是客观的社会事物，因此学者将其归于唯物论美学。这些观点表现在他五六十年代发表的《美的客观性和社会性》（1957）、《关于当前美学问题的争论》（1957）、《美学三题议》（1962）中。

一、李泽厚前期美学思想的渊源

从某种意义上说，五六十年代的这场美学大讨论是同时代的苏联美学大讨论的中国版。20世纪上半叶，苏联美学建立在辩证唯物主义的基础上，形成了反映论的美学观，美被当作一种客观属性，而审美则被认作是美的反映。这种苏联美学在中国的服膺者为蔡仪，其20世纪40年代发表的《新美学》可以说就是苏联美学的某种翻版。20世纪50年代，随着斯大林的逝世，苏联发生了"非斯大林化"（destalinization，指否定苏联领导人斯大林影响力的社会过程，又称"去斯大林化"）运动，苏联哲学产生了变化，主要是由强调客观规律的辩证唯物主义体系向强调主体性的历史唯物主义体系倾斜，由反映论向实践论倾斜。历史唯物主义认为社会发展具有客观的必然规律，社会意识是对这种社会存在的反映。于是，苏联美学也由强调客观性转向了强调社会性，美被当作是 社会实践的产物、人的创造物。这种美学思想同样也传播到了中国，而李泽厚就是这种思想的代表。

虽然这场美学论争具有学术讨论的形式，但当时的政治气氛却规定了这场论争的方向。早在上世纪50年代初，我国针对知识分子开展了一场轰轰烈烈的思想改造运动，这场运动的目的在于在高级知识分子中宣传、普及马克思列宁主义，肃清他们头脑中的资产阶级和唯心主义观念。1956年4月28日，毛泽东在中共中央政治局扩大会议上提出了"百花齐放、百家争鸣"的方针，倡导学术思想的多样化和自由讨论，学术环境有所改变。1949年以来的第一次美学大讨论也在这种政治背景下展开。一方面，这是思想改造运动在学术领域的具体化，是以马克思主义对非马克思主义、唯物主义对唯心主义的批判为宗旨的。另一方面，这场论争比较温和，也带有学术讨论的形式。这场美学大讨论是以批判朱光潜的资产阶级美学思想开场的，在朱光潜作了检讨之后，才转为学术讨论。因此，这场学术讨论只能在屏蔽了朱光潜代表的西方美学思想的前提下，在苏联美学理论框架内进行。李泽厚在建立自己的理论体系的时候，把朱光潜列为主要批判对象之一，并未对其理论中有价值的东西有所吸收，而是一概否定，这在一定程度上限制了他美学思想的发展。

二、李泽厚的"社会客观论美学"

为了更好地了解李泽厚在这场美学论争中提出的"美是客观性和社会性的统一"的美学命题，有几个问题需要着重探讨，这几个问题分别是：第一，李泽厚的"美是客观性和社会性的统一"的观点与朱光潜的"美是主客观的统一"的观点有何实质性的不同？第二，何谓"美的社会性"？

第三，何谓"美的客观性"？

关于"美既是客观的，又是社会的"这个主张，李泽厚在1962年发表的《美学三题议》中点明了所依据的哲学基础："我所主张的'美是客观的，又是社会的'，其本质含义不只在指出美存在于现实生活中或我们意识之外的客观世界里，因为这还只是一种静观的外在描绘或朴素的经验信念，还不是理论的逻辑说明。……只有遵循'人类社会生活的本质是实践的'这一马克思主义根本观点，从实践对现实的能动作用的探究中，来深刻地论证美的客观性和社会性。从主体实践对客观现实的能动关系中，实即从'真'与'善'的相互作用和统一中，来看'美'的诞生。"[①]正是马克思主义实践观的这个分水岭，使得李泽厚与朱光潜在美的本质这个问题上呈现出了本质上的不同。朱光潜认为，"美是客观方面某些事物、性质和形状适合主观方面意识形态，可以交融在一起而成为一个完整形象的那种特质"[②]。而李泽厚认为，朱光潜的所谓的"主客观统一"，指的是个体主体与个体对象（意识与对象）之间的关系，而不是社会主体与世界之间的关系，因此，朱光潜仍然属于主观派。而李泽厚的社会客观论则立足于社会主体与世界之间的关系，美属于这个世界，是客观的，也是社会的。后来，在20世纪80年代，李泽厚更明确地用实践观点来批判朱光潜的主客观统一论和阐释美的社会客观性。李泽厚认为，朱光潜的"主客观统一"这个概念中的"主"主要是指情感、意识、精神、心理，因此朱光潜的主客观统一论便仍然属于主观派，如里普斯。而如果"主客观统一"中的"主"指的是人的实践活动，那情况就大不相同了，"人的实践是一种物

---

① 李泽厚：《美学三题议》，见《美学旧作集》，天津社会科学院出版社2002年版，第95页。

② 朱光潜：《论美是客观与主观的统一》，见《朱光潜美学文集》（第三卷），上海文艺出版社1983年版，第74页。

质性的客观现实活动，即是说，这里的'主'实质上是一种人类整体作用于众多客观对象（如大自然）的物质性的客观活动，从而，它与客观世界的统一即这种主客观统一便不属于主观论，而属于客观论，它是客观论中的第三派，即一种现代意义的新的客观论，亦即主体性实践哲学的美的客观论。它既是'主客观统一'论，又是客观论"①。可见，李泽厚早期美学思想虽然是客观论断，但已经具有主体性和实践观点的萌芽，从而为下一阶段"主体性"范畴的提出以及主体性实践美学的建构打下了理论基础。

何谓"美的社会性"？在1957年发表的《美的客观性和社会性》一文中，他是如此阐释的："要真正解决美的客观存在问题，就不能否认而要去承认美的社会性。……我们所承认的美的社会性不但与客观唯心主义所讲的'观念的体现'说（体现了自由、进步观念的事物是美等）不同，而同时也与朱光潜所讲的美的社会性就是它的主观性也根本两样。因为我们所讲的美的社会性是指美依存于人类社会生活，是这生活本身，而不是指美依存于人的主观条件的意识形态、情趣，即使这意识这情趣是社会的、阶级的、时代的。所以，就决不能把美的社会性与美感的社会性混为一谈，美感的社会性（社会意识）是派生的，主观的，美的社会性（社会存在）是基元的，客观的。"②接下来，在1962年发表的《美学三题议》中，李泽厚阐释了"美的客观性"的内涵，从而将美的社会性与客观性统一起来，作为美的本质的界定。原文如下："美是客观的。这个'客观'是什么意思呢？那就是指社会的客观，是指不依存于人的社会意识、不以人们意志为转移的不断发展前进的社会生活、实践。……它所以是社会的，是因为：如果没有人类主体的社会实践，光是由自然必然性所统治的客观存

① 李泽厚：《美学四讲》，生活·读书·新知三联书店2004年版，第54页。
② 李泽厚：《论美是客观与主观的统一》，见《美学旧作集》，天津社会科学院出版社2002年版，第53页。

在，这存在便与人类无干，不具有价值，不能有美。它所以是客观的，是因为：如果没有对现实规律的把握，光是盲目的主体实践，那便永远只能是一种'主观的、应有的'善，得不到实现或对象化，不能具有感性物质的存在，也不能有美。……美的普遍必然性正是它的社会客观性。美是诞生在人的实践与现实的相互作用和统一中，而不是诞生在人的意识与自然的相互作用或统一中，是依存于人类社会生活、实践的客观存在，但却不是依存于人类社会意识的所谓'主客观的统一'。"①很明显，上引三段话表达了两层意思：其一，美是与人类密切相关的，美具有社会性，但美不是依存于人的主观条件的意识形态、情趣，而是依存于人类社会生活、实践的客观存在，因此李泽厚才会得出"美是客观性与社会性的统一"的结论；其二，人类主体的社会实践是美产生的根源和哲学基础，美是诞生在人的实践与现实的相互作用和统一之中的。这里内含着的思想是，李泽厚认为社会相对于个体是客观的，个体归于主观范畴，而美是社会性的，归于客观性；美感是个体性的，归于主观性。这样理解，我们也就找到了这个阶段李泽厚美学思想的核心了。

三、李泽厚前期美学思想的意义

李泽厚前期的社会客观论美学思想出现了实践论的萌芽，与中期的实践美学虽然有一脉相承的联系，但又有所不同。这主要体现在社会客观论美学思想强调美的社会性和客观性，而相对忽略了人作为主体的创造作用，因此被归为认识论范畴的唯物论美学，而没有被归为本体论范畴的实践美学。

李泽厚的社会客观论美学观点，相对于蔡仪的自然客观论美学观点，

---

① 李泽厚：《美就是美的观念吗？》，见《美学旧作集》，天津社会科学院出版社2002年版，第94—97页。

强调了美不是自然的属性，而是与人相关的社会属性，这更具有合理性。这是因为，美显然不是自然属性，而是一种社会活动的产物和对象。李泽厚的美学思想，相对于高尔泰的个体化的主观性美学，强调了美的社会性方面，虽然有忽视个体性的问题，但也弥补了主观论美学的缺失。李泽厚的美学思想批判了朱光潜离开社会活动而从个体审美出发直观地谈论美的主客观属性的缺陷，这也具有一定的合理性。李泽厚早期的社会客观论美学思想中出现了主体性实践论美学思想的萌芽，他在20世纪80年代完成了这一转变。

李泽厚早期美学思想也存在着明显的缺陷。首先，他认为美是客观的，但对客观性的定位有误。客观性是指不以人的意志为转移的事物的固有属性，而美是与人的价值态度相关的，并不是事物的客观属性。他以社会性解释客观性更没有道理，社会性不等于客观性，个体性也不等于主观性。客观性与主观性相对，而社会性相对于自然性而言，也相对于个体性而言，与客观性不构成解释关系。社会性可以有主观性，如意识形态就体现人的主观需要；也可以有客观性，如科学知识就体现人的客观认识。因此，如果是谈论美的主客观性问题，就不是谈论美的社会性问题，反过来也一样，而李泽厚则混淆了这两个不同的问题。

与此相关，李泽厚的逻辑论证也有缺陷。他先从历史唯物论（实践论）的角度确定美具有社会性（非自然性），又从个体与社会的关系（认识论）的角度确定美的客观性（非个体性），这是概念的混淆。美可以在个体层次上或社会层次上作为审美对象而显示其主客观属性，即只能以个体主体相对于个体审美对象（具体的美）、以社会主体相对于社会审美对象（一般的美）来确定美的主客观性，而不能以个体主体相对于社会审美对象来确定美的主客观性，这会造成逻辑的混乱。

第五节　其他客观论美学家的美学思想

一、黄药眠的美学思想

黄药眠（1903—1987），广东梅县人，原名黄访、黄恍，在文艺学、美学方面著述甚丰，生前出版过《战斗者的诗人》（1947）、《论约瑟夫的外套》（1948）、《论走私主义的哲学》（1949）、《沉思集》（1953）、《批判集》（1957）、《初学集》（1957）、《迎新集》（1983）、《黄药眠文艺论文选集》（1985）、《黄药眠自选集》（1986）等著作。黄药眠逝世后，学者又整理出版了《黄药眠美学论集》（1991）、《黄药眠美学文艺学论集》（2002）。

根据陈雪虎的研究，黄药眠一生的美学、文艺学思想，大致可以分为三个阶段："革命战争时期，与客观主义和主观主义文艺美学思想进行论争；民族国家建设时期，建设以生活实践为基础、以'审美评价'说为核心的社会学美学，同时与主观唯心主义美学和机械唯物主义美学进行论争；改革开放时期，坚持马克思主义美学文艺学，批判物质主义生物学美学（表现为对普列汉诺夫美学的批判），同时对自身的美学和文艺学思想进行较为全面系统的总结。"[①]其中，影响最大，也最成熟的当属民族国家建设时期的美学文艺学思想，主要体现在《论美之诞生》（1945）、《论美与艺术》（1950）、《论食利者的美学》（1956）、《美是审美评价：不得不说的话》（1957）等一系列论文中。

黄药眠早在青年时代就开始接受马克思主义，翻译过意大利拉波拉的《辩证唯物主义与历史唯物主义》一书。在苏联期间，黄药眠接触了

---

① 陈雪虎、黄大地选编：《黄药眠美学文艺学论集》"编后记"，北京师范大学出版社2002年版，第705页。

更多马克思主义经典作家的原著，深受其影响，强调"实践论的马克思主义"①，"生活实践论"是黄药眠美学思想的理论基础。

他认为，"强调从生活实践去看出美来，这是一件很重要的事"，"所以今天我们必须反对唯心论，同时也必须改正机械唯物论的缺点，把马克思主义贯彻到美学思想里面去"。从这一表述中可以看出，他并不反对唯物论，只是觉得必须"改正"机械唯物论，因为它"忽视了主观的能动性"，也就是必须把机械唯物论"改正"为辩证唯物论，强调"人类的阶级斗争，生活实践的推动力"。②

那么，"什么叫做从生活的实践去看出美来？如果用更具体的话来解释，意思就是说，当人们认识美的时候，是根据于他在特定的历史发展的社会形态中所处的地位去进行的。每一种社会形态都是受当时的下层建筑所决定的，从而每一种社会形态，都有它自己特定形态的阶级，特定形态的阶级对立，和阶级斗争，因此也就是说，当人们认识美的时候，是根据于那一特定社会形态之阶级斗争的情况，和他们所属的阶级要求来去进行的"③。

这可以从三个层面来具体分析，第一，美感经验与个人所属的阶级阶层相关，各阶层人的生活不同，所能看到的美就也不同。例如，农夫以菜花为美，有闲的文学人士以梅花为美，因为农夫终日劳动，没有闲情逸致来看雪赏梅，只能欣赏自己的劳动果实；而文学人士有一定的余暇和安逸的心情，内心中潜藏着孤高的观念，所以能够欣赏梅花的"孤傲"之美。

---

① 黄药眠：《梦的创造》，见陈雪虎、黄大地选编：《黄药眠美学文艺学论集》，北京师范大学出版社2002年版，第164页。

② 黄药眠：《论美与艺术》，见陈雪虎、黄大地选编：《黄药眠美学文艺学论集》，北京师范大学出版社2002年版，第20页。

③ 黄药眠：《论美与艺术》，见陈雪虎、黄大地选编：《黄药眠美学文艺学论集》，北京师范大学出版社2002年版，第20—21页。

总之，在黄药眠看来，阶级阶层决定个人的气质和趣味，而气质和趣味决定个人的美感经验。"所以穷人和富人的审美观念不同，读书人和暴发户的审美观念不同，各阶层的生活不同，趣味不同，美的价值亦不同。"①

第二，美感经验与个人当下的现实生活心境紧密相关，例如"当一个人悲苦的时候，阴云暗月常常能引起他的强烈的情绪反应。当一个人在寂静的环境里窗前树叶的窸窣的声音也会引起他许多遐想。又比方当一个人在愤懑的时候，他最能激赏狂风暴雨和雷电交加的情景，一个人当快乐的时候，他会觉得群山在环舞，流水在作歌"②。不过，他同时也认为，虽然个人当下的现实生活心境具有偶然性，属于个人的日常生活，但它在总体上仍是被具有阶级性的社会存在所规定的。一个新中国的产业工人，他的心境总的来说是愉快的；一个自私自利的人，他的心境总的来说是苦恼的。

第三，美感经验与人的认识水平紧密相关。例如当我们认识到月球只不过是地球的一颗卫星时，有关月亮的诗词就失去了诱惑力；当我们了解了当时西方资本主义国家的政治形势，学生和工人在街头的示威场面就不再是平凡的场面，而更具悲壮色彩了。③

总之，根据人在"特定的历史发展的社会形态中所处的地位"以及人"所属的阶级"来探讨美感的根源，是历史唯物论的思想。正是在这一思想基础上，黄药眠提出了"美的阶级性"。不仅如此，他还运用历史唯物论具体分析"美的阶级性"。他说："从整个历史发展来看，阶级斗争有时候明显有时候不明显，有时候尖锐，有时候不尖锐。即在同一个阶级，

① 黄药眠：《论美之诞生》，见陈雪虎、黄大地选编：《黄药眠美学文艺学论集》，北京师范大学出版社2002年版，第2—3页。
② 黄药眠：《论食利者的美学——朱光潜美学思想批判》，《北京师范大学学报》（社会科学版）1956年第1期。
③ 黄药眠：《论食利者的美学——朱光潜美学思想批判》，《北京师范大学学报》（社会科学版）1956年第1期。

当它的意识还是自在的阶级的时候和它发展成为自为的阶级的时候的意识是不同的，兴起期、全盛期或没落期的意识又是不同的。再加上由于历史所遗传下来的各种阶级的残余意识还在起着作用，新兴阶级的意识又在发生影响，因此美的阶级性格就表现得非常之错综和复杂。不过一般说来，上升时期和健康时期的支配阶级的风格，常常就是那一个特定时期的支配的风格。"[1]

黄药眠的美学思想还有以下几个方面：

第一，"美是典型"说。与蔡仪一样，黄药眠在写于1950年的《论美与艺术》一文中也认为"美就是典型"，即"在同一种类中既具有个性，而又具有普遍的代表性，典范性的东西"[2]。但他与蔡仪也有着根本的不同，在他看来，蔡仪的美学还是"前车氏的美学"（指观点比俄国哲学家东尔尼雪夫斯基的还要陈旧），表面上看是唯物论的，而本质上却是唯心论的。因为蔡仪所谓的"种类"仍是唯心论所谓的"概念"，而导致这一问题的根本原因就在于蔡仪的"典型论""脱离了人的社会实践，不是从阶级斗争的实践去把握"，"认为花的美就是花的自然属性。不是从社会、个人对花的实践关系去谈美，这种脱离社会生活实践去谈美，是机械的唯物论"[3]。

在文中，黄药眠是运用辩证唯物论和历史唯物论来分析典型的。从辩证唯物论而言，典型论不能忽视主观的能动性，"美的典型性，虽然是客观的存在着，但它是从人类生活实践中的立场去显现出来的，各人的立场

---

① 黄药眠：《论美与艺术》，见陈雪虎、黄大地选编：《黄药眠美学文艺学论集》，北京师范大学出版社2002年版，第21页。

② 黄药眠：《论美与艺术》，见陈雪虎、黄大地选编：《黄药眠美学文艺学论集》，北京师范大学出版社2002年版，第19页。

③ 黄药眠：《看佛篇——1957年5月27日对研究生进修生的讲话》，《文艺研究》2007年第10期。

不同，因而各人所遵循着的序列不同，而所谓典型也就不同了"。从历史唯物论而言，典型论必须考虑历史性、阶级性和民族性，"美是人们在当时历史的具体条件之下，各自根据其阶级立场民族传统，从生活实践中去看出来的一个序列的客观事物的典型性"。例如武装斗争时期，勇敢的战士就是最美的典型；生产建设时代，斯达哈诺夫就是最美的典型；在全中国人民这里，毛主席就是最美的典型。[①]

由上可知，黄药眠"美就是典型"的观点，继承了恩格斯"典型环境中的典型人物"的思想，以发展的眼光和阶级分析的方法，在生活实践的基础上寻找美的典型。在写于1957年的《问答篇》中，黄药眠进一步丰富了这一思想，认为既有现实主义的典型，也有浪漫主义的典型；既有正面人物的英雄的典型，有悲剧人物的典型，也有喜剧人物的典型，有幻想人物的典型。"只要这个作家能站在和人民大众利益一致的立场，或是同情人民的立场"，他就可以"创造出自己的典型"。[②]这种典型观具有社会性、历史性，与蔡仪的强调"物种属性"的自然主义的典型观有所不同。

第二，"审美评价"说。1956年，黄药眠发表了《论食利者的美学——朱光潜美学思想批判》；1957年，又在北师大中文系举办了"看佛篇"与"塑佛篇"两场学术报告，在"生活实践论"的基础上，进一步提出了"美是人对于客观事物的审美的评价"[③]这一观点。它主要包含着三个相互关联的命题：

首先，美是人类社会生活现象。他认为，不能将哲学上的认识论生搬

---

① 黄药眠：《论美与艺术》，见陈雪虎、黄大地选编：《黄药眠美学文艺学论集》，北京师范大学出版社2002年版，第20—22页。

② 黄药眠：《问答篇》，见陈雪虎、黄大地选编：《黄药眠美学文艺学论集》，北京师范大学出版社2002年版，第302—304页。

③ 黄药眠：《美是审美评价：不得不说的话》，《文艺理论研究》1999年第3期。

硬套在美学上，美不能"先于人而存在"。离开人，美是很难想象的，蔡仪将美归结为类的典型，是机械唯物论，将美的法则抽象为黄金比例、和谐对称、色彩调和，是形式主义，都是错误的。一个人感到某一事物的存在，只是生理或物理的事实，并不一定构成美的现象，美只有"在人的社会生活实践中才有意义"①。

其次，美作为人类社会生活现象是历史地生成的。他不同意朱光潜"孤立绝缘的形相直觉"之说，而认为应该到生活实践中寻找美的根源。人正是在不断的劳动创造中，对周围事物的感觉力不断增强，主观力量不断丰富，情感和审美评价能力才逐渐发展起来。不过同时他也指出，人对事物的审美评价，不是随意的，而是有其客观性，这种客观性就在于事物满足了人们的需要，因为人们的需要是客观存在的，因而依据人们的客观需要而做出的审美评价也就具有了客观性，它不以人的主观意志为转移。

最后，审美评价是由"整体生活结构来决定的"②。黄药眠认为，审美评价需要审美能力，而审美能力是由生活习惯、知识教养、能力趣味等形成的整体生活结构决定的，即"审美判断的反复进行，加上日常生活的知识教养、习惯传统等种种力量，就培养成了审美能力"③。同时，审美能力也要受到社会存在的制约，即受到其所属集团、阶级的制约，因而同一阶级或同一阶层的人，常会有大致相同的审美能力。可见，黄药眠有把审美评价等同于意识形态判断的倾向。

关于如何评价黄药眠的美学思想，争议颇多。童庆炳认为，20世纪50年代的美学四派"用黄药眠的话来说：他们只是'把哲学上的认识论拿来生搬硬套'"，"唯有黄药眠的'审美评价说'才是真的新说，黄药眠的审美价

---

① 黄药眠：《美是审美评价：不得不说的话》，《文艺理论研究》1999年第3期。
② 黄药眠：《美是审美评价：不得不说的话》，《文艺理论研究》1999年第3期。
③ 黄药眠：《美是审美评价：不得不说的话》，《文艺理论研究》1999年第3期。

值论才是当时出现的第一学派！"。①李圣传认为黄药眠开启了"马克思主义美学的价值论转向"，"不仅突破了认识论美学'主客二分'的模式阈限，还变革了美学的研究范式"。②这些结论有一定道理，但是黄药眠的价值论美学思想并不彻底，仍然有反映论的思想倾向，而且有把审美意识形态化的倾向。我们对黄药眠美学思想的认识不能忽略两个基本事实：

其一，黄药眠在写于1950年的《论美与艺术》一文中说道："一些人则认为美虽然不能离开客观的事物，但美与不美乃是属于价值的学问，因此他们就从美感经验去着手。……不管他们当中有多少差别，但是总括说一句，他们是经验论，也就是唯心论的变种。"③这里，他主要批评的是朱光潜，也就是说，他把朱光潜的美学认定为价值论美学，并对此持批判态度。这样说来，把黄药眠的美学定性为价值论美学是否合适，还是需要再考虑的。

其二，有人或许会认为，1956年的黄药眠，存在着从"美是典型"到"审美评价"的转变，如果说1950年主张"美是典型"的黄药眠的美学思想还囿于认识论的话，那么从1956年开始，他已经开始转向价值论美学了。④然而，在1957年"塑佛篇"的学术报告里我们发现，他说"列宁在《唯物论与经验批判论》中，说到我们对于某种事物的感觉是人对于客观事物的主观的反映。假如这样说，我们也可以说美是人对于客观事物的审美的评价"⑤。也就是说，"审美的评价"只是"主观的反映"的另一种

---

① 童庆炳：《中国20世纪50年代美学大讨论的第一学派——为纪念黄药眠先生诞辰110周年而作》，《北京师范大学学报》（社会科学版）2013年第6期。

② 李圣传：《黄药眠与马克思主义美学的价值论转向》，《学术月刊》2017年第4期。

③ 黄药眠：《论美与艺术》，见陈雪虎、黄大地选编：《黄药眠美学文艺学论集》，北京师范大学出版社2002年版，第18页。

④ 李圣传：《黄药眠与马克思主义美学的价值论转向》，《学术月刊》2017年第4期。

⑤ 黄药眠：《美是审美评价：不得不说的话》，《文艺理论研究》1999年第3期。

表达，它没有突破反映论的框架，只是不满足于"机械的反映"，而强调"能动的反映"。所以，在黄药眠那里，"美是人对于客观事物的审美的评价"也可以说成"美是客观事物的在人脑中的主观的反映"[1]，二者可以直接互通。这说明，黄药眠还没有明确区分开反映论和价值论。如果说黄药眠完全突破了认识论而走向了价值论，那么这些话就显得非常难以理解。其实，黄药眠并不反对反映论，"反映"一词在他1957年的报告和文章（如《问答篇》）中仍大量出现，只是他认为"审美评价"所反映的不是"自然事物本身的本质"，而是"人的生活本质"；[2]并且"人的生活本质"主要还是指由经济基础所决定的人的社会地位，属于历史唯物论。

总之，黄药眠的美学思想兼有反映论和价值论的因素，二者并未清晰地分辨开来，而且这种价值论主要是阶级意识论，把审美与意识形态等同起来，抹杀了二者的本质区别，这是其缺陷。

二、王朝闻的美学思想

王朝闻作为雕塑家出身的理论研究者，在艺术批评上的建树要远比在美学理论建构上的高。但他作为新中国历史上首部具有代表性的美学教材的主编，其美学思想具有重大影响。"文革"前，王朝闻接受了主编美学教材的任务，到1964年终于完成了《美学原理》四十多万字的讨论稿的编写工作，但由于"文革"爆发而没有出版。他于1979年再次组织编写，终于在1981年以《美学概论》为名推出此书。这本教科书对于中国当代美学的发展有着重要促进作用，为培养美学研究新人提供了提纲挈领的文本指引。

王朝闻美学思想的哲学基础，是作为主流意识形态的辩证唯物论和历

---

[1] 黄药眠：《美是审美评价：不得不说的话》，《文艺理论研究》1999年第3期。
[2] 黄药眠：《美是审美评价：不得不说的话》，《文艺理论研究》1999年第3期。

史唯物论的综合。在论述"美的本质"时，他首先提到："由于与哲学基本问题的密切联系，美的本质问题成为美学领域的基本理论问题。一般说来，唯心主义者总是把美归结为精神的产物（或是主观的愉快，或是绝对精神的外化等），而唯物主义者却肯定美的客观性，认为美是客观事物本身的属性。"①此书依据反映论的哲学理念，按照存在决定意识的原则，开宗明义地把"美"称为"客观事物本身的属性"。这似乎已经表达了编者的观点，按照一般的叙述逻辑，该书将按照传统的反映论的模式来探讨美的本质问题，应该归于蔡仪的反映论。但耐人寻味的是，当此书介绍了美学史上探索美的本质问题的基本途径之后，却开始主要以李泽厚早期观点为主进行论述。书里的很多提法，实际上都是李泽厚早期所提"美是客观性与社会性统一"论述的改编版。书中，"美"被视为生产劳动的产物，表现了"人类变革世界的能动性和创造性"。

正是王朝闻这种试图杂糅反映论和实践论的取向，导致这本书对美的本质的看法存在着内在的矛盾。这突出表现在其对"美"所下的定义上。他先给"美"下了一个定义："美是人们创造生活、改造世界的能动活动及其在现实中的实现或对象化。"然后解释说，"美是一个感性具体的存在，它一方面是一个合规律的存在，体现着自然和社会发展的规律，一方面又是人的能动创造的结果"。接着，他在同一段话里对美下了第二个定义："美是包含或体现社会生活的本质、规律，能够引起人们特定情感反映的具体形象（包括社会形象、自然形象和艺术形象）。"②按照第一个定义，"美"被视为具体的物质化体现，偏重于客体对象方面。而按照第二个定义，"美"又被视为一种由主体意识呈现的"具体形象"，偏重

---

① 王朝闻主编：《美学概论》，人民出版社1981年版，第11页。

② 王朝闻主编：《美学概论》，人民出版社1981年版，第29页。

于主体意识。作为这种矛盾的调和，王朝闻在此书中用李泽厚的理念，把"美"定性为"事物的一种客观的社会价值或社会属性。这也就是美的客观社会性"①。用"客观社会性"这个似是而非的概念，把主体意识与客体对象在理论上统一起来："只有在物质领域内，出现了具有社会性的客观现实，才有可能在观念领域内，出现思想情感对对象的能动反映，形成具有社会性的意识观念。"②但是，王朝闻并不完全认同李泽厚的社会客观论美学观点，因为作为艺术理论家，他更切近于自己的艺术体验。虽然在教材《美学概论》里他保留和扩展了李泽厚的诸多理论观点，但他个人著作里的表述与之又有一定的差异。在他的个人著作里，他对李泽厚这种仍然偏重"客观性"的理论观点并不以为然，认为这种论述仍然在很大程度上漂浮在形而上学的抽象领域，空泛而不接地气。就他的叙述态度而言，他更加青睐朱光潜把"美"置于"关系"之上来探讨的模式，只是由于朱光潜背后所带的"资产阶级唯心主义"的历史"原罪"让他有所忌讳，所以在字面上一直避免引用朱光潜的著作或观点。

王朝闻对反映论和实践论的内在缺陷并非不知，其实他对二者都不能完全认同。在他自己的论著中，他更倾向于建立一个多层结构：首先，在大的原则方向上坚持"社会存在决定社会意识"的反映论观点，以免被划入"唯心主义"的阵营；其次，在具体阐释"美的本质"问题时融入实践美学的观点，将艺术创作和鉴赏活动等都纳入主体能动实践的范畴，保证自己论述的历史唯物主义方向；最后，当他开始具体探讨美感生成问题时，就设法回避究竟是"存在决定意识"还是"意识创造新的存在"这类纠结不清的争论，他的侧重点是"审美意识"（美感），而且希望在"具体问题具体分析"的

---

① 王朝闻主编：《美学概论》，人民出版社1981年版，第29页。
② 王朝闻主编：《美学概论》，人民出版社1981年版，第30页。

原则下对美感生成问题进一步地进行语境性探讨，力图在主客互动的层面研究具体艺术问题。他在《审美谈》中强调："艺术欣赏与艺术创作的关系，当作主体与客体的一种关系来考察，它体现了审美需要与审美对象的关系。……这些问题只有从主体与客体的相互关系着眼，才有可能不停止在固有的理论水平，也才有可能避免那些或许实在无谓的争论。"①

王朝闻努力将他的艺术创作实践转化为具体的艺术批评文章，通过艺术批评的形式表达出自己的美学观念，所以他更应当被视为艺术批评家而非美学家。他的论述虽然缺少美学强调的逻辑严密性和理论体系性，但在细节论述上具有相当的丰富性，而这正是艺术批评推崇的写作方式。他的艺术批评文章，不注重结论，而是注重思考的过程，这在艺术学理论范畴中是非常可贵的品质。因此，他的论著在美学领域看来有些"浅俗"，但从艺术批评的角度视之，则兼具艺术案例的丰富性和感悟的深刻性。评判标准的差异，必然在对他学术贡献高低的评判上引起争议。

王朝闻是新时期第一部美学教材的主编，他编写的美学教材成为从20世纪80年代的社会客观论美学转向实践美学的过渡时期的代表作，因此在美学史上具有重要的地位。同时，其美学著作具有自己的风格。学者代迅从话语结构上对王朝闻的美学风格进行过精练的概括："（王朝闻）这种话语的基本特点在于，更接近中国诗话、词话等传统样式，注重即兴感悟，长于分析鲜活的审美经验，采用序跋等多种灵活样式，善于更多地直接从艺术创作和艺术欣赏中提炼出美学理论，而不是仅仅依赖美学传统的直接传承和美学理论的逻辑推演，这意味着王朝闻在很大程度上不同于中国现当代主流美学通行的话语方式。"②代迅这段评价是非常中肯的。

---

① 王朝闻：《审美谈》，人民出版社1984年版，第10页。

② 代迅：《学科内涵与话语方式：王朝闻与中国当代美学》，《厦门大学学报》（哲学社会科学版）2015年第5期。

第四章　新启蒙主义美学

第一节　新启蒙主义美学概说

一、新启蒙主义美学的历史背景和思想资源

中国的启蒙运动有两次，第一次是五四启蒙运动，第二次是20世纪80年代的思想解放运动，即新启蒙运动。五四启蒙运动传播了现代理性精神，但由于中国现代性与现代民族国家的冲突以及建立现代民族国家历史任务的紧迫性，传播现代理性精神的任务并没有与建立现代民族国家的任务同时完成。20世纪80年代，在改革开放的历史条件下，中国发生了第二次启蒙运动，即新启蒙运动。新启蒙运动可以追溯到20世纪70年代末发生的真理问题大讨论，而后扩展为整个思想文化界的思想解放运动。新启蒙运动继承了五四启蒙的科学、民主精神，批判极左思潮和现代迷信，确立人的价值。20世纪80年代的新启蒙运动在美学领域结出了硕果，形成了主

流学派实践美学和其他新启蒙主义美学。实践美学的代表人物主要是李泽厚、刘纲纪、蒋孔阳，后来又产生了新实践美学，其倡导者和代表有邓晓芒、易中天、朱立元、张玉能等人。此外，以高尔泰为代表的自由论美学思想也可归为新启蒙主义美学。

　　新启蒙主义美学的理论资源主要有三个：一是以德国古典哲学为代表的启蒙思想，主要指康德、席勒、黑格尔的哲学与美学理论。李泽厚就是把康德哲学、美学与马克思主义加以融合，形成了主体性实践哲学和实践美学。高尔泰主要接受了德国古典美学的影响，提出了"美是自由的象征"理论。二是包括马克思早期著作在内的马克思主义经典著作，其中《1844年经济学哲学手稿》成为新启蒙主义美学的经典。相对于五四启蒙主义，新启蒙美学具有特定的历史背景，因此以青年马克思的《1844年经济学哲学手稿》为经典的美学思想成为主导思想。《1844年经济学哲学手稿》以其对自由的论说和人道主义符合了启蒙精神。20世纪70年代末80年代初，中国美学界掀起了新一轮的美学讨论，讨论围绕的核心文本就是《1844年经济学哲学手稿》。美学界对《1844年经济学哲学手稿》的讨论主要集中在这样几个问题上：首先是"人化的自然"的问题；其次是美的规律的问题；再次是美感与美的问题；最后是异化劳动与美的生成的问题。[①]这次讨论中，以李泽厚为代表的实践派美学与以蔡仪为代表的反映论美学成为论战的主要两方。在论争中，实践美学影响力日盛，最终成为主流学派，于是由美学讨论引起的美学热逐渐变成实践美学热。三是科学主义思潮的影响，此处所指的"科学"包括心理学、人类学以及系统科学等。在科学主义思潮的影响下，美学研究形成了新的研究视域和方法论，产生了系统论美学、心理学美学和人类学美学等学派。

----

① 陈望衡：《20世纪中国美学本体论问题》，武汉大学出版社2007年版，第279页。

二、新启蒙主义美学的思想内容

新启蒙主义美学包括两派，一是以青年马克思哲学思想为基础的实践美学（包括新实践美学），以李泽厚等为代表；一个是以欧洲启蒙主义思想为基础的自由论美学，以高尔泰为代表。它们的哲学基础有所不同，一个是实践本体论，一个是自我论，但它们有一个共同的思想倾向，就是认为审美具有主体性、理性和自由性。这就是说，主体性、理性和自由性是新启蒙主义美学的核心思想。

实践美学以马克思的实践论为基础，以《1844年经济学哲学手稿》为经典，同时吸收了德国古典美学思想，建立了自己的美学体系。它主张美是实践的产物，是人类征服自然的成果，美是人的本质的对象化。这是一种主体性的论述，只不过与自我论的主体性不同，它把主体性的基础定位于社会实践活动，于是审美也就具有了主体性。同时，实践美学也在主体性的基础上肯定了审美的理性性质。它认为在实践活动中人类有意识地改造了世界，体现了人的本质力量，而人的本质力量就如李泽厚所言的"真和善的统一"。这种对人的本质的界定是理性主义的，对美的界定也是理性主义的，如李泽厚所言是"理性与感性的统一"。总之，美是感性活动，但被理性主导。并且，实践美学也肯定审美的自由性。它认为实践征服了自然，实现了人的意志，从而获得了自由；而审美意识是实践活动的积淀物，因此美感就是自由的感情。这里虽然强调了实践的作用，但仍然以人的自由意志为基础。

新实践美学是在实践美学与后实践美学的论争中形成的，它一方面肯定了美学的实践论的基础，坚持了劳动创造美、美是人的本质的对象化等基本观点；另一方面也修正了实践美学的某些观点，如对实践美学"积淀说"的批判和抛弃；同时也扩展了"实践"概念，把精神活动和话语行为也纳入"实践"范畴，以解决实践的物质性与审美的精神性的矛盾。值得注意的是，朱立元提出了打通实践论与存在论，以实践论改造存在论，以存在论改造实践论，进而建立实践存在论美学的主张。①

高尔泰代表的自由论美学也把审美定位于主体性、理性和自由性。它认为主体是个体性的，自由是人的本质，而审美是人的自由要求的实现结果。它与实践美学的区别就是前者抽离了实践的中间环节，把主体定位于自由意志，认为人的自由要求直接对象化为美，于是美成为"自由的象征"。这里可以看出康德美学的影响，其主体性和自由性都是启蒙理性的概念，打上了理性主义的印记。高尔泰后来也肯定实践的作用，但并不认为实践具有本体性，而认为人的自由要求是先于实践的，实践只是实现自由的手段，因此美不是实践创造的，而是发源于人的自由意志。

三、新启蒙主义美学的意义

新启蒙主义美学的学术意义首先在于终结了以反映论美学为代表的客体性美学的主导地位，肯定了审美活动的人性内容。主体性美学是现代美学的一个发展阶段，反抗对主体性的压制和抹杀，肯定审美的人性内容，进而揭示了审美的自由性。在中国，新启蒙主义美学反拨了客体性的反映论美学，把人的因素纳入了美学，这是一种进步。"文革"前占据统治地位的美学思想是苏联的反映论美学思想，它认为美是事物的客观属性，与审美主体无关；主体只是客观美的反映者，而非创造者。这种美学的核心是对客体性的强调，对主体性特别是个体主体进行抹杀，也屏蔽了审美的自由性。主体性美学认为审美是人的理想创造，体现了人性的内容，是一种自由的创造，这种思想较之客体性美学更为合理。此外，它从主体角度

---

① 朱立元：《简论实践存在论美学》，《人文杂志》2006年第3期。

阐释审美，涉及人类学、历史学、心理学、语言学、社会学等多种领域，揭示了审美的深层机制，从而深化了美学研究，推动了美学的发展。

新启蒙主义美学的学术意义还在于回归和发展了中国早期启蒙主义美学传统，重新开启了中国美学的现代征程。中国早期启蒙主义美学是中国现代美学的起步形态，它在中国古典美学的终结处建立了现代美学。早期启蒙主义美学继承了西方启蒙主义美学的主体性和理性精神，成为五四新文化运动的一部分。在这个起点上，才形成了各种现代美学思潮，如现代主义以及新古典主义美学。后来，由于建立现代民族国家的历史任务压倒了启蒙的历史任务，启蒙主义美学的建立因此中断。20世纪50年代的第一次美学大讨论，是从批判朱光潜的"资产阶级美学思想"开始的，批判的武器就是苏联传入的"唯物主义美学思想"，这实际上是对中国现代美学包括启蒙主义美学的否定和终止，而带有古典主义性质的苏联美学成为正统。作为思想解放运动的一个方面，中国学术也回归了现代学术传统，美学研究回归了现代美学传统。在这个背景下，中国现代美学重新启动，首先是新启蒙主义美学的发动。新启蒙主义美学包括实践美学、新实践美学和高尔泰代表的自由论美学，它们都主张肯定人的价值，确立审美的主体性和自由性，从而回归了五四时期建立的现代美学传统。只有在这个传统中，中国美学的现代化进程才得以展开。在20世纪80年代实践美学的主流地位确立，而在90年代就产生了以后实践美学为代表的现代主义美学思潮，2000年后又产生了后现代主义美学思潮以及新古典主义美学思潮。这个美学现代化进程正是由新启蒙主义美学的建立开始的，这体现了新启蒙主义美学的历史意义。

对于新启蒙主义，在肯定其学术贡献的同时，也应该指出其局限。启蒙主义对主体性和理性的强调，造成了主体与客体的对立，其认为主体征服客体就会实现人的意志，达到自由，而审美就是其实现形式。但事实上自由不是主体性的胜利，主体也不能征服世界；主体也不是根本，不能从主体出发来建立美学体系。因此，启蒙理性在现代性实现之后遭到了质疑和批判，包括审美的批判。于是，现代主义怀疑了主体性，反叛了理性；而后现代主义则宣称"主体死了"，解构了理性。这说明，启蒙主义美学包括新启蒙主义美学有其缺陷，必须要克服主体性的弊端，重新建构美学的基础。

新启蒙主义美学的主流是实践美学（包括新实践美学），它以实践哲学为基础，认为实践是美的根据，美是实践的产物。这种思想一方面强调了社会实践是审美的基础，有其合理性；另一方面也把审美的性质等同于实践的性质，这既遮蔽了社会实践的异化性质，也混同了物质生产和精神生产，抹杀了审美的超越性和自由性。此外，实践美学强调美的社会客观性，仍然把美作为客观实体，从而与其主体性相矛盾。新实践美学力图避免李泽厚代表的实践美学的缺陷的出现，修正、改造了实践美学，摒弃了"积淀说"，也扩展了"实践"概念的内涵，特别是朱立元建立了"实践存在论美学"，从而充实了实践美学的本体论，这是应该肯定的。同时，新实践美学也存在着没有解决的问题或新产生的问题，有很大的探索空间。

新启蒙主义美学不仅具有学术意义，也具有社会意义。启蒙主义美学的核心问题就是"主体性"，而主体性又是现代性的核心。美学是"早期资本主义社会里人类主体性的秘密原型，同时又是人类能力的幻象，作为人类的根本目的，这种幻象是所有支配性思想或工具主义思想的死敌"①。中国社会遭遇了"文革"，极左思潮抹杀了人的价值，其理论基础就是反主体性的客观论哲学。这种抹杀主体性的美学思想切合了前现代性的意识形态甚至极左思潮。改革开放和思想解放运动，可以说是重新回归了中国

① 伊格尔顿：《美学意识形态》，王杰、付德根、麦永雄译，中央编译出版社2013年版，导言第9页。

的现代化方向，它肯定了人特别是个体的价值，调动了主体特别是个体的积极性，从而推动了社会发展。思想解放的中心就是反思"文革"，批判极左思潮，树立人的价值。因此，20世纪80年代形成了人道主义思潮，新启蒙主义美学正是这个思潮在学术领域的体现，它以主体性论证了启蒙思想的合法性。

第二节　李泽厚的"主体性实践美学"

在20世纪50年代中期的中国第一次美学大讨论中，李泽厚提出了"美是客观的社会属性"的观点，成为当时形成的四派美学家的代表之一。在20世纪80年代的第二次美学大讨论中，他转向实践论，建立了"主体性实践美学"，最终成为中国实践美学学派的代表人物。

一、"主体性实践美学"的历史背景和思想资源

"主体性实践美学"形成于20世纪80年代，但早在20世纪50—60年代的美学大讨论中，李泽厚就已经开始关注"实践"概念并将其引入美学研究之中。不过那时李泽厚主要强调美的社会客观性，实践美学思想还只是处于萌芽阶段。20世纪50—60年代美学大讨论忽略了个体的人，主体被遮蔽，此问题在李泽厚的美学思想中同样存在。当时李泽厚强调的"社会性"被视为相对于个体的客观性，而主体被这种客观性所遮蔽。20世纪70年代末至80年代，李泽厚的思想发生了转变，由客体性转向主体性（尽管他强调自己思想的一贯性，但事实上已经发生了转变）。这种思想转变的内在原因首先是"社会客观论"自身的逻辑。李泽厚的社会客观论美学的哲学基础是苏联阐释的马克思主义历史唯物论的部分，而蔡仪自然客观论美学依据的是辩证唯物论部分。所谓历史唯物论是指社会存在决定社

会意识，而社会存在的基础就是以物质生产为中心的社会实践活动。从社会历史的角度来说，就是生产力与生产关系构成经济基础，而经济基础决定上层建筑和意识形态。这里蕴含着一个基本的思想，就是社会实践是基础性的、根本性的人类生存活动，它决定着人的存在。但是，在20世纪50年代，整个社会都还没有从苏联哲学的框架中挣脱出来，历史唯物论还没有处于基础地位，它只是辩证唯物论在历史领域的应用，因此实践也不可能成为一种哲学基本范畴，实践论因而不能成为本体论。但是，社会存在内在地蕴含着实践的世界观，这在马克思的论述中是显而易见的，只是被苏联哲学遮蔽了。李泽厚依据的历史唯物论中的实践观，在后来被他发现并且发扬，成为美学的新的哲学基础。早在20世纪60年代初期，李泽厚就已经运用了实践观来阐释社会存在，开始突破苏联哲学的框架。李泽厚在《美学三题议》中提出了实践思想和"自然的人化"的概念。但实践哲学的确立，还是在20世纪70年代末和80年代。

从外部的理论资源来看，李泽厚向"主体性实践美学"的转变是受到了康德的主体性思想和马克思的实践观的影响。李泽厚曾说："我的哲学线索是康德⇄马克思，而不是黑格尔→马克思。"①

李泽厚的思想转折始于对康德主体性哲学的研究。1979年3月，李泽厚出版了《批判哲学的批判——康德述评》一书，系统地阐释了康德的哲学，并在此基础上提出了"主体性实践哲学"。可以说，康德哲学是李泽厚的主要思想资源之一。李泽厚认为，康德的先验论是主体性的哲学，而他提出的主体性问题至今仍然有启发意义。在康德的哲学中，世界不是纯客观的世界，而是被先验主体构造的世界。但是，先验理性或者说"纯粹理性"的本质是不可知的，它如何产生以及且如何可能都是无法解答的。

---

① 李泽厚：《哲学答问》，见《李泽厚哲学文存》（下编），安徽文艺出版社1999年版，第463页。

从思想内涵上说，李泽厚以实践观批判地继承了康德美学思想中的主体性思想，认为世界不是独立于人的世界，而是被人的实践改造过的世界，即"人化自然"，因而是主体性的世界。为了沟通物质实践与审美心理，他提出了"积淀说"，认为社会实践活动积淀为文化心理结构，从而"变先验为后验"，为理性寻找到了根源。从理论结构上说，李泽厚美学理论也被打上了康德学说的烙印，如他提出的"理性的内化"（智力结构）、"理性的凝聚"（意志结构）、"理性的积淀"（审美结构）实质上也就是康德的"知、情、意"三个领域的变体。

李泽厚实践美学的另外一个思想资源是马克思的实践哲学，主要范本是《1844年经济学哲学手稿》。马克思与康德的理论目标都是人完成的主体性的构造，马克思超越康德的地方是把主体的生成置于实践活动的历史之中，而且对实践或者说自然人化的过程进行了科学的论述。实践哲学以及"人化的自然"的思想是《1844年经济学哲学手稿》的核心，也是李泽厚哲学和美学的立论依据。依据马克思的理论，"是实践的人，集体的社会的亿万劳动群众的实践历史，使自然成为人的自然"[1]。不是自然自发性地向人生成，仿佛具有某种目的，而是人主动地以实践活动使自然人化。"自然向人生成"变成了"通过实践人化自然"，这是哲学史上的一大发展。

二、"主体性实践美学"的实践论基础和"自然人化"的思想

实践论是李泽厚美学思想的哲学基础。李泽厚在《批判哲学的批判——康德述评》（1979）这本书中，确定了实践范畴的内涵就是以制造和使用工具为核心的社会生产劳动，这就是他后来一直坚持的关于实践范畴的准确定义。而后，李泽厚对实践的范畴作了广义和狭义的区分。《人类学历史本体

---

① 李泽厚：《批判哲学的批判——康德述评》，人民出版社1984年版，第412页。

论》（2008）中的一段文字可以精辟地概括李泽厚关于实践范畴的内涵，广义的实践、狭义的实践各自的定义以及后面二者之间的关系：

如《批判哲学的批判》（以下简称《批判》）所强调，人类最根本最基础"实践"是使用—制造物质工具的劳动操作活动，亦即社会生产活动。人以此作为基础区别于其他动物，形成不同于任何其他动物群体的社会语言、秩序、组织和各种物化以及物态化的产物或符号，如仪式、文字、艺术等等，我统称之曰"人文"（human culture）。与之相应，由此文化积淀而成心理的结构形式，我统称之曰"人性"（human nature）。《批判》强调"实践"概念这一基础含义，以区别于其他各派实践论，认为立足于这个基础含义的实践论是Karl Marx唯物史观的根本内核，并以为只有在这个基础含义上，才可能产生和包容其他层面的实践概念。

可见，"实践"概念至少需分出狭义的和广义的两种（《批判》曾区分practice 和 praxis）。狭义即指上述基础含义，广义则包容宽泛，从生产活动中的发号施令、语言交流以及各种符号操作，到日常生活中种种行为活动，它几乎相等于人的全部感性活动和感性人的全部活动，其中还可分出好几个层次。而狭义、广义之分只是一种"理想型"的理论区分，在现实中，二者经常纠缠交织在一起。物质操作与符号操作、物化劳动与物态化劳动、物质活动与精神活动，便经常难以截然二分。今日技术与科学、生产力与科技的交织，更说明着这一点。同样，"实践"本是人类独有的超生物性的行为活动，但人作为动物族类有生物性的活动和需要，如吃饭、性交、睡觉、群体中的交往等等，因此在很大的一部分的人类实践活动中，超生物性与生物性也是经常渗透、重叠、错综、交织在一起的。因此，这狭义、广义的区分，只有哲学视角的意义。《批判》之所以强调实践的基础含义（狭义），是为了强调人类主要依靠物质生产活动而维系生存，其他包括语言交流、科学艺术、宗教祈祷等等广义的实践活动，都以这个基础为前提，如此而已。①

在对实践范畴作了准确界定并作了广义和狭义的区分之后，李泽厚建立了他的实践本体论。他在《人类学历史本体论》一书中对实践美学作了如下概述："所谓实践美学，从哲学上说，乃人类学历史本体论（亦称主体性实践哲学）的美学部分，它以外在—内在的自然的人化说为根本理论基础，认为的美的根源、本质或前提在于外在自然（人的自然环境）与人的生存关系的历史性的改变；美感的根源在于内在自然（人的躯体、感官、情欲和整个心理）的人化，即社会性向生理性（自然性）的渗透、交融、合一，此即'积淀说'。由于人的生理—心理先天（器官、躯体和大脑皮质）和后天（经验和教育和文化）有差异，而使审美和艺术千差万别，极具个性。前者（先天的差异）甚为重要，绝不亚于后者（文化）。"②从这段话里我们可以看出，李泽厚以人类的实践活动作为构建人类学历史本体论的美学部分——实践美学的逻辑出发点，并在此基础上构建出工艺社会结构和文化心理结构两大方面，从而形成主体性实践美学的整体框架。

实践论与"人化自然"或"自然的人化"的思想是同一的，只是外延有所不同。按照李泽厚的观点，实践作为物质生产活动相当于所谓狭义的"自然的人化"，是指"人通过劳动、技术去改造自然事物使之符合人的目

① 李泽厚：《人类学历史本体论》，天津社会科学院出版社2008年版，第161—162页。
② 李泽厚：《人类学历史本体论》，天津社会科学院出版社2008年版，第297页。

的";除此之外,还有所谓广义的"自然的人化",是指"随着人对自然的实践改造所导致的人和自然关系的改变,自然由从前与人敌对、陌生的对象变成为为人的对象,'人化'的对象"。①李泽厚认为,人们不能仅仅局限于对"自然的人化"的狭义的理解,而应从其广义的定义中去挖掘通往美和美感体验的途径。他说:"'自然的人化'指的是人类征服自然的历史尺度,指的是整个社会发展达到一定阶段,人和自然的关系发生了根本改变。'自然的人化'不能仅仅从狭义上去理解,仅仅看作是经过劳动改造了的对象。狭义的自然的人化即经过人改造过的自然对象,如人所培植的花草等等,也确乎是美,但社会越发展,人们便越要也越能欣赏暴风骤雨、沙漠、荒凉的风景等等没有改造的自然,越要也越能欣赏像昆明石林这样似乎是杂乱无章的奇特美景,这些东西对人有害或为敌的内容已消失,而愈以其感性形式吸引着人们。人在欣赏这些表面上似乎与人抗争的感性自然形式中,得到一种高昂的美感愉快。"②关于狭义的"自然的人化"与广义的"自然的人化"之间的关系,李泽厚认为:狭义的"自然的人化"是广义的"自然的人化"的基础,只有人对自然的实践改造达到一定的程度,能够在一定程度上掌握、利用自然规律为人的目的服务,自然才会从一开始的与人敌对的关系,变为与人亲近、对人亲切的对象,人们才可以开始欣赏那些未经实践改造过的暴风骤雨、沙漠荒山、日月星辰等自然景观,这也就是人与自然关系的根本深刻的改变。当然,人与自然外在关系的改变还不能产生美感,人本身内在心理结构的改变、人的审美心理的产生,也即"内在自然的人化",才是人的美感体验产生的必要途径。

对"自然的人化"作广义和狭义之分主要针对的是"自然的人化"

---

① 徐碧辉:《论实践美学的自然的人化学说》,《沈阳工程学院学报》(社会科学版)2008年第1期。

② 李泽厚:《美学三书》,安徽文艺出版社1999年版,第494—495页。

中的客观方面，即"外在自然的人化"，因此，应该把广义和狭义的"自然的人化"与"外在自然的人化"综合起来考察，才能了解这个命题的深刻内涵以及他们之间的关系。狭义的"自然的人化"也就是"外在自然的人化"的硬件部分，是人对自己生存的自然环境的改造。狭义的"自然的人化"具有双面性：既具有正面价值，也具有负面价值，既代表科技进步和物质文明，也可能带来人性异化和人类中心主义。"外在自然的人化"的软件部分也就是广义的"自然的人化"，它指的是自然与人的相互关系的变化。这是比狭义的"自然的人化"更为深刻的人与自然之间关系的改变，是人类主观意识中的自然人化，指向人的"内在自然的人化"。因此，要从广义的角度对"外在自然的人化"进行深刻的理解。李泽厚在《己卯五说》中说：广义的"外在自然的人化"是自然与人的相互关系的重要变化，它不是"观念性或主观性的（如朱光潜所认为），而是人类本体存在性的。即自然与人的客观关系有了历史性的变迁：自然成为人类存在的一个组成部分"[1]。此外，广义的"外在自然的人化"不仅包括经过人类劳动实践改造过的、成为人类存在的一个组成部分的所有自然景物和景象，还包括自然的形式感和形式美，即高度抽象了的自然美。

外在自然的人化改变了人与自然的关系，人们通过实践活动改造外部自然的同时也改变了人的内在的自然，即人本身的感性自然存在。"内在自然的人化"的提出具有非常重要的意义，它使人化自然的理论真正成为完整的包括认识论、伦理学和美学的学说，也完整地说明了人们的文化心理结构是如何在人类的社会历史进程中产生的。所谓"内在的自然人化"概括地说就是"积淀"。人类的内在文化心理结构是通过人类长期的社会实践，由外在的理性内化（认识）、凝聚（伦理）和积淀（审美）而来的。自然的人化

---

① 李泽厚：《己卯五说》，中国电影出版社1999年版，第137页。

理论正是经过积淀学说，把认识论、伦理学和美学连成了一个系统。对此，《批判哲学的批判——康德述评》一书中有一段概括性的话：

> 不是神，不是上帝和宗教，而是实践的人，集体的社会的亿万劳动群众的实践历史，使自然成为人的自然。不仅外在的自然界服务于人的世界，而且作为肉体存在的人本身的自然（从五官感觉到各种需要），也超出动物性的本能而具有了人（即社会）的性质。这意味着，人在自然存在的基础上，产生一系列超生物性的素质。审美就是这种超生物的需要和享受（康德称之为"判断力"），这正如在认识领域内产生了超生物的肢体（不断发展的工具）和语言、思维即认识能力（康德称之为"知性"），伦理领域内产生了超生物的道德（康德称之为"理性"）一样。这都是人所独有，区别于动物的社会产物和社会特征。人性也就正是这种生物性与超生物性的统一。不同的只是，认识领域和伦理领域的超生物性质经常表现为感性中的理性，而在审美领域，则表现为积淀的感性。①

随后，在1989年出版的《美学四讲》一书中，李泽厚明确提出了"内在自然的人化"的概念，并对其内涵进行了深刻的阐发。"内在自然的人化，是指人本身的情感、需要、感知、愿欲以至器官的人化，使生理性的内在自然变成人。这也就是人性的塑造。"②"内在自然的人化"同样也有软件和硬件之分。"内在自然的人化"的硬件是指人类对自身器官的改造，即感官的人化；软件则是人的内在心理状态，即心理的人化。其中，

---

① 李泽厚：《批判哲学的批判——康德述评》，人民出版社1984年版，第412—413页。
② 李泽厚：《美学三书》，安徽文艺出版社1999年版，第510页。

感官的人化是心理的人化的基础和前提，而直到心理的人化（动物心理变成人的心理）形成后，人也就从生物过渡到超生物了。"文化心理结构"亦由此构建。

关于外在自然的人化与内在自然的人化之间的关系，可以用李泽厚的一句话来概括："由活动到观照，这既是外在自然人化的行程（上讲已谈），也是内在自然人化的行程，包括审美心理结构的历史产生过程（智力结构的形成可参考Piajet的著作）。它们本是同一人类史程的内外两个不同方面，它们同时进行，双向发展。"[①]由此可见，外在自然的人化与内在自然的人化是双向互动、同时进行的，它们共同构成了人化自然这一完整的理论。

三、"主体性实践美学"的主体性内涵

实践和主体性这两个范畴是构建李泽厚美学思想体系的基石，李泽厚的美学思想都是从这两个概念演化出来，最终成为一个理论体系的。如果说实践的世界观和人化自然的思想揭示了外在自然人化的过程和结果，那么，"主体性"概念则涵括了内在自然人化过程中形成的人性的全部内容。李泽厚的主体性思想一方面来自康德，另一方面来自马克思。康德的"先验主体"被李泽厚用马克思的实践论改造为"实践主体"，把主体性建立在实践活动的基础上，实践通过积淀产生了人类的文化心理结构，于是先验意识之谜就得到了解释。这个理论的转换，李泽厚称之为"先验变后验"。

本书将李泽厚主体性思想的提出、发展和完善的全过程划分成四个阶段。李泽厚首次提出"主体性"概念是在《批判哲学的批判——康德述

---

① 李泽厚：《美学三书》，安徽文艺出版社1999年版，第511页。"上讲"指《美学四讲》第三讲——"美"。

评》一书的第二章《认识论：（一）问题的提出》之中。这里的主体性是人类主体性，而非个体主体性。"本书所讲的'人类的''人类学''人类学本体论'，就完全不是西方的哲学人类学之类的那种离开具体的历史社会的或生物学的含义，恰恰相反，这里强调的正是作为社会实践的历史总体的人类发展的具体行程。它是超生物族类的社会存在。所谓'主体性'，也是这个意思。人类主体性既展现为物质现实的社会实践活动（物质生产活动是核心），这是主体性的客观方面即工艺—社会结构亦即社会存在方面，基础的方面。同时主体性也包括社会意识亦即文化心理结构的主观方面。从而这里讲的主体性心理结构也主要不是个体主体的意识、情感、欲望等等，而恰恰首先是指作为人类集体的历史成果的精神文化：智力结构、伦理意识、审美享受。"[1]从这段话中我们可以看出，早在《批判哲学的批判——康德述评》一书中，李泽厚就将主体性划分成了主客观两个方面，并且将主体性的客观方面作为基础，着重研究在客观主体性基础上形成的主观主体性，也就是人类文化心理结构的主观方面，包括智力结构、伦理意识和审美享受。

李泽厚建构主体性思想的第二个阶段，体现在1981年发表的《康德哲学与建立主体性论纲》（以下简称"《论纲》"）中。在这篇文章中，他第一次亮出了"人类学本体论的实践哲学""主体性的实践哲学"的称谓。"人类学本体论的实践哲学"与"主体性的实践哲学"异名而同实，二者都"强调人类的超生物种族的存在、力量和结构"，"但前者更着眼于包括物质实体在内的主体全面力量和结构，后者更侧重于主体的知、情、意的心理结构方面"。[2]李泽厚后来在《实用理性与乐感文化》一书

① 李泽厚：《批判哲学的批判——康德述评》，人民出版社1984年版，第94页。

② 李泽厚：《康德哲学与建立主体性论纲》，见《李泽厚哲学美学文选》，湖南人民出版社1985年版，第155页。

中解释并强调了为什么他后来选用"主体性实践哲学"的说法："主体性更能突出个体、感性与偶然。尽管这些都必须以人类总体存在为条件为前提，但如前所说，它们将愈来愈重要愈突出。在一个被解构被彻底破坏、否定了的语言废墟上来重建心理本体，恰恰是要奋发个体主体性。"①

李泽厚的主体性思想是在第三个阶段全面确立的。在《关于主体性的补充说明》这篇文章中，他在前两个阶段的基础上，揭示了主体性包含两个双重结构："'主体性'概念包括有两个双重内容和含义。第一个'双重'是：它具有外在的即工艺——社会的结构面和内在的即文化——心理的结构面。第二个'双重'是：它具有人类群体（又可区分为不同社会、时代、民族、阶级、阶层、集团等等）的性质和个体身心的性质。这四者相互交错渗透，不可分割。而且每一方又都是某种复杂的组合体。……《论纲》认为这两个双重含义中的第一个方面是基础的方面。亦即，人类群体的工艺——社会的结构面是根本的起决定作用的方面。……《论纲》要讲的'主体性'首先是指人类群体，……《论纲》的主体性先讲物质的实践。"②这段话非常重要，它深刻地揭示了李泽厚的主体性思想既有历史—实践的深刻内涵，又有个体—感性的生存维度，因而成为人性的完整表述。其中，工艺社会结构也就是社会存在，即李泽厚所谓的"工具本体""外在自然的人化"，它是人类在长期的实践劳动过程中所创造出来的物质文明；文化心理结构就是社会意识，即李泽厚晚期所转向的"情感本体""内在自然的人化"，它则是人类在长期的实践劳动过程中所创造出来的精神文明。还是在这篇文章中，李泽厚进一步将主体性结构确定为包括认识、伦理和审美等领域的人类内在文化心理结构："这种主体性的

---

① 李泽厚：《实用理性与乐感文化》，生活·读书·新知三联书店2005年版，第124页。

② 李泽厚：《关于主体性的补充说明》，见《李泽厚哲学美学文选》，湖南人民出版社1985年版，第164—165页。

人性结构就是'理性的内化'（智力结构），'理性的凝聚'（意志结构）和'理性的积淀'（审美结构）。它们作为普遍形式是人类群体超生物族类的确证。它们落实在个体心理上，却是以创造性的心理功能而不断开拓和丰富自身而成为'自由直观'（以美启真）、'自由意志'（以美储善）和自由感受（审美快乐）。"①

　　李泽厚美学思想发展的最后一个阶段是把关注的重心从外在的客观工艺方面移向了内在和主观方面，即主体性的文化—心理结构面，与此相应，李泽厚也从对群体主体性的关注转向了对个体主体性的重视。在此基础上，他明确提出了心理本体、情感本体建设的问题。这种倾向在他的《关于主体性的第三个提纲》和《第四提纲》两篇文章中体现了出来。首先，在《关于主体性的第三个提纲》这篇文章中，李泽厚指出，所谓个体主体性便是情感本体的建立，也就是"内在自然的人化"。面对语言和工具都无法消除的人必然要死的事实，以及人生意义、生活价值不知何在的危机，心理本体建设和情感本体的提出就显得尤为重要了。"只有注意那有相对独立性能的心理本体自身。时刻关注这个偶然性的生的每个片刻，使它变成是真正自己的。在自由直观的认识创造、自由意志的选择决定和自由享受的审美愉悦中，来参与构建这个本体。这一由无数个体偶然性所奋力追求的，构成了历史性和必然性。这里就不是必然主宰偶然，而是偶然建造必然。"②其次，在《第四提纲》中，李泽厚进一步阐述了"两个本体"说。李泽厚认为，"自然的人化"有双向建构，"即工具—社会世界和心理—文化世界。简称之曰：客观的工具本体和主观心理本体"③。

---

　　①　李泽厚：《关于主体性的补充说明》，见《李泽厚哲学美学文选》，湖南人民出版社1985年版，第168页。

　　②　李泽厚：《实用理性与乐感文化》，生活·读书·新知三联书店2005年版，第239页。

　　③　李泽厚：《实用理性与乐感文化》，生活·读书·新知三联书店2005年版，第245页。

"为什么活"（活的意义）产生在后一个世界中，于是建构心理本体特别是情感本体就在逻辑和情理之中了。"为什么活"这个问题被凸显出来之后，个体的文化心理结构和个体的心理本体问题就被抬到了重要的位置上来探讨。李泽厚甚至认为，个体应寻找被"遗忘"了的、"失落"了的"自己"来询问活的意义，"因为人毕竟总是个体的。历史积淀的人性结构（文化心理结构、心理情感本体）对于个体不应该是种强加和干预，何况'活着'的偶然性（从生下来的被扔入到人生旅途的遭遇和选择）和对它的感受，将使个体对此本体的承受、反抗、参与，大不同于建构工具本体，而具有神秘性、不确定性、多样性和挑战性。生命意义、人生意识和生活动力既来自积淀的人性，也来自对它的冲击和折腾，这就是常在而永恒的苦痛和欢乐本身"。[1]最后，李泽厚总结道："人性、情感、偶然，是我所企望的哲学的命运主题，它将诗意地展开于21世纪。"[2]

虽然李泽厚开始重视审美的个体性，甚至提出"人毕竟是个体的"（而不再是群体性的本质）、个体可以反抗本体（文化心理结构）的观点，以至于与其基本理论体系发生了矛盾，但其主体性实践哲学的框架并没有改变。因此，李泽厚还是将个体心理本体和个体主体性建立在人类总体文化心理结构和群体主体性之上，前者依然处于从属于后者的位置。从总体上看，李泽厚美学的主体性思想更偏重于理性和人类群体，而忽视了个体存在。他说："看来是个体的具体的人的情欲、意志恰好是抽象的，不存在的，而看来似乎是抽象的社会生产方式、生产关系却恰好是具体的历史现实的。……康德、黑格尔早就指出，单独的个体是动物性，客观性、理性都来自群体社会。应该说作为动物，人的个体存在的价值、意

---

① 李泽厚：《实用理性与乐感文化》，生活·读书·新知三联书店2005年版，第247页。
② 李泽厚：《实用理性与乐感文化》，生活·读书·新知三联书店2005年版，第248页。

义、独特性、丰富性并不存在，所有这些恰恰是人类历史的财富和产物。因此，哲学——伦理学所讲的个体的主体性不是那种动物性的个体，而刚好是作为社会群体的存在一员的个体。"[1]李泽厚一方面强调根据本体和人类总体主体性的基础地位，一方面又力图强调心理本体和个体主体性的独立价值，这样就造成了其理论的内在矛盾。诚如韩德民所言："一方面是坚持理论的整体性视角，强调制造——使用工具的物质性实践及相应的群体、理性之类概念的本体地位，另一方面，又试图给这种整体性框架贯注新的活力，给个体性留下适度的空间。这种双重努力决定了'主体性实践哲学'的内在紧张。"[2]

四、"积淀说"的构建和"新感性"的确立

"积淀说"在李泽厚的美学思想体系中占有关键性的地位。外在自然的人化是如何转化为内在自然的人化，即物质生产实践如何转换成人的文化心理结构即人性，李泽厚认为是通过"积淀"。"积淀说"是李泽厚用以揭示人类审美心理的产生、形成和结构的重要理论，也是他用以沟通"工具本体论"与"心理本体论"的一个重要桥梁。

"积淀说"思想贯穿李泽厚的诸多著述。"积淀说"从提出到发展和完善是一个渐进的过程。早在《批判哲学的批判——康德述评》这本书中，"积淀说"思想就已经显露出来。他说："人类五官（感觉器官）都是历史的成果，它们本身都已积淀了社会的性质和功能。"[3]同时，他还从

---

① 李泽厚：《康德哲学与建立主体性论纲》，见《李泽厚哲学美学文选》，湖南人民出版社1985年版，第158—159页。

② 韩德民：《李泽厚与20世纪后半期中国美学》，《安徽师范大学学报》（人文社会科学版）2000年第1期。

③ 李泽厚：《批判哲学的批判——康德述评》，人民出版社1984年版，第110—111页。

自然与人的对立统一的关系的角度来看待"积淀":"自然与人的对立统一的关系,历史地积淀在审美心理现象中。它是人所以为人而不同于动物的具体感性成果,是自然的人化和人的对象化的集中表现。"①

李泽厚正式提出"积淀说"是在《美学四讲》中。在《美学四讲》中,李泽厚总结道:"这就是我1956年提出的美感的矛盾二重性。从那时起,我就一直认为,要研究理性的东西是怎样表现在感性中,社会的东西怎样表现在个体中,历史的东西怎样表现在心理中。后来我造了'积淀'这个词,就是指社会的、理性的、历史的东西累积沉淀成了一种个体的、感性的、直观的东西,它是通过'自然的人化'的过程来实现的。"②到了其美学思想后期阶段,李泽厚又在《实用理性与乐感文化》一书中,从更加宏观的视角对"积淀说"进行了总结:"历史本体论是由Marx回到Kant,即由Marx的人类学实践宏观视角(社会—工具本体)回归到Kant的普遍必然的文化—心理本体,论证由操作—实践的人类长期历史活动中建立起专属于人类的文化心理结构的人性能力,此即积淀说。"③从这段话中,我们可以大致看出李泽厚是如何通过"积淀说"沟通人类外部长期的历史实践活动(外在自然的人化)和人类内在的文化心理结构的。总之,积淀就是内在自然人化的过程,是沟通实践活动与审美的桥梁。

李泽厚的"积淀说"一开始是在美学范围内提出来的,后来李泽厚将它推广应用到认识论和伦理学当中,因此具有广义、狭义两种意义。关于"积淀说"的广义和狭义之分的论述最早见于《美学四讲》,后在《历史本体论》一书中,李泽厚发展了这个范畴的内涵。在《美学四讲》中,李泽厚

① 李泽厚:《批判哲学的批判——康德述评》,人民出版社1984年版,第406页。

② 李泽厚:《美学四讲》,生活·读书·新知三联书店2004年版,第104—105页。

③ 李泽厚:《实用理性与乐感文化》,生活·读书·新知三联书店2005年版,第36—37页。

是这样界定广义、狭义的"积淀说"的："广义的积淀指所有由理性化为感性，由社会化为个体，由历史化为心理的建构行程。它可以包括理性的内化（智力结构）、凝聚（意志结构）等。狭义的积淀则是指审美的心理情感的构造。"①如果将"积淀"范畴同"自然的人化"范畴做类比，"积淀"同样是一个纵二横三的结构体系。广义的"积淀"内涵包含以下三个方面：（一）原始积淀，演变成形式，由理性转化为感性；（二）艺术积淀，演变成形象，由社会转化为个体；（三）生活积淀，演变成意味，由历史转化为心理的历史行程。正是通过以上三个层次的"积淀"，"文化心理结构"才得以建构，"工具本体"才最终转化成"心理（情感）本体"，即李泽厚所说的"它是一种由外而内和双向进展（即'普遍性的文化心理结构形式的发展变化和个体自身作为本体动力的不断确认'——引者注）的形式建构（making form）"②。如果具体到历史积淀的过程，李泽厚认为，是原始人类由于制造工具，产生了原始的语言，又由于语言的使用形成了目的意识，并在目的意识的支配和控制下，进行了更高一级的制造工具的活动，即巫术—图腾—礼仪的发展脉络。通过这一次又一次具体的"积淀"活动，新内容不断加深、巩固而又突破，改变旧有的形式，使人的心理结构、心理本体不断生长、更新、变化，从而这心理形式也愈益稳固，主体性的人性结构也由此确立，即理性的内化（智力结构）、理性的凝聚（意志结构）和理性的积淀（审美结构）。"它们作为普遍形式是人类群体超生物族类的确证。它们落实在个体心理上，却是以创造性的心理功能而不断开拓和丰富自身而成为'自由直观'（以美启真）'自由意志'（以美储善）和'自由感受'

① 李泽厚：《美学四讲》，生活·读书·新知三联书店2004年版，第209页。
② 李泽厚：《主体性的哲学提纲之三》，见《李泽厚哲学文存》（下编），安徽文艺出版社1999年版，第654页。

（审美快乐）。"①由此可见，"积淀说"是试图解决人的理性（包括思辨理性和实践理性）从何而来的问题，而人的理性的最后根源在李泽厚看来就是实践——并且首先是使用—创造工具的实践，这就使李泽厚的"积淀说"具有了历史唯物论的基础。

"积淀说"主要来源于马克思的历史唯物主义的实践观，即人类的物质文明和精神文明成果主要是在"自然的人化"——人对外在自然以及人自身的自然的双重改造——的过程中逐渐累积和建构起来的理论观点。同时，李泽厚还借鉴了荣格的集体无意识说、克莱夫·贝尔的"有意味的形式"、苏珊·朗格的"情感的逻辑形式"以及格式塔心理学的"异质同构"来进一步阐释人类总体如何积淀在个体中以及理性如何积淀于感性中。

但是，"积淀说"还称不上完美无缺，而是存在着诸多问题。诸如积淀是生理过程还是心理过程，它如何可能？个体意识是集体实践的积淀物，是否意味着个体意识失去了独立性？正是这些问题引起了美学界的困惑和反诘。

"积淀"涉及的一个重要范畴是"新感性"。"新感性"这个范畴，是从李泽厚1956年提出的"美感的矛盾二重性"这一命题发展而来的。这个范畴最早见于李泽厚1984年整理的《美感谈》一文。这篇文章收录在他的《李泽厚哲学美学文选》一书中，后又经过补充、修订，在《美学四讲》中定型。

根据"积淀说"，在人类总体的社会历史实践的基础上，理性、社会、历史逐渐累积沉淀在感性、个体、心理中，"在感性而不只是感性，在形式（自然）而不只是形式"②，这就是美感的二重性，也即李泽厚后

---

① 李泽厚：《主体性的哲学提纲之二》，见《李泽厚哲学文存》（下编），安徽文艺出版社1999年版，第637页。

② 李泽厚：《美学四讲》，生活·读书·新知三联书店2004年版，第104页。

来提出的"新感性"："我所说的'新感性'就是指的这种由人类自己历史地建构起来的心理本体。它仍然是动物生理的感性，但已区别于动物心理，它是人类将自己的血肉自然即生理的感性存在加以'人化'的结果。这也就是我所谓的'内在的自然的人化'。"①"新感性"实质上并没有新的内容，所谓"新感性"，乃"'自然的人化'之成果是也"②。"新感性"是自然人化的成果，是原有理论的组成部分，而采用"新感性"的名称，体现了李泽厚对感性和建设情感本体的重视。李泽厚把美归结为积淀的感性形式："不同的只是，认识领域和伦理领域的超生物性质经常表现为感性中的理性，而在审美领域，则表现为积淀的感性。"③因此，"新感性"实际上就是对美感的定位。

那么，"新感性"具有什么特点呢？一方面，"新感性"是"感性的、直观的、非功利的；另一方面又是超感性的、理性的具有功利性的"④。一言以蔽之，"新感性"就是社会与自然、理性与感性、历史与现实、人类总体与个体的真正的、内在的、全面的交融合一。总的来说，"美感的矛盾二重性""新感性""积淀"这几个范畴之间是互相联系的，"美感的矛盾二重性"是"新感性"的理论基础，而"新感性"的提出又为其解释美感的形成提供了基本的途径，而它们二者又都可以在积淀的过程中得到解释和说明。当然，完全脱离感性去谈理性也不能产生美感，"人性应该是感性与理性的互渗，自然性与社会性的融合。这种统一不是二者的相加、凑合或混合，不是'一半天使，一半恶魔'，而应是感性（自然性）中有理性（社会性），或理性在感性中的内化、凝聚和积

① 李泽厚：《美学四讲》，生活·读书·新知三联书店2004年版，第95—96页。
② 李泽厚：《美学四讲》，生活·读书·新知三联书店2004年版，第105页。
③ 李泽厚：《美学四讲》，生活·读书·新知三联书店2004年版，第103—104页。
④ 李泽厚：《美学四讲》，生活·读书·新知三联书店2004年版，第104页。

淀，使二者合二而一，融为整体。这也就是自然的人化或人化的自然"[1]。那么，美感的二重属性又是如何融合在一起呢？康德的知性的理解和想象力的和谐运动的观点给了李泽厚深刻的启示。李泽厚说："康德讲审美是想象和理解的和谐运动，超感性而又不离开感性，趋向概念而又无确定概念，即指向某种概念，但不归结于某种概念。归结于概念便破坏或不能产生美感。因为，审美愉快是多种心理功能共同活动的结果。"[2]

李泽厚对"新感性"的论述，企图克服感性与理性的对立以及感性的局限性，但事实上这个"新感性"如何可能即如何从实践活动中产生并没有得到合理的论证。而且，审美也不能定位于感性（即使是新感性），而是超感性、超理性。因此，用"新感性"来命名审美活动并不准确恰当，这表明他还没有脱离鲍姆嘉登的"感性学"的窠臼。

五、美的本质：美是自由的形式

"自然的人化"揭示了美的本质：美是通过人类长期的社会历史实践形成的。因此，美是人的本质的对象化。在《批判哲学的批判——康德述评》这本书的初版中，李泽厚就说："美的本质与人的本质就是这样紧密联系着的，人的本质不是自然进化的生物，也不是什么神秘的理性，它是实践的产物。美的本质也如此。美的本质标志着人类实践对世界的改造。"[3]由此，李泽厚将美的本质与人的实践联系了起来，认为美的本质是实践的产物，也是人的本质的实现。在《康德哲学与建立主体性论纲》中，李泽厚又说："美的本质是人的本质最完满的展现，美的哲学是人的

---

① 李泽厚：《关于主体性的哲学提纲》，见《李泽厚哲学文存》（下编），安徽文艺出版社1999年版，第619页。

② 李泽厚：《美感谈》，见《李泽厚哲学美学文选》，湖南人民出版社1985年版，第381页。

③ 李泽厚：《批判哲学的批判——康德述评》，人民出版社1979年版，第105—106页。

哲学的最高级的峰巅；从哲学上说，这是主体性的问题，从科学上说，这是文化心理结构问题。"①接下来，在《美学四讲》中，李泽厚又将人的本质、美的本质与自由联系起来，并且归之于实践活动。他说："自由（人的本质）与自由的形式（美的本质）并不是天赐的，也不是自然存在的，更不是某种主观象征，它是人类和个体通过长期实践所自己建立起来的客观力量和活动。"②在《批判哲学的批判——康德述评》中，李泽厚从真善美之间的渗透交融的角度给美下了一个定义："通过漫长历史的社会实践，自然人化了，人的目的对象化了。自然为人类所控制改造、征服和利用，成为顺从人的自然，……自然与人、真与善、感性与理性、规律与目的、必然与自由，在这里才具有真正的矛盾统一。真与善、合规律性与合目的性在这里才有了真正的渗透、交溶与一致。理性才能积淀在感性中，内容才能积淀在形式中，自然的形式才能成为自由的形式，这也就是美。"③在真与善的统一过程中，李泽厚论述了美的内容与形式是如何产生的。他说："一方面，'真'主体化了，现实与人的实践、善、合目的性相关，对人有利有益有用，具有了社会功利的性质，这是美的内容；另一方面，'善'对象化了，实践与现实、真、合规律性相关，具有感性、具体的性质，'具有外部的存在'，这是美的形式。"④由此可见，"美"的内容是由"真"转化而来的社会功利性，"美"的形式则是"善"实现后所产生的感性存在。客观世界及其规律并不就是美的内容，只有当它们为人所认识、掌握，并为人类造福的情况下，才成为美的内容。同样的，

---

① 李泽厚：《康德哲学与建立主体性论纲》，见《李泽厚哲学美学文选》，湖南人民出版社1985年版，第162页。

② 李泽厚：《美学四讲》，生活·读书·新知三联书店2004年版，第60—61页。

③ 李泽厚：《批判哲学的批判——康德述评》，人民出版社1984年版，第415页。

④ 李泽厚：《美学三题议》，见《美学旧作集》，天津社会科学院出版社2002年版，第97页。

存在于人们主观意识中的观念也还不是美的形式，它们只有从观念转化为现实中真实存在的事物的形式后，才具有形式美。由此，李泽厚划分了社会美、自然美以及艺术美，并且认为社会美注重的是美的内容，自然美注重的是美的形式，艺术美则以其内容与形式的兼备和统一而成为最集中、最典型和最高的美。最后，李泽厚对美的本质做了一个判断："如果说，现实对实践的肯定是美的内容，那末，自由的形式就是美的形式。就内容言，美是现实以自由形式对实践的肯定；就形式言，美是现实肯定实践的自由形式。"[1]这就是李泽厚的"美是自由的形式"的命题的完整表述。

那么，物质对象的形式结构与主体的心理情感结构是如何对应的？李泽厚借鉴了苏珊·朗格的"情感的逻辑形式"和格式塔心理学的"异质同构"理论来解释这个问题。苏珊·朗格认为，艺术之所以能引起人们的审美愉悦，是因为艺术是"人类情感的符号形式的创造"[2]，而这种情感符号因为具有与生命的基本形式相类似的逻辑形式而激发人们的美感："如果要想使得某种创造出来的符号（一个艺术品）激发人们的美感，它就必须以情感的形式展示出来；也就是说，它就必须使自己作为一个生命活动的投影或符号呈现出来，必须使自己成为一种与生命的基本形式相类似的逻辑形式。"[3]格式塔心理学则认为，正因为审美对象的形式结构与审美主体的生理心理结构有某种"同构"关系，所以审美对象能够引起审美主体的审美愉悦感。

---

① 李泽厚：《美学三题议》，见《美学旧作集》，天津社会科学院出版社2002年版，第98页。

② 苏珊·朗格：《情感与形式》，刘大基、傅志强、周发祥译，中国社会科学出版社1986年版，第51页。

③ 苏珊·朗格：《艺术问题》，滕守尧、朱疆源译，中国社会科学出版社1983年版，第43页。

六、李泽厚"主体性实践美学"的意义

李泽厚在"主体性实践哲学"的基础上建立了"主体性实践美学"，这是他在新时期进行的理论创新。李泽厚及其"主体性实践哲学"和"主体性实践美学"的思想有三点重要的理论贡献：

第一，李泽厚在批判地继承康德主体性哲学的基础上，继承了马克思的实践哲学思想，建立了实践本体论和"主体性实践哲学"。他对主体性的发扬和对实践本体论的创造，突破了苏联哲学的框架，在中国具有历史意义。中国哲学一直追随苏联，把马克思主义哲学阐释为客体性的哲学即辩证唯物论和历史唯物论的二元结构，而李泽厚则恢复了马克思哲学的实践一元论，从而恢复了人的主体地位。

第二，李泽厚建立了"主体性实践美学"，打破了客体性的反映论美学的桎梏，推动了中国美学的现代转型。在第一次美学大讨论中，客观论主导的美学格局形成，主体性被遮蔽。而在20世纪80年代，李泽厚在继承马克思的实践论和接受康德的主体性理论的基础上，建构了主体性实践美学体系。这个理论反拨了苏联的客体性反映论美学，肯定了人在审美中的主体地位和创造性。因此，李泽厚的"主体性实践美学"成为中国现代美学史上的一个里程碑。

第三，实践美学也发挥了推进思想解放的社会作用。20世纪80年代形成的实践美学对中国思想学术界影响巨大，成为新启蒙运动的主要组成部分。主体性建构是启蒙运动以来近现代哲学的主题，也是现代社会得以形成的思想基础。改革开放以来，为适应现代社会发展需要，国人开始在新的历史条件下继续完成启蒙任务，重新建立人的主体性。美学也呼应了时代的需要，积极参与新启蒙运动，社会上形成了一个罕见的"美学热"，从而使美学成为争取人的解放与主体性实现的理论，在新时期，以"主体

性实践美学"为代表的启蒙主义美学成为思想解放的先锋，从而推动了启蒙任务的完成。

李泽厚美学也存在着一些根本性的缺陷。首先，他从实践活动出发，认为美是人类主体的物质实践活动的产物，就是在审美活动与实践活动之间画了等号。而实际上，实践活动与审美活动分属于物质生产和精神生产以及现实和超越两个不同的领域；而他所推断出的美必然具有现实性、群体性、客观性、理性（支配下的感性），抹杀了审美所具有的自由性、个体性、主客观同一性、超越性等特征。

其次，李泽厚的美学建立在"主体性实践哲学"之上，把美的本质等同于人的本质，美是主体性的胜利。这样，他就把自然、世界摆在了人类的主宰和控制之下的地位，造成人与自然、主体与客体的分离和对立，导致其美学思想具有主体性的弊端，遮蔽了审美作为自由的生存方式所具有的主体与世界的同一性。

再次，李泽厚认为美和美感是人化自然的产物，美感来源于人类的物质实践活动的积淀，虽然美和美感与人类一切社会属性一样要在人化自然活动的基础上才能形成，但人化自然并不是产生美和美感的充分条件，"人化自然"论并没有说明特殊的人类社会属性（美和美感）是如何形成的。实际上，所谓"自然的人化"，就是社会、文化，美当然也在内，但这个命题并没有说明美的特殊本质。

最后，李泽厚关于美的本质的定义——"美是自由的形式"，确定了美的自由性，但却仅仅把美归于形式。这种内容和形式的二分对于美并不适当，因为美作为审美对象已经克服了形式与内容的分离，实现了二者的同一（审美意象）。而且，物质生产实践并不是自由的活动，而是满足现实生存的实际需要的活动，它如何积淀为"自由的形式"在逻辑上和事实上都是个问题。

李泽厚的美学思想的缺陷，源于其根本理论架构的缺陷，一是李泽厚从美的起源中寻找美的本质，以对审美的文化历史考察取代审美本质的哲学思辨，缺失了美学的哲学性，特别是缺乏本体论的基础，而陷入人类学的有限视域，把美学人类学化。二是两个本体即工具本体与心理本体的设置，导致其美学的本体论基础二元化。他的"积淀说"把心理结构归于工具本体的派生物，从而否定了心理作为本体，导致体系产生内在矛盾。三是囿于西方近代哲学（包括康德哲学）的理性主义，把审美定位于理性积淀的感性，从而产生理性与感性、群体性与个体性的矛盾。李泽厚一直在这种矛盾的两端中游移、徘徊：实践论和"积淀说"肯定了审美的理性、群体性主导，而审美经验又肯定了审美的感性、个体性主导。他提出"新感性"企图解决这个矛盾，但其理论框架则否定了这种可能。

第三节　其他实践派美学家的美学思想

一、洪毅然的美学思想

洪毅然是我国资深美学家，其美学思想在民国时期就已经形成，之后跨越了1950—1960年的第一次美学论争时期和20世纪80年代的第二次美学论争时期。洪毅然出版的著作有《艺术家修养论》（1936）、《新美学评论》（1949）、《美学论辩》（1958）、《艺术教育学引论》（1979）、《大众美学》（1981）和《新美学纲要》（1982）等。

洪毅然的早期美学思想形成于20世纪40年代与蔡仪的争论中，其代表作是1949年出版的《新美学评论》。当时蔡仪的立场是："美是客观的，不是主观的；美的事物之所以美，是在于这事物本身，不在于我们的意识作用。但是客观的美是可以为我们的意识所反映，是可以引起我们的美感。而正确的美感的根源正是在于客观事物的美。没有客观的美为根据而发生的美感是不正确的，是虚伪的，乃至是病态的。"[1]而洪毅然不赞成这种机械唯物论的观点，他认为不能脱离主体来谈论美，美不是纯客观的，客观之物无所谓美与不美。他认为："蔡先生既相信在客观界中确有所谓'客观的美'或'美的存在'其物，因而图以事物的某种属性条件去规定美，以为美即事物本身某种一定特殊的属性条件，殊不知一切客观自在的事物本身，原皆无所谓美或不美，质言之，所谓'客观的美'或所谓'美的存在'实在只是一种想当然的东西，以非存在者为存在，矫枉过正的唯物论（非矫枉过正者当别论）且或必将自陷于观念论了。"[2]那么，美在何处呢？他认为，美在主客观交汇中，也就是"物我相接"中的一种评价。他说："蔡先生最大的错误是因为他要有意避免观念论，执着唯物论，而径向客观界去找客观界所本来没有的美。实际上美固不全存在于主观的意识中，亦不全存在客观的事物里面：盖因美既不是一类'物'，也不是物底'属性条件'，而乃物我相接——即物与我对，我感知物——的关系中所生出的一种评价。所以，说美存在于物中，亦正如说美存在于意识中一样地不妥当。""美为心物相接，心物合一之产品。美在心物相接，心物合一之时所存在。"[3]这样，他提出了自己的美的本质观。他既不认同"观念论者是观念的外射表现"，也不认同"唯物论者说是事物的自具属性"，而认为"吾人主观意识对于客观事物相接之一种偏于感觉上的评

---

[1] 蔡仪：《新美学》，群益出版社1951年版，第68页。

[2] 洪毅然：《新美学评论》，见李骅编选：《陇上学人文存·洪毅然卷》，甘肃人民出版社2010年版，第8页。

[3] 洪毅然：《新美学评论》，见李骅编选：《陇上学人文存·洪毅然卷》，甘肃人民出版社2010年版，第8、19页。

价。故曰：心物分离则无美"。①总之，洪毅然既反对主观论美学，也反对客观论美学，而主张主客观的融合一体论美学。

此外，洪毅然批评蔡仪的典型论。抗战时期蔡仪提出了典型论，他说："我们认为美的东西就是典型的东西，就是个别之中显现着一般的东西；美的本质就是事物的典型性，就是个别之中显现着种类的一般。于是美不能如过去许多美学家所说的那样是主观的东西，而是客观的东西，便很显然可以明白了。"②洪毅然认为，典型的事物不一定具有审美的属性，因为"他忽略了一个重要的事实：就是所谓'种类性充分显现于个别性中'的典型事物，往往可以是美的，也可以是不美的（丑亦有典型）。所以，我不否认事物有典型的与非典型的之分，然欲以事物的典型性释美，却不是充分圆满而正确的理论"③。

关于美感，洪毅然也不同意蔡仪的观点。蔡仪认为美感属于对美的认识，而认识是客观的反映。而洪毅然认为美感不是客观的认识、反映，而是特殊的情绪、直觉。他说："蔡先生谨守唯物论的认识论立场，当然主张反映说，主张典型事物'反映'于吾人的主观意识即构成美的认识。在这里蔡先生且严格区分美的认识与美感之相异，蔡先生认为美感只是伴随美的认识过程而有之一种特殊心理活动或状态，蔡先生不言'审美经验'（Aesthetic-experience）而言'美的认识'者，当然他之所谓美的认识属于'知'的范畴，而不属于'感'的范畴。"④洪毅然认为，美感的形成是

---

① 洪毅然：《新美学评论》，见李骅编选：《陇上学人文存·洪毅然卷》，甘肃人民出版社2010年版，第14页。

② 蔡仪：《新美学》，群益出版社1951年版，第68页。

③ 洪毅然：《新美学评论》，见李骅编选：《陇上学人文存·洪毅然卷》，甘肃人民出版社2010年版，第9页。

④ 洪毅然：《新美学评论》，见李骅编选：《陇上学人文存·洪毅然卷》，甘肃人民出版社2010年版，第9—10页。

"起于形相直觉，通过联想交替，而仍归于形相直觉，并伴生一种积极的情绪反应的，证悟的心理活动"①。

洪毅然的一个独特观点是把美的本质问题归于价值论，从而与蔡仪的认识论美学相对立。他认为，美的对象诉诸人的感官，就使人感受到它一定的审美价值。这种审美价值是客观的，不是人的主观评价，不以人的意志为转移。洪毅然认为美不是一种实体，而是一种价值。他强调了价值与实体的区别。洪毅然阐述说："若无客观条件为根据，美感既无由产生起来，自亦必无美或不美之可言了。所以美的本质实亦正如真和善的本质一样，是一种'价值'（Value），而不是一种'实体'（Reality）。"②他所说的价值，不是物的自然实用价值，而是社会功利价值，这种社会功利价值决定了对于美与丑的判断。他认为，"这就说明事物的自然实用价值不是决定美丑实质的内容。实质上，决定美丑实质的是它们的社会功利关系价值，美丑只是社会功利关系价值的形态表现。即美丑是社会功利关系形态；美是有利于审美主体的社会功利关系形态；丑是有害于审美主体的社会功利关系形态。它们都以事物的自然功利关系形态和自然物质形态为物质载体和存在条件"③。他把美归于价值论领域，纠正了认识论美学的客观性弊端，揭示了审美的价值论特性，这是其合理因素。但是他又认为审美价值是一种社会功利价值，这否定了审美的非功利性和超功利性。

1949年以后，洪毅然接受了马克思主义的改造，马克思主义的历史唯物论成为洪毅然后期美学思想的哲学基础。因此，他50—60年代的美学观

---

① 洪毅然：《新美学评论》，见李骅编选：《陇上学人文存·洪毅然卷》，甘肃人民出版社2010年版，第18页。

② 洪毅然：《新美学评论》，见李骅编选：《陇上学人文存·洪毅然卷》，甘肃人民出版社2010年版，第14页。

③ 穆纪光主编：《中国当代美学家》，河北教育出版社1989版，第619页。

与李泽厚的社会客观论相近，属于社会客观论美学一派。这个时期他的代表作是1958年出版的《美学论辩》。他认为，美存在于事物本身，不是由人的审美意识外射赋予审美对象的，不为人的主观意识所左右；美也不单单是物的自然属性，而是自然性与社会性的矛盾统一体。在20世纪50年代的第一次美学大讨论中，洪毅然对朱光潜、高尔泰以及蔡仪的观点都不赞成，都给以批判。洪毅然认为，朱光潜的"形相的直觉"说是主观唯心主义美学观点。对于高尔泰的"美在主观"的思想，他指出，其错误在于"主观唯心主义"。他同时认为蔡仪的自然客观论美学观具有"形而上学性与机械性"。

在20世纪80年代，洪毅然又以实践论来建构美学体系，这一时期其代表作是1982年出版的《新美学纲要》。他认为美是实践的产物，当"自在之物"经过人的社会实践的改造，就打上了人的烙印，成了"人化的自然"。因此，美就成了自然性与社会性的矛盾统一体，其中自然性是基础，社会性是决定因素。他说："自然界依自然史规律，在已出现其尖端产物——人类的新条件下，便自然而然生成为、发展演变成为人的（人类的）'无机的躯体'，亦即生成为、发展演变成为人的（人类的）生存环境、生活资料、生产对象。从而给它自己染上了人的（人类的）色彩，打上了人的（人类的）印记。"[1]那么，实践是如何生成美的呢？他从感觉的人化入手，考察一般的感觉是如何转化为美感的。他说，"感觉的人化，恰恰也正是并只能是在'自然的人化'与'人底本质力量对象化'之同一过程，相伴而生，逐渐形成"，同时"正是在这种人的'感觉'不断提高之基础上，相应地逐渐形成起来并不断地逐渐发展了人类所独有的审美

---

[1]　洪毅然：《再论自然的人化和美的规律——答王人恩同志》，《西北师院学报》（社会科学版）1986年第1期。

'感受——即'美感'（包括反面的丑感在内）"①。在这里可以看出，马克思《1844年经济学哲学手稿》成为他的理论根源，同时他的美学思想也与李泽厚的实践美学思想相一致，因此他们属于实践美学学派。

在80年代的第二次美学大讨论中，洪毅然除了对朱光潜、蔡仪的观点继续给以批判之外，对高尔泰的"美是自由的象征"的思想也予以批判，指出其错误"在于误认为客观事物的'美'，乃取决于体现'自由人性'的主观美感，误以'美'为'自由人性'的'对象化'"。②

关于美的本质，洪毅然的结论是"充实而有光辉之谓美"。他在1944年发文说："仅有充实的内容，而无光辉之外形不是美；同样地，光辉之外表如非发于充实之内容亦不美。美乃充实的内容所显现之光辉的外形。故曰'充实而有光辉之谓美'。"③他的讲稿《美是什么、美在哪里、美从何来》被收入1988年出版的《美学讲坛》第二辑，文中仍然说"美"应该用"充实而有光辉"来表述。孟子说过："充实之谓美，充实而有光辉之谓大。"（《孟子·尽心下》）他认为，"充实之谓美"其实说的是"善"；而后一句的"大"是内在的"善"的光辉，是内容和形式的统一，可以理解为"美"。④总之，我们可以这样理解，他的美的本质观就是善的内容与完美的形式的统一。

洪毅然美学思想前后期不同，其思想价值也不相同。前期美学思想主张美在物我相接之中，而且属于价值论的范畴，还主张美感是情绪性的直觉等，从而突破了苏联美学的认识论框架。与同期其他美学思想包括蔡仪

---

① 洪毅然：《新美学纲要》，青海人民出版社1982年版，第75—76页。

② 洪毅然：《"美是自由的象征"说质疑——与高尔泰同志论美》，《文艺研究》1988年第5期。

③ 洪毅然：《一得之愚》，《长歌》1949年第2期。

④ 洪毅然：《美是什么、美在哪里、美从何来》，见蔡仪主编：《美学讲坛》（第二辑），广西人民出版社1988年版，第30页。

美学思想相较，这一思想更为合理。20世纪50—60年代，其美学思想归属于李泽厚代表的社会客观论一派，强调了审美的社会性、客观性，前期的一些有价值的美学思想有所遗弃。80年代其美学思想又转向实践论，归属于实践美学一派，其学术个性没有得到突显。

二、蒋孔阳的美学思想

蒋孔阳，四川万县（今重庆万州区）人，1923年出生，是实践美学的代表人物之一。1956年中国美学界展开了第一次美学大讨论，他是主要参与者之一。从1957年到1959年，蒋孔阳陆续在《学术月刊》上发表了《简论美》《关于〈简论美〉的补充意见》《论美是一种社会现象》三篇文章，在国内美学界有相当的影响。蒋孔阳的美学研究思路受宗白华影响很大，强调融汇中西、贯通古今。20世纪60年代，蒋孔阳主要研究西方美学。20世纪70年代，蒋孔阳转向中国美学研究。20世纪80年代以后，蒋孔阳开始综合所学，推陈出新，建立了自己的美学理论。其代表作就是1993年出版的《美学新论》。

蒋孔阳的美学研究较为宽泛，美学理论的创新点又是融入在对不同美学问题的具体叙述之中，不同的学者对蒋孔阳美学核心的认识并不一致。高楠对蒋孔阳美学思想的概括是"总体把握审美关系的实践观点美学"[①]。这是对蒋孔阳美学思想的经典归纳，其关键词是"审美关系"与"实践"。但蒋孔阳的实践美学思想与李泽厚代表的主流的实践美学思想有一定的差别。美学家朱立元认为："可以把蒋先生的美学理论概括为：以实践论为基础、以创造论为核心的审美关系说。"[②]这里的关键词是"创造"，朱立元认为

---

① 高楠：《蒋孔阳美学思想研究》，辽宁人民出版社1987年版，第3页。

② 朱立元编：《当代中国美学新学派——蒋孔阳美学思想研究》，复旦大学出版社1992年版，第2页。

蒋孔阳的美学思想是一种创造论美学，这就突破了实践美学的限制。在朱立元看来，蒋孔阳的美学思想独立成派，是区别于客观派、主观派、主客统一派、实践派的中国美学的第五派。也有人认为蒋孔阳的美学体系是"以人生相为本、以创造相为动力、以美的规律和生活的最高原理为旨归的人生论美学思想体系"[①]，这里"人生论"又成为关键词。

　　蒋孔阳是以人对现实的审美关系作为出发点研究美学问题的。蒋孔阳作为一个美学史家，对中西美学史上关于美之本质的定义非常熟悉。他在研究了过往对于美之本质的界定以后，又结合实际的审美经验以及马克思主义理论，认为美首先是对人而存在的，离开了人就无所谓美，讨论美的本质的基础是弄清人的本质。人的本质是什么？这是一个千古难题。马克思理论的意义，就在于其找到了一条研究人之本质的路径，即从人与自然的关系中研究人，更具体地说是从人的创造性活动中研究人。人所创造的一些事物，体现了人之本质，在人的认知中它们就是美的。这个过程就是"人的本质力量的对象化"，实践是对象化的中介，对象化的本质就是一种关系。人对现实的审美关系，在此被转换为人的本质力量的对象化。人的本质力量的对象化的成果可以呈现为各种形态，例如数学理论或者劳动工具，审美艺术当然也是人的本质力量的对象化的最终成果。在艺术活动中，人的本质力量要成为一种形象——正如黑格尔的著名命题一样：美是理念的感性现象。综上所述，蒋孔阳认为："美的本质就是人的本质力量的对象化，就是一种充满了生命的形象，就是一种随着社会历史的发展而发展的客观的社会现象。三方面有机地统一起来，就成为美。"[②]他在另外一篇文章《美和美的创造》中说："美是一种客观存在的社会现象，它是人类通过创造性的劳动实践，把具有

---

① 郑元者：《蒋孔阳人生论美学思想述评》，《复旦学报》（社会科学版）1999年第4期。

② 蒋孔阳：《美在创造中》，广西师范大学出版社1997年版，第7页。

真和善的品质的本质力量，在对象中实现出来，从而使对象成为一种能够引起爱慕和喜悦的感情的观赏形象。这一形象，就是美。"①对照两个不同的表述，可以看到蒋孔阳将美界定为"人的本质力量的对象化"，附加的两个补充是：美是形象，美是社会现象。

蒋孔阳从人与世界的关系入手讨论美之本质，最终得出结论：美是人的本质力量的对象化。这个命题既是一个结论，也是一个起点。作为起点它还有待进一步解读，解读的重点就是"人之本质"究竟为何。"人之本质"是一个西方哲学的老问题，当笛卡儿提出"我思故我在"的命题之后，"我"就成为一切的起点。康德进一步分析了"我"的认知结构，发现其并不是固定不变的，从此"我"就成为有待进一步界定与说明的存在。蒋孔阳讨论人的本质的时候也是如此。在他看来，人的本质并不是一个既定的不可分析的存在，相反，这是一个最需要具体讨论与界定的存在。人的本质力量可以从两个角度思考：第一个是小写的个人的本质；第二个则是大写的人之类本质，或者说人之种属的本质。蒋孔阳是从个体入手讨论人之本质的，"人都有本质力量。每一个具有自我意识的人，都力图把自己的本质力量，通过实践的活动，最充分最彻底地表现出来"②。但是，如果仅仅停留在个性、个体的角度讨论人之本质，蒋孔阳的美学理论就不会如此备受瞩目了。蒋孔阳在讨论人之本质的过程中，引入了"创造"的概念，"人的本质不是先天的，而是在劳动实践过程中创造出来的。劳动没有止境，永远在创造之中，因此人的本质也没有止境，永远在创造之中。人的本质在创造之中，作为人的本质力量对象化的美，自然也永远处于创造之中"③。蒋孔阳美学最为重要的理论创新正在于此："我们

① 蒋孔阳：《美在创造中》，广西师范大学出版社1997年版，第13页。
② 蒋孔阳：《美学新论》，安徽教育出版社2007年版，第169页。
③ 蒋孔阳：《美学新论》，安徽教育出版社2007年版，第164页。

应当把美看成是一个开放性的系统，不仅由多方面的原因与契机所形成，而且在主体与客体交相作用的过程中，处于永恒的变化和创造的过程。美的特点，就是恒新恒异的创造。"①

"创造"是蒋孔阳美学理论最具特色的一个关键词，"美的创造"也是蒋孔阳最为关注的一个理论问题。蒋孔阳认为："美的创造，是一种多层累的突创（Cumulative emergence）。"②这个命题需要进一步解读才能明白其含义。"多层累"想要突出的是美的形成需要空间上的积累和时间上的绵延。"突创"则强调一个量变到质变的突然变化。这里所呼应的，就是蒋孔阳一再强调的美是一种社会现象。美的创造是一个非常复杂的过程，美的事物内在的结构也非常复杂。复杂的人类社会与心理演变，不同审美元素在历史之中的积累，催生了美的复杂性。美的复杂性正是社会复杂性的映射，其中的核心又在于人，人是复杂的社会关系的总和。

对"创造"的强调使蒋孔阳对美的定义，成为一个未完成的定义。其中人的本质力量在创造中不停变动，则审美也就随之不停变动。朱立元后来从蒋孔阳的创造论中得出了美是"生成"的结论，彻底否定了"美具有先验的本质"这一命题，而寻找不变的美的本质也成为一个徒劳的举动。但单就蒋孔阳的美学看，旗帜鲜明地否定不变的美之本质的倾向还不明显。蒋孔阳的美学理论中很多问题没有说透，展开得不够，留下了阐释的空间。

"实践"是蒋孔阳美学体系的第三个关键词。蒋孔阳讨论"创造"，更喜欢的是将其与"实践"结合在一起。与其他的实践美学家一样，实践也是蒋孔阳美学的根基。在人与现实的各种关系中，实用关系是处于第一

---

① 蒋孔阳：《美学新论》，安徽教育出版社2007年版，第131页。
② 蒋孔阳：《美学新论》，安徽教育出版社2007年版，第131页。

位的，人活着首先必须生产各种生活物质资料。而随着人类生产能力的提高，其他的关系开始从实用关系中分化出来，于是产生了审美关系。在蒋孔阳看来，实践是人的本质力量对象化的必经途径，讨论对象化问题，绕不开实践。人类通过劳动实践，可以直接地改造自然，这就是自然的人化。人化的自然才可以成为反映人本质力量的特别对象。当然，劳动实践只是人实践的一种类型。人还可以通过想象与幻想，将自然纳入人化的范围。这里，蒋孔阳与李泽厚对"实践"的界定就产生了差异。在李泽厚美学中，实践是物质性的改造力量。蒋孔阳则引用《1844年经济学哲学手稿》的原文："劳动的对象是人的类生活的对象化：人不仅像在意识中那样在精神上使自己二重化，而且能动地、现实地使自己二重化，从而在他所创造的世界中直观自身。"[1]他最终得出结论：对象化是以两种方式进行，一种是理论的方式，一种是实践的方式。在这种区分中，精神性也被纳入了实践之中。实践当然绕不开物质材料，实践式的对象化的结果就显示为形象。借由实践这种方式进行的人的本质力量对象化，最终美的产品也只能是形象。

　　蒋孔阳美学的最后归宿是人与人生。当然美学不是与人生的所有方面相连的，美学最为重要的内容是论证了人之自由。蒋孔阳认为美是人之本质力量的对象化，是实践的产物，其独特的自我展现方式即是形象，审美与艺术以具体的审美艺术形象展示人的本质力量。那么，更具体地说，美是什么样的形象呢？蒋孔阳认为，"美是自由的形象"[2]。他是从多个角度论证这个命题的：从美学与艺术的内部看，艺术的创作与欣赏是自由的，艺术的形式超越现实的束缚，具有自由性；从哲学的角度看，在审美中主

---

① 马克思：《1844年经济学哲学手稿》，见中共中央马克思恩格斯列宁斯大林著作编译局编译：《马克思恩格斯文集》（第一卷），人民出版社2009年版，第163页。

② 蒋孔阳：《美学新论》，安徽教育出版社2007年版，第183页。

客体相互转换、协调一致，客体不再表现为主体的界限与局限，客体的规律与人的目的合一，展现的也是自由；从美学史的角度看，自古美的理想就是自由的理想，特别在席勒与马克思的理论中，对这个问题讨论得最为深入。总之，"美的理想就是自由的理想，美的规律就是自由的规律，美的内容和形式就是自由的内容和形式"①。"自由"的概念最能体现蒋孔阳美学的人学特征。如果说蒋孔阳美学是一种人生论的美学，那么其中最为明显的标志就是对"自由"的推崇。

研究美学必然要涉及艺术，艺术理论是蒋孔阳美学体系中颇为重要的一个环节。蒋孔阳的很多文章是直接讨论艺术问题的。当然，这些艺术问题具有美学基础，是美学理论的具体化和延伸。在他看来，"艺术的本质与美的本质，基本上是一致的。美具有形象性、感染性、社会性以及能够实现人的本质力量的特点，艺术也都具有这些特点"②。甚至，美就是艺术的基本属性，创造艺术与创造美的规律也是一致的，即都是参照客观世界不同事物的规律性，结合个人目的与愿望，将自己的本质力量对象化，创造令人愉快的形象。另外，蒋孔阳也针对美感论、审美范畴、审美教育等问题发表过自己的观点。基础美学研究更能显示出蒋孔阳美学的理论创新性，蒋孔阳对美感、审美范畴、审美教育的讨论，在此就不展开介绍了。

蒋孔阳的美学思想属于实践美学，但也有自己的特点，即不仅强调人类实践对美的创造，也强调在具体的审美活动中美的"生成"性，从而避免了本质主义，而具有了开放性、灵活性。但实践论得出了"美是人的本质力量的对象化"的结论，而生成论则强调审美的生成性、创造性，这就产生了问题：人的本质和美的本质是在历史中创造的、生成的，那么是否

---

① 蒋孔阳：《美学新论》，安徽教育出版社2007年版，第192页。
② 蒋孔阳：《美在创造中》，广西师范大学出版社1997年版，第17页。

就没有规定性了？如果没有，如何成为本质？如果有，那是什么？这就留下了探索的空间。

三、刘纲纪的美学思想

刘纲纪（1933—2019），贵州普定县人，实践美学的代表人物之一。刘纲纪的美学研究主要集中于三个领域，第一个领域是中国美学史与中国书画理论，第二个领域是具有很强哲学倾向的美学原理，第三个领域是艺术理论。我们在此主要介绍的是刘纲纪在美学原理方面的研究。刘纲纪在这一方面的研究主要以论文的方式呈现，后来他将零散的论文又编成了两部论文集：《美学与哲学》（1986）与《传统文化、哲学与美学》（1997）。

刘纲纪美学思想的基本观点是："劳动创造了美，美是人在改造世界的实践创造中所取得的自由的感性具体表现。"[1]审美与艺术活动的终极目的，就是从必然王国飞跃到自由王国。这一观点是刘纲纪进行中西美学研究的理论成果，它在20世纪60年代就已经形成，但是直到80年代才完整地呈现出来。在刘纲纪看来，自由是对客观必然性的认识与支配，劳动则是人获取自由的关键因素，正是劳动使人能够满足物质生存的需要，进而支配周围世界。劳动使人自由，在劳动中就产生了美。人的劳动又是在一定的社会关系中展开的，人只有结成一定的社会关系才能进行生产劳动，因此"美作为人的自由的表现，同人的社会性分不开"，美是自由的感性表现，也是"人的社会性的高度完满的表现"。[2]

从美的完满性看，美学意义上的自由又与一般意义上的自由不同：首

---

[1]　刘纲纪：《美学与哲学》，湖北人民出版社1986年版，第2页。

[2]　刘纲纪：《美学与哲学》，湖北人民出版社1986年版，第17页。

先，"美学意义上的自由已经越出了物质生活需要满足的范围"①，不是饥饿的人填饱肚子之后产生的那种自由，而是更高级的精神需要得到满足的自由；其次，"美学意义上的自由是对客观必然性的一种创造性的掌握和支配"②，仅仅掌握自然或生产的规律不能体现美，循规蹈矩的劳动产生不了美，只有当对规律的掌握与个体的独创性结合在一起的时候，才会形成美；最后，"美学意义上的自由是个人与社会的高度统一的实现"③，个体生活在社会中，难免受到他人与社会的制约，而在审美中社会关系却不会成为否定个体自由的力量。刘纲纪认为自由是历史的具体的东西，人类从必然向自由的飞跃是一个漫长又复杂的历史过程，只有进入共产主义社会，自由才能真正完全地实现。

1956年，中文版的《1844年经济学哲学手稿》出版，刘纲纪"美是自由的感性表现"的观点受到了《手稿》的启发。1979年，蔡仪发表了《马克思究竟怎样论美》一文，文章主要就是围绕《1844年经济学哲学手稿》展开的，核心就是讨论"自然的人化"与"人的对象化"问题，这激发了刘纲纪的思考。刘纲纪不同意蔡仪的观点，自己也写了一篇《关于马克思论美》④的文章。在这篇文章中，刘纲纪开始集中讨论实践问题，认为"'自然的人化'和'人的对象化'的思想是马克思对美的看法的根本。而'自然的人化'和'人的对象化'在马克思看来是人改造世界的实践活动的结果，不是观念的、精神的活动的结果。这是马克思区别于也讲'自然的人化'和'人的对象化'的唯心主义者黑格尔的根本之点。所以，马

---

① 刘纲纪：《美学与哲学》，湖北人民出版社1986年版，第25页。

② 刘纲纪：《美学与哲学》，湖北人民出版社1986年版，第26页。

③ 刘纲纪：《美学与哲学》，湖北人民出版社1986年版，第27页。

④ 最早刊发于《哲学研究》1980年第10期，题名为《关于马克思论美——与蔡仪同志商榷》，后在其自编文集中将副标题删去。

克思的美学，完全可以称之为'实践观点的美学'"①。此后，刘纲纪讨论美的本质，基本观点没有变化，却开始转换论证角度，以实践替换了劳动，强调是人在实践中掌握必然，改造、支配世界。显然，"实践"概念相比"劳动"概念更具有哲学性。从实践角度看，刘纲纪认为"美"的东西，也就是"人类实践改造世界的产物"。②

"美是自由的感性表现"这一基本观点，在刘纲纪的美学思想中始终没有改变。20世纪80年代刘纲纪提出这个观点时，更多的是将其看作一个自明的命题、一个公理，刘纲纪对其进行了详细的叙述，却没有对命题的成立做详细的论证。或者说，80年代刘纲纪对自己提出的美学命题的论证过于粗糙与简单，只要命题符合马克思主义的某个理论，能够形成对照与呼应，就算是进行充分论证了。刘纲纪在阐述"美是自由的感性表现"时，以马克思的自由与必然的关系，以及马克思的劳动理论证明自己的命题正确合理，这种方法在80年代早期还能够被人接受。80年代中期，随着新启蒙运动的发展，随着理性工具普遍被人接受，刘纲纪则必须进行更符合理性的论证，才能使自己的观点站得住脚。于是，刘纲纪尝试从美感入手，进一步论证"美是自由的感性表现"。

刘纲纪认为，"美感是美的反映，那么美之为美的本质就必然要反映在美感的特征中"③；不同人所经验的美感必有一些共同特征，美感共同特征反映的是美的事物的共同特征，美的事物的共同特征就是美的本质。刘纲纪列出了美感三个方面的特征：第一，美感不是直接的功利欲望的满足；第二，美感和伦理道德有非常密切的关系，不过正如康德所说的"无目的的合目的性"一样，一般的伦理道德是个体欲望与自由的束缚，在审

---

① 刘纲纪：《美学与哲学》，湖北人民出版社1986年版，第47页。

② 刘纲纪：《美学与哲学》，湖北人民出版社1986年版，第69页。

③ 刘纲纪：《美学与哲学》，湖北人民出版社1986年版，第70页。

美中"欲望、要求的满足本身即是合乎于善的"①；第三，美感同科学的认识不能分离，但是与美、善的融洽合一类似，在审美中"客观的必然规律不是同个体的愿望、爱好、欲求等等相对立的，而是和它不可分地统一在一起的"②。在一系列的分析之后，刘纲纪最终得出结论："美感有一个重大的根本性的特点。那就是在日常的功利追求、道德评价、科学认识中明显存在的物质与精神、思维与存在、主观与客观的截然对立消失不见了，双方内在地互相渗透和统一起来了。正是对这种统一的感受，产生出了审美的愉快。"③日常生活中，人难免受到客观对象的支配，例如各种利益、欲望、道德、物理规律，被支配也就是不自由。在刘纲纪的论证中，审美使人摆脱了不自由、被支配的命运，"美"就是"人的自由在人所生活的感性现实的世界中的表现"④。另外，美是生活中二元对立的消解，这种消解不是对立双方的消失，而是冲突与对立的消失，美是一种融合的力量，因此美必然带有二重性。美是属于客体又属于主体的东西，是属于自然又属于人的东西，是属于个体又属于社会的东西。

刘纲纪认为："以实践为基础的马克思主义美学，应当把对美的哲学分析和心理学、社会学的分析内在地结合和统一在一起。"⑤刘纲纪提到了三个学科（哲学、心理学、社会学），但是在实际的理论建构中，刘纲纪主要还是从哲学与心理学，也就是从美的本质与美感两个方面入手讨论美学问题的。刘纲纪说："对美的本质的本体论方面的研究是必要的、不可忽视的。但在另一方面，由于美本来是通过人的社会实践而发生的主体的

① 刘纲纪：《美学与哲学》，湖北人民出版社1986年版，第73页。
② 刘纲纪：《美学与哲学》，湖北人民出版社1986年版，第74页。
③ 刘纲纪：《美学与哲学》，湖北人民出版社1986年版，第74页。
④ 刘纲纪：《美学与哲学》，湖北人民出版社1986年版，第75页。
⑤ 刘纲纪：《美学与哲学》，湖北人民出版社1986年版，第138页。

客体化，人的自由的物化、对象化，因此，如果不从主体心理的方面去分析美，美的本质就常常会显得十分抽象而不可捉摸，同人们日常的审美经验离得很远。"①从刘纲纪的论述中可以看出，哲学与心理学、美的本质与美的心理（美感）是对应互补的两个方面。从刘纲纪美学的整体看，他在80年代早期提出自己的基本美学观点，论证较为欠缺。80年代中期，刘纲纪开始丰富论证这一环节，可以选择的路径也只能是从美感或者说审美心理入手。80年代后期，刘纲纪的学术研究兴趣又发生转变，开始深入讨论马克思主义哲学，特别是本体论问题。他提出了"实践本体论"这一概念，影响很大。他的美学思想最终也被冠以"实践本体论美学"之名。

　　刘纲纪将本体论区分为自然本体论与人的本体论，这种区分有二元论之嫌，也体现了苏联哲学物质本体论（辩证唯物论）与社会存在本体论（历史唯物论）的分立。他认为，"就整个马克思主义哲学而言，它的突出的、主要的贡献仍然是在人的本体论方面。这个贡献的根本之点，在于第一次指出了人类的物质生产实践是人类全部历史产生、存在和发展的根基、本原，从而科学地解决了人的本体这个重大问题"②。将之具体地展开来说，人是从自然发展而来的，人的本体问题是建立在确认"世界的本原是自然"这个基础之上的。这个命题呼应了马克思主义的唯物主义本质。"物质生产实践是'自然界生成为人'的基础"，一方面物质生产实践可以使人获取物质生活资料，满足生存需要，进而支配自然；另一方面，"物质生产实践不是单个人的活动，而是结成一定社会关系的人们协同进行的活动。"③前者使人获得了自由，后者使人成为社会性的人。"自由和

---

① 刘纲纪：《美学与哲学》，湖北人民出版社1986年版，第143页。

② 刘纲纪：《传统文化、哲学与美学》，武汉大学出版社2006年版，第96页。

③ 刘纲纪：《传统文化、哲学与美学》，武汉大学出版社2006年版，第98页。

社会性是人的本体的两个内在地联结在一起的本质的规定性。"①人的本体既然由人的实践所产生和决定，就不应是传统西方形而上学的神秘存在。人的本体不是一个超验的先在的存在，而是实践的创造，因此人类的任务就是充分发挥实践和精神的主体性，"把人的本体在最丰富、全面、圆满的形态上创造出来"②。刘纲纪认为人具有一种对自己的存在意义与价值进行反思的意识，这种意识就是人的本体意识。显然，创造最丰富、全面、圆满的人的本体，需要唤起和培育人的本体意识。"这种意识的特征在于它是对自由与必然、个体与社会的矛盾统一的精神体验与反思，其核心是感性的个体如何从他的必然的、社会的存在中达到自由。"③在刘纲纪的思想体系中，审美的功用就是使人从必然王国走向自由王国，在此实践本体论就与美学联系到了一起，美学成为刘纲纪实践本体论延伸的一个具体方面。

　　刘纲纪的美学思想特点有二：其一，他明确地指出马克思主义哲学包含实践本体论，并且在这个基础上建构实践美学。在这一方面，他比李泽厚和其他一些实践美学家更为彻底。其二，他在建构实践本体论和实践美学思想时，充分参考了海德格尔、萨特、雅斯贝尔斯、尼采、维特根斯坦等人的哲学思想，因而视野较为开阔。但较为可惜的是，刘纲纪对西方哲学家，特别是存在主义哲学家的一些解读和批判有片面和不准确之处。此外，刘纲纪美学思想面临着实践美学的共同问题，包括：实践是自由的吗？实践是否决定了审美的本质？审美是否是主体性的活动？审美的自由性可否归因于主体性？等等。

---

①　刘纲纪：《传统文化、哲学与美学》，武汉大学出版社2006年版，第99页。

②　刘纲纪：《传统文化、哲学与美学》，武汉大学出版社2006年版，第100页。

③　刘纲纪：《传统文化、哲学与美学》，武汉大学出版社2006年版，第102页。

第四节　新实践美学

一、新实践美学的发生

新实践美学形成于20世纪90年代的第三次美学论争中。李泽厚于20世纪80年代开创了实践美学一派，与此同时，针对李泽厚美学的批评也产生了，而这种批评不仅来自苏联的客观论美学一派，还来自西方美学的一派。早期针对李泽厚美学的批评尚缺乏理论深度与广度，主要针对其"积淀说"，而没有涉及实践美学的整个体系，也没有进行本体论的论述。20世纪90年代初期，实践美学内部对李泽厚美学思想也有局部的反思和批判，例如陈炎的《试论"积淀说"与"突破说"》（1993）与朱立元的《对"积淀说"之再认识》（1993），但还没有根本性的批判。1993年，杨春时开始了对实践美学的根本性批判，以后实践美学为旗帜，联合潘知常、张弘等美学家，掀起了第三次美学论争。其间朱立元、张玉能、刘纲纪、邓晓芒、易中天、徐碧辉等实践美学家与后实践美学家展开了一场持续多年的论争，触及了关于实践论、主体论与存在论、主体间性等根本问题。这场论争揭示了实践美学的不足之处，促进了实践美学的发展。易中天认为："杨春时先生对实践美学（准确地说应称之为'旧实践美学'）的批评，应该说是相当有力的。"[1] 张玉能认为自己"从后实践美学的驳诘和质疑之中看到了实践美学本身的一些不足之处"[2]。朱立元也觉得杨春时等人"对实践美学的批评有一定的合理性，也开始认识到，李泽厚的实践

---

[1]　易中天：《走向"后实践美学"，还是"新实践美学"——与杨春时先生商榷》，《学术月刊》2002年第1期。

[2]　张玉能：《新实践美学论》，人民出版社2007年版，导言第3页。

美学的某些重要方面确实存在着薄弱环节和缺陷"①。经过批评与论争，一批实践美学家开始反思与重建实践美学，并且打出了"新实践美学"的旗号，最终形成了新实践美学学派。

新实践美学的产生，不仅缘于对实践美学缺陷的反思，也缘于思想环境的变化：第一，后实践美学的生存论与存在论美学突破了实践论的框架，冲击了实践美学的本体论；第二，海德格尔学说等现代哲学资源及20世纪哲学的转向，也引起了实践美学家的反思。因此，新实践美学之"新"，并不仅仅是具体理论的"创新"，更是整体理论视野的"更新"。特别是后面一点，使新实践美学家与传统实践美学家区别开来。

新实践美学旗下的美学家主要有邓晓芒、易中天、朱立元、张玉能等；尤西林虽然也服膺实践美学，但较早就对李泽厚美学的一些观点有异议，因此也属于新实践美学阵营。

二、邓晓芒、易中天的"新实践美学"

邓晓芒1948年出生于东北，在湖南长沙长大。他主攻康德哲学，也涉及美学，与易中天合著出版了《走出美学的迷惘——中西美学思想的嬗变和美学方法论的革命》（1989）。易中天1947年出生于湖南长沙，长期从事美学研究。20世纪90年代，后实践美学与实践美学论争日趋激烈，邓晓芒与易中天也加入了论争，提出了"新实践美学"。一方面，邓晓芒和易中天在与后实践美学的论争中，坚持了实践美学的基本信念，包括实践具有本体论的地位、实践是自由的活动、"劳动创造了美"、"美是人的确证"等。同时，针对后实践美学，他们还提出实践包含精神因素、具有超越性等论点。他们虽然倡导"新实践美学"，但其哲学基础仍然是实践哲

---

① 朱立元：《走向实践存在论美学》，苏州大学出版社2008年版，第5页。

学，其基本主张与实践美学并无根本差别。它与实践美学的区别主要是对"积淀说"的抛弃以及把精神活动也归入实践范围等。他们的基本思想在与杨春时等后实践美学家的论争中明确地表达出来，也受到了后实践美学家的批判，被认为并没有走出实践美学的窠臼，与旧实践美学相比并没有根本性的创造。①

在20世纪80年代末期，邓晓芒、易中天就看到了李泽厚美学中存在的问题，认为："李泽厚对实践的理解将实践中的主观方面排除掉，就使实践成为一种不自由的、物化和异化了的丑陋的活动（'卑污的犹太人式的活动'），从而与美、与人对美的自由的创造和欣赏处于格格不入的状态。"②基于对实践美学的反思，两人实际早就属于新实践美学派了。1989年出版的《走出美学的迷惘——中西美学思想的嬗变和美学方法论的革命》正是集中地体现他们"新实践美学"思想的著作。

《走出美学的迷惘——中西美学思想的嬗变和美学方法论的革命》一书分为五个部分。第一部分写美学的起源，以及区分了黄（中国）与蓝（希腊）两种文明形态；第二部分与第三部分，分别写西方美学与中国美学的发展历史；第四部分写现代美学；第五部分集中提出了自己的美学观点，即新实践美学大纲。邓晓芒与易中天的逻辑思路是："美学之谜实际上就是人学之谜。"③考察人类及其文明的本质可以作为考察审美本质的途径。这种考察要进入历史的维度，依据马克思主义理论，逻辑和历史具有

---

① 参看杨春时《"新实践美学"不能走出实践美学的困境——答易中天先生》及《实践乌托邦批判——兼与邓晓芒先生商榷》，见杨春时：《走向后实践美学》，安徽教育出版社2008年版。

② 邓晓芒、易中天：《走出美学的迷惘——中西美学思想的嬗变和美学方法论的革命》，花山文艺出版社1989年版，第386页。

③ 邓晓芒、易中天：《走出美学的迷惘——中西美学思想的嬗变和美学方法论的革命》，花山文艺出版社1989年版，第5页。

一致性，"美的本质隐藏在一个很深的逻辑层次内，只有通过人类历史上漫长的探寻，才能逐渐接近它"①。这种探寻可以采取一种特别的方式，就是中西比较的方式，在中西两条文明线索的相交点上，或者说在具有可比性的那个点上，就可以找到当代审美意识的理论突破口。

如何弥补当前美学的欠缺，邓晓芒与易中天给出的答案就是建立新实践美学。为此他们专门列了一个新实践论美学大纲，认为"美学的实践论观点在西方有自康德以来人本主义美学的思想渊源，有马克思主义的范畴、概念作为严密的理论形式，如果能与中国古代重情感、重体验的美学传统结合起来，将有可能造就出一种'中国式'的马克思主义美学体系"②。具体地说，这个新实践论美学包含三个原理与一个结论。

第一个原理是关于"美的本质定义"，其中包含三个更加细致的定义："定义1：审美活动是人借助于人化对象而与别人交流情感的活动，它在其现实性上就是美感。定义2：人的情感的对象化就是艺术。定义3：对象化了的情感就是美。"③这一系列关于美的本质的定义，后来被概括为"艺术本质传情说"，也成为邓晓芒美学思想的标签。从定义中可以看到，邓晓芒的基本思想仍然是马克思《1844年经济学哲学手稿》的人化自然、人的本质的对象化等思想。邓晓芒曾说："我在马克思这部手稿上花了相当大的功夫，几十遍地阅读，对于有些段落还对照德文原版反复地作过校订。我感到我终于为自己早年的朴素的美学观点找到理论上精确的表达了，这就是马克思关

①　邓晓芒、易中天：《走出美学的迷惘——中西美学思想的嬗变和美学方法论的革命》，花山文艺出版社1989年版，第17页。

②　邓晓芒、易中天：《走出美学的迷惘——中西美学思想的嬗变和美学方法论的革命》，花山文艺出版社1989年版，第401页。

③　邓晓芒、易中天：《走出美学的迷惘——中西美学思想的嬗变和美学方法论的革命》，花山文艺出版社1989年版，第471页。

于‘人的本质的对象化’和对象、自然界的‘人化’的思想。"①邓晓芒所特别强调的是对象化的目的，即交流情感。情感在此就被凸显了出来，在他看来"审美不是审物，而是审人"②，人的情感才是审美的核心。在分析人类的普遍情感时，邓晓芒引入了现象学的一些观念，他指出"情感是社会性的，它一定是指向某个对象的内心体验，用现象学的术语来说，它是一种‘意向性’（intentional）的内心体验。"③而情感的交流需要一个审美化的中介，这就是美感，美感也是情感对象化的成果，绕口一点说则是"对情感的情感"。④这里把人的本质对象化的内涵界定为情感的交流，把人的本质与情感等同起来，实际上也存在一定的问题。

新实践论美学的第二个原理是"艺术与美的辩证法"，其实质指的就是艺术与美、美的创造与艺术品没有本质区别，"作为过程，情感的对象化就是艺术，亦即美的创造；作为结果，对象化了的情感就是美，亦即艺术品"⑤。第二个原理实际就是第一个原理的略微展开与推演。

新实践论美学的第三个原理"审美标准"，表述为："美感是一切审美评价（从价值论来看）和审美判断（从认识论来看）的最终标准，它并没有真正的‘客观’标准的依据，而只能是主观的、相对的"⑥。这充分肯定了

————————————

①　邓晓芒：《西方美学史纲》，武汉大学出版社2008年版，第184页。

②　邓晓芒、易中天：《走出美学的迷惘——中西美学思想的嬗变和美学方法论的革命》，花山文艺出版社1989年版，第473页。

③　邓晓芒、易中天：《走出美学的迷惘——中西美学思想的嬗变和美学方法论的革命》，花山文艺出版社1989年版，第447页。

④　邓晓芒、易中天：《走出美学的迷惘——中西美学思想的嬗变和美学方法论的革命》，花山文艺出版社1989年版，第451页。

⑤　邓晓芒、易中天：《走出美学的迷惘——中西美学思想的嬗变和美学方法论的革命》，花山文艺出版社1989年版，第479页。

⑥　邓晓芒、易中天：《走出美学的迷惘——中西美学思想的嬗变和美学方法论的革命》，花山文艺出版社1989年版，第488页。

审美的主观性，与主流的实践美学强调美的社会客观性已经大不相同。

其最终的结论则是：美学是一种哲学化的人学，"美学是关于美的学问，也就是关于人的学问。因为美是人的本质力量一个方面的体现，而且是最完整、最现实的一个方面的体现"①。

在《走出美学的迷惘——中西美学思想的嬗变和美学方法论的革命》之后，易中天分别于1992年、2001年出版了《艺术人类学》《人的确证——人类学艺术原理》两本著作。后一本虽然是与他人合著，但主要的观点还是来自易中天。《艺术人类学》采用的理论方法来自格罗塞。格罗塞（Ernst Grosse，1862—1927）是19世纪的德国人类学家、艺术史家、社会学家。他将哲学化的美学研究与艺术研究分离开来，认为应该以人类学式的科学的实证方式研究艺术问题，被看作是现代艺术社会学的奠基人之一。1894年出版的《艺术的起源》是格罗塞的代表作。格罗塞的艺术研究正是他所处时代的整体氛围的体现。当黑格尔以庞大的形而上学体系将哲学从一个角度推向极致以后，形而上学式的哲学就不得不艰难应对现代科学的拷问。特别是在以孔德、涂尔干为代表的强调客观性与实证性的社会学与人类学兴起以后，美学研究的科学主义转向就又增添了一个新方向。20世纪80年代的中国美学界，一度特别推崇心理学美学，邓晓芒与易中天也深受其影响。在《走出美学的迷惘》一书中，邓晓芒与易中天强调中国美学向西方美学传统的逆转不彻底，缺乏真正的科学精神。显然易中天以人类学作为切入点，以格罗塞的思路研究美学，也是回应之前提出的问题。当然，在这个过程中，易中天对格罗塞的思路进行了马克思主义式的改造，也加入了许多自己的思考。易中天对于艺术本质的思考，所立足的还是马克思主义逻辑与历史一致的这一基本观点。易中天认为，艺术的本

---

① 邓晓芒、易中天：《走出美学的迷惘——中西美学思想的嬗变和美学方法论的革命》，花山文艺出版社1989年版，第500页。

质在历史和文明的演进中常常被许多似是而非的学说、理论、常识、成见
扭曲与掩盖，要通过人类学还原，"即是说，要通过对艺术原始形态的描
述和对艺术发生机制的考察"①，揭示艺术最原初同时也有可能是最内在和
最本质的规定性。

易中天认为原始人的一个重要行动就是走出自然界，或者说将自己从
自然界的其他事物中分离出来。劳动是这个过程发生的契机，自我意识则
是其心理标志。人类的种种对自我身体的具有美感的装饰，就是"人类从
自然向人生成的标志，或者说，是人类告别自然界的标志"②。但是，自然
界的力量太强大了，人很可能再次融入自然，失去自我意识。所以在人的
一生中，必须不断通过各种方式确证自己为人，不断获得自我确证感。自
我确证必须依托一个他者，"人的自我确证是一种对象化活动"③，最基本
的自我确证方式就是实践。但是，实践活动，特别是劳动实践，往往是功
利化的，不是专门为了获得自我确证而进行的活动。于是人类创造了一个
精神的、物态化的、观念形态的对象世界来确证自我，"这个专门为自我
确证感的获得而创造出来的精神产品和观念世界，就是艺术"④。自我确证
最初级的形态是人体的装饰，随后才出现了图腾、神话以及原始艺术。这
里把审美界定为自我确证，明确地显示了其主体性、自我论倾向，而这与
实践论相抵触，因为实践不能归于自我确证：按照马克思主义的观点，人
是在社会实践中生成并且得到规定的。

"艺术本质确证论"提出之后，就成为易中天分析艺术问题的基础性
原理。在2001年出版的《人的确证——人类学艺术原理》一书中，易中天又

---

① 易中天：《艺术人类学》，上海文艺出版社1992年版，第18页。

② 易中天：《艺术人类学》，上海文艺出版社1992年版，第58页。

③ 易中天：《艺术人类学》，上海文艺出版社1992年版，第60页。

④ 易中天：《艺术人类学》，上海文艺出版社1992年版，第74页。

从生存论的角度重新论证了这个命题。首先提出人的生存需要是最基本的需要；但是人之所以为人，还有更具精神性与人类特性的需要。"人的确证，是人独有的一种需要。这种需要当然是必须满足的。它甚至是一件必须专门也值得专门去做的事情。艺术要做的，就是这样一件事情。"[①] 艺术就是人类自己制造的、专属内在心灵的、用以自我确证的镜子。与劳动实践等其他镜子不同，情感是艺术这面镜子主要反射的内容，或者说，艺术的任务就是"通过情感的传达实现人的确证"[②]。人的情感，特别是更加抽象的情调，是无法通过普通方法把握的，艺术"最直观的本质特征"就是"情感的对象化形式"。[③] 在艺术中，情感与情调就有了形式，有了质感。邓晓芒与易中天对于人以及人的情感的强调，包括美学即人学的结论，都具有主体性的倾向，而且都把人的本质对象化界定为情感的对象化。

邓晓芒、易中天发现了实践美学的某些不足，对实践美学有所改造，特别是肯定了审美的非实践因素，揭示了实践的物质性与审美精神性的矛盾。但他们没有解决的问题，仍然是实践美学的根本问题，即实践是否是审美的依据的问题，具体而言就是他们提出的"美是人的自我确证"问题。而他们对"实践"概念的扩展，则与实践论的本义相悖，并没有弥补实践美学的固有缺陷。

二、张玉能的新实践美学思想

张玉能，1943年生，主攻西方美学，也涉猎美学原理。在后实践美学

---

① 易中天、陈建娜、董炎等：《人的确证——人类学艺术原理》，上海文艺出版社2001年版，第45页。

② 易中天、陈建娜、董炎等：《人的确证——人类学艺术原理》，上海文艺出版社2001年版，第69页。

③ 易中天、陈建娜、董炎等：《人的确证——人类学艺术原理》，上海文艺出版社2001年版，第74页。

与实践美学的论争中，张玉能最早站在实践美学的立场上，与杨春时、潘知常、张弘等人展开了长期的论辩。在论争中，他坚持了实践美学的基本观点，包括实践是审美的根据、实践具有自由性、实践创造了美、实践规定了美的性质等。另一方面，在论争中，张玉能也看到了实践美学的某些缺陷和发展的必要性，对实践美学的一些观点提出了修正，进而加入了新实践美学阵营。他提出了自己的某些新的观点：

第一，张玉能认为："实践美学要发展，就必须有新的开拓和深的开掘。在这种情势之下，开拓审美人类学，深化人生论美学，并且使二者有机地统一起来，应该是实践美学的发展方向。"[1]在张玉能看来，人类学虽然包含着不同的方面，也有专门的研究领域，但是"审美是人类的根本属性，或者说，审美是区别人与动物的最重要的特性"[2]。从这个角度看，建构审美人类学是有根据的。同时，美学研究必须以人本身为中心，所以也离不开对人的研究这个根基。欧美的现代主义与后现代主义美学，实质上就是从人类学本体论的立场研究人与现实的审美关系。只不过，西方的研究由于没有看到实践才是人类安身立命的基础，所以没有从根本上阐明审美关系和艺术的内在本质。真正的审美人类学应该以实践为基础，从人对现实的审美关系出发研究人的本质和特质，这种研究带出了人生论的维度，从中可以看到审美人类学与人生论美学的统一。

第二，为了论证新实践美学的合理性，他扩展了"实践"概念。张玉能认为以往的美学家将实践理解成了一个封闭的概念，实际上"实践本身是一个多层次累积的结构；所谓实践的开放性就是，实践并不是一个一成

---

[1]　张玉能：《审美人类学与人生论美学的统一》，见《新实践美学的传承与创新——张玉能自选集》，华中师范大学出版社2011年版，第28页。

[2]　张玉能：《审美人类学与人生论美学的统一》，见《新实践美学的传承与创新——张玉能自选集》，华中师范大学出版社2011年版，第28—29页。

不变的结构，而是随着时间和空间及具体条件不断调节和变化的、恒新恒异的结构"①。李泽厚认为实践是物质生存劳动，而张玉能提出实践不仅包括物质生产，还有精神生产以及话语生产。其中话语生产是在物质生产与精神生产基础上的生产，以语言为手段，处理人与社会（他人）的关系，是一种具有实践本体论意义的活动。将物质生产、精神生产、话语生产按照发展程度排列，则物质生产可以看为获取性实践，精神生产可以看为创造性实践，话语生产则可以看为自由（创造）性实践，而自由的实践创造了美。②他企图通过对"实践"概念的扩展，消除实践的物质性与审美的精神性的差别，从而解决实践美学的一个根本问题。但随之产生的问题是，把实践的含义扩展到精神领域，就与马克思主义的实践论相冲突，这对于声称坚持马克思主义实践观的新实践美学是一个难以解决的问题。

第三，张玉能从实践美学的角度重新界定了传统的美学范畴——优美、崇高、幽默、滑稽、丑。从功能的角度，张玉能仔细分析了"实践"的概念，认为实践"有肯定性的建构功能，转换性的转化功能，否定性的解构功能，它们对应着实践的自由，准自由和不自由，反自由，也就在审美的领域相应地产生柔美（优美），刚美（崇高）和幽默、滑稽，丑"③。实践的建构功能，即实践改变与创造世界的功能，又可以分为物质生产、精神生产、话语生产这样具体的三大类。创造性实践与自由性实践是人类社会达到高级文明程度才有的实践，也是实践发展的最终目标。精神性的自由性实践超越物质生产与功利目的，创造出来的就是柔美形态的审美王

---

① 张玉能：《新实践美学论》，人民出版社2007年版，第4页。

② 张玉能：《实践的建构功能与文学艺术》，见《新实践美学的传承与创新——张玉能自选集》，华中师范大学出版社2011年版，第50—51页。

③ 张玉能：《实践的建构功能与文学艺术》，见《新实践美学的传承与创新——张玉能自选集》，华中师范大学出版社2011年版，第50页。

国。张玉能认为实践的另一个重要功能是转化："所谓实践的转化功能，是指人类的社会实践在遇到矛盾、冲突的情况下促使实践本身向积极的或消极的方向展开的功能，它显现为实践的准自由或不自由。"①实践的准自由又可看作是潜在自由，即现在虽然实现不了自由，却在未来必定实现。对应审美则体现为刚美（崇高）。悲剧也是实践的转化功能的结果，不过它更集中，主要体现在激烈的社会冲突中。实践的转化功能还可以展现实践的不自由状态，此时对象的本质或内容是美的，现象或形式显示为丑，形成了一种不合常情常理的倒错，最终的结果就是幽默滑稽的产生。另外，实践还有解构功能："实践的解构功能就是实践破坏、扭曲、否定现实世界及其存在事物的功能。"②实践的解构功能与实践的反自由是对应的，反自由的形象显现就是丑。丑是美的反面，美是实践自由的形象，自由与反自由也正彼此相反。这里提出了"实践的准自由或不自由"的性质，而这与他对实践自由性的规定相冲突；还有"实践破坏、扭曲、否定现实世界及其存在事物的功能"，也与实践创造现实世界、肯定人的本质的规定相冲突，从而产生了逻辑上的矛盾。

　　第四，针对杨春时批判实践美学的主体性以及其提出的审美的主体间性思想，张玉能认为，实践不是主客对立的活动，实践把主体与客体联系起来，从而消除了主客对立。这意味着新实践美学企图在实践哲学的框架内接受主体间性理论。张玉能看出了实践把主体与世界联系起来的一面，但是抹杀了更为主要的一个方面，那就是实践是依据主体的意志而改造世界的活动，具有主体性。而且，实践不能消除主客对立，而是产生了主客对立，因为在实践发生之前的原始社会，脱离自然的主体和社会还没有发

---

① 张玉能：《新实践美学论》，人民出版社2007年版，第41页。

② 张玉能：《新实践美学论》，人民出版社2007年版，第49页。

生，人与世界的对立也没有发生，它们都包容在自然的襁褓之中；实践活动创造了主体，也创造了人的对象，产生了主体与客体的分化。

总之，张玉能发现了实践美学的一些重要缺陷，也力图为实践美学做补充，但这些新的观点与传统实践哲学发生了矛盾，从而产生了新的没有解决的问题。特别是他扩展了"实践"概念，把精神活动和话语活动也算作实践活动。这样，如果实践可以包括精神活动和话语活动，那么还有非实践活动吗，还有理论、思想与实践的区别吗？所谓理论指导实践、实践检验理论岂不成了自己指导自己、自己检验自己吗？

三、尤西林的实践美学思想

尤西林，1947年出生，四川成都人。尤西林的研究范围很广，首先是美学，但不限于美学。1982年在《学术月刊》上发表的《关于美学的对象》一文是尤西林早期最为重要的论文之一。《关于美学的对象》依据马克思实践劳动本体论，将审美划分为现实存在美与艺术静观美。此文以"舞蹈者"与"观舞者"为喻，强调"审美本体状态"是非对象化的内在生理与心理活动，而"流行的审美观念"是外在对象化的形式静观，后者实际成为以艺术为标本的艺术学。[1]这也是国内外流行美学的最大误区。因此，他提出需要区分美学与艺术学。此文同时批评了实践美学的基础形式——"积淀说"。他的《禅与现代人的主体性问题》[2]通过阐释禅宗非对象性本体，对李泽厚的积淀说展开了更深入的批评。这表明尤西林在坚持实践论的同时，对李泽厚代表的实践美学已经有所反思。后来尤西林的研究从美学扩展到人文科学，再后来又将人文科学反思与现代性问题融合在了一起。2009年，他出版

---

① 尤西林：《关于美学的对象》，《学术月刊》1982年第10期。

② 尤西林：《禅与现代人的主体性问题》，见"文化：中国与世界"编委会编：《文化：中国与世界》（第四辑），生活·读书·新知三联书店1988年版，第279—313页。

了自己的美学专著《心体与时间——二十世纪中国美学与现代性》，讨论美学的视角和方式与主流美学研究不大相同，这引起了美学同行的关注。书中以现代性为线索，重新梳理了20世纪的中国美学研究，对现代性、现代人、中国现代美学均进行了深入反思，是一部以美学为核心的思想史。

　　《心体与时间——二十世纪中国美学与现代性》一书的隐含背景是现代时间观的形成。尤西林认为是犹太人的弥赛亚救赎观念的形成开启了现代时间观。这种时间观与古代循环往复的时间观不同，是线性的，时间的重点在未来，时间永远加速奔向未来。现代时间观本身就是现代性的一个标志，"凡以绝对意义的终点为未来目的，并置身于历史进步中者，即是现代性的"①。在现代时间这一大框架下，尤西林在逻辑上却从一个老问题展开论述，即以审美代宗教—伦理，尤西林在后记中说："本书的主要方向是尽量清晰地显示，对于缺乏宗教传统的中国现代社会来说，审美是如何成为宗教—伦理的代用品融渗于日常生活，并成为现代性处境中维系境界提升人心的力量。"②"美育代宗教"是一个老问题，是蔡元培于1917年提出的命题，最初是一篇演讲词，后来发表在了《新青年》杂志上。蔡元培非常看重这个命题，几次对其进行修改与丰富，20世纪30年代还特别提到："余在二十年前，发表过'以美育代宗教'一种主张，本欲专著一书，证成此议。"③尤西林指出："蔡元培阐述'以美育代宗教'主张时，引据欧洲文艺复兴以来'以美术代宗教'的现代性趋势。此点已涉及18世纪'美学'（Aesthetica）问世与'艺术'（Art）独立为专业行业的深刻背景。这两个标志性

---

① 尤西林：《心体与时间——二十世纪中国美学与现代性》，人民出版社2009年版，第13页。

② 尤西林：《心体与时间——二十世纪中国美学与现代性》，人民出版社2009年版，第267页。

③ 蔡元培：《〈居友学说评论〉序》，见高平叔编：《蔡元培全集》（第七卷），中华书局1989年版，第203页。

文化事件，实质是宗教衰退同时欧洲精神生活转移向审美与艺术的显性后果。"①而且这种转移不仅发生于精神层面，也发生于社会政治层面，传统社会中宗教是人的精神寄托，教会也担负起了教育、社交等社会功能，通过信仰的培育建立社会共识与群体"共通感"。现在，审美成为建立群体"共通感"的途径，借助审美共通感，"审美共同体"得到确立，"审美共同体重要地引导了现代公共领域的建构"②。因此，"美育代宗教"是蔡元培的个人观点，也是现代性过程中，现代人主动寻找精神寄托与自我救赎、建立现代社会的过程，更是贯穿中国美学史的主题。但是在这个过程中，美育被更宽泛的概念——审美所取代，宗教也与更宽泛的伦理组合在了一起，最终变成了审美代宗教—伦理。审美代宗教—伦理观念的形成对应的是现代性的危机，用尤西林的话说，就是现代性"确实有病"。现代性的一个标志性事件就是宗教的"祛魅"。宗教"祛魅"不等于超越层面的整体沦陷以及精神生活的全面摒弃；相反，"祛魅"引发了一系列现代性问题，"上帝死了"以后人类不得不面对的是恐怖的虚无主义。在虚无主义中，一个常见的结果是放弃理想与彼岸，彻底陷入感官享乐主义，活在当下。另外一种结果则较为复杂，它是对"活在当下"的反对，但是同时必须面对无法将理想与彼岸落在当下的现实——在现代性中，彼岸被时间化为"未来"，因此这也是无法将"未来"落在当下的现实。因此，现代性虚无主义的危机，就是缺失"一个在'当下'可以感受体验到的'未来'"③的危机。中国美学的先驱者，如王国维、宗白华、朱光潜，都以自己的方式回应了现代性的虚无主义危机。王国维、宗白华的思路是将审美境界宗教化，朱光潜的思路是以审美取代"未来"，审美

---

① 尤西林：《心体与时间——二十世纪中国美学与现代性》，人民出版社2009年版，第56页。

② 尤西林：《心体与时间——二十世纪中国美学与现代性》，人民出版社2009年版，第70页。

③ 尤西林：《心体与时间——二十世纪中国美学与现代性》，人民出版社2009年版，第32页。

于是成为历史的目的。后一种思路成为20世纪中国美学的主流，后续的马克思主义美学与实践美学都可以看作是这个思路的延续。也是在这种转换中，自由（时间）作为历史的目的，成为中国美学家津津乐道的主题。

尤西林的实践美学思想不同于李泽厚代表的实践美学，这是因为尤西林把实践理想化了。他反对把审美的性质归源为一般社会劳动，而是归结为理想化的自由劳动。他如此总结道："'按照美的规律来构造'就是体现人的本质的自由劳动。'美的规律'—'自由劳动'—'人的本质'三个概念三位一体。'自由'是对以动物式活动为原型的现实谋生劳动的超越。这种超越敞开为无限性。'按照美的规律来构造'是将劳动定向于超越动物性活动的自由方向中。只有在'美的规律'所昭示的自由劳动方向中，人的劳动才是人的劳动。"①他在自己作为编写组"首席专家"主编的"马克思主义理论研究和建设工程重点教材"《美学原理》中概括了自己的美学思想：

> 审美本质所揭示的审美与劳动的根源、功能与价值关系也就是审美的内容：（1）劳动是审美的基础与来源（这被表述为"审美起源于劳动"、"劳动积淀为审美"）；（2）审美是劳动不可或缺的运行协调功能机制。因而审美与劳动互为因果：产生自由形式的过程（劳动积淀为审美）与自由方式运行协调功能（进行劳动离不开目的与规律相统一的自由形式协调），是劳动有机体自我建构的同一过程的两个方面，自由形式是自由形式（方式）参与劳动实践而自我生成的；（3）审美是劳动的理想价值形态，它体现着人类自我超越的自由方向。
>
> 上述三项关系有机一体："劳动""是人的本质"的现实形态；

---

① 尤西林：《马克思"美的规律"思想与审美本质》，《陕西师范大学学报》（哲学社会科学版）2016年第6期。

"目的与规律相统一"是"劳动"的内在结构；"自由"是"人的本质"与"劳动"的理想价值与现代性价值（"自由"并非从来是人类的最高价值，例如古代伦理共同体的"和谐"与宗教共同体的"恩典"都比"自由"更重要）；"对象化"是"人的本质"现实与理想双重的体现：它既体现为"目的与规律相统一"的现实产品，又是"人的本质"与"劳动""自由"理想的感性显现。由于"自由"的无限性，对象化现实产品的有限实体并不等同于"自由"。但生产这产品的过程与结果却使主体体验到自由……自由存在于既依托又超越于现实劳动的关系中。人的本质及其自由正是在现实劳动对象化中获得对象化"显现"并被体验。

相对于实体劳动而言，这种通过有限活动体验到的无限自由并非实体存在，而是自由的形式，因而，审美的本质是审美基于劳动并超越劳动的自由形式。……

审美作为目的与规律相统一的自由形式，这一马克思主义审美本质观包含着需要展开理解的一系列内容……[①]

尤西林无疑是看到了实践美学的要害，即后实践美学所批判的、以具有现实性的实践规定审美的本质从而把审美现实化的弊端。他企图通过把实践理想化、自由化来得出审美的自由性。但随之而来的问题就是，把实践、劳动理想化必然会抹杀其现实性（特别是异化性质），使其成为一种脱离社会现实的虚幻概念，从而也无法成为审美的根据。

新启蒙主义美学是以建立理性与主体性为导向的，尤西林的美学体系仍然坚持了这个方向。他对社会实践、人的本质的肯定，就是一种理

---

① 《美学原理》编写组编：《美学原理》，高等教育出版社2015年版，第39—40页。

性主义的思想；其实践论的美学观停留于启蒙主义。他自己声称："我曾受李泽厚实践学派启蒙并至今依然认为该学派为当代中国最值得对话的学派。……我今日愈加倾向于认为：以'劳动'、'实践'为中心范畴的人文本体论（不取李氏'人类学'，详见拙著《阐释并守护世界意义的人》导论及拙著《人文学科及其现代意义》后记）亟需在反省批判中深化、修正、演进，但它不可能被'生存'之类前实践范畴取代。"①但是，他的研究又以反思现代性为宗旨，指向现代主义美学，从而否定理性主义。这种矛盾，或许是一种转型期美学所特有的现象。

第五节　朱立元的"实践存在论"美学

朱立元是当代著名的美学家，在西方美学史和美学基本理论方面著述甚多，影响很大。他建立了"实践存在论"美学体系，从而创造性地发展了"新实践美学"，并且成为其主要代表。

一、实践存在论美学思想的提出

20世纪90年代初，后实践美学与实践美学展开了论争。朱立元是最早回应后实践美学的挑战、为实践美学辩护的美学家之一。朱立元的美学思想属于实践美学，但与李泽厚的实践美学有差异。他立足于蒋孔阳的实践美学，主张"美在创造中"，并且强调蒋孔阳的美学思想有别于李泽厚的实践美学。这个时期，朱立元的实践存在论美学还没有形成，但可以看出，他已经与李泽厚代表的主流实践美学有了距离。

朱立元虽然属于实践美学阵营，但并不固守既有的观念，而是有所

---

① 尤西林：《再谈美学与本体论——答白耶先生》，《学术月刊》1996年第4期。

反思和突破。实践美学与后实践美学的论争展开之后，朱立元虽然坚持实践论立场，但也以开放的态度参与这场美学论争，并且对实践美学的一些观点进行了审视。他借鉴了后实践美学对实践美学的批评意见，找出了李泽厚的实践美学的缺陷，指出主客二分思维与"实践"概念的内涵乃是所有问题的核心与关键。对于新实践美学而言，这两个问题都是基础性的。于是他在反思李泽厚所代表的主流实践美学的基础上，提出了"实践存在论"美学思想。

朱立元抓住了实践美学的一个致命缺陷，那就是对"实践"的界定过于狭窄，导致其不能成为美学的本体论范畴。哲学的基本概念首先是存在，存在论是第一哲学，但对存在的多种定义，从古代哲学的实体到存在主义的"存在者的根据"，都是总体性的，我们可以从中推导出万事万物的本质。而李泽厚代表的实践美学抛开了存在论，直接从"实践"概念出发来阐释美的本质。实践美学的论证方式是以历史发生论代替存在论，从人类学的角度论述"实践创造了美"，而缺乏逻辑的论证。李泽厚代表的实践美学舍弃了存在论，自认为根基于"人类学本体论"，事实上却把实践作为美学的本体论范畴。而实践是物质生产劳动，从而得出"劳动创造了美"以及"美是人的本质的对象化"的结论。这个推演存在着逻辑上的不对称，即实践作为物质生产不能等同于存在，存在是更广泛的人类生存活动，因此就不能成为本体论范畴。这导致实践美学缺失了本体论，从而不能从物质性的"实践"范畴推导出精神性的美的本质。所以后实践美学针对这一缺陷，进行了批判。有鉴于此，朱立元认为，美学必须建立可靠的本体论，其途径就是打通实践论和存在论，把"实践"的内涵扩展，使其与"存在"概念相通。

朱立元对"存在"的阐释是基于马克思主义的历史唯物论的。马克思主义认为存在是"社会存在"，它是包括物质生活和精神生活在内的一切

"现实生活过程"。同时，社会存在又以社会实践为基础，社会实践决定了社会存在；而社会存在又不限于物质生产实践，它包含了人的一切社会生存活动。这样，我们就可以在理论上沟通实践与存在，把实践论融汇于社会存在论；回到这个原理，就可以理清实践与存在的关系，建立实践论与存在论统一的本体论，从而解决实践美学的基本问题。朱立元认为，由此出发，既坚持了实践观点，又克服了实践美学的局限性。

朱立元"实践存在论"的建立是基于马克思主义的社会存在论，也吸取了存在主义哲学的思想资源，他力图以马克思主义涵括和重新阐释"存在"范畴。存在主义哲学重新阐释了"存在"范畴，把它从实体论转向生存论，从生存的本质——实存——的角度探寻存在的意义。后实践美学借鉴了存在主义哲学，从个体生存及其超越性的角度，阐释了自由和审美的意义，从而与实践美学相对立。朱立元敏锐地意识到"存在"范畴的本体论意义，认为现代美学不能离开这个本体论范畴来阐释审美的意义。因此，他尝试将马克思主义的存在论与现代西方哲学的存在论打通，借此重新反思审美的本质。实际上，打通马克思主义与存在主义哲学这项工作在法国哲学家萨特手中已经开始。朱立元借鉴并发展了萨特的思想，在肯定马克思"实践"概念与"存在"概念内在融通的基础上指出："实践的根本内涵就是指人的最基本的存在方式"[1]。在朱立元看来，"海德格尔就是在'此在'的生存论的探讨中，奠定了此在的基础本体论（存在论）的地位"。海德格尔哲学被称为存在主义，"此在"却才是真正的核心，"此在在世"是人的存在，世界因人而有意义。同时，世界在人之中，人又在世界中存在，人与世界原初即为一体，而非主客二分。"此在在世"思想

---

[1]　朱立元主编：《美学》（修订版），高等教育出版社2006年版，第59页。

是在马克思存在论基本理路之中的。①朱立元吸取了存在哲学对于个体生存及其超越性的重视等思想，以此补充社会存在论对集体性和现实性的过度强调，认为如此才能更完满地阐释审美活动。但是从总的倾向来看，朱立元还是坚持马克思主义的社会存在论，打通社会存在论与西方存在论的方式主要还是以前者包容、改造后者，而不是以后者改造、取代前者。

朱立元主张以实践存在论克服实践美学的主客二分的弊端。他考察海德格尔的"此在在世"，认为这种生存论已经克服了主客二分，把主体与世界融合为一。既然马克思主义的存在论与存在主义的存在论内在是融通的，从马克思主义的实践存在论出发，也就克服了传统美学包括实践美学的主客二分模式，存在成为主体与世界的统一。实践存在论的理论基础是马克思的实践论和社会存在论，其重要的辅助资源是西方实践哲学与存在哲学，理论目标则是"在本体论层面上把实践概念与存在概念在马克思主义唯物史观的基础上结合起来"②。基于这一框架，我们就可以对各种审美现象做出新的解释。朱立元还特别强调，实践存在论美学的想法是"吸收和继承蒋孔阳先生以实践论为基础、以创造论为核心的审美关系理论"③。从这个角度看，实践存在论并非对西方美学思想的直接引用与阐发，而是具有本土特色与理论渊源，同时回应本土语境的原创理论。

二、打通实践论与存在论

为了打通实践论和存在论，朱立元的第一个工作就是扩展"实践"概念的内涵，使之成为生存活动。李泽厚代表的实践美学认为，实践是物质

---

① 以上皆见朱立元：《略论实践存在论美学的哲学基础》，《湖北大学学报》（哲学社会科学版）2014年第5期。

② 朱立元：《简论实践存在论美学》，《人文杂志》2006年第3期。

③ 朱立元：《简论实践存在论美学》，《人文杂志》2006年第3期。

生产劳动，而后实践美学家对李泽厚的一个重要批评就是"实践美学强调实践的物质性，因此，由物质实践出发来考察审美，就不可避免地忽略了审美的纯精神性"①。审美具有精神性，这是毋庸置疑的。朱立元作为实践美学家也不同意李泽厚的观点，认为实践不只是物质生产，还包括其他生存活动。作为人的感性活动，实践当然以物质生产活动为基础，但是基础不能指全部，实践的内涵更广阔，"不限于物质生产活动，也包括其他种种活动，当然也应包括艺术、审美等等精神活动在内，因为马克思从来没有讲过实践就是物质生产活动"②。也就是从这个观点出发，他提出了打通实践论与存在论的问题。

　　朱立元对"实践"概念做了比较全面的分析，认为实践活动包括物质生产和精神活动，具有总体性，从而就与社会存在同一，也就打通了实践论和存在论。他分析了德国古典哲学对实践的理解及马克思主义对德国古典哲学的超越。他引用了马克思关于实践的论述："人们的存在就是他们的现实生活过程"③，"社会生活在本质上是实践的"④。所以实践就是人的存在方式，人在实践中展开自我，寻求存在的意义，世界也是在实践中生成为人的世界。由此可以得出结论："实践是马克思哲学的真正内核。正是在这个意义上，我们可以把马克思的哲学称为实践唯物主义。"⑤继之，朱立元肯定了实践作为美学逻辑起点的地位不可动摇，认为马克思把实践理解为广义的感性活动，这种感性活动当然包括物质生产活动。但

———————————

①　杨春时：《走向后实践美学》，安徽教育出版社2008年版，第6页。

②　朱立元：《走向实践存在论美学》，苏州大学出版社2008年版，第11页。

③　马克思、恩格斯：《德意志意识形态》，见中共中央马克思恩格斯列宁斯大林著作编译局编译：《马克思恩格斯文集》（第一卷），人民出版社2009年版，第325页。

④　马克思：《关于费尔巴哈的提纲》，见中共中央马克思恩格斯列宁斯大林著作编译局编译：《马克思格斯文集》（第一卷），人民出版社2009年版，第501页。

⑤　朱立元：《走向实践存在论美学》，苏州大学出版社2008年版，第118页。

是更重要的是，人是实践的中心。"在马克思那里，实践是总体概念，它表达的是人的历史性社会性存在方式，即人在与世界的相互建构中历史地社会地生成，确证、显示自身的基本方式，亦即人的存在何以可能的问题。"①朱立元第三点肯定的是，马克思主义理论乃是"以人为本"的人学思想。朱立元对"实践"概念的三个肯定，目的是很明确的：第一个肯定回应了后实践美学对李泽厚实践美学的批评，第二个肯定强调了新实践美学与实践美学的延续性，第三个肯定则为新的理论创新做铺垫。

朱立元肯定实践是美学研究的逻辑起点，这又与其美学体系建构本身相关，因此他又从本体论的角度进一步展开了论述。对于把实践作为美学研究逻辑起点，后实践美学家一直有所批评，认为实践美学不能从"实践"概念推导出审美。他们认为，实践是一种人类改造自然、社会的基本活动，是一个形而下的概念。但作为形而下概念的实践只能成为现实的历史的起点，而不能成为逻辑的起点。美学是一个思辨的形而上学体系，应该以形而上的存在范畴为逻辑起点展开研究，从柏拉图到黑格尔的美学体系都是如此。面对这个困难，朱立元认为："作为实践美学哲学基础的实践论，既不单纯以本体论方式，也不单纯以认识论方式出现，而是实践本体论与实践认识论的统一。"②这里的难点就是论证实践是本体论范畴。朱立元是从分析海德格尔的存在论哲学入手解决这一问题的。朱立元认为存在论哲学有一中心任务，有一理论线索：中心任务是存在的意义，理论线索则是"此在在世"的生存论分析。对人的存在也即"此在"的研究是海德格尔哲学中最为重要的部分。在这个基础上，朱立元强调，"人生在世并不是海德格尔的发明，实际上马克思早已发现并作过明确表述"③。朱立

---

① 朱立元：《走向实践存在论美学》，苏州大学出版社2008年版，第121—122页。

② 朱立元：《实践美学哲学基础新论》，《人文杂志》1996年第2期。

③ 朱立元：《走向实践存在论美学》，苏州大学出版社2008年版，第9页。

元引用的马克思原文来自《〈黑格尔法哲学批判〉导言》："人不是抽象地蛰居于世界之外的存在物。人就是人的世界。"[1]而且马克思超越海德格尔的一点正是使用了"实践"范畴来揭示"此在在世"的方式。实践是人的基本存在方式，也是人生在世的本体论（存在论）陈述。后实践美学批评实践美学缺乏本体论的基础，认为"实践"概念不具有哲学本体论的性质。朱立元则通过将实践论与存在论结合起来，解决实践的本体论问题。

实践存在论美学将存在论转换为生存论，以"此在"为中心解读海德格尔哲学；同时把现代哲学的"存在"概念等同于马克思主义的"社会存在"概念。对此，一些美学家提出了异议。在他们看来，朱立元把马克思海德格尔化，从而误读了海德格尔的哲学；他们认为海德格尔哲学的核心不是"此在"而是"存在"。虽然"存在"只能借助"此在"显示自身，却仍然不能将"存在"与"此在"等同；"本真的生活"与"此在在世"不是同一件事情。何况后期海德格尔还发生了哲学转向，以"本有"来规定"存在"，进而走向"诗意地安居"。同时，存在主义的"存在"与马克思主义的"社会存在"也不能等同，前者是形而上的概念，是存在者的根据，而后者是形而下的概念，是人类的现实生存活动。针对这些批评，朱立元强调实践存在论不是将马克思主义海德格尔化，而是马克思主义的理论本身就有存在论这一维度。马克思的《〈政治经济学批判〉序言》《1844年经济学哲学手稿》《德意志意识形态》《关于费尔巴哈的提纲》等一系列文献，都体现出了马克思哲学思想的存在论根基。"《手稿》已用最清楚的语言表明了青年马克思所持的是人类学和存在论（本体论）相

---

[1]　马克思：《〈黑格尔法哲学批判〉导言》，见中共中央马克思恩格斯列宁斯大林著作编译局编译：《马克思恩格斯文集》（第一卷），人民出版社2009年版，第325页。

结合的实践论哲学立场。"①朱立元特别分析了邓晓芒重新翻译的一段《手稿》文字："如果人的感觉、情欲等等不仅是［狭］义的人类学的规定，而且是对本质（自然界）的真正本体论的肯定；如果感觉、情欲等等仅仅通过它们的对象对它们来说是感性的这一点而现实地肯定自己，那么不言而喻：（1）它们的肯定方式决不是同样的，勿宁说，不同的肯定方式构成它们的此在（Dasein）、它们的生命的特点；对象对于它们是什么方式，这也就是它们的享受的独特方式。"②其中指出，马克思在海德格尔之前已经使用"此在"概念——在与海德格尔不同的意义上使用，并且已经在现代存在论的视域展开对存在问题的阐述。而且马克思将存在论看得高于人类学，将之视为真正的本体论。另一方面，朱立元认为马克思主义的存在论是实践的存在论，从而区别于存在主义，"马克思的存在论是以实践为根本基础的社会存在论"。他特别强调，马克思主义才是现代存在论思想的源头，不仅时间早于海德格尔，从理论层次上也要高于海德格尔的存在论思想。因为"马克思的现代存在论思想是建立在'实践'的基础上"③。由"实践"概念奠定的唯物史观，比海德格尔"此在在世"的生存论的分析更具理论深度。从朱立元的论证过程可以看出，他的实践存在论从侧重于强调马克思与海德格尔思想的"同"，转向侧重于分析二者的"异"。

三、关系生成论的美学观

朱立元的实践存在论的思想资源，除了马克思的实践论和海德格尔的

① 朱立元：《马克思与现代美学革命——兼论实践存在论美学的哲学基础》，上海交通大学出版社2016年版，第142页。

② 邓晓芒：《实践唯物论新解：开出现象学之维》，武汉大学出版社2007年版，第305页。

③ 朱立元：《略论实践存在论美学的哲学基础》，《湖北大学学报》（哲学社会科学版）2014年第5期。

存在论之外，还有蒋孔阳的"美在创造中"的审美生成论思想，以此区别于李泽厚代表的实践美学。朱立元是蒋孔阳美学思想的重要阐释者，他指出，蒋孔阳晚年的审美关系理论已经开始走向实践论与存在论的结合。首先，蒋孔阳看到了人的无限生成性与创造性，即人的本质是从劳动实践中创造出来的，劳动没有止境，人的本质也就没有止境。其次，蒋孔阳揭示了人和世界的多层累性，一方面人是生生不息的活泼的生命有机整体，一方面世界向人展示出来的美既多层累又无限流变。再次，蒋孔阳讨论了审美现象的生成性质，即美是人在对现实发生审美关系的过程中诞生的。最后，蒋孔阳一再强调，人在自己的生存实践中实现自己的本质力量而创造了美。美因人而生，人是美的目的和归宿。"综上可见，蒋先生的美学思想展示出一个以人生实践为本源，以审美关系为出发点，以人和人生为中心，以艺术为典范对象，以创造—生成观为指导思想和基本思路的理论整体。这个理论整体为我们建设和发展实践存在论美学初步奠定了基础。"①

"关系生成论"是朱立元实践存在论美学的一个核心理论，它直接关系到美的本质问题的解答。朱立元认为："实践存在论美学对美和审美的一个基本主张，是用生成论取代现成论。"②生成论是作为现成论的反面被提出来的。现成论是传统美学的本质，即把美看作一个实体对象，进而把审美活动看作指向审美客体、以发现美为目标的认识活动。绕过"美是否存在"以及"美怎样存在"而直接问"美是什么"，甚至总结出了美的定义，这在逻辑上说不通。李泽厚代表的实践美学也有现成论倾向。20世纪60年代，李泽厚就提出"美是客观的社会属性"的观点，对个体而言，美是不以其意志为转移的客观对象。他曾明言："美是不依赖人类主观的美

---

① 朱立元：《简论实践存在论美学》，《人文杂志》2006年第3期。
② 朱立元：《走向实践存在论美学》，苏州大学出版社2008年版，第10页。

感的存在而存在的，而美感却必须依赖美的存在才能存在。美感是美的反映、美的模写。"①这样，他就割裂了审美对象和美感，陷入主客对立的二元论，将美解读为现成的、有待认识的客观对象。而朱立元以关系生成论克服了审美现成论。

朱立元在谈"美是生成"时，一方面认为审美主客体是在人类生产生活的长期实践中历史地形成的，一方面又认为美在审美活动的当下生成。这就明确区分了美之生成的两个向度——历时与即时。历时的审美生成研究可以称为审美发生论，即时的审美生成研究才是审美生成论。审美发生论关注审美活动与审美思维在人类历史中的发端，以考古学、人类学、社会学、历史学为理论支撑，形成了游戏说、巫术说、劳动说等各种观点。审美生成论则关注美在审美活动中即时性的生成以及背后的逻辑规律，以心理学与哲学，特别是形而上的哲学本体论为理论支撑。朱立元强调"从时间上说，美、审美主体、审美活动三者是同时进行和产生的，没法严格地区分。而从逻辑上说，审美关系、审美活动先于美而存在"②。这就明确区分了即时审美生成的时间性与逻辑性，使审美生成论得以同时在现实维度与形而上维度展开。他指出人们无法找到一个永恒不变、普遍适用的美的定义，即一个现成的美的本质。实际上这种思维方式就存在局限，被框定在了主客二分的认识论和本质主义的思考方式之中。从蒋孔阳延续到朱立元的美学思路的宝贵之处正在于启发人们换一个提问方式，询问"美是怎样生成并呈现出来的"。要回答美的生成问题，必须从人与对象世界之间审美关系的现实展开（也就是审美活动）入手。"任何美作为审美对象都不是现成的，而是在审美活动、审美关系的展开中现实地生成

---

① 李泽厚：《论美感、美与艺术》，见《美学论集》，上海文艺出版社1980年版，第18页。
② 朱立元：《走向实践存在论美学》，苏州大学出版社2008年版，第311页。

的。"①实际上，这不仅是提问方式以及美学研究对象的转换，更是美学学科形态与美学研究方法的转换，静态的本质主义美学被转换成了动态的"关系生成论"美学。

从存在论和关系生成论出发，如何推导出美的本质？朱立元提出以自由作为中介，"自由乃是通向审美的根本途径，也是哲学通向美学的桥梁"②。在这里，朱立元克服了传统实践美学所依据的"劳动创造了美"的简单化弊端，而把握住了审美的自由本质。他指出马克思的自由表现为三种形态，第一种是"认识和支配必然性的自由"③，第二种是"人作为社会存在所获得的自由解放"④，第三种是"感性个体所获得的自我超越"⑤。这三种形态分别对应人与自然的关系，人与社会的关系，以及人与他人的关系。三种自由中，第一种不具有本体论意义。人是生活在社会关系中的社会性存在，实践，特别是革命实践，才能对人的自由做出本体论承诺。在革命实践中，现实的社会关系和社会制度才可能发生根本性的变化，进而实现"人生在世"的最高目标。从"人生在世"出发，朱立元论证了审美的本质，即审美是一种人生实践。"审美就是人的基本存在方式之一，审美活动就是一种特殊的、即与人生本体最切近、最易相通的人生实践。"⑥

当明确了审美的生成性之后，美学的人学特色就逐渐显示出来，这也是从蒋孔阳到朱立元这一脉美学的特色——将美学看作是一种人学，认为

---

① 朱立元：《略论实践存在论美学的哲学基础》，《湖北大学学报》（哲学社会科学版）2014年第5期。

② 朱立元主编：《美学》（修订版），高等教育出版社2006年版，第60页。

③ 朱立元主编：《美学》（修订版），高等教育出版社2006年版，第61页。

④ 朱立元主编：《美学》（修订版），高等教育出版社2006年版，第61页。

⑤ 朱立元主编：《美学》（修订版），高等教育出版社2006年版，第61页。

⑥ 朱立元主编：《美学》（修订版），高等教育出版社2006年版，第74页。

马克思的实践唯物主义"为现代美学确立了人本主义的基本尺度"①。朱立元看到了审美活动的三种特征：第一是超越性，第二是自由性，第三是应然性。如果说寻找意义是人之生存的本来之意，那么审美活动就是基本的人生实践。人生的实践活动极其丰富，审美活动与其他丰富的实践活动相比，又有着层次上的区别。"层次"用中国美学中的概念可以替换为"境界"。因此，审美活动不同于一般实践活动，它是一种高级的人生境界，"审美活动把人的生存边界和界限大大扩展了"②。在这里，朱立元美学体系找到了最终落脚点：审美是一种高级的人生境界。这个结论事实上突破了实践美学划定的现实性界限，具有了某种超越性；但似乎又没有脱离现实人生，从而区别于后实践美学强调的"审美超越现实"的观念。但这种模糊性，也留下了进一步阐释的空间。

四、实践存在论美学的意义

朱立元把马克思主义的实践论与存在论结合起来，力图拓展美学的哲学基础，克服实践美学以物质实践解释美的本质的困难，从而更切近地阐释审美的本质。这种努力无疑是有意义的和应该肯定的。朱立元较之其他实践美学家更深刻地意识到了实践美学的本体论问题，他重建了实践美学的存在论基础，从而也重建了实践美学，这是新实践美学中最具有创造性、革新性的理论。其他新实践美学也意识到了传统实践美学对"实践"概念的规定难以解决美的本质问题，而力图扩展"实践"概念，主张实践不仅包括物质生产，也包括精神活动，这样才能用以阐释美的本质。但他们只是局部地扩展"实践"概念，而没有从本体论的角度阐释"实践"概

---

① 朱立元：《马克思与现代美学革命——兼论实践存在论美学的哲学基础》，上海交通大学出版社2016年版，第181页。

② 朱立元：《走向实践存在论美学》，苏州大学出版社2008年版，第319页。

念，而更多地从社会历史的角度来考察实践活动如何创造了美，以审美活动的发生代替本体论的逻辑论证，从而导致了本体论的缺失。朱立元把"实践"与"存在"打通，从而为实践美学找到了本体论的基础，这是其最大的功绩。他对实践美学的改造、完善，推进了实践美学的发展，具有重要的学术意义。

同时，朱立元的实践存在论美学力图实现实践美学的现代化，特别是把马克思的社会存在论与西方现代主义的存在论沟通起来，这一努力也具有合理性。后实践美学批判实践美学的一个焦点问题就是，实践美学因其集体理性而成为前现代性的美学体系。朱立元则力图引进现代主义的存在论，使之融合于马克思的社会存在论之中，从而使实践美学获得了现代性，同时，审美活动的个体性、超越性和自由性也有了根据。

此外，朱立元的实践存在论美学提出了"关系生成论"，认为美不是现成的，而是生成的。这一思想突破了李泽厚代表的实践美学把美定义为"客观社会性"的观点，更切近审美活动的实际，揭示了审美的创造性。

实践存在论美学对马克思主义美学进行了新的解读，与传统的实践美学形成了很大的差异，也因此被卷入论争。这种论争推进了马克思主义美学的发展；同时，这种论争也表明，"实践存在论美学"的建构还没有完成，还有一些需要深入探讨和解决的问题。一个是打通"实践"概念与"存在"概念、实践论与存在论如何可能的问题，而这方面就涉及对"实践"和"存在"概念的规定。作为历史唯物论的基本概念的"实践"，是物质性的活动还是包含精神活动在内？"实践"概念等同于社会存在，还是仅仅作为其物质基础？另外一个问题是，马克思主义的"社会存在论"与西方现代主义的存在论是否有本质的区别？二者的差异如何消除，如何融通？关于这些问题的阐述还有不明晰甚至矛盾之处，需要更深入的研究以得到更完满的解答。

实践存在论美学是朱立元提出的，也很快星火燎原，在新实践美学内部形成了一个新兴的美学流派。2008年，苏州大学出版社出版了"实践存在论美学丛书"，包含朱立元的《走向实践存在论美学》、朱志荣与王怀义合著的《从实践美学到实践存在论美学》、寇鹏程的《马克思主义存在根基与实践美学》、刘泽民的《实践存在论的美学思考方式》、刘旭光的《实践存在论的艺术哲学》，共五部专著。朱立元也于2016年出版了另一本专著《马克思与现代美学革命——兼论实践存在论美学的哲学基础》。可以说，实践存在论美学尚在崛起、建设之中，还有很大的发展空间。

第六节 高尔泰的"主体自由论"美学思想

高尔泰，1935年生于江苏省高淳县（今南京市高淳区），中国当代著名美学家。在中国当代美学史上，高尔泰具有特殊的地位。在20世纪50年代的第一次美学大讨论中，他提出了主观论的美学思想，1957年被打成"右派"，70年代末被改正。20世纪80年代，高尔泰参与第二次美学大讨论，深化和完善了他在50年代提出的主观论美学思想，形成了"主体自由论"美学思想。高尔泰的美学思想大体上可以分为两个阶段：一个是20世纪50年代的主观论美学阶段，在这个阶段中，"美"被界定为自我意识的创造物；一个是20世纪80年代的主体自由论美学阶段，在这个阶段中，他引进了马克思的实践观念，以论证美是自由的象征。他相继出版了《论美》（1982年在甘肃人民出版社出版，署名"高尔太"）、《美是自由的象征》（1986）两部论文集。

一、主观论美学：美是主观的

在20世纪50年代的美学大讨论中，多数论者以苏联化的唯物论为依据，认为主观的就是唯心的、资产阶级的，客观的就是唯物的、无产阶级的，于是朱光潜的"主客观统一论"美学被定性为唯心主义的资产阶级美学。但当时二十一岁的高尔泰并没有认同这一逻辑，反而提出了主观论的美学思想。他根据自己的审美经验、艺术经验，明确地说"客观的美并不存在"，所谓"客观的美"即美的物象，不过是美的条件；美的产生有赖于美的条件，但是美的条件并不是美，因为美的条件要转化为美，还需要引起人的美感，引起美感，美才能产生，否则客观物象就只是客观的存在，与美无关。①因而高尔泰得出结论："事物之成为美的，是因为欣赏它的人心里产生了美感。没有人就没有美感，也就没有美。所以，美和美感，实际上是一个东西。"②

既然"美即美感"，美就是主观的了，那么美还有普遍性吗？为什么对于一个美的东西很多人都觉得美呢？如果美不是客观的，这该如何解释？高尔泰认为，这仍要到人的内心去寻找，而不能用美的客观性来解释。事实上，美的产生既需要客观物象的存在，也需要美感的发生，前者可以称为美的客观条件，后者称为美的主观条件。客观论者把美的客观条件与美混淆在一起，主观论者又往往认为美感发生的主体只是作为个体的人，而忽略了作为共同的世界历史产物的文化心理结构。正因为共同的文化心理结构，美感的产生具有共性；而因为在共同的文化心理结构之上，还有个体的成长背景以及审美素养的差异，美感的产生也具有个性，美并不存在一个客观的标准。因而美虽然是主观的，但不是任意的；是具有一定的普遍性的，却也不是标准化的。"美，只要人感受到它，它就存在，不被人感受到，它就不存在，要想超美感地去研究美，事实上完全不可

---

① 高尔太：《论美》，甘肃人民出版社1982年版，第1—3页。
② 高尔泰：《美是自由的象征》，人民文学出版社1986年版，第321—322页。

能。超美感的美是不存在的，任何想要给美以一个客观性的企图都是与科学相违背的。"①

《论美》发表之后，即受到批判。高尔泰又发表《美感的绝对性》来捍卫和强化自己的观点，提出美不仅仅是美感，以及美感具有绝对性："说一件事物有可能引起美感，这是一回事，说这件事物本身是美的，这又是一回事。这是性质完全不同的两回事：前者是对一种机率，或者可能性的描述，后者则是对事物固有属性的描述。后者之所以肯定是错误的，是因为它把事物所引起的经验当做事物本身的属性了。经验是变动的，事物作为客体，则是相对地固定和持久的，它还能再次引起经验，但不一定是相同的经验。这是一方面，另一方面，经验是属于个人的，事物作为客体，由于可以同时影响许多人的经验，相对而言是属于社会的。这里我们应当区别三个层次：第一，事物不等于经验；第二，经验不等于社会性；第三，社会性不等于客观性，更不等于客观标准。把这些不相干的东西搅在一起，是不能为美的客观性提供任何证明的。"②因此一个事物的美与不美，不在于事物本身，而在于它能否引起美感，"当一个人对一件事物感到美的时候，他的心理特征就是审美事实。你不承认它，它依然存在。这就是美感的绝对性"③。

所谓美感的绝对性表现在两个方面：第一，作为一个审美事实，如果美感产生了，它就产生了，无论别人承认与否，它都是铁证一般的事实；第二，美感具有绝对性，而美只有相对性，不具有绝对性，只要美感产生了，美自然而且必然产生，美产生于美感，美感融化于美之中。但美感并不是随便就能产生的，"美感本身是世界历史的产物，是一种人化了的自

---

① 高尔太：《论美》，甘肃人民出版社1982年版，第4页。
② 高尔太：《论美》，甘肃人民出版社1982年版，第27页。
③ 高尔太：《论美》，甘肃人民出版社1982年版，第25页。

然。这种内在的自然的人化（我们把它称之为主观条件）对应于外在自然的人化（我们把它称之为客观条件）。美感不可能凭空产生。它的产生有赖于对象形式的触发。对象形式作为客观条件是感觉内容的材料，美是美感用这些材料加工而成的创造物"①。对象形式或者说感觉内容无限多样、变化无穷，而美感是固定的，一旦产生了，永远就存在了。它与移情说的不同在于，移情说的实质是把人的主观感情移到外物中去，使外物生命化、具有人的感情。这里的"人"和"物"都是一种非历史的存在，其审美活动也是一种静态观照的审美方式。而高尔泰的美感创造说，不是将自我投射到外物中，而是将外物融合到自我的美感中创造出美。外在世界是材料，美感是生产美的主体。这里"主体"和"外在世界"都是自然人化的结果，而这一美感活动则是继续自然人化的过程，它不是静态的观照，而是生命力的运行。

二、主体性美学：美是自由的象征

进入20世纪80年代，高尔泰深化了主体性美学，建立了"主体自由论"美学。他强调美即美感，其实就是强调美的核心是人，人并不是被动地静止地观赏客观存在的美，而是积极主动地去创造美。高尔泰说："我历来强调的一个中心问题，就是人的主体性问题。主体地位的确立是人的自由的前提，也是审美活动得以形成的前提。只是有了这个前提，人才有可能在对象世界中直观自身，才有可能把自己的生命活动作为自己的对象加以感受和考察。"②而人的内涵是什么？美的内涵是什么？人的内涵与美的内涵具有什么关系？这些本是高尔泰美学的应有之义，在20世纪50年代

---

① 高尔太：《论美》，甘肃人民出版社1982年版，第22页。
② 高尔泰：《美是自由的象征》，人民文学出版社1986年版，第125页。

的思想中虽然已经萌芽，却并没有得到充分的论述。20世纪80年代，高尔泰提出："现代美学以'人'为研究对象，以美感经验为研究中心，通过美感经验来研究人，研究人的一切表现和创造物，提出了'自我超越'这一既是人道主义的、又是美学的任务。"①因此美学就是人学，研究美学其实就是在研究人，没有人就没有美感，也就没有美，对于美的追求就是人的解放。在这种前提下，高尔泰提出了"美是自由的象征"这一观点。其论证过程是这样的：人的本质是自由（大前提），人的本质的对象化是美（小前提），美是自由的象征（结论）。②我们姑且不论大前提和小前提的正确与否，且看他是如何推导和阐释这一思想的。

关于人的本质，高尔泰专门写了一篇文章论述这一问题，甚至还曾计划写作一本书《论人》，以与《论美》并行。但由于种种原因，《论人》的出版计划被取消，只留下几篇论文。在《关于人的本质》一文中，高尔泰指出，所谓人的本质既不是人与人之间的共性，即共同人性，也不是人与人之间的差异性，即阶级性，而是人与动物的差异性，即人不同于动物的专属于人的特性。但在论述过程中，高尔泰又将人的属性与人的本质混合使用，于是人的本质有三个层次：第一层次是人的共同人性，即人的自然本性。在这个层次上，人与人之间是相通的，并且与动物无法区分。第二层次是人的劳动和社会性，即人类由于劳动而结合在一起的社会性。正是由于有意识的劳动和实践，人才不同于动物，并且人与人的差异才得以产生。第三个层次是人的世界，即人所生活的世界。人所生活的世界并不是外在于他的世界，它本身就是人的表现、人的活动及其结果的总和，亦即人的本质力量的一个对象。把后两个层次综合起来，其结论是，人的本质是自由。

① 高尔泰：《美是自由的象征》，人民文学出版社1986年版，第100页。
② 高尔泰：《美是自由的象征》，人民文学出版社1986年版，第44页。

　　那么自由的内涵是什么？高尔泰认为，所谓自由，就是人对客观必然性的认识和超越。这里的客观必然性也即客观规律性，包括自然必然性和社会必然性。在必然性的支配下，人只是自然和社会的一个微不足道的部件，被自然的规律和社会的规律挟持着，不由自主地从事各种活动，无任何自由可言。但是人作为人的意义就在于他能够认识到自然和社会的规律性，并在目的的引导下，超越必然性的支配，使自然和社会契合人的需要，变成人的世界。因而自由是认识和把握了的必然性，"在人类的自由中，它（必然性——引者注）是一个被扬弃的环节。作为一个个不断被扬弃的环节，它又是构成人类自由的要素"，"必然性并不是自由的对立面，而是包含在自由之中。自由是规律性和目的性的统一，统一的中介，就是人类的实践，即'手段'"。①人的本质是自由，这意味着人能够超越必然性的限制，使客观世界变成满足人的物质和精神需要的主观世界，而动物只是必然性的奴隶，虽然也能让自然满足自己的生存需要，但这恰恰是自然得以完成自身规律性的需要；而人在超越这些需要后，还有更高的属人的人性的需要，即实现自我的需要。

　　这种自我实现的需要，可以称为创造，高尔泰认为这是人类自由的主要形式，也是审美活动和艺术活动的主要形式。通过自由而有意识的活动，人不仅创造了世界，也创造了他们自身，前者是外在自然的人化，后者是内在自然的人化。通过这种自由的创造，世界成为人的世界，人成为人。同时，"创造是对于现实世界的超越。是对于已知的和被认可的世界的超越。是从已经熟悉的一切之中挣脱出来，向着前所未有的、被拒绝的和不可知的世界探索前进的活力。它不仅需要智慧和意志，而且需要诚实

---

　　① 高尔泰：《美是自由的象征》，人民文学出版社1986年版，第44页。

和勇气。这一切精神品质是人类赖以取得进步的精神武器"①。自由就是创造，创造就是超越，这既是对必然性的超越，也是对过去和已知世界的超越，通过自由的创造活动，人类才能不断进步。而审美活动和艺术活动作为创造精神价值的活动，也是一种推动历史进步的、积极的活动。

"人的本质的对象化"这一思想来源于马克思，马克思在《1844年经济学哲学手稿》中曾论述过，劳动、实践是人的本质力量的对象化。在李泽厚《美学三题议》中，这一思想被发展为"美是人的本质力量的对象化"，后来也被中国美学界普遍接受。而在高尔泰的表述中，这一思想的体现则是"美是人的本质的对象化"。这两种表述有无区别，以及有何区别，高尔泰自己并无论述；而批评高尔泰者，则由此发现了契机。洪毅然在与高尔泰商榷的文章中，曾指出二者的区别。洪毅然认为，这一表述与李泽厚的说法虽然只有两个字的不同，实则有天壤之别，"高尔泰同志之所谓'美'，其实只是主观'美感'（'自由'感）之外射或反影"；而在实践美学看来，"美是'自由'（按：指自由的实践）的'形式'或'表现'，是人（人类）所独有的'自由实践'本身的直接表现形式"②。赵士林在评述高尔泰的思想时，分辨了美是自由的形式还是自由的象征，认为前者"肯定美的社会客观性，认为自由的形式存在于具有客观社会性质的对象世界、客体世界"；而后者"不是把自然人化过程看做一个客观社会进程，而是理解为主体的情感、愿望、意识、理想——精神因素的外射，它其实是一种移情说"。③

---

① 高尔泰：《美是自由的象征》，人民文学出版社1986年版，第48页。

② 洪毅然：《"美是自由的象征"说质疑——与高尔泰同志论美》，《文艺研究》1988年第5期。

③ 赵士林：《社会消解与主体退出：文化的困惑——高尔泰美学思想述评》，《文艺争鸣》2007年第1期。

其实高尔泰从没有忽略对实践和自然人化的论述。在高尔泰看来，既然人的本质是自由，那么美是人的本质的对象化，其实也就是说美是自由的对象化，换言之，美就是自由的表现。自由是人类自觉地和有意识地创造世界和自我的实践活动，即自然的人化，在这一过程中，人的内在本质对象化或外化为自己的对象，而人对这一对象的观照，引起美感的产生，美就诞生了，因此美并不存在于外在的客观世界，而是人对自我的自由本质的一种欣赏。高尔泰认为，美即美感，美在于这一实践过程所创造出来的美感，也就是内在自然的人化，即在改造世界的过程中被改造的人。李泽厚区分了美与美感，美感即内在自然的人化，而美在于已经对象化的人的本质，也就是外在自然的人化，即被打上了人的本质的印迹的外在世界，于是审美活动就是美感对于美的反映，美因此就是客观性和社会性的统一。高尔泰无法认可的就是内在自然人化与外在自然人化相符合的观点，也就是不认同二者是反映与被反映的关系。在这种美学中，美的主体性依然是悬空的。高尔泰认为，美是美感的创造，正如人的世界是自然的人化，是人在认识和把握自然规律性的基础上所进行的创造；这不是移情，不是外射，不是认识，而仍是一种自由性的创造活动。或许，这就是高尔泰使用"美是人的本质的对象化"，而不使用"美是人的本质力量的对象化"的表述的原因。如果美在于外在的客观世界，它只能是本质力量的对象化的结果；如果美在于人的美感的创造，那么只要美感是人的本质的对象化，即内在自然的人化，外在自然的人化与否，似乎无关紧要。

在高尔泰的美学中，"美感是感知、理解、意志、想象等多种心理过程以情感为中心的综合统一。其中关键性的、决定性的因素是情感。这种综合不是机械的相加，而是以情感为中介"[1]。它并不是自然身体的快感，

---

[1]　高尔泰：《美是自由的象征》，人民文学出版社1986年版，第60页。

而是自然身体的人化，即人类历史不断改造内在自然的产物，它本身已经包含了人的本质。二者的区别在于："美感满足综合统一的'人'的需要即解放的需要，而快感只满足片面的和单一的生理需要。恰恰是这种需要迫使人们接受客观必然性（先是自然必然性，后是社会必然性）的支配。而人恰恰只有在从这种必然性的支配下解放出来的时候，才得以体验到美。所以快感不等于美感，所以美感比快感具有更多的人性和更少的动物性。"[1]换言之，美感就是快感的人化，或者快感的升华，由此人得以获得自由，而不被快感所束缚。另一方面，正是借助于人的自由本质对于快感的改造，人才得以超越作为自然本能的快感。美感中蕴含着人类的历史和人的本质，但是它对自然快感的超越并不以否定快感为目的，而是为了实现自然和社会的统一、本能和自由的统一。

在分析了大前提和小前提之后，其结论已顺理成章。高尔泰认为："美是自由的象征，所以一切对于自由的描述，或者定义，都一概同样适用于美。"[2]然而说美是自由的象征，就说明美不是自由本身，"美的形式是自由的信息，是自由的符号信号，或者符号信号的符号信号，即所谓象征"[3]。这就是美的本质或者美的内涵。但这并不意味着美可以独立于美感而存在，美仍然依赖于美感才能产生。比起20世纪50年代的思想，这一观点使得依赖于美感产生的美具有自身的内涵，而不再仅仅是美感的附庸。在美感中，人们体验到的美就是自由；而正是在自由中，人们才能体验到美。没有自由，就体验不到美；没有美，自由就失去了前进的动力。在这种思想指导下，"现代美学给美的许多定性：'孤立性'、'距离性'、'游戏性'、'无私性'、'非实用性'、'无目的性'……等等，都可

---

[1] 高尔泰：《美是自由的象征》，人民文学出版社1986年版，第97页。

[2] 高尔泰：《美是自由的象征》，人民文学出版社1986年版，第46页。

[3] 高尔泰：《美是自由的象征》，人民文学出版社1986年版，第46页。

以从自由的象征得到说明：因为人征服了自然，才能超临在自然之上。由于自然力对人已无能为力，所以人才能不在乎对象的利害关系，才能摆脱这些关系的干扰而驾驭自然。所以不是孤立而是自由，不是距离而是对距离的突破，不是游戏而是摆脱了物质需要制约的创造性劳动，不是无目的而是手段对于目的〔的〕超越，才是美的本性"①。在这里，高尔泰引进了实践的观点，但与李泽厚不同，李泽厚认为实践是本体，世界和人、美和美感都是实践的产物；高尔泰则认为美的本源在于人的自由要求即自由意志，实践只是实现这个要求的手段。

　　在论述"美是自由的象征"时，高尔泰引入了两组对立统一的二元结构，第一组是自由与异化的对立统一，第二组是感性动力和理性结构的对立统一。正是在这两组二元结构中，美的内涵得到进一步的确定。先看第一组：既然美是自由的象征，那么丑就是异化的象征。在高尔泰的思想中，自由就意味着变化、差异和多样性；异化就意味着单一、静止和必然性。生活在现代社会里，每个人都被自然必然性和社会必然性所束缚，异化成单向度的人，如果没有美和艺术的存在，人就在这种现实中陷入万劫不复之地。但人对自由的追求使人们不断克服异化，克服各种必然性和规律性，逐渐接近人的本质，而对自由的追求就是美的体现，因而"美不是作为过去事件的结果而静态地存在的。美是作为未来创造的动力因而动态地存在的"②。客观论美学的错误就在于，使用一种美的标准，并要求所有人都从这一标准感受美的存在，而不管这一事物到底有没有引起美感。这种思想其实就是异化的思想，硬生生地把具有丰富性、复杂性、多样性的美限制于单一的标准中，从而也窒息了人的创造性和生命力。美感的绝对

---

① 高尔泰：《美是自由的象征》，人民文学出版社1986年版，第85—86页。
② 高尔泰：《美是自由的象征》，人民文学出版社1986年版，第109页。

性和美的相对性肯定了人的自由；而美的绝对性和美感的相对性恰恰限制了人的自由。因而高尔泰呼吁："在这个美的王国，在艺术创作的领域，任何限制都是不合法的，都是违反规律的。变化、差异和多样性是艺术的生命。……有多少自由就有多少创造性，有多少自由就有多少变化、差异和多样性，有多少自由就有多少艺术。但是另一方面，这种自由又不是无限的，它必须在一个共同的基础上统一起来。正象一个乐音的升降变化必须服从统一的主旋律，没有一个主旋律，乐音的变化就变成了噪音的不协调，就不再是美与艺术了。"①

关于第二组，高尔泰这样说明："人作为具有社会性的自然存在物，既具有开放的一面，又具有封闭的一面。这开放的一面我们称之为感性动力。这封闭的一面，我们暂时称之为僵化的理性结构。感性动力植根于人的自然生命力，理性结构来自历史的积淀。它们之间的关系，就象生产力和生产关系的关系，都以实践（或者是劳动实践，或者是审美实践，或者是其他社会实践）为中介有时互相依存所谓'感觉变成理论家'，有时又互相疏远。"②在相互依存的情况下，感性动力和理性结构统一起来，推动社会的进步和人的解放；在相互疏远的情况下，理性结构就会变成封闭的僵死的枷锁，扼杀人的感性生命力，扼杀美，扼杀自由。人的变化、差异、多样性以及美的变化、差异、多样性源于人的感性动力。感性动力是一种不甘现状、不断试错、不断进步、不断超越自身的原始生命力及生命力的升华。从无机物到有机物，从单细胞演化到人类，于是历史变成了进化，意识变成了无意识，理论变成了感觉，社会的东西变成个人的东西，这些都是感性动力在推动。虽然感性动力会犯错，但只有通过不断试错、不断学习，才能面向未知

① 高尔泰：《美是自由的象征》，人民文学出版社1986年版，第89页。
② 高尔泰：《美是自由的象征》，人民文学出版社1986年版，第36页。

世界不断探索、不断进步。在这个过程中，理性结构发挥着一面转化成感性动力、一面阻碍感性动力的作用；感性动力只有在理性结构的基础上，不断冲破理性结构的阻挠，才能不断前进，因为"理性结构是静态的，是作为结果与过去相联系的；而感性动力是动态的，是作为动力因与未来相联系的。后者对于前者的批判扬弃，也就是人的一种自我超越"①。

三、高尔泰美学思想的意义

高尔泰的美学本质上是一种主体性的、人道主义的美学，在20世纪中国美学的语境中，具有特殊的社会意义和学术意义。高尔泰认为："现代美学，作为一门以美感经验为中心，通过美感经验来研究人、研究人的活动及其成果，特别是研究美和审美行为以及它们对人（包括个人和社会）的作用的学科，与马克思主义的人道主义，有其共同的原则基础：它们都力求肯定和实现人的本质——自由，走着一条共同的自由之路。所以它们都把人的解放程度，看作是人的本质实现程度的标志。它们都认为自由的实现，也就是人的存在与本质的统一，个体与整体的统一，有限与无限的统一，社会与自然的统一，思维与存在的统一。而这种统一之进入经验形态，也就是美。所以在美中，也表现出艺术与人道主义的统一。论证和谋求这种统一，既是人道主义的任务，也是现代美学的任务。在这个意义上，人道主义是没有被意识到的美学。而美学，从本质上来说，则应当是被意识到了的人道主义。"②

这种美学思想在那个时代具有特定的社会意义、学术意义。它批判了客观论美学或者反映论美学对人的主体性的否定，也批判了实践美学对于

---

① 高尔泰：《美是自由的象征》，人民文学出版社1986年版，第105页。
② 高尔泰：《美是自由的象征》，人民文学出版社1986年版，第122页。

人的个体性价值的忽视，肯定了人的自由性。这种理论主张在当代美学中具有先行性，是新启蒙主义美学的先声。从学术方面说，高尔泰的美学思想确立了审美的主观性、主体性，从而反拨了客观论、客体论美学，不仅反拨了自然客观论美学，也反拨了实践美学的社会客观论，揭示了审美的个体自由性，从而开辟了新的美学走向。

高尔泰与李泽厚的美学思路有许多重合之处，比如二者都坚持人的主体性地位，都反对机械的客观论美学或反映论美学，都相信历史的进步和人类的解放，都认为自由是对必然的认识和把握，都肯定劳动和实践是自然的人化及其在人类历史上的重要意义。但是二者也有相当的差异，这首先表现在二者对于"主体"的不同定位：在李泽厚这边，"主体"是普遍性的理性主体；在高尔泰这边，"主体"是个体性的自由主体。其次是对于"美是什么"的不同解读：在李泽厚这边，美是社会性与客观性的统一，也即美在于外在自然的人化和内在自然的人化的统一；在高尔泰这边，美即美感，也即美在于内在自然的人化，与外在自然的人化与否无关。再次是对于"积淀说"的不同立场：在李泽厚这边，"积淀说"是个体美感产生的原因；在高尔泰这边，"积淀说"限制了个体的审美自由。因而高尔泰对于李泽厚的实践美学是持批判态度的，尤其是最后一点："当前流行的那种把美看作是客观存在的社会现象，看作是客观性和社会性的统一的观点，也就是要把理性客观化，通过这种客观化的理性的抽象还原，使之成为社会标准。从而通过对一定社会标准的思辨的肯定，再把感性动力纳入静止的理性结构。于是审美事实，就只留下了一个历史地规定了的、因而先于欣赏它的人而存在的'客观的'形式，即积淀了社会内容的自然形式。这是一个被规定的、本质先于存在的、因而是静止不变的形式。这样的所谓形式不过是一个盛装内容的容器，如果把内容抽象出来，它依然存在。而对于现代美学来说，形式与内容的这种机械关系是不可思议的。现代美学认为根本不存在这样的所谓'美的'形式。"①

高尔泰美学思想的局限也在其主观性、主体性之中。审美当然有主观的、主体性的因素，但并不是主观的、主体性的，当然也不是客观的、客体性的，而是主客观同一、主客体同一的。因此，高尔泰美学思想虽然反拨了客观性、客体性美学，但又产生了主观性、主体性的片面性。他的理论表述"美是自由的象征"，把美当作象征物，根源于主体性、主观性，而实际上美作为审美对象不是象征物，审美就是自由本身，所谓美就是自由的世界本身。

此外，高尔泰美学也有把审美现实化的历史主义倾向，它体现着社会进化论的思想，认为美可以在社会进步的过程中实现，这是启蒙主义美学的普遍理念。这种理念忽视了审美与现实的本质区别，取消了审美的超越性。在高尔泰的美学中，"对美的追求，也就是对解放的追求。而追求解放，实际上也就是追求进步。因为人类的历史是人类从异己力量的种种制约下解放出来的历史，是自由的发展史。所以人的解放程度，即自由的实现程度，也就是历史进步程度的标志"②。这一思想不单是高尔泰一个人的，也是那个时代的美学家的普遍信念。在某种意义上，这是其启蒙的价值所在，他们为审美所做的论证就是为人的解放和自由论证。同时，这也是启蒙主义的局限所在，它在终极意义上把现实审美化，遮蔽了审美的超越性，这种局限被后来的现代主义和后现代主义所发现和批判。

最后，高尔泰把自由、审美的动力归结为感性对理性的突破，这一思想一方面批判了李泽厚的"积淀说"，另一方面也遮蔽了"生存"的超越性维度，把自由和审美感性化，抹杀了其超越性的本质。

---

① 高尔泰：《美是自由的象征》，人民文学出版社1986年版，第113—114页。
② 高尔泰：《美是自由的象征》，人民文学出版社1986年版，第91页。

下

中国现代美学思潮史

杨春时 主编

百花洲文艺出版社
BAIHUAZHOU LITERATURE AND ART PRESS

第五章　当代现代主义美学

第一节　当代现代主义美学概说

一、当代现代主义美学的历史背景和第三次美学论争

20世纪70年代末开始的改革开放给中国社会带来了巨大变化，经济建设取代政治运动成为中心工作，市场经济取代计划经济，中国快步走向现代社会。在社会现代性得到发展的同时，也产生了反思、批判现代性的要求，形成了反思现代性。如果说理性精神［包括工具理性（科学精神）和价值理性（人文精神）］构成了社会现代性，那么反思现代性则批判、超越理性精神，成为一种自由的精神。反思现代性体现为一种艺术思潮和哲学思想，也形成了一种美学思潮，即现代主义美学。现代主义哲学本来就是对现代性的批判，现代主义美学也展开了对理性主义的批判，并且建立了审美主义的哲学。中国当代的现代主义也是对理性主义美学的反叛。20

世纪90年代，随着市场经济的兴起，学界产生了反思现代性的思想转向，于是启蒙主义美学受到了质疑和批判，而现代主义美学兴起。

中国当代现代主义美学发生于后实践美学与实践美学的论战之中。对实践美学的批判集中于其理性、主体性倾向，而这正是启蒙主义美学的核心。后实践美学主张超越理性主义、走向审美主义，超越主体性、走向主体间性，而这正是重建现代美学的精髓。后实践美学的代表人物有杨春时、潘知常、张弘等。此外，还有其他现代主义美学家，如建立体验论美学的王一川①，还有批评实践美学的章辉②等以及提出怀疑论美学的颜翔林等。

对于李泽厚的实践美学，除了有蔡仪派依据反映论以及高尔泰从启蒙主义立场展开的批评之外，也有从现代美学角度展开的批评，如立足于个体感性论对集体理性论的"积淀说"的批评。不过此时学界还没有展开对李泽厚美学体系的总体性批判。主要是对于"积淀说"的批评，而没有展开对李泽厚美学体系的总体性批判。对实践美学的总体性批判是由杨春时发动的。1993年底，在北京召开的中华美学大会上，杨春时发表了"超越实践美学，建立现代美学"的大会发言，引起了激烈的争论。而从1993年开始，杨春时陆续发表了《超越实践美学》③《走向"后实践美学"》④等一系列文章，引发了公开的讨论。这些文章鲜明地打出了"后实践美学"的旗号，其发表标志着后实践美学与实践美学的论争正式开始。杨春时之后，潘知常在1994年第12期的《学术月刊》上发表了《实践美学的本体论之误》，张弘在1995年第8期的《学术月刊》上发表了《存在论美学：走向

---

① 王一川的代表作为《审美体验论》，由百花文艺出版社在1992年出版。
② 章辉的代表作为《实践美学：历史谱系与理论终结》，由北京大学出版社在2006年出版。
③ 杨春时：《超越实践美学》，《学术交流》1993年第2期。
④ 杨春时：《走向"后实践美学"》，《学术月刊》1994年第5期。

后实践美学的新视界》，这标志着作为一个独立流派的后实践美学开始初
步形成。面对批评，实践美学家做出了回应。张玉能、朱立元等都发表文
章为实践美学辩护，批评后实践美学。后实践美学阵营也进行了回应，从
而形成了这场美学论争的第一波。而在20世纪90年代后期至21世纪初，批
判实践美学的阵营开始扩大，阎国忠、陈望衡、王一川、章辉等美学家陆
续加入。同时，实践美学的反批判力量也开始增强，刘纲纪、李丕显、彭
富春、易中天、邓晓芒、陈炎、徐碧辉等美学家陆续发文声援实践美学，
两派的争论成为美学界的主要事件。在论争中，实践美学一派也产生了分
化。邓晓芒、易中天首先打出了"新实践美学"的旗号，后来朱立元也提
出了"实践存在论"的理论，他们在坚持实践论的美学观的同时，也对李
泽厚代表的实践美学进行了修正。

　　后实践美学对实践美学的批评，主要集中在四个方面：第一，实践美
学以实践为本体论和逻辑起点，但实践不具有本体论的地位，也不能成为
美学的逻辑起点；第二，实践美学以实践来规定审美，忽视了物质生产与
精神生产的根本区别；第三，实践美学具有理性主义特征，抹杀了审美的
自由性和超越性；第四，实践美学具有主体性，它克服不了主客二分或者
说二元对立，抹杀了审美的主客同一性（主体间性）。

二、当代现代主义美学的思想内容和理论构成

　　实践美学的哲学基础和思想资源是马克思主义的实践论以及《1844年
经济学哲学手稿》的美学思想和德国古典哲学、美学，而后实践美学的哲
学基础和思想资源是现代主义哲学、美学，其中现象学和存在论的影响
更大。当然，中国现代主义美学对现代主义哲学是有所批判、有所改造
的，并且在一定意义上也继承了实践哲学的某些思想。海德格尔利用现象
学去发现存在的意义，进入了本体论的领域，进而开创了存在主义哲学，

并且在这个基础上建立了存在论美学。中国当代的现代主义美学也在接受和改造现象学和存在主义哲学的基础上，建立了自己的现代美学体系。杨春时构建了新的存在论，在这个基础上建立了自己的存在论美学即"主体间性—超越论美学"；张弘依据海德格尔的存在论哲学阐释了自己的存在论美学思想；潘知常综合存在主义以及其他现代美学思想建立了"生命美学"。值得注意的是，对现象学和存在论的借鉴并没有停留在简单的搬用层次上，而是有所改造和创造。杨春时构建的新存在论不同于海德格尔的生存论，"存在"被界定为生存的根据以及"我"与世界的共在，因此在这个基础上建立的新存在论美学也不同于西方的存在论美学。他论证了审美的超越性和主体间性，并且沟通了现象学，建立了审美现象学。潘知常的生命美学也不同于欧洲19世纪的生命哲学、美学，而是更多地吸收了存在主义的思想资源，也有自己的理解和创造。王一川的体验论美学也融合了西方美学思想和自己的理解、创造。颜翔林的"诗性主体"有自己的创造，也有海德格尔思想的成分。

关于美学的本体论问题，实践美学家认为，实践本体论是马克思主义哲学的基础；实践创造了人和世界，也创造了美，规定了美的本质。而后实践美学家认为，实践作为一种物质性的社会历史活动不具有本体论的地位，存在、生存或生命才具有本体论的地位。因此，他们认为，实践美学以实践创造了美为由，认为实践决定了美的性质，是以发生学代替了本体论，也抹杀了审美的超越性。

关于美的本质问题，实践美学家认为，美是人化自然活动的产物，体现了人的本质。对于这个问题，杨春时认为实践美学混同了实践活动与审美活动的本质区别，从而产生了实践的物质性与审美的精神性的矛盾、实践的集体性与审美的个体性的矛盾、实践的异化性与审美的自由性的矛盾、实践的理性支配性与审美的超感性和超理性的矛盾等。而且，人的本质是由存在规定的，而不是由现实活动（实践）规定的，它并不是现实性的、异化的社会性，而是超现实性的自由性。

在对实践美学的理性主义倾向的批判中，现代主义美学提出了审美超越性的思想。实践美学认为审美是理性向感性的积淀、感性与理性的统一，是人的本质的对象化。杨春时指出，实践美学的根本弊端在于保留了古典美学的理性主义特征；实践美学的基本范畴——"实践""人的本质"与"自由"——都打上了理性主义的印记。实践是在理性支配下的以物质生产为中心的实际活动，而审美是超越实践水平的自由的精神活动，具有超感性、超理性的性质。在这个前提下，杨春时坚持审美的超越性、自由性。

针对实践美学的主体性倾向，现代主义美学提出了审美的主体间性思想。实践美学认为实践是主体性的，美体现了人的本质，实践创造了自由。后实践美学家认为，实践论美学的理论出发点也存在着主客二分的问题："实践论美学在继续救治美学从创建以来就不断遭遇的根深蒂固的二元对立顽症。……它在致力于调停主观客观、感性理性、必然自由等一系列矛盾与对立的同时，等于前提已默认了这些二元对立。……它所做的，不外是以新的中介为基点，来再度进行二元对立的综合。"① 但其时对于主体性美学观的批判还不彻底，还没有找到批判主体性的理论武器。在2000年后，杨春时改造了胡塞尔的认识论的主体间性理论和哈贝马斯的社会学的主体间性理论，建立了本体论的主体间性理论，才彻底地批判了主体性理论，进而确立了后实践美学的理论基点。他认为：实践是主体改造、征服世界的物质生产活动，带有主体性；实践虽然联结了主体与客体，但同时也造成了主客体的对立；审美不是主体性的胜利，主体性不会达到自

---

① 张弘：《存在美学的构筑》，人民出版社2010年版，第35页。

由。他进而提出，审美作为自由的生存方式克服了主客对立，以主体间性的充分实现，即我与世界的理解与同情，回归了存在的同一性，从而获得了自由。

三、当代现代主义美学的学术意义和社会意义

中国当代现代主义美学的第一个学术贡献是在美学方法论方面。20世纪西方美学的发展首先是方法论的创新，由新的方法论建立新的理论体系。实践美学的方法论主要包含一种历史发生学的方法，它认为美是劳动创造的，因此美的本质就是由实践决定的，实践体现了人的本质，美也就是人的本质的对象化。这一方法论以发生学的研究（其审美发生的环节也有缺漏，如原始劳动不是实践，实践也并不能直接创造美）代替本质的论证，并且由"实践创造了美"，得出了"实践决定了美的性质"的结论，这是一种命题转移。这种论证方法已经遭到广泛的质疑，也引起了学界对美学方法论的重视。后实践美学力图摆脱历史决定论，接受了现代哲学的方法论，主要是现象学。现象学被海德格尔改造后，成为哲学方法论，以求领会存在的意义。但是，海德格尔的现象学依据的还是生存论，而不是存在论；海德格尔对它的运用也没有解决存在的意义问题。杨春时依据自己的思路重构了现象学，使之与存在论结合为一体，成为哲学方法论，也成为美学研究的基本方法。他不仅建立了现象学美学，而且进一步建立了审美现象学，即不但以现象学方法得出了美的本质，而且以审美体验作为现象学方法得出了存在的意义。同时，王一川的体验论美学也有现象学的成分。此外，潘知常注重以中西比较的方法论证生命美学；颜翔林的怀疑论美学也是以怀疑论的方法打破中西美学既成的系统，再对各种资源进行融合。就此而言，当代的现代主义美学相比之前的美学研究突显了一种"方法论"的意识。

当代现代主义美学的第二个重要学术贡献是重建本体论。本体论是西方哲学的核心，是亚里士多德所谓的"第一哲学"。实践美学以实践为本体，实际上把本体论历史化。后现代主义哲学否定了形而上学，也抛弃了本体论，这就导致美学失去了根基。中国当代现代主义美学家立志建立新的哲学本体论，重建现代形而上学，进而建立审美形而上学。当代的现代主义美学以超越主客二分、超越理性主义为目的，重建审美形而上学。从后实践美学到王一川的体验论美学、吴炫的否定论美学、颜祥林的怀疑论美学都具有类似特征。20世纪90年代之后，随着对实践美学批判的深入，超越主客二分以及肯定审美的超越性与自由性等观念成为美学界共识，而这一新的美学观念需要有坚实的本体论基础。这方面的主要理论之一是杨春时的存在论。杨春时扬弃了传统的实体本体论，也扬弃了海德格尔的生存论，建立了新的存在论。他认为存在是生存的根据，具有本真性；是"我"与世界的共在，具有同一性。审美是自由的生存方式和体验方式，从而以其超越性和主体间性回归了存在的本真性和同一性。这一新的本体论（存在论）与其方法论（现象学）结合在一起，形成了新的美学体系，美学成为"第一哲学"。此外，潘知常借鉴和改造了西方的生命哲学，建立了生命本体论的美学体系；吴炫借鉴法兰克福学派的社会批判理论，提出了本体性否定论美学。总之，它们都是在借鉴西方哲学的本体论资源的同时，进行了创造性的理论建构。

除了学术意义之外，当代现代主义美学还具有社会意义。它虽然是一种新的形而上学的美学，但却具有强烈的现实性。当代中国社会现代性的发展具有不协调性，丰富的物质生活与贫乏的精神生活的强烈反差、人与自然的对立以及人与人之间的疏远化，都证明了这一生存状况的异化性质。现代主义美学以其超越性和主体间性揭示了存在的意义是自由，从而展开了对现实的审美批判，以期获得精神的救赎。因此，重建现代主义美学正适应了现代社会的需要，体现了当代美学的发展方向。

第二节 杨春时对现代主义美学的重建

杨春时是第三次美学论争的发起者，也是后实践美学的主要代表。他不仅全面、深刻地批判了实践美学，而且创造性地重建了现代美学。

一、前期的"生存—超越论美学"

杨春时的研究领域横跨了美学、文学理论、中国现代文学思潮史与中国文化思想史四个研究领域，其中美学研究著作最多，影响也最大。杨春时的美学研究从20世纪80年代初开始，其中有连续性，又不断变化。"说有连续性，是指在审美本质观上，一直坚持了审美的超越性，认为审美超越现实，是自由的生存方式。说不断变化，是指从80年代接受实践美学开始，到90年代又走向生存论美学，到2000年后又走向存在论美学。"[①]

20世纪80年代是实践美学主导的时期，杨春时也属于实践美学阵营。杨春时1982年的硕士论文《艺术的审美本质》是其美学研究的起点。后来，其成名作《系统美学》的出版进一步完善了他早期的美学思想。在其硕士论文和《系统美学》中，杨春时一方面接受了马克思《1844年经济学哲学手稿》的影响，坚持实践美学的立场，肯定实践是审美的基础，另一方面也在具体的美学考察中发现和论证了审美的自由性，认为审美超越现实，是自由的活动；审美意识超越现实意识（意识形态），是自由的意识。这一美学观存在着内在的矛盾，即实践的现实性与审美的超越性的矛盾，同时也偏离了实践论，从而成为其以后走出实践美学的内因。此后，

---

① 杨春时、高上：《从实践美学到后实践美学——厦门大学人文学院杨春时教授访谈》，《甘肃社会科学》2015年第3期。

杨春时扩展了自己的美学视野，开始结合符号学、人类学、文化学、心理学等展开美学研究，相继完成了《审美意识系统》《艺术符号与解释》和《艺术文化学》等著作。其中最有价值的部分是借助弗洛伊德、荣格、皮亚杰等心理学家的思想对人类意识结构进行了创造性的理论建构，这一理论后来一直延续下来，并且不断完善，成为其现代主义美学体系的一部分。

在20世纪90年代，杨春时告别了实践美学，发起了对实践美学的批判和国内当代第三次美学论争，在他的影响下，学界形成了"后实践美学"学派。在与实践美学的论争中，杨春时扬弃了实践哲学，转换了自己的哲学体系。他更多地接受了海德格尔代表的存在主义哲学，把生存作为美学的本体论基础，建立了生存论美学。从"生存"概念出发，他推导出自己的美学体系。他对"生存"概念进行了界定：第一，"生存具有理性基础，同时又具有超理性本质"；第二，"生存具有现实基础，但本质上是超现实的"；第三，"生存具有物质基础，但本质上是精神性的"；第四，"生存具有社会基础，但本质是个体性的"。[①] 从生存的超越性出发，他考察了人类三种生存发生和体验方式：原始人类的自然的生存方式和蒙昧的体验方式，文明人类的现实生存方式和理性化的体验方式，自由的生存方式和超越的体验方式。借此，杨春时论证了审美是自由的生存方式和超越的体验方式。他把审美的超越性建立在生存的本质之中，认为生存具有两重性即现实性与超越性。生存的超越性是指生存不满足于现实，而是指向自由的彼岸，而审美就是超越性追求的终极产物。因此，他将自己的美学命名为"生存—超越美学"。生存论美学建构的代表作是2004年出版

---

① 杨春时：《生存与超越》，广西师范大学出版社1998年版，第163页。

的《美学》①，它虽然是一部教材，但却系统地阐述了生存论美学的理论。杨春时前期构建的生存论美学虽然有很多有价值的思想，特别是审美超越的思想，但受到海德格尔的生存论的影响，其美学体系还没有找到存在论的基础，也没有得到合理的论证。基于这一问题，杨春时继续进行了理论探索，最后走向了存在论美学。

二、重建存在论和现象学

在2000年之后的中国，后现代主义美学开始形成强大的潮流，现代主义美学被取代。杨春时却认为现代主义哲学、美学的建构并未完成，应该在反思的基础上加以重建。杨春时的美学研究就是以此为目标而进行的。此时，杨春时对于胡塞尔、海德格尔等西方哲学理论已经不再是全盘接受，而是加以改造，进而将其融入自己的美学体系之中。这个过程，如他本人所说，是从生存论转向存在论，由此建立了全新的美学体系，他将其命名为"主体间性—超越论美学"。他首先重建了现代美学的哲学基础，包括存在论和哲学方法论。

在存在论的重建方面，杨春时清理了海德格尔哲学的影响。海德格尔对存在与存在者进行了区分，恢复了存在的本体地位，由此形成了现代存在论。海德格尔指出，"存在"不是存在者，"存在"不可定义也不可见，只能通过"此在"领会"存在"的意义。海德格尔将可能领会"存在"的人称为"此在"，此在的基本特征是"此在在世"，即"此在"与世界、与他人共同存在。但他仍然延续传统形而上哲学，把"存在"规定为"是（being）"，也就是物之为物的根据、存在者的根据。因此，海德格尔的生存论（此在在世）与存在论并没有结合在一起，而"此在"也没

---

① 杨春时：《美学》，高等教育出版社2004年版。

有得到"存在"的规定。杨春时认为，海德格尔的存在论仍然是生存论，他没有正确地规定"存在"，因此也没有可能通过生存（此在在世）来把握"存在"。在杨春时看来："一方面，存在不是实体，也不仅仅是存在者的根据；不是生存，而是生存的根据。这方面，既要弃绝形而上学的实体论，又要避开海德格尔的误区，即把存在当作存在者的根据，而不是生存的根据，如此就很难摆脱实体论，或者陷入'是'的泥沼。"①他认为，存在是逻辑的设定，不在场且具有超验性，同时也具有在场的可能性；存在的意义是自由。他对"存在"做出两个规定，即本真性与同一性。存在的本真性在于："存在首先是生存的根据，存在者在生存中，属于生存。因此，所谓存在者只能在生存中得到规定，它与存在的关系是间接的。存在不是生存的现实性，而是生存的可能性。存在作为生存的根据，意味着存在的本真性，超越性概念由此产生。"②当然，现实生存的超越性是有限的，而审美作为自由的生存方式超越现实，回归了本真的存在。

存在的同一性则是"我与世界的共在，不是我与世界分离，也不是我支配世界或世界支配我，而是我与世界同一"③。杨春时认为，"我"与世界的共在"不同于海德格尔的此在的共在，前者具有本真性、源始性，而后者是非本真的、非本源的"④。我与世界的共在先于生存，是"我"与世界的本源。当然，现实生存中存在的同一性被分裂为主客对立统一关系，而审美以其主体间性回归了存在的同一性。

---

① 杨春时：《现代哲学本体论的重建》，《四川师范大学学报》（社会科学版）2013年第4期。
② 杨春时：《现代哲学本体论的重建》，《四川师范大学学报》（社会科学版）2013年第4期。
③ 杨春时：《作为第一哲学的美学——存在、现象与审美》，人民出版社2015年版，第94页。
④ 杨春时：《审美意义的发现与证明》，《四川师范大学学报》（社会科学版）2011年第2期。

　　杨春时不仅重建了存在论，也重建了哲学方法论即现象学。现象学是胡塞尔创立的，他把它定位于"严格的科学"，意在还原事物的本质。海德格尔把现象学建立在生存论的基础上，改造为哲学方法论，企图通过生存体验来领会存在的意义。但是，由于现象学建立在生存论的基础上，而不是建立在存在论的基础上，所以生存体验不能通达存在，即使我们通过所谓"向死而生"的先行体验也不能领会存在的意义。杨春时认为，所谓现象学就是摆脱现实生存体验（表象）而达到超越性的生存体验（现象），也就是由生存的现实性和主体性回归存在的本真性与同一性，这只能通过审美体验来达到。

　　杨春时美学理论的建构并不止于哲学论述，他还进入了心理学、符号学、文化学等领域，并且创造性地建构了审美意识理论、审美符号理论、审美文化理论等。这些理论与哲学、美学理论互相对应，构造了一个严密的理论体系。例如，关于审美意识的理论，他没有一般地列举出一些表面特征，而是建立了一个人类的完整的意识结构，这一意识理论超越了传统性理学（即程朱理学）的框架，而成为一种哲学意识论。早在20世纪80年代初期，杨春时就已经建构了这个意识结构，而且一直延续下来，成为其美学思想的重要部分。人类意识结构纵向划分为无意识、非自觉意识和自觉意识三个层面，横向划分为感性、知性和超越性三种水平，同时也区分为主观的情意方面和客观的认知方面。审美意识就是超越水平的非自觉意识（其反思形式是超越水平的自觉意识即哲学思维），也就是获得了解放的、充分的非自觉意识。审美意识克服了现实意识的分裂，具有意象性、主客同一性、超越性，也就是自由的意识。与这个意识结构对应，杨春时还从逻辑上和历史上划分了人类意识的类型，即原始意识、现实意识和自由的意识（审美意识及其反思现实哲学思维）三种形态。这样，审美意识就立体地呈现出来。与此对应，他也建立了审美符号理论，它从不同的角度揭示了审美的性质。杨春时先阐述了语言符号学与存在论的一致性：与存在论"存在"与"生存"的区分相对应，符号学也有"本源的语言符号"和"现实的语言符号"的区分。本源的语言符号是"存在"的结构，因此不是语音文字，而是谈话，是"我"与世界的对话；它具有本真性和同一性。本源的语言符号还是一种逻辑的设定，是现实语言符号的根据。现实语言符号是现实"生存"的结构，是本源的语言符号的异化，因此本真性和同一性破裂。审美语言符号回归了本源的语言符号，以其超越性和主体间性恢复了语言符号的本真性和同一性。

三、后期的"主体间性—超越论美学"

在新的存在论和现象学的基础上，杨春时建构了"主体间性—超越论美学"。2015年，杨春时出版了专著《作为第一哲学的美学——存在、现象与审美》，该书是杨春时美学思想的集大成之作，甚至可以作为当代的现代主义美学的范本。杨春时在导论中首先提出了一个目标：超越现代主义与后现代主义美学，重建现代美学。实际上，"超越现代主义"指向的是在经历了后现代主义的否定之后，建立更加成熟合理的现代美学。

杨春时首先建立了审美现象学。此前他曾经认同逻辑—历史方法，但后来意识到这个方法的局限性，认为逻辑的设定需要一种更根本的方法，以避免独断论；而且"让逻辑的设定在历史的发展中完全实现，逻辑与历史完全同一，抹杀了存在的本真性与现实生存的非本真性的差异，从而也否定了生存的超越性"[1]。他主张以现象学方法作为哲学、美学的基本方法论，即发现美和存在的意义的方法，而逻辑—历史的方法不过是一种证明的方法。他先论证了传统现象学的所谓本质直观并不是"充实的现象学"，而只能作为

---

[1]　杨春时：《作为第一哲学的美学——存在、现象与审美》，人民出版社2015年版，第19页。

一种"缺席现象学"，即依据"存在"不在场的缺失体验来推定"存在"，而不能使"存在"直接显现，这就是"推定存在论"。"缺席现象学"和"推定存在论"有其合理性，可以成为哲学推演的起点；也有其局限性，就是不能确证存在的意义。他建立了审美现象学，认为审美现象学才是充实的现象学，审美体验才是真正的现象学还原，美的本质和存在的本质在审美体验中呈现。"审美体验是真正的现象学直观，它使世界整体作为审美对象出现，也就是使审美成为存在的显现形式，于是存在作为现象显现，存在的意义作为审美意义被领会。"①杨春时认为，审美体验的结果即审美现象学还原的产物是自由，自由就是审美意义，也是存在的意义。在这方面，他借鉴了中国古典美学的现象学思想，认为中国美学以其感兴论和意象论建立了情感现象学，从而区别于西方的认知现象学。

审美现象学发现了美的本质（审美意义）与世界的本质（存在的意义），但这只是发现的逻辑，还需要证明的逻辑，所谓证明的逻辑就是美学本体论。在这里，现象学与存在论实现了同一，美学成为"第一哲学"。杨春时从缺席现象学和推定存在论出发，预先确定了存在是生存的根据，具有本真性；是我与世界的共在，具有同一性。然后，杨春时以存在为逻辑起点，来论证审美的自由性。他提出，审美是一种特殊的生存方式与体验方式，也就是自由的生存方式和体验方式。他论述了人类三种生存方式和体验方式：一是自然的生存方式和蒙昧的体验方式；二是现实的生存方式和理性的体验方式；三是自由的生存方式和超越的体验方式。审美属于自由的生存方式和超越的体验方式，它回归了存在，也领会了存在的意义。由此，经过逻辑的、历史的论证，美学本体论就得以展开，审美的自由性就得到证明。

---

① 杨春时：《作为第一哲学的美学——存在、现象与审美》，人民出版社2015年版，第53页。

　　在深入的论述中，杨春时论证了自由的概念，认为自由是存在的意义，它具有两个重要的内涵，一个是超越性，一个是主体间性。他认为："超越性来源于存在，存在的本真性使生存具有了超越性，超越性是生存的本质规定。"①在杨春时看来，哲学的超越以审美的超越为基础，只有审美超越才是真正指向自由的，而哲学的超越不过是审美超越的反思形式。审美超越既是一种向存在的回归，也是一种超现实的体验方式，是对存在意义的领会。杨春时还认为，自由的实现还要依据主体间性，审美是主体间性的充分实现。"主体间性"由胡塞尔提出，是一个认识论概念，指的是认识主体之间达成共识的可能性。这是为了避免现象学的自我论而提出来的理论，并没有触及现象学的先验主体性问题。杨春时区分了胡塞尔的认识论的主体间性概念、哈贝马斯的社会学的主体间性概念以及自己创立的本体论的主体间性概念。杨春时认为，主体间性根源于存在的同一性，在现实生存中"我"与世界的同一性破裂，主客分离、对立，主体支配世界，仅仅残存着有限的主体间性。审美充分发展了主体间性，消除了主客对立，世界变成了另一个主体。自我主体与世界主体展开了对话、交流和融合，从而恢复了存在的同一性。在杨春时看来，只有置于这种主体间性的和谐之中，自由才得以实现。

　　杨春时还从存在论出发，深入论述了审美的"实有"和"虚无"以及"时间"与"空间"这两对范畴，进而深入地论证了审美的自由性。存在的本真性体现为"实有"和"虚无"这一对范畴。实有范畴是指存在具有本源性，是生存的根据，而不是虚构之物。因此，现实世界也就具有了特定的实有性，而不是虚幻的世界。虚无范畴是指存在是逻辑的设定，不具有实在性，仅仅是一种可能性和必然性。因此，现实世界也就具有了特

---

　　① 杨春时：《作为第一哲学的美学——存在、现象与审美》，人民出版社2015年版，第133页。

定的虚无性，它作为存在的"残缺样式"缺乏本真性。运用这个理论，审美的二律背反就得到解释：一方面，审美作为自由的生存方式，具有实有性，所以不是虚幻之物，而是真实的生存体验，可以领会存在的意义；另一方面，审美作为超验的体验方式，又具有虚无性，不是现实活动，不具有实在性，不能证明，也不具有实用价值。

存在的同一性体现为"时间"和"空间"这一对范畴。本源的时空是我与世界之间的本真的构成关系：本源的时间是"永恒的当即"，本源的空间是"无限的这里"。因此本源的时空规定了"存在"是"我"与世界的共在。而现实时空是本源的时空的"残缺样式"："我"与世界的同一性破裂，主客对立。同时也保持着历史的、社会关系的联系。审美时空是自由的时空，它超越现实时空而回归了本源的时空，克服了我与世界之间的历史的和社会关系的隔膜，作为"永恒的当即"和"无限的这里"，恢复了我与世界的同一性，从而实现了自由。

杨春时美学体系的建构，是把审美现象学和审美存在论结合为"第一哲学"。它认为审美是现象学的最后归宿，美学是充实的现象学；审美是向存在的回归，美学是确定的存在论。"在传统的学科设置中，美学是哲学的分支。但现代美学的发展已经表明，它是哲学的基础。现代哲学中的两大谱系现象学与存在论合流，并且都走向了审美主义，证明了这一点。以此为据，我们就可以在建立审美现象学和审美存在论的基础上，确立美学为第一哲学。"①

四、杨春时美学理论的意义

"主体间性—超越论美学"作为当代美学研究的重要成果之一，有两

---

① 杨春时：《作为第一哲学的美学——存在、现象与审美》，人民出版社2015年版，第315页。

个方面的学术意义：

第一，"主体间性—超越论美学"重建了形而上学美学，从而克服了后现代主义的弊端。后现代主义哲学以反形而上学的名义否定了现代哲学，虽然有其合理性，但也有其片面性。杨春时认为："哲学是追本溯源的学问，它必须追问本体论的问题。形而上学本体论被否定，是因为它把存在实体化，而不是因为本体论本身的不合法。"①海德格尔前期力图重建现代形而上学，但由于其生存论的局限而没有完成。后期海德格尔在"本有论"的基础上重建现代形而上学，提出了许多深刻的思想，但其理论体系的建设还不明晰、完整。杨春时在否定实体论和重建存在论的基础上重建了形而上学的美学，其理论体系明晰而完整，富有独创性，是中国当代现代主义哲学、美学建设的可贵成就。

第二，"主体间性—超越论美学"克服了现代主义美学的缺陷，建构了新的现代美学。现代主义美学具有根本性的缺陷，包括建基于生存论的主体性以及非存在论的超越性，需要加以克服、纠正。在重新建构的存在论的基础上，杨春时论证了审美的超越性和主体间性。同时，他也在存在论的基础上重新阐释了现象学，进而建立了审美现象学。这种系统而宏大的美学理论建构，其学术价值还有待于历史的鉴定。

就社会意义而言，"主体间性—超越论美学"回应了中国社会现代性发展对于反思—超越层面的需求。2001年，杨春时发表了《美学要回应现代性的挑战》一文，认为"美学作为一种哲学形态，植根于人的生存方式，它必须解答社会生活提出的根本性问题。当前，现代性已经敲响21世纪的大门，人的生存开始发生根本性的变化。因此，中国美学必须回应现

---

① 杨春时：《现代哲学本体论的重建》，《四川师范大学学报》（社会科学版）2013年第4期。

代性的挑战，解答现代社会生活提出的根本性问题"①。杨春时肯定了实践美学在建立现代性过程中的重要作用，同时也指出其局限："实践美学对理性和主体性的肯定，推动了现代性的生长，对中国的思想解放、文化启蒙发挥了重要作用，也使中国美学走出古典，向现代过渡。因此，实践美学的历史作用和历史地位必须充分肯定。但是，实践美学的理性主义抹杀了审美的超越性，在理论上存在着重大的缺陷，而这种缺陷在现代性来临的时期就更加突出，它不能适应现代社会的要求。因此，必须进行美学的现代变革。"②此后，杨春时不止一次重提美学要回应现代性的主题：中国现代性片面强调感性、理性与主体性，造成了欲望与工具理性的泛滥，因此美学要关注人的个体性、超理性、精神性，反抗扭曲的现代性对人的重压。显然，"主体间性—超越论美学"就是杨春时用来回应现代性需要，引领人回归本真的生存和人生自由与超越之境的舟楫。

第三节　其他后实践美学家的美学思想

一、潘知常的"生命美学"

潘知常是后实践美学的代表人物之一，以"生命美学"在现代主义美学思想中独树一帜。从1984年到2012年，潘知常陆续出版了十余部美学专著。这些著作可以分成四类：中国美学研究，审美文化研究，生命美学研究以及偏向审美感悟的著作。生命美学是潘知常美学思想的标志，他以

①　杨春时：《美学要回应现代性的挑战》，《广西师范大学学报》（哲学社会科学版）2001年第1期。

②　杨春时：《美学要回应现代性的挑战》，《广西师范大学学报》（哲学社会科学版）2001年第1期。

"生命"范畴为核心与逻辑起点，批判了以实践美学为代表的理性主义美学，推崇审美的感悟性与超越性。其1991年出版的《生命美学》一书提出了生命美学的基本观点，1997年出版的《诗与思的对话——审美活动的本体论内涵及其现代阐释》一书是生命美学的理论深化，2002年出版的《生命美学论稿：在阐释中理解当代生命美学》一书是生命美学的理论总结，将生命美学理论扎根在了中国传统美学与西方20世纪哲学之间比较的基础之上。

潘知常的生命美学虽然有19世纪欧洲生命哲学的影响，但更多的思想来源于现代美学思想以及对中国美学思想的借鉴。自1984年开始，潘知常陆续发表了几十篇与中国美学相关的学术论文，出版了多部中国美学专著。中国美学是生命美学最初，也是最为重要的理论资源。20世纪80年代，潘知常在中国美学方面的研究成果主要有《美的冲突》与《众妙之门——中国美感心态的涂层结构》。在《众妙之门》中，潘知常已经将"生命意识"看作是中国美感心态深层结构的根本内容，生命美学已经萌芽。两书中关于儒家美学、道家美学、禅宗美学，以及王国维、鲁迅等的个案研究，后来也成了生命美学的重要思想资源。

生命美学是在中西美学比较的基础上形成的理论。20世纪90年代之后，潘知常陆续出版了三本中国美学研究著作，即1993年的《生命的诗境——禅宗美学的现代诠释》与《中国美学精神》，2000年的《中西比较美学论稿》，中西比较的思路与方法逐渐成熟。潘知常将中西比较美学分成了两个层面："其一是以中西方的美学文献为内容、以中西方的传统美学为对象、以中西方美学的历史历程为线索的层面；其二是以中西方的美学文本为内容、以中西方的美学传统为对象、以中西方美学的理论内涵为线索的层面。前者可以称之为知识的层面，后者可以称之为智慧的层面。"①潘知常关注的是智慧的层面，想要弄清楚中国美学具有什么样的思维方式，如何提出问题、规定问题、最终解决问题。在潘知常看来，中西对话是重建中国美学的唯一途径，对话可以促使美学智慧的觉醒。对话的展开需要充分了解20世纪西方美学的新观念，"最为重要的是抓住海德格尔及其现象学美学这一桥梁"②。

20世纪90年代，潘知常开始涉及审美文化与大众文化研究，出版了《反美学》（1995）与《美学的边缘——在阐释中理解当代审美观念》（1998）两本专著。在《反美学》中，潘知常认为："当代审美文化预示着传统美学的危机。它揭示了传统美学的封闭性、超验性、历史性、压抑性和确定性，呼唤着一次决裂、一次越界、一次清算。它以一种特殊的方式鼓励一种多元的思维风格，反对同质性，提倡异质性。"③所谓的反美学就是反传统美学，特别是反对传统美学的两个基本原则：理性主义与主体性。在当时国内的美学研究中，理性主义与主体性的集中体现就是实践论美学。由此，潘知常对实践论美学展开了分析与批评。《美学的边缘——在阐释中理解当代审美观念》讨论的是当代审美观念，"观念"是指"主体在社会实践活动中通过对客体信息的接受、加工、内化而形成的相对稳定的主观认识"④。当代审美文化的转变带来了审美观念的转变，审美观念的转变带来了美学的重建。从本质上看，现代人类的哲学思维从理性主义转向了非理性主义。与之相应，传统审美观念中的对"是什么"的思考就变成了对"不是什么"的思考。思维模式由正向的二元对立变成了逆向的

---

① 潘知常：《中西比较美学论稿》，百花洲文艺出版社2000年版，第17页。

② 潘知常：《中西比较美学论稿》，百花洲文艺出版社2000年版，第11页。

③ 潘知常：《反美学》，学林出版社1995年版，第36页。

④ 潘知常：《美学的边缘——在阐释中理解当代审美观念》，上海人民出版社1998年版，第2页。

多极互补。潘知常对当代审美观念变化的思考，最终也成为生命美学的重要理论来源。

　　潘知常称1991年出版《生命美学》为第一稿。潘知常认为20世纪80年代的美学是"冷美学"，即无根的美学。"美学必须以人类自身的生命活动作为自己的现代视界，换言之，美学倘若不在人类自身的生命活动的地基上重新建构自身，它就永远是无根的美学，冷冰冰的美学，它就休想真正有所作为。"①无根的美学都是以外在于人的美、美感、艺术、审美关系等为研究对象，以对象世界为核心，盲目推崇美学体系、美学范畴、美学论著以及论文。这些造成了美学的僵化，根本的解决方式就是彻底转换一个视界，也就是将美学看作"生命的最高阐释，即关于人类生命的存在及其超越如何可能的冥思"②。从这个视角出发，美学的核心问题就转而回答"人类为什么需要审美"，审美活动就成为美学研究的核心。审美活动不同于一般的活动，应该是一种本体活动，即人类最高的生命存在方式，完全超越了主客二分，是自由的生命活动。美学研究就应该围绕审美活动逐渐展开。

　　《生命美学》围绕审美活动分成了三个部分，即审美活动"是什么"（本质）、"为什么"（目的）、"怎么样"（规律）。在潘知常看来，审美活动"与人的理想本性同在，是自由生命的全面实现"③，"与人的内在需要同在，是最高需要的全面实现"④，"与人的个体自我同在，是自由个性的全面实现"⑤。从审美活动的性质可以推导出审美活动是对生命有

―――――――――――――――――

①　潘知常：《生命美学》，河南人民出版社1991年版，第2页。

②　潘知常：《生命美学》，河南人民出版社1991年版，第6页。

③　潘知常：《生命美学》，河南人民出版社1991年版，第28页。

④　潘知常：《生命美学》，河南人民出版社1991年版，第43页。

⑤　潘知常：《生命美学》，河南人民出版社1991年版，第50页。

限的否定、对生命的超越与终极关怀，以最高生命的眼光看待生命世界，在更高意义上参与生命世界。美则是人类安身立命、诗意生存的"自由的境界"。研究审美活动规律也就是研究审美活动以何种方式使生命成为可能，以何种方式使生命从有限中超越而出。潘知常的答案是"体验"，在审美体验中主客结束了对立，生命的永恒奥秘即生命的意义，被发掘了出来。"审美活动的功能、意义就在于：它是对人类的自由本性的守望、对人类的精神家园的守望。"①审美活动具体表现为爱，爱就是永恒的企望。所以审美活动就是新的上帝，只有它才能在现代社会的迷失中救赎我们每个人。

《生命美学》一书是生命美学思想最初的系统表达。就体系来说，《生命美学》架构完整，结构清晰，中心也非常明确。《生命美学》的缺陷主要是它的方法论，即以"感悟"提出问题，而问题的提出与证明缺乏客观性。1997年，潘知常出版了《诗与思的对话》作为生命美学的第二稿，与《生命美学》一脉相承。这本书也将审美活动看作是美学研究的基本内容，不过在结构上做了适当调整，在问题论证与论据选择上更是下了很大功夫。《诗与思的对话》解决的第一个问题是审美活动"为什么"，即人类为什么需要审美活动。潘知常认为"审美活动在形式上是先天的，在内容上是后天的"②。"先天"指一定的自然进化的生理结构，"后天"指一定的社会生活内容。从整体上看，审美活动则是人类自由本性的理想实现，守护着人类的精神家园，是超越现实的自由的生存方式。《诗与思的对话》解决的第二个问题是审美活动"是什么"，即为什么把审美活动界定为人类的自由本性的理想实现。潘知常认为人类生命活动追求的

① 潘知常：《生命美学》，河南人民出版社1991年版，第274页。

② 潘知常：《诗与思的对话——审美活动的本体论内涵及其现代阐释》，上海三联书店1997年版，第63页。

是自由的实现，方式包括实践活动、理论活动与审美活动三种。实践活动是文明与自然矛盾的实际解决，理论活动是文明与自然矛盾的理论解决，审美活动则是文明与自然矛盾的象征解决。象征具有理想性，从理想出发构造一个虚拟世界，现实与理论解决不了的问题才得以最终解决。同时，审美活动的同一性、象征性、全面性、永恒性也"表现为对于功利性的超越"①。《诗与思的对话》解决的第三个问题是审美活动"怎么样"，考察审美活动的具体历史与逻辑形态。潘知常将审美活动的历史形态分为了四种，即中国形态、西方形态、传统形态、当代形态，在比较中阐述了它们的特征。《诗与思的对话》解决的第四个问题是审美活动"如何是"，追问审美活动如何使自由生命的实现成为可能。这个问题可以分成两层：第一层为审美活动何以能够成为人类生存的最高方式，何以禀赋本体论的内涵。潘知常的答案是审美活动在时间、逻辑上先于对象性思维的活动方式。第二层为审美活动如何实现人类生存的最高方式，如何体现本体论的内涵。潘知常又将此问题分成了意象层面、指向层面、评价层面三个层面，并逐层考察分析。

　　在《诗与思的对话》中，潘知常认识到应该将理论与现实、历史合而为一，但其在具体论述上仍然存在割裂现象。2002年，潘知常出版了《生命美学论稿：在阐释中理解当代生命美学》，2009年出版了《我爱故我在——生命美学的视界》，这都是深化理论与现实、历史合一的进一步尝试。这两本书的主要价值是弥补生命美学之前的缺憾。《生命美学论稿：在阐释中理解当代生命美学》用了大量篇幅讨论"人学"，修补的是"个体觉醒"的缺憾。《我爱故我在——生命美学的视界》弥补的则是"信仰觉醒"的缺憾。"觉醒"是《生命的悲悯：奥斯维辛之后不写诗是

---

① 潘知常：《诗与思的对话——审美活动的本体论内涵及其现代阐释》，上海三联书店1997年版，第194页。

野蛮的》一文中出现的概念，潘知常称这篇文章为生命美学的导读。觉醒也是自觉，主要有三个方面，即人性的自觉、审美的自觉、美学的自觉。人性的自觉指的是自我的诞生，也就是认识到"生命总是以个体的形式存在"①。审美的自觉指的是将审美活动与生命活动联系在了一起，审美的自觉以人性的自觉为前提。美学的自觉指的是认识到"美学的根本问题就是人的问题"②，美学应该以人的生命为核心成为生命美学。"人"成为生命美学"现实、历史、理论"三个方面融合的中心点。

在《生命美学论稿》中，潘知常强调真正使人超越动物的是对理想的追寻，理想是人类本性中最为核心的存在。"理想之所以是理想，就在于它是永远无法实现的，就在于它只能存在于遥不可及的未来，只是关注人生痛苦的参照系，意在激发人们对现实的不满。"③在现实社会，只能通过审美活动表现理想。潘知常认为，在哲学史中依次出现了四种本体论：自然本体论，神灵本体论，理性本体论，人类生命本体论。前面三种本体论，都是"从世界的角度看待人，世界的本质优先于人的本质，人只是世界的一部分，人的本质最终要还原为世界的本质，就成为它们的共同的特征"④。第四种人类生命本体论，由康德、叔本华、尼采、狄尔泰、柏格森、海德格尔、维特根斯坦、波普尔、卡尔纳普、劳丹等哲学家开创与延续，是哲学演进的必然结果。人类生命本体论"从对世界的本原的关注转

①　潘知常：《生命美学论稿：在阐释中理解当代生命美学》，郑州大学出版社2002年版，第7页。
②　潘知常：《生命美学论稿：在阐释中理解当代生命美学》，郑州大学出版社2002年版，第15页。
③　潘知常：《生命美学论稿：在阐释中理解当代生命美学》，郑州大学出版社2002年版，第279页。
④　潘知常：《生命美学论稿：在阐释中理解当代生命美学》，郑州大学出版社2002年版，第252页。

向对于人类的命运的关注。……其实质就是思与生命的对话"①。审美活动是生命活动的理想形态，所以思与生命的对话也就是思与诗（审美活动）的对话。所以生命美学不是基于某个理论产生的美学流派，而是美学整体发展的必然结果，真正具有现代形态的美学一定是生命美学。中国美学的根本缺憾，就是未能与个体的生命产生严格对应。这种遗憾在王国维与鲁迅那里得到了关注。不过王国维与鲁迅都没有走出个体人生的绝望——王国维面对绝望选择了自杀；鲁迅硬骨头地直面绝望，也终无法解脱。接着王国维与鲁迅这一脉络讲，就是为美学添上神性，也就是信仰与爱的维度。"思入'神性'，为信仰而绝望，为爱而痛苦，这是最后的希望。生命之树因此而生根、发芽、开花、结果。"②信仰与爱正是潘知常美学感悟的最后终点。

　　生命美学的最大特色是"感悟"。生命美学起于感悟，终于感悟，感悟是潘知常最常使用，也是最为根本的方法论。首先，基于自己的生命感悟，潘知常介入美学研究，提出了生命美学。当感悟到应该为生命美学添加"信仰与爱"的维度之后，生命美学在理论上就终结了。其次，通过感悟，潘知常提出了生命美学的核心观点。中国美学与审美文化研究的很多观点，也是基于感悟而提出的。最后，生命美学观点的证明甚至也使用了感悟式的、拒绝理性化的研究方法。后来，潘知常引入了中西比较美学视野，深入分析了妙悟与西方现代哲学美学相关理论的关联：妙悟的生命性与叔本华、尼采的生命哲学类似；妙悟的超理性、非理性与克罗齐哲学的"直觉"类似；妙悟的对象是人与万物融洽无间的世界，与存在主义哲学

---

① 潘知常：《生命美学论稿：在阐释中理解当代生命美学》，郑州大学出版社2002年版，第253页。

② 潘知常：《生命美学论稿：在阐释中理解当代生命美学》，郑州大学出版社2002年版，第245页。

的"人与世界共在"类似；妙悟的起点是直接性，与现象学的"面对事物本身"类似；妙悟的载体是自我，与西方哲学强调的个体类似；妙悟的目的是生命的超越，与直觉的超越性类似。中国古典的感悟（妙悟）方法论的理论品格由此得到了提升，具有了现代意义。

生命美学具有自己的理论特色和积极意义。它针对实践美学把主体定位于物质生产者、掩蔽了主体的生命本质的缺陷，强调了主体作为鲜活的生命所具有的丰富性和超越性，从而揭示了审美与生命的内在联系，如陈望衡的评论："生命美学从人类生命活动的角度去考察审美活动，揭示了生命与美的本质的联系，为当代中国美学的转型提供了一种可贵的思路。"①

潘知常的生命美学也存在着一些尚待解决的问题。其中最根本的问题是"生命"概念的内涵和根据尚有不明晰之处，对生命美学基本观点的论证也有所不足。另外，生命美学融合了多种美学思想，但逻辑线索还不够清晰，理论体系建构也具有杂糅性。并且，生命美学虽然与实践美学有所区别，但仍然属于一种主体性的人学美学，因此没有克服主体性美学的通病。

二、张弘的"存在论美学"

在后实践美学阵营中，张弘是与杨春时、潘知常并列的另一位代表人物。他服膺和阐释存在主义哲学，以存在论美学参与中国现代主义美学的建构。张弘的专业是外国文学研究，但在与实践美学的论争中崭露头角。在张弘看来，实践美学的问题是根本性的，对中国美学研究影响最深，因此他将主要的精力放在了批评实践美学（包括李泽厚的旧实践美学和朱立元的实践存在论美学）

① 陈望衡：《20世纪中国美学本体论问题》，武汉大学出版社2007年版，第418页。

上。张弘后来将自己的美学论文结集成书，出版了《西方存在美学问题研究》（2005）、《存在美学的构筑》（2010）两部美学著作。前者深入分析了海德格尔的存在主义美学，后者既是张弘美学论文的合集，也是存在论美学思想的系统总结。

本体论问题是张弘存在论美学的核心。从20世纪90年代初开始，张弘对本体论的思考与对实践美学的批判同时展开。在他看来，李泽厚代表的实践美学存在两个重要问题：第一，实践论美学的致命错误是"抹煞了审美活动（同样也可称为审美实践）和生产劳动等其他社会实践的根本区别"①。这正是张弘所谓的忽略"鲜活的审美实践"②的体现。张弘指出，实践美学由实践论解决美的本质问题，无形之中就忽略了审美活动的个性与丰富性，特别是忽略了审美与实践活动的区别。第二，"实践论美学的另一根本问题，是其理论出发点的内在矛盾"③。实践美学的理论出发点是实践。但是，实践美学致力于调节主客二分，等于默认了二元对立的合法性。这样，在实践美学中，"实践"就成为另一个笛卡儿式的"我思"，成为与自然以及世界割裂的人之本质。张弘对于李泽厚美学思想的批判可以总结为一句话：实践作为美学的本体论基础是不适宜的。这就要求重新反思美学的哲学基础，也就是重新反思本体论问题。

首先，张弘区分了存在之思与本体论，将存在之思视为真正的存在之学。本体论（Ontology）的原义是"存在之学"。作为存在之学，本体论的发展历史可以分成三个阶段：第一个阶段是存在之思，第二个阶段是本体论，第三个阶段是回到存在之思。存在之思起源于人们对于不变恒在真理的追求。第一个进行存在之思的是巴门尼德，他提出了"存在为一"的命

①　张弘：《存在美学的构筑》，人民出版社2010年版，第32页。
②　张弘：《存在美学的构筑》，人民出版社2010年版，第330页。
③　张弘：《存在美学的构筑》，人民出版社2010年版，第33页。

题，使"存在"问题进入了人们的思考。亚里士多德完成了存在之思向本体论的转向，抽象的恒在被赋予了实在性的内容，成为本体，存在（on）与本体（ousia）的界限逐渐清晰。在海德格尔手中，传统的本体论被舍弃，本体论重新回到了存在之思。张弘将存在之学分为两种形态，广义的是存在之思，即对存在物之所以存在的思考与研究；狭义的是本体论，即对宇宙万物本质与本源的探讨。本体论虽然雄踞哲学核心千年，却是对存在之学的误读。真正的存在之学是存在之思，现代的代表就是海德格尔。

其次，张弘对传统本体论的两个基本特征，即本质主义与形而上学，进行了批评。所谓的"本质主义"特征体现在将本体视为一切事物的最终根源，正是在这个意义上，存在之思在亚里士多德手中被转换成了本体论。其"形而上学"特征则体现为："传统的旧本体论首先是和经验世界隔绝或先于经验的纯粹原理，它通过先验概念的预设和概念自身的逻辑运动，构建一个绝对理念或纯粹精神的世界，并高踞于具体的经验科学和知识之上，被称为'第一哲学'或'第一原理'。"①基于传统本体论的特征，现代意义的本体论必然是反本质主义与反形而上学的。不过，张弘虽然认同现代意义的本体论的反本质主义与反形而上学，却也对现代分析哲学的本体取消主义进行了否定。这里的问题是，他的反形而上学思想导向了反对审美的超越性。他认为："存在论美学也坚决反对传统美学的形而上学化，主张美只能存在于审美的现实领域，只属于现实的此岸王国。"②这一思想与杨春时等人的后实践美学思想区别开来。

最后，张弘认同海德格尔对存在之学原貌的恢复。海德格尔区分了"存在者"与"存在"，对本体的追问重新回到了对存在的追问。在海

① 张弘：《存在美学的构筑》，人民出版社2010年版，第161页。
② 张弘：《存在论美学：走向后实践美学的新视界》，《学术月刊》1995年第8期。

德格尔的存在论中，这个本体性的根基是"此在"，也就是能够反思存在的人。海德格尔将对此在的分析称为基础存在论。海德格尔抛弃了传统的二元论认识方式，采用了现象学方法。现象学的口号是存在的意义，对事物的真理性认识不是符合性的，而是事物本身的显现。张弘认为海德格尔不停追问"回到存在本身"是已经把握到"先行着眼于存在的性质的领悟就最典型地发生在我们身上，我们的一切活动，包括认识活动，就进行在极为经常的存在之领悟中，这是作为'此在'的我们最根本性的东西。此在不是简单地以存在状态存在着的，而是以领会着存在的方式存在着的，尽管此在会更多处在平均日常状态的样式中，似乎遗忘了或回避了其存在"①。此在遗忘了或回避了其存在，海德格尔称之为非本真的生存。相反，"敞亮"了自身存在的生存就是本真的生存。生存的目的就是走出沉沦，由非本真的生存进入本真的生存。

张弘的存在论美学的第二部分内容是海德格尔艺术理论研究，这也是他的哲学本体论研究的延伸。就艺术思维的起点而言，张弘提出了一个关键概念："鸿冥"。"鸿"寓意浩瀚宏广，"冥"寓意幽邃黑暗，张弘认为使用这个概念可以更好地描述世界万物本源的"神秘"，也就是海德格尔常常称为"深渊"的"无"。"鸿冥之说是一个关于世界、人及二者关系的总观点，即天人观。"②鸿冥之说认为："无论宇宙洪荒或天人遇合的哪一方面，更为本质的东西是黑暗深渊的不可知，即使人类有所知、有所言，也相当有限。"③就其哲学价值而言，鸿冥之说与基督教思想、柏拉图哲学、海德格尔理论都内在地呼应，以一种直观的方式触摸了世界的本质。"鸿冥之说"在艺术中的具体体现是"神话—诗性"思维。原始的

① 张弘：《西方存在美学问题研究》，黑龙江人民出版社2005年版，第59页。
② 张弘：《存在美学的构筑》，人民出版社2010年版，第324页。
③ 张弘：《存在美学的构筑》，人民出版社2010年版，第324页。

神话想象是一种审美体验，没有概念性的分析与综合，没有感性与理性的分离，具有原初的整全性。张弘梳理了"神话—诗性"思维消逝的历史。在柏拉图与亚里士多德手中，"神话—诗性"思维变成了美学，脱离具体的感性存在，成为知识学的附庸。在鲍姆嘉登眼中，审美与艺术已经不可能直接展示真理。在黑格尔眼中，审美与艺术作为理念的感性显现，虽然重新与本体论联系在一起，却注定要消亡。黑格尔之后，很多人试图重新恢复审美与艺术的合法性，例如尼采。尼采的艺术之思，是一种身体形而上学，抓住了审美与艺术作为生命最高追求的特性，将其提升到了超越之域。可惜，19世纪末与20世纪初科学主义与实证主义盛极一时，形而上学反而被边缘化了。张弘认为是海德格尔真正恢复了审美与艺术的地位，将它们与真理、存在联系在了一起。海德格尔的艺术哲学开始于对艺术作品本原的思考，即要追问艺术逻辑上的起点与依据。借助艺术品，存在者进入了存在的无蔽状态，这就是艺术作品的主要功能。

张弘的存在论美学的第三部分内容是对审美现代性的批判。张弘认为，现代西方社会是一个理性主宰的世界，于是被排斥的感性开始觉醒。感性的觉醒造成的审美文化的空前兴旺以及生活的艺术化，催生出了"审美人"这一现代特殊现象。"'审美人'已自觉将感情或感性置换到价值评判的中心，世界和现实生活均根据二者对感性存在发挥的作用获得评价，他也按照这个中心来塑造自己和世界，至少是关于自己和世界的表象。"[1]现代的感性化与审美化在其上已经没有更高的价值，美成为生命的终极追求。这种趋势一方面挤压了理性思维的空间，另一方面忽略了人的超越性。张弘强调，美学家应该直面当前审美文化的现实，发出批判与警示的声音，"面对'审美化'，包括日常生活的'审美化'，更关键也更

---

① 张弘：《存在美学的构筑》，人民出版社2010年版，第284—285页。

为迫切的是，美学文艺学需要坚持自己的学科性或合法地位，而不能容忍形形色色的'文化批判'或'社会理论'侵蚀或取代了自己"①。张弘发表了《主体间性：走出审美现代性的悖谬》（2002）一文，在追溯胡塞尔与海德格尔主体间性理论的基础上，特别强调应该坚守美学的哲学性。作为现代主义美学，存在论美学持守着现代性的超越—反思立场。

总起来说，张弘的存在论美学哲学性比较强，比较准确地阐述了海德格尔的哲学、美学思想，也以此为依据建构了美学体系，达到了比较高的学术水准，从而对中国美学的现代建设具有正本清源的意义。同时，他的存在论美学重视美学与哲学的关系，凸显了建立本体论的重要意义，为中国现代美学奠定了坚实的基础；尤其是对实践美学的反思，更需要现代的本体论支撑，这也正是存在论美学的价值所在。

张弘的存在论美学也存在着某些不足。首先，其理论体系建构的完整性需要加强。其存在论美学的三个组成部分相对独立，虽然具有内在的联系，但是体系不够完整。其次，他的理论叙述往往不是正面展开，而是以论争的形式阐述出来；并且他没有美学专著，只有论文集，理论体系难窥全貌。最后，他的理论以阐释海德格尔哲学思想为主，虽然对海德格尔哲学把握较准确、深入，但原创性不足。

第四节　多元化的现代主义美学

一、吴炫的"否定论美学"

吴炫以"本体性否定"为核心独创了一套美学理论与批评体系，对

---

① 张弘：《存在美学的构筑》，人民出版社2010年版，第290页。

中国的文学、思想、文化、美学、哲学进行了深入的批评与剖析。《否定与徘徊》（1990）、《否定本体论》（1994）、《否定主义美学》（1998）、《本体性否定》（2008）是较为纯粹的理论著作，系统论述了本体性否定的理论，这是吴炫美学思想的核心。

吴炫的本体性否定思想在他的早期著作《否定与徘徊》中已经初露端倪。该书分为三个部分：批评的哲学意识，批评的科学意识，批评的审美意识。在吴炫看来，批评就是否定，人类"只有在发展中、不断否定与自我否定中活着才是真正的活着"[1]；否定不仅仅是获取存在意义的根本需要，也是一切理论与思想活动的根基。《否定本体论》则开始从否定的视角着手"哲学本体论或哲学本根论的重建工作"[2]。借助这种重建，中国的美学、文艺学研究才能走出西方的话语与观念模式。《否定本体论》三分之二的篇幅是讨论美学与艺术问题，实际上应该算作一部美学著作。书中制定的超越中西方现有"理论"的目标主要是就哲学、美学、文学理论而言的。"否定本体论"严格意义上是围绕本体性否定建立的一套美学体系。后续的《否定主义美学》一书的确体现了贯穿中西美学的意图与尝试。在这本中，吴炫开始更多地关注否定之中内含的创造性、本体性否定与其他否定理论的区别，思考本体性否定对中西美学的扬弃以及尝试重构新美学。

本体性否定是吴炫思考美学问题的逻辑起点与方法论。吴炫认为否定需要借助创造进行界定。他区分了两种否定：第一种是生存性否定，即对抗、竞争与物竞天择式的否定，常常伴随着快感，例如农民推翻地主翻身得解放的快感。第二种是本体性否定。在生存性否定中，否定伴随着快感也伴随着空虚

[1] 吴炫：《否定与徘徊——现代批评精神》，学林出版社1990年版，第20页。

[2] 吴炫：《本体性否定——穿越中西方否定理论的尝试》，浙江工商大学出版社2008年版，初版前言第1页。

感，否定之后并没有新的创造出现，破坏性非常大——"打倒孔家店"之后出现的是文化的真空与伦理的混乱。本体性否定则一定要伴随创造性的结果，可以是新的观念、理论或者生活方式，在根本上则是世界观的更新。"'本体性否定'，就是离开一个世界、诞生另一个世界之意。"①吴炫看重本体性否定的包容性——"'本体性否定'的否定内涵，不是将由'生存性否定'构筑的世界'取消'了，而是产生不满足于生存世界的否定冲动，通过创造一个独特的思想性世界来获得自己的'心安感'的"②。本体性否定有它自己的适用领域，也要尊重各类否定自身的适用领域。

理解了吴炫的本体性否定，其所谓的"创造"的含义也就明确了，"'本体性否定'所讲的'创造'，也不是'否定中包含肯定'所能解释的"③。创造不是简单走向被否定对象的对立面，对于深悟辩证法精神与历史进步论的中国人来说，这是一个非常重要的提醒：创造必须对世界有全新的理解，是一种世界观更新。"'创造'在本义上是指诞生了一个在性质上不同于既定世界的世界，但却不一定是一个没有问题和缺陷的世界。……这种创造性世界与先前的世界各有利弊的情况，使得'本体性否定'认为否定的结果与否定的对象其实是不同而并立的，并直接导致'历史不同论'。'不同'是一种'分立、平衡、各得其所'的关系，而不是相克的关系。"④

否定论美学突显的正是美学的文化功能。首先，吴炫认为"美在本体性否定之中"⑤，这个命题意味着"美是一种人为化的否定现象，而不是宇

---

① 吴炫：《否定主义美学》，黑龙江人民出版社2010年版，前言第3页。
② 吴炫：《否定主义美学》，黑龙江人民出版社2010年版，前言第2页。
③ 吴炫：《否定主义美学》，黑龙江人民出版社2010年版，前言第3页。
④ 吴炫：《否定主义美学》，黑龙江人民出版社2010年版，第114页。
⑤ 吴炫：《否定主义美学》，黑龙江人民出版社2010年版，第124页。

宙间自然性运动变化的产物"①。作为人为化的现象，美的性质不在自然，不具有类似科学的客观性与普适性。人为化的最终表现就是文化，文化是美之为美的根本原因。一个男人或女人可以凭借自然之姿吸引眼球，但是漂亮、英俊、妩媚等等界定人之美的词语却是文化之产物，针对的主要是超越自然之上的人之气质与风度。否定了自然性、动物性的需求与冲动之后，人类借助文化对快感进行否定，就形成了美感的世界。其次，"美是个体性的、独在性的"②。吴炫对"个体性"有自己的解读：个体不等于个人，个体是在本体性否定中体现出来的完成了创造的载体，可以是人类整体、某种文化，也可以是个人。在对自然的本体性否定中，人类是一个个体，美的个体性体现为一种人类共同美，例如诚实、勇敢、善良。在中国文化对世界文化进行本体性否定时，中国文化就成为一个个体，形成了中国式的美与审美尺度。在近代，个体才被看为个人，前提则是理性已经对人的生命与创造力形成束缚，个人作为理性的本体性否定而产生，"'发现个人'的意义不亚于原始人'发现石头可作为工具'"③。近现代因此也是美的个性化时代，个人在个性中挖掘自我的独特性，寻找存在的意义。最后，"美是本体性否定的未完成"④。"否定"一定追求并且指向"完成"，不过在结果没有出来时有一种特殊的情景最能令人玩味并且感到充实，即审美的居所。"否定的未完成"由此成为美不同于哲学等其他文化现象的独特标志。从本体性否定出发界定美，只能有限地让人窥探美的秘密，美的存在形态的特殊性决定了它的不可言说。

---

①　吴炫：《否定主义美学》，黑龙江人民出版社2010年版，第124页。

②　吴炫：《否定主义美学》，黑龙江人民出版社2010年版，第137页。

③　吴炫：《本体性否定——穿越中西方否定理论的尝试》，浙江工商大学出版社2008年版，第47页。

④　吴炫：《否定主义美学》，黑龙江人民出版社2010年版，第142页。

在吴炫看来，美不可说，美的属性可说。美的属性最突出的是具有一种"未占有性"与"浑然性"。"未占有性"指的是"美只是对否定冲动者、存在渴望者、想存在还尚无能力'存在'的人而言的。一旦'存在'存在了，美被占有了，美也就因失去了'彼在性'、'未占有性'而消失"[1]。就如一座美丽的乡村，走近它时我们会感受到美，居住其中渐渐熟悉，美感也就慢慢消失了。占有是就体验而言的，而不是就事物的实际归属而言的。"浑然性"则是指美的丰富性、模糊性、不确定性。美是可以符号化的，在美借助符号表征自己的时候浑然性体现得尤为突出。一方面，美的符号是存在性符号，即具有创造性和独在性的符号，如同思想家与科学家的发明，政治家的改革与艺术家的创造。另一方面，美的符号又是模糊的符号，允许人们穿越到过去，体验符号难以概括的美。

从美的本质、美的属性延伸，吴炫继续讨论了动态的审美问题。首先，本体性否定是美的本质。本体性否定中不包含肯定，不是马克思与黑格尔的辩证否定，所以"审美不等于肯定"[2]。依据习俗与习惯，审美常被看作是肯定，审丑则是否定。肯定进入审美，否定的道路就被堵死了，产生不了新的创造。吴炫将世界划分为"生存性"世界与"存在性"世界，审美属于"存在性"世界。敞开性与创造性正是"存在性"世界的特征。其次，审美不是认识性的活动，体验才是把握美的根本方式。认识活动建基于理性，即便是克罗齐深入讨论的直觉也脱不开主客二分的逻辑。在审美体验中，庄周梦蝶、神与物游，主客体是模糊的，主体沉醉或者消融在其中。从东方的天人合一角度，最能理解审美体验的特征。因此，想要借助审美导向创造，穿越或者说沟通中西就显得非常必要了。

---

①　吴炫：《本体性否定——穿越中西方否定理论的尝试》，浙江工商大学出版社2008年版，第171页。

②　吴炫：《否定主义美学》，黑龙江人民出版社2010年版，第165页。

如何理解美学，也是吴炫讨论的一个重要问题。吴炫认为美不可说，美的属性可以说。同样，"美不可正面说，但美学必须说"①。这是美学作为"学"的应有之义。那么美学是如何言说不可说的美，使自身的得以可能呢？吴炫认为美学是批判的，"否定性话语是美学的'唯一语言'"②。通过批判的方法可以言说现实的不美与丑，最终得以逼问出美。作为走向美的通路，不美与丑在否定论美学中有着举足轻重的作用。西方现代美学没有看到这点，将言说活动转换为生命体验活动，实际上消解了美学。否定论美学吸收了西方美学的有益观点，绕开了其中的问题，开创了一条讨论美学的新路径。

吴炫的否定论美学继承了西方现代美学的批判性传统，特别是受到了马尔库塞、阿多诺的否定论美学思想的影响，颠覆了传统的肯定性美学。它以否定性来界定审美，揭示了审美的非肯定性、非现实性的本质特性，这是值得肯定的。但吴炫的否定论美学的问题也比较明显，这引起了美学界的诸多质疑。

首先，否定论美学的哲学根基是"否定本体论"或"本体性否定"，那么什么是"本体性否定"呢？它来源于何处呢？吴炫反复强调"不满足于"的情绪是文化形成的最根本与原初的冲动。那么，这种情绪是本体吗？为什么会有这种不满足呢？显然这只是有待于哲学阐释和证明的"果"，而不是作为出发点和根据的"因"。在这里，吴炫忽视了深层的问题，把一种心理情绪作为哲学阐释的根据，导致了理论根基的薄弱。他建构的否定论美学也因此而缺乏哲学的牢固根基。

其次，"本体性否定"是无方向的否定，还是指向某种方向？如果没

---

① 吴炫：《否定主义美学》，黑龙江人民出版社2010年版，第217页。
② 吴炫：《否定主义美学》，黑龙江人民出版社2010年版，第235页。

有方向，那么就是盲目的否定，从而陷入虚无主义的陷阱。如果有方向，那么这个方向是什么呢？吴炫回避了这个问题，但从他的论述中可以看出，"本体性否定"似乎是无方向的否定，而这就成为一个问题。

再次，否定论美学的"否定"概念也存在着问题。吴炫用"穿越"概念来代替"超越"概念，他认为"超越"内含彼岸针对此岸的优越性、脱离现实的形而上抽象性、历史视角的进步性；"穿越"内含的却是平等、现实、和谐、此岸等属性，与本体性否定的特征一致。这意味着吴炫所谓的本体性否定只是一种基于不满足的否定，并不意味着一种从现实到审美的升华，即并不意味着审美的超越，而审美对现实的超越才是审美的本质所在。

最后，吴炫的"本体"概念也有问题。在吴炫的理解中，本体是虚与实、形而上与形而下的统一，本体性否定"将'源'与'流'、'本质'与'现象'都作为'本体'来对待"①。以此理解"本体"，"本体"的超越性就失去了。杨春时认为否定论美学"确认了审美的否定性，动摇了传统美学的根基，是'否定主义美学'的最大贡献；而'本体性否定'的非超越性以及本体论与方法论之间的矛盾，是'否定主义美学'的主要问题"。②"非超越性"就是指本体的这种混合形而上与形而下的状态以及审美对现实关系的非超越性。最终，本体性否定导向的不是生存境界的提升，仅仅是某种不满足情绪的发泄，从而导致了审美品格的沦落。

二、颜翔林的"怀疑论美学"

颜翔林是中国古典诗学与文学研究的专家和美学家，他建立了怀疑论

① 吴炫：《否定主义美学》，黑龙江人民出版社2010年版，第120页。
② 邹赞等：《中国新时期文艺学家美学家专题研究》，暨南大学出版社2016年版，第376页。

美学，将中国古典艺术思想与20世纪西方哲学美学进行了有机融合，对过往中国美学研究的理性主义弊病进行了深入批判，提倡建构审美化的诗性主体。他的美学思想介于现代主义与后现代主义之间，是一种过渡形态的美学。

颜翔林的美学成果可以分为两种：一种是将个性体悟与理论反思两相结合的相对独立的研究，包括《生存与毁灭——对死亡意境的美学研究》（1996）、《死亡美学》（1998）、《当代神话》（2015）；一种是将自己所有美学思考综合起来，建立一个完整美学体系的尝试，包括《怀疑论美学》（2004）、《当代美学教程》（2008）、《后形而上学美学》（2007）。其于20世纪90年代创作的《死亡美学》以独特的内容与主题而引人注目。进入21世纪，怀疑论接替死亡论成为颜翔林美学研究的标志，代表作是《怀疑论美学》一书，这是"一部颠覆传统美学思想的力作，该书在怀疑论的思想平台上建构起全新的话语体系和理论范式"[1]。从根本上看，怀疑是一种创造新理论的方法，而不止于怀疑。颜翔林后续出版的《后形而上学美学》与《当代美学教程》正是对自身美学研究的深化，"后形而上学美学采取怀疑主义的方法论重新理解和阐释美学问题，放弃对于独断论和实存论等美学原则的遵循"[2]，最终寻求的正是建立属于自己的美学话语。后形而上学美学融合了怀疑论的方法，全面阐述了美学领域的各种问题，是颜翔林美学体系性研究的最终成果，也可以看为包括怀疑论美学在内的颜翔林所有美学成果的总称。

颜翔林的美学研究主要借用了三个方面的理论资源。首先是中国古典美学，其次是西方哲学中的怀疑论，最后是现象学、存在主义、精神

---

① 雷素华：《美学世界中的"唐·吉诃德"——评颜翔林的〈怀疑论美学〉》，《云梦学刊》2005年第4期。

② 颜翔林：《后形而上学美学》，中国社会科学出版社2010年版，前言第1页。

分析等现代西方哲学。基于中国美学经验，颜翔林看到了西方传统的形而上学美学"主要依凭于逻辑思辨和感觉经验，并以知识形式和认识方法作为其主导性结构，因而缺席了想象与智慧应有的地位和合法权力"①。但是中国哲学与美学向来缺乏超验之思，回避了形而上学的相关问题，同样无力建构能够承担审美拯救任务的现代美学。因此，"怀疑论美学（Skeptic Aesthetics）对东西方传统的美学理论都有所存疑和否定，以提问（Question）的方式重新解答和诠释美与艺术的相关命题，以求寻觅到自我的话语从而获得独白和对话的可能"②。颜翔林的思路是彻底打破中西文化与思想的壁垒，将中西所有的美学资源放到一起，悬置其对错优劣，然后再根据需要进行选取，从而建构跨越中西壁垒的美学体系。在这个过程中，必备的理论工具就是怀疑论。

德国哲学家赫伯特·曼纽什认为："怀疑态度，即一种在本能状态下作出某种决定的同时，对之加以仔细平衡和毫无偏见的检查的态度。这种在作出决定时不断问一个'为什么'的怀疑态度，通常被视为有学问者或有文化者的典型表现特征。……当怀疑论逐渐成为哲学的中心问题时，表明人类思想业已趋向成熟。这种带有怀疑色彩的哲学主张是：人的认识是有局限性的，绝对真理和丝毫不容更改的确定性是不可企及的。"③颜翔林认同赫伯特·曼纽什的提议，并且扩大了怀疑论美学的基础和范围。在颜翔林看来，西方的柏拉图与中国的庄子的思想中均包含着怀疑论的精神。从哲学历史上看，怀疑论可以分为：古希腊罗马时期的前期怀疑论，以笛卡儿、休谟、康德为代表的古典怀疑论，以叔本华、尼采、克尔恺郭尔、胡塞尔为代表的现代怀疑论，以德里达、利奥塔为代表的后现代怀疑

---

① 颜翔林：《怀疑论美学》，上海人民出版社2004年版，前言第1页。

② 颜翔林：《怀疑论美学》，上海人民出版社2004年版，前言第1页。

③ 赫伯特·曼纽什：《怀疑论美学》，古城里译，辽宁人民出版社1990年版，第1页。

论。颜翔林尤为看重现象学，认为："现代文化语境中，真正承袭怀疑论的哲学精神和方法的首推以胡塞尔为代表的现象学。"①怀疑论美学以"沉默"开始，"沉默"也就是现象学的"悬置判断"，怀疑论美学的怀疑由此展开。现象学构造了怀疑论美学整体的框架。从现象学出发，颜翔林又讨论了想象与智慧。作为非理性的认识与思维工具，它们一方面与现代西方的现象学呼应，一方面蕴含于中国古典诗性文化中，正是中西美学的交汇点。在随后的《后形而上学美学》《当代美学教程》两书中，怀疑论作为基本方法被贯彻到底。颜翔林将自己的美学由"怀疑论美学"改为"后形而上学美学"，突出的是核心问题与关注点的改变，即将美之追问向本体论层面延伸。他更多地借用了海德格尔、萨特等人的存在主义思想，与传统实存论形而上学形成了区分，体现了"对于以主体论、本质论、总体论、知识论、实践论等为存在基础的近代传统美学形式的思维方式的背离和反叛"②。

后形而上学美学具有几个重点：第一是对过往美学理性主义传统的批判，以及对新美学思维方式的提倡。在颜翔林看来，现代知识论和认识论损害了美学研究，最终"美学沦落为知识形式和认识工具的仆役，它屈从于理性认识的目的性，成为因果律和必然性的逻辑推演的产品"③。因此，美学研究应该跳出理性知识论的视域，"接纳智慧论，借鉴佛学的'般若'的思想机锋，让审美活动恢复存在者的生命直觉和诗性智慧"④。在实践美学家看来，理性的反面是感性，否定理性就是走向感官主义。后形而上学美学则认为不应简单地将美学看为"感性学"，也不应该将美学交给

---

① 颜翔林：《怀疑论美学》，上海人民出版社2004年版，第86页。
② 颜翔林：《后形而上学美学》，中国社会科学出版社2010年版，前言第1页。
③ 颜翔林：《后形而上学美学》，中国社会科学出版社2010年版，前言第1页。
④ 颜翔林：《后形而上学美学》，中国社会科学出版社2010年版，前言第2页。

理性统辖，美学应该"介于感性和理性之间而生存"①。从维科对"诗性智慧"的思考到克罗齐对直观的研究这一过程中，存在一种不同于理性认识方式却又能触及真理的非理性认识方式，这已经是现代学者的一种共识。颜翔林将这种思维方式明确称为"智慧"并与中国古代文化和哲学思想连在了一起，"西方文化、哲学传统关注'知识'以及如何可能的问题，着意于逻辑工具的运用，相应导致了科学技术的发达、实用哲学与思辨哲学的厚积。中国文化、哲学传统凝神'智慧'以及如何可能的问题，潜心于心性悟觉的畅达，相应带来了诗文艺术的繁荣、伦理哲学与诗性哲学的丰赡"②。颜翔林给智慧下了一个特别的定义："精神无限可能性的虚无化存在。"③从怀疑论的角度来说，"虚无"是指对日常经验的怀疑、对理性原则的否定、对语言言说的抛弃、对实用功利的反对。只有在"虚无"中，"精神无限"才是可能的。"精神无限可能"也就是精神的高级存在形式，心灵的绝对自由。

第二，后形而上学美学围绕"虚无"概念，重新定义了审美与艺术的本质。后形而上学美学认为美存在本体，但是美之本体"首先……不等同于物质本体，也不能混淆于物体的感性形式，克罗齐早已阐明'美不是一个物理的事实'。其次，美不隶属于客观的自然形象和表象，美总是对于现象界的逻辑否定。再次，美不是一个情感、价值和意义的事实，也不是意识形态的作用结果。最后，美超越历史和文化的语境，是共时性的纯粹意识和诗性精神的共同组合，它作为自律自为的绝对自由的生命结构"④。由此，传统的终极实体——理念、上帝、绝对精神，物体中的形

---

① 颜翔林：《后形而上学美学》，中国社会科学出版社2010年版，前言第2页。

② 颜翔林：《后形而上学美学》，中国社会科学出版社2010年版，第5页。

③ 颜翔林：《后形而上学美学》，中国社会科学出版社2010年版，第5页。

④ 颜翔林：《后形而上学美学》，中国社会科学出版社2010年版，第108页。

式因素——和谐、比例、完整，主体内的心理因素——各种情感，都不能作为美之本体而存在。后形而上学美学认为"美"之本质首先应该具有无限的可能性，其次是美的先验逻辑起点，所以应该"给美以'虚无'（Nihility）的本体论界定。而虚无的得以可能和获得证明的逻辑过程，也就是存在者的'求证自我'之过程"①。"美即虚无"意味着美是自律的、自由的、丰富的、超越的、非概念的、非设定的、不可言说且具有无限可能，是"精神存在的先验状态"②。如果一定要追问虚无的意义，则虚无具有怀疑与否定的双重精神。"虚无先于本质，也就意味本质的意义是怀疑性质的。"③从颜翔林对虚无的理解中，我们可以看到中国哲学中"贵无"论的痕迹，更可以看到存在主义哲学的影子。在实体论形而上学沦落的前提下，将没有规定性的存在重新认作本体，正是存在主义哲学的特征。

　　第三，后形而上学美学旨在清洗传统主体论美学的思想尘埃，挖掘主体的无限可能性，建构诗性主体。美学一定是以人为中心的，离不开对主体性的思考。过往的中国美学研究也强调主体性，但是强调的是知识论主体性和独断论主体性，这是不完善的——主体的无限可能性被否定了。后形而上学提出了"美即虚无"的命题，"'虚无'正是借鉴和扬弃了传统哲学的'无'的概念，进一步推崇主体的无限可能性的本体性存在，并以此作为美的存在的本源"④。虚无是一个前提也是一个保证，使主体的自由在美学研究中不受损害。当主体的自由得到了保障，主体才能恢复到原本的理想状态。在颜翔林看来，当主体进入无限可能性的诗意生存和智慧生存之中，美也就实现了。诗性主体的提出"既是出于弥补传统形而上学和

---

① 颜翔林：《后形而上学美学》，中国社会科学出版社2010年版，第108页。
② 颜翔林：《后形而上学美学》，中国社会科学出版社2010年版，第109页。
③ 颜翔林：《后形而上学美学》，中国社会科学出版社2010年版，第114页。
④ 颜翔林：《后形而上学美学》，中国社会科学出版社2010年版，第112页。

美学的缺憾之目的，也是从建构性意义出发确立新的美学原则和价值准则的理论努力之一"①。虽然在中西哲学与美学中诗性主体没有直接被讨论，却潜在地蕴含在对主体的多方面哲学美学思考中。作为审美活动的主体，诗性主体充满智慧与想象，超越了现实功利与意识形态，以童真、仁爱、良知、德性之心对抗着现实社会的欲望泛滥。

怀疑论美学具有特定的理论意义。首先，怀疑论美学重新反思了美学的逻辑起点，提出美学应该以"沉默"为起点。在颜翔林看来，"沉默"换一种说法也可以称为"遗忘"——"遗忘种种先验的哲学前提并驱逐任何一种主观概念在自我心灵的存在，有意识地缺席若干被崇拜为'真理'的精神偶像。所以，怀疑论美学的'沉默'也可以视为向往着'没有前提'（Voraussetzungslos）的胡塞尔的现象学的哲学信念"②。因此，美学研究不应是起于某个给定的不证自明的起点——例如实践、生命、生存。对逻辑起点的反思与证明才是美学研究的起点。

其次，怀疑论美学否定了美学传统的思维方式与理论方法，认为传统美学"以知识论遮蔽智慧论，认识论侵袭生存论，道德论渗透审美论，价值论替代想象论，以逻辑工具剥夺心灵直觉和以世俗经验沉沦诗意情怀，又以日常语言或科学语言压抑诗意的语言狂欢与沉默独白，以意识形态制约美学应有的独立品格"③，展现出了一种虚假的美学意识。他提出："怀疑论美学并非是单纯地依凭于主体的玄思和空想所虚构的美学体系，它的精神背景叠印着中国传统文化的古老血脉——庄子的诗性哲学和禅宗的美学智慧，西方古典的怀疑论观念和当代的现象学方法。"④颜翔林呼吁，美

---

① 颜翔林：《美学新概念：诗性主体》，《社会科学辑刊》2013年第5期。

② 颜翔林：《怀疑论美学》，上海人民出版社2004年版，第2页。

③ 颜翔林：《怀疑论美学》，上海人民出版社2004年版，第12页。

④ 颜翔林：《怀疑论美学》，上海人民出版社2004年版，前言第2页。

学研究需充分吸收中国美学的方法精神，警惕西方知识论对于中国美学研究的误导。

再次，颜翔林对传统美学的"合法性"进行了深入反思，特别是对理性主义美学进行了批判。在19世纪，这种基于哲学的普遍性承诺被转换为一种科学精神。怀疑论美学否定了这种普遍性、科学性的"合法性"幻梦。颜翔林从中国的审美智慧入手批判理性至上的这种"无美之学"："美学应放弃对于'客观科学'的追求和对理性工具的承诺，客观承认自我无力担负起对社会历史的'使命'和'责任'，当然也不能有效地进行所谓的社会批判和文化批判。"[①]放弃之后，美学真正而非强加的"合法性"——唤醒精神的无限可能性的诗意生存和智慧生存才能被发现。

最后，怀疑论美学对传统美学研究的体系结构提出了质疑，他列举了一系列美学论题，例如"真、善、美相统一""美具有本质""美是真理的呈现"，认为这都是应该予以撇弃的无意义问题。[②]

颜翔林的怀疑论美学对实体性的美学观给以否定，这种否定具有某种合理性，也为新的美学开辟了道路。但是，它也带有一切怀疑论共同的缺陷，就是止于怀疑，而未能有效地进行建构。他运用了现象学方法来否定既有的观念，提出"美是虚无"的命题，但却忘记了美也是实有，从而否定了审美的意义，因为现象学是要进行本质还原的，而美的本质是要显现的。颜翔林也提出了重构美学和建构诗意的生存的理想，并且归之于生命本体，但并没有对其进行深入、系统的建构。他提出的建立诗性主体的思想也没有摆脱主体性的桎梏。

颜翔林的后形而上学怀疑论美学游移于现代主义与后现代主义之间，

---

① 颜翔林：《怀疑论美学》，上海人民出版社2004年版，第117页。
② 颜翔林：《怀疑论美学》，上海人民出版社2004年版，第20—21页。

也独立于中国当代美学各派之间。但它引述最多的是胡塞尔的现象学与海德格尔的存在主义哲学，对福柯、德里达、利奥塔等后现代哲学家的理论借鉴的并不多；而且对中国古典美学思想的认同以及对审美超越、美学救赎、信仰重构的重视也使它在理论诉求上与后现代主义美学有所不同，从而保留了现代主义美学的品格。

第六章　新古典主义美学

第一节　新古典主义美学概说

一、新古典主义美学的历史背景和思想资源

新古典主义美学是20世纪以来在中国美学的现代转型过程中，主张在现代条件下依据和发扬中国美学传统、重建中国美学的思潮。这个美学思潮坚持中国美学思想本位，反对西方美学思想本位，同时也积极吸收现代西方的美学思想，以求达到中体西用之目标。

新古典主义产生的历史环境是西学东渐以来中西美学发生碰撞和冲突并且形成西方美学思想主导的态势。西方美学思想的传入，一方面促进了中国传统美学的转型和现代中国美学的建立，另一方面也冲击了中国美学传统，甚至在某种程度上造成了中国美学传统的中断。从根本上说，中国古典美学是一种前现代的、古典形态的美学，已经不能完全适应现代生活

和艺术，而西方现代美学则以其现代性适应了现代生活和艺术。从美学思想上看，西方美学主张审美的超越性、非功利性，而中国美学具有文以载道、美善相乐的实用理性精神，因此在这方面西方美学也对中国美学造成了冲击。从理论体系上看，中国美学尽管有丰富而深刻的美学思想，但没有形成一个严密而系统的理论，包括明确的概念体系和严谨的逻辑论证，而西方美学具有明确的概念体系和严谨的逻辑论证，因此中国美学就难以抵挡西方美学的冲击。五四以后，西方美学占据了主导地位，传统美学思想大有湮灭之势。这种西学取代中学的趋势，一方面体现了学术现代化的趋势；另一方面也产生了一种偏向，就是全盘否定中国学术传统，抹杀其合理思想，并且把它从现代中国美学中排除出去。这种情势下中学产生了反思和反弹，与西化浪潮逆向而行，弘扬传统学术的国学思潮发生，新古典主义美学思潮也同时产生。

新古典主义美学的思想渊源是中国传统美学，它从中国传统美学中吸取了合理的成分，进行新的阐释并且加以发扬、创造。中国传统美学主要是儒家和道家、禅宗的美学思想，新古典主义美学对这些思想资源进行了不同程度的开发利用。但新古典主义美学不是简单的对传统美学的复制，而是力图实现中国美学的现代化。只是它认为，中国美学的现代化不是西化，而是立足于中国传统本身的自我革新。新古典主义美学的建设包括运用现代哲学阐释和论证中国美学思想，也包括以现代美学为参照建构系统的美学理论。因此，新古典主义美学不是传统美学的自然延伸，而是中国美学的现代版。

儒家美学主张审美的道德性，强调美善相乐，倡导中和之美，注重审美的社会功利作用。新古典主义也继承了这一思想。王国维针对西方美学的诸范畴提出了"古雅"范畴。虽然他力图把这一范畴纳入康德美学体系中，但其核心理念却是"中和之美"的思想。中国古典美学主张情理协调，以礼节情，以"雅正"为审美理想。这种思想正是王国维提出"古雅"范畴的思想基础，体现了儒家美学思想对他的深厚影响。戴岳继承陆王心学，倡导审美改造人心，进而改造社会。宗白华以《周易》的阴阳调和的宇宙论为基础，认为美和艺术就是这种人生境界的体现，因此他提倡人生的艺术化，发扬了儒家的人生哲学。李泽厚继承了儒家美学的重情传统，倡导情本体美学。

同时，新古典主义美学也继承了道家、禅宗等学派的美学思想，使之与儒家美学思想相融合，并且进行现代的理解和改造。这方面有王国维、宗白华、叶朗等人关于审美直观、意境、境界、意象等思想的继承和发扬。李泽厚也继承了道家重自然的美学思想，倡导"人的自然化"。

另一方面，新古典主义美学的思想资源也包含有西方美学的因素。中国古典美学思想的现代发展必须借鉴现代西方美学理论，包括对西方现代美学的概念、观念的选择性吸收，使之与中国古典美学的概念、观念融通，进而建构新的现代中国美学体系。新古典主义美学的可贵之处就在于没有抱残守缺，而是向西方美学开放。王国维突破了狭隘的民族界限，做了会通中西美学的努力。他宣布自己纯粹学术研究之纲领——"学无新旧也，无中西也，无有用无用也"[1]。王国维在中西美学融合方面着力最大、创建最多，如他对意境、境界概念的阐释在继承发展了传统美学思想的同时，也吸收了叔本华的美学思想，进行了新的创造。戴岳提出的"随化"概念，试图将中国的审美怡情论与里普斯的"移情说"加以融合。宗白华在这方面也有突出的创造，其审美同情说既有中国古典美学思想的底子，也吸收了叔本华的思想；而其审美直觉说也是把中国古典美学思想与柏格森的直觉说结合起来。此外，新古典主义美学家也吸收了西方美学的逻辑

---

① 王国维：《〈国学丛刊〉序》，见周锡山编校：《王国维集》（第二册），中国社会科学出版社2008年版，第324页。

性，力图建立起系统的美学理论，这一定程度上改变了中国美学的非逻辑性、非体系化倾向。

对中国古典美学思想的继承和吸收，并非只是新古典主义美学家所为。早在西方现代美学传入中国之初，一些中国美学家就已经自觉或不自觉地吸收了中国古典美学思想；而在当代，也有许多美学家注意吸收中国美学的思想资源，建构自己的美学体系。中国古典美学的一些基本范畴，被一些中国现代美学家所吸收，并且作了现代的阐释。这些基本范畴主要有 "意象""感兴""意境" 等。关于意象，早期现代主义美学思潮的代表人物朱光潜已经作了现代阐释。他提出 "美感的世界纯粹是意象世界"[1]的观点，这个意象概念，结合了克罗齐的直觉说，认为 "意象是个别事物在心中所印下的图影"[2]。后期朱光潜仍然坚持自己的意象论思想，但主张意象是主客同一的。当代美学家杨春时在20世纪80年代就建构了人类意识结构的理论模型，认为意识结构有无意识，非自觉意识和自觉意识三个层面，其中无意识由原始意象构成，自觉意识由符号构成，非自觉意识由意象构成，而审美意识是最高水平的意象意识即审美意象活动，它超越了感性意象、知性意象。[3]在2010年代，他又提出，意象是现象学的 "现象"，从而用现象学阐释了中国美学的意象概念，并且在此基础上建立了审美现象学。[4]此外，对于意境（境界）概念，也有一些现代美学家作了现代阐释。如梁启超就借用了佛学的 "境" 以及中国美学的 "境界" 概念来说明美，他说："境者心造也。一切物境皆虚幻，惟心所造之境为

---

[1]　朱光潜：《谈美》，见《朱光潜全集》（第二卷），安徽教育出版社1987年版，第6页。

[2]　朱光潜：《诗的意象与情趣》，见《朱光潜全集》（第九卷），安徽教育出版社1993年版，第374页。

[3]　参阅杨春时：《审美意识系统》，花城出版社1987年版。

[4]　参阅杨春时：《作为第一哲学的美学——存在、现象与审美》，人民出版社2015年版；《中华美学概论》，人民出版社2018年版。

真实。"①杨春时提出，意境源于佛学"境"的概念，揭示了审美的超越性。②薛富兴提出，中国美学的感兴、意象和境界是审美经验范畴，可用来描述人类审美心理的三个阶段，具有普遍的理论意义。③还有，中国古典美学的"感兴"概念也得到了现代阐释。一些现代美学家认为，中国美学不是表情论，也不是再现论，而是感兴论，感兴是主体与对象之间的互相作用而产生的情感体验，这是具有生命意识的理论。如王一川提出，中国现代文论中"感兴"思想是暗中存在的即"若隐"的，因此主张发扬感兴论建设中国现代文论。④陈伯海提出，要用感兴论来代替、纠正西方美学的模仿说、认识论，建设中国式的现代美学体系。⑤杨春时提出，感兴论揭示了审美的主体间性，因此中国美学是主体间性美学。⑥这些现代美学家对中国美学思想的借鉴、继承和现代阐释不仅充实了中国现代美学，而且对于新古典主义美学的形成和发展也产生了影响，起到了推动作用。

总之，在中西文化冲突、中国学术处于弱势和被动的环境下，新古典主义重建中国美学的努力起到了恢复和重建中华传统文化的作用，这是必须肯定的。

二、新古典主义美学的思想内容

新古典主义美学的宗旨是回归和发扬中国美学传统，重建现代中国美

① 梁启超：《惟心》，见金雅选编：《中国现代美学名家文丛·梁启超卷》，浙江大学出版社2009年版，第48页。

② 参阅杨春时：《中华美学概论》，人民出版社2018年版。

③ 薛富兴：《感兴·意象·境界——试论美感的三阶段、三次第》，《烟台大学学报》（哲学社会科学版）2005年第1期。

④ 王一川：《中国现代文论中的若隐传统——以"感兴"论为个案》，《文艺争鸣》2010年第5期。

⑤ 陈伯海：《释"感兴"——中国诗学的生命发动论》，《文艺理论研究》2005年第5期。

⑥ 参阅杨春时：《中华美学概论》，人民出版社2018年版。

学。中国美学思想是多元的，主要有儒家美学、道家美学和禅宗化的美学
思想等。这些不同源头的美学思想又互相影响、渗透，融合为统一的美学
体系。新古典主义美学正是从这些古典美学思想出发，吸收西方现代美学
思想，建构新的现代中国美学体系。总体而言，新古典主义美学思想有以
下几个基本方面：

　　第一，新古典主义是物我合一的主体间性美学思想。中国美学建立
在天人合一的世界观之上，因此中国美学与西方不同，不是主客对立的二
元论，而是物我合一的体系。物我合一的内涵是主体间性的，也就是说，
审美主体与审美对象的关系不是主体与客体的分别，而是主体与主体的感
应、融合。中国美学认为，审美对象不是无生命的客体，而是有生命的主
体，它与审美主体互相感应，融合为一，并且产生美感。审美主体与作为
另一个主体的审美对象融合的途径是审美同情和直觉。新古典主义美学体
现了主体间性思想，如王国维提出的意境说。"意境"概念古已有之，基
本含义是"意与境浑"，也就是主体的情感意识与对象的呈现浑然一体，
无分主客。王国维认为情景合一为"不隔"，也就是有意境，这就是美的
境界。宗白华直接讲艺术达到天人合一的境界，他吸收了《易经》的思想
并且融合了谢林的思想，以审美静观和审美同情来沟通审美主体与审美对
象，体现了主体间性的美学思想。此外，戴岳也依据古典美学提出了主体
间性的美学思想："忘肝胆，同物我，无心而随物化；更何有于内外之分
哉。"①当代学者周来祥提出了"和谐论"的美学思想，这也是从中国古典
美学的情理协调、情景交融的"中和"美学传统中提炼出来的。叶朗以意
象论来重建中国现代美学，他对"意象"的定性也是审美意识与审美对象
的同一。

---

　　① 　戴岳：《说美术之真价值及革新中国美术之根本方法》，《东方杂志》1920年第10期。

第二，新古典主义是情感论的美学思想。西方美学建立在实体论和认识论的基础上，所谓美就被定性为一种客观的实体或实体的属性：审美是感性认识的完善（鲍姆嘉登），或者是现象认识到本体把握的中介（康德），或者是绝对精神的感性形式（黑格尔）。总之，审美是一种认知性的意识形式，附带有情感特性。但中国古典美学并不认为审美是一种认识，而是一种情感体验；美也不是客观之物，而是一种情感意象。王国维提出的意境说，就是建立在情景合一的基础上，认为审美就是主体的情感与外在的景色之间的无间契合。宗白华认为审美同情实现了物我一体之境界。

第三，新古典主义是直觉论的美学思想。中国美学吸收了老庄、禅宗的直觉论思想，认为审美是不经语言概念的中介，以意象来融合"我"与世界，也就是物我的直接契合。这一直觉论思想被新古典主义美学继承。王国维以"不隔"来解说意境；宗白华把中国美学的直觉思想与谢林的直觉说相融合，建构了审美静观加审美同情的具有宇宙意识的美学观。

第四，新古典主义是继承了中国美学的世间性传统（主要是儒家的"美善相乐"）的思想。这种思想与西方美学把审美与现实隔绝、主张审美超越现实的观点不同。新古典主义美学的世间性体现在新古典美学对美育的重视，以及把审美教育作为德育的形式之一。同时，新古典主义美学还主张生活的艺术化，在日常生活中实现审美理想，如宗白华就主张这种美学思想。

新古典主义美学具有自己的学术特性。新古典主义美学注重中西美学的融合互补，产生了新的美学思想。在五四前后中西文化、学术的冲突中，新古典主义美学并没有站在保守主义的立场上否定西方美学，而是以其开放的胸襟，积极地吸收西方美学思想，以图融汇中西、创立新论。这方面取得了一定的成果，如王国维的古雅说和意境论、宗白华的审美静观说和审美同情说、李泽厚的"情本体"论、叶朗的意象论美学等。此外，张法把中国古典美学思想与后现代美学思想结合起来，先解构了美的绝对本质，并且认为美是不可言说的，可以言说的只是各种民族文化语境中的审美经验。这样，新古典主义美学就以后现代主义的方式，回归了中国美学传统。

三、新古典主义美学的意义

新古典主义美学是中国美学现代化的一种形式，也是对西方美学进入中国并且取得主导地位的一种非顺应性的回应。它反对抛弃中国美学传统、完全接受西方美学的西化倾向，而主张立足于中国美学传统，再吸收西方现代美学思想，融汇成现代中国美学体系。这种思想和实践，具有一定的历史合理性和学术价值。中国传统美学是古典形态的，不具有现代性的品格，体现为其没有现代的哲学基础，也没有严谨的理论体系，因此需要吸收和借鉴西方美学而加以改造和补充。但是，这不意味着美学研究对中国美学可以弃之不顾而全盘西化，恰恰相反，应该从中国美学中汲取合理的思想，作为建设现代中国美学的资源。五四前后，特别是新时期以来，学界通过引进西方美学初步建立了现代中国美学体系，但却对中国传统美学思想的继承有所忽视，存在着比较突出的西化倾向。新古典主义美学针对这种偏向，主张回归本土的美学传统以重建现代中国美学体系，应该说是具有充分的合理性，也为中国美学的现代重建做出了贡献。其中，王国维、宗白华两位先生在这方面做出了突出的贡献。在《中国艺术意境之诞生（增订稿）》（1944）一文中，宗白华说："现代的中国站在历史的转折点。新的局面必将展开。然而我们对旧文化的检讨，以同情的了解给予新评价，也更显重要。就中国艺术方面——这中国文化史上最中心最有世界贡献的一方面——研寻其意境的特构，以窥探中国心灵的幽情壮采，也是民族文化的自省工作。"①

对中国传统美学思想的继承不是简单的"拿来"，而是要在现代美学的基础上有所取舍、有所改造。这就要求吸取西方现代美学思想，而不能抱残守缺、故步自封。对于这一点，新古典主义美学普遍有所认识，王国维、宗白华以及其他新古典主义美学家都是如此。既要借鉴西方美学思想，又要吸收中国美学思想，这就意味着要开展中西美学的对话，在对话中互相取长补短，并且实现中国美学思想的现代转化。中国美学有其局限，但也有其长处，如关于审美情感、审美直觉以及主体间性的思想，都是早于西方美学的，而且至今仍然是可以与西方美学对话的宝贵资源。因此，应该发掘和重视这些优秀的遗产，融汇于现代美学的创造中。在这方面，同样是王国维和宗白华做出了宝贵的尝试。王国维的"古雅"范畴和意境说，宗白华的审美静观和审美同情说，还有周来祥的和谐论美学、叶朗等的意象论美学都是在中国美学传统之上吸收西方美学思想加以改造的结果。

但是，尽管新古典主义美学取得了宝贵的成果，但也应该看到其不足。首先，新古典主义美学还不够成熟，还存在许多缺陷。第一，新古典主义美学融汇中西美学的努力还不够，对西方现代美学的吸收还不够充分，融合中西美学的力度还不够强，一些基本概念、范畴还没有打通，这导致了理论建设的薄弱。特别是其对西方现代美学的借鉴还是局部的，是"中体西用"，而非"全盘西化"，因此对中国美学还没有进行根本性的改造和转化。第二，在以中国美学传统为基础建立新的美学体系的过程中，新古典主义美学虽然取得了个别的成果，但还没有建立完整的理论体系，如意象论、意境论、境界论、审美静观论、审美同情论等，都是撷

---

① 宗白华：《中国艺术意境之诞生（增订稿）》，见林同华主编：《宗白华全集》（第二卷），安徽教育出版社1994年版，第356—357页。

取一个范畴加以生发，而没有全景式的建构，特别是没有从本体论上进行革新性的创造。这样，就不能从根本上克服传统美学的缺陷，建立现代的中国美学体系。中国现代美学的建构需要借鉴中国传统美学思想，但是中国传统美学存在着本体论的缺陷，即它以"道"为本体，而道既是天道，又是人道，最后落实到伦理道德之上。因此，传统美学没有突破前现代的"实用理性"藩篱。道家美学从伦理道德中超脱出来，讲求的是自然之道，所以其美学思想带有自然主义的倾向。

因此，无论是儒家美学还是道家美学，其哲学基础都必须加以改造，在现代哲学基础上才能建设现代美学体系。由此就得出新古典主义美学的另外一个不足，即新古典主义美学在对传统美学本体论基础的改造方面比较薄弱，没有鲜明地提出与道本体论相区别的现代哲学本体论，从而难以走出古典美学的窠臼。它们回避了本体论问题而仅仅从传统美学的某个范畴引发出整个体系，其美学理论建构就不够全面、坚实。如王国维和宗白华两位大师，往往就传统美学的某个方面着力，如意境等；其他新古典主义美学家也有这种情况，如周来祥抓住了和谐理念，叶朗抓住了意象理念，陈望衡抓住了境界概念，祁志祥抓住了"乐"的概念，虽然这种着眼点有其深刻之处，但以中国现代美学体系的建构而言，仍然显得单薄。

其次，新古典主义美学以中国美学概念对西方美学概念的阐释往往不够准确，多有误读成分，如王国维的"古雅"范畴与西方美学的对接就有误解成分，戴岳的"冲和—随化—超脱"概念也把中国美学思想与西方美学思想的差异抹杀了。

最后，新古典主义美学的逻辑论证还相对薄弱，更多的是以审美经验立论，逻辑推演不够严密、充分，未能形成严整的逻辑体系，这也是中国古典美学的根本缺陷。

总而言之，新古典主义美学虽然取得了一些成就，但还有很大的建设和发展的空间，对于中国现代美学和世界美学的影响尚可期待。

第二节　王国维的新古典主义美学思想

一、王国维美学的中国传统因素

我们可以大致以"哲学时期"和"文学时期"为界，将王国维的美学思想分为前期的现代主义美学和后期的新古典主义美学。在前期的现代主义美学阶段，王国维主要借助康德、叔本华等人的美学思想，从审美本体论、审美的基本性质和功用、审美范畴等各个方面建立现代美学。在早期现代主义美学的建构过程中，王国维以"拿来主义"和"学无中西，惟真理是从"的精神，大胆吸收借鉴西方美学思想，从而实现对中国古典美学的突破和超越。我们在认识到他对现代美学发展的伟大功绩时，也应看到他在这个时期的美学思想建构中的缺陷。其中，最为明显的是他"以外化内""以西格中"的中西对话模式，这导致其对中国传统美学思想的继承和吸收不够，而且对他所借鉴和吸收的西方美学思想也缺乏应有的批判意识。西方美学提供的是具有普遍性质的"原理"和"观念"，而中国美学则只能提供"材料"。以康德、叔本华为代表的美学思想，确实是整个西方美学思想发展非常重要的一环，他们所建构美的基本原理，其中有不少至今仍然有效或具有启发意义。但是，这些美学思想毕竟是有其相应的社会历史文化背景、历史局限和理论缺陷的。当王国维最早把这种具有特定社会历史文化背景的美学思想引入中国并应用于艺术批评时，其对这些美学思想的阐释不可避免地会有误读，也缺乏必要的选择和批判。

首先，王国维意识到西方哲学存在着不可调和的矛盾，因而有所怀疑。他在其《自序二》中提出自己疲于哲学而欲转向文学的根本原因在

于："哲学上之说，大都可爱者不可信，可信者不可爱。余知真理，而余
又其爱谬误。伟大之形而上学，高严之伦理学，与纯粹之美学，此吾人所
酷嗜也。然求其可信者，则宁在知识论上之实证论，伦理学上之快乐论，
与美学上之经验论。知其可信而不能爱，觉其可爱而不能信，此近二三年
中最大之烦闷。"[1]而之所以会在"可爱"与"可信"之间形成剧烈的冲
突对立，王国维自己的解释是因为自己个人性格气质所致——"要之，余
之性质，欲为哲学家则感情苦多，而知力苦寡；欲为诗人，则又苦感情寡
而理性多"。[2]王国维身上所出现的感情与理性的分裂和冲突，除了个人
性格气质的原因外，更在于现代文化中本体与现象、自由与自然、感性与
理性、现实与理想、知识与道德等一系列二元对立冲突，以及由此产生的
理性主义与经验主义的分离。所以在他的"文学时期"（更为具体地说，
在他的《古雅之在美学上之位置》这篇论文以及《人间词话》这本词学论
著）的美学思想研究中，他便更加重视对中国传统美学思想的吸收以及中
西美学的融合，在某些方面甚至扭转了西化的倾向，而自觉或不自觉地回
归了中国美学传统。这在一定程度避免了早期现代主义美学建构中所具有
的缺陷的出现，而促进了新古典主义美学的建构。

　　此外，王国维在运用西方美学思想阐释中国艺术时，一方面开辟了新
的阐释空间，如对《红楼梦》和屈原的悲剧意义的发现；另一方面，也产
生了困惑，也就是西方理论不能充分阐释中国艺术。这就促使他重视中国
传统美学思想中的合理因素，并且把一些古典美学概念、范畴合理化和现
代化，如提出了"古雅"范畴，重新阐释了"意境""境界"概念等。

---

① 王国维：《自序二》，《教育世界》第152期（1907年）。

② 王国维：《自序二》，《教育世界》第152期（1907年）。

二、"古雅"范畴的建立

西方美学建立了"优美""崇高""悲剧""喜剧"等审美范畴。王国维也接受了这些理念，并且运用于艺术批判之中。但他也意识到中国古典美学范畴与西方美学范畴有所不同，因而试图从中国美学经验出发来建构自己的审美范畴。1907年，王国维撰写《古雅之在美学上之位置》一文，正式提出"古雅"这一美学范畴。就西方美学而言，这一范畴可谓是前无古人后无来者。但就中国美学而言，如果我们仅从字面上看，"古雅"这一词并不算是王国维的新发明。"古雅"一词的核心在于"雅"。而"雅"作为中国古典美学审美理想的最高标准，其中所体现的基本精神可以说是贯穿整个中国古典美学史。但如果从王国维所赋予"古雅"的具体内涵来看，"古雅"范畴和传统"雅"范畴之间却有着诸多不同。因此，为了更好地把握"古雅"范畴的内涵和它在美学思想上的意义和价值，我们有必要对"古雅"一词的中国思想资源进行一番回顾。

在中国古代，"雅"的观念可谓由来已久。在先秦时代，孔子就提出所谓的"雅郑之辩"。孔子认为："《诗》三百，一言以蔽之，曰思无邪。"（《论语·阳货》）"雅"即"思无邪"，即"乐而不淫，哀而不伤"（《论语·八佾》）。"雅"的对立面即"郑"，因为"郑声淫"，所以孔子对郑声是持批评态度的——"恶郑声之乱雅乐"（《论语·阳货》）。这里把合乎道德的"雅"与不合乎道德的"郑"相区别。此外，"雅"还与"俗"相区别，有高雅的品格为之"雅"，《诗经》中有"风""雅""颂"的分类，"雅"诗区别于"风"诗，"雅"诗为文人所作，而风诗为民间歌谣。因此，"雅"也指高雅的美学风格。孔子崇"雅"的美学思想为中国美学奠定了基调，成为中国美学的基本范畴。司马迁秉承儒家美学思想，在对《诗经》进行评论时，指出"《国风》好色而不淫，《小雅》怨诽而不乱"（《史记·屈原列传》）。刘勰在其《文心雕龙》里提到："然则圣文之雅丽，固衔华而佩实"（《征圣》），"典雅者，镕式经诰，方轨儒门者也"（《体性》）。从以上各种经典对"雅"的论述，我们可以看出儒家美学的"雅"，不仅指文章风格的高雅，还具有深刻的道德意义和理性内涵。"雅"体现了"中和之美"。中国审美理想是"中和之美"，而"中和之美"是中庸之道在美学上的体现。它也是同为主体的人与世界之间的和谐关系的审美体现，既反对主体征服客体，也反对客体压迫主体，认为自由境界是主体与世界之间的互相尊重与亲和；它主张理性与感性、理与情之间的调和，以理节情，崇尚和谐而不是冲突，排斥任何极端激烈的情感。总之，儒家美学的这种尚雅的审美传统，其本质不在于一种外在形式和风格，而是一种体现着审美理想的基本范畴。它的基本含义是感性与理性的和谐、内容与形式的统一，是"中和之美"的体现。

基于中国审美经验和美学思想，王国维发现了"古雅"与西方美学的"优美""崇高"的不同。一方面，对于这一审美范畴，他还是运用康德等西方美学思想来加以阐释。在《古雅之在美学上之位置》一文开篇处，王国维就为"古雅"范畴进行了明确的定义："'美术者，天才之制作也'。此自汗德以来百余年间学者之定论也。然天下之物，有决非真正之美术品，而又决非利用品者。又其制作之人，决非必为天才，而吾人之视之也，若与天才所制作之美术无异者。无以名之，名之曰'古雅'。"[1]从这段文字中，我们不难看出，王国维是把康德的美学思想作为他建构"古雅"范畴的理论依据。更为具体地讲，是康德的审美非功利说和天才说为王国维的"古雅说"提供理论依据。但是这种提供的理论依据并非在同一

---

① 王国维：《古雅之在美学上之位置》，见周锡山编校：《王国维集》（第一册），中国社会科学出版社2008年版，第184页。

层面，而是分为积极和消极两个层面。

从积极层面上说，康德的审美非功利说为王国维论述"古雅"具有美的性质提供直接理论依据。王国维说："欲知古雅之性质，不可不知美之普遍之性质。美之性质，一言以蔽之曰：可爱玩而不可利用者是已。虽物之美者，有时亦足供吾人之利用，但人之视为美时，决不计及其可利用之点。"[①]在《判断力批判》"美的分析"的四个契机里，康德从四个方面（质、量、关系、情状）来总结美的特质。其中最为重要的是前两个——从质上看，审美判断的特点是不涉及利害计较的；而从量上看，审美判断虽然是一个单称判断和主观判断，但是却因为它不涉及个人利害之计较，从而具有一种主观意义上的普遍。王国维基本上是依据康德这两条理论来确定"古雅"具有美的性质，即"可爱玩而不可利用"。单从"可爱玩而不可利用"的角度上来说，"古雅"和康德美学所确立的两个基本审美范畴（"优美"和"崇高"）的性质是一致的："而美学上之区别美也，大率分为二种：曰优美，曰宏壮。自巴克及汗德之书出，学者殆视此为精密之分类矣……此二者，其可爱玩而不可利用也同。"[②]"可爱玩而不可利用"是"古雅"与"优美"和"崇高"之相同处，然而它们之间也有不同处——康德认为审美判断具有一种先天的普遍必然性。虽然这种普遍必然性是主观意义上的，即建立在他所预设的"共通感"基础之上的"人同此心，心同此理"。而"古雅"则不然，他是一种经验的、后天的判断，故而只具有偶然之性质。对此，王国维论述道："至判断古雅之力，亦与判断优美及宏壮之力不同。后者先天的，前者后天的、经验的也。优美及

---

① 王国维：《古雅之在美学上之位置》，见周锡山编校：《王国维集》（第一册），中国社会科学出版社2008年版，第184页。

② 王国维：《古雅之在美学上之位置》，见周锡山编校：《王国维集》（第一册），中国社会科学出版社2008年版，第184页。

宏壮之判断之为先天的判断，自汗德《判断力批评》后，殆无反对之者。
此等判断既为先天的，故亦普遍的、必然的也。易言以明之，即一艺术家
所视为美者，一切艺术家亦必视为美。此汗德之所以于其美学中，预想一
公共之感官者也。若古雅之判断则不然，由时之不同而人之判断也各异。
吾人所断为古雅者，实由吾人今日之位置断之。古代之遗物无不雅于近世
之制作，古代之文学虽至拙劣，自吾人读之无不古雅者，若自古人之眼观
之，殆不然矣。故古雅之判断，后天的也，经验的也，故亦特别的也，偶
然的也。"[①]由此可见，"古雅"之为美，仅仅在"可爱玩而不可利用"
这一层面上和康德是一致的。而康德美学认为审美判断具有普遍必然性的
观点，古雅则不具备，这也是"古雅"和"优美""崇高"最大的不同。
由此，王国维论述了"古雅"范畴的一个方面，即基于中国审美经验的方
面。

　　王国维认为"古雅"之性质之所以是后天的、经验的、偶然的，关键
在于它不是天才的产物。而康德认为"美的艺术只有作为天才的作品才有
可能"[②]。美的艺术或天才的产品至少具备以下三个特点：第一，先天性，
即天才创作产品是依赖一种先天禀赋，不是靠后天的修养和练习；第二，
原创性，天才创作并不遵循前人留下的规则，而是通过自己为艺术定下规
则（不过，康德在此又强调天才产品的原创性不同于胡闹的原创性，而是
具有典范性意义、可以供别人摹仿或作评判的准绳）；第三，自然性，即
创作过程的不可描述性和重复性。作品的理念是如何出现在天才心中，天
才是如何完成自己的产品，这些天才自己都无法描述或者科学指明（这就
是通常人们所说的"灵感"的特性）。因为自然通过天才为艺术（美的艺

---

　　①　王国维：《古雅之在美学上之位置》，见周锡山编校：《王国维集》（第一册），中
国社会科学出版社2008年版，第186页。

　　②　康德：《判断力批判》（上卷），宗白华译，商务印书馆1964年版，第153页。

术）而非科学颁布规则，而这些规则不能以任何公式撰写出来，这些规则只能以作品本身存在。①正如罗钢所说，王国维正是在与康德的天才特点的对立中，来描述和确立"古雅"的基本特征。②第一，相比天才创作所凭恃之先天禀赋，"古雅"更为依赖后天的努力和修养："古雅之部分，不必尽俟天才，而亦得以人力致之。苟其人格诚高，学问诚博，则虽无艺术上之天才者，其制作亦不失为古雅。而其观艺术也，虽不能喻其优美及宏壮之部分，犹能喻其古雅之部分。若夫优美及宏壮，则非天才殆不能捕攫之而表出之。"③第二，相比于天才作品的原创性特征，"古雅"作品则偏于摹仿性。王国维举作品具有"古雅"性质的清代画家王翚论的例子道："彼固无艺术上之天才，但以用力甚深之故，故摹古则优而自运则劣，则岂不以其舍其所长之古雅，而欲以优美宏壮与人争胜也哉。"第三，相比天才创作源于"灵感"，以及创作时的"神来兴到"、无迹可寻，"古雅"类作品的创作则"非借修养之力不可"。所以王国维的"'古雅说'就是一种颠倒过来的西方天才理论，或者说是对西方天才理论的一种否定形式的表述"④。从这个意义上看，康德的天才说也为王国维建立"古雅说"提供了理论依据。只不过，康德"非功利说"从积极层面上提供理论依据，而康德的天才观则偏于从消极层面（即从其相反对的层面）为"古雅说"提供理论依据。

然而，王国维毕竟要为"古雅"范畴确立一个美学理论的根基，因

---

① 康德：《判断力批判》（上卷），宗白华译，商务印书馆1964年版，第153—154页。

② 罗钢：《王国维的"古雅说"与中西诗学传统》，《南京大学学报》（哲学·人文科学·社会科学）2008年第3期。

③ 王国维：《古雅之在美学上之位置》，见周锡山编校：《王国维集》（第一册），中国社会科学出版社2008年版，第186页。

④ 罗钢：《王国维的"古雅说"与中西诗学传统》，《南京大学学报》（哲学·人文科学·社会科学）2008年第3期。

此就要调和中国审美经验与西方美学思想，使之相通。王国维认为，"古雅"与天才之作尽管有诸多不同，比如前者之判断力是后天的、经验的、偶然的，而后者之判断力则是先天的、普遍的、必然的，然而"古雅"作品和天才之作一样，都具有"美之普遍之性质"——可爱玩而不可利用。而且不论是"优美""壮美"还是"古雅"，其作用都是通过对象的形式，使人超越利害观念。就美的形式而言，王国维又认为有"第一形式"和"第二形式"之分。这里的"第一形式"，就是天才所创造的优美或崇高对象的形式，它具有先验的普遍必然性，这一观点基本来自康德。不过有一点和康德略有不同：康德认为崇高的对象是无形式的，而王国维认为"汗德虽谓之无形式，然以此种无形式之形式，能唤起宏壮之情，故谓之形式之一种，无不可也"①。既然有"第一形式"之美存在，那么就"不可无他形式以表之，惟经过此第二之形式，斯美者愈增其美，而吾人之所谓古雅，即此第二种之形式"②。如果说"第一形式"之美，是天才之产物，具有先验的普遍必然性，那么，"第二形式"之美，即艺术中的"古雅"部分，则往往是后天经验的产物，且"不必尽俟天才，而亦得以人力致之"。虽然"古雅"其形式不具有"优美"和"宏壮"之属性，但是因其属于"第二形式"，也具有一种"独立之价值"。基于此，王国维给"古雅"下了一个定义："故古雅者，可谓之形式之美之形式之美也。"③在这个定义里，第一个"形式"指的是天才所创造的、具有先天普遍必然性的"第一形式"；而第二个"形式"指的是由后天经验习得用来表现"第

---

① 王国维：《古雅之在美学上之位置》，见周锡山编校：《王国维集》（第一册），中国社会科学出版社2008年版，第184页。

② 王国维：《古雅之在美学上之位置》，见周锡山编校：《王国维集》（第一册），中国社会科学出版社2008年版，第185页。

③ 王国维：《古雅之在美学上之位置》，见周锡山编校：《王国维集》（第一册），中国社会科学出版社2008年版，第185页。

一形式"之美的"第二形式"，也就是"古雅"。所以，王国维说，"古雅"之致只存于艺术不存于自然。因为自然之美只需"第一形式"，而艺术则不同，它必须以"第二形式"表出自然中固有之形式，或者所自创之新形式（天才之所创）。对这两种形式的划分与区别，王国维举诗歌为例进行说明："夜阑更秉烛，相对如梦寐"（杜甫《羌村》）之于"今宵剩把银钲照，犹恐相逢是梦中"（晏幾道《鹧鸪天》），"愿言思伯，甘心首疾"（《诗经·卫风·伯兮》）之于"衣带渐宽终不悔，为伊消得人憔悴"（欧阳修《蝶恋花》），这两组诗词，王国维认为其"第一形式"都一样，而"第二形式"则有所不同，"前者温厚，后者刻露"。① 具体地说，诗人或词人对于离乱之中的久别重逢和对所爱之人刻骨相思的情感的纯粹认识和客观观照，属于所谓的天才之产品的"第一形式"。而当诗人或词人运用具有个人色彩和个人风格的诗歌语言将这种情感的观照认识传达出来时，这种具有个人色彩和个人风格的诗歌语言，即诗人由后天经验习得的东西或者技巧，就是所谓的"第二形式"。

按照王国维所说的，我们还可以看出一切艺术都离不开"古雅"成分。艺术中"优美及宏壮必与古雅合，然后得显其固有之价值"，而且"优美""壮美"与"古雅"之间还呈此消彼长的关系，"优美及宏壮之原质愈显，则古雅之原质愈蔽"。② 这个观点应该也是直接受到康德的启发。康德认为，机械艺术和美的艺术二者根本的差别在于，前者是作为勤奋和学习的艺术（类似王国维的"古雅"），而后者是作为天才的艺术，"但究竟没有一美的艺术里面没有一些机械的东西，可以按照规则来要约

---

① 王国维：《古雅之在美学上之位置》，见周锡山编校：《王国维集》（第一册），中国社会科学出版社2008年版，第185页。

② 王国维：《古雅之在美学上之位置》，见周锡山编校：《王国维集》（第一册），中国社会科学出版社2008年版，第185页。

和遵守，这也就是说有某些教学正则构成艺术的本质的条件"①。王国维和康德的区别在于，王国维将这种"第二形式"和"优美""壮美"分离开来，以"古雅"范畴命名之，认为其具有独立之价值；而康德则认为，没有天才而仅靠后天的勤奋和学习不能产生美的艺术，即没有真正的艺术。王国维在这一点上也是有保留地同意康德的观点——艺术创作首重"第一形式"，认为能创造"第一形式"乃一流的艺术家，那些"能雅而不能美且壮者"，大抵是古今的"第三流以下之艺术家"。但是，"古雅"虽有不如"美""壮"者，它毕竟有其独立存在的价值和相应之位置，故而其在美学中的地位和重要性亦不可忽视。

首先，"古雅"和"优美""宏壮"一致，都具有"可爱玩而不可利用"以及使人超出利害关系之外、使人宁静的美的基本性质。"然则古雅之价值，遂远出优美及宏壮下乎？曰：不然。可爱玩而不可利用者，一切美术品之公性也。优美与宏壮然，古雅亦然。而以吾人之玩其物也，无关于利用故，遂使吾人超出乎利害之范围外，而惝恍于缥缈宁静之域。"②

其次，从康德的天才论角度上来说，"古雅"虽然不及"优美"和"崇高"。但是在现实审美作用上，"古雅"却兼有"优美"和"崇高"的性质。"优美之形式，使人心和平；古雅之形式，使人心休息，故亦可谓之低度之优美。宏壮之形式，常以不可抵抗之势力唤起人钦仰之情，古雅之形式，则以不习于世俗之耳目故，而唤起一种之惊讶。惊讶者，钦仰之情之初步，故虽谓古雅为低度之宏壮，亦无不可也。"③

---

① 康德：《判断力批判》（上卷），宗白华译，商务印书馆1964年版，第156页。

② 王国维：《古雅之在美学上之位置》，见周锡山编校：《王国维集》（第一册），中国社会科学出版社2008年版，第187页。

③ 王国维：《古雅之在美学上之位置》，见周锡山编校：《王国维集》（第一册），中国社会科学出版社2008年版，第187页。

最后，王国维终于在逻辑严密的康德哲学体系里，为"古雅"勉强找到了一个相应的位置："故古雅之位置，可谓在优美与宏壮之间，而兼有此二者之性质也。"[①]

王国维的"古雅说"不仅对康德的美学理论有所突破和发展，对中国传统美学思想的继承和突破也很明显，这也显示出"古雅"这一范畴的现代意义。先说"古雅"对中国美学的继承。"古雅"来自中国审美经验，是对中国艺术的审美评价，具有中国特色。这一概念建立了与西方的"优美""崇高"不同的审美范畴，它体现了中国的"中和"审美理想和艺术形式。另一方面，"古雅"不是先天的，而是后天的，这一思想与康德不同，而与中国美学强调后天修养相符合，出自中国美学传统。再说"古雅"范畴对中国美学的突破。"雅"体现了中华民族的最高的审美理想，其核心乃是情理和谐，包含着道德意识和道德评价。它要求以理性精神去规范情感，从而达到理性和感性的高度和谐。而王国维的"古雅"，如前所分析，只具有形式的意义，将道德内涵排除在外。在这一点上，"古雅说"突破了传统美学的伦理化倾向，与现代美学思想接轨，因而具有现代意义。在"古雅说"上，我们看到王国维的"学无中西，惟真理是务"的态度。"古雅说"是对中西美学思想"化合"的具体尝试。

王国维的"古雅说"，虽然从中国审美经验出发继承了中国美学范畴，但又没有摆脱西方美学体系，因此不可避免地产生了矛盾。王国维所谓的"古雅"是"形式之美之形式之美"的说法就是如此。无论是将"第一形式"与"第二形式"理解为"原本与摹本"的关系，还是把"第二形式"解释为艺术美或纯粹美，都不可避免地与它所从出的康德美学发生矛盾，很难自圆其说。罗钢对于"古雅说"出现的系列矛盾和失误总结道：

[①] 王国维：《古雅之在美学上之位置》，见周锡山编校：《王国维集》（第一册），中国社会科学出版社2008年版，第187页。

"王国维一方面在艺术上把'古雅'看作是天才的对立面，认为它是经由后天的修养习得的，是摹仿的，是技术性的，是一种艺术的赝品；另一方面，为了使'古雅'作为一个审美范畴能够获得与优美宏壮比肩而立的地位，他又必需论证它的独特价值，证明它是一种'形式之美之形式之美'，即使相对于优美宏壮，仍具有一种不可替代、不可或缺的作用。正是这种内在的矛盾导致这一范畴在理论上左支右绌，留下许多破绽。"①但是，王国维毕竟从中国审美经验出发，对"古雅"范畴进行了论证，从而在一定程度上突破了西方美学体系的框架。因此，这一尝试体现了中国传统美学思想的元素，具有新古典主义的意义。

三、"意境"说的建立

"意境"或"境界"概念在王国维的美学思想中具有重要地位，它同样体现了王国维美学思想的中西融合性质。"意境"与"境界"概念在王国维那里基本上是一致的，但在具体语境中有微妙的差别："意境"概念偏重于物我同一，而"境界"概念偏重于超越现实。因此，正如许多论者指出的那样，王国维的"境界"概念体现了审美超越的思想，有叔本华思想的影响；而其"意境"概念体现了审美主体和审美对象的同一关系，又有席勒的主体间性美学思想的影响。此外，康德、叔本华的天才观以及直观学说亦起到重大作用。但是，"意境"或"境界"毕竟来自中国美学，因此也体现了中国美学思想，而且这方面应该是主导的，西方美学不过是作为阐释的工具，把其中隐含的审美超越思想和主体间性思想阐释出来而已。正如杨春时所指出的："意境概念的形成是一个长期的历史过

① 罗钢：《王国维的"古雅说"与中西诗学传统》，《南京大学学报》（哲学·人文科学·社会科学）2008年第3期。

程，而至清末民初的王国维才成为重要的美学范畴。"①也就是说，在王国维之前，"意境说"并不是中国美学和诗学的中心范畴，这与人们的想象不同。在意境成为一个重要的审美范畴之前，"中国古代文学理论走过了由意到象（意象），再由象到境（意境）的历程，这实际上是由感性意象向审美意象的过渡，意境具有审美意象的意义"②。"意境说"的第一阶段是由意到象。《周易·系辞》上说："子曰：书不尽言，言不尽意。然则圣人之意，其不可见乎？子曰：圣人立象以尽意。"在这里，"所谓'象'，就是'表意之象'，是传达心意的表象。中国古人认为语言有抽象性，不能充分表达思想感情，而只有具体的表象才能充分表达。由于这个表象与心理体验融合为一体，具有主客同一的性质，因此又称为'意象'，实际上是感性意象"③。在这一阶段中，所谓意象还不是所谓的审美意象，它仅有感性意义还不具有审美意义。杨春时认为，这一阶段中的"意象"由于"只具有有限的感性意义，它可能较充分地表达日常的思想感情，但不能充分地表达文学作品中的审美情感，因为文学作品的审美内涵是无限的"④。因此，意境说又有其第二阶段的发展，即从感性意象到审美意象的发展："中国古代文论家们又进一步认识到文学的'意象'，即审美意象不同于一般的感性意象。它超越自身，具有象征、隐喻的性质，而审美意义就存在于这种象征、隐喻之中。于是，中国古代文论家们就企图在意象之外寻找文学的审美意义，这意象之外就是境或境界、意境。境或境界本是佛家语，指的是区别于世俗的佛法心境。后来被文论家借用指文学所达到的超现实的领域。释皎然提出了'采奇于象外'（《文镜秘府

---

① 杨春时：《文学理论新编》，北京大学出版社2007年版，第164页。
② 杨春时：《文学理论新编》，北京大学出版社2007年版，第165页。
③ 杨春时：《文学理论新编》，北京大学出版社2007年版，第164页。
④ 杨春时：《文学理论新编》，北京大学出版社2007年版，第164页。

论·南卷》引）的主张，同时又提出'取境'的思想，开始把审美意义寄托在象外之境上。刘禹锡提出'境生象外'（《董氏武陵集记》）。司空徒讲'象外之象，景外之景'（《与极浦书》），'超以象外，得其环中'（《诗品》）。叶燮讲'眼在此而意在彼，泯端倪而离形象，绝议论而穷思维，引人冥漠恍惚之境'（《原诗》）。"[1]这样，从意象到意境的变化，就已经在理论上清楚地呈现出来——作为审美意象的"意境"和感性意象具有本质的不同，前者具有超越现实有限性、趋于无限的性质。这一点和现代美学超越性特点恰好是一个很好的契合。

关于"意境"的定义，王国维在他托名为樊志厚所作的《人间词乙稿序》中有一个比较清晰的界定："文学之事，其内足以摅己而外足以感人者，意与境二者而已。上焉者意与境浑，其次或以境胜，或以意胜，苟缺其一，不足以言文学。原夫文学之所以有意境者，以其能观也。出于观我者，意余于境；而出于观物者，境多于意。然非物无以见我，而观我之时，又自有我在。故二者常互相错综，能有所偏重，而不能有所偏废也。文学之工不工，亦视其意境之有无与其深浅而已。"[2]关于"意"与"境"二者之间的关系，在这里不能以一种二元对立的思维来看待，不应将其分别看为主观和客观两方面。其实王国维之所以把"意"与"境"二者分开说，不过是为了论述的方便。王国维本人在这段话里，就已经清楚地表达了这样的意思——"意"与"境"在审美中已经超越了现实中主客对立的关系，"然非物无以见我，而观我之时，又自有我在。故二者常互相错综，能有所偏重，而不能有所偏废也"。也就是说，现实中的物我主客二元对立的状态，在审美状态中得到超越，达到物我不分、互相错综、浑然一体的状态。在这种超越于现实主客对立的物我浑然一体的状态

---

[1]　杨春时：《文学理论新编》，北京大学出版社2007年版，第165页。

[2]　王国维：《人间词话》，见周锡山编校：《王国维集》（第一册），中国社会科学出版社2008年版，第245—246页。

中，"意"不仅仅是现实中的主体之"我"，"境"也不仅仅是现实中的审美对象，而是意中有境、境中有意。意境在此不仅是审美效果的达成，还是艺术的真正本体之所在，也是艺术审美品格之所在。正是在这一意义上，王国维在《人间词话》开篇处说道："词以境界为最上。有境界，则自成高格，自成名句。"[1]杨春时认为，这里的"高格"就是审美品格，是超越于现实的审美的品格。[2]此外，王国维在《人间词话》第六则里提到："境非独谓景物也，喜怒哀乐，亦人心中之一境界。故能写真景物、真感情者，谓之有境界。否则谓之无境界。"[3]这里所强调的"真景物""真感情"中的"真"，就不再是认识论意义的上"真"。因为认识论意义上的"真"，还是一种基于主客对立基础上的现实意识。而"境界"是超越现实意识的，这里的"真"乃是本真的自由的存在方式和体验方式，而不是对客观存在的写实，更不是现实情感的流露。王国维对其"境界说"给以很高的评价。他在《人间词话》第九则里就高调宣布，自己所提出的"意境说"与前贤所提出的"兴趣"和"神韵"有本与末之别。此外，他在《人间词话未刊稿》中也是以类似口吻提出，艺术当以"境界"为本，有"境界"其他便如影随形："言气质，言神韵，不如言境界。有境界，本也；气质、神韵，末也；有境界而二者随之矣。"[4]

我们不难看出，在"意境"范畴的建构中，王国维受到中国传统美学影响，把超越于感性意象之外的世界定义为"意境""境界"。中国古典美学的"意境""境界"所体现的内涵是"道"。一方面，中国古代

① 王国维：《人间词话》，见周锡山编校：《王国维集》（第一册），中国社会科学出版社2008年版，第210页。

② 杨春时：《文学理论新编》，北京大学出版社2007年版，第165页。

③ 王国维：《人间词话》，见周锡山编校：《王国维集》（第一册），中国社会科学出版社2008年版，第211页。

④ 王国维：《人间词话》，见周锡山编校：《王国维集》（第一册），中国社会科学出版社2008年版，第227页。

的"道"具有伦理性，中国古典美学的审美意义便体现着具有伦理内容的
"道"，具有浓厚的现实精神。另一方面，中国美学也不自觉地体现出超
越性，肯定了审美的自由精神。因此，杨春时认为，中国美学具有世间性
和隐超越性的两重性，而"境界"概念就体现了超越性的一面。① 王国维的
"境界"就体现了"形而上"的超越精神。但这种潜在的中国美学思想在
王国维那里是用叔本华哲学来表达和阐释的，这在《人间词话未刊稿》第
三十九则中有很明显的体现，王国维说道：

> "君王枉把平陈业，换得雷塘数亩田。"政治家之言也。"长陵
> 亦是闲邱陇，异日谁知与仲多？"诗人之言也。政治家之眼，域于一
> 人一事；诗人之眼，则通古今而观之。词人观物，须用诗人之眼，不
> 可用政治家之眼。故感事、怀古等作，当与寿词同为词家所禁也。②

叔本华认为"历史家的考察是按根据律进行的，他抓住现象，而现象
的形式就是这根据律。诗人却在一切关系之外，在一切时间之上来把握理
念，人的本质，自在之物在其最高级别上恰如其分的客体性"③。叔本华推
崇诗人而贬抑历史家的观点，王国维应当是心领神会的，他在1904年所写
的《叔本华之哲学及其教育学说》中就曾说道："历史之对象，非概念，
非实念，而但个象也。诗歌之所写者，人生之实念，故吾人于诗歌中，可
得人生完整之知识。故诗歌之所写者，人及其动作而已，而历史之所述，
非此人即彼人，非此动作即彼动作，其数虽巧历不能计也。然此等事实，

---

① 参阅杨春时：《中华美学的世间性和隐超越性》，《学习与探索》2017年第9期。
② 王国维：《人间词话》，见周锡山编校：《王国维集》（第一册），中国社会科学出版社2008年版，第233页。
③ 叔本华：《作为意志和表象的世界》，石冲白译，商务印书馆1982年版，第339页。

不过同一生活之欲之发现，故吾人欲知人生之为何物，则读诗歌贤于历史远矣。"①

综上所述我们可以看出，王国维在"意境说"里继承了古典美学的意境理论，又融合了西方美学思想尤其是叔本华的意志本体论和直观说，从而发展了传统的意境理论，使其具有现代意义。古典"意境说"把艺术的审美品格前所未有地凸显出来，并且成为艺术的本体，成为判断文学艺术成就高低的根本标准。如果我们把王国维的"意境说"和同时代两位学者——况周颐和梁启超——的思想作比较的话，就能更能清楚地感受到，王国维对美的本质的探索确实如其所说的更为"探其本"。况周颐也讲"意境"，但是他对"意境"理解却"局限于风格、技巧、声律、音韵"②。而梁启超的所提倡的"新意境"，其"意"指的是欧洲的"真精神""真思想"，其"境"则指的是如轮船、火车、电报一类的欧洲新事物。其旨趣很明显不是为了艺术或审美，而是服务于他的改良主义政治目的。就美学学科的角度来讲，王国维确实比他们更能触及美的本质，因而更具有现代意义和建设意义。

王国维的"意境说"，对艺术本体做出基本规定的同时，也通过一系列概念对审美主体和审美对象之间的关系做出了基本规定。"意境"就审美效果和艺术本体来说，是物我不分、浑然一体的。当我们把"意境"具体拆开来分析时，这里的"意"主要指的是艺术作品在审美主体方面的心理因素，它包含认知与情感的各个方面；而"境"则主要指的是艺术作品在审美对象方面的建构，即一般文学理论所谓的"艺术形象"。王国维对于审美主体与审美对象的关系的基本认识是"二者常互相错综，能有所偏

---

① 王国维：《叔本华之哲学及其教育学说》，见周锡山编校：《王国维集》（第二册），中国社会科学出版社2008年版，第160页。

② 聂振斌：《王国维美学思想研究》，商务印书馆2012年版，第208页。

重，而不能有所偏废"①。这就是说，在艺术的实际创作过程中，作者虽对"意"与"境"不能"有所偏废"，但却可以"有所偏重"。这种"有所偏重"，所产生的意境，就是王国维所说的"有我之境"与"无我之境"。这对概念王国维没有进行明确的定义，但在《人间词话》第三则、第四则里他如此论述道："有有我之境，有无我之境。'泪眼问花花不语，乱红飞过秋千去。''可堪春馆闭春寒，杜鹃声里斜阳暮。'有我之境也。'采菊东篱下，悠然见南山。''寒波澹澹起，白鸟悠悠下。'无我之境也。有我之境，以我观物，故物皆著我之色彩。无我之境，以物观物，故不知何者为我，何者为物。古人为词，写有我之境者多，然未始不能写无我之境，此在豪杰之士能自树立耳。"②又"无我之境，人惟于静中得之；有我之境，于由动之静时得之。故一优美，一宏壮也"③。王国维在这里，把"无我之境"对应于"优美"范畴，把"有我之境"对应于"宏壮"范畴。"有我之境"与"无我之境"的区别在于"我"与"物"有无利害关系，而非有的学者所认为的主观与客观之别，也非朱光潜所认为的"同物之境"和"超物之境"的区别。当物我之间不存在利害关系时，其最后所达成的审美效果"意境"就是"无我之境"，反之就是"有我之境"。

在《人间词话》第二则里，王国维又提出了"造境"与"写境"这一对概念，从创作的角度来探讨审美主体和审美对象之间的关系。"有造境，有写境，此理想与写实二派之所由分。然二者颇难分别，因大诗人所

① 王国维：《人间词话》，见周锡山编校：《王国维集》（第一册），中国社会科学出版社2008年版，第245—246页。

② 王国维：《人间词话》，见周锡山编校：《王国维集》（第一册），中国社会科学出版社2008年版，第211页。

③ 王国维：《人间词话》，见周锡山编校：《王国维集》（第一册），中国社会科学出版社2008年版，第211页。

造之境必合乎自然，所写之境亦必邻于理想故也。"[①]王国维在这里显然不是在讨论创作方法，这里所讨论的重点还是艺术的本体——意境，只不过角度转到创作上来而已。"造境"与"写境"正如王国维所说的"颇难分别"，但是他之所以还要勉为其难做出分别，其主要目的在于，借此讨论意境中审美理想和现实之间的关系。"意境"并非现实存在之物，而是艺术创造之产物，它凝聚着作者的审美理想，体现着作者的自由要求和艺术的自由性质。但是这种审美理想并非凭空而造（如康德所说的"原创式的胡闹"），而是有其坚实的现实基础。"意境"作为审美层面，虽然说超越现实层面，但是却不是脱离现实层面。因此王国维说："大诗人所造之境必合乎自然。"另外，审美理想虽然说有其现实基础和现实层面，但是呈现在艺术里的"现实"其实已经不是客观现实。所以所谓的"写实"也不是纯粹的摹仿现实，这里的现实已经在作家审美理想的作用下，具有审美意义。故而"所写之境，必邻于理想故也"。王国维"造境"与"写境"两个概念的定义，一方面吸收了中国古典美学意象思想——审美意象（即意境）超越（并且高于）感性意象，但也不脱离感性意象；另一方面，又吸收西方美学思想对传统"意境说"进行改造，这主要是来自席勒所说的素朴的诗和感伤的诗在人性概念下统一的观念。

此外，王国维提出"隔"与"不隔"这对概念来讨论审美主体与审美对象的关系。在《人间词话》第四十则中，王国维说道：

问"隔"与不"隔"之别，曰：陶、谢之诗不隔，延年则稍隔矣；东坡之诗不隔，山谷则稍隔矣。"池塘生春草"，"空梁落燕泥"等二句，妙处唯在不隔。词亦如是。即以一人一词论，如欧阳公

---

① 王国维：《人间词话》，见周锡山编校：《王国维集》（第一册），中国社会科学出版社2008年版，第210页。

《少年游》（咏春草）上半阕云："阑干十二独凭春，晴碧远去。二月三月，千里万里（此两句倒置），行色苦愁人。"语语都在目前，便是不隔。至云"谢家池上，江淹浦畔"，则隔矣。白石《翠楼吟》："此地。宜有词仙，拥素云黄鹤，与君游戏。玉梯凝望久，叹芳草、萋萋千里。"便是不隔。至"酒祓清愁，花消英气"，则隔矣。然南宋词虽不隔处，比之前人，自有浅深厚薄之别。[1]

如前所述，艺术之成功与否在于有无"意境"，而对"意境"的本质性规定在于物我关系的互相错综、同一不分。在此前提下，我们就能比较清楚地明白王国维所说的"隔"与"不隔"这对概念的内涵。所谓"隔"，就是物我之间还存在心理的距离，从而没能达到情景交融、物我同一之境，也就是缺乏"真景物""真情感"。所谓"不隔"，即情景交融、物我同一，审美主体与对象的心理距离彻底消失，从而达到主体间性之境界，也就有了"真景物""真情感"。这一美学思想源于中国传统美学思想，即天人合一、物我同一的思想。

通过"有我之境"与"无我之境"、"造境"与"写境"、"隔"与"不隔"这三对概念，王国维从不同角度探讨了审美活动中主客体之间的关系，从而对"意境"理论的内涵进行了更为清晰明确的阐明。

四、王国维后期美学思想的意义

王国维美学研究随着其"哲学时期"转入"文学时期"而逐渐成熟、深刻，尤其是在建构意境理论时，其美学思想显得更加成熟和深刻，这在前文论及"古雅说"时已经有所表述。这种成熟和深刻具体表现在以下两

---

[1]　王国维：《人间词话》，见周锡山编校：《王国维集》（第一册），中国社会科学出版社2008年版，第218—219页。

点：第一，对西方美学理论尤其是叔本华的美学理论的接受不再如前期那样的亦步亦趋，而是有所怀疑、有所批判。在此基础上，王国维通过对西方美学理论更加多元化的吸收，来克服叔本华美学的一些缺点。第二，在早期现代主义美学的建构上，王国维采取的是纯粹的"以西格中"的方法，初步实现了美学思想的现代化，但在中西融合上毕竟做得不够，有生搬硬套、削足适履之感。在意境理论的构建过程中，王国维不仅采取了传统的词话形式，而且在美学思想内涵方面，也更多地吸收和继承了中国古典美学思想因素，从而在融汇中西美学思想以及推动中国古典美学的现代转化方面做出了重大贡献。这些贡献主要表现在以下四点：

首先，王国维的意境理论为世界文学理论做出了重要贡献。王国维虽然吸收了具有认识论传统的西方美学思想，但是其理论建构能结合中国抒情文学传统，使得"意境"理论没有跟在西方美学后面亦步亦趋，而具有独特创造性。杨春时认为："中国文学理论没有由意象概念转向西方式的形象、典型概念，而走向意境概念，是由于中国文学主体是抒情文学，而抒情文学的意象并不都是视觉意象以及认知意象，还包括听觉意象以及其他情感意象。这样，意境概念就超越了视觉意象以及认知意象，比文学形象、典型等概念更恰当地体现了抒情文学的特征。意境概念的确立，揭示了抒情文学的审美特性，为世界文学理论做出了贡献。"①

其次，"意境说"推动了古典美学的现代转化，使其具有现代意义。如前文所述，"意境"作为艺术的本质，是判断文学艺术是否具有审美性质的标准。它体现着主体的审美理想，超越了现实层面的功利意识。中国古典美学素来有"文以载道"的传统，文学艺术是以他律的形式附属于"道"而不具有独立地位。受此传统的影响，中国古典美学的主流——儒

---

① 杨春时：《文学理论新编》，北京大学出版社2007年版，第165页。

家美学——表现出鲜明的伦理功利性。王国维将"意境"确立为文学艺术的最高标准，这一理论创举使得审美不再从属于外在之物，而具有了独立性，这就体现了现代美学的重要特征。

再次，王国维"意境说"的现代意义，还表现在对审美超越性的确认。如前所述，王国维借助叔本华的悲观意志主义哲学，否定现实生存具有终极意义和终极价值。而借由审美之"境界"，审美主体可以从残缺片面的生存状态，进入一种自然与理想相统一的更高、更为本真的存在状态。因为，审美主体与审美对象体在"境界"中，分别失去了现实状态中的主体性和客体性，达到物我同一、主客合一、主体间性的状态，从而也消除了在现实生存中的主客对立。王国维据此把审美看成是一种能超越现实生存的残缺性、片面性的本真的生存方式。这也是其"意境"理论的现代意义的重要表现。

最后，通过"意境说"，王国维继承了中国美学的"意与境谐"的主体间性思想传统，从而克服了康德、叔本华的主体性美学思想的局限，同时也使得古典的主体间性美学思想获得了现代的表述，这一点也是王国维的重要贡献。

王国维会通中西美学的努力，突破了狭隘的民族界限，具有了超民族的学术意义。他是如此高调地强调学术的纯粹性——学术本身就是目的而不是实现其他目的之手段。在这个原则之下，他进行了会通中西美学的工作，也取得了宝贵的成果。尽管他宣称学术的超功利性和学无中西，但在中西文化冲突、中国学术处于弱势和被动的环境下，他重建中国美学的努力，还是起到了恢复和重建中华传统文化的作用，这是必须肯定的。而且，他对中国美学思想的继承、发扬，也弥补了西方美学的缺陷。如果说西方美学的典型论体现了西方美学的认识论取向，适用于叙事文学和再现艺术，那么其"意境说"则体现了中国美学的价值论取向，为抒情文学和表现艺术提供了根本范畴。"意境"和"境界"概念虽然古已有之，但王国维把它从比较边缘的地位提升到中心位置，并且以现代哲学思想予以规定和阐释，揭示了审美的主体间性和超越性，这是不可磨灭的学术贡献。

王国维的新古典主义美学也有不足之处。他在后期通过中西美学的对话建立了"古雅"范畴和"意境说"，但是这种建树是局部的、有限的，没有在根本上突破叔本华美学思想的框架。他对"古雅"和"意境"范畴的阐释是运用了康德和叔本华的理论，而没有意识到前者与后者的区别（如中国审美经验的主体间性和西方美学的主体性差别），从而有误解、误用之嫌。这也说明他的中国古典美学思想仍然局限于西方美学体系之中，而没有得到整体性的建构。虽然王国维最终没有完成融合中西美学思想、建立现代中国美学的任务，但其开拓之功和独特的建树，是不可磨灭的。

第三节　戴岳、滕固、邓以蛰的美学思想

一、戴岳的美学思想

戴岳继承了儒家的功利主义美学观，以善为美之实、美为善之形。而且，他接受了陆王心学，将美学研究置入伦理本位的结构之中，企图通过审美回归本心，进而以审美为救世之法。对于当时天下混乱的根本原因，他归结为人心之失："曰戾，曰妒，曰私。"他进一步阐释说："三者名虽不同，而其足以肇祸乱也则一。世界和平之所以常破，而太平大同之治所以难实现者，岂非以此三者为之梗耶？萃古今之哲人，立学说宗教法律以救之，既不能，且反为其假用，以逞其大戾大妒大私焉。"[①]这一论说，

---

① 戴岳：《说美术之真价值及革新中国美术之根本方法》，《东方杂志》1920年第10期。

颇具代表性地显示出那个时代的学者在思想意识中潜藏的传统桎梏。可以说，在他的论述里，儒家思想和心学传统是他展开思考和论述的底色。在他看来，这世界上的一切问题，都是我们"本心"的问题。按照程朱理学特别是阳明心学以来所衍化出的"心性之学"的思维模式，既然一切问题皆由心生，那么要解决世间的一切问题，还得回到本心。因此中国的心学历来强调本心的关键作用，力图从心性方面着手，以精神内省的方式进行社会变革。由于他的思维结构仍然停留在心学传统的藩篱中，所以他与中国的历代先贤一样，以心学思维来思考现实问题的解决方案，这就顺理成章地导出他的解决方案："曰化戾，曰祛妒，曰除私。"从这个根本认识出发，就形成了他的基本美学观念，即以审美正人心，进而救世。

戴岳认为，由于审美能够直达本心，"夫天地间燦然之美物，若天然者，若人为者，其形色千差万别而不同；故其感人也，亦千变万化而无方，盖睿然难言之哉"[1]，于是审美问题同样可以纳入心学问题的范畴。因此，就在这世间纷乱，"茫然无措，傆然自失"之时，审美成了化解世道败坏的救世良方："补救几无法，而美术乃独能从容化除之。"[2]他激情洋溢地说："彼美感之能促进物质文明，固为其纯粹之积极功用矣。即其冲和之状，亦不仅化戾也；又能使人宽宏博爱而兴仁。其超脱之状，又不仅除私也；又能起人幽情逸兴而豁志。至于随化之状，则因物兴怀，功用尤难枚举。"[3]就这样，传统的心学与来自欧洲的美学观念奇妙地结合在一起了。

按照欧洲的理论，美学（Ästhetik）是研究审美的一种学问，审美具有非功利性，因此其社会功用是间接的。但在蔡元培美学思想谱系中，欧洲

---

① 戴岳：《说美术之真价值及革新中国美术之根本方法》，《东方杂志》1920年第10期。

② 戴岳：《说美术之真价值及革新中国美术之根本方法》，《东方杂志》1920年第10期。

③ 戴岳：《说美术之真价值及革新中国美术之根本方法》，《东方杂志》1920年第10期。

的作为"感性学"的"美学"概念，从与现实存在距离的理论体系之中被移置出来，变为社会学、伦理学意义上的一种实践行为。所以从中国现代美学发展初期的这一特征可以看出，中国现代美学从其发展的初期就有与欧洲不同的价值取向，它不是纯粹的学问研究，首先关注的也不是相关的学术问题，而是承袭儒家文化的实用理性传统，将美学实用化、功利化，其目的就是以审美来改造社会。

他现存的这篇文章包含了非常丰富的内容，从艺术起源的游戏说到美感的发生学原理，再从里普斯的"移情说"到康德美学的思想，几乎片段式地涉及了当时美学思潮的各个方面，可见他力图将西方美学（主要是德国美学）与中国传统融会贯通的积极态度。他的尝试产生了双重效果：一方面增加了他论述时所凭借思想资源的厚度，但另一方面也导致了他美学思想的芜杂。

在戴岳的美学思想中，"美育"的三大作用是其论述的核心部分。而他的"美育"也是一个具有当时时代特征的概念。"美育"一词，在中国现代早期美学中的含义颇为含混，既包括作为专门术语的"审美教育"，也包括作为具体行为的教育过程，这其中美术教育占据主导地位，所以"美育"也往往被理解为"美术教育"，这里的"美术"跟"美学"被置于同样的范畴中使用。他试图在自己的阐述中将"美育"的内涵加以条理化和清晰化，因而概括为三个方面："冲和之状""随化之状""超脱之状"。不过由于其本身学养的局限性，故而其阐述过程，留下了中西杂糅的缺憾。

他对"冲和之状"的论述分为两部分：第一部分引入西方实证主义神经学说，第二部分则回归中国传统审美的论述。在他的叙述中，审美不但有直接改造社会的作用，甚至还具有某些与医药一样的功能，能直接作用于个体生命的肉身和精神状态。这在今人看来，多少有些夸大乃至神化了审美的作用，但在当时乃是科学主义的强大影响所致。他提到：

> 据心理学家言。吾人诸感官中之知觉神经，皆上联于脑。复自脑
> 发射运动神经，交错下行，达于周身之各筋肉。又有交感神经者，联
> 络脑脊脏腑间各神经之交通，上下分布，几于无处无之。故人身一部
> 受感触，则全体蒙影响。视觉亦然，当物象经眼球之屈折体而达于网
> 膜上之视神经也，则神经起生理上之化学变化，而生影象。此影象更
> 缘神经纤维，传印脑际，于是脑神经亦生变化而视觉之作用起。然物
> 象之全体，又非一瞥即可皆领略者也。则必运动眼球，以移视物体之
> 各部，由是筋肉又起调节之作用。（听觉方面同不赘）夫神经既生化
> 学变化，而筋肉又起调节作用。则因精神与身体之有依倚关系，自起
> 调和不调和之感。于是调和者生恬静和乐之状而为美；不调和者生刺
> 激不快之情而为丑。影响所及；且借交感神经之传达，偏于全身。[1]

这一段谈的是当时被认为能让美学研究科学化的实证主义理论。对于刚刚
从蒙昧中走出来、接触西方科学美学的戴岳而言，这无疑是颇有前沿性的
研究成果，所以他才会以较长篇幅来加以引介。而且为了将这一前沿理论
"中国化"，他接着就开始用中国人所熟知的传统话语来加以阐述：

> 当斯时也，心志则恬然无思，澹然无虑；几如秋月之朗照清空，
> 无一毫暧昧之状。血气则湛然平静，霍然清爽；几如春风之鼓畅庶
> 类，无半点滞郁之形。此即所谓冲也，和也；心冲气和，则神明开
> 涤，胸次清旷。凡一切机械诈伪之念，思怨利害之见，莫不涤除清

---

[1] 戴岳：《说美术之真价值及革新中国美术之根本方法》，《东方杂志》1920年第10期。

尽，屏诸胸怀。所余者，止此清净闲适之胸襟，以与外物之美相游衍而已。此殆释家所谓"身心两自在"者乎。[①]

在这里，西方神经学的话语被转换为"血气"等传统中医式的语言，审美活动也就与中国传统文化之中的"修身养性"挂上了钩，而且他还进一步把这种"修身养性"与蔡元培思想谱系里的审美功用挂钩："使吾人能时与此种美境相薰染，以常维持此冲和之状态；则久而成习，即无丝无竹亦自恬愉；即不山不水，亦自幽静。以之持身涉世；则虽大火流金，而清风穆然；虽严霜杀物，而和气蔼然；虽阴霾翳空，而慧心朗然；虽洪涛倒海，而砥柱屹然。若然者，中正优游，抱德炀和。不以外界之宠辱得失，搅乱其浩旷活泼之性灵。殆庄子所谓'大泽焚而不能热，河汉冱而不能寒，疾雷破山风震海而不能惊'之至人乎。"[②]

按照蔡元培的审美功用的追求，西方的审美无功利思想在他的美育理论中成为改造社会的思想武器，而按照儒家心学传统，改造外在世界之前，首先需要改造自己的内心。所以戴岳在此强调审美活动能达到的"冲和之状"，虽然在后世看来有些突兀甚至有些滑稽，但在当时则是颇为前沿的学术探索，而且也是"修身—平天下"这种逻辑往下推演的必然结果。

而所谓"随化之状"，即戴岳所言："吾人赏玩美术时，其冲和恬愉之胸襟，既如上所述矣。然所谓美者，果何在乎？岂纯在吾所赏玩之外界耶？抑仅在吾之精神意识中耶？若以为纯属外界也，则音有待于耳，色有待于目。使就此闻见之音色，除去吾闻见时所生之美感，则惟考其物理学

---

① 戴岳：《说美术之真价值及革新中国美术之根本方法》，《东方杂志》1920年第10期。
② 戴岳：《说美术之真价值及革新中国美术之根本方法》，《东方杂志》1920年第10期。

上之性质，则不过一种振物之分子原子而已；有可美之可言？若以为专属于意识中也，则美感当因各人之主观而异；而何以吾人对于同一之美境多起同一之美感？"①最后他得出结论："可知此美必不专属于外界之美术，亦不专属于内界之意识；而必在此二者互相影响所生之物也。""忘肝胆，同物我，无心而随物化；更何有于内外之分哉。"②这段论述虽然短，但包含了不少思想史线索。关于"美的本质"问题，在20世纪50年代有过著名的四大家争论，而戴岳这段论述几乎可以视为这种争论的"前传"，而且他从一开始就打破了主观论和客观论的局限，力图在主客观统一的基础上谈论这个问题。而且他所提的"随化"，实际上是在试图将中国的审美怡情论与里普斯的"移情说"加以融合。在他的论述中，"怡情"和"移情"二者被视为同一范畴。中国的怡情论的基底为"天人合一"思想，即主体通过审美活动与自然合一，所谓"身与物化"。而当时时兴的里普斯的"移情说"，则强调主体在审美活动时将自身情感投射到审美对象之上。虽然中国的理论与里普斯的在精神实质上有较大的区别，但在思维结构上却颇为契合，所以"移情说"就成了20世纪初期中国美学界颇为仰重的德国学说。中国的怡情论，往往淡化主体在这个过程中的主动性，而戴岳的概念的有趣之处就在于，他的"随化说"从根本上是中国传统思维的产物，因为"随"之而"化"就是这种淡化主体的表现。但当他具体阐述时，用的却又是德国的主客体概念，强调美感的发生并非纯然在"吾所赏玩之外界"，也非纯然在"吾之精神意识中"。从这里可以看出他将中西美学理论加以融合的努力，虽然实际上他的这种努力并不太成功。

为了解释"随化说"，戴岳还举出案例："浸假而使予所赏玩者为

① 戴岳：《说美术之真价值及革新中国美术之根本方法》，《东方杂志》1920年第10期。
② 戴岳：《说美术之真价值及革新中国美术之根本方法》，《东方杂志》1920年第10期。

海，则吾将化为其中之一滴；因而随波涛汹涌，觉有浩瀚赑荡之美焉。浸假而使予所赏玩者为山，则吾将化为其上之一砾；因而伴岩石峥嵘，觉有静穆巍峨之美焉。"[①]

他举的这一案例具有明显的里普斯色彩，几乎就是把里普斯的论述按照他的想法再转述一遍，而且在这个过程中，戴岳由于对里普斯"移情说"所仰赖的德国美学精神资源并不熟悉，还以中国美学的主客同一思想来阐释，所以出了差错。"移情说"与格式塔心理学虽有不同，但都强调主体对对象接受的整体性，如果主体所观的是大海或者大山，那么在其意识当中，主体对应的就是整个大海或者大山，而非其中的"一滴"或者"一砾"。而且更重要的是，"移情说"认为主体情感透射于外物，而中国的"审美同情说"把主体与对象同化。在这里，他违背了"移情说"，而回到了"审美同情说"。最有趣的是，这只是他举例论述的前两部分，最后一部分才最具中国特征："浸假而使予所赏玩者为先圣之遗像，及盛世之文物则吾将化为其时之一人；因而与昔贤相周旋揖让，觉有雍雍肃肃之美焉。"[②]

在第三部分的举例中，他认为移情还包括打破时空隔阂，在想象中与先贤对话，这种对移情的补充，估计是德国学者所无法想象的。戴岳的这段论述，既可被视为儒家传统思想在审美领域的涌出，也可被视为戏剧理念在早期美学中的现代转换。昔日汤显祖就曾言，在戏剧中，"生者可以死，死者可以生。生而不可与死，死而不可复生者，皆非情之至也"（《牡丹亭记》题词）。既然是移情，那么自然包括打破生死距离、与先贤对话。而且肃肃雍雍，又回到儒家《礼记》所阐述的范畴之内。在他心

---

① 戴岳：《说美术之真价值及革新中国美术之根本方法》，《东方杂志》1920年第10期。
② 戴岳：《说美术之真价值及革新中国美术之根本方法》，《东方杂志》1920年第10期。

中，自己的阐述可谓是完美融合了中国传统文化和西方美学。

再就是所谓"超脱之状"，这在戴岳的文本里更是个颇有趣的概念。因为这个概念杂糅了"审美无功利性"和中国美学的泛心学传统，在一定程度上展现了他那个时代中国美学发展的特定状况。按照他的说法，"是故美感纯一不杂；杂则扰，扰则思虑营营，而美趣无有。故真能赏美者，用心不劳而应物无方，功利机巧之心皆忘"[①]。他还专门引用《庄子》中所言，"忘足，履之适也；忘腰，带之适也；知忘是非，心之适也"，以及"相与于无相与，相为于无相为"，用来阐释他的概念。然而他的概念虽然援引自德式的"非功利性"，但在具体阐述时，却又按照惯性，将之纳入中国传统文化的框架内，改造为庄子提出的"心斋坐忘"的泛心学范畴。他提出："真能领略乎美趣者，必又意解神释，物我一空；辄然忘其四肢形体焉，忘其对境之美术焉；岂仅无功利机巧之心而已哉？盖美之趣味属于情感；而功利机巧等念属于意志。意志既起，美感自消。犹障翳生而明镜失其用；自然之势也。必也神与美化，而心仍泰然。犹之月随人行，月竟不移；岸逐舟行，舟终自若。则庶乎其几矣。"[②]

德式的"非功利性"概念，有其"审美自律性"的学理渊源，而中国传统文化里的"去机巧之心"，更多的却是植根于道家的那种"心斋坐忘"的泛心学传统，隐约之中带有某种程度上的反智主义特征。二者本不是一条脉络的概念，但在戴岳这里，被杂糅为"功利机巧之心"，而审美活动变成了"皆忘"的心学范畴，西方美学强调的那种"审美自律性"在他的思维中是被屏蔽的，这就造成他虽然努力实现所谓"中西融合"的目标，但实际上只是杂糅了各种学理渊源彼此冲突的概念而已。其中耐人寻

---

① 戴岳：《说美术之真价值及革新中国美术之根本方法》，《东方杂志》1920年第10期。

② 戴岳：《说美术之真价值及革新中国美术之根本方法》，《东方杂志》1920年第10期。

味的地方还包括他在论述的末尾以"犹之月随人行，月竟不移"等语来描述他心目中的"审美无功利性"（去"功利机巧之心"）。这种在禅宗式的悟性结构里阐述"审美无功利性"的做法，实属语境错置，但也在一定程度上显现了中西美学在诸多核心理念上的不兼容。

实际上，他"冲和—随化—超脱"理论的阐述，在当时具有一定的影响力。1926年时，同属于蔡元培思想谱系的另一位学者杨昭恕，就在自己的美学论文中大段摘抄了这一理论，而且还进行了缩写和修改。只不过可能是由于当时学者并不熟悉日后的学术规范，所以学者杨昭恕在引用戴岳论文时，没有注明出处。不过无论如何，都能看出20世纪20年代学人对戴岳这一理论的认同。[1]

从整体上看，戴岳的论述存在诸多不成熟的中国早期现代美学的特征，而且他在具体论述时常有"力有所不逮"的学识问题出现，但这并不能掩盖他作为先驱者的光芒。戴岳作为先驱者，尝试在不失去传统根基的情况下，对中国美学进行革新，试图以中西融合的方式推动中国美学发展，也进行了一些有价值的思考。虽然这种尝试不是特别成功，但这种努力仍然是值得肯定的。

二、滕固的美学思想

滕固（1901—1941）作为艺术美学和艺术史学的先驱者，为中国现代早期美学的发展做出了具有深远意义的奠基性贡献，然而由于时代和他本人的局限性，以及他在自己的研究高峰期忽然因病去世，所以他在美学领域应有的地位长期没能得到承认。

滕固的学术研究可以分为三个阶段。第一阶段是1920年留日研学到1926

---

① 杨昭恕：《由美学上所见之人生》，《学林》1926年第4期。

年归国，在这一时期，滕固发表了《诗歌与绘画》《对于艺术上最近的感想》《艺术学上所见的文化之起源》《体验与艺术》《国民艺术运动》《六朝石刻与印度美术之关系》《艺术之节奏》《气韵生动略辨》《艺术之质与形》等文章。其于1926年出版的《中国美术小史》中提出了解释中国美术渊源流派与沿革盛衰的假说，这是滕固这一时期的代表作，也是近现代第一部美术史学专著。第二阶段是滕固1929年留德研学到1933年归国，滕固的艺术学、美学理论进入成熟阶段，他在这段时间相继发表了《中国山水画中南宗的意义》《意大利的死城澎湃》《关于院体画和文人画之史的考察》《作为艺术批评家的苏东坡》《雷特教授论中国艺术》《唐宋画论考》等论文，其中《唐宋画论考》（滕固博士学位论文，用德语写就）是这一时期的杰作，滕固在该文第一次明确提到"中国艺术理论"。第三个阶段是滕固1934年自欧洲归国后。这一阶段，滕固转而以考古调查方式进入艺术史的研究，相继发表和出版了《圆明园欧式宫殿残迹》《唐代式壁画考略》《霍去病墓上石迹及汉代雕刻之试察》《汉代北方艺术西渐的小考查》《唐代艺术的特征》《征途访古述记》《西陲的艺术》等著述，翻译了德国戈尔特施密特（Adolph Goldschmidt）的《美术史》等著作，推动了早期的美术史和美术考古的研究，并发表一系列文章推进美术教育实践。滕固一生的研学促进了中国艺术学研究的现代化转型，对中国美学学科及体系的构建有重要意义。他的学术生涯主要聚焦在艺术史特别是美术史的研究领域，但其间贯穿着美学的思考，即如何建构有中国本体特色的艺术美学理论体系，既保持自身的文化传统，又能融入现代美学范畴，获得与当时的欧洲美学研究者平等对话的机会。因此，滕固也可以列入中国早期美学家的队列之中。

　　滕固留学日本期间受到了梁启超的较大影响。其时他与梁启超有较多接触，对梁启超甚为钦佩。那时梁启超针对中国的西化之风而提倡"国学"，他认为："近顷悲观者流，见新学小生之吐弃国学，惧国学之从此

而消灭。吾不此之惧也。但使外学之输入者果昌，则其间接之影响，必使
吾国学别添活气，吾敢断言也。但今日欲使外学之真精神，普及于祖国，
则当转输之任者，必邃于国学，然后能收其效。"①梁启超提倡"国学"，
并非希望走守旧的老路，而是期待能先给中国的文化"培元固本"，只有
中国文化自己先健康起来、有了活力，才可能真正践行革新，否则纯粹输
入"外学"，始终都只能跟在西方文化后面亦步亦趋，甚至可能邯郸学
步。两人思想的区别只是在于，梁启超的路径是"邃于国学"，而滕固则
力图重构中国传统艺术理论，并且运用西方现代理论来重新阐释和论证中
国传统美学思想。

早在20世纪20年代，滕固就讨论了"艺术学"的概念问题。1922年滕
固以《何谓文化科学（Kulturwissenschaft）》一文，阐述了当时德国"文化
科学"这一概念的来龙去脉。②滕固基于德国学界的思想资源，在1924年以
论文《艺术与科学》对艺术学的概念进行了初步的论述。他提出："科学
的责任是在按着论理去整理经验的事实。以科学的方法去研究美与艺术，
则美学与艺术学当然成立的了。"③19世纪末到20世纪初，欧洲学者特别是
德国学者开始反思近代以来的科学主义弊端，从狄尔泰到胡塞尔，再到卡
西尔，整个学界都在思考"科学"日益膨胀为"科学主义"的问题，主张
区分人文科学和自然科学。滕固援引海因里希·约翰·李凯尔特（Heinrich
John Rickert）的说法提出："所谓自然科学是普遍化 Generalisation 的方
法，剔去异质的东西，聚集同质的东西，在普遍的法则上用工夫的。文化
科学则不然，除去同质的东西，搜集附有价值的异质的东西，用个别化

①　梁启超：《论中国学术思想变迁之大势》，上海古籍出版社2006年版，第110页。

②　此文原刊于1922年11月3日《时事新报》，此处引自沈宁所编《滕固艺术文集》，上
海人民美术出版社2003年版，第14—19页。

③　滕固：《艺术与科学》，《创造周报》1924年第40期。

Individualisation 的方法在特殊的法则——只一回的发见——上用工夫的。美学与艺术学是哲学的科学，哲学是归类于文化科学的，那末研究美学艺术学应该用文化科学的方法，这是显而易见。"①

　　滕固认同德国学界对人文科学和自然科学的区分，并有着双重指向：一方面，他力图在现代美学的视域下，直面中国传统艺术理论之积弊，创立中国的艺术美学；另一方面，他又对以德国为代表的理论有着一种莫名的隔膜感，总试图将这些在欧洲语境下产生的理论加以中国化，反过来改造过于抽象化、理念化的欧洲美学。滕固1924年的《艺术与科学》是谈美学与艺术学的学科定位的，但在探讨的过程中，他试图在现代美学框架内重构中国传统艺术理论。比如他在其中有这样的说法："艺术的要素是一个'动'字，并非单单表出受动的感觉，是表出内面的动——生命就是动，——是表出内面的生命。这种动作就是创造，是个性的创造。"②他这里所谓"表出内面"所援引的艺术理论资源，其实就是中国传统艺术中所强调的"气韵生动"：内在的气韵由内而外地流露出来，且凭依《易经》中所谓"生生不息"，不断在"易"（变化）这种动态过程中演化、发展。

　　在此文刊出的前一年，滕固就已经有专文对"气韵生动"加以论述。他在《体验与艺术》一文中说："据我看来，'气韵生动'这四字，无非指天地间鸿濛的气体，微妙的韵律，万物生生不息的动态。艺术家将天地间的气体，绵缦于自己的胸中；将韵律震荡于自己的心中；万物也生动于自己的脉络中，于是发于楮墨，发于丝竹，发于色彩，无往而非大艺术品了。"③滕固使用中西对比法，把西方艺术中强调表现对象的内在精神的观

① 滕固：《艺术与科学》，《创造周报》1924年第40期。
② 滕固：《艺术与科学》，《创造周报》1924年第40期。
③ 此文原刊于1923年7月21日《中华新报·创造日》创刊号，此处引自沈宁所编《滕固艺术文集》，上海人民美术出版社2003年版，第62页。

点与中国的气韵说联系起来，认为："那末Rodin（'Rodin'，即法国雕塑艺术家罗丹——引者注）忠于自然的体验工夫，我国先代艺术家早有此精神。就是现代后期印象派的精神，要把捉潜在自然背后的神灵，我国先代艺术家也早有此精神了。"滕固又将气韵生动说与泛神论加以对比："本来气韵生动说，也是一种泛神论的遗意。自艺术家发见了'神即我'，'我是人'，又触到了生之苦闷；先代画家之放于林壑，出群拔俗，同时他们都有忧郁病的苦闷。他们深深地体验自然，便是深深地体验人生；艺术的价值由此奠定，——所谓个性的创造，生命的表现，无非全人格的反映。"①

后来，滕固又在1926年的《气韵生动略辨》一文中，以里普斯"感情移入"说来解读中国"气韵生动"说："万事万物的生动之中，我们纯粹感情的节奏（气韵），也在其中。感情旺烈的时候，这感情的节奏，自然而然与事物的生动相结合的了。事物是对象，感情是自己；以自己移入对象，以对象为精神化，而酿出内的快感。这是与Lipps的感情移入说（Einfuhlungs-theories）同其究竟的了。"②从这些文章中我们可以看到滕固对"气韵生动"说的重视，他把它作为中国美学思想的核心来阐释。但是，他受到了西方主体性美学思想的影响，做了错误的阐释。因为泛神论与"气韵生动"说有着本质的区别，而且里普斯的"感情移入"说也与"气韵生动"说有很大距离。"气韵生动"思想来自中国的天人合一观念，"气韵"并非主观精神，也非客观事物，而是天地人之间的生命力的发生、会通，它成为艺术的审美内涵。滕固认为"气韵生动"说代表了中

---

① 以上均见滕固：《体验与艺术》，见沈宁编：《滕固艺术文集》，上海人民美术出版社2003年版，第62—63页。

② 此文原刊于1926年5月1日《新艺术》创刊号，此处引自沈宁所编《滕固艺术文集》，上海人民美术出版社2003年版，第66页。

国传统艺术理论的精髓。他指出："气韵生动，为吾国往哲最高的艺术观。从谢赫标出而后，千余年来，深印在谈艺制艺者的心髓中，成了一种有力的学说。其渊源所自，从易理以及老庄的思想演化而来；所以不但是吾国前代之艺术观，也是先民的根本思想，先民所给与吾们最高贵的遗产呢。"[1] 与新文化运动的许多激进思想者不同，他将这些传统理论视为优秀文化遗产加以对待，这使得他能超脱于反传统的激进派以及固守传统的保守派，以更开放的态度开展中国美学和艺术学研究。

作为中国美学草创时期的学者，由于时代和他个人的局限，滕固始终没能建构起一套相对系统的美学体系，也没能提出具有独创性和开拓性的美学思想。但在他零散的论著中呈现的是一条明晰的线索，即沟通中西美学思想，在保持中国美学传统的前提下，实现中国美学的现代化。这种努力的成果虽然有限，也产生了许多问题，但是为后人积累了经验、开辟了道路，这是滕固最重要的贡献。

三、邓以蛰的美学思想

邓以蛰作为中国早期现代美学的奠基人之一，在中国美学特别是书画美学的现代化进程中做出了重要的历史贡献。作为中国早期现代美学家，邓以蛰对欧洲现代美学的接受并没有那么直接。虽然他在日本、美国留学，而后在欧洲游学，但他仍然秉持"中学为体，西学为用"的传统理念，进行中国现代美学的建设。他吸收和援引域外思想资源，不是为了"西化"，或对中国传统美学、艺术学来一场颠覆性的革命，而只是为了更好地理解和阐述传统美学理念，进而重建现代中国美学体系。

邓以蛰的美学思想有些内在的矛盾：他一方面认为美学和艺术具有改

---

① 滕固：《气韵生动略辨》，见沈宁编：《滕固艺术文集》，上海人民美术出版社2003年版，第66页。

造社会的功用，主张用审美改造社会；另一方面又标举审美的无功利性，肯定艺术的自律性，进行学术思考。他在思考宏观美学问题时，所持的是用美学改造社会的立场，而一旦阐述具体美学问题，又回到审美自律性的场域，从而产生了矛盾。

邓以蛰的所谓受黑格尔、克罗齐影响的"艺术是主体精神表现"说，其实正是他认同的中国传统艺术理论的"气韵生动"的体现。他是为了论证中国传统艺术理论，方才带着问题意识去研讨黑格尔、克罗齐等人的美学概念，而非因为受到黑格尔、克罗齐的直接影响，才去建构自己的美学理论。邓以蛰把康德、黑格尔、克罗齐的唯心理念说，与中国心物论杂糅在一起，重新阐释了中国"气韵生动"说。邓以蛰认为："谢赫绘画六法首重'气韵生动'，若'骨法用笔'，'应物写形'，'随类赋彩'，'经营位置'，'传模移写'等法，不过是画家学习的初步。若欲养成一真正的画家，陶冶之功，要与诗人无异。先必对于自然景物的变态，涵味既深，使胸中包罗万有；同时绘画诸法亦必练习既久，知所以运用笔墨骨法，使所绘的物态生动而有气韵。所谓挥洒自如，笔起云烟，非胸中涵泳娴熟，用笔如意，何克臻此！所以山水画家最重要的两个资格，就是胸襟与笔法。具斯二者，然后再说创造。"①

邓以蛰声称："中国山水画与西洋风景画（Landscape painting）在画师与艺术两方面皆有根本不同之点。"他的理解是："西洋风景画画师在临画之先，胸中一无所有，种种印象，都取自自然。颜色、距离，积量，都当作绘画的要素。他胸中除了这些要素，就失去了创作的凭藉；他心念中以为除了这些要素，就无人看得懂。毕竟画师本人没有什么内在的东西可以表现的。"作为对比，中国画家则是秉持夏士良所谓"纵目旷观名山巨

---

① 邓以蛰：《中国绘画之派别及其变迁》，见刘纲纪编：《邓以蛰美术文集》，人民美术出版社1993年版，第22—23页。

川，以资其笔"的态度，不需要像"西洋画师负了画筐满载颜色与大大小小的刷子，走到山里去描写自然风景"。只需要有浩然之气，就可以万物皆备于我，"充分的收摄成片段的自然表面的浮动的神致"。颜色在中国的山水画也无甚意义，因为关注了对象的颜色变化，就等于是"全赖光之明晦以为断"，导致"被明晦之光渗扰着"。中国山水画只讲究用墨。通过墨色浓淡变化，仅表现光的变化就够了，不需要被光"煽动"。①

　　邓以蛰在此力图将中国和西方绘画的美学思想予以厘清。在他的美学架构中，他认为中国绘画（乃至整个中国艺术体现出的审美趣味）皆侧重于主体意识（即邓以蛰所谓"胸襟"）的表达，而具体的绘画技术（即他所谓"笔法"）则是次一级的范畴。从邓以蛰的这段论述中可以非常清晰地看到，他此处的言论，实际上并没有突破南朝谢赫以降的中国传统艺术理论藩篱，依旧固守中国审美理念的"形"和"神"二分法。

　　邓以蛰提出，不能用"颜色""透视"等西方美术范畴来批评中国的山水画，认为若要如此就"实为张冠李戴"。邓以蛰这样的思路在当时已然的现实中是正确的，但在未然的未来发展层面上则是谬误。他未借助欧洲绘画的角度，特别是他所处时代的西方现代派各种思潮纷涌的背景，来反视和反思中国绘画及其评价标准的固有问题，这就显示出他的民族主义美学研究存在着内在的思想缺陷。而且这种在倾向性上片面贬低西方绘画的心态并非邓以蛰一人独有，而是当时美学界涌起的一种保守主义思潮。

　　邓以蛰的美学思想更多地体现了对康德审美思想的借鉴和化用。其中，最为显著的是邓以蛰的"体形意理"说。他在写于1941年至1942年间的《画理探微》中，对"体形意理"说进行了较为详细的阐述。邓以蛰在此文手稿中，有一行文字提到："近与友人王君静如讨论中国画理，慨

---

　　① 本段引文皆见邓以蛰：《中国绘画之派别及其变迁》，见刘纲纪编：《邓以蛰美术文集》，人民美术出版社1993年版，第23页。

然于旧套陈言，鲜闻新意；乃陈鄙说，谬见悦服。因掇拾前后所论，成此一篇，命之曰《画理探微》，曰'理'曰'微'，盖所以示与画法画评殊科，而试作哲理之探讨焉耳。"①在这里，邓以蛰非常清楚地说明了作文之旨，那就是试图跳出以往的画论体系（"旧套陈言"），而从新的美学理念出发，在哲学的高度上对传统画论进行一番梳理。他的所谓"新意"，实际上是欲以康德、黑格尔和克罗齐的学说，杂糅进他对中国传统美学的理解，尝试重新阐释中国的"器—象—道"理论。

邓以蛰在20世纪40年代对"形""体"理论的阐释，仍然带着思路不清晰的毛病。中国传统美学只有"形"的概念，所谓"体"在"形"的范畴之内，并没有区分开来的必要。邓以蛰在自己的理论体系中试图将二者作为独立的范畴来阐述，这也未尝不可，但他始终无法清晰地区分二者，而只是笼统说："今论艺术之'形'，'体'，亦主张始则形体一致，继则形离体而独立。至形体分道扬镳，则'体'为工艺，'形'则演为书画之画。"②在这一论述中，"体"又演变为"工艺"，让人摸不着头脑。而他进入50年代之后基本封笔，所以也没有再回头对自己的《画理探微》重新整理，这使他的美学思想留下了历史性的缺憾。

其实在他的论述中，无论是"体""形"还是"意""理"，都是为了论述他的终极命题——"气韵生动"说。

（一）"体"。整体言之，"体"这个概念在邓以蛰美学思想中，大致对应着中国艺术理论中的"器"、载体。作为艺术创作核心的理念需要一个物质载体，从而赋予无形的理念以具体的形式。比如美术家脑子的

---

① 邓以蛰：《画理探微》，见刘纲纪编：《邓以蛰美术文集》，人民美术出版社1993年版，第108页。

② 邓以蛰：《画理探微》，见刘纲纪编：《邓以蛰美术文集》，人民美术出版社1993年版，第83页。

想法是不可见的，他为了让别人直观地感受他的理念，就必须以某种形式如铜器、漆器、陶瓷等作为载体而加以展现。他说："姑一言体之为何。吾兹所谓体者乃艺术之体。艺术之体，非天然形体之体，乃指人类手所制作之一切器用之体如铜器，漆器，陶瓷，石玉之雕琢，房屋之装饰以及建筑等皆是矣。是此体也，实导源于用，因用而制器，盖即器体之体耳，但必纯由人类之性灵中创造而有美观者方为艺术之体。要其非天然中形体之体，自始固然。"①

（二）"形"。只有有了某种具体的形式，艺术创作才能实现所谓"理念的感性显现"。为了体现这样的理论逻辑，邓以蛰在下定义时，特别加上"必纯由人类之性灵中创造而有美观者方为艺术之体"，即这样的载体必须是经过主体的创造性思考而得到的，需要在其中体现人的主体力量，而非"抄袭自然"，把现实中的事物照搬进艺术作品当中。邓以蛰"形"的概念，不全然是中国传统艺术理论中"形神论"，还融入了以康德、黑格尔为代表的德国古典美学的思想资源。

黑格尔强调主体与客体相对立、艺术与自然相对立的美学理念；康德强调"自由美"的观点；克罗齐认为认识活动从直觉开始，到概念结束，且主体的心灵赋予物质对象以形式，这些对主体"理念"的推崇，被邓以蛰立足于中国美学"神形"观而加以吸收，形成一种奇妙的邓以蛰式的中国形式主义理念。他时而称之为"性灵"，时而称之为"心"，故而有学者索性把邓以蛰的这种形式主义理念命名为"心本"美学思想。②早在1926年他发表《艺术家的难关》时，就秉持这种他所理解的形式主义理念，认为："所谓艺术，是性灵的，非自然的；是人生所感得的一种绝对

---

① 邓以蛰：《画理探微》，见刘纲纪编：《邓以蛰美术文集》，人民美术出版社1993年版，第84页。

② 唐善林：《"心本"：邓以蛰美学命名的一种尝试》，《文学评论》2011年第6期。

的境界，非自然中的变动不居的现象。"①"音乐建筑器皿之构形，都是人类的知识本能永难接近的：它们是纯粹的构形，真正的绝对的境界，它们是艺术的极峰，它们的纯形主义犹之乎侠义的信仰。"②此处强调"人类之性灵"以及"构形"，实际上是这种主体"理念"观的一种邓以蛰式的阐释。邓以蛰早先受到唯心论美学影响，甚至在1937年时，于《书法之欣赏》一文中提出了所谓"纯粹美术"的概念，指称："纯粹美术者完全出诸性灵之自由表现之美术也，若书画属之矣。画之意境犹得助于自然景物，若书法正扬雄之所谓书乃心画，盖毫无凭借而纯为性灵之独创。故古人视书法高于画，不为无因。"③

按照黑格尔的美学观点，理念与形式经历了从结合到分离的发展流程，在其阐释中即所谓象征型—古典型—浪漫型的流变。象征型阶段的理念与形式的结合处于游离状态，到了古典型阶段则彼此融合，但理念仍然要突破感性的、具体的形式，飞升到无限的普遍性，回到绝对自由的"心灵"，所以最终在浪漫型中，理念突破了固定形式的束缚，而且"艺术"也将走向"哲学"。克罗齐的"精神哲学"更将黑格尔这种偏执的观点演绎到了极致，进入所谓纯精神的世界了。故而所谓"形"，即是这种美学思想的中国版本。在邓以蛰的形式主义美学思想里，所谓"形"，就是主体通过其理念的构形，在作为器用的"体"的基础上，进一步构造为具体的艺术形态，大致相当于"理念的感性显现"之意。

总的说来，邓以蛰援引"康德—黑格尔—克罗齐"的思想谱系来阐释

---

① 邓以蛰：《艺术家的难关》，见刘纲纪编：《邓以蛰美术文集》，人民美术出版社1993年版，第4页。

② 邓以蛰：《艺术家的难关》，见刘纲纪编：《邓以蛰美术文集》，人民美术出版社1993年版，第5页。

③ 邓以蛰：《书法之欣赏》，见刘纲纪编：《邓以蛰美术文集》，人民美术出版社1993年版，第50页。

中国美学思想，有强行阐释之嫌，整体上并不成功。

（三）"意"。邓以蛰此章是以《论艺术之"体"、"形"、"意"、"理"》为题目的，但他论述完"体""形"之后，就戛然而止，未再专门对"意""理"进行定义。我们只能在其第三部分的具体论述中，推测他对这些术语的理解。邓以蛰这样随意性极强的写作方式、近乎"意识流"叙述，也体现着他美学思想架构中内在的不严谨性和含混性。

邓以蛰对意境有着颇为冗长而含混的论述："人物至六朝唐虽入神，但究为个体之描写，虽有群像，其结构亦藉动作之呼应为连贯，仍未能参入于自然以成一意境也。意境者乃由内而外，为主观的；若表而出之，其方法有异于人物。禽兽人物为客观的，艺人用传摹或状拟以取之，主要功夫，犹在眼力。若意境者乃将自然看成一全体耳。自然中草木泉石，个个孤立，非如动物之有动作相呼应以成连贯，如何而能看成一全体？曰：艺术之发展，于兹已进于生动，再进于神矣。神之用在能得物之全，沙汰物之肤泛，凝化物之个别，使范围周洽，物自连贯。今以生动之故，物物而为活物焉；以神之故，物之内无个别参差，但形结气通而成一全体，含生动与神者庶几达于意境矣。"[1]在邓以蛰的美学思想中，"意境"与我们一般认为的概念，如"借助特定的艺术形象，依据其所包含的意蕴，创造出一种审美境界，帮助审美主体从有限飞升到无限"，有着很大区别。他的"意境"更类似于德国格式塔美学的"完形"（"格式塔"是德语Gestalt的音译，意为"完形"），即主体将离散纷繁的对象在主体意识中构建为一个完整的形态；又像胡塞尔现象学中主体对客体的"意向性构造"，将纯然的对象置入主体意向性结构之中，获得可以为主体所感知的对象。而

---

① 邓以蛰：《画理探微》，见刘纲纪编：《邓以蛰美术文集》，人民美术出版社1993年版，第87页。

唯一的区别在于，在邓以蛰的美学思想中，让纷繁的对象获得整体结构的虽然是主体意识，但呈现出来的效果是"气韵生动"。在这一章的最后部分，他又以颇为绕口的话语论述道：

> 意境固非自然之属性而属之心。物出于眼，则状拟之，物出于心，抑将描摹之，状拟之耶？曰：否。手所动者有体而形出焉。眼所见者为形而生动与神出焉，心所会者唯生动与神，生动与神合而生意境，是描摹意境可包含生动与神，而描摹之方式则异于生动与神。何者，生动与神之描摹不能离于形，犹形之描摹初不能离于体也。然则意境之描摹将离于形而系诸"生动"与"神"之上矣。形者眼所限，生动与神则为心所限耳。心之所限，庶为无限。是生动与神亦可无限也。其为眼所限之形则将无所施于心之限矣。心既无所限，乃为大；形有所限，斯为小。眼前自然，皆有其形，故自然为小也。以心观自然，故曰以大观小。表现意境之艺术为山水画。山水画之方式，盖以大观小之方式耳。[1]

他说得很绕，但主要意思还是清晰的。这里讲的是中国哲学的"心物"理论，有孟子所谓"万物皆备于我"的主观论色彩。

（四）"理"。苏轼在《净因院画记》中曾言："余尝论画，以为人禽宫室器用皆有常形。至于山石竹木，水波烟云，虽无常形，而有常理。常形之失，人皆知之。常理之不当，虽晓画者有不知。故凡可以欺世而取名者，必托于无常形者也。虽然，常形之失，止于所失，而不能病其全，

---

① 邓以蛰：《画理探微》，见刘纲纪编：《邓以蛰美术文集》，人民美术出版社1993年版，第87—88页。

若常理之不当，则举废之矣。以其形之无常，是以其理不可不谨也。"[①]

邓以蛰在论著中以苏轼的"常形""常理"说为依据，提出"山水既无常形，是常形之当脱离也；而有常理，理属于心。心为大，然则理亦大矣"[②]。接着在下一章中，标题就是《论"理"——气韵生动》。此章中，邓以蛰将"理"直接等同于"气韵生动"，这也就意味着，在他的理论体系中，"气韵生动"是作为中国美学的最高范畴而加以论述的。"气韵生动"这一个原本作为具体艺术形象的美学概括的术语，被他置换为柏拉图式的"理念"。他的这种置换，实际上是对中国美学思想的误解。邓以蛰在《论"理"——气韵生动》一章中提出："今论画理，观点又当立于艺术之外，盖艺术仅有种类之不同，而艺术之理则当一致，此理为何？曰：气韵生动是也。气韵生动倡自六朝谢赫，为其画学六法之第一目。后之论画者皆以此为出发点，士夫画与画工之区别以此为准绳；一若此法为画学无上原理，作家与鉴赏家所不能逃者也。"[③]

邓以蛰认为，形式永远只是理念的对象，是一种低级的范畴。他提出："禽兽人物更不在'刻削仪容'而在生动；生动藉动物之动作得其形；生动之形夺四体而出，有如得鱼忘筌，得动之精神而遗其四体之迹象，故曰气韵生动。汉代禽兽，无论金铸，石刻，型塑，其于生动之理，臻于至妙，但多不涉于形似，观图案中之四神可知也，此正张彦远所称古画之'变态奇意'之处。"[④]邓以蛰声称："物质之体积，重量，颜色与自

---

①　苏轼：《净因院画记》，见孔凡礼点校：《苏轼文集》，中华书局1986年版，第367页。

②　邓以蛰：《画理探微》，见刘纲纪编：《邓以蛰美术文集》，人民美术出版社1993年版，第89—90页。

③　邓以蛰：《画理探微》，见刘纲纪编：《邓以蛰美术文集》，人民美术出版社1993年版，第90页。

④　邓以蛰：《画理探微》，见刘纲纪编：《邓以蛰美术文集》，人民美术出版社1993年版，第97页。

然之光明，云烟，空虚，情境，笔墨之形似，皆与禽兽，人物，山水画之气韵生动无关，是气韵与形似之关系为不相容之关系也。"①他明确地界定了"气韵"与"形似"的关系，认为二者"不相容"，还坚信"此意此心为画者创作之本"，把理念作为艺术之根本，而其他诸如"若飞走迟速意浅之物，高下向背远近重复之景"，在他看来"皆不过外界之物象，即画得之，亦不过摹仿之艺巧而已"。他仍然坚定地提倡他的"心本"理念："意或心乃为画者心内无形迹可见之物"，所谓"凡无形迹可见之物表而出之者方为气韵。创作须表出心内意境而非摹仿物之形似，是创作之表现当为气韵也"。②

艺术作品的物理外形，被邓以蛰强行与精神内涵（"气韵生动"）割裂和对立起来，外形和气韵在他这里变成了彼此对立的二元结构。他著文颇多，但来来去去所论及的，都是重复前述的重"心"轻形的思维模式，未能对传统艺术的陈旧格局加以突破。

总之，邓以蛰融合中西美学思想，建立新的中国绘画美学，这种努力的方向是正确的，在某些具体论述上，也不无独到的理解和建树。但是，他对中国美学和西方美学的把握尚不准确、深刻，因此并没有取得理想的成果。他力图立足于传统，却被传统巨大的引力所牵制；试图从西方引入现代精神资源，却被西方唯心论等狭隘思维所误导。这种既缘于邓以蛰个人的局限性，也是许多中国早期现代美学家的通病。

① 邓以蛰：《画理探微》，见刘纲纪编：《邓以蛰美术文集》，人民美术出版社1993年版，第99页。
② 以上皆见邓以蛰：《画理探微》，见刘纲纪编：《邓以蛰美术文集》，人民美术出版社1993年版，第99页。

第四节　方东美的美学思想

一、方东美美学思想的哲学基础

方东美出生于安徽方氏世家，从小接受传统教育，又在国外大学取得博士学位。可以说，他的思想是中西思想交融下的产物。有学者认真统计过他书中所引用的西学资料，发现他极其熟悉西方哲学家的思想，"他确实想尽收古今中外的思想为其所用。尽管他实际上不可能吸收一切思想，但从他论著中所提及和称引的思想家及其著作来看，在数量上是惊人的。据我们不太准确的统计，他所称引或评论的哲学家，几乎囊括西方从古代到现代的所有哲学家"①。不过，从核心思想来说，尼采、柏格森的生命哲学才是真正影响方东美的西方哲学思潮，特别是柏格森的思想对其影响更深。除了以柏格森为代表的西方生命哲学外，方东美还受到了黑格尔哲学的深刻影响。正因为对黑格尔思想的重视，在去台湾之后，他才应蒋介石之邀请发表了关于黑格尔哲学的演讲，并发表了《黑格尔哲学之当前难题与历史背景》的长文。②

就本土思想资源而言，方东美与其他现代新儒家不同：方东美重视的儒家经典不是《论语》《孟子》，而是《周易》和《尚书·洪范篇》。方东美提出了原始儒家、原始道家和原始墨家思想，认为这些才是中国文化的根本："老子论道，孔子谈元（《易经》上乾元坤元之元），分雄南北，墨子主爱，连贯于其间，成为三大宗。这三大宗虽然各有不同的旨趣，但是如果把他们融会贯通起来，实可代表中国哲学最完美的思想。"③

① 蒋国保、余秉颐：《方东美哲学思想研究》，北京大学出版社2012年版，第62页。
② 参看宛小平：《方东美与中西哲学》，安徽大学出版社2008年版，第140页。
③ 方东美：《中国人生哲学》，中华书局2012年版，第15页。

他对墨家思想的重视必定不被其他现代新儒家容忍，因为墨家的"兼爱"思想在孟子看来是"无父无君"的。方东美这样的"异端思想"使现代新儒家很难对其进行界定。

以《易经》哲学为根基，在借鉴西方生命哲学思想的基础上，方东美构造了新的生命本体概念。需要注意的是，其中也有一个过程。方东美前期的哲学思想乃是柏格森思想影响下的产物，但他后期逐渐远离了柏格森的生命哲学，构造了以中国哲学思想为基础的生命本体概念。在早期，方东美虽然受到西方生命哲学思想的影响，"生命"这个词也已经出现在其论述中，但是"生命"在此时并不是根基性的本体，而仅只是作为本体显现之一的"情"的表现。在其早期思想的代表作《哲学三慧》中，方东美认为世界的本体显现为情与理："太初有指，指无名，熏生力用，显情与理。"[①]"理"指的是对世界的认识，"情"指的是对人和生命的冲动、欲望和要求。无论是世界，还是生命，都由情理交融而成。但是就生命而言，生命的本质乃是情，"生命以情胜，宇宙以理彰。生命乃是有情之天下，其实质为不断的创进的欲望与冲动……"。这就是说，在这个时期，方东美没有把生命当成世界的本体，而仅是把生命当成了作为世界本体表现之一的"情"的显现。但这个"情"的界定已经具有柏格森对生命界定的色彩了。而后，他很快就把生命当成了世界的本体："宇宙不是沈滞的物质，人生亦非惑乱的勾当。宇宙与人生都是创进的历史，同有拓展的'生命'。"[②]这样的论述完全是柏格森哲学的翻版，"我们只须明了生命的现象不能完全化为数量的关系，便自不能硬用物质科学的定律拘束生命

---

① 方东美著，李溪编：《生生之美》，北京大学出版社2009年版，第32页。
② 方东美著，李溪编：《生生之美》，北京大学出版社2009年版，第142页。

的活态了"①。"生命的情趣是一种进取的欲望，向前的冲动。"②

　　然而，方东美没有停留在柏格森的生命哲学上，即没有停留于柏格森的生命本体概念上，而是对其进行了改造和发展，构建了全新的生命概念。简单来说，借助于存在论和价值论，方东美力图构造新的生命本体内涵。方东美认为西方思想把存在和价值进行了区分，而中国的思想却把二者当成一体的，即存在本身就是价值性的，价值乃是根本性的存在。"在中国，存在界就是价值界，价值界就是存在界，二者之间可作一个'='号，即本体论与价值论合为一体。"③这就是说，在中国人看来，任何事物的存在都是有价值的、有意义的，即存在乃是价值性的存在。中国人的世界是一个善的世界，一个美好的世界。"整个宇宙是极大的和谐，人生亦是极大的和谐。"④进一步地，方东美认为这个价值与存在合一的东西就是生命。生命就是宇宙间的本体。由此，生命本体就不是柏格森所言的一种物质，而是所有物质的根源，"而在中国，则物质由生命引申出来，以生命为本体，物质是生命里面的两种形态"⑤。生命也不是非理性的，而具有内在价值；生命是既善也美的，灌注一切万有，弥漫宇宙和人生。这样的生命就是中国哲学的核心。"根据中国哲学，整个宇宙由一以贯之的生命之流所旁通统贯……生命就是无限的延伸，所以无限的生命来自'无限'之上，而面对着'无限'，有限的生命有得绵延赓续，因此所有生命都在大化流行中变迁发展，生生不息，运转不已。"⑥"而中国的哲学根本是生

---

① 方东美：《科学哲学与人生》，中华书局2013年版，第137页。

② 方东美：《科学哲学与人生》，中华书局2013年版，第142页。

③ 方东美述，黄振华笔记：《人生哲学讲义》，中华书局2013年版，第88页。

④ 方东美述，黄振华笔记：《人生哲学讲义》，中华书局2013年版，第85页。

⑤ 方东美述，黄振华笔记：《人生哲学讲义》，中华书局2013年版，第86页。

⑥ 方东美：《中国人生哲学》，中华书局2012年版，第94—95页。

命哲学，人类、草木鸟兽虫鱼乃至山河大地，都是有生命的。"①方东美进行了一种双重的继承和改造。一方面，他继承了柏格森生命哲学的生命本体概念，又对其进行了改造，把其运用在新的生命本体的概念构造中。另一方面，这种对新的生命本体构造的深层思想乃是基于中国哲学的《周易》和《尚书·洪范篇》，而中国传统哲学的《周易》和《尚书·洪范篇》也借助方东美对西方生命哲学的继承和改造得到了更新（《周易》的核心思想成了一种生命哲学），获得了现代意义。方东美在确定了这样的一个生命本体之后，展开了其美学论述，这也是学者们把其美学界定为形而上学美学的原因。他的形而上学美学具有厚重的中国色彩，又明显受到了黑格尔唯心论形而上学美学思想的影响。

二、方东美对中华美学的现代建构

与梁漱溟、熊十力、唐君毅、冯友兰重视儒家传统道德在现代社会的生发不同，方东美除了重视伦理学外，还赋予了审美核心的地位，这是其思想的一大特色，"方东美的趣向主要表现在两个方面：一是对各种哲学理论和文化现象的悟解，显示了一个纯粹哲学家的澄明心智；一是对美的境界的陶醉，抒发了一个诗人的内在激情"②。他的审美思想与其哲学思想密切相关，或者说他的审美思想就是建立在其哲学思想的建构基础之上。这一点类似于黑格尔美学思想的构造。总体上来说，方东美融合中西哲学思想，化西为中，继承了中国古典美学传统，利用西方的一些思想资源，建构了具有现代意义的中华美学。这种对中华美学精神的现代建构主要体现在新的形而上学美学的建构上。

---

① 方东美讲述，黄振华笔记：《人生哲学讲义》，中华书局2013年版，第85页。
② 李山、张重岗、王来宁：《现代新儒家传》，山东人民出版社2002年版，第323页。

　　首先，方东美认为美的本质就是生命本体，艺术乃是从体贴生命本体而来。方东美赞同庄子的话，认为天地有大美。这个"大美"不是别的，就是生命这个本体。"我们可以扼要来说，天地之大美即在普遍生命之流行变化，创造不息。我们若要原天地之美，则直透之道，也就在协和宇宙，参赞化育，深体天人合一之道……换句话说，天地之美寄于生命，在于盎然生意与灿然活力。"[1]

　　进一步，方东美认为这个创造不息的生命——美的本质——就是自然美的根源和一切艺术的根源或者说一切艺术创造的内在本质，"这种雄奇的宇宙生命一旦弥漫宣畅，就能淡化一切自然，促使万物含生，刚劲充周……而人类受此感召，更能奋然有兴，振作生命劲气，激发生命狂澜，一旦化为外在形式，即成艺术珍品"[2]。从逻辑上来说，生命透出美的精神，而美的精神的形式化就成了艺术作品，艺术作品的逻辑本质就在于创进的生命，"不论在创造活动或欣赏活动，若是要直透美的艺术精神，都必须先与生命的普遍流行浩然同流，据以展露相同的创造机趣，凡是中国的艺术品，不论他们是任何形式，都是充分的表现这种盎然生意。一切艺术都是从体贴生命之伟大处得来的"[3]。中国的艺术作品不是那种对客观世界的细致模仿，也不是主体性情感的肆意表现，而是对宇宙本体的表达，具有玄学性或者神秘性。因而，中国的艺术家要"能够直透灵魂深处，把上述的所有慧心（依原书说法，诸'慧心'包括'哲人的玄妙神思、诗人的抒情心灵、画家的透视慧眼、雕刻家的熟练驾御，以及作曲家的创造能力'——引者注）都融会贯通，据以展现全体宇宙的真相及普遍生命之

①　方东美著，李溪编：《生生之美》，北京大学出版社2009年版，第290页。

②　方东美著，李溪编：《生生之美》，北京大学出版社2009年版，第293页。

③　方东美著，李溪编：《生生之美》，北京大学出版社2009年版，第295页。

美"①。这些界定很明显受到了黑格尔形而上学美学的"美是理念的感性显现"的影响。可以说，方东美是借助黑格尔的这个思想来对自身的美学思想进行建构的。但与黑格尔美学思想不同的是，这个生命本体不是理性，而是上下同流的生命。要创造艺术作品，人需要首先体悟这个生命本体，融汇于这个生命本体之中，这一点也是与黑格尔美学的不同。从另一个角度来说，中国传统的美学思想借助于方东美对生命本体的构造，重新焕发了生机。道家的道之美学变成了生命美学；道家的对道的体验变成了审美的体验；艺术不再是感性活动，而成了对生命本体的体验。这都是方东美化西为中，并以此改造、更新传统美学思想的一种新型的建构。

其次，方东美还通过象征、表现性、人文主义精神继续深化对中华美学的阐释。方东美认为，生命这个创进不息的本体决定了艺术作品的意义是象征性的。生命本体不是现实事物，因而不能直接进行描绘，艺术作品虽然能牵涉到这个本体，但这种"牵涉"其实是一种象征，只能借助于语言、颜色和声音来对其进行关涉，"这些深微奥妙之处书不尽言，言不尽意，只能透过艺术而曲为表达，挈情入幻，这就是中国艺术的根本特性"②。基于这种象征性，方东美又称中国的艺术方法是最具表现性的。这种表现直接把握宇宙的本体，幻化到具体的艺术作品中，"'表现'乃是活泼泼的勾画出一切美感对象，它把握了生命的黄金时刻，最擅于捕捉自然天真的态度与浑然天成的机趣"③。更进一步，这种对生命本体的象征性又被方东美称为人文主义精神。艺术家感受生命本体在自然界的幻化，而艺术家自身的心灵也是生命本体的幻化。在其创作的作品中，艺术家恰是深入本心，又体悟自然界中的生命本体，在二者的双向流动中创造美妙的

① 方东美著，李溪编：《生生之美》，北京大学出版社2009年版，第296页。
② 方东美著，李溪编：《生生之美》，北京大学出版社2009年版，第300页。
③ 方东美著，李溪编：《生生之美》，北京大学出版社2009年版，第305页。

艺术作品，"所以自然为人类展示其神奇奥妙，以生生不息的大化元气贯注人间，而人间则渐渍感应，继承不绝，报以绵绵不尽的生命劲气……因此，在中国艺术中，人文主义的精神，乃是真力弥漫的自然主义结合神采飞扬的理想主义，继而宣畅雄奇的创造生机"①。因而，艺术家越是主动地感受生命本体，也就是越被动地被生命本体所使用。这也是方东美称这种人文主义精神不同于西方的主体性人文主义精神的根由所在。从逻辑上来说，无论是象征、表现，还是人文主义精神，都是对这种新型形而上学美学的一种具体化阐释，也是对中华传统美学的一种建构。

最后，如果说美的本质在于生命，而且这个"生命"不是物质性的现实中的生命，而是世界的本体，那么，美就是现实中的语言无法言说的，用方东美的话来说即是说美具有不可言说性。"自然与艺术之美真是太微妙了，岂是言语文字所能清楚表达的？"②"中国的诗人最了解这一点，所以说'无言相对最魂销'，此时无声胜有声，中国哲学家之所以不常谈美，正是因为他们对美的这种性质了解最为透彻，所以反而默然不说。"③

总之，方东美以西方的生命哲学和黑格尔的美学为重要参照，在继承中国传统美学、融汇中西、化西为中的基础之上，建构了现代意义上的中华美学，使得散漫的中国传统美学精神具有了系统性，也使得传统美学思想具有了现代意义。

三、方东美美学思想的意义

相比于王国维、宗白华、朱光潜等中国早期美学家，学界对方东美的研究非常不足。这与其美学思想总是夹杂在其总体哲学思想的论述中、

① 方东美著，李溪编：《生生之美》，北京大学出版社2009年版，第308—309页。
② 方东美著，李溪编：《生生之美》，北京大学出版社2009年版，第287页。
③ 方东美著，李溪编：《生生之美》，北京大学出版社2009年版，第288页。

美学论述不多有关。他的美学思想属于中国传统美学思想，又力图融汇中西、化西为中；他借助西方的思想，使得中国的古典美学思想焕发了新的生机，并建构了现代意义上的中华美学。这是其美学思想的意义。

方东美构建的新形而上学生命美学影响了后来许多美学思想家。比如，他构造的新形而上学美学思想深刻影响了宗白华的生命美学思想。宗白华在论述"气韵生动"时曾说："中国绘画里所表现的最深心灵究竟是什么？答曰：它既不是以世界为有限的圆满的现实而崇拜模仿，也不是向一无尽的世界作为无尽的追求，烦闷苦恼，彷徨不安。它所表现的精神是一种'深沉静默地与这无限的自然，无限的太空浑然融化，体合为一'。"[①]这种对动之哲学的描述简直就是方东美哲学思想的另一个翻版，"根据中国哲学，整个宇宙乃由一以贯之的生命之流所旁通统贯……生命本就是无限的延伸，所以无限的生命来自'无限'之上，而面对着'无限'，有限的生命又得绵延赓续，因此所有生命都在大化流行中变迁发展，生生不息，运转不已"[②]。二者虽然没有直接的逻辑关系，但是内在的相连性还是一目了然的。依据史料，方东美和宗白华熟悉，二人有密切的交往。当代学者彭锋称："宗白华与方东美同为中央大学哲学系的教授，并且有很好的交往。据宗白华的儿子回忆，宗白华与方东美常常相互串门聊天。"[③]很明显，宗白华的生命美学思想无意识地受到了方东美构造的审美思想的影响。不过，方东美更具哲学性、思辨性，而宗白华更多地借助于艺术来进行阐释。客观上来说，方东美建构的现代意义上的中华美学精神最具有形而上学性，这一点是其他早期美学家不能比的。无论是丰子

---

① 宗白华：《介绍两本关于中国画学的书并论中国的绘画》，见林同华主编：《宗白华全集》（第二卷），安徽教育出版社2008年版，第44页。

② 方东美著，李溪编：《生生之美》，北京大学出版社2009年版，第102页。

③ 彭锋：《宗白华美学与生命哲学》，《北京大学学报》（哲学社会科学版）2000年第2期。

恺，还是蔡元培，他们的审美思想都过于形而下。从形而上学美学的角度来说，方东美算是第一个比较系统地建构了形而上学美学的中国思想家，这一历史贡献是不可抹杀的。对于今天的美学研究特别是试图从形而上学的角度来建构美学理论来说，方东美的审美思想是不可逾越的，也是一个重要的参照和借鉴对象。

然而，在方东美构造的具有现代意义的形而上学美学中，也存在着一些缺点。

首先，方东美对于生命本体的界定具有双重本体论的嫌疑。他一方面受到柏格森、尼采生命哲学的影响，因而要谈那种创进不息的生命，一方面又看到了本体论思想对于哲学构建的重要性，因而比较重视存在问题。他想从本体论出发，构建一个新型的生命概念。但是，在这种建构过程中，他牺牲了哲学论证起点的唯一性，陷入了双重本体论之中。一方面，他批判西方传统本体论把存在与价值区分开来，认为中国人的本体概念乃是一种价值性存在。若从价值哲学出发，他的这个建构具有一定的意义，可以与马克斯·舍勒的价值哲学相对照。不过，没有任何的逻辑过渡，他就把这种价值性存在当作生命。价值性存在和生命本身不能画等号，其间应该有一个逻辑的演进过程。可惜，方东美并没有探索。方东美之所以不探索，是因为他认为二者都是本体："则中国的本体论是一个以生命为中心的本体论，把一切集中在生命上，而生命的活动依据道德的理想，艺术的理想，价值的理想，持以完成在生命的创造活动中，因此《周易》的《系辞大传》中，不仅仅形成一个本体论系统，而更形成以价值为中心的本体论系统。第一是以生命为中心的哲学体系，第二是以价值为中心的哲学体系。"①在方东美看来，生命是本体，价值也是本体，二者是可以共存

---

① 方东美著，李溪编：《生生之美》，北京大学出版社2009年版，第310—311页。

的，因而，在其论述中，他一般也不进行细致的区分。但是，对于形而上学美学的建构来说，本体只能是一个，而不应该是两个。

其次，在艺术与道德的关系中，方东美陷入了一种逻辑混乱之中。他认为中国古人把世界当成一种价值性存在。这种价值就是既善且美。"中国民族生在这完善和纯美的宇宙中，处处要启发道德人格，努力追求止于至善，同时，也要涵养艺术才能，籍以实现完美的理想。"①可以说，在方东美看来，中国古人的世界既是一个善的道德世界，也是一个美的艺术世界。但是，艺术价值和道德价值如何区分？从逻辑上来说，二者应该有一个区分。黑格尔把美当成理念的感性显现，而宗教和哲学则是理念的自我反思形式。它们虽然都与本体相关，却是本体的不同显现方式。可是，在方东美的探索中，美的价值和道德的价值到底该如何区分的问题并没有被探讨，他仅是告诉我们二者同属价值领域。一个进一步的问题就是，既然同属价值，那为何会有美的价值和道德价值的区分？美的价值和道德的价值到底是如何生发的？这样的问题是严格的逻辑问题，是哲学论证必须要回答的问题。但是，方东美同样不能告诉我们这个问题的答案，因为他总是试图把不同的区域进行叠加，缺乏一种严格的逻辑性区分。

最后，他认为审美、艺术低于道德，但这一思想不能令人信服。他认为艺术境界和道德境界虽然同属形而上的领域，但是艺术境界低于道德境界。对于艺术世界，他说："这个世界有时是美，有时也丑，是美丑杂居的艺术世界，究竟不是完美的生命领域。……所以这个世界美则美矣，或者丑则丑矣，这个只能够表现主观的感受，这个主观的感受在价值上面不能代表美满。"②他认为，道德与此不同，"再把艺术家运用各种符号的才

---

① 方东美著，李溪编：《生生之美》，北京大学出版社2009年版，第287页。
② 方东美：《方东美先生演讲集》，中华书局2013年版，第18页。

能再提升他的成就，使他再变成另外一种人。这个另外的一种人，就是高尚其志、纯洁的精神人格，所谓道德人格，我们叫做Homo honestatis，那就是具备优美品德、优美人格的这么一种人，是道德的主体"①。这就是说，方东美认为道德就是生命的完满。方东美对艺术的批评把艺术置于道德之下，这种观点受到康德思想的影响，也有儒家思想的影子，其论证是有缺陷的，是不能令人信服的。

总之，方东美在中国传统美学的基础上融汇中西、化西为中，使得中国古典的哲学思想、美学思想获得了新的生机。他构造的新形而上学美学既不同于西方的生命美学，也不同于中国古代的形而上学美学。在今天，我们应该加强对方东美审美思想的研究，挖掘其中有价值的部分，以促进中国现代理论的建构。

第五节　宗白华的美学思想

一、宗白华美学的思想资源和理论建构

宗白华美学的思想资源有二，一是中国天人合一、阴阳调和的理论，二是谢林的同一性哲学。

宗白华自述说："我自己自幼的人生观和自然观是相信创造的活力是我们生命的根源，也是自然的内在的真实。你看那自然何等调和，何等完满，何等神秘不可思议！你看那自然中何处不是生命，何处不是活动，何处不是优美光明！这大自然的全体不就是一个理性的数学、情绪的音乐、意志的波澜么？一言蔽之，我感得这宇宙的图画是个大优美精神的表

---

① 方东美：《方东美先生演讲集》，中华书局2013年版，第19页。

现。"①这段话透露出非常重要的信息，不仅表明其创造进化的人生观，也表现出其浪漫主义的自然观——自然不是机械的、僵化的死物，而是充满"创造的活力"的；自然物是活力（a living force）贯注的"活的物体"（living objects），自然也因此是"活的自然"（a living nature）。我们更可从这段话里看出其本体论：创造的生命和精神，是"自然的内在真实"。可看出，宗白华用生命的自主性来反对对自然的机械论解释（causal-mechanical explanation），也即用生物学来反对物理学。他认为机械因果律还解释不了生物现象，因为"生物现象都是有'目的'的现象，不能当作纯粹的机械运动"②。因为"近代纯粹的机械物质观始终不能解译生物界的现象，遑论精神"，所以，宗白华下结论说："唯物论的宇宙观实是从根本上就不能成立。"③很显然，宗白华在此采用了康德的目的论解释（teleological explanation），即认为自然物是生命有机体（organism）或自然目的（a natural purpose），有机体是自我组织（self-organized）、自我生长、自我繁殖和自我修复的，其各部分构成一个不可分的整体，且彼此间是互为原因和结果的关系，用康德的话说，有机体"从自身出发……就是原因和结果"。④这种目的论的解释有两个问题需要解决：一、怎样保证整个宇宙都是自我组织的自主性生命精神？即，这种普遍性和必然性如何获得保证？二、如果整个自然界（包括有肉身的人类）都是精神性的，当然可以单用目的论来加以解释，但是，自然是不可否认的物质实在，这就意

---

① 宗白华：《看了罗丹雕刻以后》，见林同华主编：《宗白华全集》（第一卷），安徽教育出版社2008年版，第309页。

② 宗白华：《科学的唯物宇宙观》，见林同华主编：《宗白华全集》（第一卷），安徽教育出版社2008年版，第124页。

③ 宗白华：《欧洲哲学的派别》，见林同华主编：《宗白华全集》（第一卷），安徽教育出版社2008年版，第71页。

④ 转引自赫费：《康德：生平、著作与影响》，郑伊倩译，人民出版社2007年版，第255页。

味着，它同时又可用机械论来加以解释。如何解决这个目的论和机械论的二律背反？[①]如何解释这种物质—精神的普遍统一性？

这就使得宗白华走上一条"走向本原"的路径：要保证一种普遍必然性，就必须从一个形而上的本原出发，本原逻辑在先（logically prior）地规定了所有派生物的本质属性；要保证所有的个体生命都有精神与自主性及目的，就必须设定一个生命本体，这个生命本体必须是活生生的、流动的、创造的、自我决定的精神，所有的个体都是这一本体的表达或显现，是本原的派生物，在质上同一。用斯宾诺莎的话来说，所有的有限自然物，都是无限的唯一实体的样式（modes of a single substance）。这个绝对的本原，宗白华初步命名为"大宇宙的创造力"，它是精神性的，"宇宙的图画是个大优美精神的表现"；作为本原，它派生并推动万物："大自然中有一种不可思议的活力，推动无生界以入于有机界，从有机界以至于最高的生命、理性、情绪、感觉。这个活力是一切生命的源泉，也是一切'美'的源泉。"[②]

接下来第二个问题——如何解释自然万物既是精神的又是物质的呢？即万物普遍性的物质—精神同一性如何解释？还是得遵循第一个问题的解决途径：必须假设一个在先的绝对本原（a prior absolute），这个绝对本原便是主体和客体的同一（the unity of subject and object），也就是精神和物质、观念和实在（the unity of the real and the ideal）的同一。这种逻辑在先的绝对同一性，才能保证各样式的主体—客体同一性。这个绝对同一性，就

---

① 宗白华在此重复了康德的"判断力的二律背反"——命题：物质的东西及其形式的一切产生都必须被评判为按照单纯机械规律才是可能的。反命题：物质自然的有些产物不能被评判为按照单纯机械规律才是可能的（它们的评判要求一条完全不同的原因性规律，也就是目的因的规律）。见康德：《判断力批判》，邓晓芒译，人民出版社2002年版，第238页。

② 宗白华：《看了罗丹雕塑以后》，见林同华主编：《宗白华全集》（第一卷），安徽教育出版社2008年版，第309—310页。

是谢林同一性哲学的逻辑出发点。

宗白华将这种本体论与中国本土思想资源结合，从《周易》里寻找到一个生命本原。这个生命本原包含两种成分、两个原则或两种对立的力，一为阳，为刚健不物化之力；一为阴，为摄聚凝聚之力。两种力相反相成，从而化生万物。这个创化过程，用熊十力的话说就是"翕辟成变"。因为两种力遵循的是"对立—统一——对立"的辩证原则，所以本原的创生是"生生而条理"的。万物为本原所贯注，自身也是两种力的对立统一的运动，所以是"气韵生动"的，充满生命的节奏感。从这种宇宙观可看出：（一）宇宙万物都是"质的同一，量的差异"，所谓"质的同一"，即和本原一样，都是精神和物质、观念的和实在的、主观的和客观的统一；所谓"量的差异"，就是两种属性所占比例的差异，有的物质成分多些，有的精神成分多些。谢林引入了一个"因次"或"级次"概念来加以说明——精神成分高的，级次就高，相反就低。级次最低的是无机物，最高的是艺术作品。宇宙因而是一个同质的生命共同体。（二）既然宇宙万物都是和本原同质的，是本原的样式，就意味着"体用不二""性相如一"，体不离用、即用显体，我们对本原和本原的运动节奏，就可通过作为象征的"用"来认识——我们可以"简易"地认识到"不易"（宇宙运行规律）。所以宗白华常引用布莱克的诗"一沙一世界，一花一天堂"来说明象征的功用：象征是超感性理念的感性显现（sensuous representation of the super-sensuous idea）。用罗素的话来说就是："宇宙的每个部分都是一个小宇宙，都是全体的一个缩影。按照这个学说，如果我们完全地认识了自己，我们就会认识一切。"①

在目的论方面，宗白华将之与儒家的伦理学相结合。因为绝对精神

---

① 罗素：《我们关于外间世界的知识——哲学上科学方法应用的一个领域》，陈启伟译，上海译文出版社2006年版，第6页。

的最终目的，是克服分裂和对立而重新回复至绝对同一，也即绝对和谐的状态。在这种状态里，人不仅克服了和自然、社会、自身的对立，而且达成了与绝对精神的和解。这意味着，宇宙是一个道德化的宇宙（a moral cosmos），因为它由一种具备了自我意识的本原性道德力量（a moral force）推动着，朝向普遍和解与普遍和谐的终极之"善"。这种宇宙大和谐，便是人的伦理价值目的，人应当为这一目的而参赞化育、精进不已。这便是所谓的儒家的"致中和"。①可看出，宗白华将宇宙论与伦理学也即天道与人道结合在一起，不仅要认识宇宙规律和宇宙正义（cosmic justice），更要参照之以自处，即应当与天道同一——这意味着，宗白华的理论，不仅是认知性的（cognitive），更是规范性（normative）和引导性的（prescriptive），也就是说，在宗白华的道德语言里，既有描述性（descriptive）意义，也有由"应当""正当""善"等价值词（value words）来表达的价值判断之评价性意义。②

宗白华美学体系由生命本体论、艺术论和人生论三部分构成，其理论体系的中心与最后落脚点在于人生论，他要为这种人生论寻找一个本体论意义上的支点，而艺术论就成为沟通形而上本体与人生价值的中介。这是个很清晰、很完备的体系。

---

① 将本体视为道德本体、宇宙视为一个道德宇宙，是建基于《易》的各家哲学的共同点，从宋明理学家到近现代新儒家如熊十力、方东美、贺麟等无不如此，例如贺麟就宣称："简言之，哲学上可以说是有仁的宇宙观，仁的本体论。离仁而言本体，离仁而言宇宙，非陷于死气沉沉的机械论，即流于漆黑一团的虚无论。"（贺麟：《文化与人生》，商务印书馆1988年版，第10页。）宇宙的发展是由道德力量推向最终道德目的的道德进步过程（moral advance or progress），是道德自主性的体现，而非外力推动的机械运动，亦非无目的的虚无散漫。

② 理查德·麦尔文·黑尔：《道德语言》，万俊人译，商务印书馆1999年版，第6—7页。

二、生命本体论的美学观

宗白华认为，美学的逻辑起点必须是生命本体，否则关于自然美与艺术美的论述就无从成立，伦理学也就没有了依据。一开始，他就很自觉地寻求建立一个本体论。宇宙是无尽的生命、丰富的动力，但同时也是严整的秩序、圆满的和谐。"所以美与美术的特点是在'形式'、在'节奏'，而它所表现的是生命的内核，是生命内部最深的动，是至动而有条理的生命情调。"[①] "中国人感到宇宙全体是大生命的流行，其本身就是节奏与和谐。人类社会生活里的礼和乐，是反射着天地的节奏与和谐。一切艺术境界都根基于此。"[②] 本原是一种活生生的、创造的生命力（a living force），宗白华直接称之为"宇宙活力"；他还给这"创造"加上了一个新的形式规定：必须有节奏和秩序。节奏和秩序产生和谐，所以，生命"至动而有条理"。宗白华继续将之系统化，得出一个完整的结论："凡一切生命的表现，皆有节奏和条理，《易》注谓太极至动而有条理，太极即泛指宇宙而言，谓一切现象，皆至动而有条理也，艺术之形式即此条理，艺术内容即至动之生命。至动之生命表现自然之条理，如一伟大艺术品。"[③] 这里面暗含一个推理：生命本体的流动和创造是有节奏有规律的，那么，作为本原的客观化之表现的自然万物，也必须遵守这规律，以同样的节奏运动。在这里，宗白华扬弃了叔本华的思想，因为后者"发现'盲

[①] 宗白华：《论中西画法的渊源与基础》，见林同华主编：《宗白华全集》（第二卷），安徽教育出版社2008年版，第98页。

[②] 宗白华：《艺术与中国社会》，见林同华主编：《宗白华全集》（第二卷），安徽教育出版社2008年版，第413页。

[③] 宗白华：《艺术学》，见林同华主编：《宗白华全集》（第一卷），安徽教育出版社2008年版，第548页。

目的生存意志'，而无视生命本身具条理与意义及价值"①。接下来就要确定这同一的规律或节奏究竟是什么。宗白华从《易传》中找到思想资源：

"《易经》的宇宙观：阴阳二气化生万物，万物皆禀天地之气以生，一切物体都可以说是一种'气积'（庄子：天，积气也）。这生生不已的阴阳二气织成一种有节奏的生命。中国画的主题'气韵生动'，就是'生命的节奏'或'有节奏的生命'。"②

宗白华解释说："气韵，就是宇宙中鼓动万物的'气'的节奏与和谐。"③ "'乾'是世界创造性的动力，'大明终始'是说它刚健不息地在时间里终而复始地创造着，放射着光芒。'六位时成'是说在时间的创进历程中立脚的所在形成了'位'，显现了空间，它也就是一阴一阳的道路上的'阴'，它就是'坤'、'地'。"④

可以看出，乾（阳）、坤（阴）作为两种力或两个原则（乾是精神性的、时间性的、扩散性的力或原则，坤是物质性的、空间性的、凝聚性的力或原则），是同等原初而并立的，它们相互对立、相互作用，从而化育万物。问题在于，如果阴和阳都是同等原初的本体，那么，就必须承认本体论是一种二元本体论；如果要避免二元本体论而坚持一元本体论的话，就只能设想二者是内在于本原的、彼此不能消除的两个同等原则。

那么，同一的节奏或规律就是两种力的对立统一的规律，即从统一到对立矛盾再到统一的永恒过程，宗白华用《周易》中的几个卦象来表示这

---

① 宗白华：《形上学——中西哲学之比较》，见林同华主编：《宗白华全集》（第一卷），安徽教育出版社2008年版，第586页。

② 宗白华：《论中西画法的渊源与基础》，见林同华主编：《宗白华全集》（第二卷），安徽教育出版社2008年版，第109页。

③ 宗白华：《中国美学史中重要问题的初步探索》，见林同华主编：《宗白华全集》（第三卷），安徽教育出版社2008年版，第465页。

④ 宗白华：《中国古代时空意识的特点》，见林同华主编：《宗白华全集》（第二卷），安徽教育出版社2008年版，第477页。

个循环往复的过程：

      ☲☵（坎下离上）未济，为完全不正之象。不安不定，动乱不已（未济，君子以辨位居方）。

      ☵☲（离下坎上）既济，为完全中正之象（初吉终乱），既安且定，凝固不动。"无易则乾坤几乎息矣。"

      ☱☲（离下兑上）革，打破既济平衡之僵局。推陈出新，日进无已，自强不息。

      ☲☴（巽下离上）鼎，于未济全部失正之中，独持其正，拨乱世反之正。定鼎制法以完成革命。革卦颠倒则鼎！"未济"颠倒即是"既济"。但易以未济终焉！永远在不正之中求正也！[1]

阴阳两种生命原动力此消彼长，谁也无法消灭谁，而只能占据暂时的优势或支配地位，二者的对立与斗争最终以统一为目的，实现中正之道："以☵☲'既济'为'正'，为最完满之象，最后之归趋。"[2]以既济始以既济终。

从以上的分析可以看出，本体包含两种力或原则，自然本身是一个有机生命体，一切有限物都受原初生命力的支配，其运动形式遵循同一规律，而且都是自由与必然的同一。宗白华把自然的创造比作艺术家的创造，自然是绝对精神这一最伟大艺术家的创造作品，都是其自我实现的物质化或客观化。每一有限存在物都是绝对精神或神的自我表现，如同斯宾

---

    ① 宗白华：《形上学——中西哲学之比较》，见林同华主编：《宗白华全集》（第一卷），安徽教育出版社2008年版，第618页。

    ② 宗白华：《形上学——中西哲学之比较》，见林同华主编：《宗白华全集》（第一卷），安徽教育出版社2008年版，第629页。

诺莎的泛神论命题"神是一切",但反过来却不可以说"一切是神",因为作为派生物的有限存在物,不可能转化为作为根据的本原,有限的、有条件的存在物,和无限的、无条件的绝对本原隔着不可跨越的鸿沟。所以谢林说:"事物永远同神区别开来。"①自然物或有限存在物只是上帝或本原的体现,是其样本之一,既是样本,根据同一律,就具备了上帝的属性。上帝是精神/物质、思维/广延、观念/实在、主观/客观的统一,那么,每一有限存在物就都是精神/物质、主观/客观的统一,这就意味着每一自然物都具备了精神和生命,自然是一个有机生命整体。宗白华继承了这种自然解释学:艺术和自然的创造是"一极真、极美、极善的灵魂和肉体的协调,心物一致的艺术品"②。用中国哲学术语说,这便是"万有含生论"之自然观,"全自然界为宇宙生命之洪流所弥漫贯注。自然本身即是大生机,其蓬勃生气,盎然充满;创造前进,生生不已;宇宙万有,秉性而生;复又参赞化育,适以圆成性体之大全"③。宗白华认为:"任何东西,不论其为木为石,在审美的观点看来,均有生命与精神的表现。"④天地万物都是普遍生命力的创生与贯注,因而充满了生命与活力,生命的表现即在于"动",这"动"不是空间的位移,而是生命内质的丰富生成。自然不是僵死的、机械的单纯物质世界,万物皆为绝对精神的客观化,皆有生命和精神,有自身的目的,自身是自身的原因和结果。能动的、有生命力的自然让人想起谢林的说法:"我们把只是作为产物的自然

---

① 谢林:《对人类自由的本质及其相关对象的哲学研究》,邓安庆译,商务印书馆2008年版,第52页。

② 宗白华:《看了罗丹雕刻以后》,见林同华主编:《宗白华全集》(第一卷),安徽教育出版社2008年版,第313页。

③ 方东美著,李溪编:《生生之美》,北京大学出版社2009年版,第143页。

④ 宗白华:《中国艺术三境界》,见林同华主编:《宗白华全集》(第二卷),安徽教育出版社2008年版,第385页。

界（natura naturata）称之为客体自然界（任何经验都受此限制）。我们把有生育力的自然界（natura naturans）称之为主体自然界（由理论进行研究的）。"[1]

宗白华受谢林影响，将观念论和实在论同一化，这种新的形而上学对自然抱一种有机体的观念（the organic concept of nature），把自然物视为活的有机体：1. 整体的观念（the idea of the whole）使每个部分的地位得到确定，组成具有有机统一性（organic unity）的整体。2. 自然物自我组织、自我生长和自我繁殖，各部分之间互为原因和结果，没有外在的原因（outside cause），即四因皆内在。而自然也是这样的一个有机整体，是由机体组成的机体（an organism of organisms），因此自然就被视为活的自然（a living nature），其各部分都可被视为一个作为唯一实在（the single reality）的宇宙活力（a living force）不同级别的表现或发展（different degrees of organization and development of living force）。[2]这种解释之下的自然，就不是静止和永恒的，而是活动和时间性的（active and temporal），其活动指向一个内在目的，即所谓有自我意识的人类（尤其以进行先验反思的哲学家和进行艺术创作的艺术家为精神性最突出因而最优秀的代表）的产生。自然因此是一个等级结构，是作为单一本体的绝对同一的不同级别的表现。可以说，自然物之间只有量的差异，而无质的区别，都是主观和客观、观念和实在的同一（subject-object identity），所以谢林用一个著名的口号进行了总结："自然应该是可见的精神，精神应该是不可见的自然。"[3]

---

[1] 阿尔森·古留加：《谢林传》，贾泽林、苏国勋、周国平等译，商务印书馆1990年版，第50页。

[2] Frederick Beiser, "The Paradox of Romantic Metaphysics", in *Philosophical Romanticism*, ed. Nikolas Kompridis, (London; NowYork: Routledge, 2006) ,pp. 222—229.

[3] 谢林：《自然哲学的观念》，转引自《先验唯心论体系》，梁志学、石泉译，商务印书馆1976年版，第viii页。

三、艺术论

艺术本体究竟为何？宗白华多次指出："音乐的节奏是它们的本体。……这生生的节奏是中国艺术境界的最后源泉。"[①]"中国人的个人人格、社会组织以及日用器皿，都希望能在美的形式中，作为形而上的宇宙秩序，与宇宙生命的表征。这是中国人的文化意识，也是中国艺术境界的最后根据。"[②]"中国人感到宇宙全体是大生命的流行，其本身就是节奏与和谐。人类社会生活里的礼和乐，是反射着天地的节奏与和谐。一切艺术境界都根基于此。"[③]

艺术的本体即形而上的宇宙秩序，也即"天道"。宗白华认为艺术的最高价值是"由美入真"，能启示"宇宙人生的最深真境"，也就是说，艺术的最高境界是"最高灵境之启示"境界。我们注意到，宗白华总是将宇宙最深真境与人生最深真境并举，又在其他场合说过人类最深心灵的节奏契合宇宙真体内部的生命节奏，这就意味着，宇宙的最深真境就是人生的最深真境。人类有一个本真的生命，这个本真生命的节奏韵律与宇宙生命本体的节奏韵律合一。但是由于私欲的蒙蔽，人类往往陷入盲目、无节制的欲望冲动之中，生命缺乏秩序与理性，往往不能实现与完成自身。那么，人类欲自我完善，就必须有一个"反身而诚"的"复性"过程，重返最本真的生命形式。在人生价值论与生命本体论之间，艺术论就成为一个沟通桥梁——艺术以其象征力启示着宇宙与人生的最高境界，引领人超越上拔为"生生而条理"的道德行动主体。因此我们可以概括说："艺术作

[①]　宗白华：《中国艺术意境之诞生（增订稿）》，见林同华主编：《宗白华全集》（第二卷），安徽教育出版社2008年版，第365页。

[②]　宗白华：《艺术与中国社会》，见林同华主编：《宗白华全集》（第二卷），安徽教育出版社2008年版，第412页。

[③]　宗白华：《艺术与中国社会》，见林同华主编：《宗白华全集》（第二卷），安徽教育出版社2008年版，第413页。

品的本源即真理的显现。"艺术显示永恒的"天道",显示永恒和谐的生命中正中和之境,艺术作品保持真理于自身,而将欣赏者带入这真理的澄明之境,让欣赏者在理解真理的同时理解自身,从而以所妙悟之真理重建自身的生命秩序("生命结构之创建")。这就是艺术的最高功用。

宗白华坚持康德的物自体不可知论,认为形而上的超验本原不可知,但本原的运动规律和运动节奏则可把握,因为万物都是本原的客观化性,是本原的启示与表现,万物的运动规律和运行节奏都同一于本原。所以,我们就可以直观现象而认知普遍永恒之法则。这种直观,既源于道家思想,也颇类似于胡塞尔的"本质直观"。可以看到,宗白华在此处的认识论,还是限定在现象(现量境)之内,在感性直观的基础上得出本质规律,即所谓的"天道""天则""宇宙旋律"。他基本上放弃了对本体的认知,也就意味着他没有完全袭用谢林的"理智直观"。

在宗白华看来,"不变异之法则"就是"天道",就是"生生而条理"①,就是一切现象(宇宙万象)的"体"和"用",就是宗白华所说"宇宙里最幽深最玄远却又弥纶万物的生命本体"②,是一切现象的本体。而健动、创化不已的生命本体,其创化运动是有"条理"即法则的,宗白华称之为"天则"或"自然法则",是"一切现象的用",也就是说这自然法则是一切现象都遵循的法则,是普遍性原理,这普遍原理无非就是"同一—分离和对立—同一"的循环往复。"宇宙全体是大生命的流行,其本身就是节奏与和谐"③,这"有生命的节奏"或"有节奏的生命",就不能靠知性

---

① 宗白华:《艺术与中国社会》,见林同华主编:《宗白华全集》(第二卷),安徽教育出版社2008年版,第410页。

② 宗白华:《论〈世说新语〉和晋人的美》,见林同华主编:《宗白华全集》(第二卷),安徽教育出版社2008年版,第278页。

③ 宗白华:《艺术与中国社会》,见林同华主编:《宗白华全集》(第二卷),安徽教育出版社2008年版,第413页。

和概念来把握，原因不外乎谢林所提出的理由：

第一，谢林认为，思辨是抽象的、分离的思维，不能原原本本地把握现实。它是形式的、与现实相脱离的，"所以并不是因为有了思维才有存在，而是因为有了存在才有思维"①。思辨理性研究的不是事物的实存，而是研究"属于概念的东西，因而只是在概念中的存在"②。概念是知性通过抽象概括得到的共性，这共性不仅是固定、僵化的空间化的东西，而且丧失了事物活生生的多样性，它只是事物的阴影，而不是事物的本质。柏格森断言："谁能靠玩弄符号而构造出实在来呢？"③

第二，谢林说："用概念所描述的是静止的，因而只能有关于事物、有限和为感官知觉的东西的概念。运动的概念不是运动本身，没有直觉，我们永远不会知道什么是运动。自由只为自由所理解，能动性只能为能动性所理解。"④柏格森对之加以进一步阐释："知性的特征就是按照任何法则分解和重构任何体系的无限能力。"⑤知性思维的分解和重构，首先意味着时间和空间的固定化与静止化，将物体各部分分裂隔绝，也将人与物体分裂隔绝，然后再用已知的概念范畴将物体各部分重构起来。这种重构只是"用已知的东西构成已知的东西，简单地说，就是旧事物的重复"⑥。因此，知性无法认识运动与创造，知性只能"形成关于非连续性事物的清晰概念"⑦。"知性由于自然的禀赋，只关注静止不变的事物。知性只能形成

---

① 转引自卢卡奇：《理性的毁灭》，王玖兴、程志民、谢地坤等译，江苏教育出版社2005年版，第99页。

② 转引自王建军：《灵光中的本体论——谢林后期哲学思想研究》，南开大学出版社2004年版，第89页。

③ 柏格森：《形而上学导言》，刘放桐译，商务印书馆1963年版，第23页。

④ 转引自梯利著，伍德增补：《西方哲学史》，葛力译，商务印书馆2015年版，第498页。

⑤ 柏格森：《创造进化论》，王珍丽、余习广译，湖南人民出版社1989年版，第123页。

⑥ 柏格森：《创造进化论》，王珍丽、余习广译，湖南人民出版社1989年版，第128页。

⑦ 柏格森：《创造进化论》，王珍丽、余习广译，湖南人民出版社1989年版，第121页。

不动性的观念。"①

因此，知性只能认识静止、机械的物质世界，而对于每一刻都有新质出现、每一刻都是创造、不能分割与量化的生命之流则无能为力，所以柏格森断言："知性的特征是不理解生命的本质。"②

基于这个原因，宗白华在给郭沫若的信中写道："我已从哲学中觉得宇宙的真相最好是用艺术表现，不是纯粹的名言所能写出的，所以我认为将来最真确的哲学就是一首'宇宙诗'，我将来的事业也就是尽力加入做这首诗的一部分罢了。"③他在20世纪30年代的《清谈与析理》中认为：固定、现成的名言（概念），根本不能认识、把握创化不已的生命之流；凭借名言，根本不能写出"宇宙诗"，"宇宙诗"必须借助文艺的象征作用表现出来。所以宗白华作了一个关键性的转折，从哲学研究转向了文艺与美学的研究。

宗白华认为，只有靠柏格森的"直觉"，才能把握这"生生而条理"的生命之流。在柏格森看来，"直觉地思维就意味着在绵延中思维"，绵延"就其本身来说是一种不断的变"④，是质的不断丰富，"是种种性质的陆续出现；这些变化互相渗透，互相融化，没有清楚的轮廓，在彼此之间不倾向于发生外在关系，又跟数目丝毫无关：纯绵延只是纯粹的多样性"⑤。绵延即创造进化本身，是没有终级没有止境的："在生命进化的前方，未来的大门一直敞开着，生命进化实质上是起始运动永不停息的

---

① 柏格森：《创造进化论》，王珍丽、余习广译，湖南人民出版社1989年版，第122页。

② 柏格森：《创造进化论》，王珍丽、余习广译，湖南人民出版社1989年版，第129—130页。

③ 宗白华：《三叶集》，见林同华主编：《宗白华全集》（第一卷），安徽教育出版社2008年版，第225页。

④ 柏格森：《形而上学导言》，刘放桐译，商务印书馆1963年版，第21页。

⑤ 柏格森：《时间与自由意志》，吴士栋译，商务印书馆2011年版，第77页。

创造。"①认识对象规定了直觉与知性的分析法（analysis）与在物体之外的移动（go around）不同，而是要进入物体（enter into it），与对象同一（identified with an object）。这里，柏格森所说的"'直觉'（intuition）是一种'理智的共感'（intellectual sympathy）"，通过它，人可以将自身置于对象之内，以与对象独特的、不可表达的性质相符合。②

由此可以看出柏格森对概念理性思维的抨击，他认为静止的概念理解不了流动着、创造着的生命本质，而只能靠直观进入对象内部，与对象融为一体，才能把握流动的生命精神，因为"只有自由才能理解自由，能动性才能理解能动性"。这些思想，都不外乎是对谢林思想的发展与深化，甚至连用词都有相似之处，譬如"理智直观"（intellectual intuition）和"理智共感"（intellectual sympathy）。在谢林那里，要达到理智直观，需要一个心理净化或还原的过程，即放弃自我性或自主性，从个体性、主观性、片面性中解脱出来，才能与无限融为一体。用叔本华的话说，就是要从个体的欲望和意志中解放出来，成为一个自由的、无功利性的康德意义上的审美主体。这个解脱的步骤，是进行理智直观的必要前提。柏格森也继承了这点："这里所说的直觉，是指脱离了利害关系的，具有自我意识的本能。它能在对象上反思自身，并且能无限扩大对象的范围。""当艺术家靠共感置身于对象之中，并靠直觉的努力排除了空间在他和对象之间设立的障碍的时候，他力图去把握的正是生命的意图。""直觉则通过它在我们和其他生命之间建立的共感传递，通过扩展由它引起的意识，把我们引入互相渗透、创造不息的生命领域。"③直觉通过共感直接进入对

---

① 柏格森：《创造进化论》，王丽珍、余习广译，湖南人民出版社1989年版，第84页。

② 斯通普夫、菲泽：《西方哲学史：从苏格拉底到萨特及其后》（影印第8版），匡宏、邓晓芒等译，世界图书出版公司2013年版，第387—388页。

③ 柏格森：《创造进化论》，王丽珍、余习广译，湖南人民出版社1989年版，第138—139页。

象内部，紧紧跟随其生命之流流动、体会、感悟，从而获得对对象的完整认识。这种毫无（主体）功利性、个人完全消融于对象中的直觉，是一种"客观"的态度。

宗白华将直觉的方法与态度解释为审美的两个步骤：审美静观（第一步）与审美同情（第二步），二者构成"中国艺术的最深心灵"。先看审美静观（亦称"静照"）。"宗白华说："'静照'（contemplation）是一切艺术及审美生活的起点。"[①]如何达到这一审美心理起点呢？宗白华结合中国传统诗学资源进行了详细论述：

> 艺术心灵的诞生，在人生忘我的一刹那，即美学上所谓"静照"。静照的起点在于空诸一切，心无挂碍，和世务暂时绝缘。这时一点觉心，静观万象，万象如在镜中，光明莹洁，而各得其所，呈现着它们各自的充实的、内在的、自由的生命，所谓"万物静观皆自得"。这自得的、自由的各个生命在静默里吐露光辉。[②]

"静照"让我们想起老子的"致虚极，守静笃，万物并作，吾以观复"以及"涤除玄鉴，能无疵乎"，还有宗炳的"澄怀观道"与"澄怀味象"。"静观"之心灵状态的达到与实现，要经过一番努力，有一个"涤除""澄（清）"的过程，这个"澡雪精神"（语出《庄子·知北游》）的功夫过程，就是道家人生观中"损""绝""去"的过程："为学日益，为道日损，损之又损，以至于无为"，"绝圣去智""绝巧弃

---

① 宗白华：《论〈世说新语〉和晋人的美》，见林同华主编：《宗白华全集》（第二卷），安徽教育出版社2008年版，第275页。

② 宗白华：《论文艺的空灵与充实》，见林同华主编：《宗白华全集》（第二卷），安徽教育出版社2008年版，第345页。

利”“绝学无忧”，就是要去除内心的欲望以及为欲望服务的功利性的“知”（情识的分别作用），返归于以“朴”“素”“无为”为特征的生命本真状态——自然之“玄德”。这个“空故纳万境”的心灵境界，就是宗白华所说的“艺术心灵所能达到的最高境界”：“由能空、能舍，而后能深、能实，然后宇宙生命中一切理一切事，无不把它的最深意义灿然呈露于前。‘真力弥满’，则‘万象在旁’，‘群籁虽参差，适我无非新’（王羲之诗）。”①

能空方能实，空灵与充实是心灵的辩证两极。但“静观”“不过审美条件之一，不能谓为审美之究竟也（全部事实尚多）。故此为第一步。第二步即为同感作用”②。“美感的动机，起于同感。”③同感，就是置身于对象生命内部，与对象融合无间、体合为一，随对象生命之流而流动，感受对象生命的律动：“深入于自然的中心，直感着自然的生命呼吸、理想情绪。”④“诗，本是产生于诗人对于造化中一花一草一禽一虫的深切的同情，由同情而体会，由体会而感悟。不但是汩汩的深情由此流出，许多惺惺的妙悟，默默的沉思也由此诞生。”⑤没有同情，也就没有艺术的发生，因此宗白华说：“艺术的生活就是同情的生活呀！无限的同情对于自然，无限的同情对于人生，无限的同情对于星天云月，鸟语泉鸣，无限的同情对于死生离合，

---

① 宗白华：《论文艺的空灵与充实》，见林同华主编：《宗白华全集》（第二卷），安徽教育出版社2008年版，第349—350页。

② 宗白华：《美学》，见林同华主编：《宗白华全集》（第一卷），安徽教育出版社2008年版，第438页。

③ 宗白华：《艺术生活——艺术生活与同情》，见林同华主编：《宗白华全集》（第一卷），安徽教育出版社2008年版，第317页。

④ 宗白华：《看了罗丹雕刻以后》，见林同华主编：《宗白华全集》（第一卷），安徽教育出版社2008年版，第313页。

⑤ 宗白华：《〈听今年第一声子规〉编辑后语》，见林同华主编：《宗白华全集》（第二卷），安徽教育出版社2008年版，第303页。

喜笑悲啼。这就是艺术感觉的发生，这也是艺术创造的目的！"宗白华由此而断言："艺术世界的中心是同情。"①宗白华笔下的中国艺术之最深心灵，当然也包括这一审美活动过程："它（中国心灵——引者注）所启示的境界是静的，因为顺着自然法则运行的宇宙是虽动而静的，与自然精神合一的人生也是虽动而静的。"②"艺术家在这时失落自己于造化的核心，沉冥入神，'穷元妙于意表，合神变乎天机'（唐代大批评家张彦远论画语）。'是有真宰，与之浮沉'（司空图《诗品》语），从深不可测的玄冥的体验中升化而出，行神如空，行气如虹。"③

"是有真宰，与之浮沉"，简直就是中国的"直觉说"，司空图《诗品·形容》云："俱似大道，妙契同尘。"④又《诗品·冲淡》云："素处以默，妙机其微。"⑤与物契合无间，随其生命之流而沉浮，故能妙悟到其生命节奏与旋律（"妙机其微"）。宗白华说："中国人抚爱万物，与万物同其节奏：'静而与阴同德，动而与阳同波'（《庄子》语）。……哲人、诗人、画家，对于这世界是'体尽无穷而游无朕'（《庄子》语）。'体尽无穷'是已经证入生命的无穷节奏，画面上表出一片无尽的律动，如空中的乐奏。"⑥

在宗白华看来，中国古典艺术理论中相当于"直觉"方法的，即"迁想妙

① 宗白华：《艺术生活——艺术生活与同情》，见林同华主编：《宗白华全集》（第一卷），安徽教育出版社2008年版，第316—319页。

② 宗白华：《介绍两本关于中国画学的书并论中国的绘画》，见林同华主编：《宗白华全集》（第二卷），安徽教育出版社2008年版，第44页。

③ 宗白华：《中国艺术意境之诞生（增订稿）》，见林同华主编：《宗白华全集》（第二卷），安徽教育出版社2008年版，第366页。

④ 司空图：《二十四诗品》，罗中鼎、蔡乃中注，浙江古籍出版社2013年版，第76页。

⑤ 司空图：《二十四诗品》，罗中鼎、蔡乃中注，浙江古籍出版社2013年版，第7页。

⑥ 宗白华：《中国诗画中所表现的空间意识》，见林同华主编：《宗白华全集》（第二卷），安徽教育出版社2008年版，第438页。

得"：

> 为了达到"气韵生动"，达到对象的核心的真实，艺术家要发挥自己的艺术想象。这就是顾恺之论画时说的"迁想妙得"。一幅画既然不仅仅描写外形，而且要表现出内在神情，就要靠内心的体会，把自己的想象迁入对象形象内部去，这就叫"迁想"；经过一番曲折之后，把握了对象的真正神情，是为"妙得"。颊上三毛，可以说是"迁想妙得"了——也就是把客观对象真正特性，把客观对象的内在精神表现出来了。①

"中国艺术的最深心灵"（审美静观+审美同情），是"完全客观的态度"，它深入万物核心，与物融合无间，得其理趣，所表现的是"客观的自然生命"，是"无我之境"，而不是主观的幻想情感。但"中国画不是没有作家个性的表现，他的心灵特性是早已全部化在笔墨里面。有时亦或寄托于一二个人物，浑然坐忘于山水中间，如树、如石、如水、如云，是大自然的一体。所以中国宋元山水画是最写实的作品，而同时是最空灵的精神表现，心灵与自然完全合一"②。"澄观一心"（审美静观）而"腾踔万象"（审美同情），这是艺术心灵"空灵"与"充实"的统一，宗白华说"这是艺术心灵所能达到的最高境界"。这"最高心灵境界"也即"禅境"——"静穆的观照和飞跃的生命，构成艺术的两元，也是构成'禅'

---

① 宗白华：《中国美学史中重要问题的初步探索》，见林同华主编：《宗白华全集》（第三卷），安徽教育出版社2008年版，第466页。

② 宗白华：《介绍两本关于中国画学的书并论中国的绘画》，见林同华主编：《宗白华全集》（第二卷），安徽教育出版社2008年版，第46页。

的心灵状态"①。宗白华认为："成为中国山水花鸟画的基本境界的老、庄思想及禅宗思想也不外乎于静观寂照中，求返于自己深心的心灵节奏，以体合宇宙内部的生命节奏。"②

审美静观和审美同情皆为心之"映射"（客观如镜，故曰"映射"）作用，也即心之"妙悟"作用。心灵还有一个作用，即"造境"，将妙悟到的形而上之"天道"，用感觉界的物象表现出来，"伟大的艺术是在感官直觉的现量境中领悟人生与宇宙的真境，再借感觉界的对象表现这种真实"③。"以宇宙人生的具体为对象，赏玩它的色相、秩序、节奏、和谐，借以窥见自我的最深心灵的反映；化实景而为虚境，创形象以为象征，使人类最高的心灵具体化、肉身化，这就是'艺术境界'。"④创造意象，使最高心灵所映射的"天道"肉身化、具体化；是意象创造而非摹仿自然，是幻境而非实景，所以宗白华引用恽南田的话说："谛视斯境，一草一树、一丘一壑，皆洁庵灵想所独辟，总非人间所有。其意象在六合之表，荣落在四时之外。"⑤这说明了以下几点：

第一，"以追光蹑影之笔，写通天尽人之怀"，表现"宇宙真体的内部和谐与节奏"，是中国艺术的"最后理想和最高的成就"。⑥这意味着中

① 宗白华：《中国艺术意境之诞生（增订稿）》，见林同华主编：《宗白华全集》（第二卷），安徽教育出版社2008年版，第364页。

② 宗白华：《论中西画法的渊源与基础》，见林同华主编：《宗白华全集》（第二卷），安徽教育出版社2008年版，第109页。

③ 宗白华：《哲学与艺术——希腊大哲学家的艺术理论》，见林同华主编：《宗白华全集》（第一卷），安徽教育出版社2008年版，第61页。

④ 宗白华：《中国艺术意境之诞生（增订稿）》，见林同华主编：《宗白华全集》（第二卷），安徽教育出版社2008年版，第358页。

⑤ 宗白华：《略谈艺术的"价值结构"》，见林同华主编：《宗白华全集》（第二卷），安徽教育出版社2008年版，第72页。

⑥ 宗白华：《中国艺术意境之诞生》，见林同华主编：《宗白华全集》（第二卷），安徽教育出版社2008年版，第333—335页。

国艺术并非"机械写实"，而是发挥心灵的创造性作用，以阿波罗精神与狄俄尼索斯精神（也即"醒"与"醉"的态度，审美静观与审美同情）体会、领悟到宇宙生命的节奏与韵律。

第二，在"感官直觉的现量境中"领悟"宇宙人生之真境"，必须借助于现量境中的感性形象。"这种'真'，不是普通的语言文字，也不是科学公式所能表达的真，这只是艺术的'象征力'所能启示的真实。……艺术同哲学、科学、宗教一样，也启示着宇宙人生最深的真实，但却是借助于幻像的象征力，以诉之于人类的直观心灵与情绪意境，而'美'是它的附带的'赠品'。"[⑦]宇宙人生的真理，也即宇宙生命的和谐与节奏（"天道""宇宙旋律"）不能用概念、范畴来把握，而只能通过具体、感性的形象（"动象"，"动"即生命与精神）象征出来。这一论断，连同上面所说的"艺术心灵"，很明显地受到柏格森"理智把握不了生命"（依靠直觉方可）的理论的影响。

第三，艺术家借感性幻象来象征"宇宙人生的最深真境"，这幻象不是对现成僵死自然物象的描摹，而是艺术家"独辟的灵境，创造的意象"。如果说对"宇宙人生最深真境"的体悟与把握，是源于心灵的"映射"作用的话，那么，创造意象以象征"宇宙人生的最深真境"，就是心灵的"造境"作用。宗白华说："艺术的创造是'模仿自然创造的过程'（即物质的形式化）。艺术家是个小造物主，艺术品是个小宇宙。"[⑧]艺术家的创造性、主观能动性，便主要体现于"造境"之上。创造的整个过程如孟郊《赠郑夫子鲂》诗云："天地入胸臆，吁嗟生风雷。文章得其微，

⑦　宗白华：《略谈艺术的"价值结构"》，见林同华主编：《宗白华全集》（第二卷），安徽教育出版社2008年版，第72页。

⑧　宗白华：《哲学与艺术——希腊大哲学家的艺术理论》，见林同华主编：《宗白华全集》（第二卷），安徽教育出版社2008年版，第60—61页。

物象由我裁。"

宗白华说"艺术的境界是感官的，也是形式的"①，"艺术……也启示着宇宙人生最深的真实，但却是借助于幻像的象征力，以诉之于人类的直观心灵与情绪意境"②，这就肯定了艺术境界首先是一种感性形式。关于形式，宗白华有过精到的论述："美术中所谓形式，如数量的比例、形线的排列（建筑）、色彩的和谐（绘画）、音律的节奏，都是抽象的点、线、面、体或声音的交织结构。为了集中地提高地和深入地反映现实的形象及心情诸感，使人在摇曳荡漾的律动与谐和中窥见真理，引人发无穷的意趣，绵缈的思想。"③但形式的作用不止于此，宗白华又分三项详细述之：

（一）美的形式的组织，使一片自然或人生的景象，自成一独立的有机体，自构一世界，从吾人实际生活之种种实用关系中，超脱自在："间隔化"是"形式"的重要的消极的功用。

……

（二）美的形式之积极作用是组织、集合、配置。一言蔽之，是构图。使片景孤境自织成一内在自足的境界，无求于外而自成一意义丰满的小宇宙，启示着宇宙人生的更深一层的真实。要能不待框廓，已能遗世独立，一顾倾城。

……

（三）形式之最后与最深的作用，就是它不只是化实相为空灵，

① 宗白华：《哲学与艺术——希腊大哲学家的艺术理论》，见林同华主编：《宗白华全集》（第二卷），安徽教育出版社2008年版，第61页。

② 宗白华：《略谈艺术的"价值结构"》，见林同华主编：《宗白华全集》（第二卷），安徽教育出版社2008年版，第72页。

③ 宗白华：《略谈艺术的"价值结构"》，见林同华主编：《宗白华全集》（第二卷），安徽教育出版社2008年版，第70页。

引人精神飞越，超入美境。而尤在它能进一步引人"由美入真"，深入生命节奏的核心。世界上唯有最抽象的艺术形式——如建筑、音乐、舞蹈姿态、中国书法、中国戏面谱、钟鼎彝器的形态与花纹——乃最能象征人类不可言状的心灵姿式与生命的律动。①

美，并非形式的最终目的，形式的最终目的、最深作用是能"由美入真"，所以宗白华这样定义"美"与"美术"："所以美与美术的特点是在'形式'、在'节奏'，而它所表现的是生命的内核，是生命内部最深的动，是至动而有条理的生命情调。'一切的艺术都是趋向音乐的状态。'这是派脱（W. Pater）最堪玩味的名言。"②

艺术的目的决定了艺术的手段，即形式的表现，必须采用象征的手法："艺术的描摹，不是机械的摄影，乃系以象征方式，提示人生情景的普遍性。'一朵花中窥见天国，一粒沙中表象世界。'艺术家描写人生万物，都是这种象征式的。""借幻境以表现最深的真境，由幻以入真，这种'真'，不是普通的语言文字，也不是科学公式所能表达的真，这只是艺术的'象征力'所能启示的真实。"③形式象征着"真"——"宇宙真体内部的和谐与节奏"，也即"至动而有条理的生命情调"，因此，形式即美与真的统一，这也即"艺术的启示的价值"。"艺术的启示的价值"，涉及宗白华对艺术境界分层次评价的问题。宗白华说："一切艺术的境界，可以说不外是写实，传神，造境：从自然的抚摹，生命的传达，到意

① 宗白华：《略谈艺术的"价值结构"》，见林同华主编：《宗白华全集》（第二卷），安徽教育出版社2008年版，第70—71页。

② 宗白华：《论中西画法的渊源与基础》，见林同华主编：《宗白华全集》（第二卷），安徽教育出版社2008年版，第98页。

③ 宗白华：《略谈艺术的"价值结构"》，见林同华主编：《宗白华全集》（第二卷），安徽教育出版社2008年版，第71—72页。

境的创造。"①同样的内容有时也换作这样的表达："意境的表现可有三层次：从直观感相的渲染，生命活跃的传达，到最高灵境的启示。"②"造境"（意境的创造）从狭义上理解，即专指"最高灵境的启示"。"造境"是最高的艺术境界，也是艺术创造的最终目的："但写实终只是绘画艺术的出发点，从写实到传达生命及人格之神味，从传神到创造意境，以窥探宇宙人生之秘，是艺术家最后最高的使命。"③

从上述相关论述，可延伸出以下几个结论：

第一，形式—意境是艺术家的一种心灵创造，而非机械的摹仿。"这艺境是艺术的独创，是从他最深的'心源'和'造化'接触时突然的领悟和震动中诞生的，这不是一味客观的描绘，像一照相机的摄影。所以艺术家要能拿特创的'秩序的网幕'来把住那真理的闪光。"透过秩序的网幕，使鸿濛之理闪闪发光。"这秩序的网幕，是由各个艺术家意匠组织线、点、光、色、形体、声音或文字成为有机谐和的艺术形式，以表出意境。"④简单说，"中国画的要素不在机械的写实，而在创造意象"。这让人想起画家克利的名言："艺术家不是模仿可视形象，而是创造可视形象。"⑤

第二，艺术的目的是"由美入真"，艺术形式要表现"至动而有条理的生命情调"，就必须采用象征的手法。这就意味着"造境"的基本原理

---

① 宗白华：《中国艺术的写实精神——为第三次全国美展写》，见林同华主编：《宗白华全集》（第二卷），安徽教育出版社2008年版，第323页。

② 宗白华：《中国艺术意境之诞生》，见林同华主编：《宗白华全集》（第二卷），安徽教育出版社2008年版，第331页。

③ 宗白华：《中国艺术的写实精神——为第三次全国美展写》，见林同华主编：《宗白华全集》（第二卷），安徽教育出版社2008年版，第325页。

④ 宗白华：《中国艺术意境之诞生》，见林同华主编：《宗白华全集》（第二卷），安徽教育出版社2008年版，第333页。

⑤ 宗白华：《论中西画法的渊源与基础》，见林同华主编：《宗白华全集》（第二卷），安徽教育出版社2008年版，第100页。

是象征。象征的技术，"即'幽渺以为理，想象以为事，惝恍以为情'，然后运用声调、词藻、色采，巧妙地烘染出来，使人默会于意象之表，寄托深而境界美"①。

第三，形式要表现"宇宙真体内部的和谐与节奏"，表现"至动而有条理的生命情调"，则必须与"生命情调"具异质同构的关系。因此，中国画的笔法是"流动有律的线纹，不是静止立体的形象"，也因此，"中国画是一种建筑的形线美、音乐的节奏美、舞蹈的姿态美"②。"造境"必须充满音乐性，是一种音乐境界。

通过"最深（最高）的艺术心灵"的映射，妙悟到宇宙人生的最深真境——形而上的宇宙生命本体与宇宙秩序（"天道"），再通过心灵的"造境"，将"天道"肉身化、具体化，从而使艺术作品启示着最高的灵境，这是艺术的最高境界与最高价值，也是艺术家的最后与最高使命。这几个有机相连的"最……"的概念，构成了宗白华完备的艺术美学体系。

四、人生的艺术化

所谓"人生的艺术化"或"艺术的人生观"，如宗白华所言："这种艺术人生观就是把'人生生活'当作一种'艺术'看待，使他优美、丰富、有条理、有意义。总之，就是把我们的一生生活，当作一个艺术品似的创造。"③

宗白华的"生命的艺术化"，随着其生命本体论的变化，内容也有

---

① 宗白华：《略论文艺与象征》，见林同华主编：《宗白华全集》（第二卷），安徽教育出版社2008年版，第409页。

② 宗白华：《论中西画法的渊源与基础》，见林同华主编：《宗白华全集》（第二卷），安徽教育出版社2008年版，第104、100页。

③ 宗白华：《青年烦闷的解救法》，见林同华主编：《宗白华全集》（第一卷），安徽教育出版社2008年版，第179页。

不同的阶段规定性。在早期的《艺术生活——艺术生活与同情》一文中，宗白华说："艺术世界的中心是同情，同情的发生由于空想，同情的结局入于创造。于是，所谓艺术生活者，就是现实生活以外一个空想的同情的创造的生活而已。"①创造奋斗、进化的生活是生命意义所在。所谓"同情"，即"共感"："艺术的生活就是同情的生活呀！无限的同情对于自然，无限的同情对于人生，无限的同情对于星天云月，鸟语泉鸣，无限的同情对于死生离合，喜笑悲啼。这就是艺术感觉的发生，这也是艺术创造的目的！"②根据叔本华的"生命意志"或柏格森的"生命冲动"，自然界万物都有着生命与精神，生命与精神的体现即"动"，即"创造进化"；所谓"同情"，就是深入万物的生命内部，"直觉"着万物的生命绵延之流，从而体悟到生命的本真意义在于创造进化，所以宗白华说"同情的发生由于空想，同情的结局入于创造"，艺术的生活即创造的生活。"同情"在中国哲学里的对应词为"感通"，能感通者，即能体会天地之大化流衍生机而起兴，而非混沌麻木、暮气沉沉、"厌厌如九泉下人"者。能感通、善感通，是宗白华极为称赞的晋人艺术心灵的一个部分："我们的胸襟像一朵花似地展开，接受宇宙和人生的全景，了解它的意义，体会它的深沉的境地。近代哲学上所谓'生命情调'、'宇宙意识'，遂在晋人这超脱的胸襟里萌芽起来（使这时代容易接受和了解佛教大乘思想）。……然而王羲之的《兰亭》诗：'仰视碧天际，俯瞰渌水滨。寥阒无涯观，寓目理自陈。大哉造化工，万殊莫不均。群籁虽参差，适我无非新。'真能代表晋人这纯净的胸襟和深厚的感觉所启示的宇宙观。'群籁

① 宗白华：《艺术生活——艺术生活与同情》，见林同华主编：《宗白华全集》（第一卷），安徽教育出版社2008年版，第319页。

② 宗白华：《艺术生活——艺术生活与同情》，见林同华主编：《宗白华全集》（第一卷），安徽教育出版社2008年版，第316页。

虽参差，适我无非新'两句尤能写出晋人以新鲜活泼自由自在的心灵领悟这世界，使触着的一切呈露新的灵魂、新的生命。于是'寓目理自陈'，这个理不是机械的陈腐的理，乃是活泼的宇宙生机中所含至深的理。"①这个艺术心灵，便是宗白华所激赏的"诗人人格"。如前面已论述过的，这个活泼自由的艺术心灵，实际上包括了两个审美活动过程，即审美静照与审美同情，在审美的现量境中直接妙悟到"活泼的宇宙生机中所含至深的理"。

　　"活泼的宇宙生机中所含至深的理"意味着，宇宙生命是"生生而条理"的，人类生命的本真形态也应是"至动而有条理的生命情调"，生命是"有节奏的生命"，而不是陷入盲目情欲冲动的无序的生命。人类理应模仿永恒和谐的宇宙生命形式，来创造自身和谐的生命形式。以大宇宙中永恒和谐的秩序整理内心的秩序，化冲动的私欲为清明的意志。"宇宙是无尽的生命、丰富的动力，但它同时也是严整的秩序、圆满的和谐。在这宁静和雅的天地中生活着的人们却在他们的心胸里汹涌着情感的风浪、意欲的波涛。但是人生若欲完成自己，止于完善，实现他的人格，则当以宇宙为模范，求生活中的秩序与和谐。和谐与秩序是宇宙的美，也是人生美的基础。"②

　　在此基础上，宗白华提出"美是丰富的生命在和谐的形式中"的命题，动的创造的流动不居的生命须寓于圆满和谐的形式中，"生命片面的努力伸张反要使生命受阻碍，所以生命同时要求秩序，形式，定律，轨道。生命要谦虚，克制，收缩，遵循那支配有主持一切的定律，然后才能

---

① 宗白华：《论〈世说新语〉和晋人的美》，见林同华主编：《宗白华全集》（第二卷），安徽教育出版社2008年版，第274—275页。

② 宗白华：《哲学与艺术——希腊大哲学家的艺术理论》，见林同华主编：《宗白华全集》（第二卷），安徽教育出版社2008年版，第57—58页。

完成，才能使生命有形式，而形式在生命之中"。①这就是歌德人生的最大启示。

然而，歌德代表的浮士德精神毕竟建立在欲望与权力意志的基础之上，如果说中国哲学的精神是"天人合一"，那么近代西洋哲学的精神就是"主客二分"（主客对立）。人（主体）与自然（客体）彼此对立，自然成为人类占有、攫取和利用的对象："歌德的《浮士德》是永不停息的前进追求。近代西洋文明心灵的符号可以说是'向着无尽的宇宙作无止境的奋勉'。"②近代西洋心灵因"向一无尽的世界作无尽的追求"而"烦闷苦恼，彷徨不安"，这种不和谐的心灵，不会是宗白华理想的生命形式；中国心灵则是"深沉静默地与这无限的自然，无限的太空浑然融化，体合为一"。③中国古人对自然抱持"敬"与"爱"的态度，与自然同节奏——这"天人合一"的精神也就是宗白华所认为的"中国文化的美丽精神"。宗白华最终还是回归到"中国文化的美丽精神"上，象征着他的精神还乡之旅的最终完成。

"中国文化的美丽精神"尤其体现在《易传》的宇宙论与价值论中。"中国哲学如《易经》以'动'说明宇宙人生（天行健，君子以自强不息），正与中国艺术精神相表里。"④天地运动创化不已（"天行健"），这是宇宙论；而君子自当仿效天地，健动创进不息（"君子自强不息"），这是价值论。而君子"自强不息"的目的，是为了"参天地，

---

① 宗白华：《歌德之人生启示》，见林同华主编：《宗白华全集》（第二卷），安徽教育出版社2008年版，第9页。

② 宗白华：《介绍两本关于中国画学的书并论中国的绘画》，见林同华主编：《宗白华全集》（第二卷），安徽教育出版社2008年版，第44页。

③ 宗白华：《介绍两本关于中国画学的书并论中国的绘画》，见林同华主编：《宗白华全集》（第二卷），安徽教育出版社2008年版，第44页。

④ 宗白华：《论中西画法的渊源与基础》，见林同华主编：《宗白华全集》（第二卷），安徽教育出版社2008年版，第105页。

赞化育"，为了创构人与自然、与社会之间的和谐秩序——这显然已经超出了个人生命艺术化的范围，而致力于建构整个宇宙的整体和谐。宗白华对"参赞天地"做这样的解释："'致中和'是'为天地立心'；'天地位焉，万物育焉'，为'生民立命'之'序秩理数'境，为'万世开太平'则以器载道矣！'天地位，万物育'是以'序秩理数'创造'生命之结构'。"①在宗白华看来，"参天地，赞化育"，必须以"致中和"为最终目的；"中正""中和"之秩序理数，即"生生而条理"的天地运行大道、圣人"默而识之"这中正中和的宇宙和谐。"化冲动的私欲为清明合理的意志"，以永恒的"宇宙旋律"为范本，将生命艺术化，使生命优美、丰富、有条理、有节奏，将流动的生命纳入一个和谐、理性的形式之中。圣人内圣而外王，扩而大之，使个人生命与整个社会都处于和谐的秩序理数中。这个和谐秩序的建构，就是"致中和"。在此中和之境中，"天地位焉，万物育焉"，这便是"参天地，赞化育"之义。秩序理数结构或将失正，则圣人君子之使命便为"永在不正中求正"；如此，在这种儒家式的伦理学中，个人的最大价值与最高目的，便只能实现于宇宙整体和谐的神圣目的之中。这是很明显的目的论伦理学。

前面已经说过，宗白华认为人类的本真生命是与天地万物一体的，人类的本性即自然的本性，人类应按照本性或自然生活：抚爱万物，与万物同节奏，"静而与阴同德，动而与阳同波"。但由于人类私欲的蒙蔽，"至动而有条理"的生命往往陷入无止境的盲目冲动之中，丧失了音乐的意境，因此，要重新获得"失去了的和谐，埋没了的节奏"，重返本真生命，就必须有一个如同王阳明"致良知"般的复性过程。这样，宗白华就将《易传》与孟子—阳明一系的心性之学联系起来。宗白华的步骤是这样的：首先是通过感通作用上达形

---

① 宗白华：《形上学——中西哲学之比较》，见林同华主编：《宗白华全集》（第一卷），安徽教育出版社2008年版，第587页。

而上的永恒"天道"，通过观照自然或艺术作品（尤其是中国山水画），从它们所蕴含的真理中获得启示，体悟到"宇宙人生的最深真境"；其次以所悟到的"天道"这一指示人生的"最高范型"为鹄的，创构个人生命与整个自然、社会之间的和谐秩序与理数。这"天地位焉，万物育焉"的中正中和的和谐境界，便是君子自强不息的目标。生命流动不息，生命的形式也创生不已，但总是"于不正中求正"，于不和谐中求和谐，是一个永恒的"践行"过程。中国哲学的空间之象"鼎卦"与时间之象"革卦"正说明了这一形式的成与变的过程（也即空间的音乐化、时间化过程）。

可以看出，宗白华倡导叔本华的"同情的伦理学"，否定自我生命意志以泛爱万物；随着《易传》思想影响的加深，宗白华认为个人的最大价值与最高目的便是重返"宇宙大全"，为宇宙整体和谐的神圣目的贡献自己的力量。这就意味着克服了个别意志的意志，上升到普遍意志或普遍理性，就走出了极端人本主义或人类中心主义。宗白华的艺术化思想，带有浓厚的形而上学色彩。

在谢林看来，对无条件之绝对的认识，超出了知性的能力之外（beyond the faculty of understanding），只能通过理智直观来实现；而对绝对的表现，也不能通过概念来实现，因为概念只能用于经验现象，也就是说我们不能对无限做任何定性的谓述，一旦可谓述，就意味着无限不再是无限，而成为有限；我们只能通过作为象征的艺术来表现绝对。尽管所显现的真理不同（宗白华强调艺术要显现的是"天道"即宇宙运行规律），但宗白华对艺术的功能和地位的界定与谢林基本上是一致的，他的美学也因此具备了客观性——因为艺术或美要表现的绝不仅仅是个人的主观情调，它的最高使命和最高境界是能"以美启真"，能象征那客观的、普遍的、永恒的真理。这个真理，超出了个体主体意识之外，不是个体主体的意识所能控制的。而且，在宗白华那里，宇宙生命本体因为生生而和谐，本身是至善，更包含一个普遍和谐的终极之善的目的，所以，艺术就是真善美的统一。而要获得超越性的客观真理，就要求"审美同情"：对自然采取一种爱和同情的态度，克服个体意志，从片面的主观性中解脱，就会消融于自然当中，与自然完全同一——"深沉静穆地与无限宇宙合一"。主体必须进行自我约束（self-restriction）和自我限制（to limit oneself），即放弃自我主义（egoism），放弃占有的意志，"对本己力量和价值的断然放弃"以至"完全自失"，亦即消除天生的"骄傲"——"这种自傲使为自己而自傲的主体凌驾于一切事物和价值之上，最终使自傲的主体拥有完善的'主权'，从而俯视一切"[1]，从而使自身变得"谦卑"和"恭顺"，使自身成为非目的中心论的、无功利性的爱者。在此必要前提下，方可"让他者成为他者"（Let other be other），我们也才可更进一步地提出要求。自我必须是一个责任自我，必须向他者毫无保留地敞开，尽管会冒着被伤害和被冒犯的风险。放弃我性，而把自己变为相对于他者的被动性，这种牺牲，便是对他者的责任（responsibility for others）。[2]因此可以说，以上所例举的各种道德态度（moral attitudes），是进行认识的必要道德条件（moral conditions of knowing）。只有在被动性中，才能被给予对象的真理——这便是海德格尔的"任其自然"（Gelassenheit）观念：一方面是对自我技术统治的权力意志的缩小与限制，"对距离容忍、对他者放手"，允许事物出场，不去否定事物的他性（negating its otherness），让他者存在于自身的差异中；另一方面是对这种"是其所是、如其所是"地出场的他者敞开和会面，接受他

---

① 马克斯·舍勒：《德行的复苏》，罗悌伦译，见倪梁康主编：《面对实事本身——现象学经典文选》，东方出版社2000年版，第163、158页。

② 此处内容有所综合，见 Herbert Spiegelberg, *The Phenomenological Movement: A Historical Introduction*（Dordrecht: Kluwer Academic Publishers, 1994），pp. 630-632。

者的"赠予"。①宗白华通过审美静观和审美同情的方法所达到的最终"禅境",无疑就是这种精神的体现:"澄观一心"而"腾踔万象",前者是后者的必要条件,只有"无心以顺万有",让之"独化""自造",方可让万象自由显现,方可让灵魂进入对象内部把握其生动气韵。宗白华同样强调,道德态度的转变(change of moral attitude)是认识生命对象之精神(the spirit of a liong being)的前提。

是否尊重他者之他性,是判断宗白华与朱光潜诸多立场(如自然观和审美观等)之间是否存在差异、存在何种差异的一个重要标准。宗白华的审美方法论,已经蕴含着对他者的责任伦理学(an ethics of responsibility for others)。如果说,朱光潜的"直觉"是一个与主体性自由相关的创造性概念的话,宗白华的"直觉",更多的是一个形而上学的认识论概念——通过前者,我们得到的是"自我表现和自我实现",对象不过是主体性的投射(the projection of subjectivity),主体也因而始终被囚禁在不可逃离的自我监牢里(the inescapable prison of the "I");通过后者,我们得到的是超越于个体意识的(transcendent to the individual consciousness)、作为馈赠而被给予的对象的生命真理。

四、宗白华美学思想的意义

宗白华融汇中西哲学、美学思想于一炉,建立了独特的自然与人一体化的生命论美学体系。他继承和发扬了中国传统美学的天人合一思想,克服了主客对立的美学思想的局限性,建立了主体间性的美学观;继承和发扬了中国美学的阴阳调和与虚实互补的思想,阐释了"气韵生动"的艺术观;继承和发扬了中国美学的审美静观和审美同情思想,克服了西方美学的认识论倾向,深入阐释了意境理论;继承和发扬了儒家的心性之学,提

---

① 斯蒂芬·K.怀特:《政治理论与后现代主义》,孙曙光译,辽宁教育出版社2004年版,第54、55、78页。

出了人生艺术化的理想。这些论述，揭示了中国美学精神的核心，也阐释了其现代意义。他沿着王国维开辟的中国美学现代化之路前行，建立了新的里程碑。

宗白华还运用西方近现代美学理论来阐释和论证中国美学思想，打破了中西美学的隔绝状态，揭示了中西美学的内在统一性，从而弘扬和重建了中国美学传统。他说："我以为中国将来的文化决不是把欧美文化搬了来就成功。中国旧文化中实有伟大优美的，万不可消灭。"他主张"中国以后文化的发展，还是极力发挥中国民族文化的'个性'，不专门模仿，模仿的东西是没有创造的结果的。"①在这个方面，他的建树超越了王国维，而与朱光潜一道为后来的美学家树立了标杆。

当然，宗白华美学思想也有其局限。首先，他依据中国《易经》的阴阳合一思想建立的自然与人一体化的生命论美学体系，虽然包含着合理的因素，特别是具有主体间性思想，但并没有经过"祛魅"的现代改造，因此其哲学基础并不可靠。他依据谢林的同一性哲学论证这种生命论美学，同样也陷入了唯心论的陷阱。

其次，宗白华沟通中西美学的努力虽然值得称道，但其做法并不完全合理。这在于他对中国古典哲学（如《易经》）的坚守和对谢林等所代表的西方古典哲学的信从，都具有历史的局限和理论的缺陷，因此这种沟通显然是有局限性的。

最后，宗白华的美学思想多以诗性的语言阐释，而没有形成完整、系统的理论体系，这固然是中国美学的特色，但也缺失了美学的现代表达方式。

---

① 转引自肖鹰：《宗白华美学的"反流"之源》，《中国社会科学报》2012年2月1日。

第六节　李泽厚后期的美学思想

　　李泽厚是中国当代最有影响的美学家，他的美学思想经历了三个阶段。第一个阶段是在20世纪50年代中期至60年代初期，在第一次美学论争中李泽厚提出了"社会客观论美学"。第二个阶段是在20世纪80年代，李泽厚建立了"主体性实践美学"体系。第三个阶段是在20世纪90年代至今，李泽厚走向了新古典主义美学。其实他的一些新古典主义思想在20世纪80年代后期已经发生，如"情本体"思想，只是在当时还没有形成体系，在20世纪90年代以后才形成体系。在20世纪90年代，中国现代性启动，盛极一时的新启蒙主义退潮，而西方现代主义、后现代主义思潮涌入中国。同时，作为对现代性的反拨，国内的新保守主义思潮兴起，与境外的新儒学思潮相呼应。李泽厚一方面对新启蒙思潮有所反思，另一方面对现代主义和后现代主义思潮也不赞同，而是接受了新保守主义，并且成为其代表人物。面对现代性的冲击，李泽厚回到传统文化中去寻找克服现代性弊病的思想资源。他不赞成继续推动新启蒙主义思潮，而亮出了"以儒为主，儒道互补""举孟旗，行荀学"的思想主张，从新启蒙思潮的主将转为新保守主义的主要倡导者。在这种思想背景下，李泽厚的美学思想也由20世纪80年代的新启蒙主义转向新古典主义。所谓新古典主义美学思潮，就是主张以中国传统美学思想为根本，吸收现代思想资源，建立不同于西方美学的现代中国美学体系。他在20世纪80年代主张"自然的人化"和"工具本体"论（实践论），而在20世纪90年代以后转向了"人的自然化"和"情本体"论，建立了一个新古典主义的美学体系。虽然他不承认抛弃了实践美学的基本思想，认为前后期的美学思想是一体化的，但事实上这两个阶段有不同的立场和倾向。李泽厚把以儒家思想为主导的中国文化传统作为其美学体系的基础，并且进行了自己的创造和发挥，形成了新古典主义美学体系。他的新古典主义美学思想在《美的历程》（1989）、《华夏美学》（1989）、《己卯五说》（1999）等著作中得到了充分展现。

一、"人的自然化"思想

李泽厚中期以"自然的人化"思想为核心，建立了实践美学。但是，一方面"自然的人化"的主体性倾向引起了学术界的质疑和批判，也引起了他的反思；另一方面，由于已经转向中国文化传统，而中国文化的"天人合一"的世界观与实践美学的主体性倾向不合，因此李泽厚提出了"人的自然化"，以弥补"自然的人化"的理论缺陷。"人的自然化"思想的提出，标志着李泽厚美学思想由中期的"工具本体论"转向了后期的"心理本体论"，进而建立了其"情感本体论"美学。

早在发表于1986年的《略论书法》这篇文章中，李泽厚就提出了"人的自然化"的思想。李泽厚认为书法是"非常典型的'有意味的形式'的艺术"，是"自然的人化"与"人的自然化"直接统一的典型形式。在这篇文章中，他还对"人的自然化"概念给以界定："人的自然化……不是说退回到动物性，去被动地适应环境；刚好相反，指的是超出自身生物族类的局限，主动地与整个自然的功能、结构、规律相呼应相建构。"[①]在《华夏美学》一书中，李泽厚用"自然的人化"来为经世致用的儒家美学定性，而用"人的自然化"来概括回归自然天性的庄子美学。他认为，儒家美学的内涵是人如何改造外在世界和人的内在自然，而庄子美学则"舍弃了社会和人事，集中注意在人的生命与宇宙自然的同构呼应"[②]。

---

① 李泽厚：《略论书法》，见《李泽厚十年集》（第四卷），安徽文艺出版社1994年版，第113—114页。

② 李泽厚：《华夏美学》，广西师范大学出版社2001年版，第153页。

他还认为，中国传统美学的思想结构是儒道互补，即庄子美学的"人的自然化"与儒家美学的"自然的人化"互补。当然，李泽厚认为中国美学是以儒家美学为主，以道家美学为辅的。李泽厚说："'天人同一'、'天人相通'、'天人感应'，是华夏美学和艺术创作中广泛而长久流行的观念，这正是自《周易》经董仲舒所不断发展的儒家美学的根本原理，也是几千年来中国历代艺术家所遵循的美学原则。在今天看来，这一原则却又正是'自然的人化'的思想在中国古代哲学和美学中的粗略的和扭曲的表现。"[1]李泽厚指出，儒道互渗形成了这样一种审美效果："可见，儒道相互渗透的结果，将审美引向深入，使文艺中对一草一木一花一鸟的创作和欣赏，也蕴含着、表现着对人生的超越态度，有了这一态度，就给现实世俗增添了圣洁的光环，给热衷于人际伦常和名利功业者以清凉冷剂，使为种种异己力量所奴役所扭曲者回到人的自然，回到真实的感性中来。这种'回到'，并非要人降低到生物水平，使社会性泯灭，而是要求超越特定的社会性的限制，在感性自然中来达到超感性。这种超感性不只是社会性、理性，而是包容它而又超越它并与宇宙相同一的积淀感性。同时，有了儒道的这种互补，使中国士大夫知识分子更易于建立起其心理的平衡。这平衡不仅来自生活上人与自然的亲切关系，而且也来自人格上和思想情感上的人际超越。"[2]在这里，"人的人化"和"人的自然化"并无冲突，而是相容互补，融为一体，构成了中国美学精神。

在《美学四讲》中，李泽厚对"人的自然化"作了更深入的阐释。"人的自然化"指的是已经通过实践活动实现了"人化""社会化"的内在心理、精神，又回归到自然状态去，以达到人类精神的自由化："'人

---

[1] 李泽厚：《华夏美学》，广西师范大学出版社2001年版，第99页。
[2] 李泽厚：《华夏美学》，广西师范大学出版社2001年版，第135页。

的自然化'实际正好是'自然的人化'的对应物，是整个历史过程的两个
方面。'人的自然化'包含三个层次或三种内容，一是人与自然环境、自
然生态的关系，人与自然界的友好和睦，相互依存，不是去征服、破坏，
而是把自然作为自己安居乐业、休养生息的美好环境，这是'人的自然
化'的第一层（种）意思。二是把自然景物和景象作为欣赏、欢娱的对
象，人的栽花养草、游山玩水、乐于景观、投身于大自然中，似乎与它合
为一体，这是第二层（种）含义。三是人通过某种学习，如呼吸吐纳，使
身心节律与自然节律相吻合呼应，而达到与"天"自然合一的境界状态，
如气功等等，这是'人的自然化'的第三层（种）含义，包括人体特异功
能对宇宙的'隐秩序'的揭示会通，也属于这一层（种）的'人的自然
化'。"①

　　李泽厚认为，"人的自然化"不仅有逐级深入的三个层面，还有软件
与硬件之分。上述"人的自然化"的三个层面是"人的自然化"的硬件部
分，它与外在的自然界直接相关，是人的外在的自然。李泽厚特别指出，
"自然的人化"是"人的自然化"的历史前提，以此与尼采的历史虚无主
义相区别。"人的自然化"的软件是什么呢？他认为，社会化了的心理与
自然和谐融洽，产生审美感受，就是"人的自然化"的软件。②这样，"天
人合一"被提升到了第三个层面，成为"人的自然化"之最高境界，从而
形成了儒道互补的中国传统美学精神。

　　李泽厚事实上突破了实践美学的框架，而提出了"人类学历史本体
论"，揭示了"外在自然人化"与"内在自然人化"的辩证关系，重新阐
释了"天人合一"的意义。在《历史本体论　己卯五说》（增订版）一书

---

① 李泽厚：《美学四讲》，生活·读书·新知三联书店1999年版，第81页。

② 李泽厚：《历史本体论　己卯五说》，生活·读书·新知三联书店2003年版，第263
页。

中，他论述道："总括全文，我认为，人类作为超生物性的族类，两元对峙的工具——社会本体和个人心理本体都植根于制造——使用工具为实践特征的人类生存延续的总体之上。它不仅开发出'外在自然的人化'，而且开发出人的'内在自然的人化'的认识领域（自由直观）和伦理领域（自由意志），进一步伸展则与'人自然化'相交融，构成审美领域（自由享受）。这就是历史积淀而成的文化心理结构，这也就是人类学历史本体论和哲学心理学的'天人新义'：……真正实现人与自然（作为生态环境的外在自然）的和谐相处和亲密关系；与此同时，人自身的自然（作为生命情欲的内在自然）也取得了理性的渗透和积淀。外在和内在两方面的自然在这意义上都获得了'人化'，成为对照辉映的两个崭新的感性系统，这才是新的世界、新的人和新的'美'。"①从这段论述中，可以清晰地看到，他从"自然的人化"到"人的自然化"演变的角度，阐释了"天人合一"的内涵。

最后，在《关于主体性的第三个提纲》中，李泽厚分析了"自然的人化"与"人的自然化"二者的异同："自然的人化就内在自然说，是人性的社会建立，人的自然化则是人性的宇宙扩展。前者要求人性具有社会普遍性的形式结构，后者要求人性能'上下与天地同流'。前者将无意识上升为意识，后者将意识逐出无意识。二者都超出自己的生物族类的有限性。前者主要表现为集体人类，后者主要表现为个体自身，它的特征是个体能够主动地与宇宙自然的许多功能、规律、结构相同构呼应，以真实的个体感性来把握、混同于宇宙的节律从而物我两忘、天人合一。"②

总体上说，李泽厚后期提出了"人的自然化"是为了弥补"自然的

---

① 李泽厚：《历史本体论 己卯五说》（增订本），生活·读书·新知三联书店2006年版，第266—268页。

② 李泽厚：《实用理性与乐感文化》，生活·读书·新知三联书店2005年版，第240页。

人化"的缺陷，以为审美找到合理的基础；同时也是为了吸收中国美学的儒道互补、天人合一的思想资源。应该说，后期美学思想丰富了前期和中期的美学思想，特别是一定程度上弥补了实践美学（包括"积淀说"）的主体性、理性化缺陷。但这种转变也产生了新的问题：首先，"人的自然化"是可能的吗？从他提出的三个层面看，无论是人与自然和谐相处还是对自然的欣赏，都不是所谓"人的自然化"；而第三个层面的"特意功能"暂且不论。作为社会的人不可能实现"人的自然化"，"人的自然化"也不是所谓的"人性的宇宙扩展"，因为人性就是与自然性相对的。此外，"自然的人化"与"人的自然化"二者果真可以统一而没有冲突吗？实际上这两个命题在逻辑上是对立的，思想上是相反的，不能相容统一。而且，审美究竟是"自然的人化"的产物还是"人的自然化"的产物？"自然的人化"只是实现一般人性，不能成为美；"人的自然化"是回归自然，也不是美；二者相加，也同样不是美，美是自然与人对立的解决。

二、"乐感文化"说

基于中国文化传统，李泽厚后期对中国文化的定位是"乐感文化"。他认为，西方文化是"罪感文化"，基督教认为人有原罪，所以要皈依上帝以赎罪；印度文化是"苦感文化"，佛教认为尘世生活为苦，生老病死皆由苦蒂，因此要皈依佛法，脱离苦海，进入极乐世界；日本文化是"耻感文化"，把身份责任看作是人生的价值，而以不履行自己的责任为耻辱；而中国文化是"乐感文化"，中国人不向往来世，而是对现实人生抱有乐观态度，认为在理性主导下，此生是有意义的，社会是光明的。"乐感文化"建立在中国人的"实用理性"精神基础上，也是中国文化的重情性的体现。在《论实用理性与乐感文化》一文中，李泽厚分析了基督教文化与中国文化的不同。他指出，二者虽然都讲情或爱，但前者是理性支配下的情爱，是听从上帝的旨意而生的爱，是一种理性的爱。中国是理性融合在感情之中，人爱人（首先是要爱父母、子女）是基于生物性自然情感，并且加以提升而成，是自然情感的理性化产物。这就是说，西方文化是"道始于理"，中国文化是"道始于情"。对上帝的信仰是一种理性化的信仰，而中国的"天地国亲师"是人情化的信仰。[1]李泽厚将"乐感文化"放在中西文化的对比之中加以阐发，就清晰、透彻地揭示了其特性。中国之所以产生了"乐感文化"，正是基于中国文化"一个世界"特性，显现了中国传统文化的世俗性。李泽厚指出："这种不同也就是我所讲的两个世界（基督教、柏拉图）和一个世界（中国）、宗教传统（西）和巫史传统（中）的不同：后者是一个世界（人生）中对自然生物情感作理性化提升，所以讲身心合一、天人合一、物质生活精神生命的合一；前者是两个世界中上帝旨意的绝对性，所以讲原罪，讲拯救，讲灵魂对身体的绝对超越。在后者（巫史传统），理性只是工具，世俗人情才是根本；在前者（宗教传统），理性就是上帝本身，世俗人情远为次要。"[2]西方文化的根本在于对上帝的信仰和对上帝旨意的服从，上帝的旨意是道德、思想、情感的根源，乃至于人的生存也是为了赎罪，形成了所谓"罪感文化"。而中国文化则不同，由于没有对神的虔诚信仰，更注重在此世间建立人生意义，追求现世生活的愉悦、和谐，由此形成了所谓"乐感文化"。

审美属于"乐感文化"，由此李泽厚认为，中国美学的一个主要特征就是以乐为中心。中国的审美来源于原始社会的巫术仪式，"美"的最初表现形式是原始歌舞。原始巫术仪式是当时的上层建筑，而不仅是一种娱

---

① 李泽厚：《人类学历史本体论》，天津社会科学院出版社2008年版，第268页。
② 李泽厚：《人类学历史本体论》，天津社会科学院出版社2008年版，第268—269页。

乐形式。原始巫术仪式起到了维系社会关系、规训社会成员以及认识客观对象等多种作用。巫术仪式的主要形式是歌舞，歌舞具有节奏、韵律，要运用乐器伴奏，逐渐形成了"音乐"的"乐"。"乐"包含音乐，但比音乐的含义广泛，还含着原始巫术整体性的内涵，是整个上层建筑的特性，因此是一种哲学和历史意义上的概念，乐是对此在人生意义的积极肯定，是一种文化的属性。[①]更进一步，李泽厚说明了"乐"的哲学、美学内涵："'乐'不以另一超验世界为依皈，而以追求现世幸福为目标为理想。儒家的礼乐是巫术活动的理性化、规范化。礼是指管理社会、维持社会秩序的规章制度，而乐则帮助人们在情感上和谐起来。"[②]刘再复对李泽厚美学予以高度肯定，他认同把中国美学的基本特征定位于以"乐"为中心，并且对"乐感文化"有所阐发。刘再复认为："罪感文化使人使文学深刻，乐感文化则社会和谐。中国文化强调伦理主义、情感主义，西方文化强调历史主义，形成二律背反。这种总体性的文化大差别，影响社会和心理的各个层面，甚至影响政治。西方的政治文化追求正义，中国的政治文化追求和谐，也源于此。中华民族是乐观的民族，但又是善于忧患的民族。乐是通过忧而来的。由忧而思而学，才有智，有情，有安，也才有形上性的'至乐'。东方儒学是一种'德'，一种人生境界。其核心思想是：人生艰难，又不仰仗上帝，只好自强不息，依靠自身的力量去创造自己的生活。天行健，人也行健，这种依靠自身的肩膀、承认悲乐全在于我的本体精神，才是强颜欢笑和最为深刻的悲剧。这一点，是李泽厚研究中国美学史的重大成果，贯穿在他的美学史著作之中。"[③]应该说，刘再复的这段话客观而又详尽地揭示了西方的"罪感文化"与中国的"乐感文化"各自的

---

① 刘再复：《李泽厚美学概论》，生活·读书·新知三联书店2009年版，第53页。

② 刘再复：《李泽厚美学概论》，生活·读书·新知三联书店2009年版，第53页。

③ 刘再复：《李泽厚美学概论》，生活·读书·新知三联书店2009年版，第54页。

特征以及二者的区别。

　　总体上说，李泽厚的"乐感文化"思想，不仅是对中国文化的定性，也是对中国美学思想的定性。中国美学思想趋向于对现实人生的进入和肯定，而区别于西方美学思想对现实人生的超越和批判，应当说中西美学各有其合理性，也各有其不足，因此可以互补。但李泽厚似乎立足于中国美学，他所建构的"情本体美学"主要是吸取了中国美学的"乐"的思想，而并不注重对西方美学的审美超越思想的吸收，这不能不说是一种缺憾。

三、"情本体"论

　　李泽厚从中期的"工具本体"论转向了后期的"情本体"论，这是美学基础的转变。李泽厚中期提出了"两个本体"，即"工具本体"和"心理本体"，"情本体"源于"心理本体"，但后期提出的"情本体"把"心理本体"的内涵更进一步归于情感，这与李泽泽厚对中国文化的定性有关。"情本体"也是"乐感文化"的核心内容，二者是一脉相通的。李泽厚在《美学四讲》中最早提出了"两个本体"说："人类以其使用、制造、更新工具的物质实践构成了社会存在的本体（简称之曰工具本体），同时也形成了超生物族类的人的认识（符号）、人的意志（伦理）、人的享受（审美），简称之曰心理本体。"①其中心理本体是与工具本体相对的概念，而前者是后者的积淀。此时"情本体"的概念还没有正式提出，只不过在《美学四讲》的最后一段提出了"情感本体"的字眼，如："于是，回到人本身吧，回到人的个体、感性和偶然吧。从而，也就回到现实的日常生活（every day life）中来吧！不要再受任何形上观念的控制支配，主动来迎接、组合和打破这积淀吧。艺术是你的感性存在的心理对应物，

① 李泽厚：《美学四讲》，广西师范大学出版社2001年版，第47页。

它就存在于你的日常经验（living experience）中，这就是心理——情感本体"；^①"于是积淀新，艺术常新，经验常新，审美常新；于是，情感本体万岁，新感性万岁，人类万岁"^②。从这两段话中可以看出，李泽厚虽然没有就此具体展开阐述"情本体"范畴，但已经抓住了心理本体中的情感核心，为其以后建立"情本体"论埋下了伏笔。从《美学四讲》开始，李泽厚逐渐从"工具本体"转向了"情本体"，在对传统儒学以及"现代新儒家"的"理本体""性本体"进行反思和批判之后，就明确地提出了与其相对的"情本体"。他指出："从程朱到阳明到现代新儒家，讲的实际都是'理本体'、'性本体'。这种'本体'仍然是使人屈从于以权力控制为实质的知识—道德体系或结构之下。我以为，不是'性'（'理'），而是'情'；不是'性'（'理'）本体，而是'情本体'；不是道德的形而上学而是审美形而上学，才是今日改弦更张的方向。"^③由此可见出，"情本体"突出了"文化—心理结构"中的"情感"因素，把情感上升到"本体"的高度，从而与"工具本体"并列。情本体既然是本体，就可以独立于"工具本体"，甚至可以反抗"工具本体"。李泽厚在20世纪70年代末曾经说："康德认为，形成审美愉快的想象力与知性的自由协调，其具体关系是不可知的，所以引进了神秘的形式合目的性概念。现代心理学还未能科学地规定审美的心理状态，但将来肯定可以做到。"^④直到20世纪90年代提出"情本体"说，李泽厚才具体说明："'情'是'性'（道德）与'欲'（本能）多种多样不同比例的配置和组合，从而不可能建构成某种固定的框架、体系或'超越的''本体'（不管是'外在超越'或

---

① 李泽厚：《美学四讲》，生活·读书·新知三联书店2004年版，第210页。

② 李泽厚：《美学四讲》，生活·读书·新知三联书店2004年版，第211页。

③ 李泽厚：《世纪新梦》，安徽文艺出版社1998年版，第27页。

④ 李泽厚：《批判哲学的批判》，人民出版社1979年版，第403页。

'内在超越')。"①可以看出来，李泽厚后期美学思想突出了审美的文化心理结构中的情感本位。李泽厚针对"两个本体"产生的矛盾进行了解释："我提出的人的本体是'情感本体'，情感作为人的归宿，但这个'本体'又恰恰是没有本体……以前一切本体……都是构造一个东西来统治着你，即所谓权力——知识结构。但假如以'情感'为本体的话，由于情感是分散的，不可能以一种情感来统治一切。"②在这里，"本体"的含义发生了变化，不同于哲学"本体论"的本体，但其意义并不明晰。在情本体与工具本体的关系方面，他指出："因为人毕竟总是个体的。历史积淀的人性结构（文化心理结构、心理本性）对于个体不应该是种强加和干预，何况'活着'的偶然性（从生下来的被扔入到人生旅途的遭遇和选择）和对它的感受将使个体对此本体的承受、反抗、参与，具有大不同于建构工具本体的不确定性、多样性和挑战性。生命意义、人生意识和生活动力既来自积淀的人性，也来自对它的冲击和折腾，这就是常在而永恒的苦痛和欢乐本身。"③这里可以看出，他已经由中期强调实践即工具本体的决定作用（积淀说），转向了强调情本体的反作用，肯定了情感本体反抗工具本体，从而走出了实践美学的框架。但这也就与"积淀说"产生了矛盾，因为心理本体或情本体既然是工具本体或实践的积淀，那么前者就是后者的同质性的产物，不可能去反抗后者。

四、李泽厚后期美学思想的意义

李泽厚后期美学的思想资源与前期不同，前期是青年马克思和康德，后期转向中国传统文化。因此，其美学体系也发生了变化：由前期的实践

---

① 李泽厚：《世纪新梦》，安徽文艺出版社1998年版，第27页。

② 李泽厚：《世纪新梦》，安徽文艺出版社1998年版，第288页。

③ 李泽厚：《第四题纲》，《学术月刊》1994年第10期。

本体（工具本体）论转向后期的情本体（心理本体）论，审美的性质也由实践的积淀变成了情感的解放，进而归属于中国"乐感文化"传统。同时，也由"自然的人化"转向"人的自然化"，从而以道家美学思想补充了儒家美学思想。虽然他自己说，并没有离开实践美学的体系，但实质上美学思想已经发生了扭转，由启蒙主义转向了新古典主义。

　　李泽厚后期美学思想不仅对前期、中期美学思想有所发展，而且对当代中国美学产生了重大影响。他对中国传统文化的定性（如天人合一、实用理性、乐感文化等），对中国文化传统的认同和继承、发扬，扭转了他早期、中期美学思想疏离中国美学传统的倾向，也为中国美学的现代建设开发了本土思想资源。李泽厚美学思想的转向，为中国当代美学的发展起了某种导向作用，自李泽厚始，新古典主义美学思潮形成，并且蔚为大观，成为当代主要美学流派之一。他的"人的自然化"的思想，试图回归到中国美学"天人合一"的思想上来，一定程度上克服了"自然的人化"思想的片面性，也一定程度上扭转了实践美学的主体性倾向。由于"积淀说"（实践活动积淀为文化心理结构）导致个体感性对集体理性的依从，而"情本体"思想承认情感的独立地位，肯定了审美的情感特性，于是，不是集体理性向个体的积淀，而是个体感性对集体理性的反抗成为审美的本质。李泽厚新古典主义美学思想，扭转了当代美学追寻西方现代美学的趋向，引发了发掘和发扬中国传统美学思想的潮流，也开拓了中国美学与西方美学对话的空间，从而为中国美学的现代发展贡献了积极的思想资源。

　　李泽厚后期美学思想的转变不够彻底，还牵连着前期、中期的思想，特别是实践美学没有得到根本的反思和清理，从而产生了诸多矛盾。第一，"自然的人化"和"人的自然化"同时并存，本身是违背逻辑的，它们是对立的命题，不可能同一。要人化自然，就离开了自然；要人自然化，就不再是人，这是不能两全的。审美克服了人与自然的冲突，但这是在超越现实生存、回归存在的领域发生的，是对自然性和社会性的双重超越，而不能归结为"自然的人化"与"人的自然化"的融合。第二，李泽厚提出了工具本体与情本体两个本体，他们的关系问题没有得到解决，产生了矛盾。按照常识，本体就是最本源的事物，它只能有一个，不可能有两个本体。实践美学把审美建立在工具本体上，工具本体积淀为文化—心理结构，这就是心理本体。而"情本体"论在逻辑上预设了这样一个立场：情本体不是派生的，而是独立的，所以才能称为本体。而情本体独立存在，就必然与工具本体的第一性以及"积淀说"发生冲突，这两个本体哪个更为根本就形成了矛盾：一方面说实践（工具本体）积淀为心理本体，产生了美感和美；另一方面，又说情本体独立，并且反抗工具本体，从而成为人类最终的精神家园，成为美的根据，这两种论述是矛盾的。而且，情感如何能够成为本体，这在哲学上缺乏根据，因为哲学的本体是最终的本源，情感显然不是本源。而在社会文化意义上，情感也不能成为本源，它只是人的诸种心理能力之一，还有认知、想象、欲望等，它们都有独立性，不是情感的附庸。而且更有理性支配感性，感性（包括情感）不可能成为本体。从美学上说，情感固然是审美意识的重要方面，但也不是唯一的，还包括审美直觉、审美想象、审美理想等其他因素。而且，更重要的是，不能把审美归结为一般情感活动，审美意识超越一般情感，是自由的意识，这一点"情本体论"并没有揭示出来。

李泽厚美学研究的方法论也存在着问题，这导致了其美学体系的根本问题。他以对中国文化的研究取代了美学研究，如从中国文化的实用理性特性出发，建立"乐感文化"的美学体系。由于缺乏对中国文化的批评视角，也由于把美学的哲学基础抽掉，而从中国文化思想中寻找现代美学的根基，由此建构而成的美学必然有局限性。首先是把文化与审美等同起来，以中国文化的特性来建立一般的美学理论，从而否定了审美对于一般文化的超越性。其次，这种美学体系从中国文化的特性出发建构而成，缺乏普遍性、哲学性，而只具有民族性、文化性。再次，这个美学体系植根于传统美学，没有根本的改造，也必然缺失了现代美学的品格，而只是传统美学的延伸。最后，这个美学体系仅仅立足于古代的审美经验，也不适合现代社会的需求，不能解决现代人的精神困境。李泽厚继承了"天人合一"的儒家思想传统，建立了一个情感乌托邦即情本体论，以求在世俗的情感中寻找生存的依据，代替人的超越性追求。但是，在当代社会，天人分离，个体独立，精神失去了依托，古典和谐的情感已经不复存在，建立天人合一的"情感乌托邦"已无可能，而且也不能消除现代人的精神困扰。在现代条件下，人类生存陷入了空虚、孤独、无聊的困境，只有确立审美的超越性，把审美作为自由的生存方式，才能最终建立一个审美乌托邦，为人类寻找到生存的终极意义。

此外，李泽厚也没有正视其美学思想的断裂，而是坚持其前期、中期、后期美学思想的连贯性。事实上，他对于中国美学传统的回归和重建，与其早期的社会客观论美学以及中期的实践美学有根本性的冲突，如天人合一与主体性的矛盾、情本体与实践论的矛盾等。这说明他对自己的思想发展的认知还缺乏深刻性，对新古典主义美学思想的建设也缺乏自觉性。

第七节　叶朗的"意象论美学"

叶朗以中国美学史研究名世，后介入美学原理研究，形成以意象为本体、以感兴为生成方式、以人生为指向的美学体系。他设定了"接着说"的目标，延续了中国美学从古代到近代再到现代的学术发展路径，为中国美学的现代转型做出了积极贡献。

1988年，叶朗主编的《现代美学体系》出版。2009年，叶朗完成《美学原理》一书的撰写，同年交北京大学出版社出版。翌年，该书的彩色插图版以《美在意象》为书名在同一家出版社发行。该书延续了《现代美学体系》所搭建的审美感兴、审美意象、审美体验三位一体的美学体系思想，但对基本的范畴和命题做了修正，并大幅度调整了全书的构架，涵盖审美活动、审美领域、审美范畴、审美人生四编内容，形成以"美在意象"为本体的现代美学体系。

一、美学立场和方法论

叶朗反对实体论美学，认为美不是一种实体。他的推理过程是这样的：美不在纯客观的物，也不在纯主观的心，而是人的审美活动的产物，这个产物就是心物合一、情景交融的"意象"。他以中国传统美学为依据，认为"美在意象"就是中国传统美学的基本看法。

关于美不在纯客观的物，叶朗说："不存在一种实体化的、外在于人的'美'，'美'离不开人的审美活动。"[1]他借用柳宗元语强调："美不自美，因人而彰。"美是对物的实体性的超越。他从三方面加以论证："1.美不是天生自在的，美离不开观赏者，而任何观赏都带有创造性。"[2] "2.美并不是对任何人都是一样的。同一外物在不同人面前显示为不同的景象，具有不同的意蕴。"[3] "3.美带有历史性。在不同的时代，在不同的民族，在不同的阶级，美一方面有共同性，另一方面又有差异性。"[4]

---

① 叶朗：《美学原理》，北京大学出版社2009年版，第43页。

② 叶朗：《美学原理》，北京大学出版社2009年版，第44页。

③ 叶朗：《美学原理》，北京大学出版社2009年版，第45页。

④ 叶朗：《美学原理》，北京大学出版社2009年版，第47页。

关于美不在纯主观的心，叶朗说："不存在一种实体化的、纯粹主观的'美'。……'美'又是对实体性的自我的超越。"①他在论证这个观点时一再说明，这是"中国传统美学"的看法，是"禅宗对中国美学的贡献"②。如马祖道一说"心不自心，因色故有"。叶朗认为，这个"因色故有"的"心"就是对实体性的主体自我的否定，说明心的美离不开物。美既不在实体的物，也不在实体的心，在哪儿呢？叶朗认为在审美活动中。早在《现代美学体系》中，叶朗就指出：美作为一种"超然的实在"是不存在的；美只存在于"审美经验"中。"只有'审美'（这是一种经验），而无'美'（这是一种超然的实在）；或者说，只有在审美经验中的美。"③这种存在于"审美经验"中的美是在"审美活动"中产生的。"审美活动就是要在物理世界之外建构一个情景交融的意象世界……这个意象世界，就是审美对象，也就是我们平常所说的广义的美（包括各种审美形态）。"所以说："'美'在意象。""在中国传统美学看来，意象是美的本体，意象也是艺术的本体。"④"审美活动是一种人生体验活动。这种体验活动的对象是意象世界。这个意象世界就是'美'（广义的'美'）。这个意象世界是在审美活动中创造出来的，而且它只能在审美活动中存在。这就是'美'与'美感'的同一。"⑤"美感是情景契合、物我交融，是人与世界的沟通，这就是美（意象世界）的生成。"⑥美所寓存的意象是让人感到美的意象，叶朗称其为"审美意象"。

① 叶朗：《美学原理》，北京大学出版社2009年版，第52页。

② 叶朗：《美学原理》，北京大学出版社2009年版，第54页。

③ 叶朗主编：《现代美学体系·初版前言》，北京大学出版社1999年版，第4页。

④ 叶朗：《美学原理》，北京大学出版社2009年版，第55页。

⑤ 叶朗：《美学原理》，北京大学出版社2009年版，第15页。

⑥ 叶朗：《美学原理》，北京大学出版社2009年版，第69页。

"审美意象的最主要的性质有以下四点：第一，审美意象不是一种物理的实在，也不是一个抽象的理念世界，而是一个完整的、充满意蕴、充满情趣的感性世界，也就是中国美学所说的情景相融的世界。第二，审美意象不是一个既成的、实体化的存在（无论是外在于人的实体化的存在，还是纯粹主观的在'心'中的实体化的存在），而是在审美活动的过程中生成的。……第三，意象世界显现一个真实的世界，即人与万物一体的生活世界。……第四，审美意象给人一种审美的愉悦……也就是我们平常说的使人产生美感（狭义的美感）。"[1] "美（意象世界）是情景合一，是对自我的有限性的超越，是对'物'的实体性的超越，是对主客二分的超越，因而照亮了一个本然的生活世界即回到万物一体的境域，这是对人生家园的复归，是对自由的复归。"[2]

叶朗又说："美感不是认识，而是体验。"[3]为什么不承认美感是"认识"呢？因为一讲"认识"，就有"主客二分"之嫌。"美学界过去把审美活动看作是认识活动，从而把审美活动纳入了'主体—客体'的结构模式。这种做法从根本上违背了审美活动的本性。"[4]审美活动不认知审美对象"是什么"，而体验审美对象"怎样是"或"怎样存在"。"体验"本来是亲身经历、体会的意思，而经历、体会的过程不过是感觉、感受、认识的过程，并不排斥认识。但在叶朗那里，"体验"与"认识"是势不两立的。他吸收了西方现代现象学哲学的某些思想，重新阐释、界说了"体验"概念。如他说，"'体验'是一种跟生命、生存、生活密切关联

① 叶朗：《美学原理》，北京大学出版社2009年版，第59页。
② 叶朗：《美学原理》，北京大学出版社2009年版，第79页。
③ 叶朗：《美学原理》，北京大学出版社2009年版，第89页。
④ 叶朗：《美学原理》，北京大学出版社2009年版，第86页。

的经历"①，这种"经历"难道不是由感受、认识等元素构成的吗？有独立于感性认识和理性认识之外的人生"经历"吗？他又说："同时，'体验'是一种直接性"，"'体验'又是一种整体性"。②这两句话在语法上的准确表述应当是："体验"具有一种"直接性""整体性"。那么，这种具有"直接性""整体性"的"体验"活动在美感中是怎样表现的呢？叶朗借用王夫之佛学论文中关于"现量"三个特点的论述，说明"美感是'现在'。（这也不合语法，应表述为：美感具有'现在'的特性。——引者注）……是当下的直接感兴所显现的世界"③；美感具有"现成"的特性，"是指通过直觉而生成一个充满意蕴的完整的世界"④；美感具有"现实"（"显现真实"）的特性，"这意味着审美体验必然要创造一个意象世界，从而超越自我（海德格尔说的'绽出'）照亮一个本然的生活世界"⑤。关于美感不是认识，而是体验，叶朗还有一段集中的说明：

美感是与人的生命和人生紧密相联的，而认识则可以脱离人的生命和人生孤立地把事物作为物质世界（对象世界）来研究。美感（审美体验）是直接性（感性）（应表述为"具有直接性或感性"。——引者注），是当下、直接的经验，而认识则要尽快脱离直接性（感性），以便进入抽象的概念世界。美感（审美体验）是瞬间的直觉，在直觉中得到的是一种整体性（世界万物的活生生的整体），而认识则是逻辑思维，在逻辑思维中把事物的整体进行了分割。美感（审美

---

①　叶朗：《美学原理》，北京大学出版社2009年版，第89页。

②　叶朗：《美学原理》，北京大学出版社2009年版，第89页。

③　叶朗：《美学原理》，北京大学出版社2009年版，第92页。

④　叶朗：《美学原理》，北京大学出版社2009年版，第95页。

⑤　叶朗：《美学原理》，北京大学出版社2009年版，第97页。

体验）创造一个充满意蕴的感性世界（意象世界），"华奕照耀，动人无际"，这就是美，而认识则追求一个抽象的概念体系，那是灰色的，乏味的。[①]

二、美的本质："美在意象"

在美的本质问题上，叶朗提出了"美在意象"的论断。他说道："中国传统美学认为，审美活动就是要在物理世界之外构建一个情景交融的意象世界⋯⋯这个意象世界，就是审美对象，也就是我们平常所说的广义的美（包括各种审美形态）。⋯⋯在中国传统美学看来，意象是美的本体，意象也是艺术的本体。"[②]叶朗的此番论述，包含着多重含义：从生成条件上看，美（意象世界）必须在审美活动中才能产生；从存在形态上看，美是一个在物我之外构建出来的情景交融的感性世界；从审美意义上看，美是一个显现人与万物真实面目的世界。

叶朗关于"美在意象"的界定，是对中国古典美学优秀遗产的继承。叶朗所提出的"意象"范畴来自中国古典美学。在其早年的《中国美学史大纲》（1985）一书中，叶朗详细地梳理了"象"和"意象"范畴的形成和使用历程。[③]二者中较早被人们使用的范畴是"象"，见于《易传》。《易传·系辞传》出现了"立象以尽意"的命题，意为以小喻大、由近及远等。此处的"象"虽不特指艺术形象，但道出了艺术形象所具有的以有限寓无限、以个别表现一般的基本特点，因而为后人理解艺术形象提供了帮助。第一次使用"意象"范畴的是魏晋南北朝时期的刘勰，他在《文心雕龙·神思》中写道："独照之匠，窥意象而运斤"，"神用象通，情

[①] 叶朗：《美学原理》，北京大学出版社2009年版，第98页。

[②] 叶朗：《美学原理》，北京大学出版社2009年版，第55页。

[③] 叶朗：《中国美学史大纲》，上海人民出版社1985年版，第70—73页。

变所孕"。这意指艺术构思活动中，外物形象和诗人情意二者的结合。这即是说，"意象"在开始使用之时，便确立了主体（意）与客体（象）二者合一的基础含义。事实上，叶朗不仅追溯古代典籍上"意象"的出现以及含义，还着手考察20世纪中国现代美学建设启动以来"意象"的使用情况。他发现，在朱光潜和宗白华的美学世界中，"意象"（"境界""灵境"）占据着重要的地位。朱光潜多次说到，"美感的世界纯粹是意象世界"（《谈美》），"凡是文艺都是根据现实世界而铸成另一超现实的意象世界"（《谈文学》），"诗的境界是情景的契合"（《诗论》）。宗白华也反复提及，"美与美术的源泉是人类最深心灵与他的环境世界接触相感时的波动"（《艺境》），艺术家"所表现的是主观的生命情调与客观的自然景象交融互渗，成就一个鸢飞鱼跃，活泼玲珑，渊然而深的灵境"（《艺境》）。从这些论述中可以看出，朱光潜和宗白华进一步补充和丰富了古典美学中的"意象"范畴，但始终未偏离其最初的主客合一的意义维度。自此，叶朗通过溯源式的古典文献爬梳和20世纪美学思想考察，找到了从古代一直活用到现在的中国美学范畴——"意象"，这一范畴自然也就成为其个人美学体系的本体性范畴。通过"意象"本体的确立，叶朗将个人美学体系的大厦扎根在中国古典美学根基上，也做出了建构中国化的现代美学体系的尝试。

　　叶朗在《美学原理》一书中，援引西方现象学的意向性理论来界定审美活动的性质，提出"审美意象离不开审美活动，它只能存在于审美活动之中"，"审美活动是一种意向性活动。……是'我'与世界的沟通"。[①]他还进一步将胡塞尔、海德格尔等西方理论家阐发的"生活世界"（即"存在"）概念与中国古典美学的"真"（即"自然"）概念打通，认为

　　———————————

　　① 叶朗：《美学原理》，北京大学出版社2009年版，第71—72页。

"美（意象世界）一方面是超越，是对'自我'的超越，是对'物'的实
体性的超越，是对主客二分的超越，另一方面是复归，是回到存在的本然
状态，是回到自然的境域，是回到人生的家园，因而也是回到人生的自由
的境界"①。以上分析足以显现叶朗意象理论中对西方现代美学理论的借鉴
和改造的部分。

三、意象的生成："感兴"

继确立意象作为美的本体之后，叶朗下一步研究的内容便是意象的生
成方式——感兴（美感）。叶朗在《美学原理》一书中指出："审美活动
是美与美感的同一。"其中，"审美意象（美）是从审美对象方面来表述
审美活动，而美感是从审美主体方面来表述审美活动"。同时又因为中国
古典美学中"感兴"一词的含义与"美感"几近相同，故"把'感兴'作
为'美感'的同义语来使用"。②

"感兴"与"意象"相似，均源自中国古典美学。叶朗在其1988年主
编的《现代美学体系》一书中，深入考察了"感兴"的语义。叶朗界定
道："'感兴'是一种感性的直接性（直觉），是人的精神在总体上所起
的一种感发、兴发，是人的生命力和创造力的升腾洋溢，是人的感性的充
实和完满，是人的精神的自由和解放。"③经过叶朗的重新阐释，"感兴"
作为审美心理学的词汇被纳入个人美学理论体系之中，用于阐释意象的生
成。

叶朗在《美学原理》一书中，用"感兴"解释了意象的生成。他首先
在审美活动的语境下讨论意象的生成。在审美活动中，人与世界万物的关

---

① 叶朗：《美学原理》，北京大学出版社2009年版，第79页。
② 叶朗：《美学原理》，北京大学出版社2009年版，第84页。
③ 叶朗主编：《现代美学体系》，北京大学出版社1988年版，第171页。

系并非主客对立，而是天人合一式的融合关系。在此融合中，作为审美主体的人不需要借助过去的知识或逻辑的分析演绎作为"中介"去认识世界万物，而是用当下直接体验的方式，在瞬间的直觉中创造一个意象世界，从而显现或照亮一个本然的真实的世界。这种审美主体通过瞬间直觉创造出意象的方式，就是"感兴"。"感兴"既是审美活动中意象的生成方式，也是审美活动中审美主体的心理活动（美感）。

为了更详细地说明"感兴"之义，叶朗借用王夫之的"现量"理论来加以解释。王夫之在《相宗络索·三量》中写道：

> "现量"，"现"者有"现在"义，有"现成"义，有"显现真实"义。"现在"，不缘过去作影；"现成"，一触即觉，不假思量计较；"显现真实"，乃彼之体性本自如此，显现无疑，不参虚妄。[①]

上文中，"现量"分为"现在""现成""显现真实"三层意义，分别对应审美活动中"感兴"的三种状态。一是"现在"，意为不使用过去的知识作为影响和介入当下，对应审美活动中主体的瞬间直觉感知，即"感兴"自身的含义；二是"现成"，指通过直觉而生成一个充满意蕴的完整的世界，对应的是"感兴"的产物——生成一个意象世界；三是"显现真实"，意味着照亮一个本然的生活世界，对应"感兴"的意义——在意象世界中显现真实的面貌。于是，借助王夫之的"现量"三义论，叶朗一方面从含义、产物、意义等三个层次全面分析了何为"感兴"，使其作为意象生成方式的理论内涵为众人所熟悉和理解；另一方面也使其理论与中国古典美学遥相呼应，从而唤醒古典美学理论在现代美学语境中的生命力。

---

① 转引自叶朗：《美学原理》，北京大学出版社2009年版，第90页。

四、叶朗美学思想的意义

叶朗重视对中国古典美学思想资源的继承，从中国古典美学诸多概念中撷取"意象"范畴，用以界定美的本质，建立起与中国古典美学思想一脉相承的现代美学体系。"意象"概念是中国美学特有的，区别于西方的"形象""表象"等概念，具有物我合一、融合物象与心象的性质，从而揭示了艺术和审美的本质属性。以意象范畴为中心来构造现代美学体系有其合理性，也凸显了中国美学的特色。

叶朗关于"美在意象"的思想也具有现代意义。它借鉴了现象学方法，把审美意象与现象学直观结合起来，契合了现代美学发展潮流，从而与西方现代学术体系接轨。

另外，"意象论"美学努力推动了中国美学从传统到现代的转型。它延续了中国美学现代转型的路径，对"意象""感兴"等中国古典美学范畴进行现代阐释，为其注入主体间性现代美学维度，促成了中西美学融汇和中国传统美学向现代美学的转型，具有重大的理论价值和意义。

叶朗的意象美学存在一些不足之处。首先，其对中国传统美学思想的现代转化还缺乏深入论证，特别是对古代的意象说的哲学依据还未进行深入发掘；它与现象学的沟通还缺乏必要的改造功夫，因为现象学的意向性构成具有主体性，而中国的意象概念是主客合一的，是"感兴"的产物。其次，整个美学体系建构的系统性和论证的逻辑性也存在加强的空间。最后，意象论固然揭示了中国美学的核心概念，但"美在意象"的内涵毕竟更多在于美的形式方面，是美的显现方式，而美的思想内容方面则没有得到足够的揭示和论证，这也留下了巨大的理论空白。

第八节　其他当代新古典主义美学家的思想

一、周来祥的"和谐论美学"

周来祥依据对中国及人类审美的历史考察以及马克思的实践论思想，提出了"美是和谐"的论断，建立了"和谐论"美学体系。周来祥的美学研究的理论依据和思想资源主要有三个方面：

第一，马克思的实践论。周来祥认为，美在主观与客观的和谐关系，而这种和谐是建立在人类的社会实践基础上的，他指出："马克思还认为，自然的人化，人的本质力量的对象化，是人对社会、人对自然一切自由关系产生的根源。"[①]在这个方面，周来祥也持有实践美学的根本观点即美是实践的产物，认为实践规定了美的本质——人的本质对象化。第二，他以黑格尔和马克思的历史辩证法以及逻辑与历史统一的思想来构筑和谐论美学。他考察了人类审美的历史，提出了由古代的朴素的和谐到近代的崇高再到现代的辩证的和谐的美学理念的演进历史，体现了正题—反题—合题的辩证法。第三，他继承了中国古典美学传统，认为和谐是中国美学的核心理念。周来祥提炼了中国古典美学的和谐思想，撷取其合理内核，并且比较了西方美学的历史，建立了具有普遍意义的和谐论美学。正是这样，学界才把周来祥美学思想归入新古典主义一派。

周来祥美学思想的核心是"美是和谐"。他说："我认为美是和谐，是人和自然、主体和客体、理性和感性、自由和必然、实践活动的合目的性和客观世界的规律性的和谐统一。"[②]而"这和谐的统一也就是自

---

① 周来祥：《论美是和谐》，贵州人民出版社1984年版，第112页。

② 周来祥：《论美是和谐》，贵州人民出版社1984年版，第73页。

由"①。周来祥认为，"和谐"是一个深刻的哲学和美学范畴，包括四层含义：第一，形式的和谐，即人、物、艺术、外在因素的大小、比例及其组合的均衡、和谐（形式美）。第二，内容的和谐，即主观与客观、心与物、情感与理智的和谐（内容美）。第三，形式与内容的和谐统一（生活美，特别是艺术美）。这里首先是内容的和谐，内容的和谐决定着形式的和谐，并规定着内容与形式之间的和谐统一。第四，内容的和谐又取决于主体与客体、人与自然、个性与社会的和谐自由的关系，这种和谐自由的关系集中体现为完美的、全面发展的人。

那么，如何论证"美是和谐"呢？周来祥提出，美在审美关系中，审美关系规定了美的本质。这一思想与传统的美是客观实体性的思想区别开来。他提出了实践关系（善）、认识关系（真）与审美关系（美）统一的思想。他指出，实践关系是对美的本质的一般性规定，审美关系是对美的本质的特殊规定。关于美的本质，他的看法有两点，一是广义的美的本质（审美对象的属性）作为美的根源，是人类实践活动的产物；二是美的本质作为美的对象，是由审美对象和审美主体之间的审美关系决定的。"在这个意义上，没有审美对象就没有审美主体，没有审美主体，也就没有审美对象。在第一点上我同自然说和主客观统一说有分歧，在第二点上，我同美的客观性和社会性统一说也有差别。"②

什么是审美关系？周来祥对审美关系的本质规定是和谐自由。他说："审美关系是一种和谐自由关系，主体和客体之间的和谐自由规定着审美关系的独特本质。使它与实践关系、认识关系相区别。"③审美关系介于实践关系与认识关系之间，"实践关系、认识关系、审美关系都是人对现

---

① 周来祥：《论美是和谐》，贵州人民出版社1984年版，第120页。

② 周来祥：《论美是和谐》，贵州人民出版社1984年版，序言第1页。

③ 周来祥：《再论美是和谐》，《社会科学辑刊》1985年第1期。

实的一种自由关系，而审美关系是人类自由关系的一种特殊形式"[1]。他得出了这样的结论：要把握美的本质，不能仅从主体方面入手，也不能全从客体方面入手，而必须从主客体之间的对象性关系入手。人与世界的关系最基本的是三种：实践关系、认识关系和审美关系，由此呈现为"真""善""美"的不同对象。由于认识活动受制于客观规律，实践活动受制于主观目的，它们都有其片面性，是不自由的；然而审美活动则由于其一方面暗合客观规律，一方面又在无目的性中符合目的性，因而是最和谐最自由的。因此他特别强调："如果说，在认识关系里边偏重于对象，在实践关系里边偏于主体的话，那么，在审美关系里边，审美对象和审美主体达到的是在认识关系和实践关系里边不能达到的高度的和谐自由的统一。"[2]审美关系的本质是和谐，所以美也是和谐。因此他得出了对美的本质总的看法："人的劳动实践，人的本质力量对象化，是美的普遍本质，和谐、自由则是美的根本特征。美的特征也是美的普遍本质的表现，和谐是人与自然、主体与客体、合目的性与合规律性的统一，这和谐的统一也就是自由。"[3]

周来祥在逻辑上规定了美的自由、和谐本质，又遵循着逻辑与历史的统一思想，考察了审美关系发展演变的过程。他先依据质的标准，把美划分为偏于和谐的优美和偏于矛盾对立的崇高美。另外，周来祥还指出，这两个美的形态还体现为一些具体形态，包括滑稽、喜剧、悲剧、丑、荒诞等。他认为，逻辑的进程与美的历史发展是相一致的，审美形态大体经过了古代素朴的和谐美、近代对立的崇高美和现代辩证的和谐美三大历史阶段。总体上说，古代朴素的和谐美的特征是构成美和艺术的各种因素有序

① 周来祥：《再论美是和谐》，《社会科学辑刊》1985年第1期。
② 周来祥：《关于美的本质问题》，《吉林师范学院学报》1988年第1期。
③ 周来详：《论美是和谐》，贵州人民出版社1984年版，第119—120页。

地、稳定地、和谐地组合为一个有机整体，是主体与客体、人与自然、个体与社会、自由与必然素朴的和谐统一；近代崇高美的特征则是上述矛盾对立双方在统一中偏于对立，构成的各种元素无序地、动荡地、不和谐地组合为一个矛盾复杂体，其中也经历了从崇高到丑再到荒诞的发展过程。现代的美作为辩证和谐的美，特征是扬弃古代和谐美，吸收近代对立和古代和谐并加以综合发展，各种因素在更高层次上的辩证的和谐统一。与美的三大历史形态相对应的是艺术史上出现的三大形态：与古典和谐美相对应的是古典主义艺术。与对立的崇高相呼应的是崇高型艺术，即浪漫主义和现实主义艺术。现代意义上的新型和谐美是理想与现实、表现与再现、情感与理智等组成因素走向更高层次的综合的新艺术。

周来祥美学思想出自中国的审美经验，继承了中国美学的思想资源，也就是中国的"天人合一""中和之美"的思想。但他对这种中国美学思想进行了现代论证，其中主要是马克思的实践论的论证。

周来祥美学思想的意义在于这几个方面：第一，周来祥注重从中国美学传统中提炼出和谐的美学理念，并且与世界美学相比较，从中发现普遍的美的本质。这一努力，提升了中国美学的地位，使其拥有了与西方美学对话的资本。而且，由于和谐理念确实是中国美学的特点，也普遍存在于审美体验之中，因此这一成果是应该肯定的。第二，周来祥以审美关系的视角考察美的本质，摒弃了传统的基于主客关系的研究方式，克服了审美主体与审美对象分离的弊端，从而找到了合理的研究方法。第三，周来祥区分了审美关系与实践关系、认识关系，确认了审美关系的自由性质，一定程度上克服了实践美学混同审美关系与实践关系的缺陷。

周来祥的美学思想也存在着可以商榷的问题。首先是他的实践论哲学基础以及实践美学体系与其和谐论美学思想的矛盾。他一方面服膺实践美学，认为实践关系、认识关系和审美关系都是自由和谐的关系，实践决定了美的本质，美是人化自然的产物，这是美的一般本质；另一方面又认为审美关系决定了美的特性，并且提出实践关系、认识关系不是自由和谐的，而审美关系是自由和谐的，这就产生了美的一般性与特殊性之间的根本性矛盾。

此外，周来祥提出的和谐美的历史发展三阶段说，即由古代的朴素和谐美到近代的崇高美再到现代的辩证和谐美，虽然有一定的合理性，但毕竟有以逻辑框架来裁剪历史现象的嫌疑，这是黑格尔历史哲学的影响所致。

二、陈望衡的"境界论美学"

陈望衡继承和发扬中国古典美学思想，抓住了一个核心概念"境界"，建立了"境界论美学"。

陈望衡从美学与人学的关系入手，指出人性最为基本的活动是自由的生命活动。"自由的生命活动大致可分成相联系相渗透的两种不同方式：一种是物质性的生命活动；另一种是精神性的生命活动。物质性的生命活动包括生活资料的生产、人类自身的生产"①，精神性的生命活动体现为人是自由的存在物。同时，他指出："自由是人的本质，自由的根本特点是创造性、不受约束性。自由可以分成两种：一种是实践的自由或者讲现实的自由，它以人对必然的认识、掌握为前提，体现为合规律性与合目的性的统一。这种自由决定了人现实地存在和发展。另一种自由是精神的自由，它主要体现为人在精神世界的自由想象、自由创造，它虽然与人对必然的认识存在某种关系，但不以之为前提。"②接下来，陈望衡将精神自由

---

① 陈望衡：《20世纪中国美学本体论问题》，武汉大学出版社2007年版，第488页。
② 陈望衡：《20世纪中国美学本体论问题》，武汉大学出版社2007年版，第489页。

划分为理性的自由、感性的自由。"理性的自由主要为科学家的想象和逻辑推理；感性的自由主要为艺术家的想象和形象思维。"①二者互相渗透、影响，区分只是大致的。审美的自由主要是感性的自由，一方面说这自由的载体是鲜活的形象，另一方面是说这自由渗透了情感，并且以情感为动力。简单来说，这自由是情感自由。再者，情感的对象化构成的"情象"即为美；而在对象化过程中所获得的愉快，即为美感。"情象"用中国古典美学的范畴来说为"意象"或"兴象"。在陈望衡看来，"美是一个动态的系列，其最低的层次为情象，中间的层次为意象，最高的层次为境界。取最高层次言，美在境界"②。

"境界"范畴是中国古典美学对世界美学的一个伟大的贡献。陈望衡认为："作为美学的基本范畴，境界比意境更好，意境一般来说只宜用在艺术领域，而'境界'则不仅可以用在艺术领域，而且也可以用在人生的其他领域。"③中国的境界理论博大精深，历来就有很多美学家对其进行深入的挖掘和阐释。陈望衡并非独创，更非首个将其进行系统阐释的美学家，他所做的工作只不过是将中国古典美学中具有很大开发价值的美学范畴移植到当今的美学中，根据时代的需要以及美学理论自身发展的需要，重新对其作出解释以适应现当代美学的发展。

陈望衡梳理归纳了中国美学史上与"境界"理论相关的几位美学家的重要美学思想，这样我们就可以清晰地了解到"境界"这个美学范畴提出以及发展的来龙去脉。对此，陈望衡总结了中国美学史上对"境界"范畴阐释的八个方向：

---

① 陈望衡：《20世纪中国美学本体论问题》，武汉大学出版社2007年版，第489页。
② 陈望衡：《20世纪中国美学本体论问题》，武汉大学出版社2007年版，第476页。
③ 陈望衡：《20世纪中国美学本体论问题》，武汉大学出版社2007年版，第476页。

　　第一，由道家提出的"道法自然"说、"有生于无"说。这是境界理论最重要的来源，也是境界最重要的哲学基础。第二，由《周易》、《庄子》最先提出，后由魏晋以王弼为代表的玄学家予以发挥的"言"、"意"、"象"理论。这是境界理论的另一来源和哲学基础。第三，由佛教典籍提出的"境"、"境界"理论。这也是美学的境界理论的重要来源和哲学基础。第四，唐代王昌龄、殷璠、皎然、刘禹锡、司空图等提出的意象、意境、兴象等理论，这里最重要的是刘禹锡的"境生象外"说与司空图的"象外之象"、"味外之旨"说。……第五，宋代由严沧浪、王廷相等提出的"镜花水月"说、"妙悟"说、"诗贵意象透莹"说。……第六，明代袁宏道的"性灵"说。"性灵"说强调真情实感的自然流露，要求作品的透脱空灵，对境界理论的成熟起了很大的作用。第七，清代王渔洋的"神韵"说，王夫之的"现量"说，"情景妙合"说，尤其是王夫之的"情景妙合"说对境界的美学特征做了很深刻的总结。第八，王国维的"境界"说。王国维是境界理论的集大成者，王国维说："沧浪所谓'兴趣'，阮亭所谓'神韵'，犹不过道其面目，不若鄙人拈出'境界'二字为探其本也。"确定境界在美学中的本体地位，是王国维在美学上的一大贡献。[①]

在对"境界"范畴的提出以及发展作了一番简略的梳理之后，陈望衡又将"境界"范畴划分为宗教的境界、科学的境界、哲理的境界以及艺术的境界。其中，艺术的境界是最为纯粹的审美境界，是审美境界的典范。接下来，陈望衡探讨了情象、境界的构建，认为其必然途径是审美超越。"超

---

①　陈望衡：《20世纪中国美学本体论问题》，武汉大学出版社2007年版，第476—477页。

越是人的本质力量之一，惟人能做到超越。……'自由是审美追求的最高境界，超越是实现自由的重要中介。'……说到'超越'，它有许多方式，其中主要的只有三种：一是宗教的超越，那是虚幻的超越；二是哲学的，那是理性的超越；三是审美的，那是感性的超越。超越的内容是：对物质世界的超越，对实用功利的超越，对个体实存的超越，对主客体区别的超越。超越是实现审美的不可缺少的途径。我之所以不同意实践美学将人类实践活动的过程和过程本身以及实践的产物看做美，就是因为它未能实现超越，太物质化、现实化、功利化了。"①

此外，陈望衡从"境界说"出发，认为"审美是客体与主体一种愉快的邂逅，一种和谐的统一"②，从而肯定了审美的主客同一性质。

陈望衡具体分析了审美发生的条件，他认为，审美客体必须具备的条件有如下四点：一、"必须是在人的感觉能力，尤其是视觉能力与听觉能力所能及的范围之内"；二、"必须是肯定人的生存、生活的那部分自然"；三、"它必须肯定人的以情感为基质的意识形态"；四、"必须是对人的生理尤其是五官感觉的肯定"。③陈望衡认为以上四点是美的潜能，还不是美，美的生成还必须有审美主体的参与，并且后者更为重要，当然审美的主体是审美个体，因为具体的审美活动的主体只能是个体。审美主体也必须具备两方面的条件。第一，主体必须进入一定的审美状态才能产生审美体验。"审美状态有单纯与综合，深浅与高下之不同。纯审美的状态层次通常是欣赏艺术或自然山水时的状态"，综合的审美状态不是纯粹的审美，这中间有各种不同的态度，实用的、伦理的、宗教的、政治的、

---

① 陈望衡：《20世纪中国美学本体论问题》，武汉大学出版社2007年版，第491页。

② 陈望衡：《20世纪中国美学本体论问题》，武汉大学出版社2007年版，第459页。

③ 陈望衡：《20世纪中国美学本体论问题》，武汉大学出版社2007年版，第454—457页。

经济的等等。"审美只是其中之一，而且大多数情况不是主要的，而是次要的，或相伴随的。"此外，审美状态还受到审美心境的影响。"心境是审美中最活跃的、最不稳定的因素，也是最重要的因素，审美的一大特殊性就在这里。"①当然，不同修养的人的审美感受也是千差万别的。因此，可以说，审美状态受到诸多因素的共同影响。第二，审美状态的产生依赖于审美情境。"只有在审美的情境下，审美状态才可能产生。审美情境的产生决定于两个条件：一是主体条件。只有当主体不被种种实用的功利的观念所占据的时候，他才能进入审美的状态；二是客体必须具有比较丰富的美的潜能"②，不同潜能的客体会激发主体不同的审美感受。"审美情境是非常重要的，可以说没有审美情境就没有审美。当主体与客体具备一定的可以产生审美情境的条件时，主体的审美活动就产生了，美就是在审美情境中由审美活动创造的。"③

陈望衡撷取中国美学中的"境界"概念，扩展为一个美学体系，从而继承和发扬了中国美学精神，这种努力是应该肯定的。他从"境界说"出发，认同了审美的超越性和主客同一性思想，从而论证了审美的本质特性。其不足之处是，对审美超越性和主客同一性的论述还缺乏现代哲学的论证，因此显得有些薄弱。

三、朱志荣的"意象创构论美学"

朱志荣在继承中国传统美学思想资源的基础上，延续朱光潜、叶朗等人的意象研究，进一步深化了意象理论。他以中国古代美学传统为基础，

---

①　陈望衡：《20世纪中国美学本体论问题》，武汉大学出版社2007年版，第458—459页。

②　陈望衡：《20世纪中国美学本体论问题》，武汉大学出版社2007年版，第460页。

③　陈望衡：《20世纪中国美学本体论问题》，武汉大学出版社2007年版，第461页。

探寻借鉴西方美学建构中国美学体系的可能性，从本体论角度研究审美意象，提出了"意象创构论美学"。1997年出版的《中国艺术哲学》和2005年出版的《中国审美理论》奠定了朱志荣"意象创构论美学"的基础。后来，朱志荣又撰写了多篇关于审美意象的论文，较为系统地阐述了他的"意象创构论美学"。

朱志荣的"意象创构论美学"首先基于中华美学源远流长的"尚象"传统。其中强调取象比类、托物起兴，在立象尽意中包含着审美的体悟与创造。他认为，在中国古人的观念中，"主体对自然和人生的体悟，主体的物质创造和精神创造，都以象为本"①。中国文化的"尚象"观念，充分体现了中国古人诗性的思维方式，凸显了审美意象的核心地位。在审美活动中，尚象以"观物取象"为基础。主体通过对自然物象和社会事象的选取与体悟，并借助想象力进行"象"的组合与创造，进而实现审美意象的创构。由此所创构的审美意象既具有"感性生动""不断生成"的特点，又具有"类比和象征的意味"，是主体对自然生命精神的积极顺应。因此，这种尚象精神是一种创造精神，体现了天人合一的传统。

朱志荣将审美意象看作主客、物我生命之间相互融通的产物，突破了传统美学理论将审美意象等同于审美对象的看法。他说："审美对象是具有审美价值的对象，但审美对象本身只具有审美价值的潜能，只有通过主体经由物态人情化、人情物态化的审美体验，才能创构出审美意象，从而完成审美活动的过程。"②朱志荣将审美意象看成审美活动的结晶，是对审美意象理论的发展和开拓。为此，他专门论述了审美意象创构的"感物动情"论。中国古代的"感物动情"说，就其本质来说是"物我之间生

①　朱志荣：《论中华美学的尚象精神》，《文学评论》2016年第3期。
②　朱志荣：《中国审美理论》，上海人民出版社2013年版，第72页。

命的共鸣"，"外物通过对主体情感的感召，使主体感动"，主体"生命的节奏与韵律"因此受到深深的触发，"妙悟"到了自然的"寂静"与"空灵"，于是心灵也成了一面空灵的镜子，映照天地万物，又"超尘出俗"，"物我两忘"。此时此刻，人与自然在深层次上是"一气相贯"的，这就是中国传统文化中所谓"天人合一"的境界，无疑也是一种"澄明"的审美境界。①

朱志荣突出了主体在审美意象创构过程中的主导地位和想象力的创造性作用。他认为，在审美意象的创构过程中，主体的情意起着主导作用。主体的主导作用是通过包含情理交融的情感动力来发挥的。正是在主体情意的作用下，想象力积极参与并体现出无穷的创造力。朱志荣认为，"想象力的自由性满足了主观情意的表达，满足了作者借作品拓展自我，寻求自由的愿望"②，"想象力对意象的创构尤其重要"③。他将审美意象的创构活动放置在主客统一的审美关系中讨论，从具体的审美活动出发，讨论审美主体的情感和想象力等对审美意象创构的积极作用。这是对此前审美意象理论的发展，拓展了审美意象的研究向度，强化了审美意象的研究力度。

朱志荣认为，从对象的角度讲，意象创构是一个动态生成的过程，是瞬间生成和历史生成的统一。朱志荣认为意象不是固定永恒的实体，而是在审美活动中动态地生成的，是化生的，而不是预成的。"它不仅在个体审美活动中瞬间生成的，而且是社会的，是族类乃至人类在审美活动中历史地生成的，个体的审美活动依托于社会整体。"④他认为意象的历史生

---

① 朱志荣：《意象创构中的感物动情论》，《天津社会科学》2016年第5期。

② 朱志荣：《中国文学导论》，文化艺术出版社2009年版，第24页。

③ 朱志荣：《中国审美理论》，上海人民出版社2013年版，第166—167页。

④ 朱志荣：《论审美意象的创构》，《学术月刊》2014年第5期。

成性是指审美经验以个体积累和族类积累为基础，并通过艺术品和工艺品得以传承，而审美意象在此过程中不断丰富和与时俱进。这种历史生成过程是一种翕辟成变的过程。个体生成性是指个体在每一次的审美活动中，物象、事象及其背景和主体的情意等因素都影响主体的审美体验，因而每一次意象创构都是独特的、不可复制的。但是每次生成的意象又是基于一定的物象、事象和艺术品及其背景，因而是大同而小异的。他认为，审美意象的创构是主体在瞬间达成的。主体以心映照外物，其情怀猝然与景相遇，由"物我两忘"达到"物我交融"，在"瞬间"创构了意象。朱志荣还认为"意象的生成过程，在认知中包含着诠释的成分"①，并且具有超越性和生命意识等特征。

朱志荣强调"神合体道"在创构审美意象过程中的重要作用，以此探讨审美意象的基本内涵和创构过程等问题，在此基础上概括出审美意象"以有限达无限"的基本特征，提升了审美意象的意蕴空间和形而上价值，较为清晰地区分了意象与意境之间的关系。朱志荣将"神合体道"看成审美意象创构过程中最为关键的一环。审美意象的这一特点为它过渡到意境状态奠定了基础，从而廓清了意象与意境之间错综复杂的关系。

朱志荣的"意象创构论美学"的创新之处首先在于为意象论美学奠定了本体论基础。他将"意象"作为本体范畴，不同于传统美学把"本体"阐述为"最后的实在"，也不同于现代美学将"本体"阐释为"存在"。朱志荣更多地借用了中国古代的本体思想。他指出："中国古代的本体，是本源、体性和体貌的统一，是时空合一的。意象作为本体，是主体在审美活动中动态生成的感性形态。"②在朱志荣的语境中，"本体"一词的内

---

① 朱志荣：《论审美意象的创构》，《学术月刊》2014年第5期。
② 朱志荣：《意象论美学及其方法——答郭通健先生》，《社会科学战线》2019年第6期。

涵具有包容性、综合性和变动性，既可以指世界的最终实在，也可以指世界以运动为根本的存在状态，更主要的则是指主体在审美活动中以情感和想象力为基础展开创造性活动所达到的物我交融为一的状态。

朱志荣将本体论与价值论统一起来，与中国古代的体用论思想融会贯通，探讨了意象创构的价值论基础，这也是本、体、用三位一体的创造论思想。朱志荣说："意象创构是一种本体论思想，同时体现了情感价值尺度。因此，审美意象创构的研究，既是本体论，又是价值论。……我把审美意象看成美学的元范畴，对美进行了本体论的界定，同时也是一种审美价值的判断，是体用合一的本体论与价值论的统一。"①同时他又将本源论与本体论统一，探寻意象创构的基础，"本体"既是意象创构的基础，又在意象创构的过程中体现出来。朱志荣说："审美意象作为美的本体，是从本到体的。本是本源、根源，体是有具体形态的体系，本源与体系相统一。意象是一个生动活泼、动态生成的本体，它在创构过程中体现了宇宙的生命精神，也即体现了道。"②

意象是美的本体，象、神、道体现了意象的本体结构，言、象、神、道则体现了意象的本体结构。主体与万物交融相通而最终形成晶莹透彻的意象，而意象审美效果的形成与传达，使审美活动从感性世界过渡到形而上的体道境界。朱志荣指出："审美意象一本万殊，由物我交融而体现了象、神、道的有机统一。审美意象的创构，是主体对物象、事象和艺术品及其背景的领悟，在物我贯通中获得意味。其中感性具体的象与形上的道是贯通的，一体的。"③朱志荣还认为："在中国古代思想中，在意象本体的象、神、道中强调神，比黑格尔'美是理念的感性显现'，更具体，更

① 朱志荣：《再论审美意象的创构——答郭通健先生》，《学术月刊》2015年第6期。
② 朱志荣：《再论审美意象的创构——答郭通健先生》，《学术月刊》2015年第6期。
③ 朱志荣：《论审美活动中的意象创构》，《文艺理论研究》2016年第2期。

丰富，更贴切。"①

审美意象不仅包括物象、事象及其背景，而且也包括主体通过想象力所呈现的"象外之象"②。朱志荣认为，"象外之象"是主体的情意受到外在物象和事象的感发与触动，借助于联想、想象等心理功能的作用的产物。主体在神与物游的过程中，超越了物象本身的局限，消除了物与"我"的界限，从而获得了生生不息的创造力。物象或事象及其背景等是具体的、有限的，而象外之象则是朦胧的，从有限趋向无限，具有空灵剔透的特征。"象外之象"与实象浑然为一，与主体的情意有机融合，共同构成了作为有机整体的意象。

总之，朱志荣将审美意象的创构放在审美活动和历史语境中探索，形成了独具特色的以意象为中心的中国美学思想体系。他的"意象创构论美学"的建构，是建立具有民族性、开放性和时代性的中国美学理论体系的可贵尝试，是当代中国美学理论建设中的重要创获。当然，这一美学理论尚处于建构过程中，还存在一些可商榷的地方。例如，朱志荣过于强调审美意象的体道功能，在某种程度上剥夺了审美意象的特殊本性；朱志荣关于意象本体的看法有一定的创新性，但意象创构与意象本体的关系等还需要进一步明晰；朱志荣认为"意象是美的本体"，又认为"美是意象"，在逻辑上还不太周延。这些不足之处，尚需要进一步加以弥补。

四、祁志祥的"乐感美学"

祁志祥，1958年生于江苏大丰（今盐城市大丰区）。他吸收了中国美学的"乐感"思想，建立了"乐感美学"。

---

① 朱志荣：《论审美活动中的意象创构》，《文艺理论研究》2016年第2期。
② 朱志荣：《论意象创构中的象外之象》，《复旦学报》2019年第4期。

1998年，祁志祥提出"美是普遍愉快的对象"①。他在2013年修正了这一定义，提出"美是有价值的乐感对象"②。他认为，在日常生活中，凡是一眼见到就使人愉快的对象，人们就把它叫作"美"。美是"愉快的对象"或"客观化的愉快"，这是"美"的原始语义或基本语义。③不过，"美"实际上不同于一般的乐感对象，而是神圣的价值符号，指对生命有益即有价值的那部分乐感对象。这是"美"的确切含义，也是"美"的完整含义。他进一步指出，从"美"所覆盖的范围来说，美是"有价值"的"五官快感对象和心灵愉快对象"。"有价值的五官快感对象"构成"形式美"。"有价值的心灵愉快对象"构成"内涵美"。将美解释为"有价值的五官快感对象"和"心灵愉快对象"，直接回答了"美"这个词是什么含义的问题。④

"美"何以成为有价值的乐感对象呢？在他看来，美的原因、根源是什么呢？就是"适性"。这个"性"，是审美主体之性与审美客体之性的对立统一。一般说来，审美对象适合和满足审美主体的生理本性、心理需求，就会唤起审美主体的愉快感，进而被审美主体感受、认可为美。对象因适合主体之性而被主体认可为美，包括审美客体适合审美主体的物种本性、习俗个性或功用目的而美，审美客体与审美主体同构共感而美，通过人化自然走向物我合一、主客体双向交流达到心物冥合而美等诸种表现形态。人类具有其他动物所不及的高度发达的理性智慧，因而人类不仅会按照人类主体"内在固有的尺度"从事审美，进而感受对象适合主体尺度的美，而且能够认识审美对象的本质规律，懂得按照"任何物种的尺度"进

---

① 祁志祥：《论美是普遍快感的对象》，《学术月刊》1998年第1期。
② 祁志祥：《"乐感美学"原理的逻辑建构》，《文艺理论研究》2016年第3期。
③ 祁志祥：《"乐感美学"原理的逻辑建构》，《文艺理论研究》2016年第3期。
④ 祁志祥：《"乐感美学"原理的逻辑建构》，《文艺理论研究》2016年第3期。

行审美，承认并感受客观外物适合自己本性的美，从而破除人类中心主义审美传统，走向物物有美、美美与共的生态美学。[①]他认为，美不仅是视觉、听觉的快感对象，也是味觉、嗅觉、触觉快感的对象。他进一步提出"动物也能审美，也有美感"的论断。

那么，"美的规律"是什么呢？事物成为"有价值的乐感对象"的基本法则是什么呢？现代美学强调"相由心生"。美在个体审美活动中生成，因而也否定"美的规律"。其实"美的规律"在艺术创作中，在人类美化生活的实践中客观存在着。"美的规律"就是"有价的乐感法则"。形式美的乐感法则主要体现为"单一纯粹""整齐一律""对称比例""错综对比""和谐节奏"。内涵美的乐感法则主要体现为理念的形象显现和生机盎然、生气勃勃。"对于身体没有毛病、生理没有缺陷、排除了主观情感好恶成见、拥有客观公正的审美心态的主体而言，任何事物只要符合上述规律，就会被视为"美"的对象。"[②]

"美"作为"有价值的乐感对象"，其特征是：一、愉快性，即被称作"美"的事物必须具有使审美主体悦乐的属性和功能。这是"真"与"善"未必具备的，也与使审美主体不快的"丑"区分开来。二、形象性。形式美中五官对应的形式本身就是直接引起乐感的形象。内涵美的实质是给"真"与"善"的意蕴加上合适的感官感知的形象。离开了诉诸感官的形象，就无所谓令感官快乐的形式美；离开了合适的形象外壳，"真"与"善"也不会转化为生动感人的"美"。三、价值性。所谓"价值"，是有益于生命存在、为生命体所珍惜的一种属性，它的内涵外延比"真""善"还大。一种非"真"非"善"的对象，比如悦目之色、悦耳之声、悦口之味、悦鼻之

---

① 祁志祥：《"乐感美学"原理的逻辑建构》，《文艺理论研究》2016年第3期。
② 祁志祥：《"乐感美学"源理的逻辑建构》，《文艺理论研究》2016年第3期。

香、悦肤之物，也许说不上蕴含什么真理、符合什么道德，但只要为生命所需、不危害生命存在，对生命主体来说就具有价值。无价值、反价值的东西虽然可以带来快感，但却不是美而是丑。在这个意义上，"价值"相当于"正能量"。四、客观性。五、主观性。这两种特征是由美的价值性特征决定的。价值既然对生命主体有益，就为生命主体所珍惜和重视。价值将客体与主体联系起来，因而，美既具有是否适合主体、是否有益于主体的客观性特征，又具有客体是否契合审美主体、为主体所感动和认同的主体性特征。美的客观性特征，决定了美的稳定性和普遍有效性，决定了共同美以及普适的审美标准的存在。而美是否契合审美主体、为审美主体所认同感动的主体性特征，决定了美所产生的乐感反应的差异性、丰富性，决定了不能通约的美的民族性和历史性。六、流动性。美不是固定不变的实体，而是流动的范畴。美的流动性是由美的客观性和主观性决定的。从客观方面看，引起有价值的乐感反应的美只属于事物某一运动阶段的状态。从主观方面看，美作为对审美主体有价值的乐感对象，既要满足人先天固有的生理需要，又要满足人后天习得的文化需要。同一事物，当它恰好满足人的主体需要时，就会成为有价值的乐感对象，就是美的，当它超过了人的主体需要时，就会成为无价值的乐感对象，就变成丑的了。所以，美不是脱离主体价值需要的永恒不变的实体。①

　　关于美感，祁志祥提出："人的美感活动是审美主体对有价值的乐感对象的经验把握。"②美感的本质是有价值的乐感。"愉快性、直觉性、反应性是美感的三个基本特征。美感作为乐感对象的拥抱和感知，愉快性是其显著特征。美感的愉快性与美的愉快性的根本不同，是美使审美主体

---

　　①　祁志祥：《"乐感美学"源理的逻辑建构》，《文艺理论研究》2016年第3期。

　　②　祁志祥：《"乐感美学"源理的逻辑建构》，《文艺理论研究》2016年第3期。

愉快，自身并无乐感可言，而美感则是审美主体愉快，自身就是乐感。在对象之美中，愉快只是功能特征，就是说美具有产生愉快的功能；而在审美主体的美感中，愉快就是美感自身的属性特征。直觉性特征是指美感判断是不假思索的直觉判断。美感的直觉性是由美的形象性决定的。五觉对象的形式美直接作用于人的五官，因契合五官的生理需要立刻引起五觉愉快，美感判断的直觉性特征相当明显。内涵美寄托在某种特定的感性形象中，以此作用于审美主体的感官，再因条件反射性的精神满足而呈现为直接感受和直觉判断。美感不同于意识反映，而是一种情感反应。从情感与外物的关系来看，情感是主体对外物的'反应'而非'反映'，是主体对外物的'态度'而非'认识'，是主体对外物自发的'评价'而非自觉的'意识'。"①

祁志祥吸收了中国美学的"乐"的思想，并且运用现代的理论来加以阐释和论证，建立了"乐感美学"体系。中国美学的起源是礼乐文化，而《乐记》是中国美学的主要典籍之一，其中的"乐者乐也"，揭示了审美的乐感性质。此外，孔子的"乐道"思想以及荀子的"美善相乐"等论述都蕴含着乐感思想。祁志祥的"乐感美学"发扬了中国美学传统，使之具有了现代意义，这是其最大的学术价值。

"乐感美学"还有一些问题需要解决。"美是有价值的快感对象"这个定义仍然有不周延之处，因为"有价值的快感对象"当然包括美，但并不等于美；美的价值也不同于一般的价值。此外，祁志祥的"乐感美学"把审美愉悦等同于一般的快感，提出各种感官都能审美、动物也有美感，有把审美活动降低为一种生理的、本能的活动的危险，可能遮蔽了审美的精神性和超越性。

---

① 祁志祥：《"乐感美学"源理的逻辑建构》，《文艺理论研究》2016年第3期。

第七章　后现代主义美学

第一节　中国后现代主义美学概说

一、中国后现代主义美学的历史背景和思想资源

现代性的发展必然引起反思性的思潮，而后现代主义就是对现代性的彻底反拨，它以消解现代性的核心即主体性和理性为宗旨。中国后现代主义美学思潮包括生活美学、解构主义美学、身体美学、生态美学等，它们已经成为中国当代美学最新的浪潮，深刻地改变着中国美学的面貌。

后现代主义美学产生的社会条件是，20世纪90年代以来市场经济的兴起，使得中国很快迈入了现代化的大门，现代性发生并且有了很大的发展。在这种历史条件下，日常生活取代了政治运动，大众文化压倒了高雅艺术。时代要求美学回答新的生活方式提出的问题，而传统美学无法回答这些问题。后现代主义正是在这种历史条件下发生的。它解构了康德以

来的高居于日常生活之上的美学理论，面向大众文化和日常生活，回归感性，肯定了审美的身体性和消费性，完成了美学思想取向的转化。

中国后现代主义美学思潮的发生，有外部和内部的思想渊源。外部思想渊源是西方后现代主义思潮的强势传播。与其他现代美学思潮（新古典主义除外）一样，中国后现代主义美学不是本土自发的，而是从西方引进的。在西方，后现代主义已经成为主流思潮，传入中国后也很快成为主流思潮。后现代主义主要包括德里达代表的解构主义、福柯代表的话语权力理论，还有身体性理论、大众文化理论以及生态哲学等。这些思想传入中国后，产生了生活美学、解构主义美学、身体美学和生态美学等美学流派。后现代主义美学瓦解了传统的形而上学美学，反对审美的自律性、超越性观点，而力图消除艺术与生活的边界，主张审美的日常生活化；反对意识美学，主张审美的身体性；反对美学研究对象局限于艺术，而主张美学研究转向大众文化；反对本质主义的艺术观，认为艺术的本质是一种话语构造物和历史性的、地方性的知识。这些美学观点都来自西方后现代主义，它们几乎无保留地、无批判地被中国美学家接受了。中国后现代主义美学的代表有陶东风代表的文化批判美学[①]、王一川的修辞论美学[②]、王德胜代表的日常生活美学[③]、刘悦笛代表的生活论美学[④]、张法的文化模式论美学[⑤]、曾繁仁的生态美学[⑥]等。

[①] 陶东风、和磊：《文化研究》，广西师范大学出版社2006年版。

[②] 王一川：《修辞论美学》，东北师范大学出版社1997年版。

[③] 王德胜：《美学与文化论集》，首都师范大学出版社2012年版。

[④] 刘悦笛：《生活美学与艺术经验——审美即生活，艺术即经验》，南京出版社2007年版。

[⑤] 张法：《美学导论》，中国人民大学出版社1999年版。

[⑥] 曾繁仁：《生态美学导论》，商务印书馆2010年版。

二、中国后现代主义美学的思想内容

中国美学界在接受后现代主义的过程中，也有所选择和改造，从而形成了中国特色的后现代主义美学。中国后现代主义美学对后现代主义理论也有选择和改造，糅合了现代主义等其他思想资源，因此其作为后现代主义美学并不纯粹、彻底。这突出地表现在三个方面：第一是生活美学的建构，其中包括"日常生活美学"，它吸收了后现代主义的思想资源，同时也保留了现代主义的思想。如陶东风的文化研究就糅合了现代主义思想和后现代主义思想，一方面肯定了大众文化取代精英文化而具有的主导性，同时也继承了现代主义的批判精神，批判了其消费性、意识形态性，从而也产生了精英主义与大众意识的矛盾。而刘悦笛的生活论美学建构则力图融合现代哲学与后现代哲学，把审美定位于日常生活和非日常生活之间，审美成为一种"内在的逾越"。这种思想有别于国内外的生活美学，也明显带有康德哲学的影子，逻辑上还需要加以厘清和深化。第二是解构主义美学的建构。西方解构主义美学完全否定美的本质的存在，认为美的本质是一种话语构造。但王一川的修辞论美学虽然有解构主义的成分，回避了对美的本质的定性，但也肯定了审美体验的非功利性、自由性、个体性、永恒性等，这是现代美学的论述，偏离了后现代主义美学。张法的反本质主义美学思想也最终落实到"文化模式"美学，从而与中国传统美学结缘。第三是生态美学的建构。它并没有完全接受西方的生态主义，而有所保留和变造。西方的生态主义具有明显的反主体性倾向，把自然主体化、神性化，这一点没有被中国生态美学全盘接受。中国的生态美学还带有现代哲学的思想倾向，特别是海德格尔的存在哲学的影响，而且也受到了中国传统哲学的"天人合一"思想的影响。曾繁仁以"生态存在论"建构了自己的哲学基础和美学形态。它不是继承后现代主义的反主体性思想，而是继承了马克思的"人化自然"思想、海德格尔的"天地神人"四方游戏的思想以及古典美学的"天人合一"的思想。

三、中国后现代主义美学的意义

中国后现代主义美学是中国美学发展的必经阶段。在20世纪80年代以来，实践美学代表的新启蒙主义、后实践美学代表的现代主义美学以及新古典主义美学次第发生，这体现了中国美学现代化的进程。但是，当代美学的现代化进程中有一些根本性的问题还没有解决，那就是现代美学中存在形而上学倾向、主体性倾向、理性化倾向以及意识哲学倾向等问题。所谓形而上学的倾向，就是从实体本体论出发，建构一个绝对的美的概念。所谓主体性、理性化倾向，就是把理性作为审美的根据，把审美看作人的自由意志的实现，如实践美学的"人的本质对象化"思想。所谓意识美学的倾向，就是把审美看作是一种纯意识性的活动，抹杀了审美的身体性。这些根本问题正是后现代美学所要反拨的。当代中国美学追随后现代主义，在这三个方面批判了现代美学，建立了自己的美学体系：针对形而上学美学，产生了解构主义美学和生活美学；针对主体性美学，产生了生态美学；针对意识美学，产生了身体美学。中国的后现代主义有效地消解了形而上学美学、意识美学和主体性美学，为美学的新的发展扫清了障碍。可以说，尽管当代中国美学并没有完全接受后现代主义，但它的一些独创性建树都离不开后现代主义美学的启迪。正是在对后现代主义美学的接受和改造过程中，当代中国美学才提出和解决了一些美学基本问题。例如，针对实践美学的主体性倾向，不仅有生态美学的反拨，后实践美学也展开了批判，而且提出了主体间性理论；针对传统形而上美学的实体论倾向，不仅有解构主义美学的反拨，后实践美学也展开了批判，进行了存在论美学的建构；针对意识美学的批判，不仅有身体美学的反拨，也有新古典美学对于中国传统美学的身心合一性质的研究和继承、发扬，还有后实践美学对身心一体的体验美学的倡导。总之，后现代主义的积极意义在于批判了现代主义美学的某些根本性缺陷，为中国美学的现代重建扫清了障碍。

但是，这并不意味着后现代主义美学理论没有缺陷，应该完全接受；恰恰相反，后现代主义美学存在着理论上的缺陷和实践上的弊端，需要加以批判和克服。后现代主义对形而上学的否定，仅仅在否定实体本体论方面才是合理的，而对存在论的否定则必然导致虚无主义。生活美学就在关注审美向日常生活渗透的同时，把审美降格为日常生活，抹杀了审美的超越性、自由性；解构主义美学在否定美的实体性和解构理性的同时，也否定了艺术的自由的、超越的本质，事实上导致了美学取消论的发生。还有，后现代主义美学对主体性的否定，固然有其合理的一面，但它以他者性（语言、权力等）代替了主体性，就导致对审美主体的抹杀，而审美活动就成为一种无主体的话语活动和意识形态生产。此外，身体美学对意识美学的批判固然有其合理性，因为审美不是纯意识的活动，具有身体性，但是，后现代主义抹杀身体与意识的差别，把意识归属于身体，导致审美丧失其精神性，成为欲望的发泄和消费性活动。而事实上，审美的意识性和身体性都不同于一般的意识性和身体性，它们获得了升华，消除了差异，成为自由的身心一体的审美体验活动。因此，中国后现代主义对主体性的批判，仅仅具有否定的性质，解构有余而建构不足，并没有结出具有肯定性的理论的果实。

总之，中国后现代主义美学对西方后现代主义美学的接受，固然有一定的合理性，但对它的缺陷批判不足，导致其反美学的倾向。后现代主义美学仅仅是否定之否定的中间环节，需要再一次的否定，也就是在克服了传统形而上学美学、主体性美学、理性主义美学和意识美学之后，建设审美形而上学美学、主体间性美学、身心一体的体验美学，也就是重建现代美学。

中国后现代主义美学也具有社会意义。后现代美学是对现代性的解构，一方面对现代理性进行了否定，一方面也迎合了消费主义的社会文化氛围。这就说明后现代主义既有反思现代性的合理性，也有消解人类理性、助长消费主义的不合理性。在中国，由于现代性发展的滞后，对现代理性的解构可能产生不利于社会进步的消极影响，这是应该警惕的。

第二节　生活美学

一、生活美学在中国

2000年以后，后现代主义美学思潮在中国兴起，生活美学是其重要的组成部分。生活美学的兴起是多种原因促成的。就其社会条件方面看，20世纪90年代以来，市场经济的发达，消费主义的盛行，大众文化的勃兴，使得被美学所忽略的日常生活越来越受到关注，美学研究的主要对象也从艺术转移到生活，这是生活美学发生的外因。就思想理论渊源来说，是国外后现代主义思想的传播直接刺激了生活美学的发生。换言之，正是后现代美学对现代美学的批判，以及后现代美学的生活论转向，才引发了生活美学的转向。这就产生了20世纪90年代的审美文化研究和2000年后的"日常生活审美化"讨论。

生活美学是在中国后新时期以来实践美学、新实践美学、后实践美学的博弈中寻求新的理论建构的努力，它有不同的思想取向，包括后现代主义，但又并不能完全归结为后现代主义，也包含着古典性的美学思想。日常生活美学是后现代主义的一种思潮，它是直面当代"日常生活审美化"而产生的，将重点放在大众文化转向的"视觉图像"与回归感性愉悦的"本能释放"方面。如果没有日常生活审美化的后现代语境，生活美学的兴起是不大可能的。但是国内的生活美学并不只是在后现代美学的影响之下产生的，而是由众多美学资源汇聚而成。而"生活美学"是包含"日常生活美学"的，或者说，"日常生活美学"只是"生活美学"的一种取向。具体地说，中国生活美学包含着三种理论建构：一是文化研究取向，以陶东风为代表，也就是把日常生活审美化作为一种文化现象来研究；二是日常生活美学转向的取向，以王德胜为代表，即认为日常生活审美化最重要的意义就是恢复感性应有的价值和地位；三是建构生活论美学的取向，以刘悦笛为代表，主要从美学的内部演变和审美文化的外在转型来重新思考美学的意义。

　　生活美学的主要思想资源是日常生活审美化的研究。最早研究消费社会并且具有极大影响的学者是鲍德里亚。鲍德里亚吸取了本雅明、麦克卢汉、居伊·德波的研究成果，从技术和媒介的角度深入分析了消费社会的景观化和形象化现象。他认为，我们已经进入一个超现实的社会，广告、影像、海报、电视到处可见，仿像复制仿像，仿像自我复制，现实不仅被覆盖了，而且被淹没了，再也没有一个作为原型的现实用于衡量仿像，仿像取代了现实，我们身在类似迪斯尼乐园的超级现实中流连忘返。之所以如此，是因为这个超级现实是一个审美化的现实，消费逻辑在其中无孔不入，因此以审美无功利性而使人获得救赎的美学已经消失了，万劫不复的超美学诞生了。

　　而提出"日常生活的审美化"（the aestheticization of everyday life）这个概念的是费瑟斯通。作为社会学家的费瑟斯通认为，在消费社会中，日常生活的审美化已经成为一个不争的事实，它具体表现在三个方面：第一，指那些消解艺术与日常生活之间界限的艺术亚文化，如"一战"以后出现的达达主义、超现实主义等先锋派运动。（它包括两方面，一是消解艺术作品的神圣性，二是"认为艺术可以出现在任何地方、任何事物上"。）第二，"指将生活转化为艺术作品的谋划"，如福柯、罗蒂等人把生活伦理看作艺术作品的思想。第三，"指充斥于当代社会日常生活之经纬的迅捷的符号与影像之流"，包括自马克思"商品拜物教"思想到鲍德里亚、詹姆逊等人的"类象"思想所描述的现象。[①]这三个方面中，第一个方面可以称为审美的日常生活化，即艺术向日常生活的渗透；第二个方面是生活的艺术化和风格化，在西方以王尔德、佩特为代表的唯美主义以及中国20世纪三四十年代京派文人中都有集中的表现。总体而言，这两个方面都没有普遍性，只有第三个方面不仅具有普遍性，而且是消费社会的特有现象。

如果说鲍德里亚的重心在于从技术角度分析消费社会，而费瑟斯通主要关注消费社会中日常生活和艺术的互相转换，那么韦尔施则侧重于深入分析消费社会中的审美化的过程和层次。韦尔施认为，无处不在的审美化大概可以分为四个层次："首先，锦上添花式的日常生活表层的审美化；其次，更深一层的技术和传媒对我们物质和社会现实的审美化；其三，同样深入的我们生活实践态度和道德方向的审美化；最后，彼此相关联的认识论的审美化。"[②]这四个层次中，第一个层次是浅层、外观的审美化，主要指审美对人们日常生活的渗透，后三者是深层的审美化。第二个层次强调技术和传媒对人们审美经验和审美理想的操纵和支配，消费时代的技术和传媒已经不限于物质生活的量的需求和满足，而更加醉心于物质产品的符号化和形象化。同时，当伦理道德必须通过传媒展示出来时，当人们习惯通过传媒和技术认识这个世界时，伦理道德的审美化和认识论的审美化

---

① 迈克·费瑟斯通：《消费文化与后现代主义》，刘精明译，译林出版社2000年版，第95—105页。

② 沃尔夫冈·韦尔施：《重构美学》，陆扬、张岩冰译，上海译文出版社2006年版，第33页。

也就在所难免了。因此，审美化不仅是外在客体的审美化，也是内在主体的审美化。

二、陶东风的文化研究

文化研究可以包括古代文化研究和当代文化研究，在此我们主要指当代大众文化研究。陶东风是最早将大众文化研究引入中国的人，并且其思想也最有代表性。而陶东风之所以提倡文化研究，是与文艺学学科的反思紧密联系在一起的，在审美泛化的语境中，文艺学学科能否以及应该如何面对这一挑战和机遇，其实关系着文艺学学科存在的合法性。对于陶东风而言，只有及时地调整、拓宽文艺学的研究对象与研究方法，才能摆脱文艺学面对当下审美现象的尴尬，因而文化研究的兴起具有必然性。概括而言，陶东风的文化研究主要表现在三个方面：一是分析日常生活审美化出现的社会文学背景，尤其是新型文化媒介人在其中扮演的角色；二是从文学研究转入文化研究，因而各种大众文化都进入陶东风的视野之中；三是虽然提倡文化研究，肯定大众文化的民主性和解放性，但是同时也坚持批判大众文化的意识形态性和消费主义倾向。

陶东风认为，日常生活的审美化不是一个孤立的文艺或审美现象，而是整个社会文化转型的结果，其中特别重要的是产业结构的变化（比如服务工业、信息工业的兴起，媒介工业、影像工业的发展）、文化的转型（比如文化的市场化、影像符号的大量增值、视觉文化的繁荣等）以及人文教育体制目的与内容的变革等。在这些因素当中，陶东风特别突出了"新型文化媒介人"的作用，这是一批新型知识分子，他们是在转型过程中产生与崛起的群体，同时对这一转型过程也发挥着推波助澜的作用。他们主要供职于文化艺术业、广播电视业、音像业、新闻出版业、信息网络服务业、教育业、文化旅游业、广告业、会展业、咨询业、娱乐业等行业。而这些行业现在一般被归入所谓的文化产业，可以说他们是文化产业的"弄潮儿"。

因而与传统人文知识分子相比，新型知识分子有许多不同。就传统知识分子而言，首先，如同科塞说的，他们是观念人，他们擅长于在观念领域里面进行思考，而不擅长于实际操作；而媒介人这类"新型知识分子"是很擅长于操作的，他们一般就职于电台、电视台、报社、文化公司等机构，本身就介乎文化和市场之间，不是坐在书斋做纯学问，操作能力很强。其次，传统知识分子是批判性的，这已经成为知识分子的一个符号。赛伊德等人认为：知识分子的根本特征就是具有批判性，跟权力说"不"，跟当局、市场不合作。但现在所谓新型知识分子跟市场的关系、跟当局的关系是非常暧昧的，虽然也有冲突的一面，但更多的是一种合作关系。最后，传统知识分子常常带有宗教情怀（超越情怀），追求终极价值，至少是不完全认同世俗价值的；而现在的新型知识分子在这一点也有自己的特点，他们往往是非常世俗化的。[1]总体而言，他们拥有人文学科与文学艺术史的基本知识，但是却并不献身于人文学科研究，而是"盗卖"人文学科的传统资源，在市场和文化之间自由游走，将文化市场化，将市场文化化。

很显然，今天的审美活动已经超出所谓纯艺术／文学的范围，渗透到大众的日常生活中，艺术活动的场所也已经不限于与大众的日常生活严重隔离的高雅艺术场馆，已深入大众的日常生活空间，如城市广场、购物中心、超级市场、街心花园等与其他社会活动没有严格界限的社会空间与生活场所。在这些场所中，文化活动、审美活动、商业活动、社交活动之间不存在严格的界限，日常生活审美化和审美日常生活化已是不争的事实。

---

① 陶东风：《新文化媒介人批判》，《首都师范大学学报》（社会科学版）2003年第6期。

但是传统的文艺研究和美学研究无法解释当下的审美现象，甚至这些审美现象本身就是反美学的，这就意味着依然坚守文学艺术的审美自律性和形式主义特性，只能使文艺研究和美学研究越来越边缘化，越来越与当下的审美现象脱节。事实上，陶东风的文化研究是从批判传统的文学研究开始的，换言之，批判传统文学研究正是为文化研究寻找合法性。

　　首先，传统的文学研究是一种形而上学的本质主义思维方式，超验地为文学设定一个超越时空的永恒本质，既无视文学的具体特性，也排斥文学的其他特征，因而陶东风提议采取一种建构主义的思维方式，即认为任何文学本质皆是在历史文化语境的建构，由此既考察了文学得以产生的历史和文化背景，也有利于多元化多角度地审视文学。其次，传统文学研究坚守的内部研究和审美自律性在根本上不过是一种精英主义立场，它要求从事者必须具有一定的文化素养和文化资本，现代性兴起之后，传统贵族的政治优势逐渐没落，他们便企图攫住文化优势将自身区别于资产阶级和普通大众。然而随着现代性的进展，市场经济和传媒技术的发达使得雅俗合流的趋势在所难免，因而文学的文化研究和大众文化研究也就进入人们的生活，推进了美学的民主化和去精英化。

　　在此基础上，陶东风将文化研究引入中国，并致力于具体的文化研究。大体而言，文化研究可分为两个方面，一是文学的文化研究，二是大众文化的文本研究。前者在于突破文学的内部研究，然而文学的文化研究与传统的外部研究或者马克思主义研究并不相同，受结构主义、后结构主义、符号学影响的文化研究，包括新历史主义、女性主义、后殖民主义等，既质疑马克思主义的经济基础决定上层建筑的决定论，也质疑形式主义摒弃政治文化背景的孤立主义立场、试图细读并研究文化和文学之间的张力和关系、深入挖掘文学的文化内涵。后者在于突破以文学为研究对象的文艺研究，将大众文化和通俗文学纳入其中，英国文化唯物主义、伯明翰学派等是其理论资源。其实传统的文学研究严格来说只是文学经典的研究，严重忽略了大众文化和通俗文学在文化建设和文化传播中的重要意义，于是各种被传统文学研究所鄙弃的大众文化，如身体写作、青春文学、网络文学、流行音乐等，都受到与文学分析一样的待遇。如果前者主要在于扩展文学的研究思路和研究方法，那么后者则主要在于扩展文艺学的研究对象和研究范围。

陶东风的文化研究扩展了文学研究的领域，也提出了当代大众文化的两面性问题。但这种思想也引发了质疑，主要是关于文化、生活与文学的界限是否消失以及是否等同的问题，而这个问题涉及人类的精神世界是否丧失了超越性而彻底沦落的根本问题，也产生了对日常生活审美化的批判如何可能的问题。

三、王德胜的"日常生活美学"

与文化研究者从社会学的角度论述日常生活审美化不同，以王德胜为代表的学者则主要在美学史的范围内考察美学现实的改变和美学研究思路的改变。王德胜认为，首先，新的美学现实主要是一种视觉化的现实，各种形象、符号、视像充斥于我们的生活中；其次，这种视觉化的日常美学现实，更多地作用于人的感性和欲望，理性和精神被软化、被排斥，传统"心灵的美学"已经被"眼睛的美学"所取代；最后，日常生活美学转向呼吁感性的解放、呼吁建立"新感性价值本体"。

王德胜认为，日常生活审美化的出现，使今天的我们已经生活在一个新的美学现实中，这个新的美学现实最突出的表现就是人们对于日常生活的视觉性表达和享乐满足。因而有人认为，我们已经进入了读图时代，从某种意义上来说，大众文化在很大程度上就是视觉文化。传媒技术的发达将商品转化成审美化的影像和身份品位的符号象征，潜移默化地诱惑和刺激人们的欲望，与文学和文字作用于人们的意识和精神不同，影像主要作用于人们的无意识。如果说阅读文字是一种建立在审美距离之上的持久性静观，那么观看影像则是一种建立在欲望幻象之上的瞬间性参与。前者是一种精神、理性、心灵的美学现实，生活与审美被分割在不同的区域内，因此以康德为代表的现代美学具有解释力；后者是一种感性、欲望、视觉的美学现实，影像已经覆盖到了生活的方方面面，审美和日常生活相互融合，因而它呼吁一种新的日常生活美学来解释新的美学现实。

然而，从传统美学到现代美学，一直是理性一元论的认识论美学占据主流，作为人类本性之一的感性始终处于被压抑的地位。认识论美学追求美的普遍性和必然性，感性作为一种不可靠的感官接收器只能接收到美的现象和表象，不可能认识到美的本质，而理性却能透过现象把握本质。在此前提下，日常生活也同样遭到排斥，因为日常生活的琐碎性与感性的私人性、易变性总是联系在一起的。然而日常生活审美化却使人们不得不重新审视一直以来美学的过失，现代美学的理性一元论不但不能解放人的创造性，实现人的完整性，反而压抑人的感性本性，导致人变成一种单面人。要实现人的全面发展，感性是绝对不能缺少的维度，本真的生活本身是一种理性和感性相互补充、相互融合而不是相互对立、相互冲突的活动。因而必须要从认识论美学向日常生活美学转变，关注日常生活，也就意味着为感性正名，赋予感性以正当的和自足的价值。感性和理性各有自身的领域，感性既不是理性的低级阶段，也不是理性的附庸。

在此基础上，王德胜提出建立"新感性价值本体"，并将其作为日常生活美学的理论核心。首先，"新感性价值本体"的提出，旨在充分表明日常生活现实中的人的感性的生活情感、生活利益与生活满足，不仅在形式上是自足的，同时在内在性上也是自然合法的。感性是人的实际存在的现实维度，也是一个不可取替的存在根基，它是人之所来，也提供了人的日常生活之所向。日常生活的存在合法性正是建立在这样一种感性合法性的基础之上，而日常生活的意义就是在人的感性存在的现实展开中得以呈现的。其次，在"日常生活美学"的阐释指向上，"新感性价值本体"现实地揭示了当代日常生活与感性之间的同质化关系。生活即是人的感性需要的自然呈现，感性对自身的价值肯定亦即生活的自我实现。最后，在日常生活的现实的美学阐释上，"新感性价值本体"突出了人的生活行动的感受实在性。"在日常生活中，感受生活行动和生活行动的感受必定具有鲜明的实在性。这种实在性既引导了人从日常生活实际发生中所获得的情感，也满足着人在日常生活行动中的利益需要。对于人和人的日常生活来说，感受的实在性既是生活行动的出发点，也是生活行动的归结点。"[①]

王德胜的日常生活美学转向的观点提出之后，许多学者纷纷质疑"新感性价值本体"的合法性，其焦点主要集中在两个方面：一是对于日常生活审美化，学者应该采取什么样的立场和态度？二是感性是否可以作为本体，是否具有正当性？鲁枢元认为："'审美的日常生活化'，是技术对审美的操纵，功利对情欲的利用，是感官享乐对精神愉悦的替补。而'日常生活的审美化'，则是技术层面向艺术层面的过度，是精心操作向自由王国的迈进，是功利实用的劳作向本真澄明的生存之境的提升。二者的不同在于，一是精神生活对物质生活的依附；一是物质生活向精神生活的升华。"[②]因而，鲁枢元从理性主义出发，认为后者是合理的，值得推崇；前者则需要批判，而不是赞成和宣扬。李红春认为，感性的价值是在历史中生成并随之变化的，在不同的历史阶段和现实境况下，感性的价值需要不同地被估量：在感性备受压抑的"文革"时期，高扬感性和个体价值具有

---

① 王德胜：《回归感性意义——日常生活美学论纲之一》，《文艺争鸣》2010年第5期。

② 鲁枢元：《评所谓"新的美学原则"的崛起——"审美日常生活化"的价值取向析疑》，《文艺争鸣》2004年第3期。

正面的积极意义；而在感性、欲望已经变成主要追求的消费时代，感性的价值则需要在批判的意义上被重新看待。除此之外，李红春也认为："感性价值只是日常生活阐释的价值之一，而如果将感性价值加以本体化则有可能形成另一种来自感性的束缚，从而对人们在日常生活中的自由而多元的选择造成不必要的限制。"①针对"日常生活审美化"的理论，杨春时坚持审美超越性的思想，提出了"日常生活的审美批判"主张。他认为，现实生活是异化的、不自由的生存方式，审美是理性的、自由的生存方式，二者本质上不能等同。审美向日常生活的渗透有两面性：一方面是改造了现实，美化了生活；另一方面也降低了审美的品格，使其沦为消费性的活动，从而泯灭了人的自由追求。因此，面对大众文化的扩张，应该坚持审美批判，而不能与之合流。②

　　针对这些质疑，王德胜认为："正视当代文化本身的存在事实，在警惕来自市场、资本、文化工业等的控制和操纵的同时，同样警惕理性权力对于人的感性生存的窒息，关注人的感性生存权利及其价值实现，理解人的感性欲望的伦理正当性，看到人的感性生存的实现之于日常生活审美发展的促进。一味指责'市场'、'资本'、'文化工业'当然容易，但这并无济于现实。反对单纯的感性享乐、欲望追逐是应当的，但它不应成为维护和强化理性单一强权的借口，更不应成为反对人的正当感性利益、现实生活快乐的理由。"③日常生活美学对人的日常生活行动的感性意义的充分阐释和积极肯定，其意义在于："一方面已经把美学从认识论的知识体系直接引向了生存现实的意义维度——知识构造的绝对性转向意义阐释的

───────────────

　　①　李红春：《"新感性"如何成为"价值本体"？——与王德胜教授商榷》，《文艺争鸣》2010年第21期。

　　②　参见杨春时：《开展日常生活的审美批判》，《文艺争鸣》2005年第2期。

　　③　王德胜：《为"新的美学原则"辩护——答鲁枢元教授》，《文艺争鸣》2004年第5期。

开放性，美学由此产生出新的、现实的理论力量；另一方面，它也通过质疑美学认识论，通过质疑美学认识论的理性权力绝对化，在美学内部进一步产生出日常生活感性话语反抗理性一元主导性权力的新前景。"①

王德胜的生活论美学对"日常生活审美化"进行了论证，从而促进了后现代主义趋势在中国的发生和发展。这种理论对现代主义美学的反拨有其合理性，也有其片面性：它打破了精英主义文学观的局限，肯定了大众文化的民主性；同时，它无批判地为消费性的大众文化张目，也可能导致人类文化和精神世界的沦落。

四、刘悦笛的"生活论美学"

刘悦笛倡导的生活论美学是对现代美学的批判。生活论美学不同于日常生活审美化或者日常生活的美学转向：如果说王德胜侧重于在日常生活审美化的转向中挖掘这一转向所蕴含的意义，即恢复感性应有的权利和日常生活本身的自足性，那么刘悦笛则在重新勾勒美学史的基础上，试图建构具有新时代意义的生活论美学。这一美学既不是一种与理论美学相对应的实用美学，也不是只为大众生活审美化的合法性做论证的日常美学，而是作为一种哲学的美学新构。它不是美学的分支，而是代表美学研究范式的转变。因此，刘悦笛认为应该称之为生活论美学，而政治生活、精英生活、日常生活都属于生活论美学的研究范围。为此，他既重新考察了美学史，也试图在此基础上建构一套新的美学体系。

在生活论美学的观照下，以艺术和生活的关系为脉络，刘悦笛重新审视了西方美学史，并认为生活论美学之前的美学，或者是一种"艺术否定生活论"，或者是一种"艺术与生活同一论"，二者"看似对峙，但具有

---

① 王德胜：《回归感性意义——日常生活美学论纲之一》，《文艺争鸣》2010年第5期。

共同的理论缺陷：未将现实生活解析为日常生活与非日常生活。'艺术否定生活论'将艺术与现实生活相疏离而使其成为'异在'事物，只见艺术与日常生活的差异，而未看到艺术与日常生活的本然连续性，把艺术本属于非日常生活的部分认定是超出生活之外的。'艺术与生活同一论'则将艺术与现实生活直接等量齐观，将艺术与日常生活的连续性泛化为与整个生活的等同"。①艺术否定生活的观点预设了艺术与生活的二分，往前可以追溯到柏拉图和亚里士多德，然而将其定型并系统化，却是在康德那里开始完成的。作为整个现代美学的根基，这种观点至今盛行不衰。其内涵有三个层面："（1）艺术超越日常生活的不完满（正因为日常生活具有这种不完满的特性，艺术才'可能'对生活加以否定）；（2）要以'审美非功利性'或'艺术自律性'来加以超越（艺术由此获得超越的根基，所以艺术才'能够'否定生活）；（3）其中还暗伏着一种'审美乌托邦'思想（这是艺术否定生活对主体的生存意义，因此人们才'意欲'用艺术去否定生活）。"②三者统一起来，无非是亚里士多德"艺术高于生活"的更高版本而已。现代性的祛魅化，使宗教的地位逐渐衰落，自从德国古典哲学开始，艺术代替宗教肩负起拯救人性的重担。刘悦笛认为，生活美学兴起的同时康德美学就走向了衰落，这种新旧的交锋表现为："生活实用的审美化"与"审美非功利性"的交锋，"有目的的无目的性"与"无目的的合目的性"的交锋，"日常生活经验的连续体"与"审美经验的孤立主义"的交锋。③康德美学的非功利性、无目的性虽然维护了审美鉴赏的

①　刘悦笛：《日常生活审美化与审美日常生活化——试论"生活美学"何以可能》，《哲学研究》2005年第1期。

②　刘悦笛：《日常生活审美化与审美日常生活化——试论"生活美学"何以可能》，《哲学研究》2005年第1期。

③　刘悦笛：《"生活美学"的兴起与康德美学的黄昏》，《文艺争鸣》2010年第5期。

纯洁性和自律性，却也使审美鉴赏变成了一种无器官、无快感的愉悦和贫乏的、孤立的经验。在后来许多的学者看来，这并不是审美经验的准确描述：海德格尔认为艺术是存在"真理"的自行置入，维特根斯坦认为艺术本身就是一种生活形式，杜威认为艺术就是一种比日常经验更加完整的经验。而且在文化工业繁荣之后，文化工业却以商业的实用为目的，用市场的交换价值取代了文化的使用价值，从而也就收买了无目的性的领域。

艺术与生活同一论的主要代表是车尔尼雪夫斯基，他提出了"美是生活"的观点，"直接将生活与美相互同一，未对生活的内在结构加以区分。这一理论的缺陷还在于：①对生活做出了生物学的理解：将生活解释为低级意义上的'生命'状态，在俄语里的'生活'与'生命'是同一个词；②反映论模式及其矛盾：'美是生活'的理论最终归结在机械直观的摹仿论，要求艺术去再现和摹仿生活。他一方面强调'艺术不过是现实的苍白的复制'，但又要求艺术'说明生活'而成为生活的'Handbuch'（教科书）。但艺术既然是如此的苍白和贫弱，又如何能对"对现实生活下判断"呢？③否定艺术美的价值，也无法解释自然美的难题，自然美并非只令人想到生活才是美的"①。

值得提出的是，刘悦笛对美学史梳理是粗线条的，甚至也存在许多暧昧之处。其一，刘悦笛认为艺术否定生活论包括两个方面：一是艺术高于生活论，一是艺术低于生活论。他将柏拉图、弗洛伊德、马尔库塞、萨特等人的思想都归为艺术低于生活论。而事实上只有柏拉图从艺术模仿现实、现实模仿理式的观点出发认为艺术低于现实，车尔尼雪夫斯基认为艺术是现实的代用品，其他人都持有一种审美主义思想，即认为只有艺术才能拯救人性，这在根本上仍是一种艺术高于生活论。此外，将这种观点

① 刘悦笛：《回归生活世界的"生活美学"——为〈生活美学〉一辩》，《贵州社会科学》2009年第2期。

界定为艺术否定生活论也容易引起误解，艺术并不否定生活，只是与生活不同而已。其二，刘悦笛也将维特根斯坦及其后继的分析美学论者、杜威及其后继的实用主义美学论者划归为艺术与生活同一论者。其实维特根斯坦只是主张艺术应该作为一种生活形式，而杜威则强调审美经验和日常经验的连续性，两人的美学思想实质都是提倡将人生艺术化和风格化，从而实现更高的人生价值。如果主张艺术与生活同一，那也就无所谓人生艺术化，因为人生本身就是艺术了，甚至车尔尼雪夫斯基虽然认为美是生活，但也并不认为一切生活都是美的。

在对中西美学史的梳理之上，在对海德格尔、维特根斯坦、杜威的理论资源的吸收之上，刘悦笛建构了自己的生活论美学。其要义在于：第一，美是生活，即美的活动是一种生活。现实生活成为美的本质性的规定，或者说，美以生活为本质。在这里，刘悦笛以动态的美的活动取代了静态的美的属性，因而美不再是客体的特性，也不再是主体的先验综合形式，而是具体的生活。第二，美介于日常生活与非日常生活之间，构成二者之间的"辩证对话"。作为一种特殊的生活，美的活动虽然属于日常生活，但却是与非日常生活最为切近的日常生活；它虽然是一种非日常生活，但却与日常生活最接近、最亲密。因而美既非否定生活，也非与生活完全同一，而是与生活不即不离。第三，美的活动所呈现的是本真的生活，本真的生活即是美的生活，本真的生活本身就具有一种美的特性。美的活动的本源就是本真的生活。与第二个要义一样，这里仍在强调，美并非平常的生活，也不是生活本身，而是本真的生活。

仅就这三个要义而言，第一个要义与车尔尼雪夫斯基的"美是生活"的定义并没有区别。而第二个和第三个要义与车尔尼雪夫斯基的"美是依照我们的理解应当如此的生活"区别只在于，一个是在日常生活和"应当如此"的生活之间判定美之所在，一个是在日常生活和非日常生活之间判定美之所在；前者易受意识形态的影响，以至于最后演变成美是意识形态所认可的生活，后者来源于海德格尔的存在论，所谓本真的生活变成向死而生的自我抉择。但是在刘悦笛的思想中，本真的生活是相对于消费社会的日常生活审美化而言的，它是一种非异化的生活。

一方面，刘悦笛认为，美与日常生活具有连续性。如果说日常生活还是一种"感性直观"的话，那么，美的活动则是一种奠基于"感性直观"并与之相融的"本质直观"。所谓直观，就意味着直接的、不经思虑的、触手可及的、非抽象的，日常生活的感性直观使我们在生活中如鱼得水一样自在，而美的活动则可以让本质直接呈现于审美直观之中。再者，美的活动和日常生活一样都具有"非课题性"和"自身明见性"。前者是指非主客对立的思维方式，与主客对立的"课题性"思维方式相对立，后者即被给予性、直观的，即把自身作为一个无可置疑的、足以信赖的、不言自明的前提。此外，日常生活具有历时性，而美的活动具有"同时生成性"。所谓日常生活就是"常日"的生活，就是平常的、流动着的、一日接一日的时日，而审美活动却可以在瞬间切断这种历时性，实现过去、现在、未来的同时共在，达到瞬间即永恒的效果。因而美与日常生活构成了一种"现象学的关联"。"可以说，作为'本质直观'，美的活动就是'回到事物本身'的'本真生活'方式之一。"①

另一方面，刘悦笛认为，美并不是日常生活本身，而是介于日常生活和非日常生活之间。"所谓'日常'的生活，就是日复一日的、普普通通的、个体享有的'平日生活'。每个人都必定要过日常生活，它是生存的现实基础，日常生活的世界就是那个自明的、熟知的、惯常的世界。如果说，日常生活是一种'无意为之'的'自在'生活，那么，非日常生活则

---

① 刘悦笛：《日常生活审美化与审美日常生活化——试论"生活美学"何以可能》，《哲学研究》2005年第1期。

是一种'有意为之'的'自觉'生活。这两种生活的区分类似于海德格尔所说的'上手状态'与'在手状态'的差异：前者是'合世界性'的，后者则使前者'异世界化'。"①美的活动就是从日常生活到非日常生活的内在超逾的过程。这是理解生活论美学的关键，也是生活论美学能够区别于超越论美学的关键，因为生活论美学和超越论美学同样源于存在论，同样认为美并非日常生活，但是超越论美学认为美是对日常生活的整体超越，而生活论美学认为美是日常生活内部的超逾。

生活论美学坚持生活一元论和只有一个现实世界的前提，它认为美的活动是主客统一的活动，这种统一不是统一在意识中，如现象学，而是统一于现实生活中。"美的活动始终'内在'于现实生活之中，这个'内在'就包含着美的'超逾'，因而，'内在的超逾'又是一种'超逾的内在'。具体来说，美的活动并不是对整个生活加以超逾，这就必须将生活解析开来探究。一方面，美的活动与日常生活具有本然的连续性，是日常生活不可分割的连续体；另一方面，美的活动还具有属于非日常生活的层面，这也就是从日常生活向非日常生活的'内在的超逾'，这种超逾的特质在于始终没有剥离于日常生活，始终是在现实生活内部实现的。这便是'内在的超逾'之'内在'的基本内涵。"②因而刘悦笛认为，中国古典美学本身就是一种生活美学，无论儒家、道家和禅宗都追求生活本身的美感，都力图在生活之中实现人生的艺术化和艺术的人生化。

刘悦笛的生活论美学一方面肯定了审美与日常生活的连续性，另一方面也把二者加以区分，以图避免片面性，这是与其他生活美学不同之处。

---

① 刘悦笛：《日常生活审美化与审美日常生活化——试论"生活美学"何以可能》，《哲学研究》2005年第1期。

② 刘悦笛：《日常生活美学的哲学反思——以现象学、解释学和语用学为视角》，《上海师范大学学报》（哲学社会科学版）2008年第3期。

但是，这也导致了一种矛盾。刘悦笛的生活论美学在强调审美与生活的统一性的同时，又强调了审美对日常生活的超越，是"本真的世界"。这就是说，这种超越并没有离开现实世界，而所谓"本真的世界"不过是现实世界的一部分。这与海德格尔等人以及后实践美学对"本真的世界"的定义不同，"本真的世界"是超越现实的世界，而不是现实世界的一部分。

五、生活美学的意义

各派生活美学虽然思想取向和思想资源有所不同，但也体现出一种共同的趋向，就是破除康德美学奠基的审美自律观念，打破审美与现实的严格界限，注重审美与社会生活、大众文化的紧密联系，把美学研究的范围扩展到广大的社会生活和大众文化领域。康德美学是艺术哲学，其重点在艺术本性的研究，而忽视了对于生活世界的研究，因此美学成为高置于象牙塔中之物。现代美学强调了审美超越现实的品格，发挥了美学的批判性，但忽视了审美与现实的联系。而后现代社会的发展，造成了审美的"越界"，它广泛地深入日常生活中去，也深刻地改变着社会生活的面貌。因此，美学的研究对象和性质也必然发生相应的改变。当代美学适应了这种历史环境的变化，产生了诸如文化研究、日常生活美学等美学流派，体现了现代美学的发展态势。这种趋向顺应了后现代社会的现实，为美学打开了更广大的空间。仅此而言，生活美学有其积极意义。我们应该汲取生活美学的积极因素，更大地发挥美学的社会作用，为人类造福。总之，生活美学的意义在于，在现代美学强调切割美与生活的关联之后恢复二者的密切关系，进而发挥审美的积极社会功能。

另一方面，也应该看到生活美学建构所遇到的困境以及理论局限。首先，生活美学力图打通审美与生活的隔绝，这是合理的；但它们在不同程度上企图取消审美与生活的界限，把审美等同于现实生活，这可能导致取消了生存的超越性和审美的批判性，甚至取消了美学。另外，生活美学把美学研究延伸到文化研究，扩展了美学研究的领域，这是其贡献。但是，对于社会生活研究，美学有自己的特殊视角，它不同于文化研究的视角；生活美学企图以文化研究取代美学研究，也可能导致取消美学。鉴于以上情形，我们对中国当代生活美学的建设和发展应该有所肯定，也应该有所反思和改造。

第三节　解构主义美学

一、解构主义在中国

一般而言，我们把法国的德里达和美国的耶鲁学派作为解构主义的主要成员。德里达认为传统哲学一直把意义定义为逻各斯的在场，逻各斯可以表现为理念、精神、上帝、神、起源、目的等，这些超验概念的在场保证了意义的稳固性，于是形成了从古希腊至现代哲学的逻各斯中心主义或者称为在场形而上学。然而德里达从索绪尔的结构语言学出发，却推导出另一番结论，即一切意义都首先是语言的意义，一切概念都必须经过语言的过滤，并不存在先于语言的思想和精神，思想和精神本身就是语言。语言由能指（物质载体）和所指（意义内涵）组成，而能指与所指并没有必然的关联，对所指的追寻只会引发能指的无限延伸。意义产生于差异和延宕，也就是说，一物之所是产生于一物所不是，在这里并没有一个超出语言游戏之外的起源或目标，因而意义总是不在场的、"延异"的，我们所能把握到的总是"踪迹"，总是"替补"，那些超验的意义之源不过是形而上学的幻觉。因此，所谓解构，也就是解构意义的在场性、封闭性、顽固性、幻觉性，而把意义的发生作为一个不断延异的过程。

作为美国解构主义的领军人物，德·曼早期受新批评影响较深，尤其注重文本的细读。新批评的细读排除作者的意图谬误和读者的感受谬误，集中于挖掘文本中的悖论、矛盾、张力之间的平衡和统一，因此关注语言的修辞和语法的多义性。而解构主义从结构主义而来，也将重点放在文本之中，不过解构主义不再刻意寻找文本封闭的平衡与统一，意义变得不确定。如果说德里达致力于发现哲学文本中逻辑的自相矛盾之处，那么德·曼则以语言的修辞性为根据，让一切文本的意义都变得无法确定。德·曼的《阅读的寓言》就以卢梭、尼采、里尔克和普鲁斯特为例，展现语言修辞性的威力。语言具有本义和比喻义，然而在尼采看来，所谓本义也不过是早已忘却的比喻。德·曼发挥这一点，认为一切语言都是修辞性的，推而广之，一切文本的意义都是不确定的，文学文本与其他文本的边界和差异也消失了。

米勒秉持更为激进的解构主义立场。在《解读叙事》中，米勒质疑亚里士多德《诗学》中关于开端和结尾的经典论述——所谓开端，就是文本中的所有故事都由此开始；所谓结尾，就是文本中的所有叙事都在此结束。米勒认为在开端之前有开端，在结尾之后还有结尾，开端和结尾是无限延伸的，从不存在一个绝对的开端和结尾。在这个意义上，一切叙事都是不可能的，然而我们之所以需要叙事，正是因为我们需要一种能够把握世界的幻觉。在《小说与重复》中，米勒则从另一个角度质疑线性叙事的可能性，这就是重复，这种重复既包括文本内的各种事物、情节、故事、话语的重复，也包括文本之间的模式、主题、结构的重复。重复不仅使一个叙事得以形成（有重复，才能辨认），同时也解构了叙事（线性叙事由此被破坏）。

从本质上，解构的精神就是开放的、打破各种疆界的、去除各种中心主义的。但是在中国，既没有一个形而上学的传统可供以解构，又由于语境的压力和接受者的需求，使得解构主要是在文艺学专业和文学理论之中发挥作用，如其在美国的境遇，它从一种政治策略变成了一种单纯的阅读策略。而且解构在中国，也并没有形成一个脉络清晰的解构主义流派，而只是出现了一批研究解构主义，并以解构为方法将解构应用到各个领域的学者。21世纪之初，后现代理论的大量翻译，文学研究的兴起，解构主义的深入人心，使得中国学界开始认真反思文学的本质问题，而且这一问题与文学理论学科自身的反思是联系在一起的。李春青的《论文学理论的命名——文学理论的学科性反思之一》与陶东风的《大学文艺学的学科反思》最早提出了疑问。前者从解释学的角度分析文学理论命名的认知性、价值性和合法性问题，并认为："凡是善于用'文学就是什么什么'或'文学的本质是什么'这类句式的人都毫无例外地属于这种自大狂。任何命名只能在一定言说的语境中、相对于某个特定时期的社会群体才具有合理性。"①因此也就否定了文学具有普遍本质的可能性。后者则从当代文艺学学科面临的困境和问题出发，认为中国社会的现代转型要求文艺学学科直面当下的文艺现象，并做出思考和解释；而长期以来的本质主义思维方式限制了文学理论的创新，因而作者提倡以历史化与地方化的理论书写方式取而代之，换言之，即以反本质主义的思维方式取代本质主义的思维方式。②建构主义认为一切本质都是随语境变化而被权力话语建造而成；关系主义认为处于不同关系网络中的文学具有不同的本质；多重属性论肯定了文学具有多重属性，而哪一种属性是主导属性则可能有不同的定位，因而在根本上它们仍是一种无本质论。

关于文学本质的讨论，其实是文学研究与文化研究之争的一部分，

---

① 李春青：《论文学理论的命名——文学理论的学科性反思之一》，《北京师范大学学报》（人文社会科学版）2001年第3期。

② 陶东风：《大学文艺学的学科反思》，《文学评论》2001年第5期。

也是现代美学与后现代美学之争的一种表现。既然文学并无确定本质，而只是文化的一部分，而且与文化之间并无明确的界限，文学研究的对象也必然由封闭的"文学性"扩展到开放的文化性，围绕着这个问题展开的关于文学研究"扩容"的争论，导致了文学研究向文化研究的转化。所谓文学研究的扩容，主要是指把文学研究由传统的文学形式扩张到整个文化领域，变文学研究为文化研究。这种主张的代表人物有陶东风等。这一主张的后续发展就产生了文化研究的热潮。在文学研究与文化研究的争论中，虽然仍有一批学者坚守文学研究的必要性，但是越来越多的学者认可了后者。解构主义消解了文学的本质，使文学与非文学的界限模糊，所有语言文字都成为一种文本，甚至一切文化现象也都可以被文本化、符号化，因此文化研究取代文学研究也是顺理成章。从另一方面说，文化研究也是形式主义的必然反拨，但是它与形式主义前的外部研究并不一样。形式主义前的外部研究是把作品视为作者、社会、历史、心理学的传声筒和附庸，追求作者和时代精神的原意；文化研究受结构主义、解构主义、精神分析学、女性主义和后殖民主义的影响，更强调文本的无意识，试图从文化的角度挖掘文本已经暗含却未明说，甚至解构文本显现在意识形态的深层内涵。因此文化研究可分为两个方面：一是对文学的文化研究，将文学文本视为文化文本，从中解读其种族、阶级、性别、权力、身份认同等的内涵；二是对文化的文本研究，即直接对时装、广告、商品和流行歌曲等大众传媒和消费文化进行同文学艺术相似的文本细读或符号学阐释。前者仍可归属于文学学科之中，后者则是一种社会学研究。总之，文化研究把文学视为文化的一种，既不具有更高的价值，也不具备独特的意义；同时又把文化视为文本，一种等同于文学的文本，对文学所使用的解读方式也都可用于解读文化。然而中国的文化研究多偏于第二个方面，因为中国的文化研究面对的主要是消费语境下的大众文化，而不是政治语境（女性主义、后殖民主义）下的文学文本。

　　在中国，文化研究的兴起，既有英国伯明翰学派的文化唯物主义的影响，也有法国符号学尤其是罗兰·巴特思想的影响，此外与后现代主义消费社会的大众文化研究有很大关系，更早则与法兰克福批判理论也有渊源。除了这些西方理论资源的传播，中国文化研究的兴起更与中国的政治环境有关。改革开放之后，市场经济迅速发展，经济生活取代政治生活，消费时代代替革命时代，大众文化的蓬勃发展必然引起学者的注意。陶东风提出国内研究大众文化的三种范式：第一种是批判理论，主要是法兰克福对文化工业的道德主义和审美主义批判；第二种是现代化理论，如果说批判理论更侧重于对大众文化的批判，现代化理论则相对肯定了大众文化的世俗精神和民主解放的可能性；第三种是新"左"派理论，与第一种相比，第三种理论更侧重于从政治经济学的角度进行批判。[1]概括而言，也就是批判和肯定两种。大众文化本身所暗含的价值具有类似解构主义的倾向，它"放弃了对终极意义、绝对价值和生命本质的孜孜以求，也不再把文化当作济世救民、普渡众生的神赐的法宝，不再用艺术来显示知识分子的精神优越和智力优越，来张扬那种普罗米修斯的人格力量和悲剧精神"[2]。因而在不同的政治经济环境下，大众文化具有不同的价值取向：在官方政治文化占主导的时期，具有解构官方一元意识形态的价值；在经济消费文化占主导的时期，具有导致政治淡漠化的危险。

---

　　① 　陶东风：《大众消费文化研究的三种范式及其西方资源——兼答鲁枢元先生》，《文艺争鸣》2004年第5期。

　　② 　尹鸿：《为人文精神守望：当代中国大众文化批评导论》，《天津社会科学》1996年第2期。

二、"反本质主义文学观"的理论建构

2000年以后，学界产生了关于"反本质主义文学观"的论争。这场论争是由三本文学理论教材——南帆主编的《文学理论新读本》（2002）、王一川所著的《文学理论》（2003）、陶东风主编的《文学理论基本问题》（2004）引起的。这三本教材具有明确的反本质主义倾向。三位作者（编者）抛弃了传统的文学理论的展开方式：先为文学设立一个本质，围绕这一本质讨论文学的各个方面。他们认为这是一种本质主义思维方式，应该加以批判。自古以来，人们试图一劳永逸地找到文学的本质以及文学之为文学的"文学性"，然而最终的结果却是令人失望的。文学理论教材中堆积了无数种文学观念，这些观念每一种都自称是文学的本质，互相冲突。然而后现代主义却使它们现了原形，原来它们都不过是某一时代某一文化背景从某一角度出发的人为建构。它们互相补充，又互相矛盾，并没有哪个文学观念具有绝对的优先性。后现代语境对文学理论提出一些生死攸关的问题：文学有没有本质？如果有，那是一种什么样的本质？如果没有，那么文学又该如何研究？

南帆在《文学理论新读本》中，将文学理论的书写方式分为两种，一种可称为普遍主义，一种可称为历史主义。前者重在揭示文学的终极公式，破译"文学之为文学"的秘密配方；后者则认为"文学理论必须尾随文学回到历史语境之中，分析历史如何为文学定位，文学又如何改变历史"[1]。在此基础上，南帆提出自己的"关系主义"观点："关系主义倾向于认为，围绕文学的诸多共存的关系组成了一个网络，它们既互相作用又各司其职。总之，我们没有理由将这些交织缠绕的关系化约为一种关系，提炼为一种本质。文学的特征取决于多种关系的共同作用，而不是由一种

---

[1] 南帆主编：《文学理论新读本》，浙江文艺出版社2002年版，第3页。

关系决定。具体地说，谈论文学与阶级的关系或者文学与民族、性别的关系，不等于否认文学与审美的关系。"①当我们为文学寻找本质的时候，我们总是在固定某一种关系、某一种视角，同时排除了其他关系、其他视角。文学并不存在于真空之中，而是在与诸多事物的关系中才表现出自己相对的特征，没有这些"他者"，也就没有文学的特征。"按照关系主义的目光，这些特征与其说来自本质的概括，不如说来自相互的衡量和比较——形象来自文学与哲学的相互衡量和比较，人物性格来自文学与历史学的相互衡量和比较，虚构来自文学与自然科学的相互衡量和比较，生动的情节来自文学与社会学的相互衡量和比较，特殊的语言来自文学与新闻的相互衡量和比较，如此等等。"②在衡量和比较中，那种一元论的、绝对的本质就不存在了；存在的只是在不同历史环境、不同文化背景中，与各种事物相对而言的特征。

陶东风批评了之前文学理论书写中无所不在的本质主义思维，并认为这是"一种僵化、封闭、独断的思维方式与知识生产模式"，在这种思维指导下编写的文学理论"总是把文学视作一种具有'普遍规律'、'固定本质'的实体，它不是在特定的语境中提出并讨论文学理论的具体问题，而是先验地假定了'问题'及其'答案'，并相信只要掌握了正确、科学的方法，就可以一劳永逸地把握这种'普遍规律'、'固定本质'，从而生产出普遍有效的文艺学'绝对真理'"。③于是，陶东风提出了自己的文学本质论："知识社会学的视角要求我们摆脱非历史的（de-historized）、非语境化（de-contextualized）的知识生产模式，强调文化生产与知识生产

---

① 南帆：《文学研究：本质主义，抑或关系主义》，《文艺研究》2007年第8期。
② 南帆：《文学研究：本质主义，抑或关系主义》，《文艺研究》2007年第8期。
③ 陶东风：《文学理论基本问题》，北京大学出版社2007年版，第3—5页。

的历史性、地方性、实践性与语境性。"①受到批评之后，陶东风自我辩护，认为反本质主义思维有可能导致两种结果——"反本质主义"与"反本质的主义"。他认为自己提倡的建构主义属于"反本质主义"，而不是"反本质的主义"。后者以后现代主义为代表，"彻底否定关于本质的一切言说，认为本质根本不存在"；前者的含义要大得多，包括了多种对本质主义的反思，后现代主义和建构主义都是其中之一。②"建构主义的文学理论并不完全否定本质，而是认为文学的'本质'是受到社会历史条件制约的文化与语言建构，我们不能在这些制约语境之外，也不能在语言建构行为之外谈论文学的本质（好像它是一个自主的实体，不管是否有人谈论都'客观存在'着）；也就是说，建构主义不是认为本质根本不存在，而是坚持本质只作为建构物而存在，作为非建构的实体的本质不存在。"③

相对于南帆和陶东风的著作，王一川的《文学理论》显得有些特殊。前两本文学理论教材乃是众人合著，以西方文论为主，并重在综合前人的理论成果；王一川的教材则是个人独著，以表达自己的文学观念为主，并重在传统文论的现代转化。不过王一川的教材与前两本仍有相同的反本质主义倾向，王一川认为："今天看来，本质并不就等于确定无疑的实在，而不过是主体的人为设定而已。也就是说，相信事物存在着惟一本质，属于人的思维假设。人假定事物有其本质，就会竭力去寻找。而不同的人由于各种原因的限制，会从同一对象中'发现'不同的本质，这就使设想中的唯一本质变得多样了，因而也就不可靠了。反之，如果舍弃本质式思维

---

① 陶东风：《文学理论基本问题》，北京大学出版社2007年版，第20页。

② 陶东风：《文学理论：建构主义还是本质主义？——兼答支宇、吴炫、张旭春先生》，《文艺争鸣》2009年第7期。

③ 陶东风：《文学理论：建构主义还是本质主义？——兼答支宇、吴炫、张旭春先生》，《文艺争鸣》2009年第7期。

而用'属性'的视角去观察，倒可能会发现事物的多种多样的面貌及其变化。"①因此关于文学本质的言说应该转变为关于文学属性的言说，文学本质是一元的，而文学属性却是多重的。王一川提出文学至少包含以下六种属性：媒介性、语言性、形象性、体验性、修辞性和产品性，其中感兴修辞性（或称体验修辞性）为主导属性。然而，这六种属性仍然局限于文学作品的静态属性中，而没有考虑文学作为一种活动的动态属性。不过，这正是其优点所在，放弃本质思维的文学理论既不追求超越时空的一元绝对本质，也不强求面面俱到的宏大叙事，而努力挖掘对于文学本质的新理解、新观点。"就目前我国文学理论界的实际情形来说，尚不存在探访文学理论原野的惟一'大道'，而可以见到若干条交叉'小道'。既然如此，我只能选择其中一条——感兴修辞诗学。"②

反本质主义文论一方面肯定了文学的多样性和文学本质的多元化，另一方面也否定了文学的普遍性和规定性，因而引起了争议，被批评为相对主义和虚无主义。我们可以把这些批判归结为四个方面：

其一，反本质主义文论是一种语境决定论，抹杀了文学自身的性质。相对本质论认为文学的本质不在文学的内部，也不在文学的外部，而是语境让文学成为文学，或者让其他什么成为文学。换句话说，文学并没有客观性的本质，而只有对于文学这一概念的言说和定位，只要"艺术界"（阿瑟·丹托提出）、"艺术惯例"（乔治·迪基提出）、"阐释群体"（斯坦利·费什提出）认定一个物体是文学，那么它就是文学；不同时代、不同文化对文学具有不同的言说和定位，那么文学就失去了通约性和规定性，而完全取决于语境的多变性。于是文学仅仅就变成了一个家族相

---

① 王一川：《文学理论》，四川人民出版社2003年版，第69—70页。

② 王一川：《文学理论》，四川人民出版社2003年版，第10—11页。

似的术语，似乎不同时代、不同文化中的文学如同互不相通的孤岛，彼此没有共通性。但是这种观点忽略了这样一个问题：历时语境和共时语境的连贯性、历史的差异性和文化的差异性固然会导致文学自身发展的不同以及人们对文学的理解的不同，然而人们之所以能够理解传统文学和异域文学，又恰恰在于这些不同之中仍有相通之处。单单关注差异性而无视相通性，正如传统文学观更关注相通性而忽略差异性一样，都只能产生片面性。事实上没有相通性又何来差异性，正如没有差异性又何来相通性。绝对的差异性和相通性都是不可能存在的。王晓华认为："在强调中国文论的地方性和历史性的同时，我们还应该避免走向相对主义，即，不能只讲多元性而否定语言、理论、命题作为能指的有效性以及为了维持这种有效性而制定的标准。"①

其二，反本质主义文论是一种相对主义，抹杀了文学理论的普遍性。他们认为关于文学本质的论说只是历史性、地方性的知识，而不是普遍的真理，产生于特定时空中的文学本质论只适合特定的时空，而不具有普适性。事实上，任何理论都是在特定的时空中发现的，但是这并不意味着理论在该时空之外就不再适用。因此，理论产生的历史性、地方性决不能掩盖理论解释效力的普遍性。加塞特（José Ortega Gasset）曾指出："真理具有一种本质，就是'无时间性的存在'，而发现真理、思考真理、知晓真理、忽视真理、重现真理或遗忘真理的人类，则拥有另一种本质，就是'时间性的存在'。这二者的差异非常巨大，我们实在找不到其他东西可以与之比拟。"②固然，与自然科学理论不同，人文学科内的一些理论只能在一定范围内有效，并且随语境的变迁而变化。反本质主义发现了理论解

---

① 王晓华：《走向实质多元主义的理论建构——我看本质论与建构论之争》，《文艺争鸣》2009年第5期。

② 加塞特：《哲学是什么》，谢伯让、高慧涵译，电子工业出版社2013年版，第9页。

释范围的有限性和相对性，具有合理性；但是由此推论理论完全被理论产生的语境所限制则是错误的，理论之所以是理论就在于它在不同程度上超脱语境的抽象性，因而面对同样的对象仍然具有解释力。

其三，反本质主义文论混同了认识论与价值论。它在批判本质主义时，将理论上的本质主义与意识形态上的威权主义相提并论甚至混为一谈。反本质主义认为本质主义的一元绝对本质论限制了文学理论知识的生产，而解构本质主义的目的就是要多元地、不断地重新建构文学理论。可是正如一些论者所分析的那样，束缚文学理论创新的到底是本质主义思维方式，还是威权主义知识生产机制？[①]是本质主义思维，还是权力对于文学观的不正常制约？[②]是"真理"意识形态元叙事模式（以认知形而上学为基础）的本质主义观念及其思维方式，还是政治意识形态元叙事模式（以政治形而上学为基础）的本质主义观念及其思维方式的"遮蔽"？[③]支宇、吴炫、李自雄皆认为：不是前者，而是后者限制了中国文论的进展，因此反本质主义的矛头应该对准后者，而不是前者；必须将"'本质主义'中的'受权力和体制干预的''文学本质化存在'与'文学本质言说具有普遍解释力'有效区分开来"[④]，因为"理论本身的力量，除了思想对解决现实问题的针对性、有效性和说服力形成的'理论魅力'，其实没有任何办法能让其理论的接受和认同成为'普遍性'或'超时代'的"[⑤]。对此，陶东风认为："虽然不能把本质主义的知识论简单等同于威权主义政治，但

① 支宇：《"反本质主义"文艺学是否可能？——评一种新锐的文艺学话语》，《文艺理论研究》2006年第6期。

② 吴炫：《当前文艺学论争中的若干理论问题》，《文学评论》2008年第4期。

③ 李自雄：《反本质主义的"错位"与文学本质的重新言说》，《汕头大学学报》（人文社会科学版）2010年第5期。

④ 吴炫：《当前文艺学论争中的若干理论问题》，《文学评论》2008年第4期。

⑤ 吴炫：《当前文艺学论争中的若干理论问题》，《文学评论》2008年第4期。

是，最容易与威权主义政治结合在一起并为之提供合法性支持的，却必然是本质主义的知识论。我们很难想象权威主义政治和意识形态会与反本质主义的知识论结合。"①因为反本质主义的知识论内在地包含了对于威权主义意识形态的阻抗力、抵制力。然而反本质主义在批判本质主义时，完全否定和排除了本质主义，并有将反本质主义的观点泛化和绝对化的倾向。事实上，本质主义和反本质主义都是对于文学本质的一种理解，如果将反本质主义绝对化，本身不也是一种本质主义思维吗？

其四，反本质主义文论抹杀了文学的审美超越性。它着重考察文学与历史、文化的关系，即文学如何被意识形态建构而成的情况，强调了文学的现实性，忽略了文学的审美特性，而审美具有超越现实、超越意识形态的品格。反本质主义甚至连审美性也扔掉了，文学研究变成了文化研究，而文化在某种意义上就是意识形态。这种观点简化和忽略了文学的多层次性。而杨春时更加强调文学作为特殊文化形态的社会的异质性。主张文学对一般文化包括意识形态的超越性、批判性。②杨春时认为任何文学都具有三个层面：原型层面、现实层面和审美层面。因此文学不仅具有被意识形态束缚的一面，也有抵抗和超越意识形态的一面，在根本上，文学的意义就存在于超越意识形态的追求之中。③

由于反本质主义文论的上述局限，据此编写的一些教材就出现了难以克服的问题：在消除了文学的确定本质之后，避开了关于文学本质的论述，历史叙述代替了理论论述，文学理论教材变成了古今中外的文论资料汇编。这意味着，必须建构新的文学理论，而不能仅仅停留于解构之中。

---

① 陶东风：《略论本质主义知识论和权威主义政治之关系——回应支宇、吴炫教授》，《文艺理论研究》2009年第6期。

② 杨春时：《文学作为异质文化》，《琼州大学学报》1998年第2期。

③ 杨春时：《论文学的多重本质》，《学术研究》2004年第1期。

为此，一些学者提出了自己的文学理论建构的设想：吴炫提出"中国式文学本体论"以及中国文论的原创，中国学者应该尽力让中国文论作为世界文论多元中的一元自立于全球化的理论平台上。①李自雄提出"开放而多元的本质个性化言说"，即在当下这个日益多元的时代，建构充满个性自我的本质言说，在这些本质言说中，没有谁的或者哪一种言说具有"先验的""必然性"的优先性。②龚举善认为，文学本质是由诸多主客观因素多向度动态式综合生成的，这些因素包括国家意识形态的体制性规训，文化地理的非对称性限定、文学阐释的主体性认同。③对于前二者，我们无法选择，然而对于后者，个体仍有自身的主体性和主动性，而且前二者也只能通过后者才能发挥作用。只有在个体借鉴、综合、反思和批判西方文论资源和中国传统文论资源的基础上，结合当下中国的文学状况，同时不断反思自身理论的时代性、局限性，才能产生理论的创新，又不将自身的理论本质化。

　　另有一些学者在本质主义和反本质主义之外，提出理解文学本质的不同思路。杨春时认为："伴随着形而上学被否定的只是实体论的本质主义，而不是存在论的本质主义；不能言说的只是实体性本质，而不是超越性本质。"④因此可以否定文学的固定的现实本质，而不能否定文学的审美（超越性）本质；关于文学的本质仍然是可以言说并且是必须言说的。在上述观点的基础上，杨春时提出了多层面的文学本质观。他认为，文学具有多种层次、多种形态，也应该具有多重性质和多种意义。文学的深层结

---

① 吴炫：《当前文艺学论争中的若干理论问题》，《文学评论》2008年第4期。
② 李自雄：《反本质主义的"错位"与文学本质的重新言说》，《汕头大学学报》（人文社会科学版）2010年第5期。
③ 龚举善：《文学本质多向生成论》，《河北学刊》2014年第1期。
④ 杨春时：《文学本质的言说如何可能》，《学术月刊》2007年第2期。

构是原型层面，具有自然性，也就是无意识性。文学的基础层面是现实层面，具有现实属性，也就是意识形态性。文学的最高层面是审美层面，它具有审美属性，也就是形而上的性质。与此相应，文学同时兼具原型意义（自然性）、现实意义（意识形态性）和审美意义（超越性）。这些意义互相关联，彼此冲突，构成了文学的动态的、多重的结构，也构造了不同的文学形态。而在不同的文学形态中，这些意义的地位也有所不同：以审美意义为主导的文学形态是纯文学，它主要关注生存意义问题，表达形而上的思想；以现实意义为主导的是严肃文学，它主要关注社会问题，表达某种意识形态；以原型意义为主导的是通俗文学，它注重消遣娱乐性，恢复人的自然天性。这些新的文学观念在笔者的多种著作中得到了系统的论述，建构了与审美主义不同的多层面的文学本质论。

张伟也认为，本体不同于本质，后现代哲学解构的是实体或本质本体论，而不是生存本体论。"对生存的终极意义的承诺就是对生存的终极价值的承诺，这就是'本体论'的问题，必须通过本体论阐释来加以完成。"[1]在此意义上，"文艺本质作为科学抽象是人为的规定，无法承担生存的意义；文艺本体作为价值存在的本体从类生存出发来领悟世界的意义，因此，文艺学研究的任务就是通过对文艺本体的阐释，使文艺本体获得生存意义的澄明"[2]。形而上学的错误就在于将存在误解为存在者，从而对存在者的本质穷根究底，然而存在的意义只能是存在作为一个动词的意义，即存在者存在的意义，因此文学的意义不是文学作为一个存在者的本质，而是文学作为存在的意义。文学的存在论开启了对于文学本质和文学

---

① 张伟：《文艺理论研究中的知识论前提反思与生存本体论建构》，《文艺研究》2007年第5期。

② 张伟：《文艺理论研究中的知识论前提反思与生存本体论建构》，《文艺研究》2007年第5期。

本体的新的理解，值得人们深入研究。

三、王一川的"修辞论美学"

王一川的美学思想分为前、中、后三期，对应着三个理论转向：一是体验论转向，代表性著作有《意义的瞬间生成》和《审美体验论》等，它突出了审美体验或体验的核心地位；二是修辞论转向，代表性著作有《语言乌托邦》《中国现代卡里斯马典型》《修辞论美学》等，它意图走出审美体验的困境，体现政治性；三是文化修辞论转向，代表作有《中国形象诗学》《张艺谋神话的终结》《中国现代性体验的发生》《第二重文本》等，这一转向有意识地寻求体验与修辞、审美性与政治性的重新融合。前期是体验论美学，带有现代主义倾向；后期是修辞论美学，带有后现代主义倾向。但是，这两种理论并没有截然分开，而是有所融通，这种融通在第二次理论转向中达成，这是其理论体系的独特之处。

王一川的思想渊源是西方马克思主义的文化批评理论，他同时也吸收了西方体验论美学和语言论美学的理论资源。就修辞论美学的建构而言，王一川立足的是以威廉斯、伊格尔顿为代表的英国新左派批评。修辞论美学的准确称呼应为文化修辞学，是一种本文①分析方法，体现出与威廉斯、伊格尔顿一致的文化唯物主义倾向。

体验论美学是王一川早期深入关注与研究的美学流派。体验不同于经验，经验是表层性的、日常性的，体验则更加深层，带有原发性。他区分审美经验与非审美体验，并将审美体验界定为"深层的、活生生的、令

---

① "本文"（text）是西方文论术语，在西方形式主义、新批评、结构主义语境中有特殊含义，详见罗兰·巴尔特：《本文理论》，李宪生译，《外国文学》1988年第1期。该范畴后与"文本"混用，详参方成：《"文本"与"本文"》，《外语研究》2009年第1期。

人沉醉痴迷而难以言说的瞬间性审美直觉"①。中国美学家称之为感兴、妙悟，西方美学家称之为迷狂、游戏、高峰体验，这是中西美学共同关注的一个重要问题。王一川早期完成了《意义的瞬间生成》一书，书中将西方体验美学划分为四个历史时期：第一是滥觞期，柏拉图的迷狂论是其代表；第二是复苏期，席勒的游戏说是其代表；第三是高峰期，代表美学家有叔本华、尼采、狄尔泰、柏格森；第四是多元期，除了维特根斯坦的分析美学等个别流派，20世纪的大多数美学流派都被吸收进了体验美学的体系中。王一川认为希腊文化与希伯来文化是体验美学的文化渊源，两种文化都认识到了人生的有限性、悲剧性、苦难性与神秘性，积极寻求与之对抗并且超越的方法。在此过程中西方体验美学彰显出了自我的特殊禀赋，进而"体验自此在起始，经过直觉、原型、生成、形式这些中介环节，而最终到达彼在，由此完成了超越历程，形成了超越性结构"②。《意义的瞬间生成》就是以体验的超越性结构安排章节而具体展开的。审美体验的最终目标就是"人生终极意义的瞬间生成"③。王一川诗意地解答人生的终极之问。

中期的王一川转向了后现代主义的反本质主义的立场，他认为："今天看来，本质并不就等于确定无疑的实在，而不过是主体的人为设定而已。也就是说，相信事物存在着惟一本质，属于人的思维假设。人假定事物有其本质，就会竭力去寻找。而不同的人由于各种原因的限制，会从同一对象中'发现'不同的本质，这就使设想中的唯一本质变得多样了，

---

① 王一川：《审美体验论》，百花文艺出版社1992年版，第6页。

② 王一川：《意义的瞬间生成——西方体验美学的超越性结构》，山东文艺出版社1988年版，第26页。

③ 王一川：《意义的瞬间生成——西方体验美学的超越性结构》，山东文艺出版社1988年版，第365页。

因而也就不可靠了。反之，如果舍弃本质式思维而用'属性'的视角去观察，倒可能会发现事物的多种多样的面貌及其变化。"①这样，他就以发现美的诸种特性取代关于美的本质的思考。于是，王一川由体验论美学转向语言论美学。

　　中期的王一川研究语言论美学的思路，直接继承于伊格尔顿。他认为研究语言论美学的目标是辨析它与认识论美学的消长关系，以及阐明自身的盛衰。辨析的视角是政治与意识形态化的，"美学作为一种意识形态话语，与特定文化语境具有深厚的联系"②。在对20世纪西方文学理论的研究中，伊格尔顿所持的就是此种立场，认为文学理论"不过是社会意识形态的一枝，绝无任何统一性或同一性可使它自己与哲学、语言学、心理学或文化和社会思想判然有别"③。不同于伊格尔顿直接性的意识形态分析，王一川认为西方哲学与美学的焦点是逻各斯。作为西方文化中支配一切的终极力量，逻各斯又具有两个伪装身份：理性与语言。17世纪西方哲学形成了所谓的认识论转向，理性登上王座建立了一个理性王国。在美学领域，理性行使权力的方式是"感性的理性化"和"理性的感性化"，前者指审美与感性要符合理性的规范，后者指理性获得审美的诗意面貌。④在这个过程中，感性获得了合法地位，不满理性的压抑而反抗，夺得美学权柄却无力维持统治，最终逻各斯以语言论转向的方式重新掌权。对于美学研究而言，哲学领域的语言论转向只是外因，从生命美学、唯美主义等美学思

---

①　王一川：《文学理论》，四川人民出版社2003年版，第69—70页。

②　王一川：《语言乌托邦——20世纪西方语言论美学探究》，云南人民出版社1994年版，第4页。

③　伊格尔顿：《二十世纪西方文学理论》，伍晓明译，陕西师范大学出版社1987年版，第223页。

④　王一川：《语言乌托邦——20世纪西方语言论美学探究》，云南人民出版社1994年版，第15页。

想的更迭中可以归纳出一个审美感兴—审美形式—语言的内在发展线索，这是美学语言论转向的内因。内外结合催生了20世纪美学研究的语言乌托邦。语言乌托邦是一个美学概念，是语言论转向在美学领域的独特反映。语言乌托邦具有两层含义：当它指向美学学科时，语言被看作解决美学危机的理想出路；当它指向审美与艺术时，语言被看作审美呈现与艺术存在的理想方式。语言乌托邦的本质就是"语言既是中心，又意味着理想境界"①。作为理想，语言乌托邦难免存在空想的因素，在其建构的过程中已经潜伏了解构的力量。

在王一川看来，修辞论美学是美学史自我演化的结果。从西方美学的角度看，在认识论美学兴盛之时，美学家已经关注审美艺术的形式问题，也就是关注修辞。在体验论美学兴起之后，美学家不满于体验的转瞬即逝，致力于建立体验的内在模型。当哲学领域形成语言论转向、体验的模型与语言的模型结合时，修辞论美学的预备工作就完成了。当体系化的经典美学逐渐失去现实效力，回应现实需要必然会产生针对审美文化进行解读与阐释的美学。恰好西方的语言论转向又预备了合适的方法与理论基础，修辞论美学应运而生。虽然20世纪是高度符号化的时代，"砍掉理性而仅仅依仗语言，单手独臂毕竟难以支撑逻各斯所交付的沉重使命。'现代性工程'的实施，依赖于理性与语言的合力"②。在巴赫金、马歇雷、詹姆逊、格林布拉特等人的理论中，历史理性已经与语言重新融合。当语言论哲学衰落，"美学将是一种零散化的以文化本文为对象的文化修辞学"③。换句话说，王一川提出

---

① 王一川：《语言乌托邦——20世纪西方语言论美学探究》，云南人民出版社1994年版，第50页。

② 王一川：《语言乌托邦——20世纪西方语言论美学探究》，云南人民出版社1994年版，第353页。

③ 王一川：《语言乌托邦——20世纪西方语言论美学探究》，云南人民出版社1994年版，第378页。

修辞论美学的意图就是延续语言论美学的思路，建立一个现代美学之后的新美学，专注研究本文的符号系统与文化语境的修辞关系。实际上，这正是从阿尔杜塞、威廉斯到伊格尔顿、詹姆逊等西方马克思主义者一贯的思路：首先将政治视角看为"一切阅读和一切阐释的绝对视域"[①]；其次通过适当的文本分析方法，例如阿尔杜塞的症候阅读，挖掘"艺术文本内的意识形态和乌托邦功能"[②]。作为某种不确定的结构，"溶解流动中的社会经验"[③]，意识形态与乌托邦都是隐藏在本文之下的。所以，王一川的修辞论美学表面上看是语言论的，实际上是西方马克思主义的，威廉斯、伊格尔顿等西方马克思主义者直接为他提供了研究的思路与工具。

王一川的修辞论美学的核心乃是"把艺术视为这样一种为造成特定文化语境中的表达效果而组织和调整话语的修辞现象"[④]。在王一川的解释中，我们可以发现修辞具有表层与深层双重含义。"修"的表层含义是修饰，深层指有目的性的组织和调整，"辞"的表层含义是话语，深层指"人的生存方式或生活形式的性质"[⑤]——海德格尔的"语言是存在的家"、维特根斯坦的"想象一种语言意味着想象一种生活方式"都是与之呼应的西方哲学观点。从深层维度界定修辞，就可以看到艺术作品的修辞性与文化语境是互赖的。文化语境借助艺术修辞表达自己，修辞的目标指向就是展现文化语境，艺术作品又是文化语境最为有力与重要的构成元

---

① 弗雷德里克·詹姆逊：詹姆逊：《政治无意识——作为社会象征行为的叙事》，王逢振、陈永国译，中国社会科学出版社1999年版，第8页。

② 弗雷德里克·詹姆逊：詹姆逊：《政治无意识——作为社会象征行为的叙事》，王逢振、陈永国译，中国社会科学出版社1999年版，第286页。

③ 雷蒙德·威廉斯：《马克思主义与文学》，王尔勃、周莉译，河南大学出版社2008年版，第143页。

④ 王一川：《修辞论美学》，东北师范大学出版社1997年版，第85页。

⑤ 王一川：《修辞论美学》，东北师范大学出版社1997年版，第85页。

素。同时，由于继承了语言的乌托邦属性，审美艺术的修辞性还具有一种理想性，可以展现出人类生存的智慧性与超越性。

修辞论美学的目标不是建构一个形而上的理论体系，而是对具体审美现象与艺术作品作深度阐释。王一川特别看重艺术在文化语境中的地位，将之称为"卡里斯马"符号。"卡里斯马"（Charisma）原意为"神圣的天赋"，王一川将之界定为："特定社会中具有原创力和神圣性、代表中心价值体系并富于魅力的话语模式。"①通过分析卡里斯马符号，或者更加具有表现力的卡里斯马典型，就可以挖掘出隐藏于文化语境背后的深层社会结构与意识形态结构，推动社会的变革与进步。在伊格尔顿、詹姆逊等西方马克思主义者看来，这些内容都如潜意识一般隐藏在各种文化符号之下。但是，"艺术中意识形态的真正承担者是作品本身的形式，而不是可以抽象出来的内容。……小说就在它的形式中显示出一系列变化了的意识形态方面的趣味"②。对形式进行修辞分析就可以解读作品背后隐藏的艺术家本人都没有察觉的内容。

王一川称自己的修辞论阐释是一种"以修辞为中心的再度—深度阐释"③，具体从三个方面着手：首先是个人本文阐释，找出本文在叙事结构、抒情方式、人物塑造等方面体现的艺术家个人特色；其次是文化语境阐释，是在时间轴上横向展开，分析作品在共时状态所受的文化影响；最后是历史阐释，是在时间轴上纵向展开，分析生产方式等深层历史变动对作品的细微影响，这也是最困难与最终极的阐释。王一川的历史阐释基于西方马克思主义对文化历史的认知，充分考虑了文化的复杂性与微妙性，区别于传统的苏俄与中国马克思主义。在具体的阐释中，他还大量借鉴了

---

① 王一川：《修辞论美学》，东北师范大学出版社1997年版，第144页。

② 伊格尔顿：《马克思主义与文学批评》，文宝译，人民文学出版社1980年版，第28—29页。

③ 王一川：《修辞论美学》，东北师范大学出版社1997年版，第89页。

形式主义、结构主义、叙事学等等理论成果，方法较为灵活多变。

　　后期的王一川力图沟通体验论美学、修辞论美学。在他主编的《美学原理》（2015）中，他依据后现代主义的原则，对美的性质和特性进行了阐释。他不谈美的本质问题，而是考察"美的含义"和"美的建构"。在"美的含义"中，他把美的性质问题归于一种语言用法，列举了"词源学的说明""日常语言中的用法""美学话语中的指称对象"等几个方面。在"美的建构"中，他把美作为一种主体建构的产物，提出"从建构主体而论'美'是人类社会实践的产物"，"从建构媒介而论，美是人类社会符号实践的产物"，"从建构成果而论，美是无功利的直观形式"，"从建构成果而论，美呈现为'活的形象'"，"从建构效果而论，美具有感兴力量"。在"美的特性"中，他列举了"美的符号性""美的无功利性""美的形象性""美的感兴性"。

　　从王一川的理论体系的构成方面看，除了体验论方向之外，后两次转向都注重理论的批评化，重点结合中国的具体文艺文本去分析，注意从具体文艺现象中做出美学观察，而很少从纯理论角度去进行逻辑的推演，这也体现了后现代主义的去逻各斯中心主义的特色。他指出，修辞论美学"不应被误解为经典意义上的美学体系"[①]。所谓的经典美学也就是体系性的美学，如康德与黑格尔的美学。在王一川看来，20世纪90年代之后体系性的经典美学面临两重的危机：一是作为中国美学研究参照系的西方美学已经放弃经典美学体系，二是中国美学家建立的经典美学体系无力解释与应对现实的审美与艺术问题。所以美学必须转向，告别经典美学体系。"所谓修辞论美学，正是这种转向的一部分。"[②]这就是说，修辞论美学是

---

① 　王一川：《修辞论美学》，东北师范大学出版社1997年版，第1页。

② 　王一川：《修辞论美学》，东北师范大学出版社1997年版，第2页。

实践性的美学。具体表现为两个方面，首先，修辞论美学"直接面对具体的审美或艺术现象"①。如果说经典美学是模型在先，首先建立一个无所不包的理论系统，而后将审美现象纳入其中，修辞论美学则是先观察、分析与阐释具体的、个别的审美现象或者艺术本文，而后进行理论的归纳、抽象与总结。修辞论美学不是反理论，更不愿停留于表象，分析具体本文的目的是"由此去透视潜隐在其中的抽象、必然或普遍性"②。其次，修辞论美学的目标是借助本文深入特定的文化语境，"探寻本文与文化语境之间在修辞上的互赖关系"③。文化语境正体现了一个时代的核心特征，具体涉及现实的基本价值体系、文化压力、审美惯例、文化原料、文化战略等多个方面。④

　　王一川的美学思想比较复杂，既有现代主义的成分，也有后现代主义的成分。他的体验论美学思想超越了传统的认识论，进入了生存体验的层次，主要吸收了现代美学的思想资源。而其修辞论美学则有不同的思想取向：一方面与西方马克思主义的文化批评理论有渊源关系，指向现代主义；另一方面又受到解构主义、新历史主义的影响，指向后现代主义。可以说，王一川较早地吸收了现代主义美学和后现代主义美学的思想成果，成为中国美学从现代主义向后现代主义转变的代表性人物。此外，王一川的美学理论虽然吸收了西方美学思想，但没有照猫画虎，而是有很大的创造性，完全是自己的体系。因此，其学术意义应予以充分肯定。

　　王一川的美学思想也存在着一些有待解决的问题。首先，其美学思想融合了现代主义与后现代主义，内涵比较丰富，但理论的透彻性和体系的

① 王一川：《修辞论美学》，东北师范大学出版社1997年版，第3页。
② 王一川：《修辞论美学》，东北师范大学出版社1997年版，第4页。
③ 王一川：《修辞论美学》，东北师范大学出版社1997年版，第5页。
④ 王一川：《修辞论美学》，东北师范大学出版社1997年版，第83—84页。

完整性还有待进一步完善。其次，王一川创造了大量的新术语与新概念，例如典型墓园、卡里斯马化、中国现代学、兴辞诗学、反审美、后情感等，这固然体现了独创性，但也在一定程度上造成理解和交流的障碍。

四、张法的"文化模式论美学"

张法的主要研究方向是中国古代美学，但也建构了自己的美学体系。他把后现代主义与中国美学思想结合起来，试图建立一种特殊的中国式的美学体系，可以称之为"文化模式论美学"。其美学理论代表作为1999年出版的《美学导论》。

首先，关于美的本质问题，张法接受了后现代主义和分析哲学的反本质主义思想，认为"美的本质"是一个假问题。如果不能用美的本质方式去言说美，那么还有什么方式呢？他引用了维特根斯坦的"美是一个开放的家族"、海德格尔的"美存在而不可言说"和巴尔塔萨的"美在于人与神相遇"这三种言说方式以完善自己的论断。张法认为美是虚体不是实体，但美又寓于实体之中，因而言说美就必须分清可说的与不可说的。他认为美有部分是可以言说的，有部分是不可以言说的。他指出，西方美学试图言说不可言说之物，从而陷入了本质主义；而中国美学则认为美是不可言说的，但却遮蔽了可言说者。当代美学研究应该避免中西美学的短处，而撷取各自的长处。这就是说首先要分清哪些是能说的，哪些是不能说的，并且建构关于美的新的言说方式。

这样，如何言说美，就取代了传统美学所谓的美的本质问题。张法提出了自己的研究方法："对任何一个重要问题，都要在中国和西方两个方面进行问题史细查，然后分析综合，以史出论。"[1]从文化历史出发，而

---

[1]　张法：《中西美学与文化精神·再版序》，中国人民大学出版社2010年版。

不是从哲学根据出发研究美学问题，这是其基本的方法论。由此，张法提出，美是以文化（模式）的形态而存在，并不存在普遍的、绝对的美的本质。因此，要考察生成美的文化模式，也就是在人类主要文化形态下的美如何存在的问题。所谓美的本质问题，也就是在各种文化模式下的美的存在形态问题。他认为有四种文化模式：西方模式、中国模式、印度模式和伊斯兰模式。他从"文化模式与美"的角度来考察美的性质问题，主要是研究"美的中国模式"。

张法认为，人们从"美"即审美对象中获得的只是一种快感，这种快感包括一般的文化快感，也包括特殊的高峰体验。所谓美即审美对象呈现为特定的形式结构，这个形式结构体现着一定的文化意蕴。所以，文化快感结构与对象的形式结构之间的关系是美学的基本问题。他认为，现代的美学理论应该以此基本问题为中心，建构开放的理论体系。

张法运用现象学方法来获知美。他改造和运用杜夫海纳的审美知觉现象学，来揭示美的意义。他认为，美与美感同一，审美具有心理距离和直觉形象，体现为内模仿与移情，具有主客同构性。他还论述了美的矛盾性：美在客体，但客体中却没有美的因子；美感在主体，却也体现于对象之中，这是一种矛盾的心理现象。他以"人与对象的同一性"为起始，讨论了形式美以及原型和象征等所谓"美的宇宙学根据"。

张法对审美范畴即"美的基本类型"做了新的规定。他认为审美客体与审美主体同一的即是美，这一点似乎继承了朱光潜的美是主客体的统一说。他认为，其中二者的关系不同，产生了不同的类型：对象高于主体就是悲，对象低于主体就是喜。在每一类型下又分各种亚类型，"美"分为"优美""壮美"和"典雅"；"悲"分为"悲态""悲剧""崇高""荒诞"；"喜"分为"怪""丑""滑稽"。

张法美学思想将西方后现代美学与中国古典美学熔于一炉，试图建构中国的后现代美学体系。在后现代主义止于解构而疏于建构的情形之下，他以"文化模式论"为根据，努力建构民族性的美学体系，这种努力应该予以肯定，这种美学观点也有其独创性。此外，他还试图打通中国古典美学与西方现代美学的相关概念、理论，如中国的"虚静"说与西方的"距离"说，中国的"意境"概念与西方的"直觉形象"概念，中国的"心既随物以宛转，物亦与心而徘徊"（《文心雕龙·物色》）说与西方"内模仿""移情"，中国的"肉、骨、神"概念与西方格式塔的"轮廓外形、骨架结构、表现性"概念之间的可通约性，等等，也打破了自己设定的"文化模式"的界限，这些思想都具有启发意义。

张法美学思想也存在着一些可以深入讨论的问题。首先，他认为"美的本质"是一个假问题，美不可言说，这是后现代主义的反本质主义的立场。美的本质是否不可言说，并不能遽然断定。海德格尔认为美可以用现象学和存在论来阐释，认为"美是作为无蔽真理的一种现身方式"[①]。中国美学也认为美是可以言说的，道家虽然有"道可道，非常道"的不可知论，但又说"道法自然"，并且以回归自然为美；儒家则认为美以善为本，以乐道为美。其次，张法以文化模式来建构美学理论，突出了美学的文化性和民族性，但否定美学的普遍性，也等于否定了审美经验的普遍性。而且，张法把民族文化和民族美学孤立起来，忽视了各民族的交往关系和理论交融性。

五、解构主义美学的意义

解构主义美学是对传统美学基本理念的反拨，在中国主要是对艺术本质的消解。作为对形而上学的本质主义的消解，这种思潮有一定的合理

---

① 海德格尔：《林中路》，孙周兴译，商务印书馆2017年版，第46页。

性。传统美学基于实体本体论，把美或艺术看作实体或实体的属性，要找到它的绝对不变的本质，所以就产生了关于美或艺术的本质的种种说法，如理念、上帝、自我、自然、感性等。由于实体论被否定，实体性的本质也不复存在，因此美或艺术的实体性本质也不复存在，现实领域的事物没有绝对的本质，本质成为阐释的对象是带有历史性和地方性的知识。解构主义正是表达了这样一种理念，从而终结了形而上学的统治，并且开辟了新的美学研究的道路。仅此而言，解构主义美学有其历史功绩。

解构主义美学也带有解构主义本身的问题，那就是在否定实体论意义上的本质之后，是否还存在着存在论意义上的本质，包括审美的本质？在否定了美和艺术的本质之后，是否会导致虚无主义？在解构之后如何建构？这些问题仍然存在着巨大的争议，解构主义美学也没有给出解答。

第四节　身体美学

一、身体美学的思想渊源

身体美学作为后现代主义美学的一个派别，也是后期现代社会的产物，是对理性主义的消解。它反拨意识美学，主张回归审美的身体性。

身体美学（Somaesthetics）作为一个术语，由理查德·舒斯特曼在20世纪90年代首次提出，并在全球范围内迅速流行。但是，舒斯特曼只是提出了狭义的身体美学（Somaesthetics），即作为一门学科分支的身体美学，它仅限于以身体为审美主体和审美对象的美学研究。此外，还有广义的身体美学（Body Aesthetics）。后者也可以称为美学的身体性转向（Body Turn），泛指自尼采以来的身体美学研究，包括尼采、梅洛-庞蒂、福柯、德勒兹以及女性主义的研究等。他们或者旨在批判西方历史上从柏拉图延续到现代的意识美学，或者旨在批判身体被权力话语、意识形态所塑造的一面，受其影响的女性主义则以女性身体的独特经验来批判父权制对女性的压抑，因而都具有强烈的反叛性和破坏性。

广义的身体美学的鼻祖是尼采，尼采打开了身体美学的大门，许多思想家尾随而进，他们或者从尼采的身体和生存的有限性思想出发，彻底批判西方的形而上学，如海德格尔；或者继承了尼采的系谱学方法，继续梳理身体在西方文化中的遭遇，如福柯；或者发挥尼采的身体和欲望的生成性思想，批判理性对身体的压抑，如德勒兹。

福柯对身体美学的研究主要是在广义的历史学的范围内开展的，或者用他自己的术语来说，属于考古学和系谱学的范围。他的《临床医学的诞生》分析了作为物理和生理的身体是如何被西方文化和医学话语一步步制造出来的，他的《疯癫与文明》揭露了文明和理性是如何将疯癫放逐到文明之外的，他的《规训与惩罚》让我们看到了身体和生命是如何被权力操控以实现权力的扩张的，他的《性经验史》则试图回归古希腊对身体的呵护以对抗权力对身体的规训，他在法兰西学院的一系列演讲说明了身体政治学或者说微观政治学在当今社会的政治性价值。在这些研究中，一以贯之的是福柯对处于文化边缘的事物的聚焦、对启蒙思想的反思，而作为生命和生活之本的身体就是福柯思考的一个基点和支点。对于福柯而言，身体是无言的、被动的，是权力、话语、知识发挥作用的场所和载体。

与福柯对比，德勒兹主要是一个哲学家，他更注重从哲学层面上分析身体和感觉的生成性和创造性。他将身体的反叛性和生成性与资本主义文化结合起来，在他看来，身体并不是一个无言的场所，等待被镌刻上话语和权力的印记，而是一种涌动之流，时刻在为冲决资本主义的辖域化和封闭化而运动。在德勒兹的身体美学中，"无器官的身体"和"欲望机器"是两个主要概念，要分析这两个概念，必须将其放入德勒兹的"生成"

思想之中。所谓生成就是一种无预定性的、开放的、永恒的绵延，不仅思想、身体是流动的，而且世界也是流动的，存在的一切都是绵延的，存在就是绵延。在这个意义上，"无器官的身体"所要批判的就是"有机体"概念。"有机体"概念预设了感官的功能和感官之间的界限是固定的、先在的、理想性的，而"无器官的身体"则强调身体作为单一的身体能量在与外在环境能量的相互作用中不断生成和创造的整体性。"欲望机器"表达了这种生成和绵延的思想，即身体是非人性和非主体性的，欲望是机器的自我生成性的产物，这揭露了主体性和人性的虚妄。

与福柯、德勒兹的情况不同，梅洛-庞蒂的身体美学研究主要集中在现象学传统中，他认为意向性首先不是意识的意向性，即意识活动对意识对象的构造，而应是身体的意向性，即身体在世界中的存在。"成为一个意识，更确切地说，成为一个体验，就是内在地与世界、身体和他人建立联系，和它们在一起，而不是在它们的旁边。"①自我的意识不可能与他人的意识直接相关，也不可能与世界联系在一起。因此胡塞尔虽然提出主体间性思想，但从意识的意向性出发并不能摆脱先验主体性的困境，而只有从身体出发，才能真正走出唯我主义的陷阱。因为自我的身体与他人的身体、世界的肉身是互通的、可逆的，身体知觉正是沟通主体与世界、精神与物质最根本也是最原始的通道。在此基础上，梅洛-庞蒂建立了知觉现象学，借鉴当时心理学和生理学的最新知识，使用现象学的方法分析了身体知觉的空间性、综合性、完整性和主动性。他认为，我们通过身体来把握世界，身体是通过"身体图式"发挥作用，而世界就是我的身体的延伸，因而我与世界则是主客合一、物我交融的整体。

狭义的身体美学的创始者是舒斯特曼。如果说身体转向的背景是对启

---

① 莫里斯·梅洛-庞蒂：《知觉现象学》，姜志辉译，商务印书馆2001年版，第134页。

蒙现代性和现代美学的反思，那么舒斯特曼身体美学的背景则是对消费文化中的身体的反思。在舒斯特曼面对的消费社会，身体作为一种审美现象已经占据主流，虽然身体转向让人们看到了身体的重要性，但是传统的美学除了置之不理或者作出蔑视的姿态，并没有试图改进自身，以解释和规范现有的身体审美现象。美学应该如何面对和回应消费中的身体，正是舒斯特曼所要思考的问题，也是舒斯特曼身体美学的意义所在。舒斯特曼为身体美学下了一个暂时的定义："对一个人的身体——作为感觉审美欣赏（aisthesis）及创造性的自我塑造场所——经验和作用的批判的、改善的研究。"①并且，他将身体美学分为三个层面：一是分析层面，即分析身体在知觉和实践中的基本性质，以及身体在知识和文化中的作用。二是实用主义层面，主要探讨改善身体的技巧和方法。其中又分为外观的和经验的，前者重视身体表面和外形的塑造，后者重视身体的经验和感受。三是实践层面，指的是具体的身体训练，如健身、体育之类。根据这三个层面，舒斯特曼认为身体美学是一种理论与实践相结合的学科，而这两个方面的结合正好符合鲍姆嘉登对美学学科的最初构想。身体美学的宗旨是通过有意识的控制和严格的训练，使身体变得更加敏感和美丽，以更好地感受、适应和理解这个世界，并作出恰当和及时的反应，而并不是为了寻找新异的身体经验，或者挑战身体的极限。

　　舒斯特曼继承了美国实用主义美学的传统，从"艺术即经验"出发，他们将美学从狭隘的艺术研究中解放出来，将审美经验从静观的纯粹意识中解放出来，打破艺术与生活的界限，使审美作用于生活，使审美进入更宽阔的实践领域，恢复审美经验的身体性和丰富性。在此基础上，舒斯特曼提出了自己的身体美学构想。如前所述，他将身体美学划分为三个

---

① 理查德·舒斯特曼：《实用主义美学——生活之美，艺术之思》，彭锋译，商务印书馆2002年版，第354页。

层面：分析层面、实用主义层面、实践层面。其中分析层面属于传统的身体美学研究，从尼采到福柯的研究都属于这个层面。舒斯特曼身体美学的特殊之处在于第二个、第三个层面，前者是对改善身体的技巧和方法的探讨，后者则是纯粹实践层面的身体训练。这些在之前不被当作美学的方面，被舒斯特曼赋予重要的价值。从另一方面说，这恰恰是实用主义美学的必然要求和必然归宿，美学若只限于美学话语的生产和消费，而无益于社会和实践，又何用之有？"哲学与其说是一种构成我们当前的认识和文化活动的基础的元科学，不如说它应该是一种旨在重构我们的实践和体制以便提高我们生活的经验质量的文化批判。增进的经验，而不是原初的真理，是哲学的最终目的和准则。"[①]在美学观念上，舒斯特曼吸收了诸多身体美学家的观点，主张身心合一，身体与世界合一，理论性与实践性统一；在身体实践中，他希望通过具体的身体训练调节身体的敏感度和灵活度，以提高人们的审美感知能力，进而改善人们的生活质量。

舒斯特曼认为身体并不是物质性、生理性、欲望化的身体，而是精神化的身体；精神也不是上帝降下的灵魂、不灭的实体，而是身体化的精神。二者是融合在一起的，对身体的调节有利于精神更好地工作，而且也必须通过精神的指导，经验或者体验本就寓二者为一体。

二、中国的广义身体美学研究

广义的身体美学注重身心关系的研究，反拨传统美学的意识哲学倾向，认为审美不是心物关系，而是身体与世界的关系；意识与身体是统一的，统一于身体之中，因此审美是一种身体性活动。这种思想在中国也获得了广泛的接受。

---

① 理查德·舒斯特曼：《哲学实践》，彭锋等译，北京大学出版社2002年版，第180页。

首先，中国身体美学家认为，身体美学产生于消费语境，这是身体美学合理性的社会基础。大众文化释放了身体的潜能和美感，同时也利用了身体的欲望和需求。在消费语境中，身体—消费—审美是三位一体的，身体是消费中的身体和审美中的身体；消费是以身体为中心的消费和以审美为载体的消费；审美是对身体的审美和在消费中的审美。无论在西方，还是中国，身体美学与日常生活审美化、文化研究几乎都是同时兴起的。毛崇杰认为"从后现代美学的两个表征性关键词来看，'日常生活审美化'与'身体美学'并不是真正成了互不关联的两大碎块。它们本身一方面相互镶嵌咬合；另一方面又各自零散破裂、溶解在多元主义后现代审美文化的非定义性总体氛围之中，构成一种包含着多层悖论式的相异面之碎片'化'状态"①。韦拴喜也认为，身体美学与日常生活美学作为日常生活审美化转向的两种理论表征，存在互相弥补、互相启发和互相印证的关系。在某种意义上，身体美学就是日常生活美学，人们对身体的修饰和改造就是日常生活的一部分，而日常生活的所有活动都无法离开身体的参与，因此身体的审美经验与日常生活经验的相互促进，对于提升大众生活品质的审美内涵有很大的帮助。②但身体美学是否赞成大众文化，为身体的审美化和消费化辩护，因而在某种意义上也要为身体在消费社会中的泛滥负责，这是一个需要仔细考察的问题。国内学者从不同的立场出发，也出于对身体美学的不同理解，对此持不同的立场和态度。

刘成纪在《身体美学的一个当代案例》③中，代迅在《压抑与反抗：身

① 毛崇杰：《后现代美学转向——日常生活审美化与身体美学》，《杭州师范学院学报》（社会科学版）2004年第6期。

② 韦拴喜：《会通与融合——身体美学与日常生活美学的互补共生》，《中南大学学报》（社会科学版）2014年第5期。

③ 刘成纪：《身体美学的一个当代案例》，《中州学刊》2005年第3期。

体美学及其进展》①中，都通过分析近年来与身体相关的大众审美事件，肯定了身体美学研究的价值。陶东风则将身体美学的兴起置于更广阔的背景下：现代性的迅猛发展，打破了束缚在身体之上的宗教和意识形态枷锁，使身体越来越自由；随着社会经济的进步，服务产业取代农业和工业成为主要产业，身体从劳动中解放出来，变成消费的身体和审美的身体；同时医疗技术和生物技术的发达，使人类对身体的改善和塑造在一定程度上脱离了自然的控制，于是身体也变成了人们追求自我个性的一部分，甚至是很大一部分。身体现象在现代社会的过分凸显，自然需要美学做出适当的回应，身体美学可谓是应运而生。②

然而，同样从消费文化的背景出发，周春宇虽然也承认研究身体审美现象的必要性，但却认为应该持一种批判的立场，而身体美学不仅没有批判这一现象的无限泛滥，反而与其同流合污。在《走出"身体美学"的误区》中，他认为，身体美学对身体的过分强调和抬高，使身体圣化的同时也导致了理性的衰落；同时也使美学失去了批判审美现象的效力，反而沦为消费文化的助推器和同谋者。③这种观点可以作为传统理性主义者对待身体美学的一种反应，他们坚守着传统美学中的理性精神，时刻防备着身体作为感性和欲望的猛兽的侵袭，却忽略身体所暗含的建设性的一面。

如果说前面几篇论文讨论了身体美学与消费语境的外在关联，那么廖述务的《身体美学与消费语境》一书，则深入探讨了身体美学与消费语境的内在关系。这是国内迄今唯一一部集中讨论身体美学与消费语境的专著。作者认为，在消费语境中聚集了大量话语和目光的身体，并不是获得

① 代迅：《压抑与反抗：身体美学及其进展》，《西南师范大学学报》（人文社会科学版）2006年第5期。
② 陶东风：《消费文化语境中的身体美学》，《马克思主义与现实》2010年第2期。
③ 周春宇：《走出"身体美学"的误区》，《学术月刊》2012年第9期。

了解放的身体，而是和之前被宗教、政治、权力压制的身体一样，也是一种被市场和消费异化的身体。虽然自尼采之后，身体的抵抗力量得到不断发掘，然而在消费文化中，身体美学受到消费主义的极大侵蚀。"首先，身体的抵抗能量被消费文化有效地释除和消解。女权的或另类的身体抵抗形式，都有可能成为消费的对象。其次，身体的意义维度得到极大的削减。在消费文化的合围中，阶级、性别、民族与劳动等维度的身体，已被尽可能地遮蔽与忽视。再有，身体消费成为规训个体的重要渠道。而且，这种规训选择了更为隐蔽、平和的方式。"①

同时，中国的身体美学研究者对身心关系进行了新的探讨。赵玉和张佃波在《身体美学："误区"还是"误解"——与周春宇教授商榷》中认为周文中的三个误区并不存在，存在的只是其对身体美学的误解。首先，身体美学并非对纯粹"生理性身体"的回归，不可能造成感性与理性的分裂、心灵与身体的对立，舒斯特曼一直强调身心合一，身体的精神化和精神的身体化是不可分开的。另外，舒斯特曼确实写了许多为大众文化辩护的文章，且身体美学具有为大众文化的审美合法性寻找根据的意图，但这并不意味着身体美学就无条件地肯定一切大众文化。事实上，身体美学为大众文化的辩护，目的是反对精英文化对大众文化的贬低和压制，强调大众文化也有拓展审美经验的功用，并且当大众文化日益低俗化时，舒斯特曼同样表现出担忧和批判。最后两人认为，只是周春宇本人僵守着二元对立的思维模式，采用非此即彼的方式认定二者势不两立，而身体美学本身恰恰以打破二元对立、走向二元互补和融合为宗旨。②

将身体美学首先介绍到中国的彭锋认为，身体美学在三个方面容易招

---

① 廖述务：《身体美学与消费语境》，上海三联书店2011年版，第8—9页。
② 赵玉、张佃波：《身体美学："误区"还是"误解"——与周春宇教授商榷》，《学术月刊》2013年第5期。

致批评：一是强调身体知觉的重要性会导致不恰当的神秘主义，身体美学家赋予身体知觉以某种形式上的直觉能力将身体知觉神秘化了；二是对身体经验的过分关注，有享乐主义、自我中心主义，甚至自恋症状的嫌疑；三是将身体训练归结到哲学—美学学科之中，犯了学科分类上的错误。①我们先讨论前两个方面。强调身体知觉的重要性不仅不会导致神秘主义，反而会把神秘的、一直被遮蔽然而又让人充满好奇的身体和身体知觉展示在人们面前，让人对身体有一个更深刻、更充分的了解，而不至于因为害怕、未知，在有意和无意中虐待、伤害自己的身体和别人的身体。从根本上说，身体就是我们的生命，正如张再林所说，不是"我"拥有一个身体，而是"我"就是身体。②如果不了解自己的身体，又谈何了解自己？如果不能控制、调节自己的身体，又如何应对这个世界？

　　王晓华的观点与程相占有许多相似之处，他主张身体美学作为一个词组有以下三种意义：以身体为审美主体的美学，以身体为审美客体的美学，以身体为审美主体且同时以身体为审美客体的美学。而将身体当作审美客体的观点早已有之，身体美学最关键的应当是指以身体为主体的美学，这种意义上的身体美学不是美学开辟的一个新的分支，而是美学回归了本身，即回到了生命的出发点——身体。与程相占不同的是，王晓华的重点不在于分析这三个层面，而是从西方美学史的演变出发，考察身体作为审美主体的复兴过程。然而结果却是"只有尼采建构出了完全以身体为主体的美学，包括梅洛—庞蒂在内的不少哲人则在'我是身体'与'我多于身体'两个相互矛盾的命题之间徘徊，因此，美学回归身体主体的旅程还很漫长。西方美学家对于灵魂的普遍信仰是产生这种现象的根本原因。

① 彭锋：《身体美学的理论进展》，《中州学刊》2005年第3期。
② 张再林：《"我有一个身体"与"我是身体"——中西身体观之比较》，《哲学研究》2015年第6期。

这在基督教文化占主流的西方文化语境中是很难完全克服的。希望也许存在于不以宗教为主体的文化语境（如汉语文化）中。我在如是说时对汉语美学寄予厚望"①。

彭富春抛开舒斯特曼的理论视域，从身体的现象学描述出发，提出严格意义的身体美学不仅是与身体相关的美学，也是从身体本身出发的美学。因为与身体相关的美学，可能是对身体的身体化的理解，也就是将身体视为身体，以身体为本的美学；也可能是对身体的非身体化的理解，也就是不将身体视为身体，而是视为某种工具或者某种对象的美学，如心灵美学或者意识美学，它们将身体视为道德的工具、宗教的工具、政治的工具，或者意识管制的对象等。只有当思想从身体出发的时候，它所思考的才不是非身体，而是身体自身。从身体本身出发，就会发现身体是欲望、技术和智慧的游戏之所，而身体美学必须围绕这三个维度展开。在《身体与身体美学》中，作者最后认为："身体美学并不试图提出某种具体的美育理想。它的根本问题只是对于身体的审美现象的批判，由此思考身体的美学意义。从无原则批判出发的身体美学无非主张身体的自由和解放，同时主张感觉的自由和解放。"②但是时隔一年，在《身体美学的基本问题》中，作者的观点却发生了转变，他认为："身体美学的基本问题，最后只是关于身体的审美教育问题。在所谓的后现代里，身体如何获得审美教育？对此问题的回答，简而言之，无非有三：其一，化欲为情；其二，由技到艺；其三，肉身成道。"③这种转变也许是由于低俗的身体审美现象过度泛滥的现实刺激所致，却也可以看作是从西方式身体美学到中国式身体

①　王晓华：《身体美学：回归身体主体的美学——以西方美学史为例》，《江海学刊》2005年第3期。

②　彭富春：《身体与身体美学》，《哲学动态》2004年第4期。

③　彭富春：《身体美学的基本问题》，《中州学刊》2005年第3期。

美学的过渡。

杨春时对身体美学持批判态度，倡导建立身心一体的体验美学。一方面，他承认身体美学反拨了意识美学，有其积极意义，因为审美不仅仅是意识活动，也是身体活动。另一方面，身体美学抹杀了身体与意识的差别，让身体性吞没精神性。他认为，身体美学主张身体与意识完全一致，没有分别，这不符合事实。在现实生存中，身体与意识有统一性的一面，也有差异、对立的一面，身体直接与感性意识相关，而与知性、超越性意识无关。身体美学把审美由精神高度降低到肉体高度，把审美当作一种日常欲望活动，抹杀了审美的自由性和超越性。他认为，审美作为自由的生存活动和生存体验，消除了意识与身体的对立，审美体验既是意识活动，也是身体活动。因此，审美是身心一体的活动。在审美体验中，身体感觉和欲望被提升到精神的高度，于是人实现了自由。这就是说，审美的身体性与精神性同一，并且超越了现实生存的身体性和精神性，成为自由的生存体验。[1]

三、中国狭义的身体美学研究

狭义的身体美学认为，美学的核心是身体，身体包含着意识。舒斯特曼在为身体美学下定义时，为身体使用的一个术语并不是"Body"，而是一个希腊词"Soma"。"Body"表示生理性的身体，意味着灵肉二分，而"Soma"意义更为宽泛，既包括心灵对身体的意识，又包含身体自身的意识，即身体的感受和体验。因此"Soma"不仅意味着身体能够被体验为客体，同时也能被体验为主体，它包含整个人的生命体验，以及人与整个社会、整个环境的互动反应。故舒斯特曼的用意不在于以身体取代意识，而是试图消解西方思想史上灵魂与身体二分的强大传统，使身体本身具有身

---

[1] 杨春时：《超越意识美学与身体美学的对立》，《文艺研究》2008年第5期。

心合一的意蕴。①舒斯特曼说得非常明确："身体美学本质上并不关注身体，而是关注身体的意识和中介，关注具体化的精神。"②然而在国内，无论是"Body"，还是"Soma"，都被翻译成身体，这引起了不必要的误会。理解了"Soma"一词的内涵，我们才能明白舒斯特曼身体美学的良苦用心。

韦拴喜认为，传统美学注重抽象玄思与逻辑推演，舒斯特曼的身体美学则倡导以身体为出发点，更注重具体身体经验、身体意识的培育和改善。作为对传统美学的改良和反拨，身体美学消解了传统美学的身心二元论，突破了审美的非功利性原则和审美静观论的桎梏，拓展了美学学科的疆域，从根本上改变了传统美学的研究路径和理论范式。③这里要一再说明的是，身体美学绝不是要取代意识美学，身体美学既没有否定意识，也没有否定精神，或者以生理性取代心理性，而是反对意识对身体的压抑和心理对生理的排斥，并提倡将以身体美学来弥补、拓展意识美学。舒斯特曼并不强调身体美学话语对传统美学话语的冲击，他构想的身体美学的三个方面更侧重于建构，而不是摧毁。他强调身体的具体训练，而在具体的身体训练中，意识对身体的控制是非常重要的，身体训练的目的正是让身体发挥更好的功能，如亚历山大技法、费尔登克拉斯技法。而且舒斯特曼非常重视身体自身具有的意识，这种意识必须通过有意识的培养才能形成。

在充分理解身体美学的基础上，需要考虑的是身体美学的建构问题。作为一个刚刚提出未臻成熟的学科设想，身体美学具有巨大的开放性和包

---

① 朱立元、李琳琳：《舒斯特曼身体美学述评》，《四川戏剧》2015年第2期。

② 理查德·舒斯特曼：《生活即审美——审美经验和生活艺术》，彭锋等译，北京大学出版社2007年版，第214页。

③ 韦拴喜：《身体美学对传统美学的超越路径之省思》，《郑州大学学报》（哲学社会科学版）2013年第6期。

容性，因此也给中国学者创造自己的理论话语开辟了一个很大的空间，使中国美学能够共时性地与国际学术对话。舒斯特曼多次来中国讲学，并与中国学者对话，或许可以看作中国身体美学参与到国际美学讨论中的一个缩影。不过中国仍然没有形成自身原创的话语体系，而多是在批判或发展舒斯特曼理论的基础上，在总体或局部上提出异议。但是这一异议，以及对身体美学的有选择的接受和改造，反而从反面展示了中国化的身体美学的阈限，那就是中国的美学研究者虽然承认身体作为审美主体和审美客体的价值，也接受身体美学对传统美学的改良和革新，但是却拒绝舒斯特曼将实用主义层面和实践层面纳入美学框架中的建议。

张法肯定了舒斯特曼身体美学三个层面的意义，但也提出这种划分暴露了身体美学成为一门学科的困难，他试图在本体论维度、现象论维度和现实维度三个维度展开身体美学讨论。张法先从美学史的宏观角度总结身体美学的三种本体论：一是笛卡儿型的以心统身的身心二元论，二是尼采型的以身统心的身体本体论，三是梅洛—庞蒂型的身心一体的身心互动论；接着分析了与本体论对应的三种现象论：一是福柯的"被权力规训的身体"，与笛卡尔的"被动的身体"相对应；二是布尔迪厄的"自我品味塑造的身体"，与尼采的"主动的身体相对应"；三是拉康的"主体与镜像互动的身体"，与梅洛—庞蒂"内外合力的身体"相对应。以上两个维度——本体论和现象论皆属于理论的分析层面。而在实用主义层面，作者分析了身体美学的现实维度，即与当下身体审美现象相关的五个方面：视觉文化，政治/管理/职场的转型，消费社会，明星文化和广告文化。最后，张法特意指出中国传统文化中的身体思想在实践层面具有巨大的发挥空间。[①] 不难看出张法理论视野的广阔和深邃，然而他却误解了舒斯特曼的

---

① 张法：《身体美学的四个问题》，《文艺理论研究》2011年第4期。

实用主义层面和实践层面，身体美学的现实维度，即与视觉文化、消费社会等的关联分析，仍然属于分析层面，而不是实用主义层面；他提出的中国古代的修身功夫固然属于实践层面，而以话语形式呈现出来的修炼方法则属于实用主义层面，实践是身体的具体修炼。

　　而翻译舒斯特曼的程相占则认为，舒斯特曼划分的三个层面不够准确，其中第二、三个层面区别不太明显，而且将一些身体训练技巧隶属于美学也不太妥当，因而提出了自己的划分方法："完整的身体美学不是舒斯特曼坚持的'三分法'，而应该是另外一种'三分法'：一、身体作为审美对象；二、身体作为审美主体；三、身体化的审美主体与身体化的审美活动。"[1]如果说，舒斯特曼是从理论和实践的角度来划分三个层面的，那么程相占则是从主体和客体的角度来定位的，这种划分方法的最大创见在于第三个层面的提出。程相占认为当代"身体化"（embodiment）理论及其相关的"身体化的认知"（embodied cognition）理论是建构身体美学必不可少的理论资源，而舒斯特曼尽管也多次提及身体化，但他的身体美学却没有深入探讨，故程相占特意将之增补为身体美学的重要层面。"身体化指我们身体的生物的、物理的呈现和到场，它们的呈现和到场是主体性、情感、语言、思想和社会互动的前提条件。"[2]所谓身体化的身体，也即是生物的、物理的、自然的身体，这是我们的生存最基本的前提，一切情感、语言、思想和社会活动都必须从此出发。舒斯特曼更关注"具体的精神化""身体意识""身体的精神化"，显然相对忽略了这一层面。

---

① 程相占：《论身体美学的三个层面》，《文艺理论研究》2011年第6期。
② 程相占：《论身体美学的三个层面》，《文艺理论研究》2011年第6期。

四、中西身体美学的对比

在中国身体美学研究中，一个突出的现象就是重视中西身体美学思想的对比研究，这是因为中国传统美学中存在着身心合一的观念。舒斯特曼一直非常注重借鉴和吸收东方的身体思想资源，以支持和充实身体美学，而身体美学在中国的传播也激发了国内一些学者努力挖掘传统思想资源中有关身体的话语，如张再林的一些著作和论文，刘成纪的博士论文《汉代美学中的身体问题》，张艳艳的博士论文《先秦儒道身体观及其美学意义》，等等。另外，一些学者也希望在此基础上，比较中西身体美学的契合点和不同处，或者试图提炼出中国自身的身体美学。这些都促进了身体美学在中国的蓬勃发展，同时也使其呈现出与西方身体美学不同的取向和特征。

舒斯特曼认为："与传统欧洲美学对身体的忽视不同，中国哲学展示了对身体的高度尊重，中国哲学一直突出身体在审美、认识、伦理和社会—政治中所扮演的中心地位，正如中国的医学、武术和禅定所展示的那样，它们为增进身体的敏锐和身心的和谐提供了很好的实践方法。"[1]在《身体意识与身体表现：东西方的身体美学》中，舒斯特曼具体分析了中国传统儒家、道家文献中对待身体"非反思的自发性"和"自我检省"的理论资源。[2]事实上，中国古代"修身养性"的思想、身心关系的描述及其具体的修炼功夫技巧，如《论语》中的"吾日三省吾身"、《孟子》的"养气"、《老子》的"虚壹而静"、《庄子》的"坐忘"等，与身体美学对身体意识知觉和身体意识反思的关注与训练有许多相通之处。如果仔

[1] 理查德·舒斯特曼、张再林：《东西美学的邂逅——中美学者对话身体美学》，《光明日报》2010年9月28日。

[2] 理查德·舒斯特曼：《身体意识与身体表现：东西方的身体美学》，《烟台大学学报》（哲学社会科学版）2013年第4期。

细搜寻传统的思想文献，材料可能数不胜数，但是如何转化这些资源，构造出中国身体美学的自身话语，而不停留在某一具体方面的对比或者整体笼统的含糊概括上，还需要许多学者的努力。

但是许多学者忽略了一个问题："由于理论逻辑自身总是趋向于抽象化和简约化，这样的情况很难避免：历史在理论思辨中丧失了自身的复杂性。当我们强调一个方面时，另一个方面则被忽略了，即使所言属实，也可能只是说出了部分而不是全部情况。实际上对身体的忽略和压抑，只是历史的一个侧面；历史的另一个侧面是，对身体的肯定和褒扬，古已有之，并一直不屈不挠地生长，为身体主题出席美学学科做了很好的铺垫。"①其实，西方文化也一直存在着肯定身体的一面，西方裸体艺术的发达很能说明这一问题，福柯在《性经验史》中也集中讨论了压抑理论的弊端，对性话语的压抑从另一个角度而言恰恰滋生了更多的变形的性话语。而中国文化虽然不乏关于身体训练的资源，也同样存在着剥夺和压制身体权利的一面，尤其在作为主流的儒家文化中。这要求我们尽可能发掘中西身体美学的复杂性，但是我们的大多数研究还停留在舒斯特曼的定位上——西方美学是以意识为主的美学，中国美学是以身体为主的美学。

张再林是较早关注中国传统身体思想的学者，也是受到舒斯特曼关注的中国学者，他一直致力于中西哲学比较和中国传统哲学的现代阐释，曾出版过《中西哲学比较论》（1997）、《中西哲学的歧异与会通》（2004）、《作为身体哲学的中国古代哲学》（2008）、《中国古代身道研究》（2015）等著作。张再林从中西古代美学思维方式的不同出发，提出："如果说西方美学是一种以'意识—概念—宇宙'为思维模式的意识美学的话，那么中国美学则是一种以'身体—两性—家族'为思维模式的

---

① 代迅：《身体美学：为何与何为？》，《云南师范大学学报》（哲学社会科学版）2016年第2期。

身体美学。"①相较于西方以认识论为核心的意识美学，对于注重天人合一、身心合一的中国古代美学来说，思考的原点乃是存在于自然和社会中的身体。如何让身体在融于自然和社会中发挥作用，是极其紧要的事。而在西方古代美学中，身体的自发性、模糊性、个体性因干扰认识的准确性和普遍性被排除在外。因此中国古代美学所具有的实用价值与舒斯特曼身体美学的实用主义层面就有诸多相合之处。

但是，对中国美学的身体性的强调，不代表把它等同于后现代主义的身体性。西方的前现代主义是通过排除身体来实现灵魂的纯净，而后现代主义是以身体性来吞没精神性。而儒家虽然强调身心一体，但又是把身体置于理性调节之下，也就是所谓"以礼节情"，这并不是对身体的充分释放。道家则把身体自然化，去欲望化，也不是对身体的释放。只是在儒道合流后的中国美学，才有了充分的身心一体化的美学思想，它把身体性提升，与精神一道，成为自由的身体体验。

杨春时、刘连杰则从另一个角度分析了中西美学的不同，即西方美学是意识性的主客对立，中国美学具有身体性的主体间性。由于中国文化的天人合一、天人感应性质，中国哲学认为，人的身体与外在自然是互相感应、互相融合的，而不是互相对峙、互不相容的。自然不是无生命的客体，而是另一个主体、一个更大的身体，而身体也不是封闭的主体，而是一个开放的、浓缩的宇宙，二者之间循环往复不断交往感应，于是人类与自然生生不息。在美学中，审美既不是主体模仿自然（模仿论），也不是主体表现自身（表情论），而是人与自然的相互感应（感兴论）。因而中国传统美学中的范畴大多与身体相关，或者说直接来源于身体，追求身心的整体参与，如风骨、神韵、韵味等，这不仅是身体的呈现，也是精神的

---

① 张再林、李军学：《身体美学：西方与中国》，《光明日报》2010年7月20日。

表露，所以可作为传统审美精神代表的山水画不仅贵在可行可望，尤其贵在可游可居，行、望、游、居不仅是身体在绘画空间中的徜徉，也是精神的自得逍遥。①

张法则认为中国与西方的身体美学在现实上是同构的，在理论上是不同的。现实的同构表现为在当代身体美学产生的消费语境以及消费语境中涌现的身体审美现象；理论的不同表现为中国的传统身体美学是整合的，西方的现代身体美学是分割的。西方的身体美学包括三个方面：以笛卡儿、尼采、梅洛—庞蒂为代表的身体哲学，以福柯、布尔迪厄、拉康为代表的身体社会学，以及身体的实用美学（肉体美学、服饰美学、仪态美学、角色美学）。然而三者是割裂的，相互无关的；而中国古代的身体美学在以上层面上是统合在一起、混沌未分的，外在的身、内在的心、身外的宇宙都是互相关联的，阴阳五行也许最能代表这种从无限大到无限小的关联图式。②不可否认的是，西方思想中，身体与心灵、身体与世界是相互分裂的，总是呈现在主体与客体的对立之中，但是将西方思想家理论话语的不同维度和不同倾向，与中国整体传统文化对比，似乎是不恰当的。

身体美学传入中国之后，不仅会与中国传统身体美学资源相互对照和相互激发，同样也会与作为当代本土美学话语的实践美学相遇。两种产生于不同语境却看似具有相同诉求的美学会碰撞什么样的火花，这个问题自然会引起学者的注意。王晓华在身体美学刚入中国不久就认为，身体美学与实践美学只不过是对同一种美学的不同命名。③一直坚持实践美学的张玉能也持有这种思想，并试图将身体美学纳入实践美学之中，"从人的自身

① 杨春时、刘连杰：《主体间性与"健全的身体美学"之建构》，《厦门大学学报》（哲学社会科学版）2008年第3期。

② 张法：《身体美学：话语缘起 中西异同 行进难点》，《社会科学辑刊》2012年第3期。

③ 王晓华：《西方生命美学局限研究》，黑龙江人民出版社2005年版，第21—24页。

生产的角度来看，身体美学应该是新实践美学的一个维度"①。"我们在今天全球化的语境下，在消费社会的影响日益明显的情况下，建立身体美学就是一种具有必然性和合理性的科学研究行为。不过，我们要建立的身体美学是新实践美学的分支学科。一般说来，身体美学的根据应该仍然是人的自身生产以及融合了话语生产和精神生产的人的自身生产。"②"身体美学就是一般美学或普通美学的一个关于身体或从身体的视角研究的分支学科。身体美学就是以艺术为中心研究人对身体的审美关系的科学。因此，我们不必把身体美学的凸显视为所谓'身体转向'，而只应该把身体美学的建立视为美学的一种拓展和面向生活、面向人本身的表现。如此说来，身体美学就必须与一般美学或普通美学相一致，在不同的美学体系之中就会有不同的身体美学部分。"③事实上，张玉能所谓的"身体美学"与后现代的身体转向不在同一视域。这种"身体美学"过滤掉了身体美学的激进性，削弱了身体美学批判和拓展传统意识美学的价值。

身体美学和实践美学融合的契机就在于二者都主张一种实践哲学的思想，张玉能认为："从马克思主义的'现代实践转向'到'后现代实践转向'都在拒斥形而上学，反对身心二元论和二元对立的思维方式；实践转向和实践分析当然就必然促使身体美学追求在审美实践和艺术实践中塑造物质身体、符号身体、精神身体相统一的完整的人类身体整体。"④这种观点值得肯定，虽然二者都强调其物质性、行动性的一面，但是实践美学中的实践与身体美学中的实践并不完全一致。前者旨在通过物质实践实现人

<hr />

① 张玉能：《人的自身生产与身体美学的建立》，《吉林大学社会科学学报》2007年第3期。
② 张玉能：《人的自身生产与身体美学的建立》，《吉林大学社会科学学报》2007年第3期。
③ 张玉能：《人的自身生产与身体美学的建立》，《吉林大学社会科学学报》2007年第3期。
④ 张玉能：《实践转向与身体美学——身体美学与身体自由和身体整体》，《青岛科技大学学报》（社会科学版）2013年第3期。

的自由和人的全面发展，后者主要是通过身体训练和身体意识的培养来改善人的身体机能和生活质量。前者所理解的身体虽然是具有潜能的、能动的身体，但却是受意识控制和指导的被动的、客观的身体，根本不关注身体作为审美主体以及主体作为身体化主体的主动性、自发性和创造性；后者的实践主要是个体身体的实践，虽具有一定的社会性，却对社会性、群体性的物质生产活动、政治实践活动等并不关心。

相较于张玉能从实践美学内部对身体美学做出的反应，韦拴喜站在旁观者的角度对二者的分析似乎更为客观一些，他不再试图将身体美学纳入实践美学，而是在对比中寻找二者的共通之处。在《求同存异　和合共生——实践美学与身体美学的会通》中，韦拴喜从三个角度做了深入分析：一是核心语汇的源初关联，实践美学的核心词汇是实践，而身体美学的核心词汇是身体，但是身体一定是实践的身体，而实践必然是身体的实践。二是哲学基础的交互印证，李泽厚提出实践美学的哲学基础是实用理性，而舒斯特曼的身体美学则是一种实用主义美学，二者都强调美学的实用性、现实性、实践性，而不是思辨性、静观性、认知性。三是目标指向的辐合趋同，李泽厚认为实践的目的乃是一种"新感性"，这种新感性落实在审美过程和审美结构的完成中，包括三个层次，即"悦耳悦目""悦心悦意""悦志悦神"，三者虽然分属于不同的层次，但每个层次都是身心一体的，而舒斯特曼的身体美学更是旨在打破西方美学长期以来的身心二元论以及意识压倒身体的观点。但作者并没有停留于寻找会通处，也看到了会通处中存在的歧异，所谓求同存异、和合而生，如此才能在跨文化的全球化语境中建立广泛的美学共同体，推动美学学科朝着多元一体的方向发展。①

---

① 韦拴喜：《求同存异　和合共生——实践美学与身体美学的会通》，《河北师范大学学报》（哲学社会科学版）2014年第4期。

五、王晓华的身体美学建构

在西方身体美学思想在中国强势传播的情况下，王晓华建立了自己的身体美学理论。他先后出版了《个体哲学》（2002）、《西方生命美学局限研究》（2005）、《西方美学中的身体意象——从主体观的角度看》（2016）、《身体美学导论》（2016）、《身体诗学》（2018），勾勒出了主体论身体美学的基本轮廓。

王晓华《个体哲学》一书，奠定了身体美学的哲学基础。在书中，王晓华提出："我们必须改变传统的语法：不说'我的身体'和'我拥有身体'，而说'我是身体'和'我作为身体'。"[①]在王晓华看来"我拥有一个身体"是个错误的命题，因为它在身体之上又设定了一个神秘的我；正确的说法则是"我是身体，而且我不得不是这个身体。是这个身体乃是我的命运：我作为身体无法走出自身"[②]。

在《西方生命美学局限研究》一书中，王晓华直接从美学如何发生这一根本性问题入手，发现了西方生命美学的一个根本局限：身体的缺席。无论是叔本华的意志论，或者是梅洛-庞蒂的知觉现象学，还是怀特海的过程机体哲学乃至莫尔特曼的过程神学，虽然都以个体为本位，但它们又或多或少都把精神预设为主体，因而最终都难以彻底肯定身体的地位。通过全面梳理西方精神美学的力量踪迹，他发现了超越这一局限的可能性：那就是要恢复身体的主体地位。只有当身体的主体地位被揭示后，人与世界的最根本联系才会凸显：以身体为主体的个体则必须与其他人以及非人类个体联合（共在），需要和其他生命甚至非生命互相成全（共生）。

2005年王晓华发表了他第一篇有关身体美学的论文——《身体美学：

---

① 王晓华：《个体哲学》，上海三联书店2002年版，第16页。

② 王晓华：《个体哲学》，上海三联书店2002年版，第128—129页。

回归身体主体的美学——以西方美学史为例》，正式涉足身体美学领域。在此文当中，王晓华鲜明地指出，把身体当作审美客体之一的美学的兴起并不意味着真正意义上的美学革命，身体美学的真正建构必须以身体作为主体。以身体作为主体的身体美学从根本上意义上说不是美学的一个学科，而是美学本身，因此，"它的诞生意味着美学在漫长的迷途之后终于回归了身体之根"①。

2016年，王晓华出版了《西方美学中的身体意象——从主体观的角度看》一书，正式开始建构从身体—主体出发的美学理论。在该书的导言中，他开门见山地指出："本书将力图敞开身体—主体被遮蔽的踪迹、谱系、真相。对于身体—主体意象的再现和颂扬是本书的重要特色。它重构和再现西方美学中的身体意象史，并非为了完成一个中立的学术规划，而是为了完成自己的学术使命：结束身体—主体在美学中被遮蔽、贬抑、侮辱的历史，开辟、清理、修整、拓宽美学回家的路。"②通过梳理西方美学中的身体意象，该书努力敞开、揭示、言明了身体的主体性，完成理论中的"送神"仪式。这个"神"并非宗教之神，而是神这一观念的本源——灵魂。

2016年9月，王晓华出版了《身体美学导论》一书，在该书中建构出了完整的身体美学体系，完成了十一年前他自己所提出的构想。在评价该书时，张玉能强调它是"中国第一部系统的身体美学概论的著作"，认为"它为建立身体美学的中国学派做出了贡献"。③

① 王晓华：《身体美学：回归身体主体的美学———以西方美学史为例》，《江海学刊》2005年第3期。

② 王晓华：《西方美学中的身体意象——从主体观的角度看》，人民出版社2016年版，第14页。

③ 张玉能、张弓：《身体美学究竟应怎样建构——与王晓华教授商榷》，《探索与争鸣》2019年第1期。

王晓华认为，西方身体美学并不彻底，关于灵魂与身体的关系并没有说透。问题主要来自两个方面：一方面，这是因为在基督教气氛非常浓厚的西方文化背景之下，要否定灵魂的存在需要巨大的勇气；另一方面，要从理论上解释身体如何可以思想也并非易事。为了超越西方身体美学的不彻底性，王晓华大量援引了神经心理学的研究成果，重新解释审美的起源、发生学机制、归宿。他认为越来越多的证据表明：思想只不过是身体的功能，人就是具有高级活动能力的身体。从这个角度看，"灵魂"或许是不必要的假设，身体是审美唯一的承担者。没有身体，就没有美学（感性学）。然而，迄今为止的主流美学都把精神活动归属为灵魂。于是，悖论出现了：美学是感性学，其承担者却被当作超感性的存在，因此，它面临着合法性危机。要克服这个矛盾，美学就必须回到其起源和承担者——能动的身体—主体之中。在《身体美学导论》中，这个理论筹划已经落实为系统的文本建构，这个建构包括：（1）整合西方和中国已有的身体—主体性思想，将之纳入主体论身体美学体系中；（2）从身体—主体概念出发，重新解释审美的起源、发生学机制、归宿，展现艺术活动的本性；（3）推动美学研究的全面转型。

身体美学并非仅仅是一种研究规划，相反，它是落到实处的理论实践。在《身体主体性的起源与审美发生论》一文中，王晓华提出："要建立以身体（实践者）为主体的美学体系，必须首先研究身体主体性的起源，继而重新阐释审美的发生学过程。"[1]通过分析"把石头抛在河水里"这个行动，他领受到了身体主体性的基本内涵："身体设计并实现自己的

---

① 王晓华：《身体主体性的起源与审美发生论——主体论身体美学论纲之一》，《河北学刊》2009年第3期。

行动，建构以自己为动因、枢纽、中心的世界即因缘整体。"①正由于身体—主体已经组建属于自己的世界，他／她才能做出审美判断。

从逻辑上讲，承认身体主体性存在一个逻辑困难：作为实在者，身体是永远的此在，不能同时在多个地方存在，故而似乎不具有超越性，因此，"身体是主体"这样的命题好像难以成立。但是，个体—身体在每个时刻只能占据一个实在的位置，这并不意味着个体—身体不具有主体性（超越性）："（1）多个身体可以同时占据多个实在位置；（2）如果个体—身体能够以某种方式拥有其他个体—身体所处的位置，那么，他就可以把其他个体—身体所处的位置认作自己的将在（即将抵达的地方）；（3）只要个体—身体能够设计出（设想）两个或两个以上超越其当下位置的位置，他便可以组建出最简单的世界网络，确证自己的主体性。"②联合是身体主体性的诞生机制，最原始的审美经验必然为"我们"所拥有。"我们"是个体—身体结缘成的群体主体。为了组建属于自己的世界，它展开为动态的行为网络。每个行动网络都有其当下目的（"我们"要做什么），均要为实现自身的目的而不断重新成形。行为网络的目的对联合中的个体—身体（"我们"）显现为未来之象。联合中的个体—身体根据未来之象审视和评估自己所隶属的行为网络。当联合中的个体—身体实现了"我们"的目的，当现实与未来之象同构，与未来之象同构的行为网络（包括其局部构成）就会被领受为美的。在这个过程中，其他实在者成为审美对象的前提是："与身体—主体建立直接的本体论关联，以某种方式进入身体—主体组建的世界网络，被重构为内在的存在……经历身体—主

---

① 王晓华：《身体主体性的起源与审美发生论——主体论身体美学论纲之一》，《河北学刊》2009年第3期。

② 王晓华：《身体主体性的起源与审美发生论——主体论身体美学论纲之一》，《河北学刊》2009年第3期。

体的评估和观照。"①

由于身体—主体组建世界方式的变化，审美过程也至少发生了三次转折：（1）由以群体为主体到以个体为主体；（2）由直接的合身体性到间接的合身体性；（3）由简单的实用性运作到相对独立的自由想象—运演。变中之不变是：审美始终属于身体—主体组建世界的活动。②当这种活动发展为艺术时，它便最终指向所有世界成员（当然也包括身体—主体）的完善。这也是审美的终极目的。

王晓华的身体美学是在中国当代语境中建立的，他把身体美学与实践美学、生命美学结合起来，以身体主体性来重新阐释实践美学和生命美学，从而使其具有特殊的创造性和包容性。但这样也产生了新的问题：如何阐释身体与实践的关系，如何规定生命美学与身体美学的关系？这些问题还需要进一步解决。

王晓华的身体美学建构的意义在于，不只是阐释国外的身体美学思想，而是结合中国美学传统，进行了自己的创造；并且初步形成了一个美学体系，这是应该给予肯定的。同时，身体美学本身也有一些根本性的问题需要解决，例如强调身心无别，是否抹杀了身体与思想的差异？审美主体的身体性与现实的人的身体性是否有差别？还有，审美活动的各个环节的身体性也需要更具体的阐述。这些问题不仅是王晓华的身体美学的问题，也是所有身体美学的问题。

六、身体美学的意义

身体美学是对传统的意识美学的反拨，纠正了把审美定位于意识而忽

---

① 王晓华：《身体主体观中的审美过程论》，《学术研究》2011年第6期。

② 王晓华：《身体主体性的起源与审美发生论——主体论身体美学论纲之一》，《河北学刊》2009年第3期。

视了其身体性的美学倾向，强调了身心一体性，特别是更加注重审美所体现的欲望、快感方面，从而为后现代社会的消费性的大众文化的合理性进行论证。应该说，人不只是理性动物，也不仅仅具有意识，也有非理性和身体性，因此审美也不只是意识性的活动，还是身体性的活动，它包含着欲望的冲动和身体的快感。身体是审美主体，还是美学研究的对象。仅此而言，身体美学有某种合理性，它反拨了理性主义和意识美学，揭示了审美主体的深层结构和身心一体的性质，从而为大众文化和通俗艺术的兴起提供了根据，也开辟了美学研究的新天地。

但是，身体美学也有其弊端，那就是它把身心统一于身体，使人成为欲望主体，而抹杀了人的理性，也抹杀了审美的超越性。人在现实中并不能充分地实现身心一体，身心是既分裂又统一的；而在审美中，身心同一性才被恢复。审美体验既是一种意识，也带有身体性，但它们不是简单的合一，而是通过审美超越而升华为自由的体验，从而消除了身体与意识的分裂。

第五节　生态美学

一、生态美学在中国的建立

从20世纪90年代开始，"生态美学"在中国美学界产生了广泛的影响，它不仅使得自然与生态问题重新成为美学关注的焦点，而且在中国美学界形成了新的学派——"生态美学派"。这个学派接受了西方的生态批评理论，在美学原理上亦有所拓展，提出了诸如"生态存在论"这样的美学思想。

作为后现代主义的美学思潮，生态美学也是从西方传入的。生态学学科最早是1866年由德国生物学家海克尔提出的。1973年，挪威哲学家阿伦·奈斯提出"深层生态学"，实现了生态原则从自然科学领域向人文科学世界的转化。这种人文生态学主张，对于"人类中心主义"进行彻底反思，认定自然本身就是有价值的，提出"环境权"与"可持续生存道德"诸种原则，主张"人—自然—社会"之间协调统一的系统整体性世界观。所以"生态论"的美学，就是将生态学原则应用到美学领域所产生的新的美学分支学科。在西方学界，"生态学美学"（Ecological Aesthetics）主要兴起于20世纪90年代。就在1990年，美国学者理查德·切努维斯（Richard E. Chenoweth）与保罗·高博斯特（Paul H. Gobster）共同撰写了《景观审美体验的本质与生态》①一文，标志着生态学美学在西方的出现。然而，在中国大陆出现的"生态美学"思潮，正如卡尔松（Allen Carlson，加拿大环境美学家）私下所认定的那样，它可以翻译成"Eco-Aesthetics"，这与"生态学美学"并不相同，但却取得了本土化的成就。

在汉语学界，最早使用"生态美学"这个词的是台湾学者杨英凤，他在1991年初的《建筑学报》发表了《从中国生态美学瞻望中国建筑的未来》一文。而后，由中国社会科学院主办的《国外社会科学》杂志在1992年第11、12期连载了的俄国学者Н.Б.曼科夫斯卡娅的《国外生态美学》一文，俄文原文见于俄罗斯《哲学科学》1992年第2期，该文对于外国生态美学的本质论问题、批判问题与应用问题进行了深描。但是，"文艺生态学"的用法更早出现在1987年鲍昌主编的《文学艺术新术语词典》当中。第一篇有理论深度的文章出现在1994年，亦即李欣复发表的《论生态美

---

① Richard E. Chenoweth and Paul H. Gobster, "The Nature and Ecology of Aesthetic Experiences in the Landscape," *Landscape Journal* 9, No. 1, 1990:1-8. 关于外国生态美学的发展，参见李庆本主编：《国外生态美学读本》，长春出版社2010年版。上文中译版由仇燕燕译出，见该书第1—14页。

学》一文，该文提出了要树立"生态平衡是最高价值的美""自然万物的和谐协调发展"和"建设新的生态文明事业"的三大美学观念。[①] 这个时期，从上世纪90年代初到上世纪末，正是生态美学的萌芽时期，该时期终结的标志性事件就是1999年10月海南作家协会主办的"生态与文学"国际研讨会。2001年，首届全国生态美学研讨会在西安召开；2003年，第二届全国生态美学研讨会在贵阳召开；2004年，第三届全国生态美学研讨会在南宁召开。目前为止，以生态美学为主题的学术会议已经举办过十次之多，其中三次还是国际学术研讨会，这表明生态美学逐渐成为中国美学界的主流思潮之一。

　　"生态美学"的真正发展，还是在新世纪来临之后。其时在中国美学界出现了一系列的生态美学的专著与文集：徐恒醇著的《生态美学》（2000）；曾永成著的《文艺的绿色之思——文艺生态学引论》（2000）；袁鼎生著的《审美生态学》（2002）、《生态视域中的比较美学》（2005）、《生态艺术哲学》（2007）；鲁枢元主编的《精神生态与生态精神》（2002），鲁枢元著的《生态批评的空间》（2006）；王诺著的《欧美生态文学》（2003）；邓绍秋著的《道禅生态美学智慧》（2003）；黄秉生、袁鼎生主编的《民族生态审美学》（2004）、《生态美学探索——全国第三届生态美学学术研讨会论文集》（2005）；章海荣编著的《生态伦理与生态美学》（2005）；曾繁仁主编的《人与自然的当代生态文明视野中的美学与文学》（2006），曾繁仁著的《生态存在论美学论稿》（2003）、《生态美学导论》（2010）；张华著的《生态美学及其在当代中国的建构》（2006）；胡志红著的《西方生态批评研究》（2006）；盖光著的《文艺生态审美论》（2007）、《生态文艺

① 李欣复：《论生态美学》，《南京社会科学》1994年第12期。

与中国文艺思想的现代转换》（2007）；岳友熙著的《生态环境美学》
（2007）；韩德信著的《中国文艺学的历史回顾与向生态文艺学的转向》
（2007）；王立、沈传河、岳庆云合著的《生态美学视野中的中外文学作
品》（2007）；王茜著的《生态文化的审美之维》（2007）；张晓光著的
《生态美学视野下的现代文本》（2008）；周膺、吴晶合著的《生态城市
美学》（2009）。

　　徐恒醇2000年出版的《生态美学》是中国第一部生态美学专著，它不
仅自成体系而且相当完备，标志着中国的生态美学研究一开始就有了较高
的起点。徐恒醇对"人与自然和谐共生的生态文明时代"的呼吁，对生态
美学的基本学科定位，都深刻地影响了其后的生态美学研究。"生态美学
是以现代生态观念对美学理论的完善和拓展。它克服了传统美学主客二
分的思维模式，强调了审美主体的参与性和主体对生态环境的依存关系。
它真正体现了审美境界的主客同一和物我交融。生态美学的产生是历史的
必然。它既是以生态价值观为取向对审美现象和规律的再认识，又是以人
的生态和生态系统为对象的美学研究。它以人对生命活动的审视为逻辑起
点，以人的生存环境和生存状态为轴线而展开，体现了对人的生命的现实
关注和终极关怀。"①由此可见，生态美学出现的意义，不仅仅在于对生态
问题的审美关注，还在于美学自身革新的意义，即对传统美学主客二分的
思维模式的反对，从而形成了一种更新的美学生态观。

二、关于生态美学的研究

　　生态美学的核心概念当然就是"生态美"。徐恒醇认为："所谓生
态美，并非自然美，因为自然美只是自然界自身具有的审美价值，而生态

---

① 徐恒醇：《生态美学》，陕西人民教育出版社2000年版，第10页。

美却是人与自然生态关系和谐的产物，它是以人的生态过程和生态系统作
为审美观照的对象。生态美首先体现了主体的参与性和主体与自然环境的
依存关系，它是由人与自然的生命关联而引发的一种生命的共感与欢歌。
它是人与大自然的生命和弦，而并非自然的独奏曲。"① 然而，徐恒醇对
于"生态"的理解却是广义的，他不仅仅将生态理解为自然生态，而且也
将之理解为人心的生态，这是他与多数论者不同的地方，也是他受到《生
态心理学》等专著影响的地方。他认为，人类的生态系统包含"自然生
态""社会生态"和"文化生态"多个层面，对生态系统的研究，首先便
涉及人的生态与心态的联系，这也揭示出构成人的生存状态的心理基础，
人与自然的关系是通过人的生活环境和生活方式表现出来的。所以，徐恒
醇把生活环境和生活方式的"生态审美塑造和追求"作为实现人与自然和
谐统一的现实途径，可见，他的生态美学本然具有了一种生活论美学的底
蕴，所以他非常注重生态美学对人的生活环境、城市景观与生活方式等方
面所具有的"实践价值"。②

　　那么，生态美学究竟持有何种崭新的"世界观"呢？按照徐恒醇的阐
释，"生态世界观"恰恰是与"机械论世界观"相对立的，它的三大思想
原则分别是"有机整体""有序整体"与"自然进化"的思想。更具体来
解析，所谓"有机整体"就是指："世界是由相互关系的复杂网络组成的
有机整体。从关系整体的有机联系看，每一事物都包含着其他事物，事物
之间相互包含，所有事物也都包含在整个世界的复杂关系网络体系之中。
万事万物通过这种相互包含而取得相互的内在联系。"所谓"有序整体"
就是指："世界是变化着的有序整体。这种整体上的有序状态，不能理解

---

① 徐恒醇：《生态美学》，陕西人民教育出版社2000年版，第119页。
② 参见徐恒醇《生态美学》第四章《生活环境的生态审美塑造》、第五章《生态环境与
城市景观》、第六章《生活方式的生态审美追求》，陕西人民教育出版社2000年版。

为事物的静态结构，而是事物内部力量与环境影响的外部力量的动态平衡。"所谓"自然进化"就是指："人类的价值和意义也包含在自然整体的自组织进化过程之中。也就是说，人类生命的价值和意义不仅存在于社会之中，也存在于同自然整体进化的关系之中，人的肉体组织和精神结构都是在与自然界的相互作用过程中形成的。人类的健康生存和持续发展，都有赖于对自然有机整体的维护以及同自然界的和睦相处。"①这实际上就是生态美学原则的核心所在。

在生态美学逐渐得到全面展开的时期，曾繁仁的"生态存在论美学观"、袁鼎生的"审美生态观"、曾永成的"人文生态美学观"，是"目前生态美学研究中已成体系、相对成熟且影响较广的几种代表性的生态美学观"。②如果从生态美学这个学科的逻辑发展来看，曾永成的"人文生态美学观"可以代表生态美学的初期形态，袁鼎生的"审美生态观"可以代表生态美学的中期形态，而曾繁仁的"生态存在论美学观"则是中国生态美学最为成熟的总结形态。

曾永成出版于2000年的《文艺的绿色之思——文艺生态学引论》，既直接接受了生态哲学的启示，又显露出早期的生态美学研究仍被置于马克思主义美学的视野之内，而且也并未摆脱实践美学的内在影响。所以，这本书也被公认为第一本自觉地以马克思主义的生态观为指导与主线展开的生态美学论著。这也就是说，这本专著的理论起点是马克思主义的生态观念，并且这本书以这种观念为"最有生命力"的理论基础。曾永成真正关注的是青年马克思《1844年经济学哲学手稿》当中所显露的生态观，他将之概括为"人本生态观""实践唯物主义人学及生命观""美学的生态学

---

① 徐恒醇：《生态美学》，陕西人民教育出版社2000年版，第44页。

② 党圣元：《新世纪中国生态批评与生态美学的发展及其问题域》，《中国社会科学院研究生院学报》2010年第3期。

化""文艺思想中的生态思维"等，进而从文艺审美活动的生态本性、文
艺生态思维的观念、文艺审美活动的生态功能、文艺活动与生态问题等诸
多层面展开论述。当然，这本著作对马克思主义的理解亦有所推进，因为
他反对的恰恰是学界对马克思有关"人的本质是社会关系总和"的阐释，
认为其"常常把社会性孤立起来，把人只看作社会的人，轻视自然对人的
实践的基础性制约作用"①，从而将本来出自自然科学的"生态"概念，通
过对马克思经典著作的阐释，直接引入文艺研究当中。

　　在"人文生态美学观"之后，袁鼎生的"审美生态观"通过他的一
系列专著如2002年的《审美生态学》、2005年的《生态视域中的比较美
学》、2007年的《生态艺术哲学》也逐步呈现了出来。与曾永成主要以对
马克思主义的援引作为主要理论来源不同，袁鼎生已经关注到了中西美学
当中生态美学的资源，并对于二者之间的异同进行了比较。他认为，所谓
"生态审美"可以分为三大层次：一是"生态审美活动圈层次"，它包
括欣赏、批评、研究和创造四大活动；二是"生态审美氛围圈层次"，
人们在审美时的趣味、追求不同，其效果也不相同；三是"生态审美范式
圈层次"，生态审美的意识不同，所追求的目的也不同，即艺术求美、科
学求真、文化求善、实践求益、日常生活求宜。进而，袁鼎生又从独特的
"审美场"的概念出发，强调了采用生态方法研究美学所具有的科学范式
的意义，认定科学审美是生态审美的中介，离开了这个中介，生态审美则
无法进行，最终形成了"生态审美场"的新观念。《审美生态学》以"生
态审美场"为逻辑发展的终端，《生态视域中的比较美学》以"生态审美
场"为历史进程的终点，而《生态艺术哲学》以前两本书的结尾为开端，
展开了"生态审美场"之逻辑与历史统一的论述：在艺术审美生态化中形

---

① 曾永成：《文艺的绿色之思——文艺生态学引论》，人民文学出版社2000年版，前言
第8页。

成生态审美场；在生态审美艺术化中，发展出生态艺术审美场；在艺术审美"天化"中，依次生发出"天性""天态""天构"的艺术审美场，进而形成"天化"的艺术审美场系列，从而系统而独特地建设了生态美学学科。

三、曾繁仁的"生态存在论美学"

曾繁仁的《生态美学导论》在2010年的出版，标志着中国的生态美学走向了成熟时期。曾繁仁的"生态存在论美学"是这一时期的代表性思想，也代表着中国美学界对于生态美学的非常独特的理解，从而引起了国外研究者的积极关注。曾繁仁认为，生态美学的哲学基础是生态存在论，而生态存在论把此在纳入"人—自然—社会"系统，而且具有了主体间性的内涵，从而打破了人类中心主义。在这个原则之下，形成了生态存在论美学观。"生态存在论美学观就是在生态论存在观哲学基础上产生的新型美学思想。"[1]在曾繁仁看来，生态美学产生的意义，首先在于形成并丰富了当代的生态存在论美学观，从而打造出美学理论的"绿色原则"；其次在于派生出著名的文学的生态批评方法；再次就是促进了生态文学的发展；最后则是有利于继承发扬中国传统的生态美学智慧。[2]早在2003年第一版《生态存在论美学论稿》的序言里面曾繁仁就肯定地说，"之所以特别重视生态存在论审美观"，是因为他认为"这一理论命题研究的深入必将有助于我国当代美学学科的突破"。[3]那么，如此说来，生态美学到底对于当代美学学科有哪些突破呢？

按照曾繁仁的归纳和总结，"生态存在论美学"的突破就在于以下

---

① 曾繁仁：《生态存在论美学论稿》，吉林人民出版社2009年版，第84页。
② 曾繁仁：《生态存在论美学论稿》，吉林人民出版社2009年版，第58页。
③ 曾繁仁：《生态存在论美学论稿》，吉林人民出版社2003年版，序言第1页。

六个方面：第一是美学的"哲学基础"的突破。"由传统认识论过渡到唯物实践论，并由人类中心主义过渡到生态整体主义。……马克思的唯物实践观及其所包含的存在论哲学内涵就是当代生态美学的哲学基础，是其相异于传统实践美学简单认识论与人类中心主义之处。"第二是在"美学研究对象"上的重要突破。"生态美学在美学的对象问题上的重要突破就是对于这种由人类中心主义所导致的艺术中心主义的突破，而明确表示生态美学是一种包含生态维度的美学，不仅包含自然审美而且包含在自然维度之上的艺术与生活审美。"第三是在"自然审美"上的突破。生态美学认为所谓审美是人与对象的一种关系，它是一种活动或过程，绝对不存在任何一种实体性的"自然美"。而且，"自然审美是自然对象的审美属性与人的审美能力交互作用的结果，二者缺一不可，绝对不是什么单纯的'人化的自然'"。第四是"审美属性"的重要突破。生态美学不反对艺术审美中具有静观的特点，但却力主自然审美中眼耳鼻舌身的全部感官的介入，这就是当代西方环境美学中著名的'参与美学'观念。"第五是"美学范式"的突破。生态美学的范式"已经突破了传统美学的形式的优美与和谐，而进入到人的诗意的栖居与美好生存的层面。它以审美的生存、诗意的栖居、四方游戏、家园意识、场所意识、参与美学、生态崇高、生态批评、生态诗学、绿色阅读、环境想象与生态美育等为自己特有的美学范式"。第六是"中国传统美学地位"的突破。儒家的"天人合一"思想，《周易》有关"生生为易""元亨贞吉"与"坤厚载物"的论述，道家的"道法自然""万物齐一"的思想，佛家的"众生平等"理念，"这些丰富的古代生态智慧反映了我国古代人民生存与思维的方式与智慧，可以成为我们通过中西会通建设当代生态美学的丰富资源与素材"。[①]

---

① 以上皆见曾繁仁：《生态美学在当代美学学科中的新突破》，《中华文化报》2010年10月27日。

按照曾繁仁的创见，对自然的审美态度的培养和确立要经过三种转变：在哲学观上，从"人类中心主义"转到"生态整体论"，从而使得面对自然的审美态度得以真正确立；在美学观上，从自然美是"人化的自然"转到自然美是"人与自然的共生"上来；在审美观的性质上，从人对自然的审美态度的单纯审美观，转化为一种"生态化"的人生观与世界观，这也是适应了中国新时期社会语境的新的人生态度。[①]然而，《生态美学导论》并非一部仅仅展现曾繁仁美学观的个人专著，而且还是一部使读者全面掌握进而深入理解"生态美学"的全面解析之作。在这种叙事格局当中，该书从生态美学产生的经济社会背景、哲学文化背景和文学艺术背景入手，以对整个"生态美学建设"的展望（包括学科建设与哲学基础、生态与环境美学的关联、未来发展与本土之路等问题）收官，从而"由低向高"地呈现出生态美学的整个架构。由此可以说，曾繁仁的《生态美学导论》，已成为"中国生态美学"的总结性的力作，这也充分说明，全球化时代的中西方美学的进展节奏正在日趋一致。与西方的生态学美学（相对于环境美学而言）居于边缘的地位不同，生态美学在当代中国美学界可谓是位居"主流中的主流"。曾繁仁的生态美学，正是建立在他独特的"生态存在论美学"的基础上的，《生态美学导论》由此夯实了它的哲学根基。在这种摒弃了主客体二元对立的认识论。运用生态学的整体主义观点来反对"人类中心主义"的哲学基石上，可以说，整部导论都是围绕着这种新的美学建构而展开的。

曾繁仁的"生态存在论美学"也存在着一些问题，主要就是"生态存在"的性质以及它与审美存在的关系如何定位、二者是否一致，也就是如何证明"生态的就是审美的"等问题，这仍然是没有完全解决的问题。

[①] 曾繁仁：《生态美学导论》，商务印书馆2010年版，第367页。

四、生态美学的意义

生态美学触及了当代社会的一个生死攸关的问题，就是生态问题。这是人与自然的关系严重对立、从而危及人的生存的大问题。生态美学从审美的角度来考察生态问题，给美学研究增加了一个新的维度。这种研究不仅扩展和深化了美学研究，也具有重大的社会意义。它把美学从书斋中解放出来，凸显了其实践性，从而发挥了美学干预现实、反思现代性的社会功能。

生态美学作为一个新兴学科，也存在着学科定位和合法性的问题。因为审美作为一种自由的生存方式和体验方式，是超越现实的；而生态世界是符合人的现实生存的世界，不具有超越性。因此，如何以审美来论证生态世界，就产生了形而上学与形而下学的矛盾。曾繁仁的"生态存在论美学"就是力图解决这个问题的尝试，但生态存在是一个实际的生存还是本体论的设定这个问题似乎仍然不明确。因此，总体而言，生态美学学科的建设，还有许多工作要做。

后 记

本书系国家社会科学基金重点项目"现代性视野下的20世纪中国美学史研究"（项目号：12AZD069）的结项成果，出版时更名为《中国现代美学思潮史》。美学思潮是美学思想对现代性的反映，是美学史的基本单位，因此对美学思潮史的研究，就是对美学史的基础性的建构。本书运用现代性理论，划定中国现代美学思潮，并且以美学思潮为单位来建构中国现代美学史。中国现代美学史上先后出现了启蒙主义美学（包括早期启蒙主义和新启蒙主义）、现代主义美学（包括早期现代主义和当代现代主义）、客观论美学、新古典主义美学、后现代主义美学等思潮。本书在对这些思潮的一般性叙述的基础上，选取了有代表性的美学家进行了考察，并且以美学思潮的更替展现了中国现代美学的历史演变规律。需要说明的是，本书仅仅考察了中国现代美学家在美学基本理论方面的建树，而没有旁及其他美学研究，如中国美学史、西方美学史以及各类专门化的美学研究（如美育研究、文艺美学和各门类的艺术美学研究等）。上述研究尽管取得了相当有价值的成果，但属于美学学术史的领域，而不属于美学思潮史的领域，所以没有收入本书。

本书由多位作者共同完成，他们的分工如下：

杨春时担任主编，负责全书篇目的设计、统筹和修改、定稿，并撰写了导论"现代性体验与美学思潮"部分。全书中除了其他作者撰写的部分，其余的部分也是由杨春时撰写的。

其他作者及其撰写部分如下：

祁志祥：第一章"早期启蒙主义美学"；第三章第二节"金公亮的'客观论美学'"

萧湛：第二章第三节"朱光潜的美学思想"、第四节"丰子恺的美学思想"；第六章第五节"宗白华的美学思想"

郑绍楠：第二章第二节"王国维的美学思想"；第六章第二节"王国维的新古典主义美学思想"

刘超：第三章第三节"蔡仪的美学思想"；第四章第四节"新实践美学"；第五章"当代现代主义美学"

宋妍：第三章第四节"李泽厚前期的美学思想"；第四章第二节"李泽厚的'主体性实践美学'"

刘连杰：第三章第五节之一"黄药眠的美学思想"

简圣宇：第三章第五节之二"王朝闻的美学思想"；第六章第三节"戴岳、滕固、邓以蛰的美学思想"

王欢欢：第六章第四节"方东美的美学思想"

梁冬华：第六章第七节"叶朗的'意象论美学'"

王怀义：第六章第八节之三"朱志荣的'意象创构论美学'"

卫垒垒：第四章第六节"高尔泰的'主体自由论'美学思想"；第七章第二节"生活美学"、第三节"解构主义美学"（之三、之四除外）、第四节"身体美学"（之五除外）

刘平华：第七章第四节之五"王晓华的身体美学建构"

刘悦笛：第七章第五节"生态美学"